中国社会科学年鉴

中国辽夏金研究

年鉴

2015

THE YEARBOOK OF CHINESE LIAO, XIXIA AND JIN DYNASTY RESEARCH

史金波 宋德金 主编

中国社会科学出版社

图书在版编目（CIP）数据

中国辽夏金研究年鉴.2015／史金波，宋德金主编.—北京：中国社会科学
出版社，2017.7

ISBN 978－7－5203－0838－0

Ⅰ.①中…　Ⅱ.①史…②宋…　Ⅲ.①中国历史—研究—辽宋金元时代—年鉴
②中国历史—研究—西夏—年鉴　Ⅳ.①K246.07－54②K246.307－54

中国版本图书馆 CIP 数据核字（2017）第 205533 号

出 版 人	赵剑英
责任编辑	孙铁楠
责任校对	林福国
责任印制	张雪娇

出　　　版	中国社会科学出版社
社　　　址	北京鼓楼西大街甲 158 号
邮　　　编	100720
网　　　址	http://www.csspw.cn
发 行 部	010－84083685
门 市 部	010－84029450
经　　　销	新华书店及其他书店

印刷装订	三河市东方印刷有限公司
版　　　次	2017 年 7 月第 1 版
印　　　次	2017 年 7 月第 1 次印刷

开　　　本	787×1092　1/16
印　　　张	31.25
插　　　页	4
字　　　数	700 千字
定　　　价	198.00 元

契丹后裔历史文化在城市建设与文化旅游发展中的
挖掘和应用研讨会（2015年3月，云南省施甸县）

第四届西夏学国际学术论坛暨河西历史文化研讨会代表合影（2015年8月，甘肃省张掖市）

第四届西夏学国际学术论坛暨河西历史文化研讨会分组讨论现场(2015 年 8 月,甘肃省张掖市)

2015 康平·首届中国辽金契丹女真史学术研讨会(2015 年 8 月,辽宁省康平县)

"北方民族与丝绸之路"博士后论坛代表合影（2015 年 10 月，宁夏回族自治区银川市）

"北方民族与丝绸之路"博士后论坛（2015 年 10 月，宁夏回族自治区银川市）

《西夏文大词典》编纂工作会议（2015年12月，宁夏回族自治区银川市）

《西夏文物》编辑工作会议（2015年12月，宁夏回族自治区银川市）

中国辽夏金研究年鉴 2015

主　　　办　　中国社会科学院西夏文化研究中心
　　　　　　　中国民族史学会辽金契丹女真史分会

协　　　办　　国家社会科学基金特别委托项目"西夏文献
　　　　　　　文物研究"

主　　　编　　史金波　　宋德金

副　主　编　　程妮娜　　杜建录　　周　峰（常务）　　杨　浣

本卷执行主编　程妮娜

编辑部成员　　关树东　　周　峰　　杨　浣　　康　鹏　　田晓雷

目　录

第一篇　特稿

第二篇　研究综述

第三篇　会议述评

第四篇　学术动态

第五篇　书评·书讯

第六篇　新书序跋

第七篇　学人·学林

第八篇　博士论文提要

第九篇　文摘·论点摘要

第十篇　重点课题研究报道

第十一篇　海外研究动态

第十二篇　文物·考古新发现

附录

Contents

Chapter Ⅰ : Special Articles

Chapter Ⅱ : Research Review

Chapter Ⅲ : Conference Reviews

Review on the International Academic Meeting of the Fifth Chinese Minority

Chapter Ⅳ: Academic Trends

Chapter Ⅴ: Book Reviews and Book News

Chapter Ⅵ: Prefaces and Postscripts of New Books

Chapter Ⅶ: Scholars and Academic Collections

Chapter Ⅷ: Ph. D. Thesis Abstracts

Chapter IX: Abstract and Argument Summary

Chapter X: Reports of Important Projects

Chapter Ⅺ: Overseas Research Trends

Chapter Ⅻ: The New Discovery of Antiques and Archaeology

Appendix

第一篇

特　稿

西夏文化的形成及其特征*

陈育宁

一 西夏文化的形成

西夏文化的形成大体有两个阶段：准备阶段，形成阶段。

（一）准备阶段

西夏立国前很长时间里，作为在唐与吐蕃边境西羌地区活动的以党项为主的部落，还处在单纯的游牧生产方式阶段，"不知稼穑"，其文化形态是原始的、封闭的、单一的，"无文字""候草木以记岁时"。从公元七世纪开始，由于不堪忍受吐蕃的欺压以及自然条件的约束，附唐东迁至庆阳地区，在越来越靠近中原之后，这个民族开始发生了很大变化。约一个世纪后又第二次东迁，即由庆阳地区迁至夏州地区，客观环境大不一样，进入了一个历来是北方民族与中原密切交往的地区，从生产生活方式到意识形态都深刻地受到中原文化的影响。这个时期唐王朝在周边推行羁縻政策，有实力的少数民族地位得到提高，在强化本民族意识的同时，也更快更多地接受中原文化，党项以往封闭单纯的文化环境完全被打破，而且成为割据一方的藩镇。唐朝党项大首领拓跋思泰任静边州都督时已有领地十二州，其子拓跋守寂被封为西平公，其孙任银州刺史，其曾孙拓跋思恭据宥州。今陕北之地成了拓跋家族的势力范围。唐中和元年（881），拓跋思恭参与镇压黄巢起义有功，升任夏州节度使，赐皇姓李氏，统辖夏、绥、银、宥、静，建立了名副其实的夏州地方政权。作为党项统治者的拓跋家族如此受到唐王朝的器重，与他们迅速地接受唐王朝为代表的中原文化、融入以夏州为中心的传统文化区域直接相关。

以夏州为中心的陕北地区自东汉匈奴被击败、公元五世纪立足夏州的最后一个匈奴地方政权大夏被灭之后，迁徙而来的内地官兵落籍为民，他们带来的中原文化在这里深深扎根，大量的东汉纪年石刻及汉墓画像石出土就是实证。党项拓跋进入这一地区后，很多接受了当地的文化现实，改变着本民族原有的风俗习惯。近年在榆林周边

---

* 汤晓芳、彭向前、段玉泉参与本文补充修改。

的横山、神木、靖边、乌审旗等地出土了唐、五代、宋、金时期拓跋上层贵族墓葬中用汉字镌刻的墓志铭和墓盖，如拓跋首领李光睿的墓志铭，拓跋首领拓跋守寂的用隶书石刻的盝形墓盖，还刻有如同汉画像石中出现的云气纹等边饰花纹，还有的墓盖上刻有受道教影响的八卦纹。

从历经唐末五代至宋太宗太平兴国五年（980）的百年时间里，作为夏州统治者的党项首领一方面同中央政府维持比较好的关系，互通贡使，协助"平叛"；另一方面抓住时机，扩充实力，坐大地盘。宋太宗利用党项拓跋内部在继承定难军节度使问题上的矛盾，采取调离夏州的做法，以求取消割据夏州的党项拓跋地方政权。当时任夏州蕃落使的李继迁强烈反对宋廷收夺党项拓跋的世袭领地，他为了聚集力量，等待时机，以夏州东北地斤泽为根据地，聚集蕃部，以求恢复祖业，重建夏州政权，从此举起了反宋的大旗。李继迁以为，"从古成大事者不计苟安，立大功者不狗庸众。西平北控河朔，南引庆凉，据诸路上游，扼西垂要害……且其人习华风，尚礼好学。我将借此为进取之资，成霸王之业"（《西夏书事》卷七）。当他走出地斤泽后，不仅看到了一个战略发展的新空间，而且对中原文化有了更多的了解和体验，大大增强了党项学习中原文化、提升自己民族地位及独立建国的欲望。李继迁进行了持久的对宋战争，攻取灵州、凉州，走上了独立建国的道路。

景德元年（1004）李继迁战死，李德明与宋修好，宋封其为定难军节度、西平王。但李德明仍然用武力扩大统治地盘，积极做着建国准备，除发展农业、加强同中原贸易，推进党项的封建化外，大力学习和引进宋朝的文化和礼制。景德三年（1007），李德明母罔氏卒，李德明求宋为其母在五台山修供庙，并求赐《大藏经》。佛经自东汉传入后，历经千年，多次翻译，融入了儒家思想的精华。李德明求宋赐《大藏经》，也反映了党项上层由原始鬼神崇拜、巫术信仰向中原广泛传播的佛教信仰的转变。大中祥符三年（1010），李德明在延州傲子山大修宫室，李德明出巡傲子山，"大辇方舆，卤簿仪卫"，如中原帝王礼仪。天禧二年（1019），在怀远镇修建宫殿、宗庙、门阙、官署，以此为都城。这一系列变化说明，此时的党项部众及其领袖，在主观上意识到，一方面吸收中原文化使党项有了出路，另一方面必须抓住宋朝无力统一的时机，增强民族独立意识，建立称霸的政权。这个民族从上层开始文化观念发生质的变化。这一阶段可看作是创建西夏文化的准备阶段。

（二）形成阶段

明道元年（1032），李德明卒，李元昊继位。李元昊是在与宋王朝深入接触并深受中原文化影响的环境下成长起来的，其"性雄毅，多大略，善绘画，能创制物始"，"晓浮图学，通蕃汉文字"（《宋史》卷485《夏国传上》）。他在积极准备称帝建国的过程中，力求表现自己的民族独立意识，废除唐、宋的赐姓李、赵，改为党项姓嵬名；向党项人发布秃发令，推行党项传统发式等。但在建立独立政权的大政如官制、兵制、建都等方面，仿照中原王朝的礼仪，吸收和借鉴唐、宋成熟的做法，设立文武百官，建立完整的封建统治机构，地方设州置县；将原来的部落武装改变为地方驻军的军政统治区，设置了军司统领系统。在经济发展上，也不墨守成规，在注重传统畜牧业的同时，把农业生产提高到十分重要的地位，推广牛耕，兴修水利，引进技术和工具，促使西夏经济结构发生了重大变革，农耕文化渗透到西夏社会内部。李元昊的继任者们基本上走的是一条以儒治国的道路，他们倾慕汉文化，尊孔读经，崇尚佛教。从本质上看，西夏统治者的治国方略和变革措施基本上是中原王朝典章制度及其封建文化的翻版。如宋臣富弼所指出："得中国（宋朝）土地，役中国人力，称中国位号，仿中国官属，任中国贤才，读中国书籍，用中国车服，行中国法令"（《续资治通鉴长编》卷 150《庆历四年六月戊午》）。

公元 1038 年，李元昊称帝建国。作为一个独立的民族，以李元昊为代表的党项统治阶层，在建立了自己的政权后，采取多种措施，突出自己的民族意识，倡导和发扬民族文化，因此，西夏文化又有着多民族文化混合的色彩。吸收中原文化及与其他民族间文化交流，给西夏文化的形成奠定了基础，为西夏文化的丰富和壮大提供了条件。于是在较短时间里，西夏创制文字，制定法律，翻译佛经，弘扬儒学，修建宫殿、王陵，在建筑、服饰、器物装饰等多个领域凸现党项西夏形象，表现自己的艺术风格，西夏文化进入发展的新阶段。这个阶段，西夏文化在精神、物质、制度等诸方面渐行成熟，形成了自己的形态和特征。

二 西夏文化的主要内涵

文化是一个大概念，包括的范围很广泛。一般所指的西夏文化，主要是指以精神、非物质为主的具有西夏民族和地域特点的文化形态。作为西夏文化研究的对象，主要侧重于文字文献、宗教信仰、绘画雕塑、服饰习俗、文学艺术以及法制构建等领域，这些领域一是遗存较多，二是内涵丰富，三是特征鲜明，是西夏文化的标志。以下就其有代表性的领域作一简要陈述。

（一）创制文字

党项羌有自己的语言，但无文字，曾借用汉字进行书写。李元昊建国前一年（1037），命大臣野利仁荣创制"蕃字"，又称"河西字"，即西夏文字，编撰成 12 卷，是为"蕃书"。西夏字在造字原则、文字结构、笔画、形态等方面，深受汉字影响，与汉字有渊源关系。西夏字形体方正，借鉴汉字由点、横、竖、撇、捺、拐、提等笔法合成，有单体字和合体字，合体字中有互换字。西夏字与汉字同属表意字，且都有楷书、行书、草书、篆书等书法。西夏设立蕃字院和汉字院，蕃汉两种文字并行。李元昊将西夏文作为官方应用文字大力推广，官书公文、契约立据、法律文书，以及汉文经典和佛经的翻译等都用西夏文，还编纂《番汉合时掌中珠》作为蕃汉文字对译字典，以供推行西夏文使用。造字者力求表现出与汉字的差别，如撇捺多，结构烦冗，但内在的构造规律却在紧密追随汉字实际应用中的变化。创制西夏文，首先是党项族为体现民族独立的政治需要，是与宋、辽、金在文化上抗衡的需要，所以强制推行。西夏文字的产生和使用，毕竟缺乏牢固的社会基础，在西夏灭亡之后，失去政权的强制推力，最终走向消亡。但由于用西夏文大量翻译汉文儒家经典和佛经，促进了民族间文化交流，推动了佛教文化的发展，党项民族自身的文化和文明程度也有了提高。

（二）制定法律

李元昊称帝后，仿宋制建官吏机构、颁布律令，定国名年号，改朝服、革礼乐，"兴法建礼"，建立一整套封建统治秩序。李元昊之后，李谅祚继位，改蕃礼为汉礼，用汉人，向宋求赠儒家经典，大力提倡汉文化。崇宗李乾顺在位期间（1086—1139），提倡以儒治国，"尚文重法"，颁行《贞观玉镜统》，制定新的军事法规，旨在以法治军。特别是在李仁孝执政期间（1139—1193），大兴汉学，设立科举，尊孔为帝，释译儒家经典，把学习吸收汉文化推向新的阶段。李仁孝对制定法律十分重视，主持修订完成了一部系统完整的法典《天盛改旧新定律令》。这是我国第一部用少数民族文字（西夏文）制定颁行的法典，也是最能体现西夏民族文化的经典文献。这部共 20 卷（有残失）的法典，包括刑法、诉讼法、行政法、民法、经济法、军事法等诸多方面内容。这部法典吸收参考了唐、宋中原王朝的法典，结合西夏实际，增加了许多新的内容。其中延续并完善李元昊建国时的法令，明确规定了国家官吏设置系统及选拔奖惩制度，借鉴唐、宋法律中的"十恶"罪及其"五刑制"的惩罚，又作了更为详细的适合本民族传统的规定，如将宋朝在"五刑"中制定的"流放"改为"黥"，即北方民族传统的刺面惩罚；在赔偿法中规定以赔偿马的数量定轻重。为加强对农业水利的管理，还制定了开渠及相关事宜的制度。为适应西夏与宋商业贸易及丝路经商的需要，对商贸纠纷和契约关系的处理也作了相应的法律规定。这一系列措施所反映的文化特征，一是传承中原王朝的法律制度，在很大程度上吸取了《唐律疏义》和《宋刑统》的内容，甚至分门列律条的格式也是依照《宋刑统》行文。这是由西夏王朝的历史与客观环境形成的基本文化取向所决定的；二是尽力突出党项民族的形象和利益。《天盛改旧新定律令》这样一部国家法典用本民族文字制定，保护的是作为"家主"的党项贵族的利益；三是适应了半农半牧生产方式的需要。

（三）西夏文著述

西夏文化所表现的一个重要方面是用西夏文著述。为了推广西夏文，西夏王朝编印了多种字典和辞书，有《音同》，是西夏字典，也是现存最早的字书；有西夏文汉文双解词语集《番汉合时掌中珠》，将社会常用词语按天、地、人内容分类，是一部夏汉语对照的实用工具书；《文海》是一部大型西夏文韵书；《新集碎金置掌文》是速成西夏文的启蒙书；《三才杂字》是常用西夏词语读本等。西夏文文学作品有谚语集《新集锦合辞》、诗体类书《圣立义海》、诗歌《赋诗》《朋乐诗》《祖先颂诗》等。还有医书、历书、巫术卜卦书等。在黑水城遗址中出土了大量西夏文文书及其残页残片。有医书《治热病要论》及医方等。西夏历日文献多以表格的形式撰写，右部表头自上而下为九曜星宿，上部表头自右而左为一年十二个月的月序。西夏历日文献中也用"七曜日"注历，排列次序为日、月、火、水、木、金、土，学界认为大约从唐中期开始由中亚传入。中原地区流行的易占、测字、六壬、星占、相面、看阴阳宅、择日、算命、事项占等，在西夏占卜类文书中都有，同时西夏人也没有抛弃游牧民族独有的炙勃焦、擗算、咒羊、矢击弦、灼骨等占卜方式。

（四）汉文经典和著作翻译

这是西夏学习借鉴中原汉文化的重要举措。李元昊创制西夏文字后，首先是从中原宋朝大量引入文化典籍，用西夏文翻译印行。史载李元昊"教国人记事用蕃书，而译《孝经》《尔雅》《四言杂字》为蕃语"（《续资治通鉴长编》卷196《嘉佑七年四月己条》）。毅宗李谅祚向宋朝求赐大批经、史书籍，包括御制诗草、隶书石本，《九经》《册府元龟》等，宋将国子监所印《九经》《正义》《孟子》及医书等赐予西夏。仁宗时斡道冲译《论语注》，儒学和儒学教育在仁宗时得到大发展。用西夏文翻译的儒家经典，保存至今的有《论语》《孟子》《孟子传》《孟子章句》《孝经传》等。儒学及其创始人在西夏人心目中有着独特的崇高地位。对儒家经典的重视，实际上是对汉族传统文化认同的一种体现。唐代一部重要的类书《类林》汉文本失传，仅在敦煌石室留有残卷，但西夏文的译本则保留了全文，经史金波、聂鸿音再转译为汉文，使这部唐代类书得以重生。在俄藏黑水城文献中，还存有西夏文《孙子兵法三注》《六韬》等兵书刻本残本。

为了借鉴中原王朝的治国经验，将汉文历史著作《贞观政要》节译为西夏文《德事要文》，将叙述春秋历史的《十二国》译为西夏文，将记述古人言行的劝进著作《德行集》译为西夏文等，都是为了吸收汉文化的精华。

在黑水城出土的文献中，还有大量的汉文文献，其中有儒家、道教的经典，有如《新唐书》等史籍残片，有文学、诗词、语言类著作，有医书、历书、占卜书等，说明汉文化已传播到西夏的边远地区。

（五）广修寺庙，翻译佛经，传播佛教

西夏时期正是佛教走出低谷、藏传佛教发展并广泛传播的时期。西夏广建寺庙，翻译刊印佛经，大力传播佛教，在一千多年形成的现存近500座敦煌石窟中，有十分之一左右的石窟是西夏存在的二百年间开凿或重修雕塑绘制的。在西夏立国前，李德明亲往五台山供奉，以良马贡宋，求赐《大藏经》。李元昊立国之初，大兴土木，建佛塔佛寺。自李德明至立国后惠宗朝，西夏前后六次向宋求赐汉文《大藏经》，组织高僧、建立译场、翻译佛教经典。西夏佛教翻译规模空前，前期主要是将汉文佛典翻译成西夏文，中后期又将藏文文献翻译成西夏文及汉文。西夏时期，不同族、操持不同语言的人们在短期内完成大量不同文字、文本的佛教文献的翻译，这在中国文化史上乃至佛教翻译史上都是一项重要的文化盛事。西夏皇帝把自己当作佛在人世间的化身，佛国的迦陵频伽于帝陵出土，意为皇帝生前就是大夏的佛，逝后陵园有佛音萦绕。李仁孝时派遣使者到藏地，延请高僧到西夏传教，仁孝奉其为"上师"。诸多高僧在西夏政界、宗教界中地位显赫，被封为"国师"，他们主持寺庙和翻译刊印佛经，对在西夏发展藏传佛教起到显著推动作用。

据资料证实，自李元昊始，至天祐民安元年（1091），在50多年时间里，就完成了360帙812部3579卷佛经的翻译。天授礼法延祚十年（1047），李元昊于兴庆府东建高台寺，延请回鹘僧人翻译佛经。现存中国国家图书馆西夏文《现在贤劫千佛名经》有一幅版画，题款为"都译勾管作者安全国师白智光"，画面表现佛经译场的场面，国师白智光两侧有僧俗16人，其中8位署名。这幅译经图的下方是皇帝秉常、母后梁氏。皇帝亲自主持，国师主译，译者人数众多，有党项、回鹘、汉人，规格之高，规模之大，似宋译场之翻版。西夏译经场有多处，除兴庆府承天寺、高台寺外，在贺兰山佛祖院、甘、凉等地寺院均设译经场、印经院。有的译经由皇帝亲自审查勘定。

西夏翻译佛经多为汉文佛经，所译佛经《大藏经》，其母本主要是宋版开宝藏。西夏译藏文佛经较少。当时藏文佛经尚在手抄本阶段，又是以教派上师灌顶的方式传承，所以翻译较少。西夏崇尚佛教，深受汉地影响，汉地佛教成为西夏宗教文化的主流，同时西夏宗教文化也反映了与多民族宗教文化的交流和包容。

（六）西夏艺术

从流传下来的西夏艺术品及其遗存看，西夏艺术涉及领域广泛，内容丰富多彩。1908—1909年俄国人科兹洛夫从黑水城盗掘的大量文书文物中，有300多件绘画作品和70余件雕塑。绘画多属宗教题材，有佛教、道教，有中原传统的佛教绘画，也有藏传佛教的唐卡。绘画有佛界天神、佛、菩萨及世俗供养人等。雕塑有木雕、泥塑、木版雕，主要题材是表现佛、菩萨。国内西夏艺术品的发现非常丰富，主要分布在历史上西夏疆域的宁夏、甘肃、内蒙古、陕北等地。西夏崇佛，许多绘画、雕塑的艺术品保存在石窟寺、佛寺、佛塔中。绘画有卷轴画、木版画、版画、唐卡等。西夏刊刻的佛经中，有大量版画插页，继承了中原早期版画白描线刻的风格。壁画大量分布在莫高窟、榆林窟、东千佛洞、山嘴沟、阿尔寨等石窟内，壁画作品中人物多样，绘画精美，色彩艳丽，在前人基础上出现了新的风气，具有时代和地域特征。在榆林窟、东千佛洞的西夏壁画中，至少有不下五幅的唐僧取经图中，描绘出了猴面人身的形象，自此流传下来，为后世文学作品创造孙悟空的形象奠定了基础。西夏陵的考古发掘发现了许多表现建筑艺术的建筑构件。西夏陵出土人像石碑座，突出党项民族特点，其夸张、粗犷的风格十分明显。西夏陵出土的建筑构件鸱吻和伽陵频迦，堪称精美的雕塑艺术品。在建筑、工艺、书法、碑刻以及音乐舞蹈等艺术领域，都留下了丰富多彩的民族文化遗存。

从西夏艺术的主要表现可以看出，佛教是其表现的核心内容，中原传统是其表现的主要形式，同时又突出了党项及其他民族的文化特征。

三　西夏文化的主要特征

（一）以中华传统文化为基础、为主要基因

在人类历史上，曾出现过因异族入侵而导致文化中绝的情况。但中华文化历经数千年而从未中断，在地理、经济、社会等诸多因素中，文化融合成为文化发展的主要形式是一个重要因素。占据领先地位的中原农耕文化不断向周边扩展，周边各民族文化向中原聚集，虽然融合与冲突交互作用，但是占据主导地位的还是文化融合。这个基本特征决定了，许多少数民族文化无论曾经有过什么形态、经历过什么变迁，都或早或晚地成为中华文化的组成部分，它们的存在，也是以中华传统文化为基础，离开这个基础，就失去依靠，很难发展。这是历史上许多少数民族文化形成中的一个共同特征，西夏文化的形成和发展也不离其宗。

中华传统文化积淀深厚，有容乃大，本身就是众多民族文化汇聚而成，加之强大的政权力量的支持，中华传统文化在不断壮大的同时，又辐射和滋养了不同的民族文化。这些特征，在西夏文化中都得到了充分体现。西夏治国的基本思想和方略，是源自儒家思想和中原政权的统治经验；西夏立国的制度和法律规定，是依据于唐宋的政权架构和法典；西夏文字的创制，是仿汉字衍生；西夏崇尚汉地佛教，所译佛经《大藏经》，其母本主要是宋版开宝藏；西夏的建筑，基本上是以宋代成熟的建筑形式和风格为依据；西夏王陵建筑深受宋陵格局的影响；西夏丰富多彩的艺术，主要吸收中原汉地的艺术传统和艺术营养，等等。

与历史上其他少数民族政权一样，西夏立国后，要维持并发展其封建统治，在保持本民族特色的同时，必然要充分利用中原王朝先进的政治制度、生产方式，大力汲取儒家文化。这也说明，越是弱小的民族，为了自身的生存和发展，越是积极吸收中原先进的文化，使自己尽快融入大的文化圈内，这是党项西夏能在较短时间里发展强大起来的一个主要原因。党项原来是一个弱小落后的民族，即使立国后也处于附属地

位，连后人为它写专史的资格也没有，至今也有人认为西夏不过是大格局中的一个分裂势力而已。但历史却表明，就是这样一个原来的弱小民族、地方政权，却积极吸纳先进文化，进行自身的变革，迅速地武装自己。一个游牧民族，从荒漠草原进入精耕农业区，很快接受了新的生产方式和统治制度，适应了环境的变化，采取了一系列新措施，巩固了政权，壮大了实力，不仅形成与宋、辽的鼎足之势，还创造了中兴之世。这个变化和效果，足以说明吸收先进文化、包容不同文化的重要性。

（二）民族文化的多元性

多元性是中华文化的一个基本特征。在西夏文化形成发展的过程中，一直在极力表现本民族的文化形态、突出本民族的文化特点，许多形态和特点保留了下来；与此同时，又广泛吸收与之相邻相近和有过密切交往的其他民族的文化元素，包括契丹、吐谷浑、回鹘、吐蕃文化的内容，以及唐以来从中亚、西域迁来的等宗教文化。一方面，党项西夏为了自身的生存，必然顽强地表现自己、保留自己的传统，进而壮大自己。在西夏文化的各个领域，反映出许多党项和其他民族的鲜明特色。另一方面，中华文化在形成过程中，有着巨大的包容性，她不断吸收各民族、各地域的文化元素，由小到大，发展壮大，呈现出突出的多元性特征，最终融为一体，汇聚成中华民族的主流文化。西夏文化体现了中华民族文化形成发展的一般规律。西夏文化是个缩影，它借助于地方民族政权，把众多民族和地域的文化元素吸收融汇，形成有自身特点的民族文化，又融入中华民族文化的洪流中。这也说明，我国历史上民族文化发展的一个基本趋势是以融合为主，个性差异缩小，共同因素越来越多，结构越来越复杂，内涵越来越丰富。

（三）鲜明的地域性

西夏在地理位置上占据黄河上游与中游衔接的地域，这是华夏—汉族形成壮大的中心地区，是以汉文化为代表的中原文化发育成长的摇篮地，也是历来北方民族密切交往的核心地带。这一区域的先天条件，使党项—西夏依傍于强大的汉文化，得占先之便、汲取之利，能够迅速转型和发展。同时，在西夏活动的范围内，有河西走廊的丝路文化和西域中亚文化，有银川平原的黄河农耕文化，有长城沿线的移民文化，有蒙古草原的游牧文化，这些历史上形成的不同地域的不同文化，都对西夏产生了深刻影响，构成为西夏多元文化的组成部分。因此，民族交流活跃的鲜明地域性也成为西夏文化的特征之一。

（四）浓郁的宗教色彩

党项在早期是自然崇拜、鬼神崇拜和崇尚巫术占卜，这种原始的信仰随着党项东迁、与中原文化的密切接触，逐渐被佛教信仰所代替。从李元昊开始，佛教之所以在西夏经历了奠基、传播、崇尚、繁荣几个发展阶段，是因为西夏统治者看到，佛教在启蒙、净化、束缚民众思想、巩固政权统治方面，确有不可替代的作用。佛教作为一种哲学思想和文化形态，内容丰富，理论深刻，形式多样，对西夏民族文化和艺术的发展又起着推动的作用。西夏的许多文化成就和艺术作品是因佛教而产生，西夏文佛教经典和艺术中又蕴含着西夏语言、哲学、伦理等文化的内涵和特征。

五代之后，佛教发展走入低潮，但却在西夏逐渐兴盛起来，到了西夏中后期，藏传佛教在西夏西部河西地区也盛行起来。西夏皇室对佛教的大力倡导和大量译、印经，修建寺庙，对佛教的传播和发展起到了巨大的推动作用，因而西夏在中国佛教史上的地位也是十分重要的。

（五）西夏文化的发展脉络，在少数民族，特别是在历史上北方少数民族文化中是有代表性的，是民族文化研究的一个典型个案。西夏研究从起步至今已有百年，由于西夏历史文化的一些特殊性，很长一段时间，研究的主要方向是在文字、文献、文物考古等领域，首先是在发现整合资料、弄清史实、认识西夏上有所突破，并且取得了一系列成果。近一二十年来，随着研究领域的扩大深入，史料的进一步丰富，民族史学理论的支持，许多史实及认识上的盲点得以破解，使得对党项这个民族、西夏这个政权的宏观认识有了提升，包括对西夏文化的形成、特征及地位评价更为明确，西夏研究和西夏学的学科建设进入了一个新的阶段。对党项—西夏文化这个个案的解剖，不仅使我们对中国历史上曾经存在过的一个民族、一个民族政权及其所统辖的地域文化有了更全面的了解和描述，而且使我们对中华民族多元一体格局的形成、意义，对中华文化的构成和发展，对中国历史上民族关系的发展趋势等诸多宏观问题、理论问题的认识更为深刻，也更认清至今还存在的"长城是国界""西夏是分裂""元清是亡国"等认识的错误和有害。所以，对西夏文化的深入研究，不仅有学术意义，也有现实的社会意义。

第二篇

研究综述

2015 年辽史研究综述

邓 京 高 俐

2015 年的辽史研究，在诸多领域均取得了不俗成果。刘凤翥先生编著的《契丹文字研究类编》（四册）的出版（中华书局 2015 年版），必将极大地推进契丹文字和辽史研究的发展。高福顺《科举与辽代社会》（中国社会科学出版社 2015 年版）、林鹄《〈辽史·百官志〉考订》（中华书局 2015 年版）、刘云《宋辽西夏金元财政史》（湖南人民出版社 2015 年版）是相关领域研究的力作。译著有英国学者史怀梅著、曹流译《忠贞不贰？——辽代的越境之举》（江苏人民出版社 2015 年版）。外文著作有日本学者藤原崇人著《契丹佛教史研究》（日本法藏馆 2015 年版），吉本道雅、乌拉熙春合著的《大中央胡里只契丹国——遥辇氏发祥地探源》（日本松香堂 2015 年版）。山西人民出版社推出了"近代海外汉学名著丛刊·中外交通与边疆史"系列，2015 年度出版了日本学者箭内亘著、陈捷、陈清泉翻译的《辽金乣军及金代兵制考》，日本学者白鸟库吉著、方壮猷翻译的《东胡民族考》（包括契丹），俄国学者布莱资须纳德著、园东译注的《西辽史》。民国年间初版的这三种译著，还有一定的参考价值，这次再版为辽史研究者提供了便利。在学术会议方面，2015 年 3 月在云南省施甸县召开契丹历史文化研讨会，宗旨是探讨云南契丹后裔历史文化在当下文化建设和文化旅游中的作用。2015 年 8 月，在辽宁省康平县召开"2015 康平·首届中国辽金契丹女真史学术研讨会"。2015 年 10 月，"草原丝绸之路考古国际学术研讨会"在中国人民大学举办，与辽代考古与历史有关的报告包括董新林、汪盈《辽上京宫城考古新发现和研究》，彭善国《吉林前郭虎城发掘收获与认识》，王春燕、冯恩学《辽代金银器中的西域胡文化影响》，关玉琳《中古时期辽帝国研究中新观点与新方法的应用》。下面对 2015 年度发表或出版的论著分类予以简述。

一 政治史与皇族后族研究

辽朝的皇族与后族政治，一直是辽史研究的热点问题。20 世纪 80 年代以前，对辽朝皇族的研究多表现于相关史料的编撰整理、考订等。30 余年来，学界对辽朝皇族的结构范围、人物事件、皇位继承与内部斗争、皇族的教育与文化等问题都进行了深入探讨。铁颜颜《20 世纪 80 年代以来的辽朝皇族研究综述》(《黑龙江民族丛刊》2015 年第 5 期),对已发表的成果进行了整理与回顾。

邱靖嘉在《再论辽朝的"天下兵马大元帅"与皇位继承:兼谈辽代皇储名号的特征》(《民族研究》2015 年第 2 期)指出,前辈学者大多认为辽朝的"天下兵马大元帅"始终是皇位继承人的特定封号,尤其是蔡美彪先生《论辽朝的天下兵马大元帅与皇位继承》一文对此做了详细论证。然而邱靖嘉的研究表明,实际上,这一名号的性质和意义在辽代前后期发生过显著变化,它在设立之初只是一个单纯的军帅之号,后来逐渐成为荣誉性的虚衔,直至辽朝后期,才逐渐具有了皇位继承的象征意义,但并不是一个具有明确标志性意义的皇储封号。此外,该文还在辨析"天下兵马大元帅"的基础上,对辽朝多样化的皇储名号体系及其特征作了系统考察。

蔡美彪先生曾撰《辽代后族与辽季后妃三案》一文,清晰地呈现了辽朝后族的派系与政治斗争。康鹏《辽道宗朝懿德后案钩沉》(《隋唐辽宋金元史论丛》2015 年第 5 辑)顺循蔡先生之研究,利用近二十年来的新资料、新成果,重新梳理该案,证明懿德后案实为钦哀后兄长萧孝穆一系为获取后位而进行的政治迫害,此案系钦哀后家族内部斗争的产物。宋典《〈韩国华神道碑〉中契丹大将萧宁身份考》(《赤峰学院学报》2015 年第 7 期)利用石刻及文献资料,考证出正史中的萧宁应该为两人,一位为辽代重要将领萧排押,即《韩国华神道碑》中出现的萧宁,另一位为契丹贵族萧特末。史风春则撰有《辽朝后族萧姓由来述论》(《内蒙古师范大学学报》2015 年第 4 期)。

林鹄《辽景宗朝史事考》(《隋唐辽宋金元史论丛》2015 年第 5 辑)通过对景宗朝的内政、辽宋和战以及南北枢密院职能变化等方面的论述,指出辽朝鼎盛时期政治体制的基本框架实肇于此,圣宗朝制度的成熟与澶渊之盟的缔结,都是对景宗的继承。吴凤霞《辽朝经略平州考》(《社会科学辑刊》2015 年第 4 期)通过论述辽初契丹对平州的反复争夺,以及辽朝统领幽云之地后,将仅为一节度州之平州收归直属,与南京共同承担防御宋朝军事职能这一情况,这反映了辽代平州极度重要的战略地位。

与历代王朝一样,辽朝也有一套奖励官员的机制,关树东《辽朝皇帝酬奖激励官员的非制度性措施举隅》(《隋唐辽宋金元史论丛》2015 年第 5 辑)一文,通过列举辽朝赏赐奢侈品、御物、奴隶、出宫籍,结义交友,行执手礼等一系列兼具中原与草原双重因素的非制度性奖励措施,揭示了其对辽政权建立与稳定的重要性。同时,该文指出在辽后期政治腐化的环境下,滥赏行为的消极影响。葛志娇《初论辽代忠节现象》(《黑龙江史志》2015 年第 12 期)通过论述辽代因忠贞不事二主而受到君主旌奖,因直言进谏而受到统治者重用,因出使他国极力维护本国尊严、不辱使命而载入史册这三种情况,表明忠节观在辽代的通行。

政治史与人物研究相关论文还有:韩钧《"耶律大石与萧德妃同抵夹山"考辨》

（《西部蒙古论坛》2015 年第 1 期），孙建权《辽代大赦三题》（《东北史地》2015 年第 3 期），武文君《宋辽刺事人地域、身份探析》（《赤峰学院学报》2015 年第 11 期），赖宝成《辽契丹后族在阜新地区的历史活动与经略》（《职大学报》2015 年第 6 期），李浩楠《耶律德光死因考》（《辽宁师范大学学报》2015 年第 6 期），雪莲《辽对西北边疆的征服与治理》（《内蒙古社会科学》2015 年第 1 期），张功远《辽末贵族政治斗争管窥：以耶律淳三次被拥立事件为中心的考察》（《辽宁工程技术大学学报》2015 年第 1 期），郝艾利《辽穆宗历史地位再评价》（《辽宁工程技术大学学报》2015 年第 5 期），辜永碧《试论自然灾害对辽朝中后期政局的影响》（《赤峰学院学报》2015 年第 8 期），任仲书、马萌《后晋政权立废与契丹南进的转折》（《内蒙古社会科学》2015 年第 2 期），宋德金《加强辽宋夏金史整体研究》（《中国社会科学报》2015 年 11 月 30 日）等。

二　制度史

辽代的斡鲁朵，作为一项具有民族特色的政治、社会制度，一直以来受到学界重视。余蔚《辽代斡鲁朵管理体制研究》（《历史研究》2015 年第 1 期）一文，全面介绍了辽代斡鲁朵的内涵、归属、管理对象以及各级管理机构的详细情况，认为辽代的斡鲁朵是皇帝游徙时所居"行宫"；它还有广阔的外延，即一支直属于皇帝的力量和管理这支力量的机构与制度。这支力量由数以十万计的人户以及由这些人户所出的骑军构成。斡鲁朵下属的宫分户由石烈、抹里、瓦里、闸撒等基层机构管理，它们的上级部门是提辖司。提辖司有固定驻地，负责对斡鲁朵所属人户的日常管理，使斡鲁朵体系得以顺利运作。通过对提辖司分布状况的研究，发现其在辽代整体南移的过程，揭示了斡鲁朵随着皇权的强固，其主要军事职能，由保护皇帝的地位与个人安全，转向对外作战这一重大变化。直至辽末，斡鲁朵仍然在皇帝的掌控之中，并未与两枢密院统管的政府体系合流。杨军《辽代斡鲁朵研究》（《学习与探索》2015 年第 5 期）认为辽代斡鲁朵源自耶律阿保机的腹心部，是契丹人创立的新体制。斡鲁朵民户除向当朝皇帝纳税服役外，由契丹正户中抽调的亲信侍卫，负责扈从当朝皇帝四时捺钵，护卫后妃宫帐、皇陵、皇家庙宇。斡鲁朵所属游牧民，分石烈、弥里（抹里）两级组织，其上的管理机构为某宫都部署司。斡鲁朵所属农业人口主要隶属于诸斡鲁朵提辖司，并不断以提辖司户建立斡鲁朵所属州县，但这些州县与其所属斡鲁朵已不存在较强的隶属关系，实际上转变为国家的编户齐民。至辽末，斡鲁朵已经发展为直属于皇帝的庞大力量。

辽、金、元三朝皇帝每年皆例行的捺钵活动，在国家政治生活中占有举足轻重的地位。关于辽朝皇帝四时捺钵的情况，传统观点一般认为，只在冬夏捺钵之地处理军政大事，而于春秋捺钵之地，多为游猎之举。武玉环《春捺钵与辽朝政治：以长春州、鱼儿泊为视角的考察》（《北方文物》2015 年第 3 期）从春捺钵的地点及其变化入手，以长春州、鱼儿泊为视角进行考察，论述了辽圣宗时期春捺钵地点的改变及其原因，以及辽朝后期的长春州、鱼儿泊等春捺钵之地，与辽朝政治紧密相关，是辽朝后期的政治中心所在地之一。陈晓伟《辽金元的夏捺钵："阿延川"、"上京"、"爪忽都"辨》（《中国边疆史地研究》2015 年第 2 期）从四库本宋元文献中所见"阿延川""上京"两地名入手，认为"阿延川"本作"爱阳川"，"上京"实乃"上陉"之误，并对清人认为"爪忽都"亦指金莲川的观点提出了不同的意见。夏宇旭《地理环境与契丹人四时捺钵》（《社会科学战线》2015 年第 2 期）着重于捺钵地理环境的考察。

《辽史》"属国军"条、"北面属国官"条分别出自金、元修史者之手。张宏利、刘璐《〈辽史〉"属国军"条与"北面属国官"条编纂述论》（《绥化学院学报》2015 年第 2 期）通过分析两条记载下重出现象、误将部族作为属国等问题，揭示金、元两代史臣在史料选择、编纂以及重视程度等方面的差异。

辽代的科举制度，一直以来是辽史研究中的薄弱一环。高福顺《科举与辽代社会》通过对辽代科举制度的发展历程、考试运行机制、考试规模、及第进士的礼遇，以及释褐进士群体的政治地位等方面的论述，揭示了辽代科举制度参用唐、宋制度，同时具有北疆民族特色的双轨制文化特征，以及辽代在中国科举制度史上的重要地位。他还发表相关论文《辽朝及第进士释褐任官考论》（《学习与探索》2015 年第 2 期）、《辽朝释褐进士的政治生活角色：以释褐进士迁转朝官与地方官为中心》（《东北史地》2015 年第 1 期）、《科举制度在辽代社会生活中的地位与影响》（《长春师范大学学报》2015 年第 1 期）、《辽朝科举考试内容考论》（第一作者为马丽梅，《辽宁工程技术大学学报》2015 年第 6 期）。

元修《辽史·百官志》疏漏、抵牾、错误、重复诸病比比皆是，给辽朝官制乃至整体的辽史研究带来了不小的阻碍。林鹄《〈辽史·百官志〉考订》一一对诸条目作详细批注，考源正讹，逐条考察其在相关史籍中的记载情况，明其史源，正其错讹。葛华廷、王玉亭《辽代南、北宰相府地位的变化及其宰相职位设置与选任》（《北方文物》2015 年第 3 期）指出，辽朝统领部落的北、南宰相府的地位及职权，在北、南枢密院设立后，发生了重大变化。北面官北、南两宰相府宰相设置应各有两位。二府宰相的人选也并非必须出自享有世选北、南宰相府宰相特权的家族。《辽史》中，北面官的南府宰相与南面官宰相相混淆的情况当非个别。

在巡检制度方面，张国庆《辽朝警巡、军巡与巡检制度考略》（《辽宁大学学报》2015 年第 2 期）一文认为，辽代承仿晚唐五代及北宋制度，设置"军巡院""巡检司"，并首创了"警巡院"，通过军警治安与民政管理制度的确立，为确保辽朝国土安全、维持社会稳定起到了重要作用。

在谥号制度方面，苗润博《辽代帝王简谥钩沉：以王士点〈禁扁〉为中心》

（《民族研究》2015 年第 3 期），通过对比同时期其他王朝的谥号制度，全面考察辽代帝王谥号的内容特点及使用情况，揭示出辽代皇帝谥号的核心部分直接采用汉朝谥法，故与唐宋谥号形同而实异这一事实。

在舆服制度方面，葛志娇《辽朝紫金鱼袋考论》（《辽宁工程技术大学学报》2015 年第 1 期）通过对比辽代与唐代服紫及佩戴金鱼袋官僚范围的变化，阐明了辽代官制异于中原的一面。

制度史研究方面其他论文还有：张功远《辽代的驸马都尉》（《辽宁工程技术大学学报》2015 年第 3 期），冯科《辽太祖与元太祖侍卫亲军比较分析》（《广播电视大学学报》2015 年第 3 期），何希《契丹皮室军职能转变原因探析》（《东北史地》2015 年第 2 期），陈天宇《"王权支配"下的辽代官僚荫补阶层探究》（《辽宁工程技术大学学报》2015 年第 4 期）、《辽代川州长宁军节度使探究》（《辽宁工程技术大学学报》2015 年第 1 期），王旭东《辽代西京留守的选任与去向探究》（《山西档案》2015 年第 6 期），胡江川《论辽朝南京路建制》（《黑龙江史志》2015 年第 5 期），孙福轩、王士利《辽金科举试赋考述》（《广东第二师范学院学报》2015 年第 6 期），冀明武《辽代法律中儒家文化略论》（《北方文物》2015 年第 4 期），刘颖、唐麦《辽金时期刑法中"罪名"与"刑罚"的独特性补缀》（《兰台世界》2015 年第 3 期），王媛慧《辽代西南面招讨司的设置与职掌》（《品牌研究》2015 年第 1 期），王晓静《西辽政治制度述论》（《赤峰学院学报》2015 年第 9 期）等。

学术综述有葛志娇《近三十年来辽代枢密院研究述评》（《辽宁工程技术大学学报》2015 年第 3 期）、常媛媛《简述辽代四时捺钵制》（《学理论》2015 年第 6 期）、刘肃勇《辽代契丹贵族特异习俗：四时捺钵》（《中国社会科学报》2015 年 6 月 19 日）等。

三　经济史、社会史

刘云《宋辽西夏金元财政史》从财政管理制度、财政收入、支出等方面详细介绍了辽代财政的情况，弥补了辽代经济研究的不足。辽代的农业中心，有一个从上京地区向中京地区南移的过程，李文伟、孙永刚《试论辽上京农业特点》（《赤峰学院学报》2015 年第 11 期）通过浮选法对巴彦塔拉遗址中埋藏的植物遗存进行种属鉴定与分析，以及对比以巴林左旗为核心区域的黄土分布范围、历史文献中水旱灾害记录，表明除政治因素外，气候的影响以及环境的变化也是导致辽代经济、政治中心由上京迁往中京的重要因素。张国庆、邵东波《辽金屯田之比较》（《北方文物》2015 年第 3 期）一文认为，辽金两朝屯田之目的、屯田之地域、屯田之形式、屯田之政策和措施、屯田之性质等，既有相同之处，也存在着较大的差异。张国庆还发表了《辽朝手工业门类与生产场所考述：以石刻文字资料为中心》（《辽宁工程技术大学学报》2015 年第 5 期）。武天佑、宁国强《试析"澶渊之盟"对辽代陶瓷制造业的影响》（《内蒙古农业大学学报》2015 年第 3 期），以"澶渊之盟"为分界点，探讨其前后两个时期辽代陶瓷器在形制、釉色、装饰题材等方面的变化，进而指出其对辽代陶瓷的影响及意义。

社会史研究方面。孙昊《辽金女真的"家"与家庭形态：以〈金史〉用语为中心》（《贵州社会科学》2015 年第 11 期）介绍了女真的家庭形态是以两代同居的多偶家庭为主，兼具兄弟联合式家庭或者三代同居的主干家庭形态。张志勇、赖宝成《契丹世家大族的家庭教育：基于出土的辽代碑刻资料》（《辽宁工程技术大学学报》2015 年第 2 期），基于教育视角，挖掘有限的文献资料，充分利用出土的碑刻资料，就辽代契丹世家大族家庭教育对象、内容、形式与教材的特点、作用与影响等问题进行了深入探讨。夏宇旭《野生食物资源与契丹社会》（《中央民族大学学报》2015 年第 3 期）通过对契丹人食用的野生资源进行介绍，进而得出其对契丹人的体质、民族性格，以及辽代社会产生的重要影响。田晓雷《辽代饮食结构新探》（《阴山学刊》2015 年第 5 期）以辽墓壁画为切入点，结合文献资料得出结论，认为辽代饮食结构的多元化、食材产地的多元化，反映了在辽政权的统治下，各民族之间相互交融，不断彼此融合的历史事实。李亭霖、吕昕娱《辽朝契丹族丧葬习俗研究》（《赤峰学院学报》2015 年第 10 期）揭示了辽代契丹人对死后墓室的建构、埋葬方式的选择以及随葬物品的摆放和尸体的处理等方面，都极其讲究，进而形成了契丹族独具特色、富有民族色彩的丧葬习俗文化。

经济史、社会史方面的论文还有：李月新《辽代中晚期部落赈济现象探析》（《北方文物》2015 年第 4 期），赖宝成《兼析辽契丹人口思想与辽代阜新人口》（《社科纵横》2015 年第 11 期），付智健、肖忠纯《辽代医巫闾地区社会经济的发展》（《辽宁经济职业技术学院学报》2015 年第 6 期），吴凤霞《辽代移民辽西及其影响探析》（《北方文物》2015 年第 2 期），王明前《契丹辽朝国家经济区域整合的历史轨迹》（《青海师范大学民族师范学院学报》2015 年第 1 期），侯秀林《从应县木塔秘藏看辽代西京地区雕版印刷业的兴盛原因》（《山西大同大学学报》2015 年第 6 期），程嘉静《辽代榷场设置述论》（《内蒙古社会科学》2015 年第 2 期），王坤、傅惟光《辽代的契丹和草原丝绸之路》（《理论观察》2015 年第 6 期），张敏、徐丽颖《从辽代墓志中的女性典范看辽代社会的女性观》（《白城师范学院学报》2015 年第 1 期），张敏《辽代的离婚方式及其反映的社会文化特征》（《兰台世界》2015 年第 30 期），夏宇旭、王小敏《地理环境与契丹人的居住方式》（《吉林师范大学学报》2015 年第 3 期），吕富华、孙国军《从使辽诗看奚族社会生活》（《黑龙江民族丛刊》2015 年第 1 期），王丽娟《碑刻资料所见奚族的婚姻习俗》（《河北大学学报》2015 年第 5 期）等。学术综述有程嘉静《辽代商业研究综述》（《辽宁工程技术大学学报》2015 年第 6 期）。

四 民族关系与外交关系

民族关系及外交关系一直是辽史研究中比较受重视的领域。尽管古代东北亚大国构建的朝贡体系中，境内部族间的关系与周边政权间的关系往往带有弹性，模糊不清，我们仍按照中国现有版图将辽政权与国内民族的关系定义为民族关系，与国外民族的关系定义为外交关系，加以简述。

民族关系方面。程妮娜《女真与辽朝的朝贡关系》（《社会科学辑刊》2015 年第 4 期）分析并总结了自辽太祖到天祚帝时期将近两百年间女真对辽的朝贡情况及演变规律。该文认为女真各部自辽初期频繁向辽朝贡，到辽圣宗时期部分部族不再朝贡而被纳入地方州县管理体系，再到道宗、天祚帝时期大部分女真部族不再向辽朝贡，总体上反映了辽朝对女真各部族统治形式逐步由羁縻朝贡统辖体制向一般行政建制管理体制过渡的趋势。张宏利、刘璐《辽朝属国考辨》（《佳木斯大学社会科学学报》2015 年第 1 期）以辽人对疆域的认识为视角，以乌古与辽的关系为切入点，重新界定辽朝属国概念，并考证出辽朝属国为 17 个。

赵永春、张喜丰《契丹的"中国"认同》（《黑龙江民族丛刊》2015 年第 1 期）认为，契丹自建国始即利用古代弹性的"中国"观念，按其所需，通过自称炎黄子孙及"北朝"，认同中国传统文化，袭用"中原"即"中国"、"九州"即"中国"，佛经中的"南赡部洲"之说，"夷狄用中国之礼则中国之"等思想观念，以及声称拥有"传国宝"，应该为中国正统等几个方面，自称"中国"。同时，契丹并不反对与宋人并称"中国"，为统一的多民族的"中国"的形成、"中国"国号的确立，以及中华民族的形成做出了不可磨灭的贡献。该文基于史料的阐述也可以说是对某种刻意"去中国化"的内陆欧亚学取向做了除魅的工作。

英国学者史怀梅《忠贞不贰？——辽代的越境之举》（江苏人民出版社 2015 年版）以 10 世纪幽云地区部分汉官汉将依附契丹政权的史实为切入点，通过对不同时期越境入辽的汉人代表人物的个案分析，以区别于以往民族主义概念观察历史的视角，重新探讨了唐末至"澶渊之盟"间人们忠君观念和边界意识的变化，以及族群间文化冲突与认同等问题。

符海朝《五代宋辽时期异质文化交流中的误解剖析》（载刘云军、丁建军主编《保定宋辽历史文化遗产及其开发研究》，河北大学出版社 2015 年版）举例剖析了相关时期宋辽之间，乃至辽境内的汉人与契丹人之间因文化背景差异而产生的种种误会，反映了二者间文化的冲突与融合的趋势。王慧杰《宋朝遣辽使臣群体出身研究》（载《保定宋辽历史文化遗产及其开发研究》，河北大学出版社 2015 年版）一文总结出，宋朝重视遣辽使臣的出身和才华，择使的过程也体现了宋朝以文治国的理念与风尚。孙伟祥、张金花《略论辽朝汉人契丹化问题》（《辽宁工程技术大学学报》2015

年第 3 期）一文认为，辽朝境内汉人在政治、经济、文化、社会生活方面广泛的契丹化现象属于中华民族多元一体化进程中的重要一环与必然现象。魏淑霞《辽、西夏、金民族政权的汉化探讨》（《西夏研究》2015 年第 4 期）对辽、西夏、金政权的汉化及其以儒治国的相关问题进行了比较探讨。

辽与高丽的关系方面。陈俊达通过《辽朝遣使高丽年表简编（前期：922 年至1038 年）》（《黑龙江史志》2015 年第 5 期）、《辽朝遣使高丽年表简编（后期：1039年至 1120 年）》（《黑龙江史志》2015 年第 8 期）、《试析辽朝遣使高丽前期的阶段性特点（公元 922—1038 年）》（《齐齐哈尔大学学报》2015 年第 4 期）、《高丽遣使辽朝研究述评》（《绥化学院学报》2015 年第 2 期）四篇文章对辽与高丽的朝贡关系研究做了总结，并通过与邵晓晨合写的文章《关于辽朝遣使册封、加册及贺高丽国王的新思考：兼论封贡体系下宗主国宗主权的行使》（《赤峰学院学报》2015 年第 5期）分析了高丽国王获得辽朝册封的条件及贺生辰等人的活动来体现二者宗藩关系的实质。魏志江、潘清《十至十四世纪的中韩关系形态与东亚世界：兼评费正清的"华夷秩序"论》（《南京社会科学》2015 年第 2 期）。

张宏利、刘璐《试论辽人的疆域观》（《湖湘论坛》2015 年第 1 期）一文认为，辽人以行政区划为中心，依据控制力的强弱，将与辽朝有联系的区域划分为境内、境外、绝域三个层次。境内为行政区划之地，是辽朝施政的核心地区；境外为辽朝属国属部地区，辽朝实行羁縻统治；绝域是与辽朝存有朝贡关系的诸国诸部，与辽朝关系最为疏远。

相关的研究还有：耿涛《东丹国南迁缘由初探》（《佳木斯大学社会科学学报》2015 年第 6 期），周国琴《关注他民族需求：辽代"因俗而治"民族政策成功的真相》（《贵州民族研究》2015 年第 8 期），陈天宇、肖忠纯《辽代锦州临海军节度使出使外交考》（《赤峰学院学报》2015 年第 1 期），李爱荣、和谈《契丹与西域诸部关系之史料考述》（《兰台世界》2015 年第 36 期），魏志江《试论西辽帝国对中亚、西域的经略及其对丝绸之路的影响》（《北方民族大学学报》2015 年第 2 期）等。

五　历史地理、文物考古

由于辽代传世文献的稀缺，田野考古和历史地理勘测成为获取研究素材和考定史实的重要途径。2015 年度的辽代考古和历史地理研究以发掘报告和考证论文为主，数量较多，其中不乏重要成果。

历史地理方面。孙炜冉《兀惹、兀惹城与定安国考》（《沈阳工程学院学报》2015 年第 4 期）一文认为，辽代的"兀惹部"实为原渤海国时期乌氏之本部；历史上的定安国原本为南海府烈氏烈万华所建，在辽景宗保宁七年扶余府燕颇起义的当年，已经被辽所灭，所以后来的乌氏定安国为兀惹乌玄明所续建，而"兀惹城"即为乌舍城，亦即受宋册封为"乌舍城浮渝府渤海琰府王"的燕颇所居之地；其他零散兀惹部则是史籍中所见的乌昭度（乌昭庆）的部属。辽代的兀惹诸部便是由乌氏定安国、兀惹城燕颇以及兀惹乌昭度这三部分构成。陈俊达《契丹柴册时地考》（《哈尔滨学院学报》2015 年第 1 期）认为辽代柴册礼的举行地点与四时捺钵相同，分为两个时期，即辽太宗至辽景宗时期在木叶山行柴册礼，辽圣宗至天祚帝时期在白岭行柴册礼。王淑兰《论辽代东京道城市的来源及分布》（《河北北方学院学报》2015 年第 3 期）提出辽代东京道城市的建立奠定了东北地区城市的格局。

　　新的考古发现方面。汪盈、董新林、陈永志等《内蒙古巴林左旗辽上京宫城城墙 2014 年发掘简报》（《考古》2015 年第 12 期）在前一年发掘的基础上进一步深入发掘研究了辽上京的宫城遗址。大庄科矿冶遗址群是目前国内发现的辽代矿冶遗存中保存炼铁炉最多的冶铁场所，刘乃涛《"冶金考古"重地：北京延庆大庄科辽代矿冶遗址群》（《大众考古》2015 年第 4 期）一文，介绍了北京地区在辽代接受、运用中原生铁冶金技术的情况，体现了辽王朝物质文化的发展水平。此外，王岩《内蒙古克什克腾大营子辽代石棺壁画墓》（《文物》2015 年第 11 期），刘俊喜、李白军等《山西大同西环路辽金墓发掘简报》（《文物》2015 年第 12 期）。

　　文物考古研究方面。陈朝云、刘亚玲《宋辽文化交流的考古学观察：以宣化辽墓的考古发现为视角》（《郑州大学学报》2015 年第 1 期）一文认为，聚族而葬且形制多样的宣化辽代家族墓地体现了中原汉民族传统的葬俗及北宋时期中原地区常见的墓葬构筑形式。其墓葬结构及墓葬形式演变规律与北宋时期中原地区墓葬极度相似；墓葬中产自中原地区的瓷器，反映了宋辽两地经贸往来的历史事实；其散乐、车马出行、契丹与汉人协作劳动等壁画装饰从不同方面印证了汉与契丹文化的交融。但是宣化辽墓厚葬的形式与中原宋墓薄葬之风差异明显。刘晓溪、姜铭、Pauline Sebillaud《延边州辽金时期城址及其分布情况概述》（《东北史地》2015 年第 2 期）介绍了吉林延边包括渤海国故城在内的辽金时期的古城分布情况，以及城址结构和分布上反映出的辽金元时期该区域内政治格局发生的一系列重大变化。

　　苗润博《〈通法寺地产碑〉为辽碑说辨误》（《北方文物》2015 年第 1 期）一文认为《辽代石刻文续编》收录的《通法寺地产碑》碑铭中并无关于此碑年代的明确信息，同时该文作者翻检相关史料后发现更多疑点，因此认为将此碑确认为辽碑，并作为辽代寺田地契的范本来讨论辽代寺院经济等相关问题存疑，并据史料阐述了自己的辨误观点。姜维公、姜维东《辽代碑志铭记中的纪时法研究》（《史学集刊》2015 年第 2 期）介绍了建立在中原历法基础之上的辽代四种纪时法：纪年法、纪月法、纪日法和纪时法。杜成辉《应县木塔秘藏中的辽代卜筮书刻本》（《敦煌研究》2015 年第 4 期）指出，应县木塔秘藏中发现的书名和撰者不详的辽代卜筮书刻本系宫、商、角、徵、羽五音及木奴、天牛、玉犬、星象和时辰等占卜凶吉，俱与丧葬有关，为丧事的吉凶选择，属于葬书。其风格与同出的《蒙求》相同。《蒙求》成书于唐代，辽代阴阳学并不发达，因此该卜筮书成书也当在辽代以前，甚至可能在唐代以前。书中的木奴歌、天牛吼等不见于现存其他著录，具有重要的学术价值。冯金忠《黑水城文书所见西夏银牌：兼论西夏制度的辽金来源》（《中华文史论丛》2015 年第 3 期）介绍了黑水城文献中提到的银牌制，可能远承辽制而近仿金制，表明辽金制度也是宋制之外西夏制度的重要来源。墓志、塔铭、钟铭研究还有郭宝存、祁彦春《辽代〈萧绍宗墓志铭〉和〈耶律燕哥墓志铭〉考释》（《文史》2015 年第 3 辑），尤李《辽代庆州白塔建塔碑铭再考》（《内蒙古师范大学学报》2015 年第 4 期），梁松涛、王路璐《河北涞源阁院寺辽代"飞狐大钟"铭文考》（《北方文物》2015 年第 1 期），耿涛《耶律羽之墓志所载"人皇王诏书"考疑》（《兰台世界》2015 年第 33 期）等。

文物考古研究论文还有：郑承燕、杨星宇《辽代帝王陵寝制度特点研究》（《赤峰学院学报》2015 年第 2 期），孙伟祥《辽朝帝王陵寝组成问题初探》（《黑龙江民族丛刊》2015 年第 1 期），刘毅《辽西夏金陵墓制度的新因素及其影响》（《南方文物》2015 年第 3 期），兰中英《浅析辽代墓葬壁画形制及风格：以库伦旗辽代墓葬壁画为例》（《辽宁教育行政学院学报》2015 年第 5 期），李鹏《辽代墓饰门神图初探》（《北方文物》2015 年第 4 期），林栋、金愉《试论辽代墓葬的天井》（《北方文物》2015 年第 4 期），薛志清、闫晓雪等《对张家口下花园区辽文化研究的若干思考》（《河北北方学院学报》2015 年第 5 期），杨蕤《文物考古学视野下的辽代丝绸之路》（《北方民族大学学报》2015 年第 2 期），于博《由八大灵塔图像管窥辽代佛教信仰》（《东北史地》2015 年第 5 期）、《从辽塔造像看密教对辽代七佛造像的影响》（《北方文物》2015 年第 3 期），赵兵兵、刘思铎《关于朝阳地区密檐式辽金砖塔的比较研究：以黄花滩塔和美公灵塔为例》（《沈阳建筑大学学报》2015 年第 1 期），赵兵兵《同源异制的辽代木构与砖作铺作》（《四川建筑科学研究》2015 年第 3 期），崔淑红《浅析丰润天宫寺塔发现的辽代石造像》（《科学大众》2015 年第 4 期），孙国军、赵国栋《辽代佛像的鉴定》（《草原文物》2015 年第 1 期），马会宇、任爱君《辽代鐎斗考：从杜杖子辽墓发现的一柄铁鐎斗说起》（《北方文物》2015 年第 4 期），贾冬梅《辽代金饰品上体现出的民族特色》（《文物鉴定与鉴赏》2015 年第 5 期），吕富华《辽代胡人乐舞纹玉带及相关问题探讨》（《东北师大学报》2015 年第 1 期），高晶晶《试论辽代真容偶像丧俗》（《文化遗产》2015 年第 2 期），李浩楠《史籍与考古所见辽代药物考》（《唐山师范学院学报》2015 年第 6 期），杜成辉、马志强《应县木塔秘藏中的辽代戒牒》（《山西大同大学学报》2015 年第 2 期）等。

学术综述论文还有：黄小钰《辽墓壁画的考古发现与研究综述》（《故宫博物院院刊》2015 年第 1 期），王茂华、王衡蔚《辽宋夏金时期城池研究回顾与前瞻》（《宋史研究论丛》2015 年第 16 辑），李玉君、张新朝《二十一世纪以来辽代墓葬壁画研究综述》（《中国史研究动态》2015 年第 5 期）等。

六 文化史

辽代文化史研究以文献、契丹文字、宗教、艺术和体育为主，涵盖面广，看似琐碎但信息量大，其中蕴含着解读辽代历史的颇有价值的信息，特色研究亦颇有之。

关于佛经和佛教。方广锠《辽藏版本及〈辽小字藏〉存本》（《文献》2015 年第 2 期）介绍了《辽藏》中辽代刊刻汉字《大藏经》，而契丹字经称为《辽大字藏》和《辽小字藏》。文中着重探讨了《辽小字藏》的存本，认为丰润天宫寺塔所出的《大乘本生心地观经》当为《辽小字藏》印本。该文据此总结了《辽小字藏》的装帧、版式等特征，可供将来鉴别《辽小字藏》参考。郑毅《民族融合进程与辽代佛教繁荣》（《学理论》2015 年第 10 期）认为辽代统治者对民族问题处理得比较成功，宗教在各民族中的广泛传播相当程度上促进了民族间的和谐交往和融合。佛教史论文还有：张国庆《石刻文字所见辽代寺院考》（《东北史地》2015 年第 4 期），丁帆、陆亚飞《从大同华严寺看契丹与汉民族文化融合》（《黑龙江史志》2015 年第 5 期），赖宝成《从阜新辽塔寺遗存管窥契丹人的宗教信仰》（《职大学报》2015 年第 4 期），郭鹏《东北地区辽代佛教的兴盛探究》（《文化学刊》2015 年第 10 期）等。

康鹏《白居易诗文流传辽朝考：兼辨耶律倍仿白氏字号说》（《中国史研究》2015 年第 4 期）辨析了两条宋人留下的关于白居易诗文在辽境内传播的记录，在此基础上发掘辽代石刻中的相关信息，并得出了《耶律（韩）迪烈妻萧乌卢本娘子墓志》实模仿抄袭自白居易为元稹之母撰写的墓志这一重要结论。这为白居易文章在辽朝腹地的传播提供了很好的例证。该文还梳理了耶律倍改名"黄居难"并字"乐地"一事的来龙去脉，指出黄居难本为唐末普通举子，与耶律倍并无任何瓜葛，直至明万历年间的好事之徒始将二人捏合为一，耶律倍效仿白氏字号的故事方才诞生、流传并逐步演变成为"信史"。邱靖嘉《古籍整理中过度依赖传统历谱的问题：以〈辽史〉朔闰为例》（《文献》2015 年第 6 期）也是一篇很有价值的论文。王佑夫《契丹、女真文论释碎》（《中央民族大学学报》2015 年第 4 期）介绍了契丹女真民族有限的诗学言论中所蕴含的少数族群对中华传统文化、文学的认同以及所接受的"华夷一统"观念。关于文献研究，还有曹萌《契丹女真民族传世文献整理研究的思路与方法》（《甘肃理论学刊》2015 年第 3 期），吕富华《宋人笔记中契丹史料的价值》（《赤峰学院学报》2015 年第 3 期）。

刘凤翥《契丹文字研究类编》全书分三部分，第一部分为契丹文字研究的学术史，重点介绍 1985 年《契丹小字研究》出版前后的契丹文字研究状况；第二部分为契丹文字新研究，包括刘先生本人考释契丹文字碑刻的一系列文章，学术界已经释读的契丹大小字语词以及拟音；第三部分是契丹文字资料，包括传世的契丹文字碑刻的拓本和摹写本。李艺《刘浦江的契丹小字研究》（《黑龙江史志》2015 年第 14 期）

和《走出辽金史：刘浦江先生笃行而未竟的事业》（《光明日报》2015 年 1 月 21 日）介绍了已故辽金史研究大家刘浦江先生在契丹小字研究等领域的杰出贡献。

乐舞研究方面。杨育新《论辽代乐舞中的音乐文化交流》（《沈阳音乐学院学报》2015 年第 3 期）一文认为，契丹民族在政权的建立和巩固过程中对中原文化的推崇和积极吸纳表现在音乐舞蹈方面极为明显。此文运用文献资料与考古发现互相印证的研究方法，从辽代的乐舞机构、乐舞的乐器与器乐、舞蹈元素等几个方面论述辽代乐舞中蕴含的重要音乐文化信息，即辽代乐舞在纵向的时间维度上对唐代乐舞的继承，以及横向空间维度中与周边民族的碰撞、交流，并总结出了辽代乐舞中的文化交流特征。王珺《辽代羯鼓探微》（《沈阳音乐学院学报》2015 年第 3 期）以辽代现存的羯鼓图像为主线全面梳理了羯鼓在历史上的发展脉络，以及辽代音乐文化中的多元构成。此外，管琳《辽代萨满乐舞考略》（《绥化学院学报》2015 年第 11 期），于立、张琪《纵看辽宁朝阳地区民族民间舞蹈的发展：以辽代古塔雕刻图像为例》（《舞蹈》2015 年第 2 期），孙思《辽代图像中的契丹乐舞研究》（《兰台世界》2015 年第 6 期），付婧《三十年来契丹（辽）音乐文化历史研究概述》（《沈阳音乐学院学报》2015 年第 3 期）等。

张国刚《马可·波罗游记：从发现契丹到发现世界》（《南风窗》2015 年第 24 期）认为契丹民族在西方对东方探索学习和超越的转折阶段起了影响深远的独特作用。辽代文化史研究论文还有：周春健《辽金元三代的经学发展及其特征》（《福建论坛》2015 年第 1 期），王久宇《辽金始祖传说之比较》（《辽宁工程技术大学学报》2015 年第 1 期），赵国军、那日苏《契丹祖源与族源论证：从马盂山到木叶山》（《黑龙江史志》2015 年第 5 期），王善军《生命彩装：辽宋西夏金人生礼仪述略》（《兰州学刊》2015 年第 10 期），艾萌《辽代"射柳"考论》（《佳木斯大学社会科学学报》2015 年第 5 期），武文君《略论辽代各族女性的文化贡献》（《辽宁工程技术大学学报》2015 年第 4 期），何圳泳《地理文化视野下宣化辽墓中的茶禅文化》（《农业考古》2015 年第 2 期），孙立梅、矫俊武《谈契丹族禁忌与吉林省西部湿地保护》（《白城师范学院学报》2015 年第 10 期），姝雯《探析契丹族社会生活中存在的萨满文化》（《才智》2015 年第 4 期），李月新《试论辽朝时期道教在草原地区的传播》（《赤峰学院学报》2015 年第 9 期），刘金明、靳运洁《契丹民族对天津区域文化发展的影响》（《满族研究》2015 年第 1 期），黄震云《云南"本人"与北方达斡尔人和契丹民族渊源通考》（《辽东学院学报》2015 年第 5 期），潘晓暾《由辽代壁画看辽代契丹人与汉人服饰的融合》（《东北史地》2015 年第 4 期），张恒《契丹族与汉族服饰文化融合演变考证》（《兰台世界》2015 年第 12 期），邢忠利《辽朝契丹人文娱活动研究》（硕士学位论文，辽宁大学，2015 年），王晓衡《辽体育研究》（《体育文化导刊》2015 年第 1 期）等。

综上所述，2015 年度的辽史研究，以制度史、民族关系史、碑刻和文献研究、契丹文字、文物考古、乐舞研究成果最为丰富。而政治史、社会史研究稍显不足。利用契丹文字解读成果推进政治史、制度史、家族史研究，利用文物考古资料加强经济史、社会史、文化史研究，同时进一步挖掘传统文献的宝库，促进辽史研究与唐、宋、金、元史及内亚民族史研究的深度融合，是今后辽史研究的必然趋势。

2015 年西夏史研究综述

高 仁　张雪爱

西夏学的研究大体可以分为以下四个领域：社会历史、语言文字、文献整理、文物考古等。四大领域虽然有所关系，但是各自仍有着较为独立的体系。其中，西夏文献整理与西夏史的研究密切相关，且有着特殊的地位，本文即对 2015 年西夏文献、历史的研究做一回顾。

一　西夏文献整理与考释

西夏文献数量众多、种类多样、内容丰富，但其总体较为分散，多出土文献，且涉及多种民族文字，因而其整理与考释一直是西夏学研究中困难却又极其重要的工作。自 20 世纪中期以来，西夏文献的整理工作就已经展开，20 世纪 90 年代以后，随着分别收藏于各地的西夏文献陆续刊布，以及新出土的文献不断涌现，学者们对它们的关注只增无减，因此西夏文献的整理、考释也渐成为西夏学研究中的一个重要方向。

2015 年，西夏文献研究依然热门，共有专著 9 部，论文 49 篇，可谓硕果累累。其中惠宏、段玉泉《西夏文献解题目录》（阳光出版社 2015 年版）对出土西夏文献进行了逐次整理，不仅梳理了现已刊布的大量文献，并做详细的解题，还补充了先前目录中未曾著录或者漏录的大量文献，修正了此前的诸多错误，为我们研究各收藏单位所拥有的出土文献提供了一份指引。梁继红《武威出土西夏文献研究》（社会科学文献出版社 2015 年版）则对武威出土的西夏文献做了系统的整理，对各件文献释录、评估其价值，考释其版本及内容，并在此基础上进行了研究。应该说，这两部著作是2015 年西夏文献研究较为系统的成果。

其他的研究各有侧重，数量众多，大体可分为宗教类文献、世俗类文献两方面，现分别概述如下。

（一）宗教类文献研究

西夏宗教类文献的研究主要为佛教文献和个别道教文献。其中佛教文献包括研究佛经译释、考证，发愿文、题记考证以及对文献内容的研究等。

佛经的译释、整理与考证是佛教文献研究的大宗。胡进杉《西夏佛典探微》（上海古籍出版社 2015 年版）对西夏文《心经》《大悲心总持功能依经录》《十五佛母赞》和多种《陀罗尼》等佛经进行译释，与宋、辽、金、吐蕃经典进行比定，判定了西夏文本的源流。王培培《西夏文〈维摩诘经〉整理研究》（社会科学文献出版社 2015 年版）收集了所有西夏文《维摩诘经》的残件，拼合出该经初译本和校译本两个版本并加以译释，在此基础上探寻了西夏的校经原则。崔红芬《西夏汉传密教文献研究》（社会科学文献出版社 2015 年版）一书较为系统地梳理和整理了黑水城等地出土的西夏文本和汉文本密教文献，并在此基础上做进一步研究，考证了西夏佛教对周边民族及政权的继承性。崔红芬《英藏西夏文本〈妙法莲华经〉研究》（《普陀学刊》2015 年第 2 辑）一文则对《英藏黑水城文献》中的 23 件以鸠摩罗什汉译本为底本翻译成西夏文的《妙法莲华经》或《观世音菩萨普门品》进行了一一定名、译释与解读，在此基础上考证它们译成的时间。孙伯君《玄奘译〈般若心经〉西夏文译本》（《西夏研究》2015 年第 2 期）从黑水城出土的慧忠《般若心经注》的西夏文译本中辑录出玄奘所译该经全文，并对其进行了译释，为学界增加了一种《心经》译本的文字品类。王龙《中国藏西夏文〈佛说消除一切疾病陀罗尼经〉译释》（《西夏学》2015 年第 11 辑）翻译和校注了中国藏西夏文写本《佛说消除一切疾病陀罗尼经》，并讨论了该经版本及形制。张九玲《〈佛顶心观世音菩萨大陀罗尼经〉的西夏译本》[《宁夏师范学院学报》（社会科学版）2015 年第 1 期]首次刊布了《佛顶心观世音菩萨大陀罗尼经》的西夏文录文，并做翻译和校注。

除了诸多汉传佛教经典外，学者对藏传佛教经典也有所研究。孙昌盛对西夏文藏传佛教密宗经典《吉祥遍至口合本续》的研究颇为深入，《西夏文〈吉祥遍至口合本续〉整理研究》（社会科学文献出版社 2015 年版）一书参考藏文本《真实相应大本续》，对该经做了全面整理，并通过西夏文、藏文、汉文之间词义训解，对其独具特色的藏式意译词进行了解析。孙昌盛《西夏文藏传佛经〈吉祥遍至口合本续〉勘误》[《北方民族大学学报》（哲学社会科学版）2015 年第 5 期]则纠正了该经翻译和印刷方面的一些错讹，并分析了这些错误的特点与成因。

对佛经残页及片断的定名、考证，学者们也做了许多工作。马振颖、郑炳林《〈俄藏敦煌文献〉中的黑水城文献补释》（《敦煌学辑刊》2015 年第 2 辑）一文就《俄藏敦煌文献》中已确定为黑水城文献但未定名的包括佛经残片、社会文书、佛经版画以及历书等在内的 29 件文献进行释读和重新定名。聂鸿音《关于西夏文〈大般若经〉的两个问题》（《文献》2015 年第 1 期）中对两件黑水城出土《大般若经》残件进行了考证，认为其系西夏仁宗就已译全的《大般若经》译本，为元刊本。高文霞、孙昌盛《方塔出土西夏藏传密教文献"修行仪轨"残片考释》（《图书馆理论与实践》2015 年第 12 期）一文对一件拜寺沟方塔出土的西夏汉文藏传佛教文献"修行

仪轨"的残页进行了释读，并将其重新定名为"上乐金刚坛城修证仪轨"。廖旸
《〈大威德炽盛光如来吉祥陀罗尼经〉文本研究》（《西夏研究》2015 年第 4 期）一文
对三件西夏藏外经《炽盛光陀罗尼经》残页进行了考释，与该经的唐、元、明刊本
做比较，分析了藏外经在西夏时期的特点。于光建《武威藏 6749 号西夏文佛经〈净
土求生礼佛盛赞偈〉考释》（《西夏学》2015 年第 11 辑）通过对武威出土 6749 号西
夏文佛经的录文与译释，将此佛经重新定名为《净土求生礼佛盛赞偈》，并区别了该
经集的录者寂真国师和俄藏《净土求生顺要论》的传者寂照国师。许鹏《西夏文
〈大方广佛华严经名略〉》（《宁夏社会科学》2015 年第 6 期）一文对俄藏文献《大方
广佛华严经名略》进行了整理，分析其体例，指出其系《大方广佛华严经》的引子。
麻晓芳《西夏文〈胜慧彼岸到要门教授现解庄严论诠颂〉译考》（《宁夏社会科学》
2015 年第 6 期）对《俄藏黑水城文献》中一件编号为 Инв. No.5130 的文献残卷进行
重新缀合与考释，考证出该件文献并非"诠颂"，而是著名的"慈氏五论"之一《般
若波罗蜜多优提舍论现观庄严颂》的本颂，又考补了题记中所记的 6 位译经僧人的
名号、封号及生平。孙飞鹏《西夏文〈方广大庄严经〉残片考释》（《西夏学》2015
年第 11 辑）一文对 M21·173 号西夏文《方广大庄严经》残片加以释录，就该经汉
译者地婆诃罗及其所译经典做考证。另外，赵天英、张心东《新见甘肃临洮县博物
馆藏西夏文〈大方等大集经贤护分〉残卷考释》（《西夏研究》2015 年第 1 期），张
九玲《〈英藏黑水城文献〉佛经残片考补》（《西夏研究》2015 年第 1 期），荣智涧
《西安文物保护所藏西夏文译〈瑜伽师地论〉残叶整理》（《西夏学》2015 年第 11
辑），许鹏《中藏 S21·002 号西夏文〈华严忏仪〉残卷考释》（《五台山研究》2015
年第 1 期），郑祖龙《山嘴沟石窟出土的几件西夏文献残卷考证》（《西夏学》2015
年第 11 辑）等文分别公布、译释、缀合、定名了《大方等大集经贤护分》《佛说长
寿经》《圣大悟荫王随求皆得经》《佛顶心观世音菩萨大陀罗尼经》《根本萨婆多部
律摄》《佛说破坏阿鼻地狱智炬陀罗尼经》《文殊师利所说不思议佛境界经》《瑜伽
师地论》《华严忏仪》《注华严法界观科文》《瑜伽集要焰口施食仪》《佛母孔雀大明
王经》《十二因缘咒》等经文的残页。

　　西夏不少佛经存有发愿文、题记，学者们利用它们解决了不少重要问题。史金波
《西夏文〈大白伞盖陀罗尼经〉及发愿文考释》（《世界宗教研究》2015 年第 5 期）
公布并整理了一件西夏文佛经残卷，通过文末的发愿文，确定其为刻印于蒙古乃马真
称制时期的《大白伞盖陀罗尼经》及"大白伞盖总持赞叹祷祝偈"，并考证了佛经发
愿文中的阔端对于西夏时期河西藏传佛教的传播乃至后来的凉州会谈的积极影响。崔
红芬《中英藏西夏文〈圣曜母陀罗尼经〉考略》（《敦煌研究》2015 年第 2 期）梳理
了英藏和中国藏的西夏文大乘密教经典《圣曜母陀罗尼经》，通过译释和考证佛经中
的题记，发现该西夏文本是依据来宋译经的印度僧人法天所译之汉文本翻译而来，时
间当在仁孝乾祐年之前。

西夏译本佛经《现在贤劫千佛名经》卷首版画《西夏译场图》是一幅著名的西夏佛教版画，段岩、彭向前《〈西夏译场图〉人物分工考》（《宁夏社会科学》2015年第4期）对图中的25身人物进行考证，分别详细考述其中9位西夏高僧的分工情况，分析了西夏对北宋在译经场的设置及其人物分工方面的借鉴。

除佛教文献外，有学者还关注到西夏为数不多的道教文献。项璇《国家图书馆道教文献残页"xixdi11jian1.04-1"等三张考辨》（《宁夏社会以科学》2015年第4期）通过对国家图书馆xixdi11jian1.04-1、xixdi11jian1.07-1、xixdi11jian1.07-3等三张道教文献的残页进行还原分析，将它们断代为西夏时期，且推测其出处为《灵宝无量度人上品妙经》。

（二）世俗类文献研究

2015年，西夏世俗类文献的研究主要从法律文献、西夏书籍、医学文献和方术类文献等几个方面展开。

《天盛律令》是西夏最重要的一部法典，继史金波、聂鸿音、白滨等先生所译《天盛改旧新定律令》之后，对其考释与补正的工作仍在继续。尤桦《〈天盛改旧新定律令〉武器装备条文研究》（博士学位论文，宁夏大学，2015年）、张笑峰《〈天盛改旧新定律令·执符铁箭显贵言等失门〉整理研究》（博士学位论文，宁夏大学，2015年）两篇文章通过录文、对译、意译的形式，分别译释了《天盛律令》卷五《军持兵器供给门》、《季校门》和卷十三《执符铁箭显贵言等失门》，对译文进一步推敲，对名物制度加以考证，并在此基础上展开了专题的研究。高仁《一件英藏〈天盛律令〉印本残页译考》（《西夏学》2015年第11辑）翻译和考证了英藏or.12380-1959K.K.Ⅱ.0282.a号文书，认为这件残页内容属于《天盛律令》第十八卷《舟船门》下的"造船及行牢等赏"条目。

西夏的印本书籍一直以来都是学者关注的热点。韩小忙《俄藏佛教文献中夹杂的〈同音〉残片新考》（《宁夏社会科学》2015年第2期）考释了俄藏佛教文献残片中新识的9张《同音》残片，发现不仅版本不同，而且新内容可以补诸本所缺，尤其是通过对这些残片的考释确定了《同音》乙种本足有57页，5804个西夏字。向柏霖著、聂大昕译的《新集慈孝传》（《西夏研究》2015年第3期）一文介绍了向柏霖对西夏文《新集慈孝传》的基本形式与内容的研究，重点论述了《新集慈孝传》所反映的西夏语动词形态和解读西夏文献时使用的语法标注手段，这种新的西夏文献解读方式为国内研究提供了一种新借鉴。袁志伟《〈圣立义海〉与西夏"佛儒融合"的哲学思想》[《宁夏大学学报》（人文社会科学版）2015年第3期]通过分析《圣立义海》《番汉合时掌中珠》《碎金置掌文》《三才杂字》等出土西夏文献，总结出：西夏融合中原汉族的"佛儒"文化形成了"二元论"哲学思想，并通过对西夏哲学思想体系的分析可以看出作为少数民族的党项族对汉民族的文化认同。邵鸿、张海涛

《西夏文〈六韬〉译本的文献价值》（《文献》2015 年第 6 期）通过比较西夏译本和宋代形成的今本《六韬》在分卷、篇目、文字方面的差异，判断元丰时期的官方定本《六韬》有可能是在包括西夏译底本在内的多个版本基础上整理校定的，进一步探讨了西夏文《六韬》在文字校勘及训诂方面具有的文献价值和意义。王荣飞，戴羽《英藏西夏文译〈贞观政要〉的整理与研究》（《西夏学》2015 年第 11 辑）对西夏《贞观政要》进行重新整理和编号，分析了夏译本和诸汉文本的内容差异。

医药文献近年来日渐受到学界的关注。梁松涛《黑水城出土西夏文医药文献整理与研究》（社会科学文献出版社 2015 年版）系统整理和翻译了《俄藏黑水城文献》《中国藏黑水城汉文文献》《中国藏西夏文献》《英藏黑水城出土文献》中的西夏文医学相关文献，从本草学、方剂学和临床医学等方面考证了西夏文医学文献，并从医学社会史的角度探析了西夏文医药文献的价值和意义。

有关方术类文献的研究也比较多。聂鸿音《西夏文献中的占卜》（《西夏研究》2015 年第 2 期）通过俄罗斯科学院东方文献研究所收藏编号为 Инв. No. 6771 和 Инв. No. 8082 两件文献论证了易占、"术数"等占卜形式在西夏社会的流行程度，一方面说明占卜在西夏民众生活中的重要影响，另一方面也体现出西夏对中原占卜体系的传承。彭向前《西夏历日文献中关于长期观察行星运行的记录》（《西夏学》2015 年第 11 辑）首次公布了西夏历日文献中关于长期观察行星运行的记录，同时通过考证 Инв. No. 8085 号文书，发现其记载了九曜星宿的运行情况。梁松涛、袁利《俄藏黑水城出土西夏文占卜文书 5722 考释》（《西夏学》2015 年第 11 辑）一文通过对西夏文 5722 文书进行录文、校勘、翻译、注释，并认为其为西夏时期一位三十七属虎习判的占卜记录。赵彦龙《西夏星占档案整理研究》（《档案管理》2015 年第 2 期）通过整理《俄藏黑水城文献》《英藏黑水城文献》《中国藏西夏文献》等西夏文占卜辞，从中析出 41 件西夏星占档案，进而探讨了西夏的民风民俗以及党项族人星占的技术和水平。

二　西夏历史研究

西夏社会历史研究重在探讨党项及西夏社会的历史问题，包括政治、经济、社会、民族、文化、地理等方面，主要以历史学的方法而展开研究。目前，虽然西夏史在西夏学的研究中并不算热门，但是其基础性的地位却无法动摇，因为无论是文物、文献的整理与考释，语言文字的解读，最终都是为了揭开西夏历史的神秘面纱。2015年，直接对西夏社会历史问题展开讨论的专著只有 1 部，为佟建荣《西夏姓名研究》（社会科学文献出版社 2015 年版），论文 77 篇，现分门别类加以概述。

（一）政治、制度史研究

关于西夏史重大事件及人物的讨论。秦雅婷《元昊西凉府祠神初探》（《西夏研究》2015 年第 2 期）对宝元元年元昊立到西凉府祠神一事加以探究，认为其以祠神之名，实则系对西凉府进行战略部署。王又一《筑西夏政权之基，聚党项民族至大——再论李德明》（《民族史研究》2015 年第 12 辑）则重新评价了党项政权首领李德明，认为其对内维稳、对外务实、识人律己、爱惜民力，为其统治的和平过渡和最终立国做出了重要贡献。

关于西夏的职官。梁松涛、李灵均《试论西夏中晚期官当制度之变化》（《宋史研究论丛》2015 年第 15 辑）指出了西夏中晚期官当制度的变化，一是对官员惩罚可以钱赎罪，二是赎罪范围由官员扩展到庶人，反映了西夏晚期财政紧张的状况。魏淑霞《西夏职官中的宗族首领》（《宁夏社会科学》2015 年第 5 期）认为宗族首领是西夏政治力量中的重要一极，政府将他们纳入职官管理体系中，他们既是部族的首领，又是西夏的官员，拥有自己的部族，还受到西夏政府的管理，广泛参与西夏政治生活。

关于西夏的军事制度。樊永学《西夏部落兵制研究》（硕士学位论文，宁夏大学，2015 年）对西夏的部落兵制发展、特点、作用皆展开论述，指出西夏的部落兵以"抄""溜"为单位，亦兵亦农（牧），军政合一，政府通过对部落首领授受官职、封地招抚等形式，使党项部落联盟成为国家的军队，并纳入监军司、统军司、经略司等军事体系之下。部落兵制使得西夏全民皆兵，通过点集来发动战争，有着较强的灵活性，但对农牧生产影响较大。尤桦《〈天盛改旧新定律令〉武器装备条文研究》（博士学位论文，宁夏大学，2015 年）在文献校释的基础上，将西夏文献中所出现的各种武器进行分类，并逐个对其沿革、形制、种类、功能进行考证，并对西夏兵器配备、生产、管理情况做了总体上的概述。尤桦《从武器装备看西夏仪卫制度》（《西夏学》2015 年第 11 辑）则对西夏仪卫中所使用的各种武器、器具做了梳理，并进而讨论了西夏仪卫制度的大体状况。

关于西夏的符牌制度。张笑峰《〈天盛改旧新定律令·执符铁箭显贵言等失门〉整理研究》（博士学位论文，宁夏大学，2015 年）在文献校释的基础上，将西夏符牌分为刀牌、木牌、信牌、兵符、铁箭等，并对其形制、用途、沿革进行考证，进一步指出它们继承唐宋而又有其独创。冯金忠《黑水城文书所见西夏银牌——兼论西夏制度的辽金来源》（《中华文史论丛》2015 年第 3 期）讨论了西夏的银牌，认为其制直接仿自于金，却远承于辽，并突破了作为信牌、宿卫牌、守御牌等的限制，具有对应官员身份等级的职能。

关于西夏的"头字"研究。张笑峰《〈天盛改旧新定律令·执符铁箭显贵言等失门〉整理研究》（博士学位论文，宁夏大学，2015 年）还对"上服"与"头字"进行了考证，认为前者是用于赏赐的一种服饰，分为三等九类；后者是一种官方发布的文书，有捕畜头子、圣旨头子、官敕头子、军头子、安排官头子等。关于"头子"，陈瑞青《黑水城所出西夏榷场使文书中的"头子"》（《中华文史论丛》2015 年第 3 期）认为西夏时期的"头子"名目繁多，大致可分为官员上任时的凭据、司法机关出具"拘捕令"、坐骑头子、军事文书性质的头子和纳税登记簿，以及地方行政机构使用的头子等六大类，并指出西夏榷场使文书中的"头子"反映了西夏"头子"这种文体地方化的趋势和特点。

姜歆发表多篇文章，通过《天盛律令》中的相关条文探讨西夏的司法制度，《论西夏的起诉制度》（《宁夏社会科学》2015 年第 2 期）认为西夏的起诉制度比较完整，大而举要，小而具体，相统互补；《论西夏的审判制度》（《西夏研究》2015 年第 2 期）认为西夏的审判制度有较强的规范性和公正性，同时又不失灵活性；《论西夏司法官吏的法律责任》（《宁夏师范学院学报》2015 年第 4 期）则指出西夏司法人员的责任体系严密而规范，较之唐宋既有承袭，亦有改进。

另外，任红婷《论西夏社会保障》［《宁夏大学学报》（人文社会科学版）2015 年第 1 期］概括了西夏的社会保障制度。王又一《西夏"秦晋国王"再考——兼论西夏封王制度》［《淮海工学院学报》（人文社会科学版）2015 年第 6 期］考证了"秦晋国王"任德敬封王的时间及过程，并总结了西夏封王的若干特点。

（二）经济与经济制度研究

关于西夏的农、牧、手工业。李玉峰《从考古资料看西夏农业发展状况》（《西夏研究》2015 年第 2 期）通过对西夏出土农具的整理，指出西夏农业"略与汉同"，是经过中耕锄草、加强田间管理、改善耕作技术和收割技术、精耕细作式的农业。骆详译《从〈天盛律令〉看西夏水利法与中原法的制度渊源关系——兼论西夏计田出役的制度渊源》（《中国农史》2015 年第 5 期）认为西夏的水利制度承袭唐、宋，也受到古代河西制度的影响，还指出西夏计田出役的制度承自唐代和归义军。景永时《西夏马政述论》［《北方民族大学学报》（哲学社会科学版）2015 年第 5 期］考察了西夏马政诸多的管理措施，认为养马业是西夏与周边政权、民族长期抗衡的关键因素。任长幸《夏宋盐政比较研究》（《盐业史研究》2015 年第 2 期）认为夏、宋都制定了详细的盐业政策，但西夏盐政经济性更强，宋朝则兼顾战略性。

关于西夏的贸易。郭坤、陈瑞青《交易有无：宋、夏、金榷场贸易的融通与互动——以黑水城西夏榷场使文书为中心的考察》（《宁夏社会科学》2015 年第 5 期）认为西夏榷场中川绢、川缬、茶叶、干姜、抄连纸等产自南宋的商品是通过宋金榷场辗转流入西夏境内的，进而得出宋、夏、金三国榷场之间存在明显的贸易互动，以此实现南北货物在三国之间流通的结论。

学者还关注到西夏的出工抵债问题。谭黛丽、于光建《从〈天盛律令〉看西夏的出工抵债问题——基于唐、宋、西夏律法的比较》（《宁夏社会科学》2015 年第 3 期）一文认为，西夏出工抵债是除父母、70 岁以上的老人、10 岁以下幼童以外的所有男女，工价比正常雇佣劳动力低，在抵偿之后，即可与债权人解除主仆关系。

关于西夏经济及制度的论文还有：李柏杉《西夏仓库生产管理职能初探》（《西夏研究》2015 年第 1 期），杜珊珊《浅论金夏间的贡榷贸易》（《新西部》2015 年第 8 期），刘晔、赵彦龙、孙小倩《从黑水城出土典工档案看西夏典工制度》（《档案管理》2015 年第 5 期）等。

（三）社会史研究

关于西夏的礼仪、习俗。王善军《生命彩装：辽宋西夏金人生礼仪述略》（《兰州学刊》2015 年第 10 期）对比研究了辽、宋、西夏、金等王朝诞辰、成年、婚嫁以及丧葬的礼仪，指出辽、宋、西、夏、金时期这些礼仪逐渐普及于平民，族际交往和影响日益加深。同时，该文指出少数民族崇尚儒学，礼仪形式向汉族靠拢，呈现融会变迁的趋势。孔德翊《西夏社稷祭祀探析》（《农业考古》2015 年第 1 期）指出"社稷"之神在西夏祭祀活动中没有出现，其原因是唐末五代社会变迁和党项民族自身传统，以及多元文化整合。聂鸿音《西夏文献中的占卜》（《西夏研究》2015 年第 2 期）在对文献考证的基础上对西夏的占卜活动提出见解，指出以"干支"为依据的"术数"占卜在西夏的流行程度超过了以八卦为依据的"易经"占卜，并对西夏人的生活有强烈影响。任怀晟、杨浣《西夏天葬初探——以俄藏黑水城唐卡 X－2368 为中心》（《西夏学》2015 年第 11 辑）通过对一件唐卡文献的考证，肯定了西夏存在"天葬"的习俗。

关于西夏的教育。米晨榕《西夏教育刍议》（硕士学位论文，陕西师范大学，2015 年）认为西夏的文化教育主要在儒学思想的框架内构建起来，翻译儒家典籍，创办教学机构，实行科举制度，但也一定程度保持本民族的文化特色，创制蕃字，设立蕃学院。

一些学者关注到西夏的体育。周伟《西夏体育研究》（《体育文化导刊》2015 年第 11 期）认为西夏体育活动有舞蹈、蹴鞠、泛舟等，具有较强的军事性。戴羽《〈天盛律令〉中的西夏体育法令研究》（《成都体育学院学报》2015 年第 4 期）也讨论了西夏体育的管理法规，认为西夏对体育的管理具有军事性、全民性、严密性的特点。

（四）民族、对外关系研究

关于西夏的民族与族群。陈玮《中古时期党项与粟特关系论考》（《中国史研究》2015 年第 4 期）认为粟特人与党项及西夏有着莫大的渊源，不仅共同发动过"六有州之乱"，而且不少粟特人还在定难军政权中效命并成为后来西夏的属民。刘翠萍

《府州折氏族源与党项化的再思考》(《西夏研究》2015 年第 4 期)认为折氏移居麟府州时,早已汉化成为汉族大姓,而其与党项诸部长期杂居,逐渐党项化,成为具有鲜卑血缘的党项诸部之一。魏淑霞《辽、西夏、金民族政权的汉化探讨》(《西夏研究》2015 年第 4 期)回顾了辽、西夏、金三朝汉化的历史过程。

姓名是社会结构中的一种反映血缘关系和区别个体的符号,在古代宗法社会中,也打上了宗族的烙印。佟建荣《西夏姓名研究》(社会科学文献出版社 2015 年版)一书对西夏的姓名展开了系统的研究,利用传统考据与语音分析、西夏汉文史料与西夏文史料相结合的方法,分别对近 200 个汉文蕃姓氏及 300 余个西夏文姓氏做了考证论述,对它们进行归类,考证其源流,分析其命名方式,进而指出西夏境内存在着党项、汉、回鹘、契丹、吐蕃等多种民族,民族间普遍通婚,民族融合程度较深,汉人在西夏后期开始进入西夏的政治核心。另外,曹昕《宋代西北地区及西夏境内番族汉姓初探》(硕士学位论文,西北大学,2015 年)指出西夏境内普遍存在着番族汉姓的现象。

关于早期党项。周伟洲《早期党项拓跋氏世系补考》(《西夏研究》2015 年第 4 期)对木弥、宁的关系,守寂一族直系亲属,拓跋思恭的卒年,李仁福与李思恭亲属关系,李存(承)庆与李思恭亲属关系,李彝昌与李思恭亲属关系等问题进行了考证。

关于西夏遗民。邓文韬《元代唐兀怯薛考论》(《西夏研究》2015 年第 2 期)指出唐兀怯薛是蒙元大汗或皇帝宿卫组织的重要成员,认为其入充怯薛主要凭借"跟脚",执御服、文书、翻译、占卜等事,集中在蒙元中前期,政治地位相对弱势。

关于西夏的对外关系。王刚、李延睿《夏金末年夏使入金贺正旦仪式考论——以〈金史〉"新定夏使仪"为中心》[《北方民族大学学报》(哲学社会科学版)2015 年第 4 期]通过金哀宗正大二年一次贺正旦仪式考证,认为金朝力图重申和展示金夏之间的君臣关系而不是去建立所谓的"兄弟联盟"。刘志《西夏的对外进攻战略研究》(硕士学位论文,外交学院,2015 年)认为西夏的进攻战略有着较强的针对性和灵活性,通过进攻战而图存,确保政权的安全。

(五)历史地理研究

关于西夏军事地理。张多勇、张志扬《西夏京畿镇守体系蠡测》(《历史地理》2015 年第 32 辑)提出了西夏京畿镇守体系,认为其系由京畿以及第一圈层的南地中、北地中和第二圈层的东院、西院、南院、北院,共六个监军司构成,并对各个监军司的地望、交通、形胜做了详细的考察,进而指出该体系在崇宗晚期形成,即有保卫首都之责任,又有国防的义务,与边防的左右厢军相互牵制。

关于经济地理。任长幸《西夏盐池地理分布考》(《盐业史研究》2015 年第 1 期)对西夏时期夏、灵、盐、西安、会、甘、肃、沙、银等州盐池的方位、产盐状况等进行了详细的考证。史志林、杨谊时、汪桂生、董斌《西夏元时期黑河流域绿洲开发的自然驱动因素研究》(《西夏学》2015 年第 11 辑)考察了夏元时期黑河流域气候变化、河流改道、地质地貌与风沙活动、自然灾害等及与绿洲开发的驱动关系。

关于行政区划。刘双怡《西夏地方行政区划若干问题初探》(《宋史研究论丛》2015 年第 16 辑)认为西夏地方行政区划已不再如中原采用州—县两级统属体制,而是采取经略司—监军司两级统属体制,大体遵循"差序格局"理论,并常常因地而异。

杨浣《任得敬分国地界考》(《历史教学》2015 年第 11 期)则将地理学的考察与西夏政治史相结合,考证出任氏集团"分国"范围大体限于今甘肃白银市平川区、会宁县及宁夏海原县交界地带的屈吴山山系地区,面积不足西夏国境的十分之一,进一步认为《金史》所谓"分国之半",实为正统史家针对所谓"乱臣贼子罪行"的夸张之辞。

学者们对西夏具体城、池、堡寨有较多的考证。杨浣《宋、夏"丰州"考辨》(《宁夏社会科学》2015 年第 3 期)一文考证了唐、辽、宋时期丰州各有其所,而其中西夏丰州更可能为唐丰州之承袭,地望在今内蒙古自治区巴彦淖尔市五原县东土城乡一带。张多勇《西夏白马强镇监军司地望考察》(《西夏学》2015 年第 11 辑)对白马强镇监军司的地望做了精确考察,指出其系位于阿拉善左旗巴彦诺日公苏木豪斯布尔都村沙日布拉格嘎察的察汗克日木古城,位于古代宁夏经过阿拉善到达民勤的一条道路。李玉峰《西夏瓦川会考》[《河北北方学院学报》(社会科学版)2015 年第 5 期]考证了西夏堡寨瓦川会位于今榆中县西南新营镇,系元昊于 1036 年所筑,它成功阻断了宋与唃厮啰的联系。刘兴全、于瑞瑞《试析榆林地区对西夏历史发展的贡献》(《西夏研究》2015 年第 4 期)分析了榆林地区在西夏时期的地位。

(六)思想、文化研究

关于西夏思想史的研究。袁志伟《〈圣立义海〉与西夏"佛儒融合"的哲学思想》[《宁夏大学学报》(人文社会科学版)2015 年第 3 期]探讨了党项民族对天地、人类起源、人性、世界观等问题的认识,指出西夏(党项)人思想文化有"佛儒融合"的特点,形成了气本论与缘起说并存的"二元论"宇宙论与人性论,在宇宙论方面吸收综合了儒家的元气生化论、天道观及佛教的"四大说";而在人类起源和人性论方面则吸收综合了儒家元气论、佛教五蕴说和如来藏缘起说。袁志伟《西夏人的佛儒融合思想及其伦理道德观》[《西北大学学报》(哲学社会科学版)2015 年第 4 期]认为西夏人受到唐宋中原"三教合一"思潮的重要影响,形成了以佛儒融合为特点的道德伦理观。李玉锋《论西夏的农事信仰》(《沧州师范学院学报》2015 年第 2 期)指出西夏民众通过崇拜天体自然、祖先、神灵、重要的节气以及举行占卜活动以表达期盼农业丰收的愿望。

关于西夏文化多元性方面。于熠《西夏法律多元文化属性的特征及其演进方式》（《贵州民族研究》2015 年第 12 期）认为西夏历代君主主动吸收多种引入法典之中，如儒、佛、巫等，使西夏法典具有多元文化的属性。

佛教是西夏文化史研究的大宗。谢继胜《吐蕃西夏文化交流与西夏藏传风格唐卡》（《中国民族博览》2015 年第 3 期）全面讨论了以藏传佛教为代表的吐蕃文化对西夏文化的深刻影响，包括藏传佛教对早期党项的影响，西夏建国后藏传佛教得到宏兴，封吐蕃高僧为国师，且大兴密法，唐卡等藏式绘画在西夏也大行其道。尤丽娅、彭向前《试论西夏译场对〈掌中珠〉编写的启示》（《西夏学》2015 年第 11 辑）指出西夏译场组织由 9 部简省为 3 部——译主、书字、笔受，对西夏文化影响重大，著名的《番汉合时掌中珠》的编写就受到了它的影响。梁松涛《西夏时期的佛教寺院》（《西夏研究》2015 年第 2 期）认为西夏寺院分为官寺及家寺，前者主要是皇家寺院及高僧大德所设立的私家寺院；后者则为国家举办官方佛事活动，享有特权，规模浩大。另外，任红婷《试论我国中古时期的成文宗教法——以西夏〈天盛律令·为僧道修寺庙门〉为中心》［宁夏大学学报（人文社会科学版）2015 年第 5 期］系统地介绍了西夏僧人和道士的私利、义务、处罚措施以及僧道身份的获取资格等规定。

另外，有关西夏思想文化的研究论文、报道还有：郭勤华《从谚语看党项人的哲学思想》（《西夏研究》2015 年第 4 期），缪喜平《西夏仁孝皇帝尚儒浅论》（《西安航空学院学报》2015 年第 2 期），樊丽沙《从出土文书看西夏佛典的印制与传播》（《兰台世界》2015 年第 9 期）、《浅谈西夏番文大藏经翻译相关问题》（《兰台世界》2015 年第 36 期）等。

（七）艺术研究

关于西夏的绘画。史忠平《敦煌水月观音图的艺术》（《敦煌研究》2015 年第 5 期）指出西夏是敦煌水月观音图绘制最多、最精彩，并在诸多元素上变化最大的时代，西夏的水月观音图包容性与开放性强，大大丰富了五代以来水月观音题材的内容和表现技法。王胜泽《西夏佛教艺术中的童子形象》（《敦煌学辑刊》2015 年第 4 期）对西夏佛教艺术品中的童子进行了整理分类，并认为画家在承袭传统的基础上努力表现本民族的特征，反映了西夏儿童的生活与风貌。

许多学者关注西夏的服饰，尤其是帽饰。任怀晟、魏亚丽《西夏僧人服饰谫论》（《西夏学》2015 年第 11 辑）对西夏僧侣的冠帽样式、须发样式、法衣色彩、法衣造型、法衣质地、法衣穿披方式、服饰配件等进行了全面的归纳整理，进而指出西夏中晚期佛教徒来自不同地域、不同种族，宗派不同、服饰各异。任怀晟、杨浣《西夏"汉式头巾"初探》（《西夏研究》2015 年第 3 期）考证了汉式头巾的形制，认为其有向后长垂的"阔大带"，且受宋朝士风影响，西夏汉人官员上朝所戴首服似有顶头巾。魏亚丽、杨浣《西夏幞头考——兼论西夏文官帽式》(《西夏研究》2015 年第 2 期)认为西夏的幞头主要有软脚幞头、硬脚幞头、展脚幞头、直脚幞头、交脚幞头、无脚幞头和长脚罗幞头等，基本上完全沿袭了唐宋形制。魏亚丽、杨浣《西夏僧侣帽式研究》(《西夏研究》2015 年第 1 期)认为西夏僧帽有藏式莲花帽、黑帽，中亚风格的裹黄巾式，中原的斗笠式，西夏僧侣戴帽较为随意，因时代、地区、民族、季节变化而不同。魏亚丽《西夏武官帽式研究》(《西夏学》2015 年第 11 辑)认为西夏武官首服主要有镂冠、黑漆冠、武弁冠、鸟羽形和尖角状帽盔等，其中镂冠、黑漆冠是西夏朝服首服，前者为高阶武将所戴，后者为低者所戴。

西夏的书法亦多有学者讨论。史金波《略论西夏文草书》(《西夏学》2015 年第 11 辑)则通过诸多西夏文文献总结了西夏文草书的使用范围及形制特点，认为其结字有相对稳定的规律，一定的随意性，其使用范围很广，普遍出现在各类西夏文文献中。赵天英《西夏文社会文书草书结体特色初探》(《宁夏社会科学》2015 年第 2 期)则归纳了俄藏西夏文社会文书的草写规律，认为符号草法是其最主要最常用的成书方式，它包括省略与简化、连接、共用笔画、移位、抽象与概括等，深受汉文书写影响。赵生泉《西夏的笔与笔法》(《西夏学》2015 年第 11 辑)考察了西夏书写工具"笔"的形制以及笔法，认为西夏即使用藏式竹笔也使用汉式毛笔，笔法较为复杂，但汉式"笔法"为主流。

关于西夏的建筑。吴忠礼《西夏"宫城"初探》(《西夏研究》2015 年第 1 期)通过宁夏地方志的记载，肯定了西夏都城建有宫城，并对西夏宫城的形制、规模、地点做了推测，进一步认为其与古都长安、洛阳规制类同，由外宫、内宫、后宫和御花园组成，坐北朝南，依中轴线修建，有两道城墙，最终为战火所毁。

刘文荣专注于对西夏乐器的考证，《瓜州东千佛洞西夏第 7 窟"涅磐变"中乐器图像的音乐学考察》(《西夏学》2015 年第 11 辑)以东千佛洞"涅磐变"壁画为切入点，考证了横笛、毛员鼓、拍板等乐器；《西夏乐器"七星"考》[《宁夏大学学报》(人文社会科学版) 2015 年第 3 期]认为西夏文献中记载的"七星"系一种六孔按音，尺度较长，横吹的竹属笛类乐器。

另外，有关西夏艺术的研究还有：尹江伟《略谈西夏文化中的绘画与雕塑艺术》(《西部学刊》2015 年第 10 期)、任艾青《论西夏服饰中的多元文化因素》(《西夏研究》2015 年第 2 期)、任长幸《西夏文书法及其创作浅析》(《渭南师范学院学报》2015 年第 17 期)等。

总体来说，2015 年西夏文献的整理与考释仍然是以出土文献为主，几乎没有传世文献的研究。研究并无明显的趋向性，呈现"遍地开花"的态势。不过较之以往，该年的研究以宗教文献居多，世俗文献偏少；西夏文文献的解读日渐增多，而汉文文献考释渐少；世俗文献的解读更为细致深入。这些特点体现出西夏文献的研究向着更为精细化、专业化的方向发展。与此同时，学者们在研究文献的同时，也注重其在社会历史研究方面的价值，对推进西夏宗教、经济、法律、社会等各方面的历史研究具有重要意义。

而关于西夏历史的研究，2015 年度的成果涉及面比较宽泛，内容丰富，包含西夏政治、经济、军事、社会、思想文化、历史地理等方方面面，且有不少优质论文，引领着西夏学发展的潮流。不过，较之西夏学的其他领域，尤其是文献、文物的整理考证，西夏史的研究成果数量偏少，反而成了西夏学的"冷门"。研究总体较为零散，多短篇幅的论文，较少有系统性的论述，因而对于不少重大问题讨论未能充分。

2015 年金史研究综述

程妮娜　郭晓东

从 2013—2015 年，我国学界金史研究领域较为活跃，新的研究成果不断推出，据不完全统计，出版与金史研究有关的学术专著、论文集、辞典、学术信息报道等各类著作 20 部，发表学术论文、硕博学位论文 550 余篇。金史研究越来越受到各界学人的重视，研究视角、领域不断拓展。当前金史研究学界正处于新老交替的发展阶段，一批青年博士、硕士充实到金史研究的学术队伍中，随着他们的成长和日益成熟，为金史研究带来了朝气蓬勃的新气象。

一　各类金史研究及其相关的著作

2015 年度金史专题研究的专著和与之相关的各类著作共有 20 部，其中学术专著数量不多，仅有 4 部。李昌宪《金代行政区划史》（上海古籍出版社 2015 年版）是其中最为重要的一部专著，该书作者对金代地方行政制度和行政区划进行了全面、深入的研究，通过搜集金石资料，利用考古成果，钩沉索隐，考证了金代府州县的沿革，在此基础上以皇统二年（1142）、正隆二年（1157）、大定二十九年（1189）、泰和八年（1208）四个断代年限为依据，列出金代地方行政区划在不同发展阶段各路管内州县的概况，并专章列出了省废的州、军、路。该书作者还注意将金代的政区划分与宋代等做比较，拓宽了视野。李西亚《金代图书出版研究》（中国社会科学出版社 2015 年版）在借鉴学界相关研究成果和广泛搜集资料的基础上，考察了金代图书出版发展概貌，探讨了金代对图书出版的管理、金代图书的编纂、金代图书的刻印、金代图书的装帧设计、金代图书的流通与收藏、金代图书出版的特点、作用与影响。该书首次从出版的各个流程上对金代图书出版进行了整体的深入研究。洪仁怀《特熠的民族和王朝——金源文化述论》（哈尔滨工程大学出版社 2015 年版），从宏观的角度阐述了女真民族与金王朝的特点，不仅叙述了金源文化产生、发展及金代将军文化的重要作用，同时探讨了金源文化诞生发展过程中贵族政治、皇权腐败、吏治腐败、军队腐败的负面影响。此外还有贾秀云的《辽金诗歌与诗人的心灵世界》（山西人民出版社 2015 年版）。

金史专题研究论文集 1 部，辞典 1 部。由孙文政主编的《金代上京路研究蒲与路论集》（中国文史出版社 2015 年版）收录了 20 世纪 70 年代以来关于蒲与路的考古调查简报、考古发掘报告、历史研究论文等。该书分为三篇，上篇为"蒲与路考古调查材料"，共 33 篇文章；中篇"蒲与路专题研究"，共 35 篇论文；下篇"与蒲与路相关问题研究"，共 16 篇论文，总计 84 篇文章，是目前收录最全的关于金代蒲与路研究成果的论文集，有利于研究者了解这一领域的成果和学术发展史。郭长海主编的《金源文化辞典》（黑龙江人民出版社 2015 年版）收编词汇、术语 6000 余条，文物照片、地图百余张，约 230 万字。内容涉及金代政治、军事、经济、社会、民族、地理、文化教育、风俗习惯、宗教信仰、历史人物等，还编入大量女真语言文字，用国际音标注明女真语音，并注出对应的汉字语义。

金朝作为北方民族王朝，与其前后契丹、蒙古、满族等北方民族建立的王朝具有一定的共性，在北方民族王朝专史研究中涉及金史研究的著作有 6 部（1 部译著），2015 年度这一领域的著作主要集中在思想文化领域。吕变庭《金元科技思想史研究》（上、下）（科学出版社 2015 年版），考察了以理学家、科技实践家、医学研究者及人文学者等典型人物为代表的金朝科技思想，比较清晰地勾勒出了金代科技思想史的发展脉络，在总结金代科技思想的历史经验的同时，对其本身存在的"缺陷"进行了批评和反思。牛海蓉《金元赋史》（人民出版社 2015 年版）是一部金元两朝的赋史研究专著，将金朝赋史的发展分为"借才异代"时期、"国朝文派"时期、"国衰世乱"时期等三个时段，探讨了各个时期金朝辞赋的特点。韩伟《辽金元歌诗及乐论研究》（中国社会科学出版社 2015 年版）以辽、金、元三朝乐制来源为考察的基础，其中分析了金代的文人歌诗及道人歌诗创作，考察了金、元乐论对"清""淡""真"等美学范畴的推崇，以及对时代美学思想的贡献。关于诗歌研究还有：贾秀云《辽金诗歌与诗人的心灵世界》（山西人民出版社 2015 年版）。秦华生《金元清戏曲论稿》（北京时代华文书局 2015 年版）收录了作者近年关于金元清戏曲研究的 30 余篇文章，全书共分为两个部分：第一部分主要是关于金院本、元杂剧、明清传奇等戏曲研究的文章；第二部分收录了作者从宏观角度反思这一时期戏曲发展的文章。此外，还出版了一部译著，为日本学者箭内亘著、陈捷、陈清泉译的《辽金乣军及金代兵制考》（山西人民出版社 2015 年版），这部著作是 20 世纪在中外学界有较大影响的著作。全书分为辽金时代乣军之研究、再研究辽金时代之乣军、再答羽田学士论乣军、金代兵制之研究四个部分，从乣之音义到乣军的组织、任务、辽金乣军的变迁，最后过渡到金代的兵制，深入探究了辽金时代兵制与乣军相关的问题。

大型通史类著作涉及金史研究的著作有 2 部。《中国经学学术编年》的第六卷，周春健《辽金元经学学术编年》（凤凰出版社 2015 年版），细致搜罗了辽金元时期的经学资料，并加以细致考辨。首先按照年月排列文献，其后是考论，考订年代、考察事件或人物思想，最后是"后人相关研究论著举目"。对经学研究者有重要的资料参考价值。武玉环、高福顺、都兴智、吴志坚《中国科举制度通史·辽金元卷》（上海人民出版社 2015 年版）对辽、金、元三朝科举考试的发展历程、内容、运行机制、特点及历史影响等进行了全面的考察，阐述了辽、金、元三朝的科举制度的历史关系，并对三朝科举史中的具体问题进行了辨析。

年鉴类著作方面。史金波、宋德金主编《中国辽夏金研究年鉴 2013》（中国社会科学出版社 2015 年版）收录了 2013 年中国学界辽、西夏、金史总体研究综述；科举、汉官、皇族、服饰研究以及文献整理等领域的专题研究综述；学术会议评述、学界动态、书评书讯、新书序跋、学人与学林、博士论文与博士后出站报告、重点课题研究报道、海外研究动态，以及文献、文物、考古新发现等，最后附录辽金、西夏论述目录。

近年来将辽宋夏金作为一个断代时期展开研究的著作相继推出，2015 年度出版了 4 部，其中不乏具有较高价值的学术著作。黄纯艳《中国财政通史·第五卷·宋辽西夏金元财政史》（上、下）（湖南人民出版社 2015 年版），上册为宋代卷，下册为辽西夏金元卷。该书以记叙和分析宋辽西夏金元时期财政的发展脉络、发展规律为主线，系统地阐述了这一时期财政管理机构和财政管理制度的演变及其成败得失，总结了这一时期财政改革的经验和教训，论述了历代财政对当时经济、政治、军事、社会等方面的影响。乔幼梅《宋辽夏金经济史研究》（上海古籍出版社 2015 年版）除收录原《宋辽夏金经济史研究》（齐鲁书社 1995 年版）一书内容，复收入该书出版后发表的数篇重要论文，以及与漆侠先生合著之"中国古代经济史断代研究之六"《辽夏金经济史》（河北大学出版社 1998 年版）一书中所执笔的金代部分，涉及货币、高利贷等重大问题，为中国古代经济史研究的重要成果。此外，该书还收入《新时期十年的历史学评估》（与祝明、王学典合撰）、人物回忆、书评，以及关于山东大学的多篇文字，更能全面展现作者的学术与人生襟怀。刘扬忠《儒风汉韵流海内——两宋辽金西夏时期的中国意识与民族观念》（河北教育出版社 2015 年版）选取两宋辽金西夏这一中国古代历史的特殊时期，研究古代中国人的民族精神，以及对现当代中华民族精神的启示。该书主要阐述了两宋时期的汉民族忧患意识与爱国主义精神，辽朝"中国"化的历史进程及其在辽宋诗文中的反映，金代文学中所表现的"中国"意识和华夏正统观念，以及西夏文学与西夏人的华儒情怀，并深入探究了范仲淹、苏轼、陆游、辛弃疾等宋、金精英人物对华夏民族精神的长远影响。该书进一步指出，虽然两宋辽金西夏时期是分裂的，但是中华民族的精神是凝聚的，由此形成了"中华多元一体"的大格局。骆明、胡静主编的《历代孝论辑释：两宋辽金卷》（光明日报出版社 2015 年版）是第一部将两宋辽金时期的国家法令，各家孝论、孝行、养老礼法等汇集成卷的孝文献集成性著作，全方位地展示了这一时期中华孝文化的传承及各种表现方式和发展趋势。第六卷为北宋、辽卷，第七卷为南宋、金卷，分别从儒、史、道、释等角度对孝论进行了考察。

二 金代政治与政治制度研究

关于金代政治制度的研究，主要有孙红梅《金代封国之号与国号王爵类型》（《史学月刊》2015 年第 5 期）认为《大金集礼》中的封国名号反映的是天眷和大定时期的封国等第，《金史·百官志》以明昌之制为主，部分地反映了大定之制，然二者对封国之号的记载均有缺失。该文提出金代国号王爵分为一字王、一字国王、两字国王，三者代表不同的王爵等级。自正隆二年后，国号王爵仅见一字王称谓。李鸣飞《金代前期散官表的发现及对金史研究的意义》（《史林》2015 年第 1 期）认为依靠《揽辔录》所载材料可重新认识金代前期的散官体系，不能够用《金史·百官志》中所记录的散官表来判断前期散官的品级。郭威《金代户部研究》（博士学位论文，吉林大学，2015 年）考察了金代的户部机构、职官以与职能，认为金代理财制度有一个从女真传统方式，到杂用辽宋制度，再到中央集权的户部体系的发展过程，户部作为国家理财中枢具有重要地位，进而分期讨论了户部管理财经对于金朝历史的影响。孙建权《试析金代"治中"出现之原因——兼论金朝对"尹"字的避讳》（《中华文史论丛》2015 年第 3 期）认为金代"治中"的出现，是章宗为避父讳，"治中"取代"少尹"的时间在泰和元年七月至次年四月之际，取代的完成大约耗时四年。姜宇《金代司法官员选任制度探究》[《辽宁工程技术大学学报》（社会科学版）2015 年第 6 期]认为金朝司法官员的选拔方式大体上效仿唐、宋，但由于金朝作为以女真族为主体的多民族政权，司法官员具有多民族成分的特点，因此在选任上具有民族性色彩，其司法官员的选任情况也更为复杂。此外，姜宇《金代大理寺官员民族成分略考》（《佳木斯职业学院学报》2015 年第 9 期）对金代大理寺官员的民族成分做了统计，梳理出女真、汉族、渤海、契丹、奚等各族官员。他与张新朝合作的《金代刑部官员民族成分初探》（《长春教育学院学报》2015 年第 15 期）对金代刑部官员民族成分进行了探讨，指出金刑部官员以女真人和汉人为主体，还有契丹人、奚人等。上述文章皆认为通过对官员民族成分的考察，对探究金代民族政策具有重要意义。王灏《金初燕云枢密院研究》（硕士学位论文，吉林大学，2015 年）梳理了金初枢密院的设置沿革，探讨了燕云枢密院的组织机构、隶属关系，认为其具有政治、经济、军事、外交等职能，在治理燕云地区方面发挥了不可或缺的重要作用。王姝《金朝后妃封号与选纳制度探析》[《辽宁工程技术大学学报》（社会科学版）2015 年第 5 期]考察了金朝的后妃封号和等级制度，认为金代后妃的选纳途径大致可分为世婚选纳、收继承纳、各阶层采纳、被俘收纳四种。这些女性被选纳入宫后获得一定的封号和品级，政治地位大幅提升。侯震《金宣宗朝武将赐姓略议》（《学术交流》2015 年第 2 期）提出金宣宗为应对严峻的战争形势，以赐姓的方式来笼络、激励军功武将。该文指出尽管这些武将所获赐姓功利性色彩较浓，但是赐姓武将在金末抗蒙、伐宋征夏等战争中守土御敌、收复失地，为延长金朝国祚起到了积极作用。陈志英《社会转型与制度变革——金代转运司制度的确立》（《佳木斯大学社会科学学报》2015 年第 5 期）认为金代转运司制度是进入中原后建立的，经历了向前朝学习、后根据国情调整的过程，并阐述了金代转运司的职能和作用。王雷《试论金代中央政府吏员的出职》（《东北史地》2015 年第 3 期）考察了金代中央吏员的出职、考满期后重新出职的情况，认为金代吏员出职有制度保障，出职后最高可升迁至宰执。不同时期、不同部门、不同吏职的出职各异，具有少数民族政权选官制度的特色。陈晨《由辽入金的汉族官僚群体研究》（硕士学位论文，吉林大学，2015 年）考察了由辽入金汉官群体的入金过程和特点、初入金官职与仕履、在金政权中的作用、地位及变化。该文认为汉族官僚在金朝的政治地位在太祖、太宗时期由低到高，到熙宗时期受到冲击及至海陵朝时期再次回升，经历了一个复杂多变的过程，为金政权的巩固和发展做出了重要贡献。胡胜校《金朝以"审计"命名的机构和职官》（《中国审计》2015 年第 18 期）考察了"金审计院事印"的年代及《金史》中有关审计机构、审计官的记载，认为金制学习和借鉴了南宋制度。闫兴潘《金代武举的民族属性——民族关系影响下的制度变革》（《北方文物》2015 年第 2 期）认为金章宗时期建立和完善的武举，是与女真人汉化加剧、统治者维护女真传统习俗和尚武之风的政策密切相关的。宣宗初对非女真人开放武举考试，是由于统治者需吸收非女真人以加强自身武力，同时可缓和各族矛盾。

关于金代政治研究，有几位学者关注到金朝建国前后的政治问题，罗继岩、辛时代《金朝始祖函普研究》（《社会科学战线》2015 年第 12 期）认为在辽、宋、高丽等优势政治、文化情境的冲击下，女真统治者开始编修"谱牒"，表述、建构和传递本民族的起源记忆，以获取周边地区的注意与认知。女真统治者借助女真文字的流布、融合和保存功能，有意识地收集祖先的资料，来诠释女真各族群的血缘关系与地理空间的由来。王久宇《金朝始祖函普若干问题考释》（《北方论丛》2015 年第 3 期）认为函普原为渤海遗民，因 926 年辽朝灭亡渤海国，随渤海人迁徙到朝鲜半岛，后为躲避高丽与新罗之间的战祸，约在公元 10 世纪 30 年代迁徙至仆干水之涯的完颜部。函普本不姓完颜，加入完颜部以后改姓完颜，函普与完颜部女子的结合是函普入赘于该部。王久宇《辽金始祖传说之比较》[《辽宁工程技术大学学报》（社会科学版）2015 年第 1 期]通过对契丹和女真民族始祖传说的比较分析，指出传说中反映了部分历史信息，如部族形成、始祖父系特征以及地理空间和概念等问题。王久宇与孙田合作的《金朝建国前女真"完颜部"略考》（《北方文物》2015 年第 1 期）认为完颜部的名称当来源于该部最初所在的地名，其迁徙到仆干水之后，函普才从高丽来到该部，并在定居在按出虎水后，才出现史籍所谓的完颜十二部。许超杰《部落制绪余下的金初政治》（《满族研究》2015 年第 4 期）认为，阿骨打称帝立号后的金政权仍处在部落制绪余之中，经历金熙宗改革之后，金才真正从实质上成为帝制国家。

李秀莲《金朝开国史的特殊性及其研究方法》(《黑河学院学报》2015 年第 1 期)指出金朝开国历史是指女真人从氏族部落到酋邦再到国家的演进过程,认为金朝开国史研究中存在从"正史"撰写所产生的误区、历史本体及历史资料文本形成的特殊性以及史学批评的缺失与问题等方面,提出了重构金朝开国史"本体"的特殊研究方法。李秀莲《大金国号考释》(《黑河学院学报》2015 年第 5 期)一文中考察"镔铁"与"金"、契丹族源、铁骊、铁勒的联系,认为女真以"惟金不变不坏"之意而称大金国。此外,她又在《金初女真贵族的倾轧与"伪齐"政权》(《哈尔滨学院学报》2015 年第 2 期)一文梳理了女真人在中原建立统治后,宗望、宗翰争权,在女真贵族的倾轧中刘豫"伪齐"政权沉浮的历史。

此外,金代政治研究涉及政治观念、思想、治乱、赎奴释奴、京都、人物以及东夏国等方面。赵永春、张喜丰《金人自称"正统"的理论诉求及其影响》(载景爱主编《辽金西夏研究年鉴 2013》,中国社会科学出版社 2015 年版)考察自金朝建国到金宣宗时期不同阶段的不同"正统"理论诉求,认为金人自称"正统"的理论依据,出现了一些对传统的"正统"理论的改造和发挥。其所提出的"不必以五行相生为序",应"以德之衰旺见其运"的思想,对"五德终始"学说进行公开挑战;反对"以中国种族(主要指汉族)为正,而其余为伪也"等传统的正统理论和思想,对后世也产生了深远的影响。冯先思《金世宗初讳考》(《中华文史论丛》2015 年第 4 期)认为"褭"为金世宗本名,后改为雍,并介绍了避金太祖、太宗、世宗、睿宗之讳的方式。徐洁《金朝孔庙释奠礼初探》(《学习与探索》2015 年第 11 期)认为金代孔庙首用雕龙石柱,其制式同于皇宫。首建"灵星门",崇孔同于尊天。赐孔子以古制天子冠冕。金统治者接受儒家"道统",加速了北方文明化的进程。李玉君《儒学与北方民族政权的治国理念》(《光明日报》2015 年 12 月 26 日)从兴建孔庙、任用汉儒、慎用刑法、推崇儒家治国理念及其意义等方面探讨了辽、西夏、金等北族政权与儒学的情况。李玉君与何博合作的《金朝法律文化中的慎刑思想析论》(《东岳论丛》2015 年第 2 期)指出金朝在入主中原后,由旧有的习惯法向中原法律文化过渡,承袭了中原王朝的"慎刑"思想。金朝强调以礼入法,"罪疑惟轻",皇帝本人、执法官员以及法律制度等方面采取相应措施以彰显"慎刑治国"的思想,以加强其正统地位。曹文瀚《金代华北社会动乱研究》(博士学位论文,台湾中国文化大学,2015 年)以和平时期的社会动乱为核心,兼及战乱时期的社会动乱,在对金代华北社会动乱进行全面探讨时,对部分学界陈说如"大定中乱民独多""金代田制相关议题""金末动乱团体的阶级成分"等议题进行了商榷,着眼于社会动乱团体的发展过程及作乱方式,以及金朝政府在不同时期的应对政策的改变。胡琦琪《金代"赎奴释奴"诏令考论》(硕士学位论文,云南财经大学,2015 年)对金代"赎奴释奴"诏令的产生和成因进行了分析,分三个时期对"赎奴释奴"诏令进行了归纳和整理,探讨了诏令在不同阶层实施情况以及效果和影响。吴焕超《金朝京都相关问题研究》（硕士学位论文，河北大学，2015 年）认为金朝初年存在两个上京的主要原因是会宁府地位不明确；西京路的西京留守和西南、西北两路招讨使品级相同，没有隶属关系；东京留守与高丽国王地位对等，在金丽关系中扮演了重要角色；东、西二京，为维护金朝边境稳定发挥了重要作用。邸海林《金代乌古论氏政治地位变迁研究》（硕士学位论文，哈尔滨师范大学，2015 年）论述了乌古论氏的来源、地域分布及其加入女真军事联盟的过程，进一步探讨了不同时期乌古论氏各家族成员在政权更替、军事战争、对内建设、出使他国等方面的贡献。任崇岳《金兀术魂归何处》（《中国社会科学报》2015 年 11 月 30 日）通过分析史书对于金兀术生平的记载及地面文物遗存、出土碑刻文，认为河南汝州市纸坊乡完庄村西的巨冢应该为兀术之墓。辛时代《宋朝秦桧是否为金朝"奸细"考辨》[《辽宁工程技术大学学报》（社会科学版）2015 年第 4 期]通过对秦桧归宋经过的客观分析，具体考察秦桧归宋前后的宋金对峙形势、朝野舆论导向以及与秦桧关系密切的完颜昌，认为秦桧为金朝奸细的说法难以成立。王晶《试论金朝完颜奔睹》（《黑龙江史志》2015 年第 7 期）详细整理了奔睹的生平事迹，重点阐述了奔睹取得的军事和政治成就及对奔睹的功过评价。该文透过奔睹在各时期的行为分析了当时金朝的政治形势变化，以及海陵王时期统治集团内部的冲突矛盾。鲍音《蒲鲜万奴所建东夏国之兴亡始末》[《赤峰学院学报》（汉文哲学社会科学版）2015 年第 5 期]论述了蒲鲜万奴所建东夏国之兴亡始末，并考证了蒙古擒获万奴之地不在南京，而在开元恤品。

三　金代经济与经济制度研究

2015 年度金代经济与经济制度研究中，围绕货币制度与交钞、白银发表了几篇学术论文。裴铁军《"钱荒"与金代交钞制度变迁》（《社会科学辑刊》2015 年第 1 期）探讨了有金一代的"钱荒"现象与交钞制的变迁。该文认为在交钞产生前，钱荒仅是流通中的铜钱少；在交钞发行后，钱荒则是劣币（交钞）驱逐良币（铜钱）的结果。章宗时期不断恶化的财政状况和越改越乱的货币改革，加速了交钞的贬值。泰和重宝"以一当十"的发行，标志着金代货币由隐性贬值转为公开贬值。在宣宗之后，金政府屡更币名，引发货币体系崩溃，并最终导致灭亡前的恶性通货膨胀。陈振斌《金朝货币交钞管理措施与成效》[《辽宁工程技术大学学报》（社会科学版）2015 年第 2 期]考察了金朝交钞流通的社会背景、原因与条件，对金朝在交钞制作、流通、使用等各个环节采取的一系列管理措施作给予了积极的评价，同时指出其流通过程中存在的一些问题。曹源《金代贞祐宝券与平凉府社会经济研究》[《石河子大学学报》（哲学社会科学版）2015 年第 5 期]考察了金代平凉府繁荣的商品经济，介绍了存世的三块金代平凉府钞版，进而探讨了平凉府转运司的纸钞印刷、发行和兑换等职责。王雷、赵少军《试论金代白银的货币化》（《中国钱币》2015 年第 1 期）

考察了金代白银的来源、货币化进程及其表现，认为金代发行的白银货币"承安宝货"，是中国历史上第一次以法币形式合法流通白银，在隋唐以来的白银货币化进程中具有承前启后的重要意义，与宋代白银货币化共同影响了元代以后与白银相关的货币政策。张慧慧、周文华、施继龙《金代纸币版式及演变》（《北京印刷学院学报》2015 年第 6 期）通过对已发现的 8 种 12 块金代纸币印版进行分类对比分析，探究了金代纸币版式变化具有面值由繁到简等特点，认为金代钞版虽仿宋形制，却由多版变单版，且这种版式设计对元、明、清 3 个朝代的纸币版式设计有较大影响。

金代区域经济的研究，主要有吴凤霞《金代兴中府及其毗邻州县经济发展的原因》[《辽宁工程技术大学学报》（社会科学版）2015 年第 3 期]认为金代兴中府及其毗邻州县的农牧业、手工业和商业都有一定的发展，虽然其经济发展程度不及中原地区，但是由于自然条件、人口因素、交通便利和政策导向等多方面因素起作用。这里仍是东北地区较为先进的经济区。沈岩《略论金代东北土地制度与农业发展》（《文山学院学报》2015 年第 4 期）论述了金统治者在女真起源地东北地区依据不同民族的发展情况，采取"因俗而治"的土地制度，为东北农业的稳定发展提供了基础，对金代东北地区的开发起到了积极作用。王彦力《辽金时期大凌河流域的人口与区域发展研究》（硕士学位论文，渤海大学，2015 年）指出金代在辽代的基础上对大凌河流域奚族进行改编与迁徙，将位于西北的契丹族与金源内地的女真族人调至这里。中后期大凌河流域内的汉族人口数量减少，以猛安谋克组织管理的女真族人口日渐增多。该文分析了大凌河流域各族人口对农业、手工业、商业贸易、货币经济的发展以及儒学文化与佛教的传播等影响。刘锦增《金代山西区域经济研究》（硕士学位论文，陕西师范大学，2015 年）指出金代山西地区在农业、手工业、商业等方面都取得了一些进步，所形成的经济发展格局对元、明、清三代，甚至今天山西地区经济发展的走向都有影响，进一步认为金代山西地区的军事战略地位、文化地位远远重于其经济地位。

度量衡研究一直是金代经济研究领域的薄弱环节，王晓静《从猛安、谋克官印看金代的尺度》[《西南交通大学学报》（社会科学版）2015 年第 6 期]以出土发表的 36 方金代猛安、谋克官印为研究对象，按照每方印的官品、实测尺寸与官印制度所规定的尺寸进行折算后可知，金代 1 尺长度约合今 42.9—43.3 厘米，相当于宋代官尺长度的 1.3—1.4 倍，对于元代尺度量值（41.2 厘米）增大产生了一定的影响。

此外，张国庆、邵东波《辽金屯田之比较》（《北方文物》2015 年第 3 期）比较了辽金两个王朝的屯田，认为两朝屯田之目的、地域、形式、政策和措施、性质等等，既有相同之处，也存在着较大的差异。郝素娟《金太宗时期女真人内徙考》（《古籍整理研究学刊》2015 年第 4 期）考察了金太宗时期以军事屯驻和政治移民两种形式从东北地区迁徙女真人至中原的情况。这一时期约有百万女真人口迁离本土，遍布于淮河以北地区，是有金一代女真人内徙中原规模最大的一次。女真人的南下加快了与中原民族的交流融合，在提高其自身发展的同时也带来了一些问题。仉惟嘉《刍议金朝政府在黄河灾后的救济措施》（《山东农业工程学院学报》2015 年第 1 期）论述了金朝政府面对黄河水灾时采取的减免赋税、给予灾民土地耕牛、制定常平法及设立常平仓、转徙灾民等赈灾措施，简要分析了其社会影响。吴迪、杨秀丽《金世宗朝保护野生动物政策及其原因分析》（《北方文物》2015 年第 2 期）认为世宗下达了一系列保护野生动物的诏令，是受到儒家思想中"珍爱物命""中庸"等思想的影响，一定程度上维护了生态环境的和谐发展。刘霞、张玉海《〈金史〉夏金榷场考论》（《宁夏社会科学》2015 年第 6 期）考察了夏金榷场的数量、兴废等情况，认为夏金榷场的数量远比宋夏、宋辽、宋金少，其贸易深受两国"敕禁"，尤其是"钱禁"的影响。金代榷场规模小，虽沿袭宋代榷场旧制管理，但变化较多，不仅设有榷场使、副使、榷场同管勾等官吏，而且在部分地区酒税、榷场合而为一。郭坤、陈瑞青《交易有无：宋、夏、金榷场贸易的融通与互动——以黑水城西夏榷场使文书为中心的考察》（《宁夏社会科学》2015 年第 5 期）通过考察夏金榷场贸易中的商品，发现在西夏榷场中出售的川绢、川缬、茶叶、干姜、抄连纸等均产自南宋，即这些商品是通过宋金榷场辗转流入西夏境内的。宋、夏、金三国榷场之间存在明显的贸易互动过程，这一过程实现了南北货物在三国之间的流通。冯恩学《中国烧酒起源新探》（《吉林大学社会科学学报》2015 年第 1 期）根据吉林省大安酒厂遗址发现的辽金时期蒸馏酒灶锅，模拟复原试验成功蒸馏出酒，认为辽金时期已经有商业性的烧酒生产，否认了长期流传的烧酒是元代由阿拉伯传入之说。周峰《金代植树考述》（《农业考古》2015 年第 4 期）从经济林木的种植，防护林木的种植，庭院、园林、寺院树木的种植，森林资源的破坏与保护四个方面对金代的植树情况进行了考述。

四　更多还原金代社会研究

关于金代家庭、女性地位及贫困化问题的研究，主要有孙昊《辽金女真的"家"与家庭形态——以〈金史〉用语为中心》（《贵州社会科学》2015 年第 11 期）认为《金史》中记载的"家"是指女真的同居单位，其内部存在各异的家庭形态。女真的家庭形态是以两代同居的多偶家庭为主，兼具兄弟联合式家庭或者三代同居的主干家庭形态。"家"承担基本的经济责任，由"家"构成的"族"是社会与政治互助单位。刘晓飞《金代汉族同居共财大家庭——以碑铭墓志为中心的考察》（《兰台世界》2015 年第 36 期）指出金代汉族"同居共财"大家庭数量较少，且难以长期维持，暂时性同居的家庭形式较普遍。真正维系宗族关系的是血亲、姻亲，并非家庭组成方式同居共财与否。刘金英《金代女性婚后家庭关系研究》（《北方文物》2015 年第 2 期）探讨了在金代女性婚后家庭关系中，丈夫与妻、妾之间的关系及婚姻权益的规定，妇女与舅姑的关系，妇女婆家的收继婚俗，已婚妇女与本家的关系等问题。王姝《金朝公主社会地位研究》（《大庆师范学院学报》2015 年第 5 期）考察了金朝公主、郡主、县主品级与封号制度，从政治地位、经济来源、婚姻概况、文学成就等角度探讨了金朝公主的社会地位。张光旺《金朝女真人贫困化问题研究》（硕士学位论文，吉林大学，2015 年）认为女真人贫困化的主要原因是屯田制度遭到破坏，导致的土地兼并和租佃制不断发展、农业劳动力投入不足、统治者管理措施不当、舍本逐末的生活方式等。女真人贫困化造成了贫富分化加剧、财政负担加重、战斗力都大大下降等消极影响，虽然金朝统治者采取了诸多挽救措施，但是最终都没能完全将其解决。

关于金代社会风俗研究，主要有王善军《生命彩装：辽宋西夏金人生礼仪述略》（《兰州学刊》2015 年第 10 期）考察了辽宋西夏金时期诞辰、成年、婚嫁、丧葬等人生礼仪及其变迁，认为随着族际交往和影响日益加深，呈现出向中华一体认同的特点。王德朋、王萍《论佛教对金代社会习俗的影响》（《北方文物》2015 年第 2 期）认为佛教对金代社会习俗的影响，表现为信众对寺院大量布施，佛教邑社纷纷建立，佛教的因果报应、积德行善思想被社会成员广泛接受并身体力行，世俗社会的命名习俗、丧葬习俗也打上了深刻的佛教烙印。王姝《金代岁时风俗研究》（《东北史地》2015 年第 5 期）梳理了正旦、立春、元夕节、寒食节、端午节、七夕节、中秋节、重九等受辽、宋影响而逐步形成的节日及庆典，认为金朝各阶层男女老少皆按民俗特色参与相当的节气活动。王姝《金朝妇女服饰述略》（《兰台世界》2015 年第 27 期）认为金朝妇女服饰经历了由简至繁的变化过程，皇后各等服饰工艺复杂而精致，官宦家妇女服饰有严格定制。平民妇女服饰多沿用女真服饰旧俗。李艳红《金代女真族妇女裙撑初探》（《美术大观》2015 年第 12 期）认为金代建国初期，女真族妇女已广泛使用裙撑，这可能比西方至少早 400 年。李雁《中国古代儿童服饰研究》（博士学位论文，苏州大学，2015 年）从社会背景、游牧民族的婚姻制度与生育习俗等方面探讨了辽金元儿童服饰，总结了辽金元儿童图像及服饰特点。黄甜《盏中丹青：金代日常生活中的茶》（《科学经济社会》2015 年第 4 期）考察了茶在金代世俗生活、政治生活及宗教生活中的用途，认为其在继承唐宋的基础上，表现出阶层性差异和时代性特征，成为宋辽金时期民族融合的有力见证。

五 金代民族问题与对外关系研究

关于金代民族问题研究，以区域民族问题研究为视角的主要有宁波《金代北京路民族分布格局的演变》（《宋史研究论丛》2015 年第 16 辑）考察了有金一代北京路的民族分布格局，女真人主要分布在泰州、临潢、大定府、宗州、兴州、全州等地，汉族、渤海族人集中地分布在辽西州县如大定府、广宁府、兴中府等地，本地区的契丹人、奚人大部分留居原住地，有部分被迁往金源内地和中原。郭奇龙《金代河南地区民族关系研究》（硕士学位论文，西南大学，2015 年）认为金政权入主河南之初，女真人与汉人的关系表现为政治、文化冲突，金宋和议后主要是围绕土地和赋役问题的经济冲突。尽管如此，河南地区的汉民仍然认可了女真人的金政权。关于女真族研究，孙昊《三十部女真覆议》（《欧亚学刊》2015 年总第 12 辑）讨论了三十部女真的来源、族群离散乃至消亡的变迁历程。刘美云、许宏芝《论金世宗时期汉化与旧俗的关系》［《山西大同大学学报》（社会科学版）2015 年第 1 期］指出金世宗一方面汲取汉文化并推动了女真汉化的发展，另一方面推行保留女真族旧俗文化的措施，对女真民族文化发展具有积极作用。关于渤海族研究，孙炜冉《辽末金初的渤海移民及其后裔在金代的社会情况》（《通化师范学院学报》2015 年第 3 期）认为辽末金初的渤海人难以形成大规模的聚居，加快了与其他民族的融合，而辽阳世族的渤海人仍维系着宗族关系，在金朝政治、社会中发挥了重要作用。杭立飞《论金朝前期皇位之争中的渤海人》（硕士学位论文，内蒙古民族大学，2015 年）考察了金朝前期皇位之争中渤海人的表现，探讨了渤海人参与皇位之争的原因、得与失，并认为渤海人的政治活动促进了金朝皇位继承制度的不断完善。关于契丹族研究，宋丽媛《浅论金代早期契丹人对金政权的认同》（《东北史地》2015 年第 1 期）从对辽战争、对宋战争以及金朝的建设等方面讨论了契丹人对金政权的认同情况，认为金代民族政策对契丹人的认同感起到了促进作用。

关于金宋关系的研究，主要有姜锡东《宋金蒙之际山东杨、李系红袄军领导人及其分化考论》（《中国史研究》2015 年第 1 期）分析山东杨、李系红袄军领导这一群体对南宋、金朝和蒙古政权的向背态度，认为他们出身不同，成分复杂，最高领导人身边都有参谋团队，其决策非一人所为，其对宋、金、蒙古政权的态度确实多变，但变中有不变，钱粮、武力、尊敬是决定其政治选择的三大要素，其中武力是第一位的。张军《文化认同视角下南宋与金外交避讳问题考论》（《贵州民族研究》2015 年第 6 期）认为宋金时期外交有两个特点：一是汉唐以来拟血缘外交关系的继续；二是民族政权受汉文化影响较大的向心式外交。宋金两国通过确立互避庙讳及御名之制、加强使节外交行为、制定外交文书避讳管理规定等，使外交避讳不仅体现于两国外交礼仪中，更成为这一时期金政权对以宋为代表的汉文化认同的体现。许浩然《从周必大〈思陵录〉看淳熙十四年宋金外交之隐秘》（《殷都学刊》2015 年第 2 期），对宋孝宗取消接见金使事件进行了探讨，认为其反映了在相对和平的时期里宋金双方所进行的隐秘的政治角力。周立志《论宋金交聘的运作流程——以宋之才〈使金贺生辰还复命表〉为中心的考察》（《东北史地》2015 年第 2 期）考察了宋朝使团入金后的行程与交聘行为、朝见与朝辞金朝皇帝等活动，叙述了宋之才使团言行中透露的主和信息及其交聘活动的运作。

关于金蒙关系研究，党宝海《外交使节所述早期蒙金战争》（《清华元史》2015年第 3 辑）运用南宋程卓《使金录》及印度德里苏丹王朝人术兹扎尼著《纳昔儿史话》等史料，从南宋、花剌子模等国使节的视角考察了蒙金战争的缘起、动员、经过、结局及对金朝的影响等问题。白刚《蒙金使者往来研究》（硕士学位论文，吉林大学，2015 年）统计了自 1206 年蒙古国建立至 1234 年金朝灭亡期间，蒙古使者出使金朝 27 次、金朝使者出使蒙古 35 次，双方使者往来共 62 次。蒙古出使金朝的使者主要有朝贡、侦察、索币、索人、索地、请婚、宣谕、责问、谕降、议和等使命。金朝出使蒙古的使者主要有宣谕、责问、吊慰、通好、议和等使命。在蒙金使者的往来中，蒙古凭借不断增强的综合实力，在双方关系中逐渐取代金朝占据主导地位，并最终灭亡了金朝。张瑞琴先后著文探讨了蒙元时期金遗民的问题，《蒙元时期金遗民研究——以金遗民的地域特性为中心》（《中国边疆民族》2015 年第 9 辑）认为金遗民具有不同于其他时期遗民的个性，不再受束缚于"华夷之防"的樊篱，以更加务实的"有道则见"的观点看待异族王朝。《蒙元时期金遗民研究——以蒙元时期金遗民的特性为中心》（硕士学位论文，中央民族大学，2015 年）分析了金元之际金遗民产生的文化背景，将金遗民分为游离派与隐逸派，并探讨了金治下的地域文化对遗民特性的影响，进而总结了金元之际金朝遗民之特性。

此外，彭锋《钱穆〈国史大纲〉"女真攻掠高丽、日本"条考释》（《北京社会科学》2015 年第 4 期）发现最初各本无"女真攻掠高丽、日本"条，该条仅见于各修订版中。在中国传统史籍中无女真人从海上攻掠高丽、日本的活动记载，但其却见诸高丽与日本等域外史籍。《国史大纲》中此条内容是间接从蓝文徵的文章中转引简化得来。无论钱氏的观点还是史料，均与蓝氏别无二致，是钱氏一贯坚持之民族文化史观的具体体现。然攻击高丽和日本的女真人，并非如钱穆所言是后来建立金朝的女真完颜部族先人。合灿温《金朝遣使高丽年表》（《黑龙江史志》2015 年第 14 期）将自金太祖收国年间至金宣宗兴定年间，金朝遣使高丽的过程排列成表，为研究者提供了方便。王刚、李延睿《夏金末年夏使入金贺正旦仪式考论——以〈金史〉"新定夏使仪"为中心》［《北方民族大学学报》（哲学社会科学版）2015 年第 4 期］通过考察金哀宗正大年间的"新定夏使仪"及夏使贺正旦仪式，发现金朝十分注意保持夏使同金帝之间的空间距离，并通过仪式规格、跪礼、天使和赏赐等方式，重申和展示金夏之间的君臣关系。该文指出直到灭亡前，金夏之间未能建立真正的兄弟联盟。

六　金代科举与教育研究

关于金代科举研究，都兴智《金代科举考试题目考察》（《北方文物》2015 年第 1 期）认为金朝科举制兼采辽宋之法而损益之，在设汉儿进士科的同时又创置女真策论进士科。考试程序分乡、府、会、殿四级，考试题目出自汉文经典和十七史。这说明金朝统治者宣扬与中原封建王朝一脉相承的儒家治国理念和教育思想。裴兴荣《金代科举考试题目出处及内涵考释》［《中央民族大学学报》（哲学社会科学版）

2015 年第 2 期］认为金代科举承唐宋之制，命题范围基本上限于"五经三史"之内，题目或关涉时政、治道，多寓含政治目的，反映出统治者争取正统、推尊儒学、以文治国的政治意图。裴兴荣《金代进士补考》（《山西档案》2015 年第 3 期）中据《全金石刻文辑校》等文献，在前人研究的基础上又辑得 69 名金代进士，尽可能地考订了其登第时间。裴兴荣《金代状元与文学》（《民族文学研究》2015 年第 3 期）中指出金代状元在各地区分布不平衡，其原因在于各地文化教育水平不同。金代状元的文学成就影响了后代的文学兴趣，引导着应举士子的文学风尚。一些女真人弃武从文，促进了女真文学的发展。侯震《金章宗明昌进士研究》（博士学位论文，吉林大学，2015 年）以金章宗明昌年间（1190—1196）的进士群体作为研究对象，考察了这一群体的籍贯、家世、仕宦，对其在政坛上的作为、影响及其文学创作进行了深入探讨。孙福轩、王士利《辽金科举试赋考述》（《广东第二师范学院学报》2015 年第 6 期）从科举试赋制度的确立、辽代试赋、金代试赋存目等方面，考察了辽金科举试赋，认为辽、金科举考试沿承唐宋，又有自己的特色，促进了当时文学创作和辞章之学的发展。

关于金代教育研究，刘辉《金代的孔庙与庙学述略》（《社会科学战线》2015 年第 12 期）从发展脉络、经费来源和地域分布三个方面对金代的孔庙和庙学进行了考察，将其划分为发展、相对繁荣、萧条三个时期，探讨了公费修建、公私合资修建、个人集资修建等来源情况，并分析了金代孔庙、庙学的地域分布特点等问题。王峤《金代县学述论》［《内蒙古大学学报》（哲学社会科学版）2015 年第 5 期］将金代县学划分为金初萌芽期、海陵王至章宗朝的兴盛期及金末衰落期，并指出县学兴建的资金主要来自私人募集，聘请教师、招收学员也由地方负责，县学私人性质较强。该文认为金代县学改善了地方风气，促进了社会阶层流动。但由于国家财政投入不足和缺乏相关法律法规约束，它还存在许多不足之处。王晓静《"术"与"道"：金代儒学接受的变容——以孔庙的修建为主线》［《辽宁工程技术大学学报》（社会科学版）2015 年第 5 期］认为金太祖、太宗时期统治者对儒学开始认同和倾慕；熙宗、海陵时期改革本族旧俗、创立新俗，虽修建孔庙，但女真旧俗仍占据举足轻重的地位；世宗、章宗广建孔庙于州县地方，世宗恢复女真旧俗的举措加剧了金朝儒化，章宗全面引入儒家文化，儒学由"治国之术"转变为"安邦之道"。王永颜《辽元时期中央官学教育管理活动和师生生活》［《青海师范大学学报》（哲学社会科学版）2015 年第 2 期］论述了辽金元时期中央官学的内部管理、教学管理以及教官、学生的日常生活等，指出这些活动深受汉文化影响，是符合本民族特点的比较完备的官学教育管理体系。周春健《辽金元三代的经学发展及其特征》［《福建论坛》（人文社会科学版）2015 年第 1 期］分别考察了辽、金、元三代的经学发展情况，指出在经史观、夷夏观、道统论、四书五经观等方面，此三代经学提出了符合政治、学术情势的新观点，体现出北地经学的独特风貌，是中国经学史上不可或缺的一环。王利霞《金代西京地区的教育文化探析》［《山西大同大学学报》（社会科学版）2015 年第 4 期］探析了金代西京地区的教育机构、科举取士、文学艺术等，指出金代教育政策对中国传统文化做出了重要贡献。

七 金代文化研究

金代文化的研究成果多，涉及面广泛。关于金代诗文研究，主要有狄宝心《金初辽宋诗人易代心理之异及对金末诗人的影响》（《文学遗产》2015 年第 1 期）考察了金初辽、宋文化圈诗人种种不同的易代心理，指出宋人疏离金朝、眷恋故国、看重个人气节；辽人亲近金朝、不恋故国、注重个人抱负等。而金末诗人在夷夏、君国、人生价值取向等方面的易代心理受金初诸人影响，既有继承，也有超越，表现为更务实具体、关注种族生存以及重求志轻守节等。王永《唐宋古文金代传承论》（《民族文学研究》2015 年第 1 期）指出金代散文直接承继辽、北宋，出现了宗欧、宗苏、宗韩、宗庄等不同风潮，其间经历了对宋文、唐文乃至先秦散文传统的比较和选择，有一个由近及远、由儒学到多元的学习和扬弃过程。金代文坛的创作与南宋散文异轨而并驱，进一步稳固了唐宋古文范式，并共同将其传递到元代。韩伟《金代文人歌诗与道人歌诗》（《北方论丛》2015 年第 5 期）认为可以世宗朝为界将金代歌诗分为前后两期。前期文人、道人歌诗都显示出朴拙的特点。后期文人歌诗以赵秉文为代表，表现为对汉乐府、唐宋新题乐府的继承；道人歌诗以丘处机为代表，开启了道人歌诗的文人化转向。黄丹丹、李栋辉《论金代女真党争中的士风与诗风》（《贵州民族研究》2015 年第 11 期）考察了金代"皇统党狱"、明昌党禁、"士林之祸"三次党争所引发的文人隐退、幽独、沉郁的诗风。侯震《金明昌进士诗歌创作探微》（《古籍整理研究丛刊》2015 年第 2 期）将明昌进士创作的诗歌分成抒情诗、赠友酬朋、禅诗意象三类进行了探析，指出其诗歌具备时代特征。段少华《金代诗人对庄子的接受》（《忻州师范学院学报》2015 年第 3 期）认为初期诗人在接受庄子时重在获得精神解脱；中期诗人接受的是庄子"自适其适"的思想；晚期诗人吸取的则是庄子随遇而安、顺势而生的理念。蒋振华《传统骈文体式对辽金道教文章创作的多元渗透》（《学术研究》2015 年第 3 期）认为传统骈文体式对辽金道教文章的多元渗透表现，一是骈文的词性对称、文字对偶特征在呈现出松散自由、对偶弱化、流水对加强的趋势；二是骈体恪守平仄韵律成规，讲究平仄相对、声韵相协；三是文章用典涉及道教原典、故事与传说，形成了道教特色的用典风格；四是骈散结合的结构形式体现了散文观念与骈文观念的折中调和。李桂芹《宋金人注宋金词探论》［《广西民族大学学报》（哲学社会科学版）2015 年第 3 期］考察了宋金时人注释宋金词的对象、体例、目的及其在词学史上的意义。牛贵琥《金元诗歌"温柔敦厚"的审美追求》［《江西师范大学学报》（哲学社会科学版）2015 年第 4 期］认为金元诗歌由情性说和尊古说组成，前者为理论基础，后者为追求的目标。它是通过对经学有选择地吸收和演绎，完成了诗歌从政治的、道德的标准到审美标准的转化而形成，并促进了诗歌和诗人的独立性，追求诗歌优美、安闲、高逸的意境。李春丽《金元艳情词之"本色"论》（《中国图书评论》2015 年第 12 期）从香艳绮语的"歌词"、婉约缠绵的"情词"、率性泼辣的"豪情"三方面探讨了金元艳情词的本色风格。沈文凡、马雁晶《"归潜堂诗"与金末元初文人的仕隐观》（《古代文学理论研究——中国文论的思想与智慧》2015 年第 40 辑）考察了金末元初文人的仕隐观，将归潜志堂题诗的二十位诗人分为认同归隐、不认同归隐、态度矛盾等三类，分析了他们面对金、元易代，选择或仕或隐时矛盾纠结的原因。张静《金诗在元代的留存与传播考述》[《辽宁工程技术大学学报》（社会科学版）2015 年第 2 期]认为金人诗歌在元代的留存与传播，大部分依托诗人别集、总集、合集等集本的刊行，少部分则借助元人选本流传，还有一些是依靠刻石、题壁、题画、书法墨宝等途径留存下来。李卫东、张静《金诗在明代的流播考述》（《忻州师范学院学报》2015 年第 3 期）认为金代诗歌在明代的传播方式，一是金人集本的刊行；二是明人的金诗选录，成书时间多在明初期和明后期；三是少量金诗书法墨迹的流传，主要是一些书画家兼诗人的诗作。这一领域相关硕士学位论文有 3 篇，吴雪《南宋初滞金诗人诗歌意象及情感意蕴研究》（硕士学位论文，重庆师范大学，2015 年）分析了南宋初滞金诗人的诗歌意象及情感意蕴，以及诗人在身处异域、性命堪忧的环境中所呈现出来的情感取向及诗歌精神。文琪《金代后期诗学论争及其文学史意义》（硕士学位论文，内蒙古大学，2015 年）阐述了贞祐南渡后尚奇派、平实派诗人的主要诗学观及其诗学论争，将双方归结为"师心"和"师古"两种诗学倾向。该文认为两派扭转了前代尖新靡艳的诗风，促成了金末诗坛的繁荣。王海妮《金代文人雅集研究》（硕士学位论文，山西大学，2015 年）探讨了金代文人雅集与金代文学的关系，认为金代文人雅集既体现了金代文学的特点，又促进金代文学的发展。

关于元好问的研究，台湾萧丰庭《论元好问对苏轼的接受与转化》（博士学位论文，高雄师范大学，2015 年）深入阐释了元好问接受苏学的现象，认为元好问在面对苏轼的影响时，展现出了文人的自信与实际的自成一派，树立了其自身的兼具创作与批评的特色，肯定了元好问在美学接受史上独树一帜的历史地位。颜庆余《元好问对王士祯神韵诗学的影响》（《民族文学研究》2015 年第 1 期）考察了元好问对王士祯的多方面影响。后者对前者诗集的批点、诗文小说的引用、选录和评论等，都表明王士祯的神韵诗学发端于元好问，其又与元好问的五七言分界说互为表里。戎默《〈杂诗〉四首作者考辨》（《中国韵文学刊》2015 年第 4 期）指出钱锺书《谈艺录》中所言的《杂诗》四首为汪藻所作的说法不确，通过考察认为该诗应为元好问作，而混入今本《浮溪集》。杨峰、张莉《〈杂诗四首〉为元好问所作辨》（《齐鲁师范学院学报》2015 年第 1 期）针对《相士如相马》等《杂诗四首》既被收录于元好问的

《遗山集》，又被收录在宋人汪藻的《浮溪集》的二属情况，认为从汪、元二人各自诗文集的版本情况以及诗文内证两方面来看，四首诗应为元好问的作品。程诚《论元好问〈论诗三十首〉自然风格观的路径——从〈论诗三十首〉第二十九首出发》（《安徽文学》2015 年第 9 期）认为在《论诗三十首》中第二十九首显示了元好问对自然风格的推崇以及对雕饰文风的贬斥，而这又是他对不同的文学风格进行取舍的结果。毕宇甜《浅析元好问〈鹧鸪天〉词中的隐逸与道家情怀》[《现代语文》（学术综合版）2015 年第 10 期] 从《鹧鸪天》词作中分析了元好问的隐逸与道教情怀，并简述了其内在原因。段素丽、胡海义《论元好问碑铭文的创作特色》[《山西大同大学学报》（社会科学版）2015 年第 2 期] 从结构布局、描摹人物、记叙事件方面考察了元好问碑铭文的创作特色，认为其在记叙事件上以平实的叙事态度间杂以传奇的叙事手法、高明的选材方法把碑铭文写得真实具体、妙趣横生。赵永源《融合传播 接受——评议宋金元明清时的遗山词》（《晋阳学刊》2015 年第 5 期）认为元好问的词创作是在宋金词的交融以及金元词的延续中展开的，形成独特的"遗山词风"，辐射范围直至明清时期，表现为遗山词的传播与接受。王海妮《元好问入完颜斜烈幕府论》（《名作欣赏》2015 年第 2 期）认为元好问是在正大三年四月入完颜斜烈幕府，同年秋季离开。入幕府的主要原因是被签入军，这一时期其创作的诗词体现出豪迈的特点。王爱军《元好问：金末元初当过"县长"的大诗人》（《文史天地》2015 年第 5 期）按早年成名、培养后生、推荐儒士、晚年作《中州集》等事件线索梳理了元好问的生平。狄宝心、吕晨芳《忻州文化滋养出的奇葩——元好问》（《忻州师范学院学报》2015 年第 3 期）认为受忻州文化滋养是元好问在文学、史学等方面取得巨大成就的重要成因，这种文化影响主要体现在悲壮之美、乡情之重和夏夷之辨三方面。孙宏哲《明人之元好问研究文献辑录》（《图书馆学研究》2015 年第 22 期）对明代研究元好问的相关作品进行了考察，认为尽管受"华夷之辨"民族观以及尊唐复古文学思潮影响，但是明人仍对元好问的文学得失、史学贡献、与人交游、奖掖后学、名节问题等方面进行了评述。代珍《晚金士人的存"文"与守"道"——以元好问研究为中心》（硕士学位论文，华中师范大学，2015 年）认为元好问深受赵秉文"文""道"观的影响，在国家易代之际，践行着正统王朝下士人的价值观，保护金朝文士与中原汉文化，可以称之为是对北宋士人文化的承接与延续。王元元《辽金时期少数民族文学批评研究——以元好问、刘祁为例》（硕士学位论文，新疆师范大学，2015 年）阐述了辽金时期少数民族文学在文学创作上承袭了汉族的文论传统，有着"越代继承性"的发展规律。此外还有耿志媛《元好问〈中州乐府〉研究》（硕士学位论文，首都师范大学，2015 年）、侯玉洁《元好问词中女性形象研究》（硕士学位论文，首都师范大学，2015 年）等。

关于元好问与书画相关方面的研究。徐传法《元好问诗中的书学思想》（《中国书法》2015 年第 3 期）考察了元好问诗歌中的正体说、真书、成本说等书学思想。

徐传法《元好问书法考察及其书法观》(《书法》2015 年第 4 期)认为元好问的书法崇尚天然、真淳的复古书风,从其现存墨迹看,受"苏学盛于北"大风气之影响,有苏、米之意;从其楷书看,则是"宗唐追晋",颇具唐人风格。李卓阳《元好问书法艺术特色研究》(硕士学位论文,曲阜师范大学,2015 年)将元好问存世的书法作品分为早、中、晚三期,阐述了各个时期的书法艺术特色,指出其书法受"唐宋书风"影响颇深。该文还阐释了各期书风面貌形成的原因,探讨了元好问书法艺术与文学艺术的关系,认为二者具有相通性。袁苗萌《元好问题画诗研究》(硕士学位论文,河北大学,2015 年)认为元好问擅长以诗评画,是绘画批评的重要成果,题画诗的诗题、序、小注和诗文内容承载了丰富的画史信息,通过解读元氏的画评,可以进一步得出其背后的理论线索及其哲学基础。

关于其他文人及其诗文等研究,主要有丁沂璐、庆振轩《苏过对宋金攻辽的诗意呈现及原因探究》[《北方民族大学学报》(哲学社会科学版)2015 年第 4 期]认为苏过对宋金攻辽战争胜利的盲目乐观情绪折射出时人对宋廷与辽、夏等少数民族政权签订屈辱条约的不满。苏过的短视,除关乎北宋浓重的忧患意识与屈己求和的集体记忆,还与他本人的胸襟识断以及信息阻隔密不可分。白新辉《论朱弁羁留金朝的创作》(《名作欣赏》2015 年第 11 期)考察了朱弁的羁留生涯与心忧故国的精神,认为其排斥金朝的政治态度反映了金朝早期文化难以得到奉正朔的文人认同。赵自环《洪皓使金作品研究》(硕士学位论文,重庆师范大学,2015 年)认为洪皓的诗歌具有敏感的节序意识、复杂的情感流变、强烈的忧患意识。陈爱红《洪皓在金交游考》(《佳木斯职业学院学报》2015 年第 6 期)对洪皓在滞金时期与完颜希尹及其子、宇文虚中、王伦、朱卞、张邵等人的交游进行了考察。苏利国《论王若虚思想中的儒与道之关系》(《社会科学论坛》2015 年第 3 期)通过剖析《滹南遗老集》,认为其思想体系是儒主道辅、道隐儒显、儒道融合、交互影响,而非以往的纯儒定论。于敏《论金代文人王若虚对苏轼文学思想的审美接受》[《赤峰学院学报》(汉文哲学社会科学版)2015 年第 4 期]认为王若虚在赞赏苏轼诗歌创作审美风格的同时,也深刻指出了其中的诸多弊病。王氏在创作中学习苏轼,作品深具苏轼之风。许浩然《诗学、私交与对金态度——胡铨、周必大的乡邦唱和》[《井冈山大学学报》(社会科学版)2015 年第 2 期]认为胡铨与周必大之间乡邦唱和的诗作,反映了江西诗学的趣味、私人的交谊,展现出周必大在乡邦生活中追随胡铨诗学取向、与之保持亲切交谊以及回避彼此政见分歧的姿态。仝建平《金状元王纲生平及诗文辑考》[《山西师大学报》(社会科学版)2015 年第 4 期]考述王纲为金元之际赵城人,金大安元年中辞赋状元,官翰林修撰,金亡前夕曾被元好问推荐于蒙古中书令耶律楚材,金亡后归隐于家乡赵城。其所撰诗文可考者有诗一首,文章两篇。朱军《论耶律楚材批判理学的渊源》[《内蒙古大学学报》(哲学社会科学版)2015 年第 3 期]认为耶律楚材对理学持否定态度主要是由金元之际儒学发展的大背景及耶律楚材自身的学术志趣两方面原因造成的。和谈《耶律楚材家族多语学习与翻译之史料考述》(《兰台世界》2015 年第 28 期) 对耶律履、耶律楚材、耶律铸的多语学习环境或翻译情况进行了考述。和谈、董芳芳《耶律履作品存佚情况考辨》(《兰台世界》2015 年第 34 期) 对耶律履《次韵仲贾勉酒》《天竺三藏叶哈啰悉利幢记》等作品进行了考辨辑佚。

关于地域与民族文化、文学、语言研究,主要有王耘《金初女真人的崛起与文化认同之变迁》(《北方论丛》2015 年第 6 期) 探讨了完颜各部的统一、女真各部的统一、金朝的建国使其相继确立了以宗室为核心的完颜文化认同、以女真为核心的部族文化认同、以金源内地为核心的区域文化认同。王佑夫《契丹、女真文论释碎》[《中央民族大学学报》(哲学社会科学版) 2015 年第 4 期] 考察了契丹、女真的散碎诗学言论,认为他们对中国文学理论批评做出了的相应贡献。刘云憬《金代北方通语探析》[《宁夏大学学报》(人文社会科学版) 2015 年第 1 期] 认为南北长期分治造成了金代北方通语的存在。它是包含 15 个韵部的通语系统,最大特点是家麻部、车遮部的分立,支微部中的支思组的独立性加强,寒先部中洪细分组的渐趋明朗和入派三声。它是汉语从中古到近代的一个过渡阶段,继承宋代通语十八部,与《中原音韵》有着天然的联系。杨忠谦、李东平《地域文化视野下的金代西京刘氏家族文化特征论》[《重庆文理学院学报》(社会科学版) 2015 年第 6 期] 对金代西京刘氏家族重科举、重文学、重操守、重吏能的地域文化特色及其对金代文化所作的重要贡献进行了探讨。赵越《金代山西诗人群体研究》(硕士学位论文,山西师范大学,2015 年) 对山西诗人群体成员的形成、交流唱和做了归纳和总结,考察了山西诗人群体在诗歌审美取向和艺术风格上的互相影响等情况。张建伟、张慧晋《金元白朴家族与地域文化》(《晋阳学刊》2015 年第 6 期) 考察了祖籍隩州的白朴家族处于北宋边境地带,宋金易代之后当地教育发展,白朴家族多人得以考中进士。金亡后白朴父子居于真定,元好问、史天泽等人对俗文学的关注造就了白朴的元曲成就。聂立申撰写多篇关于山东文士研究的论文,《金代山东文士儒家风格探析》(《社科纵横》2015 年第 2 期) 将金代山东文士划分为本地型、周边型和活动型三类,指出该群体具有秉承仁孝治世理家的传统思想以及关心民生疾苦、维护道统、自律修身、舍生取义、忠贞守节的儒家风格。聂立申《金代泰山文士交游考》[《江西师范大学学报》(哲学社会科学版) 2015 年第 3 期] 认为该群体通过诗酒酬唱、畅游山林、臧否人物等方式构筑了广泛的社交网络,以及其与女真贵族、外地文士、道教人士的交往拓展了泰山文士社交网络的空间。聂立申《金代山东文士地域特色考》(《社科纵横》2015 年第 7 期) 阐述了金代山东文士名家多、流动性大、怡情山水、儒家治世特点浓、家族文学盛、乡土观念强等地域特点,并分析了其根源,即多元的文化环境和深厚的文人阶层基础等。

关于金代戏曲、音乐研究。康乐《金元杂剧与祭祀仪式——田仲一成教授与康保成教授对谈录》(《文化遗产》2015 年第 3 期) 记录了中山大学康保成教授与东京大学名誉教授田仲一成关于金元杂剧的谈话内容，涉及金元杂剧的起源与祭祀仪式的关系等多个方面内容。于东新《论金代词人的曲创作及其文学史价值》(《晋阳学刊》2015 年第 4 期) 认为金院本声曲和北方时曲的流行以及民众的欢迎，使得金人曲登上舞台。其中，全真词走向了代言体的戏曲，全真道士成为词曲演变的津梁。以元好问为首的词人也主动接受曲体而创作曲文学，对后来元曲曲调的代表样式做出了重要贡献。宁希元《金代早期诸宫调散套的又一实例》(《中国古代小说戏剧研究》2015 年第 11 辑) 对洛阳博物馆所藏金代所书散套进行了研究，将其与山西侯马二水金墓所发现的歌词进行了比较，认为两者都是不同宫调组合的散套，都不带尾声，都反映着金代早期诸宫调联套的特点。朱鸿、陈鸿儒《〈刘知远诸宫调〉用韵与〈中原音韵〉比较研究》(《东南学术》2015 年第 2 期) 认为《刘知远诸宫调》所反映的金代北方方言的语音特征是古代中原语音所固有的。姜文婷《浅谈金代女真文化对元杂剧的影响》(《艺术教育》2015 年第 9 期) 从音乐元素、民俗、语言、帝王喜好等方面讨论了金代女真文化对元杂剧的重要影响。赵兴勤《关于金院本著录的思考》[《井冈山大学学报》(社会科学版) 2015 年第 1 期] 从《辍耕录》所收院本名目及其产生的时期、市井生活对院本内容的影响、院本名目中词语的诠释等方面对金院本著录问题进行了考察。韩伟《金元上梁文的音乐性初探》(《古籍整理研究学刊》2015 年第 2 期) 认为在金末元初和元中后期，上梁文从宋代渐趋雅化和个性化的路径中脱离出来，由主流向民间、由抒情性向实用性、由文学性向音乐性的复归，从而使上梁文的音乐文学属性得以重新彰显。

关于金代美术、书法研究。金维诺《史籍载辽金时期美术》(《美术研究》2015 年第 1 期) 对史籍记载的辽金时期都城、皇陵等包含的美术因素进行了考察，并对保存至今的部分辽金寺院、佛塔等艺术遗存进行了鉴赏。李慧、刘颖、董新杰《金代官印对当代黑龙江篆刻创作体系的影响》(《艺术教育》2015 年第 4 期) 通过介绍道教印、龙江大写意、工稳印、鸟虫篆等系列的黑龙江篆刻，认为其创作体系多受本土金代官印的影响，在形式、技法、制作形式等方面形成了不同的风格。

关于金代图书出版研究。牟景华《金初对辽宋图书资料收集的特点》(《北方文物》2015 年第 3 期) 归纳了金初对辽宋图书典籍搜集的特点是在武力征服下，图书是重要的战利品，附带与图书典籍相关的技术人员；收集图书种类繁杂，规模浩大；带有盲目性、无组织性等。侯秀林《试论辽金时期雕版印刷业兴盛的两大动力》(《晋图学刊》2015 年第 2 期) 认为辽金时期雕版印刷兴盛的原动力是尊孔崇儒，官府藏书、私家藏书、官私教育、书商和宗教发展等这些社会需求成为推动力，印刷技术的革命也是重要原因。

关于金代宗教信仰研究。王德朋《金代僧人的圆寂与安葬》(《社会科学战线》2015 年第 9 期) 认为金代僧人在面对死亡时表现出预知生死的智慧和淡然态度，传递出悟生死的禅机佛理。在僧人圆寂后，土葬与火葬兼而有之，高僧大德往往有刻石立碑，反映了自在佛法与世俗真情的有机结合。蔡敏、延保全《金代佛寺赐额敕牒小考》（《山西档案》2015 年第 6 期）考察了金代敕牒主要分布在晋南豫北等中原地带，认为颁布赐额不仅是女真王朝对中原乡村社会的宗教控制，更是金代统治者缓解财政困难、促进地方经济发展的一种管理手段。申喜萍《汉文化作为他者——以金元儒家与全真教的关系为例》（《孔子研究》2015 年第 5 期）认为金元之际，得到政治庇护的全真教大量接纳儒生入其教，并担当起维护社会秩序的重任，二者由此形成了密切的关系。在忽必烈统治后，儒生社会地位逐渐提升，全真教拥有文化传播权，并不事生产，从而引发二者交恶。聂清《全真道与禅宗心性思想比较》（《全真道研究》2015 年第 4 辑）认为在禅宗与全真道两个体系中，心性论的差异既是其本体论差异的必然结果，是理解其特质的关键所在。吴光正、王一帆《钟吕传说与金代全真教的谱系建构》（《全真道研究》2015 年第 4 辑）认为自王重阳开始即有意识地借助钟吕传说来构建全真教谱系，主要是通过诗文创作与传播来实现的。其目的一是自神其教，二是自我神话，从而为本教之存在与发展寻出神圣性与合法性依据。全真二代弟子及其再传弟子遵循王重阳的教化，在继承传统道教资源的基础上，继续了全真教的谱系建构与接续，实现了光大门户、阐扬教义之宗教目的。萧进铭《身患、无身、真身及等观一切——王重阳对老子"身体"说的体证及发展》（《全真道研究》2015 年第 4 辑）认为老子的有身及无身之说，对王重阳影响极为深远。除了承继老子的有身、无身说外，王重阳进一步拓深老子及道教的身体说，并对后世产生很大影响。彭芬《金元全真道女冠研究》（硕士学位论文，西南大学，2015 年）介绍了金元时期全真女冠群体的一般修道生活和内丹修炼生活，指出其修道方式和唐宋女冠截然不同，进一步认为这一群体对宫观的建设和发展、道教教义的传播发挥了重要作用。宋燕鹏、何栋斌《宋元时期晋东南三嵕山神信仰的兴起与传播》（《山西档案》2015 年第 1 期）考察了宋金元时期三嵕山神信仰的兴起与传播，在金代被该神成功附会为后羿，由自然神而变为人神，成为宋金时期晋东南神灵主要变化之一，体现出华北民间信仰发展的阶段特征。还有冯川《金朝北方曹洞宗研究》（硕士学位论文，中国社会科学院研究生院，2015 年）等。

关于金代医学研究，围绕《儒门事亲》有多篇论文发表。王非、郭育汝《因时制宜在〈儒门事亲〉的应用》（《江西中医药》2015 年第 2 期）认为张子和重视因时制宜治疗原则，在论病施治用药诸方面均注重时间因素的影响，论病法天应时、治病因时制宜、制药服药以时为度。卞立群、张引强、王萍、唐旭东《张子和〈儒门事亲〉治法理论基础及应用探析》（《北京中医药》2015 年第 6 期）对张子和的治法理论产生的基础及临床应用进行了总结分析。王晓琳《〈儒门事亲〉整理实践与非通用字形的处理》（《中医文献杂志》2015 年第 5 期）介绍了在整理《儒门事亲》过程中所发现的通假字、古今字、异体字等非通用字形及其处理办法。郭育汝《〈儒门事亲〉对〈黄帝内经〉因势利导思想的继承和发展》（硕士学位论文，黑龙江中医药大学，2015 年）阐述了《儒门事亲》因势利导思想与《黄帝内经》的渊源关系，及其在中医理论及临床诊治中的重要意义。张冰、杜渐《张子和中医心理思想探讨》（《中国中医基础医学杂志》2015 年第 12 期）认为张子和对情志因素的病因病机理论有独到创见，在医案中灵活使用习以平惊、情志相胜、移精变气等心理治疗方法，对后世中医心理学的发展起了承前启后的作用。王烨燃、王萍《金元时期药性组方理论简析》（《辽宁中医杂志》2015 年第 7 期）指出金元时期医家对传统药性组方理论进一步阐释，并将药物归经、升降浮沉理论纳入此理论体系，为丰富组方理论及指导临证组方做出了重大的贡献。赵洁、戴慎《金元四大家补益观》（《吉林中医药》2015 年第 12 期）探讨了金元四大家的补益观，指出各家在补益时均重视脾胃的重要作用，并反对一味的温补。张稚鲲《金元社会医疗的贡献力量及宗教文化特色》[《西北民族大学学报》（哲学社会科学版）2015 年第 6 期]认为金元时期社会医疗具有明显的宗教医学文化特色，儒医是中坚力量，道医、佛医是重要的组成部分。原始宗教巫祝医疗盛行于民间，以精神疗法应对医学无法解决的疾病现象。王亚旭《金元四大家择时用药经验和思想文献整理研究》（硕士学位论文，北京中医药大学，2015 年）整理研究了四大家在五运六气择时用药、四时择时用药和昼夜择时用药三个方面的经验和方法，认为四大家的择时用药思想是以天人相应的整体观为理论基础，顺应五运六气盛衰规律，四时寒热温凉和气机升降浮沉的特性，昼夜阴阳消长平衡变化，根据疾病辨证选择合适的药物，在最佳的时间服用。

此外，李大军《金代骑射体育活动的作用》（《北方文物》2015 年第 3 期）指出金代骑射活动的作用有：保持了女真民族的优秀传统文化，加强其民族凝聚力，保持了其国民勇武善战的军事实力等。李翔《宋辽金元时期山西武术发展状况研究》（硕士学位论文，中北大学，2015 年）分析了宋辽金元时期山西武术发展状况、军事武术文化和民间武术文化，围绕着山西地域、社会发展、武术演变、兵器发展、人才选拔等，从精神文化层面对这一时期山西武术相关武术文化进行了探讨，指出经过不断地碰撞融合，山西地区形成了动态的、具有鲜明地域色彩的武术文化。

八　金代历史地理研究

关于金代历史地理研究。程民生《汴京因素对古代北京的影响》（《史学集刊》2015 年第 1 期）认为位于今天北京的金、元、明、清四代的都城，均不同程度地继承了北宋东京的元素。吴朋飞《黄河变迁对金代开封的影响》[《井冈山大学学报》（社会科学版）2015 年第 4 期]系统梳理了金代黄河下游上段河道的变迁，认为在1128 年后渐次南泛的黄河再造了开封城及附近的地理景观。金代黄河未决入开封城内，对开封无直接影响，却始终是城市的重要防御线。陈晓伟《辽金元的夏捺钵——"阿延川"、"上京"及"爪忽都"辨》（《中国边疆史地研究》2015 年第 2 期）认为"阿延川"本作"爱阳川"，"上京"实乃"上陉"之误，两地皆位于炭山（金莲川草原）范围，并对清人认为"爪忽都"亦指金莲川的观点提出了不同的意见。他的另一篇《金代"石州"考辨》（《北方文物》2015 年第 4 期）认为《金史·地理志》记载的"昌化军"实为"昌化郡"，始得名于唐天宝元年；"晋阳"非具体的行政区地名，而是"晋阳公府"，即指称金末郭文振总领专制的河东北路。彭善国《吉林前郭塔虎城为金代肇州新证》（《社会科学战线》2015 年第 10 期）根据塔虎城内的遗存主要为金、元两朝而辽代文物阙如的状况，初步将塔虎城推定为金代肇州（辽代出河店）故址。刘锦增《金代山西佛寺地理分布研究》（《五台山研究》2015 年第 4 期）认为影响金代山西佛教寺院分布的因素主要有社会政治环境与民众信仰需要、社会经济条件、国家政策、历史渊源、自然地理环境等。此外，金代山西地区寺院分布呈多点状等特点。杨晓国《十三世纪金元战争前后的蒲州城市景观变迁》（《史志学刊》2015 年第 2 期）论述了蒲州在 13 世纪前发展鼎盛、金元战争遭到破坏以及其后受自然灾害影响走向衰落的历史过程，并对古代蒲州城市的文化遗产价值进行了分析。洪思慧《12—13 世纪金桓州元上都的环境变化》[《赤峰学院学报》（汉文哲学社会科学版）2015 年第 5 期]针对金人、元人对金桓州（元上都）气候的不同记载，提出这与 1230—1260 年因气候变暖而引起的本地区自然生物景观变化有关。陈士平《莫力街是金朝皇帝春纳钵之地吗》（《黑龙江史志》2015 年第 10 期）对哈尔滨市香坊区莫力街是金代帝王捺钵之地的观点进行了驳斥，认为莫力街源自蒙古人"莫力克"一词的音转。孙国军、康建国《辽金元时期蒙古弘吉剌部领地考》[《赤峰学院学报》（汉文哲学社会科学版）2015 年第 2 期]对弘吉剌部的领地问题进行了考察，也涉及金朝出兵北方、成吉思汗分封其部等史实。

九　金代文献学研究与专题学术综述

关于《金史》校勘与研究。胡小鹏《试释〈金史·兵志〉中的"合里合军"》[《西北师大学报》（社会科学版）2015 年第 6 期]认为《金史·兵志》中的"忠孝军"与"合里合军"乃一体两名，前者是美称，后者是蒙古语自称。"合里合"是蒙古人对其统治下非蒙古各族群的称呼，"合里合军"意谓本国（邦）之外的诸部落之人组成的军队，与金代文献描述的"合里合军"由回纥、乃蛮、羌、浑、蒙古等外族归顺之人及河朔归正人组成的情况一致。刘肃勇《〈金史·张浩传〉补正三则》（《江海学刊》2015 年第 6 期）根据《张汝猷墓志铭》，对《金史·张浩传》进行了三则史料补充。宋卿《中华书局点校本〈金史·宗室表〉考证》（《北方文物》2015年第 3 期）以元刻本、南监本、北监本、殿本、局本为参校，对中华书局点校本

《金史·宗室表》中的标点、前后栏顺序、官职等 16 处进行了考证。合灿温《〈金史〉勘误二则》（《白城师范学院学报》2015 年第 10 期）根据《金史》与《高丽史》的互证，勘正了《金史》卷七、卷一三五中两条史料的错误。

关于金人文集研究。王峤《〈辽东行部志〉史料价值研究》（《绥化学院学报》2015 年第 9 期）认为《辽东行部志》对于《辽史》《金史》两书的"地理志"均有补充，而且在金代辽东地区基层社会的民俗和女真语言文字方面保留了丰富的史料。他的另一篇《〈遗山文集〉与〈归潜志〉史料价值比较研究》[《赤峰学院学报》（汉文哲学社会科学版）2015 年第 3 期] 对《遗山文集》与《归潜志》两书中所记载的金代人物小传、对金代事物的评论、诗歌的史料价值进行了比较研究，认为《遗山文集》所记人物身份较为多样，在宗教人士、女性、由金入元官员三方面远远超过《归潜志》。在对金代事物的评论和诗歌两方面，《遗山文集》涉及金代历史的各个方面，较《归潜志》丰富。该文认为《遗山文集》史料价值超过《归潜志》。张慧敏《浅析〈归潜志〉的成书和体例》[《河北北方学院学报》（社会科学版）2015 年第 5 期] 认为《归潜志》成书于 1234—1235 年，它与作者的学识、经历及社会环境有关。其体例具有以类相从、作家小传和选诗评诗相结合、金人小传和汉人小传同归一类的特点。李彦颉《李俊民〈庄靖集〉研究》（硕士学位论文，山西师范大学 2015 年）根据《庄靖集》收录的诗文及辑补文章的内容，从李俊民的家世生平、文集的编纂与历代版本流传、文集的内容及其在文学、社会文化方面的文献价值四个层面进行了研究。张悦《谭处端及其创作研究》（硕士学位论文，山西师范大学，2015 年）将谭处端《水云集》收录的作品分为宣扬道义、赠答劝化和点化教徒三大类，全真思想在其文学意象的创作上表现得十分明显，对全真文学的发展有很大影响，奠定了其在全真文人中的重要地位。

此外，胡传志《金代有关北宋文献三考》[《徐州工程学院学报》（社会科学版）2015 年第 1 期] 通过考证认为，王寂《辽东行部志》记载的苏轼书《施食放生记》确有可能；其子所寄集句诗为葛次仲《集句诗》集三卷。金末文人苑中《题二苏坟》诗当写于正大二年或三年秋天。刘福燕、樊运景《金末元初漠北纪行之作的史料价值》（《兰台世界》2015 年第 27 期）从金末元初漠北纪行作品中描写了大量风土人情、寄寓了本人的思想情感、体现出通融的民族观念等方面，探讨了该类作品的史料价值。杭立飞《金蒙关系的文献史料评述》[《新西部》（理论版）2015 年第 5 期] 认为《归潜志》的史事价值较高，《归潜志》和《遗山文集》是金蒙关系的第一手史料，同时，该文认为《金史》和《元史》的史源价值较高，《建炎以来朝野杂记》《金史》《蒙古秘史》等的史料价值也较高。张儒婷、王春林《外国史籍中有关金末蒙初历史的记述》（《城市地理》2015 年第 22 期）总结了《史集》《世界征服者史》等域外文献记录的内容以蒙元为视角，可作为国内材料的印证和补充。曹萌《契丹女真民族传世文献整理研究的思路与方法》（《甘肃理论学刊》2015 年第 3 期）从拓展文献收集范围、整理汇编传世文献、文献研究等层面，分析了契丹女真传世文献整理研究的思路与方法。

关于金史研究的专题综述。王禹浪、寇博文《金代猛安谋克官印研究述评》（《黑龙江民族丛刊》2015 年第 5 期）梳理了从清末以来学人辑录、发现、考证与研究金代猛安谋克官印的成果，分析了目前存在的问题及未来的研究方向。解丹、庞玉鹍《金长城的国外研究述评》（《建筑与文化》2015 年第 5 期）回顾了自 19 世纪末以来苏联、日本、欧美等国外学者研究金长城的成果，认为其研究主要集中在实地调研成果和文化制度上，且广度与深度逐渐扩展和增强。王晓静《二十世纪金代计量研究综述》［《赤峰学院学报》（汉文哲学社会科学版）2015 年第 5 期］从度量衡研究、时间计量研究两大方面对金代计量研究进行了回顾，并对其作了评析与展望。侯震、叶帅斌《金代货币研究综述》（《经济研究导刊》2015 年第 3 期）综述了 20 世纪以来的国内外金代货币研究成果，指出了其中存在的问题。姜宇《金代司法机构研究综述》（《白城师范学院学报》2015 年第 7 期）从中央司法机构研究、地方司法机构研究两大方面回顾了学界在该领域的成果，并分别对这两方面研究的薄弱点进行了分析。孙文政、宛文君《金代上京路研究概述》（《理论观察》2015 年第 6 期）分别概述了清以前、民国时期、新中国时期以及国外对金代上京路的研究成果，并指出这些研究还不够系统，认为应以金代上京路整体建制视角进行研究。陈俊达、隋昕言《1949 年以前金宋关系史研究述评》［《宁夏大学学报》（人文社会科学版）2015 年第 1 期］从金宋和战、人物评价、经济交流以及古籍考订与整理等方面回顾了 1949 年以前的金宋关系史研究，总结了研究的特点，指出了其中的不足。合灿温《近三十年来国内高丽遣使金朝研究述评》［《赤峰学院学报》（汉文哲学社会科学版）2015 年第 3 期］通过考察近三十年来国内的高丽遣使金朝研究，认为学界在双方关系史的梳理、重点事件的考述等方面取得了成果，但缺乏对高丽遣使金朝问题的深入研究、对韩国文献资料的挖掘不够深入及运用不够充分等问题。张冰、赵旭《金代图书事业研究成果简述》（《齐齐哈尔师范高等专科学校学报》2015 年第 2 期）从通论性论著、期刊类论文、学位论文三方面综述了学界关于金代图书事业的研究成果。于东新、张丽红《金诗研究文献述评》（《图书馆学研究》2015 年第 18 期）认为学界的研究成果集中在金诗文献的整理，金诗性质、特征、分期、历史地位等整体研究，重要诗人的个体研究三个方面。石建刚《延安宋金石窟述评》（《敦煌学集刊》2015 年第 1 期）从调查报告和图录的公布、专题性研究、综合研究方面对延安宋金石窟的研究情况进行了回顾，并从洞窟功能与仪轨的研究、佛教的本土化与民间化等方面对其进行了展望。陈俊达、邵晓晨《2014 年辽金佛教研究述评》（《民族论坛》2015 年第 5 期）从宏观研究、佛教制度、社会生活、思想文化、文学艺术、文物遗迹等方面回顾了 2014 年的辽金佛教研究。王茂华、王恒蔚《辽宋夏金时期城池研究回顾与前瞻》（《宋史研究论丛》2015 年第 16 辑）认为 20 世纪以来辽宋夏金时期城池与城址的研究已臻成熟，但区域研究成果集中于个别区域，少有通盘视野下的成果，且有时多与研究对象其他方面相糅合。该文提出今后应对城池修筑进行全局视野下的系统分析，进而准确定位其在整个筑城史上的地位。

　　近年来金史研究在广度和深度上都有进一步的推进，取得可喜的成就。2015 年度研究成果以政治与政治制度、文化、考古发现与研究的成果为多，尤其是考古发现与研究的成果由于数量较多而单独成文著述。金史研究队伍出现年轻化的趋向，研究者分布的省份有较大扩展。近三年中全国 42 所大专院校的博士后出站报告和博、硕学位论文一百多篇，研究内容涉及政治与政治制度、经济、人口、民族与民族关系、社会、文献学、宗教、考古学、艺术、建筑、服装、书法等，研究领域十分广泛。然而，从现有成果看，青年学者除了少数特别优秀的人已经推出有分量的成果外，多数人还处于学术积累的阶段，因此 2015 年度重要的学术成果不多。我们期待中老年学者继续深入探索，青年学者加倍努力，共同创造金史研究的新局面。

2015 年西夏文物考古研究综述

卜凯悦

2015 年的西夏考古研究呈现出以下特点：第一，从研究对象来看，以石窟壁画、遗址为主。第二，从研究内容看，一方面，文物考古研究注意文物的艺术性及实用性，比如石窟壁画的研究在关注其艺术风格的同时也注意它对现代艺术的借鉴作用。另一方面，石窟壁画及服饰等反映的西夏生活、民族融合和宗教等社会历史问题受到很大的关注。

一 石窟壁画

从数量来看，2015 年石窟壁画的研究成果占据了该年度西夏文物研究的主要部分。研究内容涉及的石窟主要是瓜州东千佛洞、瓜州榆林窟和敦煌莫高窟，其中瓜州榆林窟最受学者关注。

同时关注多个石窟壁画而且进行横向比较研究的文章是王胜泽《西夏佛教艺术中的童子形象》和周维娜《西夏晚期石窟壁画风格探析》。《西夏佛教艺术中的童子形象》（《敦煌学辑刊》2015 年第 4 期）整理了西夏时期的莫高窟和榆林窟中的童子造型并对其进行归类和艺术赏析，在此基础上探究了西夏童子形象的特点，为学界了解西夏佛教及童子造型提供了范例。《西夏晚期石窟壁画风格探析》（《兰台世界》2015 年第 6 期）一文则是以西夏榆林窟二窟、三窟、二十九窟，东千佛洞二窟壁画为例，分析了西夏晚期石窟壁画的创作背景及艺术风格，指出榆林窟代表了西夏艺术的最高成就。该文最后提出西夏晚期的石窟壁画以汉传佛教和藏传显密为主题应该是与统治阶层的主流信仰和趣味紧密相连。

关于敦煌莫高窟西夏壁画的研究主要涉及供养人的图像及装饰图案的方面。文章主要有以下两篇：张先堂《敦煌莫高窟第 148 窟西夏供养人图像新探———以佛教史考察为核心》（《西夏学》2015 年第 11 辑）、牛勇《西夏时期敦煌石窟装饰图案艺术研究》（《中国包装》2015 年第 7 期）。张先堂的文章通过对莫高窟第 148 窟西夏供养人图的考察分析，了解当时石窟营造活动参与者及其组织形态，提出莫高窟第148 窟的供养人像是西夏时期回鹘族或回鹘化的汉族供养人的观点。牛勇《西夏时期敦煌石窟装饰图案艺术研究》对西夏时期的敦煌石窟装饰图案进行了艺术研究，探究了这些图案在题材内容、表现形式及风格等方面体现出独特的时代特征。该文最后指出，敦煌石窟西夏装饰图案艺术对我们当代艺术设计的发展方面具有可借鉴的价值。

瓜州榆林窟的研究既有对个别图像的仔细考察，又有对整个壁画的风格探究。刘文荣《瓜州东千佛洞西夏第 7 窟"涅磐变"中乐器图像的音乐学考察》（《西夏学》2015 年第 11 辑）从音乐学及夏与周边民族音乐化关系的角度，对瓜州东千佛洞第 7 窟"涅磐变"中的三身乐器做了考论，指出当时西夏音乐的发达水平是西夏与中原宋庭等周边国家在音乐文化上的相互交流与影响的结果。贾维维《榆林窟第 3 窟五护佛母图像研究》（《敦煌研究》2015 年第 4 期）梳理《成就法鬘》《究竟瑜伽鬘》这两部梵文成就法集，并在与藏文大藏经中相关仪轨文本对照的基础上探究了榆林窟第 3 窟南壁西侧恶趣清净曼荼罗上方的五护佛母图像的构成内容与特征。扎西杰布《浅谈敦煌榆林窟的西夏壁画绘画风格》（《黑龙江史志》2015 年第 13 期）一文从色彩及绘画手法等方面探析了敦煌西夏壁画的绘画风格，认为敦煌西夏壁画是吸取了中原文化和藏族文化中的精华，同时加以对西夏文化巩固的基础上而形成的具有强烈民族性的绘画风格。

除壁画研究外，石窟的研究还有一篇与其相关的文献考证。郑祖龙《山嘴沟石窟出土的几件西夏文残卷考证》（《敦煌学》2015 年第 11 辑）一文对近年来贺兰山山嘴沟石窟发掘的几件还未定名的西夏文残卷做了对译、考证及定名，补充了该领域研究的空缺。

二　服饰

服饰是反映社会生活的重要元素。2015 年西夏服饰的研究以帽饰为主，研究者长期从事西夏服饰、帽饰的研究，研究成果体现出了专业水平。

西夏服饰文化元素的研究文章是任艾青《论西夏服饰中的多元文化因素》（《西夏研究》2015 年第 2 期）。该文在探究西夏传统服饰样式及制作工艺的基础上分析了西夏服饰中的外来因素，认为西夏服饰是以党项人传统服饰为基础，以中原汉族服饰制度为核心的多民族服饰文化的组合，也是西夏以开放的姿态对待外来文化的结果。

2015 年西夏帽饰的研究大多出自魏亚丽的文章。魏亚丽长期从事西夏服饰的研究，主要是对西夏帽饰的研究。研读其文章可知目前帽饰的研究分为文官、武官和僧侣三类，身份不同所戴帽饰亦会有差别，但不同的帽饰风格所体现的共性则是西夏服饰受多民族文化及多宗教文化因素的影响。文官帽饰的研究是《西夏幞头考——兼论西夏文官帽饰》（《西夏研究》2015 年第 2 期），该文指出幞头是西夏法典规定的文官朝服首服，介绍并分析了流行于西夏的不同类型的幞头，最后认为西夏幞头基本上沿袭了唐宋汉族文官幞头的形制，没有明显的党项民族特点，西夏文官的服饰亦是如此。武官的帽饰研究是《西夏武官帽饰研究》（《西夏学》2015 年第 11 辑），该文将所见西夏武官帽饰图像做比较归类，确定了西夏武官常见帽饰的类型，并指出镂冠、黑漆冠是西夏法典明文规定的朝服首服。官职较高的武将戴镂冠，官职较低者则戴黑漆冠。僧侣帽饰的研究是《西夏僧侣帽饰研究》（《西夏学》2015 年第 11 辑），该文将西夏僧侣阶层的帽饰分为五类，逐类介绍分析了其样式和特征，指出西夏僧侣多变是受多种因素影响的而不是严格按照身份地位的规定。这种多元并茂的帽饰文化格局是西夏多民族文化和多宗派佛教文化的产物。此外，任怀晟、杨浣《西夏"汉式头巾"初探》（《西夏研究》2015 年第 3 期）一文，对西夏"汉式头巾"的样式做了归类分析，指出"汉式头巾"应该是西夏汉人上朝的服装。

任怀晟、魏亚丽《西夏僧人服饰谫论》（《西夏学》2015 年第 11 辑）一文通过对西夏僧侣的冠帽样式、须发样式、法衣色彩、法衣造型、法衣质地、法衣穿披方式、服饰配件等方面的归纳整理，补充了许多被学界忽略的西夏僧侣服饰品类和形式，进一步证明西夏中晚期当地佛教徒的来源更加多样，信仰的佛教宗派不同、穿着的服饰各异，从而表现出佛教在当地呈现出欣欣向荣的发展态势。

三　遗址

2015 年西夏遗址的研究从地理分布来看以今天宁夏境内的遗址为主，主要是对西夏王室陵寝遗址和西夏宫城遗址的研究。

西夏王陵的研究表现在陵寝制度的探究及建筑造型的艺术形式研究方面，进一步指出西夏王陵的建制和艺术风格受到中原文化的影响。余军《西夏王陵对唐宋陵寝制度的继承与嬗变——以西夏王陵三号陵为切入点》（《宋史研究论丛》2015 年第 16 辑）探究了西夏王陵的建制及埋葬制度，指出西夏陵寝制度借鉴和融入了北魏、唐宋的陵园规制，既具唐宋之风，又彰显自身特色。这反映出了在佛教的影响之下，中原传统文化与西夏民族文化在陵寝制度方面的叠加和交融。周胤君《西夏王陵"邸吻"造型艺术研究》（《牡丹》2015 年第 2 期）一文分析和介绍了中国传统建筑中的"邸吻"，在此基础上提出西夏建筑中出现"邸吻"造型并不是偶然的，而是受中原文化及宗教因素影响产生的，也体现出了党项民族的审美观念。

西夏宫城位置的研究是吴忠礼《西夏宫城初探》（《西夏研究》2015 年第 1 期），该文利用宁夏地方志资料，对西夏宫城的有无和具体方位及其规制进行了探究，推测宫城的大致位置在今宁夏银川市老城南侧，但其确切范围、具体面积、建筑样式和布局规制还有待于考古工作的发掘和学界的进一步研究。

四　瓷器

因研究者专业和条件的限制，2015 年西夏瓷器的研究集中于瓷器外表装饰和瓷器鉴别方面。

西夏瓷器外表的装饰研究分为刻画研究和文字题款研究两部分。李进兴《西夏瓷器上牡丹花纹的重新解读》（《东方收藏》2015 年第 5 期）对目前所见西夏瓷器的牡丹花纹做了分类和考述，指出牡丹花纹是西夏瓷器中最常见的纹饰。这体现了西夏人对牡丹花的情有独钟，也可能与牡丹花雍容华贵、象征着幸福美满有关。黎李《略述甘肃馆藏西夏瓷器上的文字》（《中国陶瓷》2015 年第 8 期）一文对甘肃省馆藏西夏瓷器上的文字进行了整理、摘录、说明、对比和辨析，分析了馆藏西夏瓷器的概况及总体特征，为西夏文在当地的广泛使用增添了新的证据。张雪爱《西夏瓷器款识述论》（《西夏研究》2015 年第 3 期）一文对所见西夏瓷器的款识做了分类，并对其逐一述论。西夏瓷器的款识类型复杂且各有特色，体现了西夏的多元化特点。

西夏瓷器真伪鉴别的文章是李进兴《略说后刻工的仿西夏瓷器》（《东方收藏》，2015 年第 1 期），该文对如今瓷器市场仿造西夏瓷器的现象做了介绍，并提出鉴别真伪的方法。

五　西夏文物考古专著评述

2015 年西夏考古并未有新的专著出现，但考古专著的评述有三篇文章，都是围绕牛达生的著作，其中史金波和于光建的文章是对《西夏考古论稿》的评述，杨富学的文章则是围绕《西夏钱币研究》而展开。

史金波《西夏文物考古的一面旗帜——牛达生先生〈西夏考古论稿〉序言》（《石河子大学学报》2015 年第 2 期）和于光建《西夏文物考古研究的典范之作——读牛达生先生〈西夏考古论稿〉有感》（《西夏研究》2015 年第 2 期）两篇文章都肯定了牛先生的治学态度和个人学术成就，并分析其著作《西夏考古论稿》的学术价值。杨富学《根植西夏惠施泉界——评牛达生新著〈西夏钱币研究〉》（《西夏研究》2015 年第 2 期）梳理了西夏钱币发现及研究历程和牛先生研究西夏钱币的过程，结合专著的内容，肯定了牛先生的付出及该书对西夏学和钱币研究的价值。

六　其他

2015 年西夏文物考古的成果还有几篇零星的文章对此不做仔细分类。

从考古资料的角度研究西夏农业有李玉峰的《从考古资料看西夏农业发展状况》

（《西夏研究》2015 年第 2 期），该文对考古资料中所见的西夏农具做了分类和考证，探究了西夏农业的发展水平，最后指出了西夏政权在较长时间内的相对安定与西夏农业的发展密切相关。

从出土文书方面探究西夏佛典的文章是樊丽莎《从出土文书看西夏佛典的印制与传播》（《兰台世界》2015 年第 9 期），从出土文书的角度归纳汉文佛典在西夏印制和传播特点，指出汉文佛典受推崇与西夏百姓的民族多样化及西夏统治者仰慕中原佛教文化有直接关系。

结合以往研究成果，笔者在此提出自己对未来西夏考古粗浅的认识及展望：第一，重视田野考察，及时发现和收集新的考古资料，同时注重利用数字工具等方式对已发现的文物资料的保护和深入研究。第二，增强西夏文物考古薄弱方面的研究力度，促进西夏考古及西夏学的全面发展。第三，利用西夏考古资料及西夏艺术促进现代旅游及现代艺术的发展。第四，注重西夏考古与其他学术领域的交流。历史原因造成了今天西夏学和敦煌学交融的局面，西夏考古的新发现和研究也需要借鉴敦煌学的研究方法与成果。所以，有必要关注敦煌学研究的最新进展，全面把握西夏考古研究的新材料、新视角。此外，历史的连续性提醒我们，还应关注辽、宋、金时期西夏周边地区与元代西北地区的考古资料及研究成果。

2015 年金代文物考古研究综述

郭晓东

2015 年金代文物考古的发现与研究，在以往基础上又取得了可观的成果，可在一定程度上对弥补金代史料的不足，这对于金代政治、经济、文化、社会生活、风俗习惯等方面的研究都将产生较大的推动作用。下面按照墓葬，城址，建筑，村落遗址，碑刻、墓志、官印，窑址、石窟、彩塑，瓷器，玉器、铜镜、钱币八个方面对此进行考察。

一 墓葬

2015 年的金代墓葬研究以两类内容为主，一类是墓葬本身，特别是艺术特征、艺术价值较为突出的砖雕墓、壁画墓，另一类则是墓葬艺术与文化。

（一）墓葬发掘与研究

金朝占据中原，与南宋划淮而治，在华北地区留下了丰富的文化遗存。2015 年度发表的墓葬发掘简报主要在北京、河北、山西、陕西、河南等地区，其中，山西省的数量最多。尚珩等《北京通州次渠唐金墓发掘简报》（《文物春秋》2015 年第 1 期）对 2012 年出土于通州区次渠镇的几座唐、金砖室墓及随葬品进行了梳理，其中出土器物均为陶器，并指出这是北京地区金代墓葬随葬器物的普遍特点。郭晓蓉《北京大兴三合庄村发现 129 座东汉至辽金时期墓葬》（《中国文物报》2015 年 3 月 20 日）通过考察东汉至辽金时期 129 座墓葬的形制和丧葬习俗，认为该墓葬体现了古人的丧葬观念经历了由维护和彰显家族的权势和社会地位转向福佑子孙，昭示出日益世俗化的特点，并发现这一时期北京地区的丧葬习俗深深打上了"胡化"的烙印。刘海文等《河北张家口宣化辽金壁画墓发掘简报》（《文物》2015 年第 3 期）介绍了该墓的墓葬形制、墓室壁画、出土器物等情况，推断墓葬年代应为辽代晚期至金代中期。张建林等《铜川阿来金、明墓葬发掘简报》（《文博》2015 年第 2 期）介绍了金、明两处墓葬的墓葬形制及瓷器、陶器、铁器、铜钱、买地券等出土器物，认为这两处应为家族墓葬，为研究渭北地区的葬俗葬制及地理沿革提供了新的资料。王保东

《富平发现金代陶棺》（《考古与文物》2015 年第 5 期）介绍了 20 世纪 80 年代发现的 12 具金代陶棺。周艳涛《陕西发现金代高官墓》（《中国文化报》2015 年 3 月 23 日）报道了西安发现的金代陕西东路转运使兼六部尚书李居柔墓葬的规格、出土器物等，其中有疑似盛装酒的梅瓶。靳松安等《荥阳后真村墓地唐、宋、金墓发掘简报》（《中原文物》2015 年第 1 期）对该墓地的 10 座唐墓、宋墓、金墓的墓葬形制、随葬器物进行了介绍，并对各座墓葬的具体年代进行了推定。王军震等《河南三门峡市化工厂两座金代砖雕墓发掘简报》（《中原文物》2015 年第 4 期）介绍了两墓的形制、出土遗物，指出这两座墓当是金宣宗贞祐年间的家族墓葬。顾聆博《完颜希尹家族墓地遗址研究新认识》（《边疆考古研究》2015 第 18 辑）回顾了吉林省舒兰县完颜希尹家族墓地遗址的发现及研究简史，对墓区、墓葬、随葬品等遗址材料进行了分析，并对完颜希尹墓地的位置作了新的推测。

山西省方面，刘岩等《山西繁峙南关村金代壁画墓发掘简报》（《考古与文物》2015 年第 1 期）介绍了该墓的墓葬形制、仿木构建筑砖雕、彩绘壁画、葬具与随葬品等，认为此墓的年代当为金代中晚期至蒙元初期。刘岩等《山西昔阳松溪路宋金墓发掘简报》（《考古与文物》2015 年第 1 期）介绍了该墓的墓葬形制、仿木构砖雕、葬具及随葬品，出土的瓷枕、执壶、茶盏、铜匙、铜镜等文物数量之多、质量之精为同区域罕见。该文推定墓的年代应为金代中后期到蒙元初期，并对墓室空间的功能进行了探讨。刘岩、史永红《四面栏杆彩画檐——山西昔阳宋金墓的发现与保护》（《中国文物报》2015 年 6 月 5 日）从墓葬类型、出土文物等方面介绍了 7 座宋金时期的仿木构砖室墓葬。赵培青《山西盂县皇后村宋金壁画墓》（《文物世界》2015 年第 1 期）介绍了该墓的位置及形制、墓室壁画、出土遗物，根据墨书确定年代为金代，并指出墓葬为研究宋金时期民俗文化提供了翔实的依据。刘俊喜等《山西大同西环路辽金墓发掘简报》（《文物》2015 年第 12 期）对发掘的 31 座辽金墓葬中的 M1、M6 进行了介绍，主要包括墓葬形制（包含壁画）、随葬器物等，并认为此处应该属于多个家族墓地，时代有辽早期、辽晚期和辽金并存时期。闫文祥《金代砖雕墓葬流动展览保护复原方法初探——以稷山化肥厂金墓砖雕的保护复原为例》（《文物世界》2015 年第 6 期）是以稷山化肥厂金墓砖雕为例，探讨了如何对砖雕墓进行结构上的整体复原，进而实现安全、高效的砖雕流动性复原展览。张庆捷等《山西沁县上庄村发现一座金代砖室墓》（《中国文物报》2015 年 9 月 25 日）介绍了该砖室墓的墓葬类型、出土文物（包括 21 幅孝行砖雕）等，并根据墓葬形制、砖雕及随葬器物判断此墓的年代下限应在金代中后期。

（二）墓葬艺术与文化研究

对于墓葬艺术与文化的研究，学界大致集中于墓葬的建筑、壁画以及墓葬所反映的政治文化、社会生活、风俗习惯等方面。

何京《北京地区辽金墓葬壁画反映的社会生活》[中国科学院地质与地球物理研究所 2014 年度（第 14 届）学术年会论文，北京，2015 年]从物质文化生活、精神文化生活两方面对北京地区辽金墓葬的壁画进行了考察，诠释了当时的社会活动、文化习俗以及人们的精神信仰。邓菲《图像与仪式——宋金时期砖雕壁画墓的图像题材探析》（载复旦大学文史研究院编《交错的文化史论集》，中华书局 2015 年版）分析了河南、山西地区宋金时期几组仿木结构砖雕壁画墓，讨论了其装饰题材的特征与内涵，时人选择、设置特定图像题材的原因。丁雨《浅议宋金墓葬中的启门图》（《考古与文物》2015 年第 1 期）收集了 99 个墓例，对宋金时代的启门题材进行了分类分析，探索了语境、门、妇人、东汉启门等与之相关的问题，认为启门图应由宋金砖室墓中常见的门窗题材而来，在墓葬壁饰被添以人物的过程中受到了佛教丧葬文化的影响。邓菲《试析宋金时期砖雕壁画墓的营建工艺——从洛阳关林庙宋墓谈起》（《考古与文物》2015 年第 1 期）从洛阳关林宋墓出发，利用墓葬题记与考古资料，探讨了宋金时期砖雕壁画墓的砖雕工艺、墓室营建、图像模式等内容，分析了特定区域内墓葬图像呈现出的模式性。刘毅《辽西夏金陵墓制度的新因素及其影响》（《南方文物》2015 年第 3 期）指出辽、西夏、金三朝皇陵制度中包含许多不同于中原王朝的新因素，在陵墓选址、陵园布局和建置、多室（特别是附带耳室）的玄宫结构、陵山崇祀与封祭、皇帝亲祭先陵等方面，对明清皇陵制度有明显的影响。刘乐乐《宋金墓葬中杂剧砖雕的礼仪功能探析》（《戏剧艺术》2015 年第 3 期）认为宋金墓葬中的杂剧砖雕题材可在神庙祭祀或祖先祭祀中找到依据，其是对酬神场景或丧祭场景的模拟和再现。同时，此时期整个墓葬的中心——"神主"显现出与汉唐墓葬不同的自身的特色。

关于金代墓葬艺术与文化研究的学位论文有 4 篇。孙望《河南地区宋金时期墓葬壁画初探》（硕士学位论文，南京大学，2015 年）对河南地区宋金壁画墓进行了分区，对分布于各地区的壁画墓按照墓葬构筑形制、墓室类型、平面形状等进行了讨论，并按年代早晚顺序排出大致序列，总结了墓葬形制、随葬品、墓葬装饰。该文还考察了墓葬壁画的图像及墓葬壁画与传世作品的关系，对图像中所反映的市民生活、丧葬习俗等作了探讨。曹凌子《河北井陉柿庄宋金墓葬研究》（硕士学位论文，郑州大学，2015 年）指出这处家族墓葬是研究宋金时期华北地区社会生活及不同民族文化交流的重要例证，该墓葬以汉文化为主体也体现着北方游牧民族文化的特征，此外还探讨了其他几个与柿庄宋金墓葬群相关的问题。胡冰《山西稷山金代段氏砖雕墓建筑艺术》（硕士学位论文，山西大学，2015 年）对该墓的形制布局、建筑构件进行了分类分型，总结了墓群中各墓室在装饰构件上的不同，以及墓葬建筑内在装饰的艺术特点，揭示了墓葬建筑中的观念意义，分析了宋金北方一带砖雕墓室兴盛的原因。此外，还有夏天《金代墓葬戏曲图像研究》（硕士学位论文，首都师范大学，2015 年）。

二 城址

2015 年学界关于金代城址的研究，主要集中于金上京、金中都以及宝马城等数个地位显赫的、具有代表性的城址。除此以外的其他城址，主要分布于东北地区。

（一）金上京

赵永军、刘阳《金上京考古取得新成果——发掘揭露南城南墙西门址》（《中国文物报》2015 年 1 月 30 日）首次对金代都城门址进行了科学发掘，了解了金代都城门址的基本形制结构，加强了对金上京城址形制结构、营建时序及历史沿革等的认识，为深化金代考古及中国古代都城研究增添了重要的实物资料。赵永军、刘阳《大遗址保护视角下的金上京考古工作》（《北方文物》2015 年第 2 期）通过分析、梳理金上京研究现状、基本概况、周边重要遗存及初步考古成果等，结合大遗址保护的具体实践，提出了今后上京城考古工作和研究的方向、意义。黄澄《金上京会宁府遗址申遗对策》（《中国文物报》2015 年 10 月 2 日）对金上京的申遗提出了加快考古遗址公园建设；增设金上京皇城展示项目；加大申报工作宣传力度；设立保护管理机构；划定遗产区和缓冲区等建议。于鑫《金会宁府筑城研究》（硕士学位论文，黑龙江大学，2015 年）根据历史文献和考古遗址与发现，研究了会宁府的修建过程。该文认为会宁府筑城的过程，是汉文化与女真文化不断交融的过程，也是汉族和女真族逐渐融合的过程。

（二）金中都

丁利娜《金中都城市布局复原的历史回顾》（《中国文物报》2015 年 6 月 19 日）将金中都城市布局复原的过程划分为三个阶段：宋金时期的史料复原阶段，民国至新中国成立初期的考古学与史料初步结合阶段，20 世纪 80 年代至 2015 年的多学科结合复原阶段。该文对每个阶段的成就和不足进行了评价，指出第三阶段为金中都城市布局复原的基本成熟阶段。杨世敏《试论博物馆的临时展览——以北京辽金城垣博物馆为例》（《中国文物报》2015 年 8 月 18 日）考察了北京辽金城垣博物馆的展览、宣传契丹女真文化的定位，介绍了博物馆数次辽金时期的文物展览，并对博物馆的临时展览策略进行了分析。杨海鹏《白山·黑水·海东青——纪念金中都建都 860 周年特展》（载史金波、宋德金主编《中国辽夏金研究年鉴 2013》，中国社会科学出版社 2015 年版）介绍了该次特展的展览缘由、展品、展览原则等，指出旨在以此弘扬黑龙江特有的历史文化及地域精神，以及进一步展示中华民族博大精深、绚丽多彩、包容兼蓄的文化特质和内涵。

（三）宝马城

2015 年度关于宝马城发掘与研究方面有赵俊杰的两篇文章。赵俊杰《关于宝马城性质的初步研究》（《北方文物》2015 年第 3 期）根据 2013 年宝马城的试掘结果，认为该城始建和主体使用的年代均为金代，具有规模小、城墙低矮、城内建筑和遗物等级高的特征，推定其很可能为金代皇家修建的祭祀长白山的神庙。赵俊杰《寻找大金王朝的长白山神庙旧址——吉林宝马城的考古故事》（《大众考古》2015 年第 8 期）通过 2013 年、2014 年对吉林省安图县宝马古城的勘察与试掘，推定宝马城并非渤海时期的城址，而应是金代晚期皇家修建的祭祀长白山的神庙。

（四）其他城址

王怡《黑龙江省讷河市龙河城址调查》（《北方文物》2015 年第 2 期）介绍了延边城址的基本概况及陶器、铁器等出土器物，初步推定其年代为金代。刘晓溪等《延边州辽金时期城址及其分布情况概述》（《东北史地》2015 年第 2 期）介绍了延边州辽金时期城址的数量、规模等基本情况，总结了其部分沿用渤海故城、山城数量多于平地城的特点，以及根据水陆交通情况而形成八个主要区域的分布情况。彭善国《前郭塔虎城的分期与年代——以 2000 年发掘资料为中心》（《边疆考古研究》2015 年第 18 辑）对出土遗物进行了分组与分期，并对各期的年代作了推定，认为塔虎城金代始有城市建制，金代中晚期为其繁盛时期，元代沿用，明代废弃。李强《揭开东夏国的神秘面纱——吉林图们磨盘村山城发掘收获》（《中国文物报》2015 年 2 月 13 日）通过对磨盘村山城部分遗址的发掘清理等工作，初步厘清了东门、北门的形制和结构，探明了整个宫殿区的布局，该处还出土了大量的东夏国时期遗物。张岩《河北康保县出土文物上百件金代古城兴衰或与战争有关》（燕赵都市网，2015 年 3 月 15 日）对康保县西土城城址的规模、发掘区内的房址、灰坑、灶（炉）及出土器物等情况进行了介绍，初步推定此遗址可能是金代时一个较大的地方政治、经济中心，其兴衰可能与当时发生在康巴诺尔大草原上的战争有关。此外，在反映国外研究情况的成果方面，李秉建《韩国辽金古城研究状况》（载史金波、宋德金主编《中国辽夏金研究年鉴 2013》，中国社会科学出版社 2015 年版）指出了韩国辽金古城研究薄弱的现状，并介绍了作者在牡丹江地区进行实地考察的 31 座渤海与辽金古城。

三　建筑

辽金两代佛教香火繁盛，信徒众多，佛塔、寺院广泛分布，2015 年金代建筑研究即是以金代佛教建筑为主。

（一）佛教建筑

赵兵兵、刘思铎《关于朝阳地区密檐式辽金砖塔的比较研究——以黄花滩塔和美公灵塔为例》[《沈阳建筑大学学报》（社会科学版）2015 年第 1 期] 指出金代密檐砖塔具有辽代密檐式砖塔的某些特征，在一定程度上为辽金密檐式塔的甄别与断代提供了依据。李青《金代山西宗教建筑研究》（硕士学位论文，山西大学，2015 年）认为晋北保存了大量佛教建筑，且等级很高，受辽的建筑风格影响普遍呈现"豪劲"的风格。晋中、晋南主要继承了北宋柔美的建筑主基调，当地人有自己独特的神灵信仰传统。庞冠男《岩山寺壁画中的建筑布局与景观美学》（硕士学位论文，太原理工大学，2015 年）认为岩山寺壁画中的建筑布局是在宋金时期宫城建筑的基础之上，加上创作者对建筑结构以及建筑装饰方面的理解，形成了一种既和现实中的建筑相似又具有独特美感的建筑效果，岩山寺文殊殿壁画充分体现了中国传统园林美学。李丽、尤洪才《浅谈金代建筑的风格特征》（《黑龙江史志》2015 年第 3 期）认为金代建筑具备屋顶式样以九脊歇山式为主、屋瓦颜色以剪边或镶嵌为主、内部结构应用移柱法和减柱法、坐西朝东等特点。李青《山西金代建筑的建筑特色与历史价值》（《黑龙江史志》2015 年第 5 期）分别介绍了崇福寺、晋祠、会仙观、太阴寺，认为晋北受辽建筑风格影响较大，呈现豪劲的风格，晋中、晋南则继承了宋代柔美的建筑主基调。同时，该文从屋顶、梁架、斗拱、柱额、门窗装饰等方面论述了山西金代建筑的地位。张美芳《观台窑址金代佛教装饰用瓷略说》（《收藏家》2015 年第 8 期）从建筑脊饰、礼佛用品、佛造像三方面考察了金代观台窑址的佛教装饰用瓷情况，推测这应与金代的崇佛之风有关。丁垚、李竞扬《佛光寺大殿新发现的题记与纪年牌》（《中国文物报》2015 年 6 月 16 日）介绍了佛光寺大殿新发现的金代天德年间的纪年牌与题记的基本情况。

（二）其他建筑

近些年在吉林省乾安县发现的辽代春捺钵遗址群，无疑是辽金史学界最为关注的话题之一。冯恩学《吉林乾安发现辽金时期春捺钵遗址群》（《中国文物报》2015 年 3 月 27 日）一文根据 2013 年、2014 年的调查结果，介绍了遗址群的组成部分、出土遗物等基本情况，指出春捺钵遗址的确认将改变传统史学对辽金春捺钵文化的认识。景爱《北京金章宗雀儿庵调查记》（《东北史地》2015 年第 1 期）记述了雀儿庵的故迹和雀儿庵兴废的原因。张曦元、祝一狄、吕静《探寻辽金时代建筑特点及在当代民俗建筑中的应用》（《建筑与文化》2015 年第 10 期）认为辽代建筑风格更偏向于唐代，具有大气磅礴的姿态；金代建筑风格则偏向于宋代，展现了精致奢华的形象。郭潇、林墨飞、唐建《图像学语境下的金代建筑装饰纹样初探》（《城市建筑》2015 年第 12 期）通过图像学的方法，分析了出土的金代建筑构件上纹样的题材及象征意义，指出纹样是民族文化意识的反映与表现。

四　村落遗址

2015 年学界公布的几处金代村落遗址发掘简报，几处遗址均位于东北地区，且基本上都具有多个年代的地层相叠的共性。

张哲等《吉林长白县民主遗址 2011 年发掘及以往调查简报》（《北方文物》2015年第 3 期）确认民主遗址是鸭绿江上游一处重要的涵盖青铜到铁器时代的遗址。该遗址地表采集有铜钱等，出土有陶器、石器、布纹砖等遗物，年代为渤海、辽金时期。王新胜等《吉林省东辽县杨树排子地遗址考古发掘简报》（《北方文物》2015 年第 2 期）推断该遗址至少存在早晚两组遗存，早期遗存应为使用砖瓦构件的建筑遗存，为辽金时期；晚期遗存至少包括灰坑、灶址类遗迹。褚金刚、刘潼《辽宁锦州龙台遗址发掘简报》（《东北史地》2015 年第 5 期）认为该遗址包含有青铜和辽金两个时期的遗存。其中青铜时期遗存发现有两座灰坑，属于夏家店下层文化；辽金时期遗存发现有 4 处房址，23 个灰坑。此次发掘为研究小凌河流域历史变迁提供了新的考古学材料。张胜超、冯恩学《吉林省揽头窝堡遗址出土的骑士牌研究》（《北方文物》2015 年第 3 期）通过采用 X 光透视照片与墓葬壁画、传世绘画等资料的对比分析，辨识出该骑士牌中人物鞍马的细部特征，确定此牌是金代女真人武士骑马吹笛像。田哲、米成粮《关于在萝北名山发现辽代五国部时期铁器的几点思考》（"决策论坛——基于公共管理学视角的决策研讨会"论文，2015 年 10 月）利用黑龙江博物馆馆藏文物对萝北历史进行了研究，发现其中辽金时期的三件铁器与邻近绥滨县奥里米遗址出土的文物形制相似，且地理位置接近，进一步认为萝北在当时属于辽代五国部之一的奥里米部。此外，那正俊《从幸福乡古村落遗址看金代双城人口状况》（《东北史研究》2015 年第 3 期）等。

五　碑刻、墓志、官印

2015 年金代碑刻、墓志、官印研究以考证文字信息、分析史料价值以及对以往研究的辨析为主。除此以外，还有零星的女真文摩崖石刻、墨书被发现。

（一）碑刻

王久宇、孙田合写的两篇文章对金朝开国功臣完颜娄室神道碑、完颜希尹神道碑的碑文史料价值进行了分析。王久宇、孙田《完颜娄室神道碑碑文的史料价值述要》（《哈尔滨师范大学社会科学学报》2015 年第 2 期）认为完颜娄室神道碑的碑文详细记述了娄室祖先及其本人早年的历史活动，可补证《金史》的若干遗漏，并对碑文的文字与《金史》等正史文献之间存在的差异进行了一定分析。王久宇、孙田《完颜希尹神道碑碑文的史料价值》（《古籍整理研究学刊》2015 年第 4 期）指出完颜希尹神道碑的碑文印证了《金史》所载史事，可补《金史》之阙，详《金史》之略，纠《金史》之误。孙伯君《契丹小字碑铭中的金代年号》（《满语研究》2015 年第 1 期）借助女真语文考证了契丹小字碑铭中出现的金代年号，认为契丹小字和存世女真文在文字性质上存在高度的一致性。契丹小字与大字的不同，即为适应本民族语言，创制一些表示语法成分的音素符号。宣立品《〈大金国燕京宛平县阳台山清水院长老和尚塔记〉考述》（《北京文博文丛》2015 年第 3 期）对该塔记的石刻文进行了较为全面的考述，在禅师的名字、出生和圆寂时间、出家和受具戒时间、游方参学、住持寺庙等诸问题上，对学界原有成果的不足进行了补充。李靖《金源内地重要碑刻考》（《赤子》2015 年第 23 期）介绍了亚沟石刻、完颜娄室神道碑、宝严大师塔铭志等 4 处位于金源内地的碑刻，分析了金代早期与晚期墓葬埋葬形式的变化。

（二）墓志

2015 年度发现的新墓志，主要是对于旧墓志的考释或补释。陈玮《大蒙古国京兆总管府奏差提领经历段继荣墓志铭考释》（《北方文物》2015 年第 3 期）考察了段继荣的家族世系及仕宦经历，指出从墓志中不仅可以得知伪齐皇帝刘豫的亲属情况，补史之阙，还能探窥大蒙古国京兆军帅田氏家族在京兆之治政，纠《元史》之谬。该墓志是研究金元之际陕西关中士人的重要文物资料。李智裕《〈金赠光禄大夫张行愿墓志〉补释》（《北方文物》2015 年第 3 期），因该墓志已遗失，作者根据辽阳博物馆馆藏拓片并参考史书和其他相关墓志材料，对该墓志进行了补释。

（三）官印

冯永谦《宋代名臣宇文虚中铜印考——由一颗印章的发现推翻历史上一桩冤案》（《北方文物》2015 年第 1 期）论述了宇文虚中在宋的经历、赴金的使命以及全家被金杀害的真正原因，并通过对宇文虚中铜印及诗歌的考察，认为其实为对宋朝忠贞不贰的忠臣，否定了千年以来对宇文虚中的指责。张韬《"诜王之印"为金代完颜娄室追封印质疑——兼评金毓黻关于"诜王之印"的著录与考证》（《社会科学战线》2015 年第 9 期）辨析了学界依据金毓黻《辽东文献征略》的考证，将"诜王之印"定为金代完颜娄室死后被追封为"莘王"时所颁赐的追封印的观点，认为学界过去的观点理由并不充分，此印主人未必是完颜娄室。此外还有一些通俗性的介绍文章，如矫石《浅析金代官印的分期》（《赤子》2015 年第 3 期）将金代官印划分为早期、中期、晚期、末期四个阶段，对每个阶段的造印部门及官印特征等进行了概述。陈瑞清《曷苏昆山谋克与猛安谋克制》（《赤子》2015 年第 21 期）介绍了黑龙江省北安市曷苏昆山谋克故城遗址与"曷苏昆山谋克之印"，对金代猛安谋克制度进行了简要论述。

（四）女真文摩崖石刻、墨书

乔建军、徐海兵《榆林首次发现女真文字摩崖题刻》（《中国文物报》2015 年 12 月 25 日）介绍了榆林女真文摩崖石刻的年代、形制、字数及保存状况等基本情况。金适《大兴安岭石崖发现八百年前女真大字墨书诗作》（《东北史地》2015 年第 6 期）则介绍了发现于大兴安岭石崖的女真大字墨书诗作的相关情况。

六 窑址、石窟、彩塑

2015 年学界研究的金代窑址、石窟、彩塑，呈现出明显的地域性特点，其中石窟主要分布在西北地区，彩塑则集中于今山西地区的佛寺当中。

（一）窑址

辽阳江官屯窑址成为近年研究的热点，2015 年度探讨此问题的有两篇学位论文。其研究角度各异，孟霜桥《辽阳江官屯窑初步研究》（硕士学位论文，吉林大学，2015 年）对江官屯窑遗存的年代分期、装烧工艺等问题进行了初步探讨。该文将江官屯第一地点出土器物分为三期：第一期为辽兴宗、道宗时期，即辽晚期；第二期为金代中晚期，是江官屯窑的盛烧期；第三期大致为金末至元代。崔潇允《辽阳江官屯窑的调查与研究》（硕士学位论文，沈阳大学，2015 年）分析了江官屯窑所处的时代文化背景及辽阳地区历史文化的独特性，探讨了辽金两朝在辽阳建立江官屯窑的原因，并考察了该窑窑址与在此出土的陶瓷，对陶瓷的釉色、装饰特点、纹样特点、造型特点、制作工艺等进行了探讨。

关于华北地区金代窑址的研究。索丽霞、赵庆国《射兽金元三彩窑址调查报告》（《文物世界》2015 年第 6 期）介绍了河北临城县射兽窑址的概况，考察了出土的金元三彩的器物特征，器形主要有炉、盘、碗、人物俑，装饰方法有刻画花、贴塑花、印花、雕塑等技法。李民举《刘庄窑与"明昌样"（二）》（《许昌学院学报》2015 年第 1 期）认为河南省禹州市刘庄窑早期地层的年代应为金代中晚期，出土的钧窑瓷片反映了金章宗明昌时期钧瓷的基本特征。造型来源除了延续汝瓷以外，还有来自辽东地区的一些器物造型。印花疏朗，和同时期的印花白瓷相近，有铜红斑装饰。

（二）石窟

金代石窟多分布在西北的陕西、甘肃等地，研究多侧重石窟题记的识读与僧伽造像的考察。刘振刚《志丹城台寺石窟历代题记的识读与分析》（《敦煌研究》2015 年第 5 期）对志丹城台寺石窟保存的 65 条宋、金、明代题记进行了逐一识读，指出造像的施主主要为军人，题记以金代题记为主，内容大多为祈求合家安乐、亡者升天见佛等发愿文。石建刚、高秀军、贾延财《延安地区宋金石窟僧伽造像考察》（《敦煌研究》2015 年第 6 期）考察了延安地区宋金石窟中的僧伽造像与观音菩萨、弥勒佛、宝志、万回、十六罗汉等造像不同的组合形式，指出这为研究僧伽造像及其信仰提供了新材料。张铭、魏文斌《甘肃秦安迦叶寺遗址调查报告》（《敦煌研究》2015 年第 6 期）发现迦叶寺遗迹现存窟龛 4 个，保留有唐、金、元、明等朝的题记共十余方，对墨书和石刻题记进行了编号说明和识读。

（三）彩塑

2015 年度彩塑研究的对象主要是山西善化寺和岩山寺的彩塑（或壁画）。关于岩山寺，李翎《政治的隐喻：岩山寺金代鬼子母经变（上）》（《吐鲁番学研究》2015 年第 2 期）以图像学的阐释方法对壁画做出了全新的解读，认为这是一幅充满政治隐喻的佛教经变。范青云、王元芳《岩山寺壁画人物造型特征研究》（《名作欣赏》2015 年第 10 期）指出其人物风格与宋代院体画相似，讲求形神兼备，追求构图的完整性，人物造型注重写实性和装饰性，用笔工整细劲，着色鲜润。杨宝《岩山寺文殊殿金代彩塑赏析》（《东方收藏》2015 年第 6 期）论述了山西繁峙县岩山寺的发展历程，介绍了其规模、大殿以及殿内菩萨、金刚等彩塑的基本情况。丁真翁加《从金代雕塑看女真民族的时代风貌》（《兰台世界》2015 年第 30 期）对金代雕塑所反映的女真族社会及文化风貌等进行了分析。此外还有白海东《繁峙县岩山寺泥塑彩绘研究》（硕士学位论文，中央美术学院，2015 年）。

关于善化寺的研究。牛志远《论辽金寺院彩塑的时代特征——以大同善化寺大雄宝殿内二十四诸天为例》（《大众文艺》2015 年第 12 期）对善化寺大雄宝殿内的二十四诸天所反映的文化融合性、造像的写实性、精神性等时代特征作了分析。白晶等《大同善化寺辽金彩塑的保护试验》（《文物世界》2015 年第 4 期）提出茶皂素能够有效地清除彩塑表层的污染物，鱼鳔胶对彩绘层和泥层有良好的加固效果。

七　瓷器

金代瓷器业继承了北宋瓷器的优点，并形成了自己独特的风格，达到了相当高度的发展水平。2015 年度关于金代瓷器研究的成果大致可分为三个方面：红绿彩瓷器、磁州窑瓷器、其他瓷器。

（一）红绿彩瓷器

康青《画红点绿——红绿彩的陶瓷美学创作初探》（《中国陶艺家》2015 年第 1 期）考察了红绿彩的产生渊源及审美意义，指出其出现在宋金时期北方的定窑和磁州窑，精髓是对器型之上的红色线条的绘制，并认为日本文化对今天的红绿彩陶瓷美学的形成与推广起到了重要的作用。陆军、李莎《试论宋金文化背景下红绿彩的精神性和创造性》（《景德镇陶瓷》2015 年第 4 期）对宋金时期红绿彩的起源与发展、精神性与创造性及其对釉上彩绘的影响等进行了探讨，指出金代为红绿彩瓷带来了质朴、豪放的气息，并使其走向兴盛。王晓春《浓妆淡笔两相宜——金代红绿彩瓷塑艺术管窥》（《荣宝斋》2015 年第 8 期）指出金代红绿彩瓷塑的造型基础大体来源于唐代，同时吸收了宋代的艺术理念，在造型艺术、彩绘水平和烧制技术上都达到了很高的造诣。王倩《安徽柳孜运河遗址出土红绿彩瓷器的艺术成就》（《中国陶瓷》2015 年第 11 期）从器型、色彩及线图构成特征等方面，论述了安徽柳孜运河遗址出土的红绿彩的艺术成就，并认为这反映了当时人们追求自然朴素简约之美的观念，以及金代中晚期的时代特点。王卫丹《山东博物馆馆藏两件红绿彩人物俑》（《春秋》2015 年第 3 期）推定该红绿彩人物俑的年代为金代，认为元代景德镇窑红绿彩瓷是继承金代北方地区红绿彩技术而产生的。

（二）磁州窑瓷器

关于瓷器纹饰研究。靳雅权《宋金磁州窑鱼纹彩绘装饰探析》（《装饰》2015 年第 3 期）探析了宋金时期磁州窑鱼纹彩绘产生的社会背景、艺术特征及影响。常樱《宋金时期“雁衔芦”纹的产生与演化》（《装饰》2015 年第 7 期）认为宋金时期主要见于磁州窑类型的“雁衔芦”纹饰，源于唐代的雁衔绶纹，这与北方民族的宗教信仰及其入主中原后的文化政策相关。其主要精神内涵包括“衔禄”与“传胪”，金代中后期，纹样向各地传播，并产生了多种形态变化；至元代，该纹样仍延续余声。此外，沈塔、李小龙《论金代磁州窑瓷枕绘画装饰艺术及其艺术特征》（《中国陶瓷》2015 年第 12 期）剖析了金代磁州窑瓷枕绘画装饰的艺术及其特征。张宝刚《海丰镇遗址出土的金代磁州窑红绿彩瓷俑》（《文物春秋》2015 年第 1 期），张军红、李达《红绿彩缚捆婴儿与摩睺罗》（《收藏家》2015 年第 2 期）等文也对出土的磁州窑红绿彩人物俑及其蕴含的历史文化信息作了一定的介绍。

关于瓷器诗文研究。王兴、王时磊《磁州窑三彩枕上的诗文与人物》（《收藏界》2015 年第 5 期）介绍了 18 件首都博物馆、故宫博物院、河南博物院等国内博物馆以及日本相关场馆所珍藏的磁州窑三彩枕，着重论述了三彩枕上的诗文或人物形象。王兴、王时磊《金代磁州窑绿釉诗文枕撷英》（《收藏》2015 年第 9 期）分别介绍了 15 件河北、山东等地文物保护中心、博物馆以及国内外私人所藏的金代磁州窑绿釉诗文枕。

（三）其他瓷器

关于其他金代瓷器研究。彭善国、刘辉《东北、内蒙古出土的耀州窑青瓷——以墓葬材料为中心》（《考古与文物》2015 年第 1 期）认为东北、内蒙古地区耀州窑青瓷的出土，集中于辽、金两个时期。出土耀州青瓷的辽墓主要分布在内蒙古东南部和辽宁西部，时代绝大多数在 1020 年之前，它们应是通过五代对契丹的贡奉或贸易流入辽境的。金代耀州青瓷较少，但从流布的地域上看，比辽代有所扩大，这反映了金代各窑场产品竞争与流通格局的变化。崔剑锋、彭善国《塔虎城遗址出土部分瓷器的成分分析与产地推测》（《边疆考古研究》2015 年第 18 辑）对吉林省松原市塔虎城遗址出土的部分典型瓷器标本进行了成分分析，并与窑址出土材料做比对，认为塔虎城出土瓷器的产地应为江官屯窑。张晓艳《陕西历史博物馆藏金代瓷器赏析》（《文物天地》2015 年第 2 期）将金代陶瓷发展以迁都燕京为界分为前后两期，按地域分东北、关内（包括陕西、山东、山西）、徐淮三个陶瓷产区，分析了各时期和各地域的特点。赵凡奇、魏孔《北方之色 晋蒙两地宋金元黑釉瓷集萃》（《收藏》2015 年第 4 期）将山西、内蒙古地区宋西夏金元时代的黑釉瓷分为纯色黑瓷，剔刻花黑瓷，兔毫、油滴黑瓷，铁锈斑、铁锈花黑瓷 4 种，介绍了各自的艺术特色与馆藏实物。熊振东《浅析瓷制荷叶盖罐的发展史》（《东方收藏》2015 年第 6 期）分别论述了金、南宋、元、明时代耀州窑荷叶盖罐、龙泉窑荷叶盖罐、景德镇窑荷叶盖罐、青花荷叶盖罐等各自的特征与实物。李君《蕴华千年——浅议雁北黑釉剔划花瓷器》（《收藏界》2015 年第 8 期）考察了雁北黑釉剔划花瓷器的制作流程与艺术特色。王民军、王德林《底款"殿"字铭谁解其中味——金代钧窑天青釉"殿"字铭圆洗》（《收藏界》2015 年第 2 期），汤兆基《金装定器 如玉花瓷 定窑牡丹纹饰》（《上海工艺美术》2015 年第 4 期）分别讨论了金代钧窑、定窑产品的有关问题。2015 年度还有一篇学位论文，徐金翠《宋辽金瓷粉盒的初步探究》（硕士学位论文，吉林大学，2015 年）发现宋辽金瓷粉盒主要分布地域为东南、中原及辽宁地区，可划分为青白釉、白釉、青釉及其他颜色釉 4 个品种，认为它们主要是景德镇窑、德化窑、磁州窑及耀州窑的产品，而景德镇窑的青白瓷粉盒代表着当时的最高水平。该文还探讨了宋辽金时期女子的闺房装扮与生活消费状态。

八 玉器、铜镜、钱币

金代玉器、铜镜与钱币研究是金代文物考古研究中受人关注的领域之一，2015 年度取得了一定的成果。

（一）玉器

关于春水秋山玉的研究。黄小钰《金代春水秋山玉赏析》（《收藏家》2015 年第 2 期）分别对金代春、秋捺钵及春水玉、秋山玉进行了介绍，并对玉反映的北方民族风情等特点进行了分析。云彩凤《浅析辽、金、元时期的春水玉》[《赤峰学院学报》（汉文哲学社会科学版）2015 年第 8 期]认为春水玉在纹饰构成、使用功能以及题材的来源等方面都具有自身的特点。马未都《马背民族：春水秋山——辽、金、元玉器》（《黑龙江画报》2015 年第 2 期）分别介绍了辽代的臂鞲与陈国公主墓所出土的玉器，金代的春水玉、秋山玉，元代的渎山大玉海等玉器，并阐述了相关的文化背景与相关史实。

关于其他玉器研究。《首都博物馆论丛》（第 29 辑）（北京燕山出版社 2015 年版）同时发表两篇文章对首都博物馆所藏的"孔雀形玉饰件"的命名质疑。刘云《房山长沟峪金代石椁墓出土"孔雀形玉饰件"非簪、钗考》认为当年的墓葬发掘简报、其后涉及介绍此组器物的出版物，对其定名均有不足或错误之处，选取了同时期的发簪实物与其进行了比较研究，说明此件玉饰件长期以来被误称为"簪"或"钗"，其正确的名称及功用还有待探讨。李健《对房山长沟峪金代石椁墓出土"孔雀形玉饰件"的再认识》从器物的造型、功能入手，选取辽宋金元时期的同类器与其进行对比研究，考证其正确名称应为耳环。

（二）铜镜

2015 年度一些文章对金代铜镜的整体进行宏观层面的考察与研究，杨丽敏、张剑《近年辽北发现的金代刻铭铜镜》（《兰台世界》2015 年第 36 期）对出土于辽北地区的带有官府检验刻铭的 20 余面金代铜镜的特征、铭文等进行了介绍，并结合史料对与刻铭相关的机构、人员、地名等进行了探析。赵晓红《宋金时期铜镜浅析》（《东方收藏》2015 年第 9 期）介绍了巩义博物馆馆藏的 7 件宋、金时期的铜镜，并分析了宋代铜镜多用花卉纹饰、外形多样化以及金代铜镜多用双鱼、人物故事题材等重要特征。李速达《金代铜镜制作的成就及特色》（《黑龙江史志》2015 年第 12 期）分析了金代铜镜在冶炼技术和雕刻绘画艺术方面的成就，并对金代铜镜多以鱼、龙为纹饰的特色进行了阐述。陈瑞清《"上京巡院"铜镜》（《黑龙江史志》2015 年第 2 期）结合史书，对北安市博物馆所藏"上京巡院"铜镜反映的历史信息进行了简要分析。

还有一些文章对金代特定主题的铜镜进行分析和研究，朱伟《金代"星宿镇水镜"与"犀牛望月镜""吴牛喘月镜"的关系》（《文物鉴定与鉴赏》2015 年第 7 期）认为把金代以"牛、水、星、月"纹饰为主题的铜镜称为"犀牛望月镜"或"吴牛喘月镜"的看法不妥，认为宋金时期这类铜镜纹饰中的所谓的"牛"其实并非牛，而是镇水神兽"井木犴"，铜镜实为"星宿镇水镜"。元明时期这类铜镜的纹饰逐渐简化，最后演变为"犀牛望月镜"或"吴牛喘月镜"。张金凤《许由巢父故事镜刍议》（《华夏考古》2015 年第 3 期）对金代的许由巢父故事镜的时代特点、艺术价值，许由的传说、许由与许昌的渊源关系等问题进行了初步的讨论。李学民《一面铜镜背后的故事》（《文物鉴定与鉴赏》2015 年第 7 期）介绍了东营出土的金代铜镜构图为许由巢父故事，并对镜上的"官匠"刻文，从金代铜禁政策的角度进行了解释。

（三）钱币

杨君《金朝铜钱货币流通贮藏形态管窥——以出土金朝钱币实物为中心》（《中国钱币》2015 年第 6 期）考察了金朝钱币窖藏的"钱串"、铜钱的穿系和编贯等方面情况，指出金代窖藏铜钱存世数量巨大的原因有四方面：长时期"钱荒"的必然表现；"限钱法"政策的影响；纸币迅速贬值、劣币驱良币；金末战乱。张秋红《简析辽、金窖藏钱》（《黑龙江史志》2015 年第 5 期）分析了辽金时期货币的流通区域、种类、数量和分布等情况，认为辽金本国铸造的钱币流通量极少，开元通宝和北宋钱是流通的主体。李莹《略论金代"泰和重宝"》（《黑龙江史志》2015 年第 12 期）从铸造背景、制式、文物价值三方面进行探讨，认为"泰和重宝"对于认识金代社会经济、书法、手工工艺具有重要意义。赵梓凯《由一枚金代本命星官花钱说开去》（《收藏》2015 年第 19 期）从中国古代的本命信仰角度，分析了金代本命星官花钱及三教合一的时代特征。

九 其他考古发现与研究

关于地域考古研究。孙勐《北京辽金元考古回顾与展望》（《北京文博文丛》2015 年第 2 期）分别介绍了北京地区的辽代、金代、元代的墓葬、窑址、都城等遗迹，并从都城、金陵等方面对北京辽金元考古作了展望。张利芳《北京西城区辽金元时期考古发现与研究现状》（《北京文博文丛》2015 年第 4 期）介绍了北京西城区辽金元时期的墓葬、遗址、窖藏、碑志等考古发现及其研究现状。董学增《吉林地区辽金文化遗存综合述考》（上下）（《东北史研究》2015 年第 2 期、第 3 期）对吉林地区的辽金考古现状进行了评述。

关于金代瓦当研究。卢成敢《中国东北地区辽金瓦当研究》（硕士学位论文，吉林大学，2015 年）从类型学的角度展开研究，初步建立了东北地区辽金瓦当的分期与年代序列，考察了瓦当的时空分布特征，并对瓦当的制作和连接技术展开探讨，以揭示和复原其制作细节。

关于金代动物遗存研究。左豪瑞《后套木嘎遗址（2011—2012）出土的战国至辽金时期哺乳动物遗存研究》（硕士学位论文，吉林大学，2015 年）对该遗存的种属进行了鉴定及讨论，并根据研究结果分析了后套六期墓葬的相关问题，并探讨了辽金动物遗存所反映的后套人与动物的关系。

关于金代艺术品与窖藏研究。王永梅《馆藏青玉画别子与金代赵元〈剡溪云树图〉》（《中国民族博览》2015 年第 10 期）发现金代赵元的《剡溪云树图》在《故宫已佚书籍书画目录四种》中曾有著录，并由此推测《剡溪云树图》的大致流传经历，以及营口博物馆馆藏的青玉书画别子是如何与该手卷分离的。于恬《金代佚名〈衍庆图〉考证》(《艺术品》2015 年第 10 期)从服饰发饰、家具、瓷器、乐舞等方面对《衍庆图》作了考察。此外金代窖藏研究主要有叶帅《金代窖藏研究》(硕士学位论文,东北师范大学,2015 年)。

综观 2015 年度金代文物考古的发现与研究,既有新的考古发现,也有对以往发现的遗迹、遗物的研究;既有具体遗址与遗物的研究,也有一个地区考古发现的综合研究。其中金上京与宝马城的考古发掘是 2015 年度考古新发现的亮点,前者揭示了金代都城门址的基本形制结构,后者首次发现金代皇家祭祀长白山的神庙,皆具有很高的学术价值。对已有考古材料的研究,2015 年度关于金代墓葬研究的成果较多,主要集中在北京、河北、山西、陕西、河南等地区,通过对墓葬的建筑、壁画等方面的研究探讨了金代的政治文化、社会生活和风俗习惯。但是在这方面对东北地区研究则略显薄弱,这一方面受考古材料的限制,另一方面也说明这方面考古工作开展不够。我们期待更多有价值的金代考古学研究成果推出,为繁荣金史研究添砖加瓦。

中国社会科学院历史研究所的辽金史研究

关树东

辽金史在中国各断代史研究中开展较晚。由于史料匮乏，专业研究工作者偏少，长期以来研究水平相对滞后。20世纪30年代以后，学人一方面在清儒的基础上继续从事对《辽史》和《金史》的补正、校勘及史料辑录工作，另一方面开始用近代史学方法研究辽金史。研究成就最著者当推冯家升（1904—1970）、傅乐焕（1913—1966）、陈述（1911—1992）和金毓黻（1887—1962）、罗继祖（1913—2002）诸先生。冯家升和傅乐焕分别留学德国和英国多年。在新中国成立以后院系调整中，冯、傅、陈进入中央民族学院，后来冯和陈转入中国科学院民族研究所。金毓黻进入中国科学院近代史所。罗继祖转入吉林大学。除陈述先生和罗继祖先生外，其他三位先生1950年以后的辽金史著述很少。"文化大革命"以前，中国科学院历史研究所的宋史和蒙元史研究比较强，基本无人专事辽金史研究。

"文化大革命"后期，中央重启二十四史点校工作。陈述先生承担了点校《辽史》的工作，罗继祖先生参与点校《宋史》。点校《金史》的工作落在中国科学院历史研究所先秦史专家张政烺先生肩上。张先生整理、点校《金史》历时四年，在充分利用前人校勘成果的基础上，广泛参引历代各种文献，标点、分段和校勘质量均属上乘，是"整理《金史》的里程碑之作"。①

张先生本人曾对点校本《金史》写过一个简要说明，全文如下：

> 在元人编纂的辽、宋、金三史中，清代《四库全书总目》独推《金史》最善，未必允当。《金史》的问题，一方面是金朝官史等篡改和隐讳了不少重要史实，另一方面是元人对传世的旧闻遗录，包括丰富的宋人记述，亦未能博采而精择。清人施国祁的《金史详校》对《金史》作了许多批评和校勘。
>
> 标点本《金史》使用最早的元朝至正刊本作底本，与北监本、殿本等参校，吸收了《金史详校》的成果。除了以本书的纪、志、传等互校外，还广泛参考了《大金国志》、《大金集礼》、《归潜志》、《中州集》、《三朝北盟会编》、《汝

---

① 王曾瑜：《张政烺先生学术传记》，载王曾瑜《丝毫编》，河北大学出版社2009年版，第97页。

南遗事》、《高丽史》、《续夷坚志》等书，以及金石、地理志、宋人使金记录等，订正《金史》的错讹。但对改正错字，又取十分谨慎的态度。

标点本《金史》的一大特点，是有大约十分之三的校勘记已脱离了单纯的校勘，而具有考证的性质。例如此书五八四页第五二条校勘记就考证了金朝中都大兴府曾名永安府。由于篇幅和条件所限，笔者原先所写的校勘记，有相当一部分未能付梓。①

王曾瑜先生在评价点校本《金史》说："此书不仅标点质量相当好，而校勘用书并不限于前述的《大金国志》等数种，而是广泛地使用了辽、宋、元史料以及《高丽史》等，甚至还使用了不少远至先秦，晚至清朝的典籍。有的古书与《金史》相隔太远，治史者往往疏于阅读，而张政烺先生却是信手拈来，作为考订之用。标点本《金史》有相当比例的注释已经超出了单纯校勘的范畴，具有考史的性质。这些注释不仅反映了张政烺先生学识的渊博，也说明了他从事此项工作的认真和细致。"②

1980 年以后，"文化大革命"前的大学毕业生成为辽金史研究的主力军。李锡厚先生是 1986 年调入中国社会科学院历史研究所的。他于 1957 年考入北京大学历史系，大学阶段对邓广铭先生开设的宋史课最感兴趣。大学毕业后，分配到东北做中学教师。临别前，邓师鼓励他继续研究历史，"到东北可以搞辽金史"。1978 年，他以年届 40 岁的大龄考生考上中国社会科学院民族研究所的硕士研究生，师从陈述先生研习辽金史。毕业后，先任教于北京某政法类学院，后调入历史研究所，专门从事辽金史研究，侧重政治史、政治制度史和社会史研究。主要著述有《中国政治制度通史·辽金西夏卷》（辽金部分）、《辽金西夏史》（辽金部分）、《中国封建王朝兴亡史·辽金卷》、《中国历史·辽史》等。2000 年以前的主要论文收入他的论文集《临潢集》。入所后他即参加了张政烺先生主持的《中国古代历史图谱·辽夏金卷》的工作。他的研究擅长把文献与文物考古资料相结合。

李先生在他的论著中多次呼吁鉴别、批判二战前日本学者为军国主义服务的中国史"研究"。二战前，日本学者掀起一股"研究"中国东北史、蒙古史、辽金元史的热潮，出了一批"成果"，鼓吹所谓"二元制""征服王朝论"等观点。我国一些学者对之缺乏辨别，甚至盲目信从。李先生出生于东北，在日本的殖民统治下度过幼年，大学毕业后长期在东北工作，对日本军国主义的形成、本质、侵华历史有深刻的认识，对二战前日本学者关注"满、蒙、朝鲜"地区的历史、地理的背景很清楚。他比较全面地搜集掌握了二战前日本学者关于中国东北史、辽金史的论著，通过深入

①　张政烺：《关于标点本〈金史〉的简单说明》，载张政烺《张政烺文史论集》，中华书局 2004 年版。原载《书品》1997 年第 4 期。

②　王曾瑜：《张政烺先生学术传记》，载王曾瑜《丝毫编》，河北大学出版社 2009 年版，第 87 页。

细致的研究，揭示出其为军国主义服务的政治目的：

> 当年那些日本"学者"感兴趣的并不是历史科学真理，而是我国辽阔富饶的国土。因此，辽朝制度为"二重制"或"二元制"说，与日本军国主义为侵占我国东北而炮制的"朝鲜与满蒙不可分离"说差不多同时出笼，就绝非巧合了……朝鲜与满蒙既然"不可分离"，而我国历史上统治东北和华北地区的辽朝又曾经是"二元制"的，那么，把我国的东北合并到在他们统治下的朝鲜，也就是"顺理成章"的了。这就是日本侵略者在吞并朝鲜之后，大肆鼓吹"朝鲜与满蒙不可分离"论，同时又煞有介事地兜售其关于辽朝制度为"二重制"或"二元制"的良苦用心所在。"二元制"也好，"东北亚历史"也好，都是当年日本某些人披着历史研究的外衣侵略中国的罪恶活动的一个组成部分。[1]

> 1944 年一批日本学者秉承"军部"的意图编写的一本《异民族统治中国史》，不仅极力宣扬辽朝制度为"二元制"，同时还声称辽、金、元、清诸王朝是所谓"异民族征服王朝"，其目的在于为他们分裂中国、制造"满洲国"并进而在全中国范围内建立他们的"异民族征服王朝"寻找历史根据……他们的"学术研究"完全是为推行侵略扩张的军国主义国策服务的。[2]

李先生研究历史重视史料的考据，重视实证。他以可靠的史料为基础，不囿于成说，独立思考，对一些重大历史问题提出富有创见的观点。如关于辽朝的头下，陈述先生认为是契丹固有的制度，是契丹制度的主干，起源于战争中的俘奴；向达先生最早注意到辽朝的头下与敦煌寺户的头下有联系。李先生秉承邓师学术研究应从检验别人的研究成果入手的教导，逐一检验前贤的观点，并利用扎实的史料，缜密的论证，得出令人耳目一新的结论：所谓头下，就是把若干人户编为"团""保"等组织，并以其中一人充当"团头""保头"，余者即谓之"头下户"，这是中原地区编组流民及其他脱离户贯的农民成为军事组织的办法，后来也推及其他的连保互助组织。契丹统治者借用了这种"团结户口使之互相保识"的做法，用头下制来组织、奴役被俘掠或流落到塞外的汉人及渤海人。头下户缴纳的税赋在国家和头下主之间分配，但这不是他们被称作"二税户"的原因，所谓"二税户"是说他们和幽云地区的农民一样缴纳春、秋二税，属于国家的编户齐民（李锡厚《头下与辽金"二税户"》，载《文史》1999 年第 34 辑）。李先生关于头下户和二税户的见解，颠覆了传统的观点，虽然至今尚未

---

① 李锡厚、白滨、周峰：《辽西夏金史研究》，福建人民出版社 2005 年版，第 96 页。

② 李锡厚：《辽史》，人民出版社 2006 年版，第 107 页。

形成定论，但是对推进学术发展的贡献无疑是巨大的。他的问题意识和史识素养给同行留下深刻印象。北京大学历史系的刘浦江教授评论说："读李锡厚先生的文章对我来说是一件饶有兴趣的事情，因为你看到的是一位很有学术个性的历史学家，他的研究成果很少蹈袭前人成说，也不囿于古人记载，总是能够别出心裁，提出自己的独特见解。"[1]

1990 年以来，王曾瑜先生于宋史之外，兼治辽金史，著述虽然不算多，但是产生了较大的学术影响。他的辽金史研究主要集中在军制、官制、阶级和社会生活。可以看出，这是他宋朝军制、官制、阶级结构和社会生活史研究的延伸。刘浦江教授认为，辽金史研究不景气，症结在于传统史料太少，也没有新史料的重大发现，必须从上下、左右两个方面寻求突破。所谓"左右"，主要是解决史料不足的难题，即辽金史研究的史料范围应该扩大到五代十国、两宋、西夏、蒙元、高丽、日本。所谓"上下"，主要是解决研究方法问题。比如研究辽金汉制，不妨着眼于唐宋；研究契丹、女真制度，不妨从东胡系民族或满族历史中去寻求答案。这里提到的上下、左右之法，也体现在王曾瑜先生的辽金史研究中。《金朝军制》一书可以说比较典型地代表了从"左右"（主要是宋代）搜讨史料的模式，而他的另一篇论文《辽朝官员的实职和虚衔初探》（《文史》1992 年第 34 辑）则主要是从"上下"来求索辽代制度。因而，"作为一位宋史研究者，王曾瑜先生对辽金史的贡献值得我们给予特别感谢。他的研究成果，从史料和方法两个方面丰富了我们的认识"。[2]

目前，历史研究所共有四位中青年学者从事辽金史研究。三位在宋辽金元史研究室，一位在中外关系史研究室。关树东博士以辽金官制、军制和政治史研究为主要方向，对辽金经济史、社会史也有研究。研究方法上，他把辽金王朝置于中国古代历史发展的大框架中，既关注其特殊性，也关照其历史延续性，善于比照唐、宋、元的制度解析辽金制度的内涵外延。他对辽代墩官，金代杂班官、监当官，元代杂职官的研究（《辽朝墩官刍议》《金朝的杂班官与元朝的杂职官》《金代的监当官》，分载《隋唐辽宋金元史论丛》第 2 辑、第 3 辑；《辽金历史与考古国际学术研讨会论文集》，辽宁教育出版社 2012 年版），比较有影响。此外他还著有《辽朝的中央宿卫军》（《内蒙古社会科学》1995 年第 6 期）、《辽朝部族军的屯戍问题》（《中央民族大学学报》1996 年第 6 期）、《辽朝州县制度中的"道""路"问题探研》（《中国史研究》2003 年第 2 期）、《辽朝的选官制度与社会结构》（载张希清等主编《10—13 世纪中国文化的碰撞与融合》，上海人民出版社 2006 年版）、《辽圣宗时期的宰执群体》（《宋史研究论丛》2010 年第 11 辑）、《耶律和鲁斡、耶律淳父子与辽末政治》（《宋

---

① 刘浦江：《李锡厚〈临潢集〉评介》，《中国史研究动态》2002 年第 7 期。

② 刘浦江：《〈金朝军制〉平议——兼评王曾瑜先生的辽金史研究》，《历史研究》2000 年第 6 期。王曾瑜《辽金军制》（河北大学出版社 2011 年版）订补了《金朝军制》，增加了辽朝军制的内容。

史研究论丛》2014 年第 15 辑）、《辽代熟女真问题刍议》（韩国《宋辽金元史研究》2008 年第 13 号）、《金世宗、章宗时期政风士风刍议》（载邓小南主编《宋史研究论文集》，上海人民出版社 2008 年版）、《金朝明昌党事考实》（《宋史研究论丛》2006 年第 7 辑）、《金朝的水利与社会经济》（《辽金史论集》2013 年第 13 辑）等论文。

康鹏博士师从刘浦江教授研治辽金史，师从刘凤翥研究员研治契丹文，是国内外少数几位能运用契丹文研究辽史的学者之一。他也拥有良好的古文献学素养。他的博士论文是《辽代五京体制研究》（2007 年）。他与浦江师合作编纂了《契丹小字词汇索引》（中华书局 2014 年版），也是《辽史》新校勘本的核心成员。近年来他发表了一系列高水平的学术论文，如《辽代"五押"问题探研》（《中国史研究》2010 年第 1 期）、《白居易诗文流传辽朝考——兼辨耶律倍仿白氏字号说》（《中国史研究》2015 年第 4 期）、《辽道宗朝懿德后案钩沉》（《隋唐辽宋金元史论丛》2015 年第 5 辑）、《辽朝西北路招讨司再探——兼谈辽朝西北路的防御体系》（《宋史研究论丛》2014 年第 15 辑）、《金代转运司路研究》（《隋唐辽宋金元史论丛》2012 年第 2 辑）、《契丹小字〈萧敌鲁副使墓志铭〉考释》（《辽金历史与考古》2013 年第 4 辑）、《契丹大字〈耶律祺墓志铭〉补释》[载中国社会科学院历史研究所文化史研究室编《形象史学研究》（2013），人民出版社 2013 年版] 等。

林鹄博士是接受过西方史学理论和方法的训练，视野开阔，思维活跃的海归学者。他的研究以辽代官制和政治史为主，以学理分析见长。他也参加了刘浦江教授主持的《辽史》新校勘本工作，负责《百官志》部分，并出版了《〈辽史·百官志〉考订》（中华书局 2015 年版）。近年来他发表了《耶律阿保机建国方略考——兼论非汉族政权之汉化命题》（《历史研究》2012 年第 4 期）、《辽太宗与石氏父子：辽晋关系新说》[《北大史学》（18），2013 年]、《辽世宗、枢密院与政事省》（《中国史研究》2014 年第 2 期）、《辽穆宗草原本位政策辨——兼评宋太宗"先南后北"战略》（《中国史研究》2016 年第 1 期）、《辽景宗朝史事考》（《隋唐辽宋金元史论丛》2015 年第 5 辑）等高水平的论文。他的研究也兼及中国古代宗族和礼制。康鹏和林鹄都还不到 40 岁。

"80 后"的孙昊博士师从吉林大学杨军教授研治辽金史和东北亚民族史，取得博士学位后，进入历史研究所博士后工作站，师从李锦绣研究员。2014 年出站后留历史研究所中外关系史研究室工作。该研究室以欧亚内陆史研究为学术特色。他擅长民族史研究，熟稔民族学、历史社会学和地方史理论，掌握国内外欧亚内陆史研究动态，主张借鉴社会科学研究的方法研究民族史。他出版了专著《辽代女真族群与社会研究》（兰州大学出版社 2014 年版），否定女真族群演化问题已有成说，提出独到见解，引起学界重视。他还发表了《辽代的辽东边疆经略——以鸭绿江女真为中心的动态考察》（《贵州社会科学》2010 年第 12 期）、《说"舍利"——兼论契丹、靺鞨、突厥的政治文化互动》（《中国边疆史地研究》2014 年第 4 期）、《A Re-examination of the Jurchen Sanshi-bu》（《Eurasian Studies Ⅱ》，Asia Publishing Nexus，2014）、《新时期日本的辽金史研究（2000—2012）》（载景爱主编《辽金西夏研究》，同心出版社2014年版）、《内亚视野下的辽史研究》（《文汇报》2016年5月6日）等文。

我们愿意与国内外同行加强学术交流，共同推进辽金史研究的繁荣与发展。

辽金法制史研究综述

石元青

辽金两代法典早已经失传，且记载这一时期的法制史料也极为有限，这为辽金法制史的研究增加了难，即便如此，除了在相关中国法制通史研究的相关章节有所涉及辽金法律史外，也有专著出现。例如，张志勇《辽代法律史研究》（高等教育出版社2002年版）对辽代法律的起源特征、指导思想、立法概况及特点进行了详细论述，并对刑法原则、刑罚、罪名进行了考证。叶潜昭《金律之研究》（台湾商务印书馆1973年版）对《泰和律》的形式进行分门别类的考证，并进一步对金律与唐律的内容进行比较研究。曾代伟《金律研究》（五南图书出版有限公司1995年版）是一部关于中国法律史学和民族法学研究的学术著作。该书分为绪论、金朝法制总论、行政法律研究、刑事法律研究、民事法律研究、经济法律研究、司法组织与诉讼制度研究七个部分及附录"金朝法制大事记"。该书将金代法律以现代法律的概念进行分类研究，比较全面地论述了金律的立法状况，探讨了金代法律有别于其他朝代法律的特点，明确了金律在中华法系的地位。曾代伟《金元法制丛考》（社会科学文献出版社2009年版）一书对金代的职官制度、民事法制、婚姻制度、田制与田赋制度、币制、禁榷制度以及金代的狱讼官署与诉讼审判制度都进行了详尽的论述。此外，戴辉炎《中国法制史》（三民书局股份有限公司1979年版）也简要叙述了辽金颁布的条制和律文。张晋藩主编《中国法制通史》（法律出版社1999年版）对辽金法律的基本内容、立法状况、刑法和司法制度进行了简明论述。曾宪义主编《中国法制史》（北京大学出版社2000年版）第八章《宋辽金元时期的法律制度》其中有一节专门论述辽金时期的立法状况及其特点，主要阐述辽金时期法律制度的发展过程。这些著作中仅仅把辽金法律作为中国古代法律史中的一部分进行论述，往往局限于一些基本的法律事实和法律完善的情况上，未能进行深入具体的研究。因此，现将专门以辽金两代法制史为研究对象的相关论著分从辽金法制、刑罚、辽金律与汉律的关系三个方面做简要论述。

一 辽金律制研究

（一）法律制度研究

辽金法律制度的研究主要集中在讨论辽金法律制度的完善过程和律制的特点上。

主要的研究成果有：日本学者优川政次郎、岛田正郎《辽律之研究》（大阪屋号书店1994 年版）专门评述了辽律的内容、特点，并对辽律与唐宋律的关系及对金元律的影响进行了比较深入的探讨。刘国有《论辽王朝的法律制度》（《阜新社会科学》1994 年第 3 期）简述了辽代法律完善过程以及辽末法律制度的破坏，指出辽代通过不断加强法制建设有力地促进了社会的稳定和经济的发展。黄震云《论辽代法律》（《北方文物》1996 年第 3 期）就辽代立法进程、法典、刑法制度、诉讼和决狱、执行和案例以及辽律的特点等作了评述。张志勇、李春凌《辽代法制建设的成效与借鉴》（《北方文物》1998 年第 4 期）从六个方面概括了辽代法制成效：因时制宜与审慎、简明、宽平的立法思想；强调法律的作用，重视法典的编制；判决的慎重和对死刑执行的谨慎；诉讼制度的严格和直诉制度；依法办事，执法必严，维护法律权威；整顿吏治，严惩贪渎，注重实效。傅百臣《金代法制初探》（《史学集刊》1986 年第 4 期）对于金代立法过程、法制构成进行了详细论述，并对金代法律制度特点和历史作用也进行了全面总结，指出金代的立法既有古代法律的共同特点又有其民族特征。傅百臣《金代法制研究》［载张博原等《金史论稿》（第二卷），吉林文史出版社1992 年版］一文中进一步论述了有金一代的立法过程及其法律特点，对《皇统新制》和《泰和律》的来源和基本构成及其内容演变进行比较详细的梳理，肯定了金代法律逐渐儒家化的进程。孙光妍《金初法制的特点》（《齐齐哈尔师范学院学报》1998 年第 4 期）一文对于金代法制的特点进行了归纳，认为金初的法制具有四大明显的特点：十分明显的过渡性；立法严酷、刑罚野蛮；从维护女真贵族统治出发，镇压人民反抗；尊卑贵贱的等级界限不十分严格。丁大炜、汪亚光《对金朝法制的探讨》（《法制与社会》2008 年第 8 期）一文把金代法制建设分为：女真习惯法的沿用、金代法制的初创、金朝法制的发展完善三个不同阶段，对每个阶段的法律基本情况进行了简单概括，并指出金代法制的创新是连续的过程，随着金朝社会经济的不断发展其法制也得到充分发展并趋于完善。

（二）法律条文研究

辽金法律条文的研究主要有：孙慧庆《读辽史札记——律制三则》（《辽金契丹女真史研究》1988 年第 1 期）认为辽代《连坐律》的废除、"狱空""刑措"以及辽代《盗马律》死刑的废除，体现辽代法制的进步性。黄震云《辽代法令考》（《北方文物》2008 年第 3 期）首次全面地对辽代的律令进行了钩稽考索，列出现存辽令 44 通，并就令的产生、执行以及和唐律的关系、价值等展开分析，尤其是针对辽代实际情况而颁布的诏令，为辽律的补充，在辽代的法系中具有一定的地位和作用。张志勇《契丹习惯法研究》（《徐州师范大学学报》2001 年第 1 期）从社会组织习惯法、刑事习惯法、军事习惯法、生产习惯法、交易习惯法、财产继承习惯法、婚姻习惯法七个方面，分析其演变转化的轨迹，揭示出契丹习惯法的某些特点。芮素平《女真民族习惯法考述》(《中国社会科学院研究生院学报》2002 年增刊)通过对女真习惯法的形成、刑事、婚姻家庭、财产继承、行政军事组织习惯法内容及其变化的分析,揭示出女真习惯法的某些特点及其影响。王玉薇《女真宗族部落组织的习惯法》(《北方文物》2014 年第 3 期)指出在女真建国前的社会生活里,其宗族部落为了更好处理其内部事务,维护社会秩序已经采用了习惯法。女真习惯法在其政治、文化、经济及婚姻等多种社会生活中都有体现,在很大程度上,保证了女真建国前社会秩序的有序性,加快了女真建国的进程。杜洪涛《金代公共资源问题的一个侧面——以中都大兴府仰山栖霞寺与三家村的"山林"之争为例》(《史学集刊》2014 年第 2 期)通过考证金代的一起"山林"诉讼案,揭示了金朝政府管理"山林"资源的制度性规定及其在基层社会的实际运行机制。日本学者大庭脩《辽金元清的法》(《民族译丛》1981 年第 6 期)一文指出辽金两朝主要继承了唐朝的法。辽朝把唐朝的法和契丹固有的法融合起来,在形式上属于中国的法,实质上是和北方民族法混合起来的东西。金朝在 1201 年制定和颁布了新定律、令、敕、条、格、式,其律是唐律,而令除参考唐律外,还参考了宋令。

二 辽金刑罚研究

(一)刑罚制度研究

舒焚《辽朝法律与刑罚概述》[《武汉师范学院学报》(哲学社会科学版)1981 年第 2 期]主要论述辽代刑罚的基本特点。稽训杰《辽朝刑法概述》(《民族研究》1982 年第 1 期)阐述了辽代法律的基本形式、内容和特点,刑罚的种类,司法审判机构,比较完整地论述了辽代刑法及相关的制度。英国学者赫伯特·佛兰克《国外对〈辽史〉中有关刑法的研究》(《中国史研究动态》1984 年第 9 期)一文对辽代法典资料的现存情况进行简要评价,认为辽代法律制度具有种族特征,辽律部分来源于契丹的传统,辽代法律制度和法律实施是汉人法治因素与游牧民社会形式特张的混合物。陈述《辽代(契丹)刑法史论证》[载陈述主编《辽金史论集》(第二辑),书目文献出版社 1987 年版]较为全面分析了辽代的刑罚制度,辽律修撰过程,唐律与辽律各自的特点、二者的关系,刑具、诉讼程序及审理等方面的内容进行考释,揭橥了辽律的两重性及其成因。张志勇《试论辽代刑罚的起源及其特征》(《阜新高专学报》1995 年第 3 期)对辽代刑罚的起源、类型及其基本特征进行了论述。该文认为辽代的刑罚带有明显的部落奴隶制的痕迹;适用对象存在"属人原则",即根据不同的民族适用不同的刑罚,加以区别对待,存在民族歧视和压迫现象;习惯法占主导地位,并起着相对重要的作用。杨黛《辽代刑法与〈唐律〉比较研究》(《杭州大学学报》1998 年第 4 期)整理出部分辽代刑法内容,对其沿革和变迁进行了探讨,并与《唐律疏议》作了比较研究。该文认为辽代刑法渊源于以唐律为主体的汉法,又不尽同于唐律。辽代刑法具有自身的民族特点，又保持了中国法律传统，适合其多民族统治需要的法律制度，有突出的延续性和发展性，对后代刑法制度有一定影响。武玉环《辽代刑法制度考述》（《中国史研究》1999 年第 1 期）一文主要考述了辽代刑法制度的产生、发展与破坏的历史过程，以及番律与汉律的主要内容、辽的审判制度等，反映出辽代刑法制度的概貌与特点。张志勇《辽代惩治官吏犯罪的法律规定考述》（《北方文物》2002 年第 3 期）就辽代法律中有关官吏犯罪的罪名、定罪量刑的若干原则、特点以及成效等问题进行初步分析、考证，反映出辽代依法治理的概貌及特点。张志勇《辽代法律及其特色——基于碑刻资料透露出的法律信息》[《辽宁工程技术大学学报》（社会科学版）2012 年第 4 期]认为辽代碑刻所现的法律内容十分丰富，其所载的诉讼与审判情况为研究辽代燕京地区法律实施与执行提供了重要佐证。该文通过考古资料与文献资料结合，得出辽代燕京地区法律具有沿用唐宋，传承习惯，南北二元；刑罚残酷，一罪数刑；民族歧视，同罪异论；注重执行，整饬吏治等方面的特点。付爱云《辽代法律中的酷刑》（《北方文物》2014 年第 2 期）对辽代法律中存在的苛法酷刑与其原因及影响两个问题进行论述。刘庆《金代刑法简述》（《辽金契丹女真史研究》1985 年第 1 期）论述了"金国旧俗"到《泰和律》完善过程、金代刑法演变的特点以及金末刑法废弛的原因。徐松巍《关于金朝倡廉惩贪措施的考察》[《东北师范大学学报》（哲学社会科学版）1998 年第 3 期]一文认为，金代通过颁布"四善十七最"等考察制度来预防官吏犯罪，并突出法律在倡导廉洁和惩治贪污方面的作用。曾代伟《金朝职官管理制度述略》（《民族研究》1999 年第 3 期）一文涉及官吏渎职犯罪的惩治，并把渎职犯罪细分为犯赃罪、泄露机密罪、玩忽职守罪、徇私舞弊罪等。金代对于赃罪除修订了基本法规、单行法规之外，还存在以赦代律的情况。曾代伟《金朝诉讼审判制度略论》（《民族研究》1999 年第 2 期）从案件的起诉、受理、审判到判决执行的全过程，对金朝诉讼审判制度作了全面探讨。曾先生认为金朝诉讼审判制度杂糅唐、辽、宋旧制和女真传统的司法习惯，表现出明显的多元色彩。金朝司法在体制和程序上大体沿袭唐宋之制，但是其内涵和规范却更多受到女真传统习惯的浸润，反映出儒家思想的影响相对淡薄，对元朝司法制度具有深远影响。王志民、李玉君《论金代"官与养济"与"存留养亲"的博弈及影响——以制度变迁为视角》（《吉林省教育学院学报》2014 年第 9 期）认为金代"官与养济"在很大程度上克服了"存留养亲"的弊病，刑罚体系的这一变化使原本伦理化的法律开始注重法的实践功能，这是我国古代法律向世俗化方向发展的重要一步。

（二）刑罚种类研究

张志勇《试论辽代的刑罚的起源及其特征》（《阜新高专学报》1995 年第 3 期）论述了辽代刑罚的起源、类型及其基本特征，并把辽代的刑罚归纳为生命刑、体刑、劳役刑、流刑、财产刑、身份刑、连坐法七类。白光《契丹族刑讯制度略述》（《北方文物》2000 年 2 期）介绍契丹的刑讯制度主要有行刑、体刑、拷讯，附加"籍没之制"，并创制徒终身、警巡使制度。刘庆《金代刑法简述》（《辽金契丹女真史研究》1985 年第 1 期）认为金代的刑罚分为五种四类，即笞、杖、徒、流、死五种和身体刑、自由刑、财产刑、生命刑四类。郭长海《金代刑法浅谈》（《哈尔滨市经济管理干部学院学报》2001 年第 4 期）一文涉及金代的刑罚种类。作者认为金代刑罚大体与唐代相似，均为五种四类，即笞、杖、徒、流、死五种和身体刑、自由刑、财产刑、生命刑四类。李玉君、何博《从金朝杖刑看女真族对中原文化的认同》（《北方文物》2013 年第 3 期）认为金朝的杖、笞二刑名称虽异，实则都是一种刑法，体现了儒家刑罚从轻"仁"的思想以及"以民为本"的治国主张和"贵贱有序"的伦理观念；反映了金朝对中原文化的认同。

（三）刑罚手段研究

关于刑罚手段的研究主要集中在杖刑、射鬼箭、籍没、死刑等方面。傅百臣《金代杖刑管窥》（《北方文物》1986 年第 4 期）认为尽管金代法律把杖刑列入"五刑"之中，但是在法律制度上与其他的王朝不尽一致，有着自己的特点。金代杖刑是主刑，使用范围广泛并被元、明两代沿袭使用。姚大力、郭晓航《金〈泰和律〉徒刑附加决杖考——附论元初的刑政》（《复旦学报》1999 年第 4 期）一文驳斥了原有的以杖刑代替徒刑的旧说，认为其实是沿袭了《泰和律》原有的做法把决杖作为附加刑并施于徒刑，并进一步讨论了金元刑法体系转换过程中若干重要的历史细节。陈昭扬《金代杖刑、杖具与用杖规范》（载《新史料·新观点·新视角——〈天圣令〉论集》，元熙出版公司 2011 年版）参照唐律、《天圣令》《元典章》等论述金代用杖规范以及唐、宋、金、元杖制的继承关系，对比各代杖刑、徒附杖、徒加杖之杖数，比较各代杖具规格的演变，提出金代用杖规范中兼具中原汉法、北族旧惯及适时变异等多种元素。此外，李玉君、杨柳《金代皇族赃罪考述》（《北方文物》2010 年第 1 期）一文论述了金代皇族犯赃罪的类型、惩治方式与特点以及预防犯罪的措施，指出针对皇族犯赃罪多给以贬责、杖责等处罚。

张志勇《射鬼箭与辽代法律文化》（载李品清主编《阜新辽金史研究》，中国社会出版社 2000 年版）对于"射鬼箭"的起源、演变转化、适用对象和作用进行了论述。该文认为辽代的射鬼箭与军事、祭祀、皇帝亲征有关，后来逐渐演变成为一种刑罚，主要适用于镇压叛乱分子、俘虏、侦侯、贪污犯等。射鬼箭是北方游牧民族生产方式、生活方式、骑马射箭技艺在刑罚上的反映，射鬼箭演变转化的过程，揭示了辽代法律发展进程，同时也反映辽代刑罚的残酷性。刘肃勇、姚景芳《辽朝刑罚制度考略》（《社会科学辑刊》2000 年第 1 期）一文认为辽朝法制中的刑罚制度与传统的汉族封建法制有许多不同之处，诸如"射鬼箭""瘦死狱中"及用沙袋、木剑、铁骨朵等刑具对犯人施刑等，均展现了古代北方游牧民族契丹人刑罚制度中野蛮与残暴的特征。契丹统治者在执行刑罚中宽契丹、严汉人及草菅人命、乱施杀威等做法，也是辽朝奴隶制度残余及经济发展不平衡等因素在刑罚制度上的必然反映。

王善军《辽代籍没法考述》（《民族研究》2001 年第 2 期）一文认为辽代籍没法适用范围较广，主要针对谋反、谋叛、谋害重臣等"反叛"之罪。籍没对象不仅包括家产奴隶，也包括家族亲属，多成为帝王、群臣、将校的私人奴婢，其中斡鲁朵及皇室近侍杂役使用的籍没奴隶最多。籍没奴隶设著帐郎君院和著帐户司。项春松《辽代财产刑研究——契丹"籍没"刑及其相关问题试析》（《北方文物》2002 年第 2 期）一文分别揭示了辽代"籍没"法的历史背景、基本特征与效能（可分性、奴隶制、多重性、广泛性、可替代性、连诛性），认为辽代的"籍没"法不仅有着广泛的社会化特征，而且多为附加刑，适用于重罪人犯，具有现代法律意义上的"误判易纠"的优越性。

刘海涛《辽代死刑研究》（硕士学位论文，辽宁师范大学，2008 年）就辽代死刑的类型、判决依据、刑事责任年龄制度、八议和上请制度、死刑案件的受理审判执行以及辽代死刑与唐代死刑的比较。黄震云《辽代流刑考》[《延安大学学报》（社会科学版）2008 年第 3 期]一文认为辽代流刑与唐代流刑同源，但是与唐律又有明显的区别，有自己的流刑法系。辽代流刑分为流、放、置、逐、出、迁、谪、徒八类，以流刑为主；流又分为连坐、籍没、投放、原宥、问责、配从等八种。向春松《辽代死刑述略》[载辽宁省辽金契丹女真史研究会编《辽金历史与考古》（第三辑），辽宁教育出版社 2011 年版]对辽代刑法、死刑适用范围、死刑行刑的民族特点、死刑量刑中的特点等问题进行了论述。

三 辽金律与汉律关系研究

辽金律与汉律关系研究主要集中在辽金法制二元性和中原文化对辽金律的影响两个方面展开讨论。辽金法制二元性的探讨主要有：李锡厚《辽朝"治契丹与诸夷之法"探源》（《中央民族学院学报》1989 年第 3 期）一文认为契丹的法制能够逐渐系统化除了从与其关系密切的突厥、乌桓和鲜卑等族的制度中可寻得其渊源外，更主要的是借鉴了唐、五代制度的结果。王继忠《论辽法二元现象及其融合趋势》[《安徽大学学报》（哲学社会科学版）1997 年第 6 期]一文认为辽朝法律呈现汉法与契丹法二元并立的现象，同时表现出一种相互补充而又冲突、相互吸收融合并趋向统一的动态过程，进一步指出社会现实乃是促进或制约法律发展的基本因素。张志勇《论辽代的法律思想》（《社会科学辑刊》2002 年第 4 期）一文认为辽朝统治者在吸收中原封建正统法律思想的同时，又保留了本民族固有的传统的习惯法，并加以改造而形成独具特色的法律思想。傅百臣《金代法制研究》[载张博泉等《金史论稿》（第二卷），吉林文史出版社 1992 年版]一文在探讨金律与其他王朝的法律的关系时，傅先生认为金律多源于唐律，但是在刑罚的适用等方面还是与唐律有着很多的不同的。此外，金律在吸取汉、辽律的基础上，融合以女真法形成独具特色的民族法制，对于元代的法律有着深远的影响。傅百臣《女真法与金朝法制》[载干志耿、王可宾主编《辽金史论集》（第八辑），吉林文史出版社 1994 年版]重点论述了女真法的内容及特点，认为女真法是由女真人旧俗发展而来的，女真法构成了金代二重法体系，但是随着金代法制的逐渐完善、汉法的引进，女真法中原始民族特征逐渐被淡化。芮素平《女真民族习惯法考述》（《中国社会科学院研究生院学报》2002 年增刊）一文认为女真民族习惯法对建国前后的女真社会都发挥着广泛的制约作用，在与中原唐宋法律的碰撞中，发生了一定变化，但依然有着一定影响。通过对女真习惯法的形成、刑事、婚姻家庭、财产继承、行政军事组织习惯法内容及其变化的分析，该文揭示出女真习惯法发生了较大的变化，逐渐地与唐宋法律接近，但是也始终保持了一定的习惯法制，从而形成了它的多元特色，并对元朝法制产生了深远影响，成为中华法系的组成部分。苏钦《辽金元二元制法的形成及其意义》（《法学杂志》1995 年第 5 期）一文认为辽金元法律直接源于契丹、女真、蒙古的民族习惯，并始终保持了一部分行之有效的民族习惯法，同时又根据其政治经济迅速发展的需要，吸收唐宋法律，形成二元一体的法律体系。关志国《试论辽金元三朝法律的特点》（《史学集刊》2003 年第 2 期）一文认为辽金元三朝法律具有共性，他们经历了共同的发展过程，都具有多源性，反映了一定的民族政策，都有中原化的发展趋势。该文通过对三朝法律共性的分析，以深入论证三朝法律的历史地位及我国统一多民族国家法律的一般规律。

以文化的角度考察中原文化对辽金法制影响的文章主要有：黄震云《辽代的文化转型和法令修订》（《东北史地》2009 年第 2 期）认为辽代建国后的法律，实行的是一国三律的法制形态，体现因俗而治的战略思想。辽代在文化转型后形成了儒家思想为根基，兼修佛法，传统仍在的格局，推动了辽代法律的三次制定和修订，而文化基础的脆弱无法支撑辽汉合一的法律实施，导致了新修法令的崩溃。李玉君《文化认同视域下的辽代立法与司法实践》（《社会科学战线》2014 年第 11 期）一文通过探讨辽代法律的制定过程，特别是一些具体的司法实践案例，分析了其中蕴含的以民为本、忠君孝亲、贵贱有序等浓厚的儒家理念。辽代法律体现出强烈的中原文化认同取向，并在辽朝后期尤其明显。冀明武《辽朝法律中儒家文化略论》（《北方文物》2015 年第 4 期）认为儒家仁政学说成为辽朝的立法理念，而且在实体法制的制定上，也学习借鉴儒家的核心法律制度，同时在司法层面上，不少儒家的理念和相关制度也被吸纳进来。法律儒家化为辽朝的稳定发展提供了良好的法制保障，而后期辽朝对法律儒家化成果的摒弃，亦成为其迅速灭亡的重要原因。曾代伟《民族法文化与中华法系——以金代为例》（《现代法学》2003 年第 5 期）认为金在民族文化大融合的历史潮流中采唐辽宋之制，承袭中原儒家文化，并对其改造和重铸，造就了自身独特的法律品格，成为中华传统法律文化链中的重要一环，是中华法系的重要渊源。杨慧鹏

《浅谈辽、金、元、清四个朝代的法律制度》［《青海师专学报》（教育科学版）2005年第3、第4期］认为辽、金两朝的法律制度，既是对前代法律制度、传统的继承和发展，又是其所处时代的真正情况的反映；既是当时尖锐、复杂的阶级矛盾、民族矛盾的产物，又兼有时代性和民族统治的特点。徐晓光《辽西夏金元北方少数民族政权法制对中国法律文化的贡献》［《西南民族学院学报》（哲学社会科学版）2002年第7期］对辽西夏金元少数民族王朝法制的内容和特点的分析，认为各少数民族政权通过对内地汉族传统与当时统治经验、法律制度、法律观念的学习和效仿，建立了自己的法制，又结合民族的特点和习惯，丰富了民族法制的内容，不仅为中华法文化的发展注入新的因素，而且为元朝法制的统一和民族法制的进一步发展奠定了基础。

结语

通过以上对辽金法制史的主要著作和论文的梳理、归纳，可以使我们对辽金法制史现阶段的研究有个全面深入的了解。目前学界对于辽金法制史的研究与其他方面的研究而言还是相对不足。但是近年来有关辽金法制史的研究已经有了很大的发展，在研究范围、方法和深度方面都有了新的扩展，在法律制度、法律条文、刑法手段、习惯法、辽金法与汉法的关系，揭橥了辽金两代法制史研究中的一些重要的问题，奠定了辽金法制史研究的基础。

在辽金法制史的研究中除了应当以考证为基础，根据法律本身的特性和规律来分析法律制度的演变，进而探析辽金法制文化内涵的特征、价值之外，还更应该注意以下几个方面的问题：首先是史料问题。史料是制约辽金法制研究的瓶颈，由于辽金代法典大多早已经湮没无存，涉及辽金两代法制的材料很零散，因此材料就显得尤为重要。因此要格外重视考古发现的碑文、石刻、墓志等考古资料，只有把石刻材料和宋、辽、金、元等文献资料相结合才能更好地开展研究工作。其次要注意研究方法。应该多侧面、多角度研究，综合运用民族学、文化人类学、法制史学、社会学、民族法学等多学科知识开展研究。梁治平《法律文化解释》（生活·读书·新知三联书店1994年版）认为只有把辽金法制史放到整体的文化结构背景中去考察，法作为一种复杂的文化现象，更需要放在社会——文化的整体结构中去把握。最后是把唐宋辽金元作为一个整体来考察。在以往关于中华法系渊源的探讨中，人们往往把着力点放在华夏"正统"王朝所创立的法律文化上，较多关注秦汉、魏晋至隋唐、宋明清，而对于各少数民族的法律文化长期漠然置之。但是，我国是一个以汉族为主体的多元一体的民族大家庭，辽金法制也是"中华法系"的重要组成部分，且辽金律与唐宋元律有着紧密的联系。因此，只有把唐宋辽金元作为一个整体来考察才能视野开阔、触类旁通。在此基础上综合运用比较法学的知识，通过辽金律与唐宋元律的比较，发现他们各自的特点、变化和发展趋势。

金代官吏选任考核研究综述

田晓雷

金代作为女真人建立的王朝，其在官员选任考核上在继承了中原王朝的传统之外，还具有鲜明的民族性特点。学界关于金代官吏选任考核的相关研究成果丰富，现将其研究状况简述如下。

一　金代官员的选任研究

关于金朝官员的选任研究，学界多集中于科举选任、用人政策及其他选官途径的研究。

（一）科举选任的研究

对于金朝科举选任的研究，学界研究起步早，成果多。民国时期学者在研究宋、元相关问题时已经注意到此问题，并进行专门整理研究。其中陈东原是最早专论金朝科举的学者，其在《辽金元之科举与教育》（《学风》1932 年第 10 期）一文中从《金史·选举志》和《金史》各本纪、纪传入手，认为金朝科举试题从贞元元年（1153）后取自"五经三史"到章宗时期改为六经十七史及先秦诸子，金朝优待士人，科举御试落第者，可以恩赐同进士出身。方壮猷《辽金元科举年表》（《说文月刊》1944 年第 12 期）是第一篇整理金朝科举的专论。曾资生《宋辽金元的制举概略》（《东方杂志》1944 年第 40 卷第 17 期）、《金元的举荐制度》（《东方杂志》1945年第 41 卷第 2 期）二文则最早对这一问题进行研究。但二者研究整理都属于概述性文章，局限于宋辽金三史兼治或金元史兼治而过于偏重宋元，其中对于金朝只是就《金史》进行一般考订，或者摘引《金史·选举志》的相关内容进行简单论述。

新中国成立后，关于金朝科举选任的研究多由台湾方面学者继续进行，其中沈兼士《辽金元的考试制度》（《考铨月刊》1959 年第 102 期、1959 年第 103 期、1960 年第 113 期）是最早注意此问题专论。沈兼士《金朝的女真进士科》（《国立政治大学边政研究所年报》，1970 年）在分析金朝女真进士科建立的背景之下，通过对金朝位居高位的女真进士的履历考察，认为金朝女真进士科的设立，是金朝统治者为了维护本族统治而采取的措施。女真进士科的特点在于其录取比例高，入仕授官等级及升迁与汉人差别不大，大定二十八年（1188）之后，"更依汉人格"。女真进士科的设立开辟了女真人入仕的新途径，减少了汉人官僚的不满，并影响了元、清两朝的科举制度。稍后，杨树藩《辽金贡举制度》（《中国历史学会史学集刊》1973 年第 5 期）一文对该问题也进行了一般性的概述，认为金朝一般进士及第后，会被授予地方性或中央性的官职，其中至少有三分之一的进士在中央任官。汪其祥《辽金元科举制度》[《编译馆馆刊》（台北）1976 年第 5 卷第 1 期] 也对金代科举制度进行了论述，但在其观点和考证上与杨树藩并无太大差异。

21 世纪以来，台湾学者在这一问题上又有了新的认识。徐秉愉《金朝女真进士科制度的建立及其对女真政权的影响》（《台湾大学历史学报》2004 年第 33 期）通过对金朝女真进士制度建立的过程进行梳理，并对金朝可考的女真进士进行仕途履历的分析，认为女真进士科的设立是金初以来女真统治者推行女真文字这一基本国策的延续，并非取决于世宗一人的努力。最初女真进士的任用也是基于推广女真文字，只是后来变得与汉人以同种方式录用。后期女真进士在维护金朝统治上发挥了独特作用，多数女真进士出身的官僚主张保卫辽东，拒绝放弃中都。女真进士为国家或者君主尽忠，但是女真进士对于国家的概念是模糊的，金国皇帝对于他们来讲既是金国的皇帝又是女真人的领袖，但二者究竟有何区别，在女真进士中的理解是不同的。同时，该文作者注意到可考的女真进士大多出身自臣僚家庭。徐秉愉的成果是在细致考察、整理史料的基础之上得出的，也表现了进入 21 世纪以来，台湾学界对于金史开始由宏观的研究转向微观研究的变化。徐秉愉与其他台湾学者不同之处在于，其论文实证性要强于理论性，在论述过程中并没有秉承征服王朝论作为其论述的理论依据。

在大陆方面，金光平、金启孮是最早注意到此问题的学者，其在《女真进士题名碑译释》（《内蒙古大学学报》1964 年第 1 期）通过对女真进士题名刻石的译释，归纳出女真策论进士的考试内容，得出女真进士科创设于大定十三年（1173），与《金史》记载一致。碑文记载的进士全部为女真人，证明女真人与科举是分科进行。同时，该文对碑文中女真进士及第科次和籍贯进行译释。张博泉《金史简编》（辽宁教育出版社 1984 年版）对金朝科举作了一般性的概述，指出了金朝科举的内容及一般程序。但由于篇幅和断代史著作的局限，该书未能就这一问题展开详细论述。赵冬晖《金代科举年表考订》（《北方文物》1989 年第 2 期）和《金代科举制度研究》[载陈述主编《辽金史论集》（第 4 辑），书目文献出版社 1989 年版] 对金代科举的程式、内容等各个方面都做了考订，但局限当时史料和论题覆盖范围过广，对金代科举入仕授官等问题都是点到为止，并没有对其中个别问题进行深究。

都兴智是大陆方面专门研究金代科举的代表人物，其对金代科举制度进行了多方面、多角度的研究。其硕士论文《金朝科举制度的历史渊源和特点》（《吉林大学研究生论文集刊》，1987 年），及稍后发表的《金朝科举制度的特点》（《北方文物》

1988 年第 2 期)、《金朝科举制度》[载张博泉等《金史论稿》(第二卷),吉林文史出版社 1992 年版]三篇论文一脉相承,从金朝科举考试的历史阶段入手,对金朝科举考试的脉络进行分析。在总结金朝科举考试流程及金朝科举入仕者的民族、籍贯等各方面因素的基础上,都兴智认为,与唐宋不同,金朝在科举入仕之后,便被授予官职,其中民族性明显,同为进士及第者,汉人进士升至三品官者常需要 25—30 年,而女真人则在 20 年左右,其中最快者 17 年便升任宰执。金朝取士的规模表明金朝采取了扬辽抑宋的政策,辽系汉人的入仕人数要大于宋系汉人。金朝科举在制度方面继承了唐宋,除了创建女真进士科外,金朝科举在录取入仕者和程式上也有本朝的创新之处,其中御试黜落之制便为其与宋制最大不同之处。都光智《金朝科举的女真进士科》(《黑龙江民族丛刊》2004 年第 6 期)通过对《金史》和相关史料的分析,对女真进士科进行了分析。该文认为金朝在中原确立统治后,伴随着社会的稳定、经济的发展,女真人文化水平的提高,金朝于大定十三年(1173)正式确立女真进士科,女真进士科举考试方法基本上参照汉人进士科,同样分为乡、府、省、殿四级考试。该文经过再次检索史料,得出了金朝科举共进行 36 科考试,女真进士共 20 科的考试,女真策论进士共 91 人的新数据。近年来,其研究又有了新进展,都兴智《金朝科举题目的考察》(《北方文物》2015 年第 1 期)认为金朝科举试题在不同阶段均有不用侧重,选题则多出自于十七史与传统的汉文经典。

除都兴智外,大陆学者王利静、关玉华《金朝女真策选制度考》(载张志立、王宏刚主编《东北亚历史与文化》,辽沈书社 1991 年版)对金朝女真科举进行了一些史实上的考察,认为大定十六年(1176)之后,除了宰执、宗室子弟外,所有的女真进士科考试皆有乡试、府视。在大定二十三年(1183)之后,女真进士科同样实行三年一试的考试模式。周怀宇《金王朝科举制考论》(《安庆师范学院学报》1995年第 4 期)将金朝科举分为四个阶段:即太宗、熙宗时期的"南北选"时期;海陵王时期的"贡举法"时期;世宗时期的"女真进士科"创设时期;章宗"泰和格"的修订时期共四个阶段。该文认为金朝科举制通过将女真族引入科举制,吸收了中原文化;金朝科举具有多民族融合的特点,金朝扩大了科举取士的范围,刺激了社会文化教育的发展。周腊生《金朝贡举考略》(《四川大学学报》1997 年第 4 期)考察了金朝进士考试的情况,整理出金朝进士考试共 43 次,取士 15000 人,共出状元 74名。李玉年《金代科举沿革初探》(《东南文化》1998 年第 1 期)对金朝科举的沿革进行了阶段性的分析,认为金朝科举伴随着金朝官僚政治的不断完善而发展,伴随着金朝社会的兴衰而沉浮,伴随着金朝政治兴衰的发展规律,具体可总结为太宗时期的初创阶段,熙宗、海陵时期的发展阶段,世宗、章宗时期的繁荣阶段,金末三朝的衰落阶段四个时期。李文泽《金朝女真族科举考试制度研究》(《四川大学学报》2003年第 3 期)认为女真科举考试开始酝酿于世宗时期,其准备工作始于女真族学校教育和女真文化教材两项;在世宗大定十三年开科取士后,金朝形成了一套完整的应试、选拔、录用制度，并在世宗、章宗两朝女真进士科达到极盛，直至哀宗天兴二年（1233）名存实亡，为金朝遴选了大量的人才，并对元、清时期的少数民族科举产生了深远的影响。孙孝伟《金朝科举制度探析》（《长春师范学院学报》2007 年第 2 期）从金朝教育与科举的关系，科举取士的一般情况，科举及第后进士的仕进情况进行论述，认为及第进士的仕进履受科目的影响。金朝科举选拔了大量的人才，有利于提高金朝官僚的整体素质。兰婷《金代武举和武学教育》（《黑龙江民族丛刊》2007 年第 5 期）是学界第一篇专门讨论金朝武举的论文。该文作者结合石刻与文献资料的考证认为，金代武举三年一试，并对武举的程式和科目都做了考证。该文发现，武举入仕者的官位低于正常的科举入仕者，正常科举入仕不畅者也有弃文从武，以武举入仕者。但由于该文偏重考证武举程式和武学教育，对于武举入仕官员的仕途迁转等诸多问题讨论不足。杨果《金朝科举制度研究》（载杨果《宋辽金史论稿》，商务印书馆 2010 年版）认为在金朝科举制度之下，金朝经义、辞赋等进士多入官为县令、县丞、主簿、县尉等官。女真进士，出任多为女真教授。律科和经童，及第之后多授将仕郎，大定十四年（1174）改为仕佐郎，属于较低的文散官。闫兴潘《金代女真进士科非"选女直人之科"考辨》（《湖北民族学院学报》2013 年第 1 期）通过对元人文集和《金史》中"诸人"的语义辨析，认为女真进士科是专门为女真族设置的科举考试之传统观点是值得商榷的，女真进士科设置目的是希望向金境内所有民族推广女真文化，最终使女真文化能够和汉文化并立，女真进士科应试群体并非单纯为女真人，得出了女真进士科并非仅允许女真人应试的结论。

在专著方面，薛瑞兆《金朝科举》（中国社会科学出版社 2004 年版）作为研究金朝科举的专著，对金朝科举制度中的科目、程序、监检、授官、学校等进行深入的研究。该书第二章第四节对于金朝进士授官予以论述，并对各个时期进士入仕榜进行详细统计，对金朝科举的宏观研究具有开创性的贡献。李桂芝《辽金科举研究》（中央民族大学出版社 2012 年版）一书对金朝科举的确立过程；科举制度中的取士科目，科次与考场条例，进士及第，人才培养与教育中从中央的国子学到地方的私学等方面进行论述。其中金朝篇第二章第七部分论述了金朝进士及第后授官的演变，认为熙宗时期的进士及第后，一般会授予承事郎等文散官。在《金史·选举志》所载南北选的授官情况中，北选升迁机会要优于南选。但这一规定是否为贞元元年（1153）做出的，颇为可疑。大定以后关于进士的授官，大体遵循《金史·选举志》所载，贞祐之后有所提高，这其中尚书省及各部令史也多授予进士及第者。此外，该书作者还论述进士群体在金朝政治与社会中的影响，不仅对金朝进士进行详细的统计，而且还对金朝科举家族进行了专题性的论述。

近年来，学界对于科举取士的研究，又有了进一步的推进，这种推进主要在对金代科举试题方面的细致考察。除都兴智继续对这一问题进行研究外，裴兴荣《金朝科举考试题目出处及内涵考释》（《中央民族大学学报》2015 年第 2 期）总结了金朝可考的科举试题出处和金朝科举试题的保留情况，发现金朝科举试题主要取儒家经典和前朝正史，即正隆二年所规定的"五经三史"，其中经书以《尚书》为最，史书以《汉书》为优。同时辅以时策，并根据金朝的时局变化而出现相应的试题。在试题保留方面，金朝试题保留情况与科举考试级别密切相关，其中以御试和赋题为保留量最多。

在国外方面，比较有成就的是日本学者三上次男，其在《金朝政治三·社會の研究》（中央美论出版社 1973 年版）一书中，对金朝科举制度的起始时间，科举制度的沿革，科举考试的程序，科举考试的时间、地点，应试者的条件，以及进士及第者的人数等方面进行研究。三上次男认为，金朝的科举制度正式确立于太宗天会元年（1123），并且于太宗天会二年（1124）正式开科取士，初期由乡试、府试、省试三级构成，海陵王天德年间，增加了殿试一级，取消了经童等科目，并认为海陵王天德年间科举制的改革，通过增加殿试加强中央集权，使金朝女真统治者的统治政策发生了转变，使汉族士人在金朝的社会、政治地位得到了一定的提高。到了章宗明昌元年（1190），章宗进一步扩大了科举取士的录取人数，取消乡试一级，从而简化了科举取士的程序。美国学者 Hoyt Cleveland Tillman *An Overview of Chin History and Institutions* (*China under Jurchen Rule*：*Essays on Chin intellectual* and *cultural History*. New York：State University of New York Press，1995）对金朝科举制度进行研究，其认为，金朝的科举考试受到了辽宋影响，金朝早期实行"南北选"重用辽籍士人，重视辞赋取士，后期逐渐重视经义。科举入仕的人数在大定二十二年（1182）迅速增长，12 世纪 80 年代，是金朝入仕的一个分界点，在此之后，科举入仕成为金朝占据优势地位的入仕方式。

（二）用人政策及其他选官途径的研究

关于金代其他途径选任官员的研究，除具体官员的任选研究外，主要集中在用人政策方面及军功、荫叙等具体官员入仕途径的研究。

其中最早的研究为日本学者三上次男，其《金史研究二·政治制度の研究》（中央美论出版社 1972 年版）在《金代尚书省の研究》一章中讨论了金朝尚书省及吏部对于人才选举方面的内容。三上次男通过对《金史·选举志》《金史·百官志》所载的吏部格法与尚书省、吏部权限的梳理考察，其认为尚书省的迁除权限随着时代而变化，并在尚书省人事权变化过程中重点讨论了皇帝本身的作用。陶晋生《金朝用人政策》（《食货》1978 年复刊第 8 号第 11 期）认为金朝除海陵时期都是坚持女真本位的用人政策，金朝用人政策的特色之一是军职和文职的划分，以军功入仕是女真人的特权，而且是其主要入仕途径之一。金朝用人政策的另一个特色是皇宫里面的职位特别重要。考试与荫补、军功的合用，造成了外族统治者和汉族被统治者之间的平衡，特定标准的并存，是金朝用人制度的最重要特征。张博泉《金史简编》（辽宁教育出版社 1984 年版）中对各个时期的用人政策进行论证，金朝早期用人以女真为主，海陵时期开始改革科举制扩大汉人和其他民族入仕比例，世宗时期任人唯贤，注重量才适用。

该问题研究较多的是金世宗时期的用人政策，其中王宏志《金世宗的改革始于吏治》（《光明日报》1983 年 3 月 2 日）指出，金世宗时期官员的升迁是以政绩为主要标准，世宗本人反对循资升迁，官员选任对资历的重视程度有所下降。崔恒杰《金世宗时期吏治考》（《铁岭师专学报》1986 年第 1 期）、景爱《论金世宗用人政策》（《北方文物》1987 年第 3 期）、朱耀廷《谈金世宗的用人政策》（《社会科学辑刊》1988 年第 6 期）等文章基本赞同这一看法。董克昌、关静杰《金世宗的廉政措施及其实效述论》（《北方论丛》1995 年第 5 期）认为，金世宗时期，除世宗本人任人唯贤外，金朝政府还采取了明察暗访相结合的廉察措施，并起到了实效。程妮娜《论文治武功在金朝官政中的表现》［载干志耿、王可宾主编《辽金史论集》（第 8 辑），吉林文史出版社 1994 年版］认为金朝在选任官员，在天会五年（1129）之前与宣宗即位之后均是崇尚武功，太宗、熙宗时期转而以政绩与武功并举，海陵、世宗、章宗三朝以崇尚吏治、倡行仁政为主要特点。造成不同时期的不同特点，均是由于金朝不同时期的国家政策重心不同所造成的。程妮娜《论金世宗、章宗时期宰执的任用政策》（《史学集刊》1998 年第 1 期）中认为，世宗、章宗两朝对于宰执的任用主要是以女真人为主体，以文人为主，依靠皇亲国戚三个主要标准。其目的是为了维护统治民族利益、国家利益、皇帝个人和家族利益。其中，渤海人在外族人中的地位最高，汉人多官至参知政事为止。美国学者 Hoyt Cleveland Tillman *An Overview of Chin History and Institutions*（*China under Jurchen Rule*：*Essays on Chin intellectual* and *cultural History.* New York：State University of New York Press，1995）中认为金朝的选任制度是多元化的，其中女真人的入仕途径最为宽泛。金朝在用人初期是取法辽朝，章宗时期由于确定继承北宋的德运，包括用人制度在内的政治制度也多效法北宋。虽然金世宗时期政府的一切官职向所有人开放，同时汉人官员比例也在增加，但是金朝始终维持着女真本位政策。除上述外，李锡厚、白滨主编《中国政治制度通史·辽夏金元卷》（人民出版社 1996 年版）认为金代的人事选拔方式除了科举等主要方式外，还以换授作为官员选拔方式。孙孝伟《金朝选官制度研究》（硕士学位论文，吉林大学，2005 年）中认为，金朝选官制度主要是以军功入仕和世袭、科举、荫补和流外出职为核心，以侍卫亲军出职、劳效出职、举荐入仕和纳粟补官为补充的一套选官制度。

李鸣飞《金元散官制度研究》（兰州大学出版社 2014 年版）作为第一部研究金朝散官的专著，在金朝官吏入仕方面，该书认为，金朝文散官的途径有进士、举人、同进士、换授、衍圣公、封赠六种。武散官则为军功、劳效、武举、荫叙、进纳、覃恩等八种。金朝获得散官的意义在于其为获得职事官的必要非充分条件，而获得文散官的唯一途径是取得科举出身。

关于金代荫叙的具体研究，目前仅见于洁《金元荫叙制度研究》（博士学位论文，中央民族大学，2015 年）一文，其认为金朝承荫人进入仕途前必须先选择"仕进门户"，在这些"仕进门户"所提供的无品级职位上按规定年限供职，方能获得职事官。这些"仕进门户"在中央政府部门有外朝吏职与内廷承应人，在地方上有监当官、钱谷官等低级杂职，分别供高级、中低级承荫人选择。金朝中低级承荫人不管是在"仕进门户"还是出职后迁转，都受到极多限制，升迁缓慢，社会地位也远远不及进士出身者，汉人高级官僚之家普遍对子孙荫补入仕持抗拒态度，而多普遍选择科举途径来获得出身。

另外，在关于金代具体官员的考察过程中，也多对其选任做一论述，其中如徐崧巍《金朝监察官员的任选、奖惩及其作用——金朝监察制度研究之四》（《北方文物》1990 年第 2 期），李西亚、杨卫东《金朝东北边疆的官员管理》（《北方文物》2007 年第 3 期），武玉环《论金朝县级官吏的选任与考核》（《吉林大学社会科学学报》2012 年第 4 期），陈昭扬《金朝监察御史的选任制度及其运作——以官员组成为中心的考察》（《东吴历史学报》2012 年第 28 期），等等。学界研究成果丰富，除通史类著作外，在涉及具体官员、民族研究时多有涉及。其中李西亚、杨卫东《金朝东北边疆的官员管理》（《北方文物》2007 年第 3 期）认为金朝东北边疆的任官人员多由具有丰富治边经验、政治军事才能兼备的官员充任。此外，李玉君《金代宗室研究》（博士学位论文，吉林大学，2008 年），孙孝伟《金代宰执研究》（博士学位论文，吉林大学，2008 年），闫兴潘《金代翰林学士院制度研究》（博士学位论文，武汉大学，2014 年），郭威《金代户部研究》（博士学位论文，吉林大学，2015 年）等对所研究对象的任官考核均有论述，这类论著丰富，限于篇幅，便不一一赘述。

关于金代吏员的选任研究，孟繁清是最早注意此问题的学者。孟繁清《金朝令史制度》（《宋辽金史论丛》1991 年第 2 辑）是国内目前唯一单独讨论金朝令史制度的文章，认为尚书省令史的选拔当依皇统制，其主要以文字为主，右职为辅，而且右职出任的具体办法尚无记载。枢密院令史的选拔则与尚书省类似，除进士与高官子弟外，还有内祗、班祗及其他吏员以及六部令史转补者。御史台令史、六部令史则多以荫补入仕者为多，其中六部令史有转任御史台令史者，但并无发现御史台令史转任六部者。对于其迁转，该文作者认为其关键在于出职，任满一定时间即可授予官职，由于原有职位的不同，所授品阶当也不同。在金朝，令史的出职是金朝入仕升迁的重要途径，甚至被视为捷径之一。关于金代其他吏员问题，关树东《金朝宫中承应人初探》（《民族史研究》1999 年第 1 期）认为，金朝的宫中承应人的选任，与唐宋不同，近侍局不是内侍宦官，且主要由宗室近亲和各族官僚子弟构成，女真平民则被排除在外。对于其入仕途径，阁门祗候、承奉班、内承奉班多由荫补入仕。日本学者饭山知保《金朝地方吏員の中央陞轉》（载《古代東アジアの社會と文化：福井重雅先生古稀·退職記念論集》，汲古書院 2007 年版）一文中认为，金朝尚书省令史的来源有四：进士出身者，武散官，承荫人，终场举人。该文认为，在金朝州府升至中央的情况是存在的，并且实行制度化的选拔考试。同时县至州府的情况也有可能实行这种考试。只要满足考试要求并且合格的官员都有可能实现"自府吏至公卿"的晋升，但是这种方法采用的人数很少，和蒙古时期的吏员中央升转相比，是非常困难的道路。关树东《金朝的监当官》（载刘宁、张力主编《辽金历史与考古国际学术研讨会论文集》，辽宁教育出版社 2011 年版）认为，金初监当官的选任承袭宋制，参用文资、武资官注拟。中期以后，几乎专任武官，尤其是荫补官员。其官序，和亲民官有别，当可以经过若干任监当官而转任亲民官。除关树东外，台湾学者陈昭扬也就吏员的选任做了研究，其在《金朝宫中承应人选任制度》（《台湾师范大学历史学报》2013 年第 49 期）专门对宫中承应人的选任作了论述，其在关树东的基础之上，以关文的分类为标准把握金朝宫中承应人的分布。该文指出，金朝宫中承应职已经初步建立起等级；宫中承应人的选取标准是家世、前任、才干，金朝虽然利用职务等级简单安排承应人的选迁秩序，但是其秩序规律和稳定性程度仍不及外朝。

二 金朝官吏的考核研究

金代官吏的考核问题。王世莲《金朝的考课与廉察制度》［载陈述主编《辽金史论集》（第 4 辑），书目文献出版社 1989 年版］是首篇专门研究金朝官员考核的文章，认为金朝考课始于太宗天会十年（1132）的高庆裔磨勘之法。考课之法由吏部负责，并与铨选相紧密结合。金朝考课以年资为重，吏部的拟注多为循资格而注。金朝的考课有着向定量化发展的趋势。廉察制度则与察举制度相结合，并由皇帝亲自过问。曾代伟《金朝职官管理制度述略》（《民族研究》1993 年第 3 期）认为金朝的官员管理是以唐宋为蓝本，认为金初并无考课，考课制度始行于章宗"四善十七最"，金初仅实行廉察，金朝职官的考课仅在章宗"四善十七最"时存在，金朝大多数时间是以廉察代替考课进行官员考核的，而这种廉察权由御史台和其下属机构行使。宣宗废除考课制度，复行廉察，执行机构为御史台及其下属机构。曾代伟《金律研究》（五南图书出版有限公司 1995 年版）又对金朝各项官员考核制度做了完整的梳理，认为金朝官员的考课制度是先后以"廉察"与"考课"为具体实行措施的。考课的执行机关是吏部，但地方考课机关常由监察御史、提刑按察司、司农司等部门执行。徐梣巍《金朝监察制度初论》（《民族研究》1992 年第 2 期）基本赞同曾代伟的观点，认为金代对于官员的考核是由监察机构负责。宋德金《金朝的学校考试与铨选考试》（《社会科学战线》1995 年第 2 期）一文认为，金朝的铨选考试始于世宗大定时期，是官员在进士及第后，被授官之前的一种考试，存在时间很短。同时，该文认为金朝的地方吏员可以通过考试升任中央吏员或者出职为官。孙荣荣《金朝官吏的奖惩制度》（硕士学位论文，吉林大学，2008 年）不同意王世莲关于天会十年（1132）为金朝考课之始，并认为金朝的考课始于皇统时期，正隆二年（1157）六月为金朝廉察制度正式形成。在金朝考课当中，"四善十七最"与"六事"之法，是县令及其以下官员的考核内容，高级官吏的考核并不拘泥于此。卢希《金朝地方职官考课制度》（硕士学位论文，吉林大学，2008 年）对金朝地方职官的考课制度做了全面的梳理，分析了金朝地方官员考课制度的特点、方式等内容。但是，该文局限于对县令的考察，对主簿、县尉一类官员及其他地方职官的考察均没有涉及，而对金朝考课制度的研究也是点到为止。吴琼《金朝考课制度研究》（硕士学位论文，辽宁大学，2014 年）对金朝中央、地方考课制度做了大概的梳理，分析金朝考课制度的形成发展状况，并将金朝考课制度的发展分为萌芽与初步确立时期、发展与成熟时期、衰落时期三个阶段进行论述。认为金朝官员的考课由吏部总领，御史台协理，各路提刑司、按察司负责地方考课。金朝考课主要对官员的品行、政绩、年劳三方面进行考察，并根据这三方面制定了具体可行的考课标准。该文将金朝考课制度与唐宋考课制度进行对比，认为金朝考课制度在考课机构和考课内容等方面多借鉴唐宋考课制度，金朝考课重年劳、轻课绩的特点更是唐宋考课制度发展的必然结果。余蔚《金朝地方监察制度研究——以提刑司、按察司为中心》（《中国历史地理论丛》2010 年第 3 期）简述了金朝地方监察机构变迁与考课制度发展变化过程之间的联系。该文认为地方监察机构提刑司改为按察司，取消其"总核名实"的权力，按察司对官员的考课只限于评价，所以这时就需要颁布有明确考课标准的考课法，保证考课顺利实施。日本学者三宅浩矢《金朝の文资官に对する吏部铨选》（辽金西夏史研究会第 3 回，龙谷大学大宫学学舍，2003 年 3 月）认为金朝吏部铨选的范围除了《金史·选举志》所记载的常调的职事官以外，也有其他的职位。常调的任数根据考课、廉察进行的推举而会减少。金朝的吏部铨选是以从七品以下的职事官为对象。金朝的考课与廉察，表现为推举与考课一体化的形式进行。宋朝复杂的"选人"制度，在金朝被进一步简化，宋朝的"选人"在金朝被纳入吏部选人的范围之内。

结语

目前学界对于金代官吏选任考核的研究，存在厚此薄彼的现象。其中对于金代科举的相关研究，成果最为丰富，对科举制度的研究已经深入到具体层面，比如试题种类、来源和金朝科举入仕人数的考察。对于进士登科之后的授职，学界基本取得共识，即金朝无论民族，进士登科之后便被授予实际官职和文武散官，并根据及第等级的不同和科举科目的不同而有所差异，科举入仕是金朝主要入仕途径。其他入仕途径的相关研究则略显薄弱。此外，关于金代用人政策方面，学界的研究也逐渐微观化，在涉及具体官制和官员群体研究时，多有相关的深入研究，但近年来宏观研究成果不足。学界对于吏员的研究十分有限，成果不多。在吏员出职方面，国内外学界的看法基本一致。通过对金代官员仕途履历的考察，学界认为《金史·选举志》的记载是大体可靠的，但是金代吏员的出职在具体对象方面还存在较大差异，尤其是族属性差异，不同族属的吏员，在出职时间上存在差异，这是国内外研究者所忽视的。此外，关于吏员升迁的考试和出职考试办法，以及人事机构在其中的作用，除日本学者饭山知保有所涉猎外，学界尚无他人专门论述此问题。在官员考核方面，目前学界的研究多集中在监察考核方面，对于其中负责对考核结果进行拟注和监察程式、官格制定的机构方面，除日本学者三上次男外，少有涉及。对于吏部铨选的存在时间和"四善十七最"的应用范围及存续时间等问题，学界也存在争议。

造成上述现象的原因，除了由于金代史料存世量和考古资料有限，使得许多问题难以深入考察的客观原因外，学界对于人事管理学等相关学科的研究方法未能充分利用也是原因所在。今后学界对于金代官吏选任考核的研究，应注重动态考察，重点考察官吏管理机构如尚书省、吏部在其中的作用和金代人事管理的运作模式，借鉴人力资源管理等其他相关学科的已有成果进行更加深入的探讨。

金上京研究综述

王天姿

金上京会宁府先后历太祖、太宗、熙宗、海陵王四帝，凡38年，是金朝发展的重要阶段。在此期间，女真人摧枯拉朽般地瓦解了比自身强大数倍的百年辽帝国，并直捣汴京，形成了与南宋划江而治的又一"南北朝"局面，金上京作为大金帝国的肇兴之地，为金朝的迅速崛起奠定了基础，提供了养料。

阿什河发源于大青山南麓，自南向北注入松花江，这里是金朝诞生的摇篮，金上京则坐落于距黑龙江省阿城区城南2000米的阿什河西畔，东靠绵延逶迤的张广才岭，北抵松花江，南望拉林河，西连沃野千里的松嫩平原，区域内水源丰沛，气候适宜，土地肥沃。种种优越的条件，使得上京会宁府迅速发展成为当时黑龙江地区乃至东北亚地区的政治、经济、文化中心，屹立于广袤的金源大地之上，迸发出耀眼的光芒。随着金帝国的兴衰荣辱，金上京也历经了重重坎坷，最终沉寂于阿什河畔。

一 金上京城考古发现与研究

历经八百年风雨剥蚀和战争破坏，金上京那壮丽辉煌的皇宫殿宇早已湮灭于历史滚滚洪流之中，留下来的除了历史记忆之外，只剩下宁静地躺在阿什河畔的古城遗址。而今无数学者前赴后继，通过毕生努力研究先人遗留的古城，追溯大金帝国当日雄浑壮丽的景象，解开尘封在古城之上千年的面纱。

金上京遗址及其周边墓葬、城址的考古工作是研究金上京的基础，迄今为止，考古工作仍在继续，黑龙江考古文物考古研究所等机构发表了数篇考古报告，这些考古报告成为研究金上京重要的资料。黑龙江省文物考古研究所所作《黑龙江阿城巨源金代齐国王墓发掘简报》（《文物》1989年第10期）和《"金源故地"发现金齐国王墓》（《北方文物》1989年第1期）两篇考古简报，介绍了1988年黑龙江文物考古工作者在阿城市巨源乡城子村发掘的齐国王墓，墓中出土了大量的丝织品，以及"太尉仪同三司事齐国王"木牌一块。齐国王墓以保存完好，出土文物丰富珍贵，墓主人身份的显赫，为我国金代考古所罕见，是我国考古工作中的又一次重大发现。阎景全《黑龙江省阿城市双城村金墓群出土文物整理报告》（《北方文物》1990年第2

期》）报告了 1980 年阿城区金上京东 1.5 千米处所发现的一处墓群的文物整理情况。王春雷、杨力《金上京遗址西侧发现的金代墓葬群》（载《金史研究论丛》，哈尔滨出版社 1995 年版）介绍了 1998 年在金上京遗址以西发现一座古墓及发掘的过程，为研究金代前期女真族在上京地区的生活习俗、丧葬制度提供了有价值的资料。这些考古报告均为上京地区墓葬研究提供了详细的第一手资料。

为配合绥满公路扩建，黑龙江省文物考古研究所对阿城至尚志沿线进行考古调查，在亚沟刘秀屯发现一处大型建筑基址。该遗址发现后，立即引起了各界的高度重视。《中国文物报》于 2012 年 12 月 27 日刊登李陈奇《黑龙江亚沟刘秀屯发现宋金时宫殿基址》一文，详细介绍刘秀屯建筑基址的发掘情况。从建筑基址特点、地理位置、周围重要遗迹以及结合有关古文献进行综合考察，这应是一处金代皇家宫殿建筑，其建筑和使用年代均在金朝前期。关于其功能，有的学者认为是当时皇帝百官祭祀太阳之"朝日"殿。刘秀屯金代皇家建筑基址是我国传统礼制建筑的罕见实例，它的发现与发掘，对研究宋金时期政治体制、宗教信仰、风俗习惯以及建筑风格等，提供了翔实而不可多得的第一手资料，在我国建筑史上亦占有十分重要的地位。国家文物局派出专家组两次抵现场考察论证，认为："该基址是迄今考古发掘所见的宋金时期规模最大、等级最高的宫殿建筑基址，无论对黑龙江考古，还是全国宋金时期考古，都是极为重要的发现。"赵永军、刘阳《金上京考古取得新成果——发掘揭露南城南墙西门址》（《中国文物报》2015 年 1 月 30 日）介绍了 2014 年 6 月至 10 月，黑龙江省文物考古研究所对金上京南城南墙西门址考古发掘的情况。此次考古发掘面积 1100 余平方米，取得了重要的学术成果："本次考古发掘是第一次对金代都城门址进行的科学发掘，了解了金代都城门址的基本形制结构。南城南墙西门址由城门和瓮城两部分组成，门址为单门道，两侧有地袱石与排叉柱等构造。该门址的基本形制特征具有显著的唐宋时期门址的特点，其门道两侧对称竖立大圆木柱支撑顶部过梁结构的做法，墩台及相接城墙内外两侧砌筑包砖的现象，与克东蒲峪路城址的南门址结构相一致，体现了金代城门建筑的新规制。门址门道及瓮城内有多层路面的使用情况，瓮城墙经过两次补筑修复，均反映了上京城址的修筑过程和使用情况。瓮城内东北角发现有带火炕的房屋，具有特殊的居住使用功能。瓮城墙内侧筑有砖砌的一类用于排水的特别设施，为了解金代城墙结构特征提供了新材料。"

除此之外，全面介绍考古发现进展与情况的考古综述类文章，也有很高的学术价值。孙秀仁《黑龙江地区辽金考古与历史研究的主要收获》（《黑龙江民族丛刊》1983 年第 1 期）一文中系统梳理了众多金上京地区的遗址与文物，如阿城五道岭地区古代冶铁遗址、上京会宁府故城、金代铜钱和银锭、金代铜镜、金银器与瓷器、金代墓葬，以及简要总结了金代官印的汇集与整理情况，使人们对金代上京地区出土文物种类与数量有了一个大致的认识。李冬楠《金上京研究综述》（《黑龙江社会科学》2009 年第 5 期）回顾了金上京的研究历程，从宋金时代的著作如《宣和己巳奉使行程录》《松漠纪闻》《金虏图经》对金上京地理位置的描述到近代中日俄学者对金上京遗址的测量，并细数了有关金上京的研究成果，对城周长测量、城门、瓮门数量以及城市整体布局等问题进行更进一步的探讨。赵永军、李陈奇《黑龙江金代考古述论》（《北方文物》2011 年第 3 期）把黑龙江地区金代考古的历程共分为两个时期，其中新中国成立后又分为了两个阶段。该文又对重要考古发现与研究现状作一宏观的回顾与总结，概括性地总结了上京会宁府等七座城址、墓葬、聚落址、建筑址、界壕、矿冶遗迹、碑刻，以及铜镜、铜印、金银器、玉器、瓷器等出土文物。该文作者认为黑龙江地区的金代考古虽然起步早，但是进展缓慢，缺乏宏观的整体设计和系统性的课题式的工作安排。一些重要的成果更是没有及时报道公布，阻滞了一些重要课题的深化研究。在步入新的历史发展的关键时期，该文作者也提出了加强基础田野考古资料的整理研究、加强区域合作和学术交流等自己的思考与建议。

城市布局是一座城市给人留下的第一印象，有关金上京整体规划布局问题，目前主要有三种观点：第一种观点认为金上京形制受辽上京的影响。王禹浪《女真族所建立的金上京会宁府》（《黑龙江民族丛刊》2006 年第 2 期）一文中认为："金上京城修建时的整体布局，已经脱离了汉唐以来的皇城的宫殿区往往位于城区的偏北，且坐落在两翼对称的中轴线上的传统筑法。并与渤海国上京龙泉府城池的整体布局，有着浑然不同的风格。金上京城南北二城的布局，以及中间的隔断式的城垣结构，自西向东流淌的河流方位，都呈现出辽上京城的风格特征，透视出金上京城的修建可能深受辽上京城的影响。"韩锋在《金上京城市建设》（《黑龙江史志》2010 年第 15 期）一文中判定南北二城外郭形制在太宗时期已经定型，因而上京城的规划设计是受辽上京临潢府影响。第二种观点认为金上京受北宋都城汴京的影响，李士良《金源故都——上京会宁府》（载孙进己等主编《中国考古集成·东北卷·金·二》，北京出版社 1997 年版）和孙秀仁的《金代上京城》（载孙进己等主编《中国考古集成·东北卷·金·二》，北京出版社 1997 年版）认为金上京是仿照北宋汴京建成，布局与汴京基本相同。李建勋《金上京史话两题》（《黑龙江农垦师专学报》2000 年第 4 期）认为金上京南皇城北汉城的布局是因袭中原王朝前朝后市的规划。第三种观点认为金上京的布局同时受辽上京和宋汴京的影响，景爱在《金上京的规划及其他》（《北方论丛》1979 年第 6 期）以及其后的《金中都与金上京比较研究》（《中国历史地理论丛》1991 年第 2 期）的文章中认为，金上京形成的工商业区、官署区、宫殿区，模仿了北宋汴京城，但南北城的布局，则取法于辽上京，是辽朝南、北分治的两重政治体制的延续。郭长海《金上京都城建筑考》（《哈尔滨市经济管理干部学院学报》2000 年第 1 期）一文认为，上京城的规划设计者是久居于辽的汉人卢彦伦，其比较熟悉辽朝的京都建制，尤其了解辽上京临潢府及辽帝"捺钵"行宫其他被委任知会宁府新城事，规划和设计金上京会宁府，在接受辽上京临潢府模式影响的同时，也受到中原地区城市、特别是北宋都城规划和设计思想的影响，是模仿宋、辽京城形制而筑的。

有关金上京城址研究成果较为丰富，秦佩珩《金都上京故城遗址沿革考略》（《史学月刊》1980 年第 2 期）对上京城所处的位置、规模形制、宫殿面积以及出土文物所在进行详细介绍，描绘了当时上京城的经济、政治条件以及优越的交通优势，并绘制金代上京城郊规划中的宫殿寺观一览表，对宫殿名称以及兴建时间做了系统的梳理与统计。许子荣《金上京会宁府遗址》（《黑龙江民族丛刊》1982 年第 1 期）一文，首先回顾了女真部落发展壮大的历史、上京城发展的历史，而后又对金上京形制、出土文物均进行了详细的介绍。景爱《关于金上京城的周长》（《学习与探索》1985 年第 3 期）分别介绍了鸟居龙藏在《满蒙的探查》中所载的金上京周长、俄国考古学家托尔马乔夫所测、1936 年阿城师范测绘，以及 1963 年阿城县博物馆进行的实测，为便于比较，而列表展示。该文认为 1963 年阿城县博物馆所测数据虽被一些书刊引用，但测量结果在统计上出现了错误。景爱《金上京的行政建置与历史沿革》（《求是学刊》1986 年第 5 期）一文叙述了金上京从黄帝寨到会宁州与会宁府，到金上京定号，再到金上京的荒废的百年沧桑。郭长海《金上京都城建筑考》（《哈尔滨市经济管理干部学院学报》2000 年第 1 期）介绍了金上京城郭、宏伟华丽的皇城宫殿、繁荣的街市，又对比宋辽时期，总结出金上京由向柔和绚丽的方向转变的皇城内建筑格局及风格。赵永军《金上京城址发现与研究》（《北方文物》2001 年第 1 期）从梳理文献史料出发，将金上京城的历史分为初建、扩建、毁弃、重建、废弃 5 个阶段，并对金上京城址发现与研究的历史与现状进行总结，进一步指出对金上京城址加强田野考古工作、深入进行考古学研究的必要性和紧迫性。王旭东《中国境内金代上京路古城分布研究》（硕士学位论文，吉林大学，2005 年）一文系统整理了金代上京路内古城，统计上京路各个行政区金代古城 563 座，并总结金代上京路古城数量多，地域分布不均衡的特点。该文认为，上京路古城分布不均是由自然环境、辽代已有建城、金代行政建置、经济、交通及军事等多因素影响而造成的。王禹浪、王宏北《女真族所建立的金上京会宁府》（《黑龙江民族丛刊》2006 年第 2 期）深入探讨了金上京的地理位置、皇宫布局、"白城"称谓、建制沿革、金上京城的修建过程，以及其主要建筑等重要问题。伊葆力在实地考察了金上京故址周边的金代遗迹后，发表《金上京周边部分建筑址及陵墓址概述》（《哈尔滨学院学报》2006 年第 3 期）一文。该文对祭天坛址、社稷坛址、皇武殿址、宝胜寺故址、护国林与嘉荫候庙址、老营寺院址、松峰山道教遗址、金太祖完颜阿骨打陵址、胡凯山和陵遗址、桦皮陵墓址、石人沟陵墓址、吉兴陵墓址、上播木陵墓址、响水陵墓址、西山陵墓址、长胜陵墓址、保安陵墓址等十余处遗址做了详细的调查记录，并进行了初步考证。段光达《金上京遗址》（《文史知识》2007 年第 2 期）介绍了金朝各个时期对上京城的营建，用文学笔法叙述了上京城的兴衰始末。

二 金上京地区出土文物研究

金代上京地区出土大量的铜镜、钱币、金银器、官印、铁器、青铜器、碑刻等文物，充分反映了金代上京地区社会经济文化的繁荣发展，体现了金代上京地区社会生活的层层面面，一件件珍贵的文物也凝聚了女真民族先进的文化与过人的智慧。

(一) 铜镜

金上京铜镜出土较多，即在金上京历史博物馆集中就收藏了金上京出土的数百面铜镜。铜镜的装饰题材更是琳琅满目，有龙、凤、蟠璃等虚构的动物，也有花鸟、鱼虫、山水、人物等现实景物，这些栩栩如生的刻画题材则为女真人生活在艺术造型上的映射，是不可多得的艺术瑰宝，与此同时，金上京出土铜镜多带有汉字铭文和刻记，是研究金代经济生活与社会生活的宝贵材料。20 世纪 70 年代，阿城文物管理所编著《阿城县出土铜镜》（1974 年）将所出土的铜镜汇编成册，由此激发了广大学者对金代上京地区出土铜镜的兴趣。随后，金代铜镜研究如同雨后春笋，层出不穷。景爱《金上京出土铜镜研究》（《社会科学战线》1980 年第 2 期）对金上京出土的铜镜做了大致介绍，如多带有汉字铭文的仿汉内向连弧百乳镜、带而字昭明镜、锯齿纹花边鸟兽镜、仿唐禽兽葡萄镜、北宋花草镜和缠枝花鸟镜，以及众多金代童子缠枝镜、双鱼镜、双龙镜、双凤镜、双兽连珠镜、人物故事镜、有柄仙人镜有柄阳燧镜，等等。该文作者简要说明了铜镜的使用方法与铜镜制造工序、金代铜镜管理制度，并对铜镜的历史作用与艺术价值做了高度的评价。阎景全《金上京出土的铜镜》（《学习与探索》1980 年第 2 期）描绘了 1964 年出土的大双鱼纹镜、1969 年出土的刻有"上京巡警院"字样的童子缠枝纹镜，以及 1977 年出土的刻有"上京会宁""上京巡警院"等检验刻记的带柄蛟龙仙鹤纹镜。王禹浪《海马葡萄镜》（《求是学刊》1981 年第 4 期）一文刊布与考证了双城县出土的两面铸造风格一致的铜镜，镜背分内外两区。内区由海马葡萄纹组成，宋《博古图录》称它为海马葡萄镜；外区铸有一圈汉字铭文，为"青盖作镜自有纪，辟去不羊宜古市，长保二亲利孙子，为吏高官寿命久"，共计 28 个字。内外两区之间用高线圈相隔，铜镜边缘均有刻款和神记。从铜镜加刻的边款等，结合《金史·地理志》，该文作者断定这两面铜镜为金代仿制品。王禹浪随后又相继发表了《飞鹊镜》（《黑龙江民族丛刊》1982 年第 2 期）、《金代双鱼镜》（《求实学刊》1982 年第 6 期）、《"大吉官"及"永安三年"镜辩误》（《四川文物》1986 年第 2 期）等数篇高水平的关于金代铜镜论文，奠定了作者在金代铜镜研究领域的地位。王禹浪、李陈奇较早对金代铜镜做综合研究，分别对金代铜镜的类型、铭文以及所绘图案反映的艺术特征和社会生活等内涵进行了探讨。随后，王禹浪、那国安编著《金上京百面铜镜图录》（哈尔滨出版社 1994 年版），为铜镜的深入研究提供了便利的条件。张占东《浅谈上京会宁府出土的金代铜镜》（《北方文物》1995 年第 1 期）论述了铜镜产生的条件，并以双鲤鱼镜、童子玩莲镜、迷戏镜等三种铜镜纹饰为例，深入分析了铜镜背后所折射出的汉文化对女真文化的影响。该文作者认为，双鲤鱼图案造型是女真人借用鱼生殖繁盛的特性，表达了"多子多福"的美好意愿，又借用鲤鱼跳龙门表达了祈求升官登仕的愿望。该文又指出，"迷戏镜"作为特殊镜类，在历代社会中都是极为罕见的，它反映了金代宫廷生活的一个侧面。田华《金代铜镜的刻款及相关问题》（《北方文物》1995 年第 3 期）以及后续发表的《再论金代铜镜刻款及相关问题》（《求是学刊》1996 年第 6 期）对金代铜镜的刻款进行了分析，并就刻款反映的相关问题提出一些看法。21 世纪初，王宇撰文《金代铜镜研究述评》（《中原文物》2000 年第 3 期）对近百年来金代铜镜的研究状况概述为三个阶段，并提出了有待进一步解决的若干问题。彭芊芊《金上京会宁府出土铜镜考证》（《黑龙江档案》2009 年第 2 期）与《金上京会宁府出土铜镜浅谈》（《黑龙江史志》2013 年第 11 期）对龙纹镜、双鱼纹镜、海东青鸾兽镜、花卉纹镜、童子攀枝镜、人物故事镜等六种纹饰做了解释说明。张杰、李秀莲《金源铜镜的宗教文化意蕴初探》（《佳木斯大学社会科学学报》2012 年第 2 期）从宗教文化角度分析金上京地区铜镜数量之多、质量参差、纹饰与形制的变化与宗教文化的关系，进而认为出土与传世铜镜数量之多，主要是女真人的原始宗教信仰使然。金上京历史博物馆中许多不满 10 厘米的铜镜，推测为萨满神衣上的装饰物。在女真人的头脑中，一直保留着镜光吉祥的遗痕，人们都渴望跳萨满舞的妇人把镜光投在自己的身上，镜光象征吉祥是被群体公认的，镜光也能代表天意，是女真人对太阳和月亮崇拜的结果。因此，该文作者进一步推断，在女真人的宗教信仰中，铜镜具有超万物的神力，是光明和正义的象征。金源铜镜形制的变化表现在带耳铜镜的大量出现。对于带耳铜镜，该文作者认为是萨满求子仪式中裆下常常挂着的象征生育的铜人，宗教上的特殊用途推动了日常生活中带耳铜镜的出现。该文作者还推测，双鱼大铜镜同样具有宗教意义。杨昔慷《海兽葡萄镜的初步研究》（硕士学位论文，西北大学，2010 年）、徐涛《金代仿古铜镜》（硕士学位论文，陕西师范大学，2013 年）与朱长余《金东北三路出土铜镜研究》（硕士学位论文，中央民族大学，2013 年）均以金代铜镜为题撰写毕业论文，梳理与汇总了金代铜镜的研究成果。

（二）铜器、金银器

魏国忠《黑龙江阿城县半拉城子出土的铜火铳》（《文物》1973 年第 11 期）介绍了 1970 年出土于阿什河畔半拉城子的一批铜器，有铜火铳、三足小铜锅、铜瓶嘴、铃铛、铜镜和五铢钱各一件，铜质军马佩饰物三件。其中铜火铳一件，保存最为完好。从这批同时出土的器物看来，几乎都与军事攻战有关，有些器物的形制和纹饰又具有金元时代的风格。该文作者由此推断，阿城火铳也有可能系金元时代所遗留。但从其形制比较原始，制作较为粗糙来推断，其铸造年代似应在至顺铜火铳和至正铜火铳之前。该文作者在文中进一步指出，过去的文物考古工作者对金代上京地区出土的文物多笼统地认为是金代的作品，从这次出土的铜火铳等器物看来，其中不少应是元代遗物，这就促使我们必须深入调查研究，对于具体文物进行具体分析，才能弄清其本来面目。

阎景全《金上京故城内发现窖藏银器》（《黑龙江民族丛刊》1981 年第 1 期）刊布了 1978 年秋，在金上京城北城南偏东处出土一批银器。这批银器包括：银锭一件、银锭切块四件、撮形银器两件、六曲葵瓣式银杯一件、银酒盏一件、如意纹银盘一件、龙头衔香炉一件、八曲葵瓣式龙纹器盖一件、圆形浅盘一件，以及大量银器残片，这些银器的出土充分反映了金上京工商业的繁荣与发展。阎景全《黑龙江省阿城市出土青铜短剑》（《北方文物》1992 年第 3 期）刊布了 1991 年出土的青铜短剑，据专家鉴定，该剑为西汉初年夫余国之文物。

1956 年金上京遗址西垣南段墙脚下出土了一枚铜坐龙，经多方考证，该文物应为御辇上的装饰物，铜坐龙的出土也为研究金代舆服制度、铸造工艺以及金代上京地区的文化，提供了宝贵的资料。这枚铸造精细、构思巧妙、形象生动，又蕴含文化内涵的青铜龙，遂引起了学术界的广泛关注。许子荣《金上京出土铜坐龙》（《文物》1982 年第 6 期）详细介绍了铜坐龙的造型，并推测它应是天眷三年（1140）金熙宗初备法驾卤簿，至大定二十五年（1185）金世宗远巡上京结束之前这段时间内留下的作品。陈雷《黑龙江出土金代铜坐龙的雕塑艺术特色》（《北方文物》2002 年第 4期）和《试论金代铜坐龙的雕塑造型及饰纹特色》（《中华文化论坛》2003 年第 1期）简要介绍了铜坐龙的出土及其功能、历史文化背景，并对金代铜坐龙的雕塑造型和祥云饰纹特色及其历史文化意义做了探讨。姚玉成《金代铜龙鉴识》（《中国文物报》2008 年 6 月 11 日）对一些学者认为铜坐龙属于金代皇帝车舆上的饰物提出质疑，该文作者列出学者常引《金史·舆服志》来证明铜坐龙为金代皇帝御辇上饰物的两处记载，指出两处无一明确说明这个"坐龙"为铜质，也未指明其为立体铸龙。该文作者根据文物出土地点，并结合所出土的其他金代房屋装饰物，推测铜坐龙应为金代皇室建筑房脊上的装饰物。但该文作者也指出，这只是一种推测，在没有更多资料来证明的情况下，得出结论还为时过早。孙丽萍《黑龙江省博物馆藏金代铜坐龙》（《收藏家》2008 年第 9 期）简要地介绍了金上京出土铜坐龙的情况，以及简要分析了铜坐龙的艺术造型。杨海鹏《从建筑构件角度谈金代铜坐龙的功用》（《东北史地》2013 年第 4 期）从建筑构件的角度入手，结合了《营造法式》中具体建筑构件的解读及式样图例，分析了金代铜坐龙、石坐龙的形制特点，探讨了金代铜坐龙的具体功用。该文是利用《营造法式》解读出土文物的一次探索性尝试。王久宇《阿城出土金代铜坐龙的历史渊源》（《边疆经济与文化》2014 年第 3 期）深入讨论了金代仪制与上京地区汉化的过程，该文作者认为，铜坐龙饰物充分体现了金代舆服、车辇制度与宋代制度的渊源，铜坐龙为金人沿袭宋代仪制，所体现的是中原汉文化的审美观点和价值取向。尽管如此，铜坐龙为金人所用，仍然是金源文化的象征。人像类铜挂饰在金上京地区出土较多，形象一般为儿童形象，反映了金初女真人祈求多子多孙的愿望。

阴淑梅《黑龙江省阿城市金上京城址出土的武士像铜挂饰》（《北方文物》2006年第3期）刊布了一件1998年阿城市白城三队出土的武士像铜挂饰，此挂饰上的武士像的服饰与《金史·舆服制》记载不吻合，所戴幞头，所着明光铠均有宋的风格。该文作者认为，武士坐姿与亚沟石刻男坐像的姿态极为类似，是典型的金代风格，故可断定为金代遗物。武士形象的挂饰，较为罕见，表现出的刚毅之态，应为女真人尚武精神的一种体现。阴淑梅《黑龙江省阿城市金上京出土的青铜童子佩饰》（《博物馆研究》2007年第4期）一文中介绍了20世纪70年代收集于金上京的6件小铜人，6件铜人姿态多样，造型生动，代表着金代上京地区雕塑、铸铜业工艺水平。同时期，宋金两地均有童子纹式样的文物，因而该文作者认为这也是中原传统文化在金上京的影响所致。

3. B. 沙弗库诺夫著、孙危译《金上京城址出土的铜鱼和铜鹿角的用途》（《东方考古》2001年第12集，原载《苏联考古》1973年第1期）根据渤海人官员等级划分的第六和第七等级的官员所佩戴的鱼形垂饰，女真文官佩戴鱼形垂饰，唐代使臣表明身份的铜鱼，以及契丹鱼形兵符，进而推论出金上京以及东北地区各地出土的铜鱼是皇帝权力的象征。

郭长海《金上京发现开国庆典所献礼器——人面犁头》（《北方文物》2006年第4期）介绍了20世纪末出土于金上京地区的铁铸犁头，犁面铸造出犹如人面的双眼和嘴巴，故称"人面犁头"。据考证，此"人面犁头"当是大金开国时阿离合懑、宗翰向金太祖完颜阿骨打所献礼器"耕具九"之首。其是金上京发现的孤品礼器，更进一步印证了金朝以农为本的基本国策。

金代官印是金代上京地区出土较多的又一珍贵文物，其印面文字、刻款、书法字体、形制、钮式均是金代民族融合发展的象征，为研究金代的官制、兵制、印制以及金代上京地区地方史，提供了大量的宝贵实物。林秀贞《黑龙江出土的金代官印》（《学习与探索》1980年第1期）分析"窝谋海"与"窝母艾"当为同一女真语的汉字异写，进而可知，窝谋海村应是窝母艾谋克所辖的一个重要的村寨，其与谋克同名，或为谋克驻地。此印文前冠名"恤品河"三字，因而便推翻了先前学者对史籍中"窝谋海村"的历史地理考证。此外，林秀贞在该文中还详细介绍了金代官印制度的建立过程，猛安谋克印及其制度的演变，武官和军事机构官印及其制度，总结了金代官印在中国古代印制中的地位。才大泉《金上京博物馆馆藏的金代官印》（《黑龙江史志》2006年第11期）简要介绍了金上京博物馆馆藏的上京路总押荒字号印、上京路勾当公事裳字号印、都弹压所之印，这几方印均为贞祐年间铸造。

20 世纪 80 年代以来，金上京故址周边地区，不断出土金代的窖藏铜钱，初步统计已达数万斤以上。窖藏铜钱数量惊人，虽然对此进行研究的学者寥寥无几，但却有丰硕的研究成果。王禹浪《浅谈金代窖藏铜钱及货币制度》（《求实学刊》1984 年第 6 期）总结了上京地区出土窖藏铜钱种类及窖藏特点，并结合金代铜钱短缺情况以及禁铜政策等政治学、经济学知识，深入地分析金代窖藏铜钱的原因，为金代窖藏铜钱研究奠定了坚实的基础。

（三）石刻

亚沟石刻位于阿城区亚沟南麓崖壁上，是驰名中外的金代女真人形象的珍贵艺术遗存。有关亚沟石刻的年代，多数学者认为是金代早期石雕艺术遗存。例如，宋德金《金代的社会生活》（陕西人民出版社 1988 年版）、王可宾《女真国俗》（吉林大学出版社 1988 年版）、赵虹光《黑龙江区域考古学》（中国社会科学出版社 1991 年版）、朱瑞熙等编著《辽宋西夏金社会生活史》（中国社会科学出版社 1998 年版），图像的内涵也众说纷纭，第一种观点认为，石刻图像是金太祖及其皇后的形象，此地即是胡凯山合陵；第二种观点认为，石刻图像与金代陵墓有关；第三种观点认为石刻图像是护墓人；等等。苏联学者 B. H. 热尔那阔夫《黑龙江省阿城县亚沟车站采石地区发现石刻画像》（《文物参考资料》1956 年第 6 期）一文最早对该画像做了文字记录，由于该地周围曾出土大量金代文物，因而作者推断石刻画像为金代遗物。在距画像 5 千米的地方，有金代王公墓葬，也因此推论石刻画像是用来护卫墓葬的。张连峰《亚沟石刻图像》（《学习与探索》1981 年第 3 期）一文认为，亚沟图像应为女真王公崖墓的标志，墓主即为墓主夫妻形象。民间尚传说，崖下曾有岩洞，并有石桌、石香炉之类的祭器，仍亦可参证。可能是金太祖时，有人为追思其某先考先妣业绩，仿辽代习俗、葬制在陵地雕刻的纪念性作品。李秀莲《亚沟摩崖石刻族属考释》（《北方文物》2010 年第 4 期）一文却认为亚沟石刻不属于女真人，而属于蒙古人。该文从石刻图像中的男性"八"字形面容特征，头戴卷檐圆帽，身穿圆领长袍，刻像的袍服是由右向左撩起，说明是右衽，还有披肩，右手握剑柄的形象，以及介于蹲坐和盘坐之间的坐姿，均反映出图像所刻应为蒙古人。该文又根据《阿城县志》等文献记载此地为元代治所和该地曾有元代"镇宁州诸军奥鲁之印"出土的两则证据，加以辅证。

景爱《金代石刻概述》（《北方文物》2009 年第 4 期）全面系统地论述了金代石刻文字的发现、著录、学术价值和研究现状，并列举《日下旧闻考》《光绪顺天府志》《畿辅通志》《山左金石志》《金文最》等十余种辑录金代石刻的历史文献及方志，进而指出金代石刻对女真文字研究、补全猛安谋克名称、补《金史》记事之缺漏、金代佛教的流传状况等方面具有重要意义。

乌拉熙春、金适《金上京"文字之道，夙夜匪懈"女真大字石碑考释》（《沈阳故宫博物院院刊》2009 年第 7 辑）对 1994 年于哈尔滨市道外区巨源镇城子村出土的刻有 11 个字的女真大字石碑进行解读，按照女真大字的字面直译则是"文字之道，夜朝不懈"。又因《诗经·大雅·烝民》与《诗经·大雅·韩奕》两篇中皆有"夙夜匪懈"，因此典雅些的译文就是"文字之道，夙夜匪懈"。该文又进一步讨论了大字石碑的时代背景与历史意义。

2000 年，阿城区出土了一尊石尊，王禹浪与王宏北撰文《金代"建元收国"石尊考略》（《黑龙江民族丛刊》2009 年第 6 期）对该石尊进行探讨，认为石尊当为渤海靺鞨人的遗物，经女真人之手，作为金朝开国典祀，建元"收国"的重器。该文又进一步指出，石尊上四象、四灵、四神图案不仅说明了中原文化对金源文化的深刻影响，而且表达了金源文化在全面接受中原文化的基础上，吸收靺鞨、渤海、契丹等多民族文化加以创新与嬗变。这件代表着女真人高超技艺的金源文化的瑰宝和圣物，正是金源文化的精神文化与物质文化的具体体现。

（四）玉器及其他文物

刘俊勇《金代玉器研究》（《北方文物》1996 年第 3 期）罗列了黑龙江阿城巨源金代齐国王完颜晏夫妇墓等七处金代玉器出土地点，并对出土玉器进行分类，共分"春水"玉、"秋山"玉、佩玉、肖生玉及其他玉器四类，总结了金代玉器的造型和艺术特点，并根据"春水"玉所反映的海东青题材，概括女真民族精神和民族性格。曲石《两宋辽金玉器》（《中原文物》2001 年第 6 期）综述了宋辽金考古发掘、传世玉器概述，并根据玉器的类型与用途进行分类，共分装饰用品、容器、文房用具、艺术品、仿古器物和杂器六大类分别论述，进一步总结了宋辽金玉器特点。吴敬《金代玉器发现与研究述评》（《宋史研究论丛》2013 年第 11 辑）通过总结阿城、双城等地墓葬、城址、塔基中出土的玉器，探讨金代玉器研究方法，并提出研究广度——泛论、专论相辅相成，研究深度——深论、简论相互侧重，研究角度——功能、工艺相得益彰三个研究方法。

张连峰《金"上京鞑火千户"铜牌》（《黑龙江民族丛刊》1982 年第 1 期）考证了于 1976 年上京城内出土的一面铜牌，该牌呈圆形，直径 7 厘米，厚 0.2 厘米，牌面中央錾刻"上京鞑火千户"汉字，背面饰行龙、云朵、火珠纹等。该文作者断定此物应为上京官衙颁制的腰牌，是金朝时隶属于上京路管辖、位于乌苏里江流域锡霍特山一带的鞑火千户官通行于上京路的凭信。对此，伊葆力则提出不同观点，并以《"上京鞑火千户铜牌"质疑》（《北方文物》2003 年第 1 期）加以阐述。伊葆力列举文献记载，见于宋人记述中的这些金国牌符，其质地、形状与所谓上京鞑火千户铜牌相异，并从"铜牌"的形制、纹饰及刻款押记等特征来看，推断此器应为金代中期的一面小型龙纹铜镜，"上京鞑火千户"是铜镜检验的刻记。

孙新章《金上京遗址出土"云子"雏考》［载鲍海春、洪仁怀主编《金上京文史论丛》（第 4 辑），黑龙江人民出版社 2013 年版］以及《金上京遗址出土围棋棋子简报》（《2014 年第二届海峡两岸体育运动史学术研讨会论文集》，2014 年）介绍了金上京遗址周边发现的大量宋、金时期的围棋棋子，材质种类多达几十种，如玛瑙、青铜、螺钿、绿松石、木质、水晶、玄武岩、汉白玉、瓷片、琉璃等。在金上京遗址中发现的这些围棋棋子，数量众多，围棋棋子的种类在其他遗址中是不多见的，这也让我们对金代上京地区高度繁荣的文化又有了更新的认识，上至达官显贵的玛瑙、宝石围棋子，下至平民百姓的土陶烧制围棋棋子、瓷片打磨围棋棋子、石子制作围棋棋子，其中还有佛教道教所用棋盘及围棋子，均证明了金上京的围棋文化的快速发展及普及。

三　金上京的称谓研究与历史地理研究

金代上京之号定于熙宗天眷元年，是属于京府之制的上京的称号。此外，"白城"一称在民间广为流传，引起了学者的广泛关注，其中有周家壁的北城说，曹廷杰的土城灰白色说，日本学者鸟居龙藏、俄国学者托尔马乔夫的"北城曰败城"说、金尚白为白城说。"白城"争论由来已久，目前学术界仍未达成一致，朱国忱的《金源故都》在分析了各种说法后，最终认为上京会宁府初并无白城一名，为后世所赐，且指其故城。景爱的《金上京》一书否认了土城涂白垩、金尚白一说，也否认了鸟居龙藏与托马尔乔夫的"北城曰败城"说，认为"白城"一说虽源于"败城"，但败城不仅仅指北城，也应包括南城在内，是对整个上京故城的称呼。王禹浪《女真族所建立的金上京会宁府》（《黑龙江民族丛刊》2006 年第 2 期）一文对白城各说，均有详细阐述与介绍。另外还有一种观点认为"上京"一词非汉语，张甫白在《关于按出虎、会宁和上京几个名称之我见》（《北方文物》1993 年第 3 期）一文中指出，"上京"一词可能是女真称谓，疑是女真语"上江"的译音，"上江"即"白"，女真语的"上江"，以"上京"的汉语音附之而音译为"上京"。

许子荣《〈金史〉天眷元年以前所称"上京"考辨》（《学习与探索》1989 年第 2 期）一文针对当时国内有的学者认为"在金熙宗天眷元年以前，《金史》所称为上京，均指辽上京"的观点，提出疑问，并进行探讨与考证，对《金史》中记载的天眷元年以前的"上京"究竟是指辽上京还是金上京，进行了逐条辨析。该文对出现这种混称现象的原因做了初步探讨。刘长海于 1993 年第 4 期《北方文物》上发表《金代上古城非上京城辨析》（《北方文物》1993 年第 4 期）一文，引起了学术界的广泛关注，该文作者在对照与分析金代文献和相关资料时，发现《金史·纥石烈桓端传》（中华书局 1975 年标点本），记载东真国（后改称东夏国）蒲鲜万奴于贞祐三年（1215）"四月复掠上京城"与史实有误。《桓传·校勘记》仅以《金史·温迪罕老儿传》"蒲鲜万奴攻上京"、《金史·纥石烈德传》"蒲鲜万奴逼上京"为据，而将

"上古城"改为"上京城",与实际不合。该文遂对这种错误进行了分析与考证,推定蒲鲜万奴于贞祐三年"四月复掠上古城"与兴定元年"攻上京城"是发生在不同时间、不同地域里的两件事,两者没有必然联系。而后,张博泉撰文《金"上古城"非"上京城"考》(《黑龙江社会科学》1998 年第 6 期)对刘长海的观点表示赞同,并考证了蒲鲜万奴入侵路径与时间,认为上古城应在今桓仁县六道河子乡上古城村。王可宾《金上京新证》(《北方文物》2000 年第 2 期)对"海古之地"、国初"内地"、金建国后至天眷元年间上京称谓问题、建城的时间与顺次、卢彦伦与金上京城、金上京繁荣的内因、海陵与金上京、白城名称等八个问题进行详细论述。那国安在《金上京会宁府与紫禁城遗址辨析》(《黑龙江农垦师专学报》2001 年第 1 期)一文中对"金上京会宁府遗址"和"金上京紫禁城遗址"两者做了严谨的辨析,那国安认为,"金上京会宁府遗址"应指金上京城池遗址,而"金上京紫禁城遗址"应指皇城。两者不能混为一体,化二为一。

关于金上京地区的历史地理研究成果较多,仅王禹浪一人,便发表了众多的学术价值颇高的学术著作及论文。如《金代冷山考》(《大连大学学报》2003 年第 5 期)针对洪皓的流放地冷山进行了详细的考证。之前研究者推断冷山具体位置的依据主要是冷山距上京、宁江州两地的里数和完颜希尹家族墓地,而对冷山地名的由来以及适于流放的地形特点等方面并没有给予应有的注意。王禹浪对吉、黑两省交界的山地进行了考古、气象、水文、地理、口碑资料的综合调查,并结合历史文献对冷山的位置进行了认真的研究,最终确认冷山为现今的黑龙江省五常市冲河镇大秃顶子山。王禹浪《哈尔滨地名含义揭秘》(哈尔滨出版社 2000 年版)一书列举了哈尔滨蒙语"平地"说、满语"晒网场"说、"扁"说、"锁骨"说、俄语"大坟墓"说、人名说、汉语"好滨"说等,然而这些说法只是从哈尔滨地名发音的角度,去寻找与之相似的少数民族语言进行释义,缺乏深入的研究。王禹浪在该书中论述了哈尔滨地名的称谓从金代的"阿勒锦"到元代的"哈剌场"、明代的"海西哈尔分",直到清代的"哈尔滨"的发展历程,其中充分肯定了哈尔滨地方史研究所所长关成和先生所提出的"阿勒锦"说(即女真语"荣誉"之意)在哈尔滨地名研究领域的贡献。王禹浪又立足于关成和先生的研究,集十年研究成果,提出"天鹅论",得到了社会各界的广泛认同。他主张哈尔滨的原始语音是"galouwen",即"哈尔温",本意是"天鹅"之意。女真语中天鹅一词是摹声词,天鹅叫起来是"嘎鲁—嘎鲁"即"kaloun—kaloun",而黑龙江流域、松花江流域的广阔湿地与河流两侧,正是天鹅迁徙时的必经之地。王禹浪采用多学科综合研究手段,由语言学切入,上溯历史语源,又以地理学、文献学、地名学、考古学、民俗学、民族学等方面的深入考证,以大量历史文献和文物为依据,从而提出"哈尔滨"——女真语"天鹅"说。许多女真语言学家、历史学家、考古学家都对这一成果深表赞同,认定其为目前哈尔滨地名由来的"通说"。张晖宇与王禹浪《金代黑龙江地区的行政建制述略》(《哈尔滨师专学报》

2000 年第 4 期）通过对金上京会宁府及蒲与路、胡里改路地区的治所的考证，以及根据该文发表时上述两个地区出土的猛安谋克官印的情况，进一步研究认为金上京会宁府附近地区多以设置府州县的建置为主，而蒲与路与胡里改路则以猛安谋克建置为主。王禹浪《金源地区历史地理考证四则》（《黑龙江民族丛刊》2004 年第 4 期）对金源地区的曲江县、宜春县、把刺海山谋克城、廖晦城进行了科学的历史地理考证。辽金史专家傅乐焕先生在《辽史丛考》中对"纳钵"一词做了十分准确的回答，"冒离纳钵"是金朝初年皇帝的春猎之所，在《金史》和《许亢宗奉使行程录》等文献中均有记载，然而这个重要的地理名词却被研究者们所忽略，王禹浪撰文《金朝初期春水纳钵之地的考察——兼考"冒离纳钵"与"莫力街古城"之谜》（《黑龙江民族丛刊》2004 年第 2 期）从实地调查的角度，结合《许亢宗奉使行程录》与《松漠纪闻》等历史文献，对"冒离纳钵"地理位置进行了详细的考证，并认为"冒离纳钵"并非是金代初期的都城，且冒离纳钵应在金上京城西方偏北或正西偏南的 50—60 里的范围内，最终敲定金代的冒离纳钵之地，即今哈尔滨市香坊区幸福乡的"莫力街"古城。王禹浪、刘冠缨《黑龙江地区金代古城分布述略》（《哈尔滨学院学报》2009 年第 10 期）介绍了黑龙江地区金代古城坐落的位置，古城的规模、周长、形状，以及古城所在地的地理环境、城墙附属设施、出土文物，诸如铜钱、铁器、瓷器、金银器、铜镜、官印等。通过对这些出土文物的了解，可以看出金代古城的不同等级和存在的性质，并以此为基础深入了解和掌握金代在黑龙江地区的军镇、行政建制、猛安谋克等相关的布局特点。除此之外，王可宾《女真地理风情——〈松漠纪闻〉札记》（《北方文物》1988 年第 1 期）对《松漠纪闻》中记载的女真地理和风俗，以及黑水、西楼等金上京地区的历史地理问题进行了考证。景爱《金上京城的水陆交通》（《北方文物》1988 年第 4 期）一文，以文献和考古发现为基础，对上京南行驿路、松花江和呼兰河的水路交通、金兀术运粮河等主要交通干道进行了详细的考证。

四　金源文化研究

金朝建立之初，在女真肇兴之地白山黑水之间的按出虎水形成了辽、汉、女真文化相融、碰撞，极具民族特色的文化区域，《金史》将其称之为"金源地区"，该地区文化所展现的内涵，王禹浪则最早提出"金源文化"一词予以概括，而今"金源文化"一词已广为社会各界所接受，有关金源文化的书籍与论文就有上百种之多。王禹浪、李建勋、黄澄、李成等大批金源文化学者对金源文化的内涵、定义进行探讨，研究成果斐然，著作颇丰。如《金源文物图集》《金代黑龙江述略》《哈尔滨地名揭秘》《金上京文史论丛》《金源文化辞典》《金源名人名将传》《金源儒教研究》等，此外与黑龙江省社科联、省图书馆联合举办"龙江讲坛"讲座活动，向普通大众传播金源文化。关于金源文化的影响方面。李成《论"金源文化"的影响》（《辽宁大学学报》1999 年第 6 期）一文中认为金代文化以女真族文化为根脉和主体，兼容渤海、契丹及中原汉文化而形成金源文化，它以自身的文化精华和积极因素反哺中华民族文化，并在音乐、舞蹈、文学、古典戏曲等方面，以及政治、军事文化、城建等方面，都对汉族文化产生了深远的影响。王禹浪《论金源文化》（《黑龙江民族丛刊》2003 年第 3 期）一文更是总结评述了李建勋、李秀莲等金源文化学者的观点，为进一步确定与探究金源文化内涵，奠定了基础。该文认为："金源文化的空间概念是以阿什河流域为中心、金上京城的都市文明为核心，包括今嫩江、牡丹江、乌苏里江流域、拉林河流域、呼兰河流域、松花江流域，其范围与当时金上京路行政区划所辖的地域大体相当。从金国建国开始算起，直到终金之世，在金源这一地域内所发生和产生的金代文化，以及与人文相关的所有活动行为及人物事件就是金源文化的时空概念。金代金源地区的文人及其作品中反映的文化现象便是金源文化的地域概念。"金源文化这一名词不仅成了极具价值的文化符号，亦成为振兴地方经济的助推器。自王禹浪《金源文化与金源旅游文化的开发》（《黑龙江民族丛刊》1996 年第 4 期）一文发表之后，有关金源文化旅游开发问题成为金源文化的热点问题之一，如李振江等《论阿城"金源文化"和旅游经济的开发》（《黑龙江农垦师专学报》1999 年第 2 期）、詹利《金源文化旅游产品深度开发策略研究》（硕士学位论文，哈尔滨师范大学，2011 年）、蔡慧茹的《浅谈金源文化中的旅游价值》（《黑龙江史志》2014 年第 12 期）等。王禹浪《金源文化研究》（黑龙江人民出版 2014 年版）一书，既总结了过去二十年来金源学者的研究概况，又进一步充实了金源文化内涵，高度概括了金源地区的文学、铜镜故事、戏剧艺术、历史地理、地质学、鸟类迁徙、考古学、民族学、货币经济、商品流通等多方面，为金上京研究增添了浓墨重彩的一笔。2015 年郭长海主编的《金源文化大辞典》（黑龙江人民出版社 2015 年版）的出版，这是截至 2016 年公开出版的第一部以金源文化为中心的专门工具书，内容丰富、信息量大，收编词汇、术语 6000 余条，文物照片、地图百余幅，约 230 万字。该书囊括了以女真族史、金史为主体的金源文化全部内容，梳理、总结、录入了多年来金上京研究的丰硕成果，但是该书在条目编撰和文字解读方面还有缺陷。

金上京地区由于民族构成、文化传承等多因素，因而文化也呈现出多元色彩，形成了独具特色的文化区域。景爱《金上京女真贵族的社会生活》（《学习与探索》1986 年第 3 期）根据历史文献，还原了女真贵族的狩猎活动、寝居与饮食、文学创作、娱乐方式、宗教信仰等文化活动，既看到女真人的固有生活特点，又能见到汉族文化深深的烙印。世宗时期，从女真文化的整体发展来说，是女真文化充分吸收汉族文化时期。王禹浪《黑龙江地区金代女真人及其先民的饮食与居住风俗》（《求是学刊》1987 年第 5 期）根据历史文献与出土文物梳理了肃慎、挹娄、勿吉、靺鞨以及辽金时期女真人的饮食与居住习惯。李建勋《"大定"以后金上京文化面面观》

（《黑龙江农垦师专学报》2000 年第 2 期）根据出土的齐国王完颜晏夫妇墓所穿戴服饰，以及上京地区出土的金上京宝胜寺宝严大师塔铭志、金上京乳峰古洞道士曹道清碑、金上京释迎院尼僧法性葬记等文物，参以史书记载，着重描写了金朝大定以后上京地区文化的变迁。丁柏峰《文明的冲突——从会宁府的历史变迁看金的汉化过程》（《青海社会科学》2005 年第 4 期）一文，以上京的兴废为视角，来审视女真汉化过程。该文认为，上京的兴废与女真族改变旧俗、接受汉文化的程度存在着直接的对应关系。宗庙制度是国家礼制的重要组成部分，徐洁《金上京太庙考述》（《北方文物》2011 年第 1 期）针对目前学术界尚无人对此进行系统研究的金上京太庙，对金熙宗创建太庙及皇家宗庙制度的史实进行梳理、考论，提出金初实行的是"七世之庙"制度。黄澄《金上京迁都后，金朝在哈尔滨的持续及影响》（《学理论》2012 年第 7 期）一文简述了金上京的形成和发展，通过出土文物证明金上京迁都后，金朝在哈尔滨的持续和影响，并对如何保护、利用金代历史文化资源提出了建议。谢恩禄《金上京区域文化研究》（硕士学位论文，吉林大学，2012 年）一文认为，随着金朝的历史发展，上京地区文化也随着上京地位的变化而升降。作者试图以上京兴衰的历程为视角，考察其对上京地区文化的影响。

金源文学艺术方面，金源地区留下的文学作品也越来越受到重视，唐圭璋所编的《全金元词》（中华书局 1979 年版）一书共收录金代词人 70 人，作品 3572 首，详加考订，是研究金源地区诗词文化的重要参考书籍。此后还有薛瑞兆、郭明志编辑的《全金诗》（南开大学出版社 1995 年版）对金源地区文化的诗文重新进行编辑、整理汇编。周惠泉《金代文学研究的历史回顾》（《社会科学战线》1993 年第 2 期）认为，金代文学既与宋代文学有联系，又有区别，民族之前的文化融合不仅是高层向低层扩散的单向传播，还是一种相互影响的双向交流。此外，周惠泉《金代文学论》（东北师范大学出版社 1997 年版）对金代各种体例文学的发展历程做了准确客观的描述，并对金源地区文人事迹进行考证。王永《女真民族性格与金代散文风格关系管见》（《中央民族大学学报》2006 年第 3 期）一文通过对《金文最》《金文雅》中散文的研究，总结出女真人勇猛彪悍与强劲刚健的个性与气骨，淳朴直言，纵酒聚谈的特殊性格，这些性格特点极大地影响了金源地区散文发展风格。魏崇武在《金代理学发展初探》（中国陵川郝经暨金元文化学术研讨会论文，2007 年）一文中强调了金初儒士在国家建设之处的特殊贡献，并认为金源地区的仕金汉人是金初儒学的最早传播者。霍明琨《洪皓流放东北时期的诗词作品》（《北方文物》2009 年第 7 期）对洪皓的作品进行了研究，并从诗文中提炼出了洪皓忠义之情、仁爱之心与思乡之痛。王禹浪《金代金源地区形成的历史背景及其文人与作品》（《黑龙江民族丛刊》2012 年第 3 期）一文，从形成金源地区的历史背景和金源地区女真人和汉族文人留下的文学作品中，探讨金源文化形成的特点——"以诗证史"。元杂剧众所周知，而金代戏曲却鲜为人知，王禹浪《金代戏剧研究》（《宁师范大学学报》2003 年第 6 期）一文中指出"元杂剧的繁荣绝不是凭空产生的，正如没有汉魏雄放绮丽的诗风，便没有唐诗鼎盛一样，如果不是金代杂居的成熟，便不可能有元代杂剧的空前繁盛"。该文作者结合山西晋南地区与金上京地区出土的大量有关金代戏剧的考古资料，对《元曲选》中的元杂剧进行了认真的研究与鉴别，从中发现了金代的许多作品。此外，该文还对金代上京地区戏剧的发展状况及应有的历史地位进行专门的探讨。

文献和出土文物显示，上京地区的佛道二教活动一度昌盛。金宝丽《金代上京地区佛教发展情况考证》（《黑龙江史志》2007 年第 5 期）总结了前辈学者对上京地区佛教发展原因的研究，并论述了金朝各个时期佛教发展状况，认为佛教的传播与发展与金政权的兴衰是息息相关的。韩锋《由佛教遗存看佛教文化在金上京的传播》（《边疆经济与文化》2012 年第 1 期）利用史料与古代遗存加以分析，认为上京地区佛教繁荣与皇室有着密切的关系，正是由于皇室的支持，并建立完备的管理机构，佛教才能迅速发展。矫石《浅析金代佛教在上京地区的传播及发展》（《黑龙江史志》2014 年第 13 期）简要地阐述了金初上京地区佛教的传入及发展状况。

五 金上京地区经济、政治与人物研究

社会经济生活是城市的重要组成部分，金上京兴建之初，商业并不发达，如宋使许亢宗所记"买卖不用钱，惟以物相贸易"。但随着城市发展，货币成为主要的交换媒介，从大量出土的窖藏铜钱可以看出金代经济的繁荣盛况。黑龙江省文物考古工作队的《从出土文物看黑龙江地区的金代社会》（《文物》1977 年第 4 期）通过阿城地区发现的铁矿井遗址、炼铁炉遗址、铁器、金银器、铜钱反映了当时手工业繁荣、农业先进、贸易频繁的女真社会，又通过详细描述汉军万户之印、上京路军马提控盈字号之印、上京路安抚副使印等官印，还原了上京地区女真社会的政治、军事组织。官印是政权的象征和凭信物，从官印铸造机构的变迁，也可看得出金末政治制度的变乱和中央统治权力的衰微，这是金政权走向没落的一种表现。王禹浪《金代黑龙江省酒类专卖》（《商业研究》1986 年第 3 期）就近年来出土文物与历史文献相结合，对金代黑龙江地区的榷酤做初步探讨。王禹浪而后又发表了《金代货币制度初探》（《学习与探索》1988 年第 3 期）一文在先前对窖藏铜钱的研究基础之上，分五个阶段探索金代货币制度，分析通货膨胀原因与金代货币理论及存在问题，为现代经济发展提供了经验与教训。朱国忱《略论金代黑龙江地区的农业发展》（《中国农史》1987 年第 1 期）详细地论述了各个时期里黑龙江地区的农业发展状况，并根据出土农业用具，以及相关历史文献，着重描绘了金代栽培作物与饲养家畜、衣着与饮食的场景，又根据重农增口与禁地弛禁现象，分析金代上京诸路农业生产之发展和土地开发利用情况。最后，依据《金史》所提供的猛安谋克户，对垦田数量、岁税粟与产量进行初步估算。该文翔实可靠，是论述金上京地区农业不可多得的力作。李宾泓在

研究金代经济史同时，收集了上京地区女真人的饮食文化的资料，撰文《金代上京地区女真人的饮食文化》（《北方文物》1991 年第 1 期），简要介绍了上京地区女真人的食制、饮食方式、饮食结构、调制法及其演进以及主要食物源流，还原了独具特色的女真风俗习惯。裘石《金代黑龙江地区城市经济刍议》（《北方文物》1992 年第 1 期）主要根据出土文物，叙述了金代铁器制造业、有色金属制品加工业、陶器制作业、制革业、纺织业、木作业、玉石加工业以及农业建筑业、酒醋酿造业、家畜饲养业及饮食服务业等，并论述商业繁荣的原因，初步对金代黑龙江城市的经济结构勾画出一个大体的轮廓。王德厚《金上京城市经济初探》（《北方文物》1993 年第 4 期）通过分析上京城内商贾的同业组织——行，和掌香、茶、盐的专卖机构"榷货务"，以及设立的"都曲酒使司""流泉务"等组织机构，试图还原金代上京城繁华的商业景象，并分析上京城经济迅速发展的原因。王禹浪、崔广彬《金代黑龙江流域的农业与手工业》（《黑龙江民族丛刊》2005 年第 3 期）对金代金源地区的农业、冶铁业、制陶业、金银手工业、制盐业、酒类专卖等经济生活进行详细的论述与分析，把金上京地区的经济研究推向了另一个高潮。韩锋《从金上京出土的金银器看金代都城的商业经济》（《东南文化》2006 年第 3 期）从金上京及其周边城址出土的金银器分析金代都城的商业经济概况。赵鸣岐《金代上京路地区的土地开发与农业技术水平的提高》（《北方文物》1995 年第 1 期）则对上京路地区的土地开发和农业技术水平提高的情况作初步考察，借以说明当时上京地区农业的繁荣与发展程度。在海陵王完颜亮迁都燕京前，上京是黑龙江地区最大的城市，是金朝的政治经济重心。皇室、官府和居民的粮食、食盐等生活物资，主要靠外地供应。皇帝的诏令、官府的公文，要及时送达各地。这都要求上京城有良好的交通条件。金上京的对外交通，有陆路和水路。陆路用以传递公文和使节往来，水路则是漕运的渠道。裘真《塞外重镇的勃兴与湮灭——金上京会宁府的昔日辉煌》（《学理论》2008 年第 9 期）从农业、手工业、商业、交通、文化艺术、宗教礼仪、典章制度等多个侧面描述了金上京昔日的辉煌。

刘肃勇《论金世宗出巡上京》（《北方文物》1986 年第 3 期）一文详细论述了金世宗出巡上京时期的政治文化活动，并分析其原因与影响，而在其另一篇文章《金世宗对金源故地的经略》（《黑龙江民族丛刊》1991 年第 1 期）中，又结合史籍，着重叙述了金世宗对金源内地女真习俗的倡导以及对黑龙江下游地区的乌底改族的征服过程与影响。景爱《金上京的政治风云》（《黑龙江民族丛刊》1988 年第 3 期）回忆了诸如阿骨打之死、许亢宗奉使上京、"二帝蒙尘"于上京、女真贵族内部的斗争等发生于金上京的种种政治事件。王禹浪《哈尔滨城史纪元的初步研究》（《北方文物》1993 年第 3 期）针对当时人们对哈尔滨城史纪元的疑惑之感，而撰写此文。该文作者认为无论从当时哈尔滨地区的人口规模、古城性质、形态，还是城市手工业和商品经济的角度上看，这一切都说明了金代的哈尔滨已踏上了最初的城市历程，使哈尔滨地区的古代城市文明在金代开创了城史的纪元。作为城市形态的代表，莫力街古城和小城子古城，它们的建置年代就是哈尔滨古代城史纪元的标志。如今，这一观点得到了社会各界的广泛认同。李建勋《金上京史话两题》（《黑龙江农垦师专学报》2000年第4期）简要描写了金上京城的兴废过程、金末蒲鲜万奴的叛金与上京城的保卫战。李秀莲《漫话金朝第一都》（《紫禁城》2008年第10期）用散文般的语言，在讲述金上京从零星落寨到巍巍皇都，再到断壁残垣的过程中，又简要介绍了金上京出土的主要文物。

金上京地区的著名历史人物及其生平，可以说是金上京地区治乱兴衰的缩影，金北人通过《金史》及其他相关历史文献与考古文物资料，共考索出上京会宁府首脑二十七位，并撰文《金上京二十七任首脑考述》（《蒲峪学刊》1994年第2期），全方位、多层面地研究金上京会宁府历任首脑人物的前后变化发展。方衍《曹廷杰与金上京》（《求实学刊》1994年第4期）对曹廷杰生平及其对金上京城精确定位的历史贡献做了评述。王禹浪《关于金代完颜宗翰家族墓地的研究报告》（《满族研究》2003年第1期）以及《论完颜宗翰——兼谈金朝初年的金、宋关系》（《哈尔滨学院学报》2005年第1期）均以金朝开国名将完颜宗翰为主线，讲述了完颜宗翰跌宕起伏的人生，肯定了完颜宗翰的历史贡献，并对完颜宗翰家族墓地做详细的历史地理考证。

金代京、都制度五京的建置，上承辽、宋，下启元、明、清，具有鲜明的时代特征和民族特色。程妮娜《金代京、都制度探析》（《社会科学辑刊》2000年第3期）论述了金代京、都制度的演变和发展，以及金代五京的历史地位及作用，认为五京制度在女真统治集团对国内各地各民族统治过程中，发挥了极其重要的作用。

六 金上京研究现状与今后发展方向

金上京研究百年来历经起步期、停滞期以及迅速发展期三个阶段，由上可知，目前金上京的研究成果在数量和质量上都有较大的突破，有关金上京的研究成果日益丰富。截至2016年，共出版学术专著30余部，发表学术论文百余篇，国际金史研讨会、国际辽金契丹女真史学术研讨会、阿城金上京文史研究会等学术研讨会以及众多研究机构如同雨后春笋般相继开办与成立，《辽金史论集》《辽金史论文集》《金史研究论丛》《金上京文史论丛》《金上京历史文物研究文集》等文集的出版，极大促进了金上京研究的进程，再加上20世纪90年代初金源文化的提出，更为金上京研究注入了更为强劲的动力。

在面对如此丰硕学术成果的同时，还应看到金上京研究与其他都城研究相比，发展进度还是略显缓慢，许多领域与学术问题还需更深一步的探讨。第一，有关金上京建筑时间还存在不少争议，《三朝北盟会编》《金史》等史料记载不清，相互龃龉，给研究带来了诸多不便之处。第二，金上京的皇城的地理位置位于南城靠西，建筑布局结构特点具有独特性，然而为何产生这种独特的布局结构，史学界尚无定论，其中的内涵、原因与历史背景不详。第三，金上京几次兴衰史的线索尚不清晰，对海陵王与金末蒙古对金上京的破坏，以及元明清时期对金上京的改造过程研究不完善，未能形成完整系统的研究。第四，金上京遗址周边的遗迹、遗物解读尚不清。如金上京遗址东侧 1 千米处的小城子古城的功能与作用是什么，是否为太庙，是否为皇帝寨，小城子古城与半拉城子哪个为皇帝寨，附近阿什河畔出土的建元收国石尊与小城子古城有什么关系？出土文物反映出的文化或历史背景解读也远远不够。第五，许多历史地理问题尚未解决，如哈尔滨各县区分布着 100 多座辽金古城，但其中 80%—90% 没有具体称谓。金源郡王分布，以及郡国夫人与郡王墓地分布也不清楚。第六，研究内容方面，受金上京地区出土文物丰富，但受历史资料贫乏等客观因素影响，金上京研究成果多集中于考古发现、出土文物以及上京城布局等研究，研究领域相对狭窄，相关政治、经济、文化、交通研究相对较少。民族融合方面涉及不多，宗教问题也未有综合研究。并且，忽视了金上京地区历史人物研究、人物心理研究、文学艺术诗歌等研究。第七，金上京地区出土了大量的戏剧相关的文物以及数量惊人的窖藏铜钱，然而对戏剧研究以及窖藏铜钱研究却很少，仅见王禹浪的几项研究成果，其余学者尚未涉及，金代上京路出土了多方猛安谋克官印，但对官印的解读，上京地区猛安谋克分布状况及分布地理特征等问题缺乏深入研究。第八，金上京地域内涵与范围未能辨析清楚，尚未理清金上京与金上京路的关系。

针对上述情况，金上京研究应从如下几个方面着手：

第二，及时地对出土文物进行分类、梳理。按照时间、地点脉络，对文化、艺术、宗教等文物进行科学系统的分类整理，加强遗迹与遗物的相互关联性，加强出土文物与历史文献记载的关联性。

第一，在积极开展田野考古工作的同时，加强考古资料的汇编与整理。加大考古工作力度的同时，要做到及时公布与公开考古信息。长期以来，关于金上京研究的考古报告与资料，发布得相对滞后。由于缺乏翔实的考古资料，因此限制了金上京研究的广度和深度。

第三，扩展研究范围。研究对象上不应仅仅局限于金上京遗址，应扩展到周边地区墓葬、碑帖石刻等历史遗存上；研究空间范围也不应仅仅局限于阿城金上京，应扩展到金代上京路，乃至整个东北地区；研究时间段上应贯穿金上京城发展始末，即从金初建城至今的整个城市的兴衰史。

第四，加强各地的学术交流与合作。由于金王朝幅员万里，疆域辽阔，在东北地区乃至全国北方各省，均有金代考古发现。这些考古发现对金上京的研究同样具有重要意义，如铜镜、官印等文物，不仅能够反映出某种制度由初期至中后期发展变化的轨迹，还能探寻金上京地区的文化发展脉络。同各地城市研究学者进行交流，亦能吸收好的研究方法与研究经验，拓展研究视野，做到横向研究同纵向研究相交叉，更清晰地看到金上京城市建置灵感的来源、金上京地区文化传播的来龙去脉，因此有必要同其他地区的学者进行广泛的学术交流与合作。

第五，加强人才培养与完备机构建设。现阶段金上京研究成果的辉煌，是建立在前辈学者的研究基础之上的爆发，因此，金上京的研究更需要良好的传承。但长期以来，从事金上京研究的专家学者寥寥无几，这也是制约金上京研究的主要瓶颈之一。东北地区，各大高等院校历史、文博专业应结合地域特色，广泛开置金史课程，培养后备人才，推进金上京研究的持续发展。尤其是哈尔滨地区，更应加大力度宣传城市历史，确立城史纪元。

第六，金上京研究同金源文化研究相结合，创新视角，扩展研究领域，从文化角度等多角度，重新审视金上京研究。将金源文化的强劲动力注入金上京的研究中去。

第七，利用历史人文景观，完善金上京景区的配套设施，推动文化产业发展，走"经世致用"道路，发展旅游文化事业，让广大市民接触、熟知金上京，更有利于金上京研究的传播与开展。

近十年来黑水城出土西夏官方文书研究述评

黑水城文献中有为数不少的西夏官方文书，过去学术界仅知为数不多的几件，例如《乾定申年黑水城守将告牒》《乾定酉年黑水城副统告牒》等。21 世纪以来，随着俄藏、英藏和中国藏黑水城文献的相继刊布，又整理出大量的榷场文书、军政文书、籍账文书等。学术界对其展开了一定程度的研究。其中有成绩，也有不足，总结其成绩和不足对深入研究有重大的意义。

本文拟对 2005 年以来有关这一问题的研究成果作进一步梳理和述评，如有不当之处，敬请指正。

一　总论

从 2005 年至 2015 年来关于黑水城出土的西夏官方文书的研究著作，按时间顺序统计如下：史金波《西夏社会》（上海人民出版社 2007 年版），展现西夏社会面貌的过程中利用了较多出土的官方文书。杜建录、史金波《西夏社会文书研究》（上海古籍出版社 2010 年版），对榷场文书、军政文书、户籍文书、材植文书和马料文书等官方文书进行了系统的考释，并对若干文书进行释文。孙继民等《俄藏黑水城汉文非佛教文献整理与研究》（北京师范大学出版社 2012 年版），分为整理篇和研究篇两部分。整理篇对包括对多件官方文书的释录，包括定名、题解、录文和参考文献等，研究篇重点对榷场文书和安排官文书作了梳理。赵彦龙《西夏公文写作研究》（宁夏人民出版社 2012 年版），第一次对西夏公文作了专题性研究，并对西夏公文撰制管理机构与官吏，西夏公文种类与体式，西夏公文内容和撰写技巧，西夏公文制度等问题进行了系统的梳理。

上述著作主要在三个方面对官方文书进行研究：一是文献整理与单篇研究；二是利用出土的官方文书解释和论述西夏历史；三是西夏官方文书的总体性研究。

这一时段涉及黑水城出土的西夏官方文书的论文有 28 篇。其中代表性的论文包括：杨富学、陈爱峰《黑水城出土夏金榷场贸易文书研究》（《中国史研究》2009 年第 2 期）；孙继民、许会玲《西夏汉文"南边榷场使文书"再研究》（《历史研究》

2011 年第 4 期）；杜建录《黑水城出土的几件汉文西夏文书考释》（《宋史研究论丛》2008 年第 9 辑）；史金波《西夏文军籍文书考略——以俄藏黑水城出土军籍文书为例》（《中国史研究》2012 年第 4 期）；佐藤贵保《西夏末期黑水城的状况——从两件西夏文文书谈起》（《敦煌学辑刊》2013 年第 1 期）等。这些成果围绕着榷场文书、军政文书、籍账文书等文书类型展开。以下我们以文书类型为中心来考察黑水城出土的西夏官方文书的研究成果。

二　榷场文书

黑水城所出榷场文书共计 17 件，其中《俄藏黑水城文献》第 6 册收录 15 件，《英藏黑水城文献》第 4 册收录 2 件。关于榷场文书的论文主要有：杨富学、陈爱峰《黑水城出土夏金榷场贸易文书研究》；许会玲《黑水城所出西夏汉文榷场文书考释》（硕士学位论文，河北师范大学，2009 年）；杜建录《黑城出土西夏榷场文书考释》（《中国经济史研究》2010 年第 1 期）；孙继民、许会玲《西夏汉文"南边榷场使文书"再研究》；李华瑞《西夏社会文书补释》（《西夏学》2011 年第 8 辑）；陈瑞青《从黑水城文献看西夏榷场管理体制》（《宁夏社会科学》2014 年第 1 期）；杜立晖《黑水城西夏汉文南边榷场使文书补考》（《宁夏社会科学》2014 年第 1 期）；宋坤《黑水城所出〈西夏榷场使文书〉所见川绢、河北绢问题补释》（《宁夏社会科学》2014 年第 2 期）；郭坤、陈瑞青《交易有无：宋、夏、金榷场贸易的融通与互动——以黑水城西夏榷场使文书为中心的考察》（《宁夏社会科学》2015 年第 5 期）；冯金忠《黑水城文书所见西夏银牌——兼论西夏制度的逮金来源》（《中华文史论丛》2015 年第 3 期）；陈瑞青《黑水城所出西夏榷场使文书中的"头子"》（《中华文史论丛》2015 年第 3 期）。上述研究成果对这一类文书的讨论主要集中在以下几个方面。

关于文书性质，史金波认为是"有关西夏贸易的文书，系榷场使兼拘榷西凉签判检验商人货物，依例收税的文书"。杨富学将其定性为西夏南边榷场使处理对金朝榷场贸易事务的文书。孙继民指出文书反映了南边榷场使向银牌安排官报告情况、请求指示，并对文书内容作了深入的探讨，得出了文书是榷场使向上级机构汇报榷场业务，主要是"依例扭算"进口总值、应税额，特别是各种进口商品具体种类、具体数量和具体价值量，对收税情况进行统计的报告的结论。

关于文书断代，杨富学考证出成书年代是仁孝时期的大庆三年。许会玲不同意杨文的判断，她通过考察 No. 348 文书与其他榷场使文书的书式，从而否定将所有南边榷场使文书的时代统一定性为仁孝时期的大庆三年的做法。她赞同佐藤贵保的观点，即文书的撰拟时间是在仁宗仁孝执政期间（1139—1193）。持相同观点的还有杜立晖。

关于文书内容的探讨，主要集中在以下几个方面：第一，关于西夏南边榷场的位置。史金波推测转运司的转运使是"権场使"之西夏文称谓。南院转运司或为南边権场使司。杨富学不同意此说，他基于"南边権场"当指与金置兰州権场对应的夏置互市场的认识，考证出南边権场使司应为卓啰转运司。孙继民同意杨说。许会玲则认为与金置兰州権场相对应的夏置権场的位置在西凉府。第二，关于"河北绢"和"川绢"的作用。杨富学以为川绢具有价值尺度的功能，而非用于交换的商品。李华瑞与杨文的观点不谋而合，他注意到西夏権场交易的结算活动实行的是宋代川绢和金代河北绢两种实物货币并用，而以川绢为主的双货币结算制。这对西夏来说意味着在由双方商定规则的権场贸易中失去一方"自主权"之嫌，故以"准"字作为参考系数。孙继民提出另一种解释，他视"河北绢"为"替头"的佣金。陈瑞青对孙继民的观点提出异议，他通过对比宋代権场牙人的收入，排除了"河北绢"为"替头"的佣金的可能，而是"收税川绢"的参照系数。宋坤专门考察了川绢、河北绢兑换比率问题，概括出北宋时期直到南宋绍兴年间，河北绢价格一直高于川绢，而到乾道年间之后，金朝绢价大幅降低，其绢价大幅低于南宋绢价。第三，银牌安排官的性质。孙继民推测"银牌安排官所"简称"安排官所"或"安排官"，是西夏南边権场使的上级主管部门。杜立晖与孙文观点一致，他补充认为"银牌安排官"可能为中枢机构的派出官员或机构。对此，冯金忠持不同看法。他考证了"银牌安排官"的职能和制度来源，推得西夏开始"银牌"具有了对应官员身份等级的职能，并考得西夏银牌之制远承于辽，但很可能直接仿自于金。第四，権场文书中的物产。杨富学列举了文书中提到的川绢、川缬、茶等物品，考证出这些是由金朝从南宋贸易而来的，后又转卖给西夏从而获取中转贸易的利益。赵天英更为详尽地分析了権场文书中出现的物产，并根据其产地作了大致的分类，得出了与杨文一致的观点。郭坤修正了赵文中关于部分物产的产地模糊不清的内容，他说西夏南边権场交易的物品中大量出现南宋生产的川绢、川缬、茶叶、姜、连抄纸等物品，是通过宋金権场这一媒介辗转流入西夏的，而在这一过程中金朝充当了货物中转站的作用。

除此之外，権场文书中俄藏 Инв. No. 307（2）号、Инв. No. 315（2 - 1）号、Инв. No. 351 号和 Инв. No. 354 号文书，均提到了"银牌安排官头子"。关于这一问题的考证，许会玲认为西夏権场使文书中出现的头子与権场贸易有关，下达头子的部门是安排官所，其来源应基本承袭中原制度。其后，孙继民指出"头子"是一种由官方颁发的证明、执照之类的凭证。在孙文研究的基础上，陈瑞青《黑水城所出西夏権场使文书中的"头子"》（《中华文史论丛》2015 年第 3 期）强调西夏権场使文书中出现的"银牌安排官头子"为西夏路一级地方行政区内使用的官方执照或凭证，是西夏对権场贸易进行管理的手段之一。

権场文书是西夏官方文书中研究最为充分，成果最多的文书。在文书性质方面，学者已达成一致。但在文书断代，西夏南边権场的位置，"河北绢"和"川绢"在権场贸易中的作用，银牌安排官的性质等方面，研究者仍存在争议。在今后的研究中，应更侧重于解决这些问题。

三　军政文书

黑水城出土的西夏时期的军政文书包括《光定十三年千户刘寨杀了人口状》《乾定申年黑水城守将告牒》《乾定酉年黑水城副统告牒》《违越恒制文书》《三司设立法度文书》和《乾祐十四年安推官文书》。

《俄藏黑水城文献》中的 Дx2957 10280 题名为《光定十三年千户刘寨杀了人口状》，杜建录《黑水城出土的几件西夏社会文书考释》（《宋史研究论丛》2008 年第 9 辑）指出该文书是金夏战争中夏国"千户"掳杀金国人口的呈状，文书内容表明"西夏晚期也开始重视首级"。关于文书中的"千户"一词，杜文以为西夏后期在金朝的影响下，也设置了"千户"，并提出了金朝的"千户"被西夏俘获或主动投奔西夏后，继续任"千户"一职的推论。与此观点类似，史金波《西夏时期的黑水城社会》（载沈卫荣等主编《黑水城人文与环境研究——黑水城人文与环境国际学术讨论会文集》，中国人民大学出版社 2007 年版）分析该文书反映了一个千户杀 8 个人的内容，表明当时社会混乱，人们的生命已无保证。杜立晖《俄藏黑水城所出西夏光定十三年杀人状初探》（载薛正昌主编《西夏历史与文化——第三届西夏学国际学术研讨会论文集》，甘肃人民出版社 2010 年）大致同意杜文的观点，不同点在于，他对杜建录的推论表示怀疑，并作了进一步分析："假如此'千户'果为金职，那么，他降夏后依然保持原有官职的可能性很小，同时假如此'千户'果为金职，在西夏若能保留此职，且继续任'千户'一职，则须有相应的配套职官体系。"

笔者以为，根据文书第一行"死人姓名开□下项"的文字信息，可知文书中提到的"刘胜""驱掳二口""祁师子""祁赛兄""祁伴叔""女丁""王望喜"等人均为死者。又因为"刘千户本户下杀了一口，名刘胜"，"祁师子户下杀了四口：祁师子杀了　祁赛兄杀了　祁伴叔杀了"，"王望喜户下杀了一口：王望喜杀了"，被杀死的人除驱房外，姓氏均与户主一样，说明他们极有可能是户主的家内人口。所以，这应该是一份由千户刘寨向上级报告自己治下将士在战争中死亡情况的申状。这件文书的年款为光定十三年（1223），为西夏神宗李遵顼执行附蒙攻金国策的末期，故而文书应该反映的是夏金战争中西夏方面的阵亡情况。既然如此，该文书便不能推翻西夏重房获而轻首级的结论，也无法佐证当时社会混乱，人们的生命已无保证的观点。

编号分别为 No. 2736 与 No. 8185 的《乾定申年黑水城守将告牒》和《乾定酉年黑水城副统告牒》，是两件写作于西夏末年的告牒。佐藤贵保《西夏末期黑水城的状况——从两件西夏文文书谈起》对 No. 2736 与 No. 8185 两件文书重新进行释读，依据文书内容探讨了西夏末期黑河下游的经济和交通状况。该文考证出这一时期黑水城地区的军粮补给必须借助周边的其他地区来实现，并且军粮通过从黑水城到黑河中游的河西走廊、横穿巴丹吉林沙漠到西夏国都中兴府的交通道路来运送。

《俄藏黑水城文献》还收录了定名为《乾祐十四年安推官文书》的 Инв. No. 2208 号文书。然而，孙继民《西夏汉文乾祐十四年安排官文书考释及意义》（《江汉论坛》2010 年第 1 期）一文经过对原书图版的仔细核对，发现原定名中的"安推官"实际上是"安排官"的误释，他根据文书的尾部落款，确定这是一件安排官下达给三司的劄子，并论述了安排官属于财计机构的性质。而杜建录、史金波《西夏社会文书研究》（上海古籍出版社 2010 年版）则依旧按"安推官"释文，从西夏推官"职掌催索债务等案件"的职责出发，断定该文书反映的是一起逾期不还债的司法案件，这一结论尚有值得商榷的余地。

《俄藏黑水城文献》中的 Инв. No. 2150A 与 Инв. No. 2150B 分别题为《三司设立法度文书》和《违越恒制文书》。杜立晖《关于两件黑水城西夏汉文文书的初步研究》（《西夏学》2011 年第 8 辑）发现"三司设立法度文书"和"违越恒制文书"分居于同一张纸的上下方，它们的字迹、墨色相同，各行文字间的距离相近，应为同一件文书。关于文书中提到的"三司"的性质，杜文认为本件文书所涉及的"三司"与"中书""枢密"同时出现，因此可以判断，此处之"三司"当属于中枢之"三司"，而非地方上的"三司"，并将文书定名为《西夏天庆元年正月诸司选充都案、案头等御劄子》。

与榷场文书相比较，西夏军政文书的研究中有许多问题尚未形成定论，亟须进一步研究。比如《光定十三年千户刘寨杀了人口状》所反映的西夏千户申报本部将士阵亡的程序，《三司设立法度文书》和《违越恒制文书》所见西夏"三司"的具体职掌等。

四 籍账文书

黑水城出土的西夏时期的籍账文书包括户籍租税文书和军抄文书。史金波在户籍租税文书与军抄文书上着力最深，发表了一系列的研究成果。史金波《西夏户籍初探——4 件西夏文草书户籍文书译释研究》（《民族研究》2004 年第 5 期）发现西夏社会存在番汉通婚的情况，并有一夫多妻和姑舅婚现象。同时，该文还发现西夏基层社会是通过农迁溜组织起来的。此外，通过对户籍文书中两户较大家庭的人口与耕地面积的统计，发现这两户家庭人均占有土地较多。史金波《西夏农业租税考——西夏文农业租税文书译释》（《历史研究》2005 年第 1 期）提出西夏农业租税包括耕地税、租庸草、负担较重人口税三部分，税收一般在秋季以迁溜为单位征收。

史金波《西夏文军籍文书考略——以俄藏黑水城出土军籍文书为例》（《中国史研究》2012 年第 4 期）通过对多件军抄文书的综合分析，概括出西夏晚期黑水城地区的首领所辖军力偏小，军丁年龄偏老，军兵的装备较差等现象，表明西夏晚期该地军队质量下降，战斗力削弱。《英国国家图书馆藏西夏文军籍文书考释》（《文献》2013 年第 3 期）通过分析军抄的人员、马匹、装备情况，提出西夏军丁的年龄都很大，超乎常规。《西夏军抄的组成、分合及除减续补》（《宋史研究论丛》2014 年第 15 辑）证实西夏晚期仍实行死减续补制度，然而，有些军籍上未登录的人却出现在死亡续减文书中，对此他认为这反映了西夏晚期军籍登录管理的混乱。

五　其他文书

黑水城出土的西夏时期的官方文书除榷场文书、军政文书、籍账文书之外，还包括材植文书、马料文书和《西夏乾祐五年验伤单》。

已知的西夏乾祐年间材植类文书包括俄 B61、ДX2828、ДX10279 三个编号。《俄藏黑水城文献》将上述文书定名为《材植帐》。杜建录《西夏乾祐二年材料文书考释》（《宁夏社会科学》2007 年第 2 期）将三件残片缀合为同一件文书，指出除"材植账"外，还有"漫土账""照会"以及"呈领状"。张多勇等《西夏乾祐二年（1171）黑水城般驮、脚户运输文契——汉文文书与西夏交通运输》（《敦煌研究》2012 年第 2 期）一文重新界定了文书中"般驮""合同""胶泥土"和"漫土"的相关概念，论证了西夏物资运输的过程，并将文书定名为《西夏乾祐二年（1171）黑水城般驮、脚户运输文契》。杜文与张文最大的分歧在于文书所反映材植运输的出发地究竟是不是黑水城地区。杜文认为黑水城距怀远县较远，胶泥应属就地取材，不可能从遥远的黑水城运来；文书应为成文以后因某种机缘被带到黑水城，故在此出土。张文认为黑水城出土西夏佛经的经套是在当地制作的，而这件文书又揭自经套裱纸，故而应是黑水城遣发的般驮、脚户签押运输文书；再者，如果是出自怀远县附近的普通土，"可能不会签字画押郑重地用般驮、脚户运送"。经套的制作地在黑水城并不能说明经套裱纸也来源于此，这些文书仍然存在从其他地区流传到黑水城，然后被工匠裱到经套上的可能；从文书存在"签字画押"来反驳胶泥土来自周边郡县也略显牵强。总而言之，无论将这件文书的出土地推断为黑水城还是怀远县周边，均缺乏过硬的证据，有待进一步探讨。孙继民《俄藏黑水城 TK27P 西夏文佛经背裱补字纸残片性质辨析——西夏乾祐年间材植文书再研究之二》（《西夏学》2013 年第 10 辑）根据文书图版以及与已知的西夏乾祐年间的材植文书进行比较，认为俄 TK27P 前两个残片应为西夏材植文书残片。孙继民《黑水城所出西夏汉文入库账复原研究》（《宁夏社会科学》2013 年第 6 期）通过对材植入库账簿的复原研究，得出了西夏以年度为单位逐月逐日逐人逐组登记驮数并押印为记的入库账书式的结论，并推断其性质为西夏的年度专项物资入库账，年代应在西夏乾祐二年（1171）或前后。

《英藏黑水城文献》中收录西夏马料文书共计四号，分别是 Or. 12380—3178a（K. K.）号、Or. 12380—3178b（K. K.）号、Or. 12380—3178c（K. K.）号和

Or. 12380—3179（K. K.）号。这四号文书，《英藏黑水城文献》的编者均将其定名为《汉文马匹草料账册》。杜建录《英藏黑水城马匹草料文书考释》（《宁夏社会科学》2009 年第 5 期）根据"军主"一词和文书中出现了党项族姓，判断这件官用马匹支取草料的账册是西夏时期的文书。学术界对马料文书的性质问题存在争议。陈瑞青《黑水城所出西夏马料文书补释》（《西夏学》2013 年第 10 辑）通过与宋代正军马匹支给草料的情况进行比较，发现该文书中马匹支给草料少于宋代，推测出文书中所涉及的马匹为政务用马，而非军队用马。然而，这种以宋朝正军马匹支给草料的多少来推测西夏马料的论述方式值得商榷，因为西夏的制度有其特殊性，只能用来参考，而不能全盘照搬。相较之下，高仁《西夏畜牧业研究》（博士学位论文，宁夏大学，2016 年）一文从西夏本国情况出发，推测文书中所涉马匹为军队用马。理由有二，第一，西夏公务所用的牲畜多为驼，尤其是在黑水城这一西夏牧羊骆驼最为集中的地区。第二，西夏军队对优质马匹有绝对的优先使用权。

据史金波先生研究，牧主和农主一样有当兵打仗的义务，可以充当军队的正军、辅主或负担。相应的文书中也出现"部署（署）""军主"等军职，均表明马料文书为军用马料账册，此其一。杜建录《西夏官牧制度初探》（《宁夏社会科学》1997 年第 3 期）论证了"西夏官畜产品主要供给军事需要，监军司或经略司马驼供给边防军事系统，群牧司及马院部分马驼供给禁卫军系统"，此其二。所以，我们有理由推测马料文书所涉马匹也应是军马。

《俄藏黑水城文献》中的 Инв. No. 1381A《西夏乾祐五年验伤单》是一件司法文书。杜建录《黑水城出土的几件西夏社会文书考释》（《宋史研究论丛》2008 年第 9 辑）强调该文书是按验伤势的具体反映，印证了《天盛律令》中关于西夏处理斗殴受伤案件的司法程序的记载。

从 2005 年至 2015 年关于黑水城出土的西夏官方文书的研究在较大程度上还原了文书的原貌，解释了若干历史问题。但是由于文书数量不多，且较为零散，使得这一方面的研究呈现个案的特点。学者们多注重碎片化研究，但缺乏宏观把握和系统化研究。随着材料进一步刊布，对西夏官方文书的整体研究也将提上议事日程。另外，西夏与唐宋、辽金的比较研究较少。今后在涉及制度问题时，应做更为深入细致的探讨，并与唐宋以及辽金相比较，从而发现其中的渊源关系或西夏社会的特色。

西夏典当借贷研究综述[*]

于光建

正如日本学者斯波信义认为，唐宋社会变革的一个特点就是"全国性市场圈的形成及农业的商品经济化。随着具有全国声望的自然手工物资的生产在各地集中和特产化，及其商品流通量的增加，便出现了票据交易、金融机关的利贷、信用惯例等高度的货币经济显现，以及运输机构的发达和运输契约惯例等"。与宋先后并立的辽、金、西夏塞北三朝少数民族政权，也改变了畜牧业主导的传统生产模式，大力发展农业、手工业和商业，境内的官营、私营典贷也顺应这一时期商品经济发展的大趋势，得到了长足的发展和繁荣。

西夏是由党项族建立的多民族政权，在其近两百年立国历史中，生产方式以农业、畜牧业为主。建国以后，西夏王朝吸收唐宋及其周边民族政权的先进文明，封建化程度进一步提高，社会经济形态也趋于多样化，手工业、商业等经济方式也逐步发展。与此同时，西夏境内典当借贷经济活动亦较为活跃。并在法典《天盛律令》中专门制定了严格而详细的典贷律法，将典当借贷经济纳入法律的规范和保障之下，使之合法而有序地发展。

一 《天盛律令》与西夏典当借贷

西夏虽然立国近两百年，但由于元朝没有为西夏修一部专门的正史，使得传世西夏文献资料较为匮乏，尤其是有关西夏社会经济的资料更少。

1909 年，俄国探险家科兹洛夫从我国内蒙古额济纳旗黑水城盗掘走了大批珍贵的西夏文献文物，其中就包括西夏法典《天盛律令》在内的诸多法律文献，这批文献现藏于俄罗斯科学院圣彼得堡科学研究中心东方学研究分所。1932 年苏联著名西夏学专家聂历山在《国立北平图书馆馆刊西夏文专号》发表了《西夏书籍目录》，首次将《天盛改旧新定律令》的消息公布于世，而且在其另一著述《西夏语研究小史》中将其名称翻译为《天盛年变新民制学》，聂历山由此也成为在科兹洛夫盗掘走浩如

---

[*] 本文系宁夏大学人才引进科研启动基金资助项目（项目编号：BQD20144004）、国家社会科学基金青年项目"武威西夏墓出土木版画及木板题记整理研究"（项目批准号：13CMZ013）阶段性成果。

烟海的黑水城文献中发现《天盛改旧新定律令》的第一人。1963 年，戈尔芭乔娃和克恰诺夫在编著《西夏文写本和刊本》中对该西夏法典的藏号、文献特征、卷次、保存状况等进行了较为详细的著录（戈尔芭乔娃、克恰诺夫著，白滨译《西夏文写本和刊本》，《民族史译文》1978 年第 3 辑）。鉴于该法典对解释西夏社会历史面貌的重要性，克氏开始专注于西夏文《天盛改旧新定律令》的译释研究工作，先后发表了一系列相关研究文章中引用该法典的内容。1987 年至 1989 年，克恰诺夫出版了俄文版《天盛改旧新定律令》四卷本。第一卷为其对该法典的研究成果，第二至四卷是他对西夏文《天盛改旧新定律令》的翻译和图版，这是该部法典研究历程中具有开拓性的里程碑式的研究成果，让学术界第一次看到了《天盛律令》的基本全貌和内容，引起了国内外西夏学研究者对该法典的高度关注和重视。

1988 年，我国学者李仲三先生将克恰诺夫俄译本中的《天盛律令》第一至七卷翻译成汉文《西夏法典——〈天盛年改旧定新律令（1～7 章）〉》，并由宁夏人民出版社出版。1994 年，我国著名西夏学专家史金波、聂鸿音、白滨三位先生将西夏文《天盛律令》进行了全文汉译，并由科学出版社出版了汉译本《西夏天盛律令》。1998 年，由史金波、魏同贤、克恰诺夫等主编的《俄藏黑水城文献》第 8、第 9 册出版，根据俄藏黑水城文献中的大量西夏文法律文献，刊布了整理缀合后较为完整的西夏文《天盛改旧新定律令》的照片，补充了克恰诺夫俄文本中所缺的《名略》等大量内容。之后，史金波等先生重新对先前出版的汉译本进行了修订，出版了《天盛改旧新定律令》（法律出版社 2000 年版）。史金波先生汉译本的出版，引起了国内外对西夏研究的热潮，为学术界深入研究西夏社会历史、典章制度提供了极为珍贵的材料，将西夏学研究推向了新的高度。通过《天盛律令》，学术界从中发现了西夏法典有许多典当借贷经济活动的规定。

西夏《天盛律令》是我国历史上第一部用少数民族文字印行的法典，也是少数民族政权所修法典中唯一幸存下来的一部，全书 20 卷，分 150 门，1461 条，共计 20 余万字，是集律令格式为一体的综合法典。内容涉及西夏社会的各个方面，该文献不仅是研究西夏法制，而且也是研究西夏社会极为重要的资料。其中卷三当铺门和催索债利门、卷十一出典工门是专门对典当和借贷经济的详细规定。当铺门共 7 条，催索债利门共 15 条，出典工门共 10 门。除催索债利门第十五条"威力卖地房畜物人归期限"条仅在《名略》中保存条目、正文存留一行文字外，其余条文都保存较为完整。内容包括从事典当借贷经济的方式、流程、要素、计息方式、利率、违约处罚、债务偿还期限及方式等内容。相关条文规定之详尽，这是我国古代任何一个朝代律法中所不曾有的。这些珍贵的法律条文为揭示西夏典当借贷经济活制度提供了极为珍贵的材料。

二 西夏典当借贷制度研究

西夏社会不仅官方经营典当和借贷，而且在民间也非常活跃。通过官营典当借贷收益和征收买卖税也是增加政府财政收入的重要途径和来源之一。为了规范境内的典当借贷经济活动，《天盛律令》在卷三中的当铺门及催索债利门专门规定了典当及借贷的诸问题。史金波先生《西夏社会》（上海人民出版社2007年版）中详细探讨了《天盛律令》中有关借贷和典当的法律规定，并释读公布了中国藏和俄藏的十数件借贷和典当契约，为学术界提供了研究便利。杜建录先生《西夏高利贷初探》（《民族研究》1999年第2期）一文及其《西夏经济史》（中国社会科学出版社2002年版）著作中结合出土的西夏借贷典当契约以及《天盛律令》卷三之当铺门和催索债利门，详细论述了西夏境内的典当借贷经济活动，并就借贷的流程、利率、剥削率、违约处罚、以工抵债等问题予以详尽考论，揭示了西夏社会高利贷亦非常盛行的现象。杜建录《〈天盛律令〉与西夏法制研究》（宁夏人民出版社2005年版）第三章第一节债务法中就西夏买卖债务、借贷债务、典当规定、利率限制、担保责任、债务清偿等诸问题的研究更是深入细致。

借贷分为无息借贷和有息借贷，西夏的借贷多是有息借贷。因此利率的计算与研究即是借贷经济中重要的研究内容。《天盛律令》卷3《催索债利门》规定了西夏的借贷有"日交钱、月交钱、年交钱"，即利息结算方式有按年计息、按月计息以及按日计息三种。虽然《催索债利门》对利率也做了明确的规定："全国中诸人放官私钱、粮食本者，一缗收利五钱以下，及一斛收利一斛以下等，依情愿使有利，不准比其增加，其本利相等仍不还，则应告于有司，当催促借债者使还。"但是学界对"一缗收利五钱以下，及一斛收利一斛以下"却有不同的理解。史金波先生在《西夏社会》（上海人民出版社2007年版）中认为"一缗收利五钱以下"是每日收利五钱，日利率0.5%，月利率15%；"一斛收利一斛以下"是指全部利息不能超过原本，即最多达到100%。杜建录先生《西夏高利贷初探》《西夏经济史》根据武威和黑水城出土的贷粮、贷钱契约中对利息的记载和换算，最终解决了这一让学术界困惑的问题。杜先生提出这里的利率是月利率，一缗收利五钱，即贷钱月利率是5%；"一斛收利一斛"中的"一斛"当为一斗之误，同期贷谷的利率绝不会是100%，谷贷月利率应该是10%，出土的贷粮契约中的利息也证实了杜先生解读的正确性。

赵彦龙《西夏时期的契约档案》（《西北民族研究》2001年第4期）、《西夏契约研究》（《青海民族研究》2007年第4期）、《西夏契约成立的要素》[《宁夏师范学院学报》（社会科学版）2007年第5期]、《论西夏契约及其制度》（《宁夏社会科学》2007年第4期）、《西夏契约再研究》（《宁夏社会科学》2008年第5期）等诸文结合目前已经考释公布的西夏汉夏文契约实物和《天盛律令》中有关条款规定，阐释了当事人的身份、公证和担保、契约缘由、标的物界定、借贷（典当）约定、违约责任、担保制度、借贷（典当）利息的法律规定等要素、并论述了西夏契约的种类、立契时间、缘由条款、事实条款、还贷（典）约定条款、违约责任条款、签名画押等，以此论述了西夏的典当经济状况、剥削情形。孟庆霞、刘庆国《简论西夏法典对买卖契约的规制》[《北方民族大学学报》（哲学社会科学版）2011 年第 6 期] 通过对已知的具体西夏买卖契约文契进行分析，对西夏法典《天盛律令》中对买卖契约的内容要素完备、格式规范，以及该法在民间的契约实践中的规定做了考察。刘艳丽《西夏典当制度简论》（硕士学位论文，陕西师范大学，2013 年）利用《天盛律令》中的相关典当律法，分析了西夏典当的制度、特点以及价值。于光建《〈天盛改旧新定律令〉典当借贷条文整理研究》（博士学位论文，宁夏大学，2014 年）在对西夏文《天盛律令》中的卷三"当铺门"、"催索债利门"、卷十一"出典工门"等录文校释整理的基础上，利用《天盛律令》中有关典当借贷的律法规定和出土的典当借贷契约资料，从债权保障、官营借贷、借贷利息、典当借贷中的中间人、以工抵债、当铺门在民间典当中的实践等方面对西夏典当借贷进行了专题考论，并与唐宋辽金元代的典当借贷制度进行了比较研究，分析了西夏典当借贷与之存在的异同及其独特的特点，基本勾勒出了西夏典当借贷在制度层面和社会基层实践中的基本情况。

三 西夏典当借贷契约研究

在整理出版《俄藏黑水城文献》《中国藏西夏文》《英藏黑水城文献》等大型集成资料的过程中，陆续发现了大量西夏社会文书，其中就有许多汉文、西夏文典当和借贷的契约。据史金波先生整理研究，仅在俄藏黑水城文献中就发现了 100 余号，计 500 多件契约，有借贷契约、典当契约、买卖契约。如此众多的数百件西夏典当和借贷契约文书是明清以前契约文献资料所不见。这些契约文书是西夏典当借贷经济在操作层面的真实体现，有助于进一步解读《天盛律令》典当借贷条文，对深入研究西夏社会经济具有重要价值。

最早关注西夏典当借贷契约文书的是俄国已故著名西夏学专家克恰诺夫教授。1972 年他在整理黑水城文献时，发现了一件西夏文行书体的天盛庚寅二十二年（1170）耶和寡妇典卖土地契约，并做了译释研究，这是第一次刊布西夏契约，引起了中外西夏研究者的重视。之后黄振华《西夏天盛二十二年卖地文契考释》（载白滨编《西夏史论文集》，宁夏人民出版社 1984 年版）、陈炳应《西夏文物研究》（宁夏人民出版社 1985 年版）等著作都对该契约进行了详细的译释研究。1980 年，陈国灿根据《敦煌资料》第一辑中公布的材料，发表《西夏天庆间典当残契的复原》（《中国史研究》1980 年第 1 期）对英藏斯坦因在黑水城盗掘文献中西夏天庆年间的数件汉文典粮契约残件做了复原和详细考释。孙寿岭《西夏乾定申年典糜契约》（《中国文物报》1993 年第 5 期）、《武威亥母洞出土一批西夏文物》（《国家图书馆学刊》2002 年西夏研究专号）介绍和译释了武威出土的典驴契约、买牛契约。

由于西夏的契约大部分是西夏文，而且多为草书书写，限制了学界深入研究西夏借贷和典当经济。而在西夏文草书契约解读方面，史金波先生做了大量卓有成效的工作，先后解读了大部分契约文书，并在整理后将图版公布出版在《俄藏黑水城文献》第 12、13、14 册中（上海古籍出版社 2012 年版）。史金波先生《西夏粮食借贷契约研究》（载《中国社会科学院学术委员集刊》第 1 集，社会科学文献出版社 2005 年版），在论述西夏借贷典当经济法律制度的同时，就俄藏黑水城文献中的 20 多件西夏借贷契约的时间、借贷者身份、出贷者身份、借贷粮食品种数量、利息和利率、偿还期限、违约处罚、签字画押以及算码等问题进行了详细考证研究。史金波先生另一篇文章《黑水城出土西夏文卖地契约》（《历史研究》2012 年第 2 期）翻译整理了俄藏黑水城出土的天盛二十二年寡妇耶和氏宝引等卖地契、天庆寅年正月二十四日邱娱犬卖地契、天庆寅年正月二十九日梁老房西等卖地舍契、天庆寅年正月二十九日恶恶显令盛卖地契、天庆寅年二月一日梁势乐西卖地契、天庆寅年二月一日庆现罗成卖地契、（天庆）寅年二月二日梁势乐娱卖地契等 12 件西夏文草书卖地契约，并详细考证了土地买卖的时间、原因、数量、买卖双方身份、土地兼并和贫富分化、农户占有的耕地数量、院落、四至、灌溉水渠、给水、官地、私地、熟地、生地、耕地价格、耕地税、违约处罚、签字画押、白契、红契等问题。杜建录、史金波二位先生合著的《西夏社会文书研究》（上海古籍出版社 2010 年版）整理了研究了数十件国内外收藏的西夏文、汉文借贷典当契约文书，该书再版时又补充了十数件契约文书。杜建录《俄藏西夏天庆年间典粮文契考释》（《西夏研究》2010 年第 1 期）对俄藏天庆年间的 12 件汉文典粮契约释文的基础上，从订立契约时间、文契格式与形制、偿还期限与违约处罚、借贷双方的民族成分、借贷利率等方面进行了详细考证。

另外，王元林《西夏光定未年借谷物考释》（《敦煌研究》2002 年第 2 期）对西夏光定未年耶和小狗山借谷物契进行了考释，对借谷物契的年代、内容、行文款式以及所反映的社会经济、民族问题进行了研究。陈静《黑水城所出天庆年间裴松寿处典麦契考释》（《文物春秋》2009 年第 2 期）对俄藏西夏天庆年间裴松寿处典麦契的 12 组残片进行了复原，并对其内容和年代做了考释。日本学者松泽博《武威西夏博物館藏亥母洞出土西夏文契約文書について》（《东洋史苑》2010 年第 75 号）一文亦对武威西夏博物馆收藏的亥母洞出土的几件西夏文契约进行了译释。许伟伟《黑城夏元时期契约文书的若干问题——以谷物借贷文书为中心》（《宁夏社会科学》2009 年第 3 期）通过黑城出土的夏元时期的谷物借贷契约契约比较，并探讨了黑城地区的谷物种类、夏元习俗的传承以及经济活动特点等。李晓明、张建强《英藏黑水城文献中一件西夏契约文书考释》（《西夏研究》2012 年第 1 期）对英藏天庆十三年裴松寿典粮契文书的释读和比较研究，探讨了当时黑水城地区社会经济状况。张可辉《官法私契与西夏地权流转研究》(《中国农史》2013 年第 3 期)、罗海山《"名法宝达卖地文书"考辨》(载沈之北主编《三个 U 集——霍存福教授从教三十周年纪念文集》,知识产权出版社 2015 年版)对敦煌研究院藏《嵬名法宝达卖地文契》的性质进行了新的探讨,认为该件文书是卖地订立契约之前的问账文书。

综上所述,自《天盛律令》汉译本出版以来,依据《天盛律令》,许多学者从历史学、法学、文献学角度发表了百余篇文章,从微观角度来研究西夏的法律、职官、农业、水利、畜牧业、商业、宗教、婚姻、丧葬等一系列问题,取得了丰硕的成果,其中有关典当借贷制度及契约的论著 23 篇,占 15%,对借贷典当以及契约的解读研究位居第二位,结合出土契约对西夏典当借贷经济进行研究成为西夏经济史研究的新方向,逐步成为西夏学研究的前沿问题。

尽管对西夏的典当借贷研究取得了丰硕成果,但是目前的研究还存在诸多问题,还有部分有待深入研究的问题,如西夏典当借贷与唐宋、辽金时期的典当借贷制度及其实践有何异同,有哪些自己的特色,借贷典当中的掮客、以工抵债、官物借贷机构及程序等诸问题学术界还关注不够。

再次,目前国内外收藏的西夏文献已经刊布,其中包含了数百件的典当借贷契约,但这些珍贵的出土契约绝大部分都是难以解读的西夏文草书。史金波先生虽然解读翻译出了几十件西夏文草书契约,但是目前仍然有大量的西夏文草书契约没有译释出来,因此解读这些契约也是今后西夏经济史研究的重要课题。

总之,将出土的实践层面的西夏契约与法律规制结合研究,并与唐宋辽金典当借贷比较研究是推动西夏社会经济史向纵深方向发展的重要路径,这样才能全面了解西夏社会的典当借贷经济活动,这也是当前西夏社会经济史研究的学术前沿课题。

(原载《西夏研究》2016 年第 4 期)

第三篇

会 议 述 评

第五届中国少数民族古籍
文献国际学术研讨会综述

陈时倩

2015 年 9 月 11 日至 14 日，由北方民族大学、中央民族大学、中国民族古文字研究会共同主办的"第五届中国少数民族古籍文献国际学术研讨会"在北方民族大学召开。来自国内外 20 余所高校、科研单位的 50 余位专家学者和专业工作者参加了研讨会。会议收到论文近 60 篇，主要包括三个方面的内容：（一）西夏文献的整理与研究，包括对西夏文献释读、西夏文字研究、西夏文献版本考述等。（二）北方少数民族古籍文献的整理与研究，包括对粟特文、回鹘文、契丹文、女真文、蒙古文、满文等中国北方少数民族古籍文献的释读、版本研究以及语言词汇研究等。（三）南方少数民族古籍文献及其他文献的整理研究，包括对藏文古典文献遗产留存状况调查、藏文格言诗内容及价值探析、彝书的装帧方式等内容。

一 关于西夏文献的整理及相关问题研究

林英津研究员的《关于西夏文本〈金光明经忏悔灭罪传〉》，在梳理西夏文本《金光明经》的著录收藏情况及《忏悔灭罪传》文本流向的基础上，对《金光明经忏悔灭罪传》进行了全文释读，探究了该文献的文献来源，并谈了自己阅览文献的心得。孙伯君研究员的《故宫藏西夏文〈高王观世音经〉考释》论证了明代《高王观世音经》信仰已无西夏时期的盛况，而成为一种民间修行。通过释读西夏文《高王观世音经》全文，指出《高王观世音经》的故宫藏西夏文刻本与俄藏汉文本有渊源关系，并解决了该佛经在翻译过程中"大字、小字并用"现象的西夏语语法问题。孙飞鹏博士的《中国国家图书馆藏西夏文〈修习止观坐禅法要〉残件考释》对国图藏西夏文《大般若波罗蜜多经》的几件西夏文残叶作了重新拼接，考证出这些残叶出自西夏文佛经《修习止观坐禅法要》。此外，通过分析残叶的版面特征及字体，推测该佛经为活字印本。安娅博士的《西夏文"五部经"考略》，梳理了西夏文藏传佛经"五部陀罗尼经"的研究情况，指出西夏文五部经中的《大真言随持经》译自藏文本，而不同于梵文本和汉文本中的《大护明大陀罗尼经》。张九玲博士的《西夏本

〈消灾吉祥陀罗尼经〉释读》以俄藏 Инв. №5402 号文献为底本，参照俄藏、英藏汉文本《消灾吉祥陀罗尼经》，对西夏本《消灾吉祥陀罗尼经》作了译注并完善。麻晓芳博士的《西夏文〈妙法圣念处经〉残卷考释》，指出俄藏黑水城 Инв. №6039 号文献是《妙法圣念处经》的西夏文译本与《大般若涅槃经》《大般若波罗蜜多经》《七佛八菩萨所说大陀罗尼神咒经》《增一阿含经》等四部佛经残片拼凑的杂集。李若愚的《西夏文〈佛说圣佛母般若波罗蜜多心经〉译释》，围绕西夏仁宗时期兰山觉行国师德慧奉敕译《佛说圣佛母般若波罗蜜多心经》的翻译问题进行研究，通过与现存诸多汉、藏译本的比较，发现德惠译本至少使用了梵文和藏文两种底本。王龙博士的《黑水城出土西夏文〈大庄严论经〉考释》一文公布并释读了黑水城出土西夏文《大庄严论经》全文，并对其中西夏语与汉语的对应关系作了考察。

聂鸿音研究员的《西夏文〈一切如来百字要门〉末尾发愿文考释》（*Notes on the Tangut Colophon and Votive Postscript Attached to the Sarva-tathāgata Akṣarāsataka Upadeśa*），对西夏文《一切如来百字要门》发愿文的全文作了释读，指出西夏文《一切如来百字要门》中出现的名字"LotsabaMaster Ā"所包含的 Ā 应是西夏一位著名僧官 Ānandakīrti 名字的缩写。索罗宁（Solonin Kirill）教授的《西夏文译藏传佛教噶当派文本》（*Bka' gdams Texts in the Tangut Translation*），系统介绍了西夏文译藏传佛教噶当派文献情况。孙昌盛研究员的《西夏文藏传佛经〈吉祥遍至口合本续〉勘误》对西夏文木活字印本佛经《吉祥遍至口合本续》中存在的形近字混淆、印字重复和前后颠倒的错误进行勘正，并分析、总结了错误的原因和特点。徐丽华研究员的《两种西夏藏文刻本考释》，对两种西夏藏文刻本文献的刊刻年代做出考证，指出《顶髻尊胜佛母陀罗尼咒》为西夏早期刻本，《八千颂》为西夏后期刻本。段玉泉博士的《俄藏黑水城 XT67 号藏文文献再考察》对俄藏黑水城 XT67 号藏文文献的版本来源问题做了研究。该文献是《圣观自在大悲心总持功能依经录》《胜相顶尊总持功能依经录》合刻在一起的藏文本，通过对比俄藏 XT67 号藏文本与《西藏大藏经》中卓弥大师释智译本的经题与内容，指出俄藏 XT67 号藏文本为西夏重译本。此外，景永时研究员在《西夏文〈同音〉版本问题再考察》中介绍了西夏文字书《同音》的出土、收藏和刊布情况，深入探讨了义长本与重校本的版本关系，并对各不同版本重校本《同音》的版本特征进行了梳理。佟建荣博士的《黑水城出土诸单行本〈妙法莲华经观世音菩萨普门品第二十五〉考述》总结了黑水城出土《佛说观世音经》的10 种宋刊本的版式形制，认为诸单行本皆为不同刊本。该文通过考证各刊本的刊刻年代，对比各刊本在字体、字形、文字排列、句读标志等方面的异同，认为黑水城诸宋刊本为翻刻本。孙颖新博士的《西夏文献中的通假》一文在对勘俄藏西夏文《大宝积经》初译本和校译本的基础上，指出西夏文献中存在类似古汉文文献那样的通假现象，并可以利用通假原则解决文献释读的疑难问题。汤晓芳教授的《西夏文文献建筑词汇解析》从多种西夏文文献中辑出近 120 个主要建筑词汇，分析归纳了西夏建筑营造的情况。彭向前研究员的《中国古代的男女九宫及其在残历定年中的作用》一文指出，古代男女九宫的推算方法与《三元经》所载并不完全一致，即：女宫推算方法相同，男宫提前一个甲子。但这种差别并不改变男九宫同纪年地支之间的对应关系，根据这一原则，可以将男女九宫用于残历定年研究。王荣飞的《宁夏宏佛塔天宫装藏西夏文木雕版考述》，首先从版料、装帧形式、文字方向、版片尺寸、字体、刻工、版式和行款等方面梳理了宏佛塔西夏木雕版的形制特征，再通过雕版文字的释读，考证出这批木雕版中至少包含了《释摩诃衍论》《别集》《续能□》等六种不同的西夏文佛经，并对木雕版中出现的数位历史人物及其历史文化信息作简要考证。

二 关于北方少数民族古籍文献及其相关问题研究

在粟特文文献研究方面，苏银梅、马晴的《丝路遗珍：粟特语古信札 II 号文献的主要内容及学术价值》，探讨了粟特语古信札 II 号文献的主要内容以及该文献在研究古丝绸之路上中西方文化交流的史料价值。

在回鹘文文献研究方面，张铁山教授的《回鹘文献版本研究》详细梳理了铭刻类和纸质类回鹘文献。在铭刻类文献方面，主要介绍了《土都木萨里修寺碑》《重修文殊寺碑》《亦都护高昌王世勋碑》《大元肃州路也可达鲁花赤世袭碑》和《莫高窟六体文字碑》等回鹘文碑刻文献。阿依达尔·米尔卡马力教授的《敦煌研究院藏一叶回鹘文〈俱舍论疏〉再研究》认为敦煌研究院藏回鹘文《俱舍论疏》不是某一段落的译文，而是在原文基础上的节译。尼克拉维·N. 特里辛教授的《论回鹘文"原始"写本的问题》（*On the Question of "Original" Manuscripts in Old Uighur Language*）从细节形态学和语言句法结构方面对回鹘文手稿中的"原始"写本进行研究，证明其完成于公元 8 世纪末。另外，在察哈台维吾尔文文献研究方面，买合苏提·色来木博士的《察哈台维吾尔文〈热希得史〉雅琳版本及其书写特点》对由波斯语翻译而来的文献——雅琳版《热希得史》做了研究，主要分析了该文献中元音和辅音的书写特点。

在契丹文文献研究方面，吴英喆教授的《萧查剌相公契丹文遗言》对《萧旼墓志铭》中志主遗言进行考证，并对契丹文的语音、语义做出相关研究。唐均博士的《契丹文"卯兔"论》梳理了迄今已知的契丹语"卯兔"的六种不同文字载体形式以及契丹文字和语音，推测出契丹语"兔"这一词汇经历了原始突厥语、原始蒙古语、契丹语的历史嬗变。在女真文文献研究方面，金适教授的《女真大字"劝学碑"文字考》，联系时代背景对黑龙江哈尔滨市阿城区巨源镇出土的金代女真大字"劝学碑"碑刻进行了考证，勾勒了当时推行女真文的历史面貌。

在蒙古文文献及元代历史文献的整理与研究方面，高娃博士在《清代汉满蒙合

璧碑文版本问题研究——以三田渡碑为例》一文中勘误并复原了三田渡碑碑文中的
蒙古文，通过对比该碑满、蒙、汉碑文，从不同文种之间存在的语义及语气差异对文
献中的历史文化信息予以解读。弗拉基米尔·乌斯平斯基（Uspenskiy Vladimir）教授
的《"食尸鬼"传说的最早蒙古文版本》［About the Earliest Mongolian Version of the
"Vetala Story"（Siditü kegür-ün qauli）］对收录有食尸鬼传说的圣彼得堡藏 21 章节蒙
古文写本的基本情况作了概述。洪金富研究员的《〈元典章〉元刊本的几个问题》，
指出《元典章》元刊本存在无凡例、缺少编撰出版信息以及内容讹误等问题，并分
享了自己在校订《元典章》过程中的心得体会。黑龙教授的《〈蒙古纪事本末〉及其
价值述评》考证了清代学者韩善徵撰《蒙古纪事本末》的史料来源，认为韩氏《本
末》引用了部分外国史料和中国文献典籍，并从史料的内容、核心观点、写作手法
三个方面介绍了该史料所体现的研究价值。乌兰巴根博士的《美国哈佛燕京图书馆
藏〈圣经〉蒙文译本评介》介绍了美国哈佛燕京图书馆藏蒙古文文献的概况，并对
《圣经》的蒙古文译本的史料价值作详细评介。此外，叶尔达教授的《关于托忒文石
刻文献》介绍了包括碑文、石经、摩崖文、玛尼石刻文在内的各种托忒蒙古文石刻
遗存概况。

在满文文献及相关问题研究方面，春花研究员的《论清代紫禁城武英殿建筑
群七幅匾额》探讨了清代紫禁城武英殿建筑群七幅匾额的历史发展过程，并从匾
额的文字、印章、边框三方面内容分析了武英殿建筑群匾额在不同历史时期有不同
的特点。庞小梅（Pang Tatiana）教授的《圣彼得堡博物馆藏清朝功勋将领画像》
（Portraits of the Qing Dynasty Meritorious Generals in the Saint-Petersburg Museums）展示
了圣彼得堡博物馆藏 7 幅清代功勋将领画像，并释译了画像上的满文颂词。赵阿平
教授的《满文文献社会制度词语语义研究》总结了满文文献中的社会制度词语，
包括氏族组织制度词语和政治军事制度词语。祁今馨博士的《顺治朝豪格传记性
碑文版本比较与研究》以《和格诰封碑》与《和硕武肃亲王碑文》为中心，对两
通碑文的格式、内容、语言进行比较研究，探讨了顺治朝满语文以及当时诰敕命文
体的情况。

三　关于南方少数民族古籍文献及其他文献研究

在藏文、彝文、傣文等南方少数民族古籍文献的整理与解读方面，夏吾李加教授
的《藏文古典文献遗产留存状况简报》总结了国内外不同形态的藏文古典文献遗产
的留存状况和研究动态。吕众林博士的《论〈格丹格言〉内容及其哲学思想》仔细
分析了藏族格言诗《格丹格言》的内容，指出该诗所蕴含的崇尚佛法、勤于治学、
团结友爱的精神。益西拉姆的《藏文古籍装帧形式及行文特点的初探》梳理了现存
不同版本的藏文古籍文献的装帧形式，其中详细介绍了藏文古籍梵夹装。黄建明教授

的《独具一格的彝书装帧方式——卷册装》详细介绍了彝书的"卷册装",并对彝书卷册装的不同装帧形式作逐一分析。摩瑟磁火博士的《彝族诺苏支系宗教经籍写本特征概述》以丰富的图片展现了彝族诺苏经籍写本在书写工具、书写特点、装帧方式以及收藏方式中所具有的独特风格。依旺的女士的《一棵"树"一个"圈"——傣族古籍"贝叶经"与贝叶文化圈浅论》对广义上即写有佛教经典和世俗著作、文学作品的"贝叶经"作了介绍,结合视频资料指出"贝叶经"作为珍贵的佛教文献是促进东南亚南传佛教地区文化交流的纽带。

此外,牛达生研究员的《〈直指〉——与中国有关的韩国古籍》,通过研究韩国古籍《直指》上出现的北元年号——"宣光七年"年款,指出当时的高丽除了与中原政权保持藩属地位之外,与北元亦有藩属关系。胡玉冰教授的《浅谈整理研究清代回族学者马注撰〈清真指南〉的几个问题》,对该文献作者、作者思想、文献版本、成书情况等问题进行考证,着重分析了《清真指南》各部分文本内容的资料来源问题,指出从事文史研究的工作者必须贯彻去伪求真的治学精神。马建民博士的《明代固原〈创建城隍庙碑记〉疏证》分别对《创建城隍庙碑记》和《创修固原城隍庙记》这两篇碑记进行考证,经过对比发现《创建城隍庙碑记》的作者"田旸"与《创修固原城隍庙记》的作者"田赐"是同一人,即《创建城隍庙碑记》中所记的"田旸"一名存在讹误。

该届研讨会有三个特点:其一,研讨会涉及包括多种少数民族文字,具有广泛性和丰富性,体现了该研讨会"推动中国少数民族古籍文献的整理与研究,促进不同领域学者间的学术交流与友谊"的宗旨。其二,在参会学者构成和会议论文数量上,西夏文献的解读与研究方面成果突出,是研讨会的亮点与特色。其三,出席会议的既有年过八旬的老一辈学者,也有各研究领域中青年专家,还有初出茅庐的研究生,体现了中国少数民族古籍文献研究的良好传承。总之,该研讨会为国内外专家学者提供了交流与互动的平台,总结了学术研究的经验与心得,促进了不同领域的沟通。相信随着学术活动的积极开展、新资料的陆续发掘以及学术研究的不断深入,中国少数民族古籍文献的研究必然会取得更多、更好的成就。

(原载北方民族大学编《西夏学辑刊》第 1 期,宁夏人民出版社 2016 年版)

第四届西夏学国际学术论坛
暨河西历史文化研讨会综述

张笑峰

2015 年 8 月 16—18 日，第四届西夏学国际学术论坛暨河西历史文化研讨会在甘肃张掖召开。这次论坛由宁夏大学西夏学研究院、中国社会科学院西夏文化研究中心、河西学院主办，河西学院历史文化与旅游学院、复旦—甘肃丝绸之路经济带协同发展研究院、河西史地与文化研究中心承办。论坛共收到来自海内外专家提交的 110 篇文章，共分为历史文化、语言文字、黑水城文献、考古艺术四组对西夏历史文化、语言文字文献、文物考古、宗教艺术、河西历史文化与丝绸之路等内容展开了广泛的交流。下面就这次论坛中所交流的问题分为西夏历史研究、河西历史文化、西夏与黑水城文献、西夏语言文字、西夏考古艺术五个专题进行论述。

一　西夏历史研究

在这次论坛上，西夏历史研究的文章共有 27 篇，研究内容主要包括社会历史、法律制度、地理交通、西夏与周边关系、宗教信仰、党项族源与发展等。其中，法律制度、地理交通研究比重较大。

社会历史方面，史金波《西夏时期的张掖》借助汉文史书记载、出土的西夏文和汉文文献及文物追述了甘州多民族交往的历史及在西夏的地位，总结了西夏时期甘州经济、文化、宗教特色、重要人物及后裔等。崔云胜《张掖大佛寺相关问题辨析》根据《敕赐宝觉寺碑记》《佛腹装脏明成化十三年（1477）铜牌》及《重刊甘镇志》的记载，讨论了张掖大佛寺的兴建时间、名称等问题，认为大佛寺始建于西夏永安元年（1098）。毛雨辰《简析西夏建立的若干重大因素》分析了宋初党项崛起、发展进而建立西夏帝国的若干重大因素。杜维民《试析唐代内迁党项的社会经济》从汉族文明的影响、农牧业的发展、商业贸易的繁荣三个方面分析了内迁党项社会经济。

法律制度方面，杜建录《西夏〈天盛律令〉研究的几个问题》从文本整理出版、文献考释研究、法律制度等相关问题的研究进展及存在问题进行了总结，并讨论了《天盛律令》研究的重要意义及进一步探讨的方向。李华瑞《再论〈天盛律令〉的修纂》分析了宋金元明清法典的修纂、《天盛律令》的修纂特点、《天盛律令》的名略与修纂书写的复原、《天盛律令》所依凭的专门法及不设总门分类的原因。潘洁《西夏官粮窖藏》利用《长编》等传世典籍，认为国官窖、御仓、七里平、御庄等大规模的官粮存储多为地下窖藏，具有选址平沃、分布密集、建造系统、隐蔽性强等特点，并将《天盛律令》与《天圣令》《鸡肋集》及隋唐官仓遗址进行比较，认为西夏窖藏的挖掘过程包括选址干燥、开地如井、火烤窖内、窖底垫草毡、窖顶撒土等方面。尤桦《西夏武器装备法律条文与唐宋法律条文比较研究》探讨了不同政权对于武器装备管理的差异，以及西夏法律条文与唐宋律法之间的渊源。于光建《西夏典当借贷中的中间人职责述论》根据《天盛律令》中有关典当借贷条文的规定，结合西夏的典当借贷契约，考察了西夏典当借贷经济活动中间人的职责。张笑峰《西夏铁箭制度初探》通过对《天盛律令》中铁箭条文的梳理，结合汉文相关史料，对西夏铁箭制度的渊源、管理机构信牌箭置处、执铁箭者的来源以及捕畜头子的使用问题进行了讨论。李炜忠《西夏刑具考》通过对《天盛律令·行狱杖门》的梳理，考证了西夏的主要刑具，认为其继承了唐宋的颂系制度，刑具规格则小于唐宋刑具。戴羽《西夏换刑制度考述》以《天盛律令》中刑罚易科为研究对象，认为西夏换刑包括官当、罚金刑及笞杖置换三种，并对其借鉴唐宋律官当、赎刑的特点进行了分析。

地理交通方面，陈育宁《地斤泽在何处》从史书记载、地理环境、党项西夏遗迹三个方面对地斤泽的位置进行了分析，认定今内蒙古乌审旗北乌审召镇境内的胡同查干卓尔为李继迁逃奔之地斤泽。杨浣《任得敬分国地界考》考证了任得敬极盛时期的南部边界自东向西沿泾原路威川寨、贺罗川、贺罗口、板井口、通关堡、古萧关、秋山堡、绥戎堡、锹镢川口、中路堡、西安州山前堡、水泉堡、定戎寨、乱山子、北谷川一线，历秦凤路通怀堡、打乘川、征原堡、古会州向北直抵黄河，至熙河路西宁、祈安城一带；其北部界限至宋怀戎堡东南之屈吴山、大神山、小神山一线，即今甘肃白银市平川区、会宁县及宁夏海原县交界地带的屈吴山山系。该文认定这一区域不到西夏国土的十分之一，《西夏书事》"仁孝处瓜、沙，已据灵、夏"、《金史》"分国之半"所载有误。张多勇《西夏宥州—东院监军司考察研究》梳理了唐代的宥州以及古城遗址，通过对城川古城的实地考察，认为城川古城为唐代的长泽县、宥州驻地，西夏沿用，建立宥州嘉宁监军司，并推测西夏可能将宥州嘉宁监军司改为东院监军司。沈一民、朱桂凤《中国古代地图中的西夏》分别对两宋、辽金元、明清地图中西夏地理信息进行了讨论，认为古地图中的西夏存在着一个从军事重点到历史遗迹的转变，中原王朝对西夏的关注程度也日趋削减。安北江《西夏骆驼巷考》根据《天盛律令》《杂字》的记载，结合《宋史》《续资治通鉴长编》，对骆驼巷的设立与地望及其基本功能等问题进行讨论。张发《探析西夏初期丝绸之路青唐道》分析了丝绸之路青唐道的形成、青唐道初期的经济贸易等内容。赵坤《论清远军在宋夏战争中的有限作用及其原因》通过梳理清远军在宋夏战争两个阶段的作用，认为清远军是北宋为守灵州粮道而设，因选址不当而很早失陷，随战争形势变化而淡出历史舞台。王博文《甘肃镇原境内宋代防御西夏古城遗址考察研究》通过对北宋镇原境内古城遗址的考察，讨论了当时原州及西北边界军事防御体系。

西夏与周边关系方面，周峰《金诗中的金夏关系》梳理了金诗中与西夏毗邻的金朝西陲边地风貌、金夏战事相关的记载。刘双怡《宋初对灵州地区政策的论争——兼论其对宋夏关系的影响》通过对宋夏灵州之争中宋朝大臣论争材料的分析，分析了宋初对夏态度以及造成这些后果的原因。魏淑霞《辽、西夏、金民族政权的汉化探讨》在对辽、西夏、金政权的汉化进行横向比较的基础上探讨其汉化的主要方式及其存在的共性，并对民族政权汉化的原因进行分析。

宗教信仰方面，牛达生《什么是藏传佛教——〈西夏佛教三论〉之二》通过对西藏佛教与藏传佛教关系、西藏佛教回顾、西藏佛教复兴的讨论，认为奉行汉地所无的无上瑜伽部是藏传佛教。陈玮《西夏龙信仰研究》对西夏的龙信仰、龙与西夏王朝正统性之间的关系进行了讨论。

党项族源与发展等方面，蔡彤华、王秀梅《唐古特蒙古人初探》从西夏政权建立到马可·波罗记载两个方面对唐古特人的丧葬、服饰、居住及生活习惯进行了分析。邓文韬《记忆与失忆：明清青海李土司家族的先世书写》讨论了李土司家族先世书写历次文本变动背后所反映的家族地位、宗族关系以及社会环境变迁。

二　河西历史文化

河西历史文化作为该次论坛讨论主题之一，共收到文章18篇，研究内容主要包括政治军事、文化信仰、生态环境、学科构建等。其中，"河西学"学科构建的提出及讨论是会议的一大亮点，对于河西历史文化研究有推动作用。

政治军事方面，谢继忠《〈康公治肃政略〉的社会治理思想及其历史地位》分析了《肃州新志》的《康公治肃政略》，认为其社会治理思想包括建置社学、发展教育；倡导"息讼"，严明法律；移风易俗，整肃社会风气；实行十六条"善政"措施，减轻百姓负担等。其在地方治理的全面性、系统性，也体现了亲民爱民的作风。杨永生《玉门关设置时序变迁学术观点归辑与推论》分别介绍了敦煌郡设置时序、玉门关设置时序及地域，认为玉门关关址为嘉峪关市石关峡、敦煌小方盘城周围、瓜州县马围村小古城、瓜州县马圈村大古城、嘉峪山麓西北余脉处，并对玉门关设置地域路线图进行推测。贾小军《五凉官员与河西大族论考》通过考察河西大族成员仕宦五凉的经历以及五凉王国的应对措施，认为五凉统治者对河西大族又拉又打，既是政治策略，又出于现实需要，力求使双方关系达到一种"相安无事"的境界，从而形成独具特色的五凉门阀政治。张景平《从龙王庙到水管所——明清以来河西走廊水利活动中的国家与信仰》梳理了明清以来河西走廊龙王庙发展演变的三个典型阶段，指出其从最初的山川祭祀与祈雨场所逐渐成为区域水利秩序的唯一代表，进而又在近代水利危机中成为暴力型水权博弈的场所，最终于建国之初便退出历史舞台。郭先庆《移民对于河西地区的影响——以甘肃"两西建设"为例》分别对建国以来河西移民情况、三西建设及两西移民情况进行介绍，并对两西移民对于河西地区的开发和影响、河西地区的可持续发展进行了讨论。杨军民《边疆视野中的清代河西及其在西北边防体系中的地位》讨论了清代"河西"概念、河西在陕甘军政建置体系中的地位、河西走廊地区在清代西北边防体系中的地位及河西在清前期历次新疆用兵过程中的作用。濮仲远《唐前期凉州境内羁縻府州的兴废》结合史籍文献与出土墓志对唐前期凉州羁縻府州的设置与存废进行了讨论，认为一部分羁縻州属新设置，还有一部分是从漠北侨置于凉州，然而随着安史之乱爆发，河西吐谷浑、西突厥、铁勒诸部相继迁出河西，这些羁縻府州的建制也陆续撤销。

文化信仰方面，许海军《玉门汉简价值初探》讨论了玉门汉简反映烽燧边塞亭的多种职能、西汉"武帝诏书"七棱木觚的史料价值、"元平元年"木简的年代考证和契约文书价值、《仓颉篇》木简的价值及玉门汉简反映汉代玉门一带烽燧的守御情况。吴浩军《说"膴"——敦煌墓葬文献研究系列之八》通过对敦煌出土十六国时期镇墓文中"膴"字的解读，认为其是"腐"的异体，并对《汉语大字典》里面改字所举例证进行了修改。张晓东《嘉峪关关帝庙考》对嘉峪关关帝庙的由来进行了考证，并对明万历十年、清乾隆十二年、清嘉庆十三年三块关帝庙碑进行了录文。张宝玺《河西北朝石窟的年代》分别对河西有明确创建年代的文殊山、圣容寺石窟，以及没有明确创建年代依据的北凉、北魏、西魏、北周石窟进行讨论。罗海山《传统契约"悔约罚银入官"条款考析——以敦煌、徽州契约文书为中心》通过大量契约文书的实证分析，认为"悔约罚银入官"条款其实是在强调契约的效力，强调契约对立契主体的约束性和不可反悔性，以此保障契约的顺利履行，从而实现订立契约的目的。收取违约金或是告官并不是它的最主要目的。盛雪莲《从古丝绸之路的兴衰看国家级河西文化长廊的打造》讨论了古丝绸之路与新丝绸之路的关系，以及古丝绸之路的兴衰，并对如何以史为鉴，打造河西国家级文化长廊进行了研究。吴利娜《丝绸之路视野下的河西文化研究》探析了河西文化的特点，并根据其特点提出了繁荣河西文化的措施。强进前《沙井文化与商周西北少数民族关系略论》分别讨论了沙井文化的分布及特征、商周西北少数民族与多元文化的形成及沙井文化遗址的保护和开发。

生态环境方面，吴晓军《论河西地区的历史生态环境及其社会影响》讨论了河西地区历史生态环境的基本概况，并对河西地区经济社会发展必须依赖的物质条件、河西历史生态环境与社会变迁的启示进行了研究。

学科建设方面，高荣《论"河西学"的界定与构建》首先介绍了"河西学"及其体系构建，其次认真分析了构建"河西学"的可行性，最后讨论了河西学与敦煌学、简牍学、西夏学等学科的关系。张涛《再论河西学》从河西学的缘起、学术界定、学科特色、建构的可行性、意义与价值等方面对河西学学科构建进行了讨论。

三 西夏与黑水城文献

西夏与黑水城文献考证在历届西夏学国际论坛中都占据较大比重，该次论坛共收到文章 35 篇，研究内容主要包括西夏社会文书、书籍、药方、佛经及黑水城汉文文献等。西夏文佛经译释、黑水城汉文文献解读在上述研究中所占比重最大，其中，黑水城汉文文献解读以元代汉文文献为主。

社会文书方面，孙继民《甘肃武威所出一组西夏汉文乐官文书考释》分析了《中国藏西夏文献》所收三件"乐官"文书，认为该组文书对反映西夏"乐人""乐官"制度、汉文文书制度及西夏官制有重要意义。赵彦龙、孙小倩《西夏谱牒档案探析》通过对西夏谱牒档案的整理将其分为纸谱、碑谱两类，并对西夏谱牒档案的内容、价值、不足及其中党项人姓氏的特点进行了分析。李桥《武威所出西夏买地券再探》通过对武威出土西夏"夏乾祐十六年曹铁驴为父买地券""夏乾祐廿三年窦依买地券"的分析，认为其有浓厚的道家信仰色彩，对研究武威地区民间信仰具有重要意义。梁继红《武威藏西夏文移合诣慧宝文书浅议》通过对武威市博物馆藏西夏文"移合诣慧宝文书"的释读，认为其是西夏农户自持的户籍登记证凭据。

书籍方面，佟建荣《西夏文刊本〈三才杂字〉残页考》分别对俄藏、英藏、中国藏《三才杂字》进行了系统的整理和考证。汤君《西夏佚名诗集再探》通过对宁夏拜寺沟方塔所出佚名诗集中内容和题署的讨论，以及对诗集全文的重新校录，认为其作者并非学界长期误会的一个，而是由侍行、王学士和高走马三位共同创作的。孙颖新《英国国家图书馆藏〈孝经〉西夏译本考》以译自中原传统注本英藏草书写本《孝经》为基础，对夏译《孝经》进行考释，同时参校俄藏本，指出两个译本的不同。

药方方面，汤晓龙、刘景云《西夏医方"合香杂制剂"破译考释初探》通过对《俄藏黑水城文献》中"合香杂制剂"中"香"字及方药的考释，认为并非沿用中原医学。宋满平《从几组医方谈西夏文医药文献的来源》将几组俄藏西夏文医方与敦煌医药文献进行比较，认为西夏医药文献中一些医方可能来自西北边远地区民间社会。赵天英《甘肃省瓜州县博物馆藏西夏文献考述》对瓜州博物馆藏 15 件西夏佛经、药方和人名单等进行了考释。

佛经方面，孙昌盛《西夏文佛经〈本续〉中的古代印藏地名及其相关问题》通过与藏文、梵文和汉语之间的审音勘同，认为《本续》中存在的二十四处西夏音译词是古代印藏地名，密教二十四宫，并对地名寓意、大小字问题进行了讨论。孙伯君《西夏智广编〈密咒圆因往生集〉陀罗尼汇考》对黑水城文献中与《密咒》同名陀罗尼汉文本和西夏文本进行了考订，明确了河西地区陀罗尼对音字的风格和特点，讨论了黑水城文献和中原传行佛经的翻译时代以及西夏乃至元代的佛教面貌。［法］罗曼《法国国家图书馆藏西夏文文献中新整理的残片》对法国国家图书馆新见的28件西夏文残片进行了介绍，并列出了第六、第十、第十六、第十八、第二十一件的内容。王培培《英藏汉文〈佛说天地八阳神咒经〉考释》通过对6页英藏汉文佛经残件的对读，判断其为《佛说天地八阳神咒经》，并与敦煌本同名佛经内容进行对勘研究。崔红芬《从〈父母恩重经〉看儒释融合——兼及敦煌、黑水城残本的比较》讨论了黑水城《父母恩重经》的版本，与敦煌遗存该经进行比较，并对该经的成书年代、流传进行了分析。张九玲《西夏本〈大随求陀罗尼经〉述略》通过对西夏本《大随求陀罗尼经》初译本和校译本的对勘，考释了经书中译自藏文的佛教术语，认为西夏仁宗皇帝时校经有正讹、区别声调、补缺、去衍文、勘原文等特点。华开奇《美国加州大学伯克利分校东亚图书馆藏西夏文华严经第四十一卷初探》通过对美国加州大学伯克利分校东亚图书馆所藏未刊布华严经与其他藏本的比较研究，认为其为元刻本。王龙《西夏文"地藏三经"综考》考证了"地藏三经"《地藏菩萨本愿经》《地藏菩萨十轮经》和《占察善恶业报经》的西夏文译本，证实了西夏地藏菩萨信仰的流行。许鹏《西夏文〈十二缘生祥瑞经〉初释》整理了俄藏、英藏西夏文《十二缘生祥瑞经》，认为其译自汉文本，且俄藏本经过校对增删。王荣飞《宏佛塔天宫装藏西夏文〈释摩诃衍论〉双面木雕版考释》通过对宏佛塔天宫一件双面雕刻的木雕版内容的释读及校注，考证其内容源自《释摩诃衍论》卷十。孙飞鹏、林玉萍《英藏西夏文〈华严经〉（八十卷本）残片整理及校勘研究》通过对《英藏黑水城文献》中西夏文《大方广佛华严经》残片的系统整理、释读、校勘及版本研究，认为《开宝藏》本与西夏文译经底本存在密切联系。林玉萍、孙飞鹏《英藏黑水城文献中的西夏文〈正法念处经〉残片考释》整理了《英藏黑水城文献》中西夏文《正法念处经》，缀合、考释出八个编号的该经残片。何金兰《甘肃省博物馆藏西夏文〈妙法莲华心经〉考释》对甘肃省博物馆藏《妙法莲华心经》进行释读，并认为其为七人手抄完成。马泽凤、刘景云《西夏〈大白伞（盖）母随颂总持要语〉及题记》将俄藏西夏文《大白伞母随颂总持要语》与元真智本《佛说大白伞盖总持陀罗尼经》进行比较，并对卷首序、卷尾题记进行译释。

黑水城汉文文献方面，公维章《北宋慈觉禅师宗赜生年考辨》通过考察，认为宗赜离开长芦寺前往法云寺的时间为熙宁三年十二月至次年年初，法秀住锡的法云寺并非汴京的法云寺，而是京兆府的法云寺，并对宗赜的生年进行了考证。赵生泉《〈宋西北边境军政文书〉印记考释三则》分别考释了黑水城《宋西北边境军政文书》中"延安府印""鄜延路经略安抚使印""保安军金汤城铜朱印"。高仁《〈元史·百官志〉"照磨兼承发架阁"释误》结合传世典籍与黑水城出土元代钱粮文书、词讼文卷，认为《元史·百官志》诸路总管府条"照磨兼承发架阁"为"提控案牍"一职之误。杜立晖《黑水城所出元代劄子考》通过对黑水城文献中载有"劄子"文书的分析，认为黑水城元代劄子具有"劄子"和"呈文"结合的独特结构。张淮智《黑水城所出〈大德十一年税粮文卷〉整理与复原》通过对《中国藏黑水城汉文文献》中几件文书残片进行了甄别和缀合。周永杰《元代亦集乃路的物价——以黑城出土文书为中心》考证了粮食饮食、纺织品、牲畜、劳动力及日常生活用品等物价，并以米价为代表与北方其他地区进行比较，认为亦集乃路的物价水平整体偏高，对元代亦集乃路物价的波动情况及其影响因素也进行了研究。倪彬《读〈中国藏黑水城汉文文献〉中所收柬帖文书札记》对《中国藏黑水城汉文文献》中八篇柬帖文书的格式、性质、内容进行了讨论。宋坤《俄藏黑水城所出汉文〈六壬课秘诀〉版本辨正》通过对《俄藏黑水城文献》编号 TK173 文书版本考辨、年代分析，认为原编者定名金刻本《六壬课秘诀》有误，应为明清刻本《官板大六壬神课金口诀》。王巍《俄藏黑水城文书〈卜筮要诀〉考释》分录文、考释两部分对俄藏黑水城文书《卜筮要诀》进行研究，探讨了该文书的性质及其文献价值。卜凯悦《中国藏黑水城汉文文献刻本研究述论》分别从医药文书、宗教文书、历法占卜、儒学史籍、律令条文五个方面将黑水城汉文文献刻本研究情况进行了概括。

此外，还有文献学文章一篇。张琰玲、王耀《〈西夏研究〉文献信息计量分析（2010—2014）》采用定量与定性分析相结合的方法，对期刊栏目设计、刊文信息、作者信息等诸多方面进行研究，揭示《西夏研究》的办刊历程与影响力。

四　西夏语言文字

西夏语言文字研究文章共有 7 篇，其中语言方面 5 篇，文字方面 2 篇。虽然西夏语言文字在此次论坛中所占比重不大，但研究都颇具新意。

语言方面，日本学者荒川慎太郎《西夏词缀"耳"的用法》通过对西夏词缀"耳"的研究，认为其功能有系列前缀做动作指向或者完成式、标记性、动词后缀等。彭向前《西夏语中的对比连词"吞缨"》通过夏译汉籍、佛经中"吞缨"一词的分析，认为该词与藏语连词 ma gtogs 相当，作"只""仅""唯"讲，用于前一分句后，连接肯定与否定，构成比复句，表示对比关系。唐均《西夏语的施受格问题》通过对西夏语施受格的基本格局、衍生模式、比较研究，认为西夏语形态句法上的施受格与藏缅语有相似的部分，但是在显性标记成分之间则存在区别。朱旭东《西夏语和缅甸语天气方面的词语比较》通过将西夏语与缅甸语天气方面的词汇进行比较，发现二者有相当数量的同源词。在非同源词中，西夏语的词语多为单纯词，而缅甸语则多是复合词。梁松涛《〈宫廷诗集〉对汉语修辞的使用》即对西夏《宫廷诗集》中起兴、对仗、比喻、拟人、夸张、借代、对比、反问、反复、顶真等修辞的研究，还介绍了西夏宫廷诗歌中存在多种修辞手法合用的现象。

文字方面，贾常业《形似相同与不同的西夏字》依据西夏文字的字形结构原理，将形似相同与不同的西夏字分为形体音义相同的西夏字、形体相同而构字音义不同的西夏字和形体相近而形音义截然不同的西夏字三种，并提出了正确解读西夏文字的关键是掌握和识别其字符与字符之间的区别。刘景云《西夏"大拓跋国"考——析西夏文字竝辑荔"邦泥定"》通过对西夏国号竝辑荔"邦泥定"的辨析，认为"邦泥定"应为"大拓跋国"。

五　西夏考古艺术

西夏考古艺术文章共有 23 篇，其中文物考古方面 16 篇，艺术方面 7 篇。文物考古研究内容主要有遗址、金属器、瓷器、石刻、唐卡，艺术研究则主要有书法、绘画、音乐、装饰。

遗址方面，汤晓芳《阿拉善的西夏建筑遗址》从城址、烽火台、烽燧、掩体四个方面介绍了阿拉善的西夏建筑遗址。甄自明《鄂尔多斯地区的西夏窖藏》主要介绍了鄂尔多斯发现的 11 处西夏窖藏的分布，包括新民渠窖藏、陶利苏木窖藏、敖包渠窖藏、白圪针窖藏、瓦尔吐沟窖藏等的出土文物及其特点。孙寿龄《红撒喇巷、黑撒喇巷——武威市遗存的两道西夏街巷名》通过走访调查，从西夏语言、文献和历史传说的角度，认定武威街区遗留红撒喇巷与黑撒喇巷的巷名源自西夏。刘立云《西夏丝路遗址历史文脉与记忆研究》分别从丝路历史的背景、遗址、价值等方面对西夏丝路的多元文化进行介绍。

金属器方面，孙寿龄《泥板画验证泥活字印刷术的"薄如钱唇"》讨论了《梦溪笔谈》中"薄如钱唇"一词，认为该词所指既非字印高度，也非刻字深度，而是刻字笔画粗细。陈之伟《党项人与其铸造的铁质钱币》介绍了甘肃民乐县南丰乡铁城子村出土的天盛元宝、乾祐元宝钱情况。黎大祥《武威西夏亥母洞石窟寺与金刚亥母鎏金铜造像》介绍了亥母洞石窟寺的历史变迁及重要发现，通过与宏佛塔、拜寺口双塔所出造像进行比较，确认武威藏金刚亥母鎏金铜造像为西夏时期铸造。李玉峰《西夏粮食加工工具考》结合西夏铁杵臼、石磨等出土文物，史籍壁画中的碓、碾、足踏碓等记载，对西夏的粮食加工工具进行了系统的考证。

瓷器方面，党寿山《元与西夏经瓶辨析》分析了武威地区出土元与西夏经瓶，认为两者在胎质、釉色、器形、装饰上有明显的区别。党菊红《武威市博物馆藏西夏酿酒器》介绍了武威地区出土的酱釉剔牡丹花纹四系瓷瓮、豆绿釉四系瓷瓮、豆绿釉六系瓷瓮、褐釉六系瓷瓮、"光定四年"铭文豆绿釉残瓷瓮、酱釉剔莲花纹残瓷瓮、黄釉剔花瓷罐七种器形较大的西夏酿酒器。李进兴《西夏瓷器胎釉原料与窑温关系探析》认为西夏黑青釉主要采用当地黄土釉，白釉的釉色主要成分为石灰、瓷土和玻璃组成，西夏瓷器所用胎土为西夏境内的瓷土。张雪爱《西夏瓷器铭文及其价值述论》对目前所见包括宁夏灵武窑、武威塔尔湾窑所见西夏瓷铭文进行了讨论。何晓燕《以"刀"代"笔"的艺术——西夏博物馆藏西夏白釉剔刻花罐赏析》从西夏剔刻花技法制作工艺、剔刻花纹饰类型及剔刻工艺渊源，结合甘肃、内蒙古出土剔刻花器物进行对比，阐释了此件白釉剔刻花罐的精湛技艺。何晓燕《西夏陵区北端建筑遗址出土文物研究》阐述了西夏陵区北端建筑遗址历次清理发掘的建筑构件、瓷器、泥塑残件及残碑等，并归类整理介绍。

石刻方面，岳键《西夏寿陵残碑龙纹复原研究》通过对寿陵残碑龙纹残片的整理筛选，建立了便捷合理的纹样分类检索体系；通过一系列数理统计与多环节量化分析，构拟出了残碑纹样的标准复原图系；相继创建了"残片纹样同类图素比照定位系统""残片纹样多位图素综合排序系统"，成功缀合复原了寿陵残碑龙纹残片的全部纹样，并断定寿陵碑为卧碑。

唐卡方面，韩冬梅《藏学视野中的武威西夏文化——以武威西夏文物为例》结合《凉州藏文典籍》对西夏时期藏传佛教文化影响进行介绍，并对武威亥母洞石窟的三幅西夏时期的唐卡作品加以讨论。

书法方面，胡进杉《西夏文楷书书法略论》分别从西夏文楷书的笔画、结字、章法及风格四个方面的西夏文楷书进行了分析，并认为西夏文书法不只是西夏学的重要组成部分，也是中国书法艺术重要的一环。

绘画方面，张世奇、沙武田《历史留恋与粉本传承——敦煌石窟西夏千佛图像研究》分别介绍了敦煌西夏洞窟千佛洞图像、藏经洞归义军时期千佛粉本刺孔，认为敦煌莫高窟西夏千佛图像与曹氏归义军晚期千佛图像如出一辙，并对西夏千佛图像继承曹氏晚期千佛图像的原因进行了讨论。史伟《东千佛洞西夏佛教绘画艺术与周边地区佛教艺术的关系初探》分别将东千佛洞西夏绘画艺术与黑水城及贺兰山西夏统治中心区佛教绘画艺术、同期卫藏和回鹘绘画艺术、敦煌莫高窟和榆林窟绘画艺术进行比较，认为东千佛洞与莫高窟、榆林窟等同期绘画艺术有借鉴、交流。

音乐方面，杨满忠《党项西夏音乐文化述略》通过对党项西夏音乐文化的发展历程、内容、流传的梳理，论述了党项、西夏音乐文化产生的社会基础及其发展情况。刘文荣《俄藏西夏汉文本〈杂字〉所见龙笛乐器考》从宋夏音乐文化交流、元存夏乐以及通过大量图像对西夏的龙笛乐器形制、使用场合等进行了详细考证。

装饰方面，王艳云《西夏刻本中小装饰的类别及流变》通过对西夏文刻本文献行距、段落、页眉和页脚空白处不同类型小装饰的对比和分析，理清了这些小装饰之间的组合、构成及流变等关系。任怀晟、魏亚丽《图像中的西夏皇帝服饰》对所见的 7 幅帝王像服饰进行了较为系统的梳理，确定了莫高窟第 409 窟西夏帝后供养像所穿的为西夏帝王服饰。

总之，这次论坛可谓群贤毕至，来自中国、俄罗斯、日本、法国、美国等国及中国台湾、中国香港地区高校和科研单位的 120 多位专家学者在论坛上展示热烈的讨论，达成了许多共识。首先，在理论方法、具体问题研究上解决了实际问题。如荒川慎太郎、彭向前分别解决了西夏语法研究存在的一些词缀、连词问题。宁夏大学西夏学研究院诸位专家对《天盛律令》的研究推动了西夏法律制度研究。其次，公布了新材料。如赵天英、罗曼分别公布了甘肃瓜州博物馆、法国国家图书馆收藏的一批西夏文文献。最后，提出了新问题。如沈一民、朱桂凤对古地图中西夏的研究就是很好的展示。但是，这次论坛也存在一些问题。如学术史的缺失，学术观点的雷同，在文献译释上还存在翻译流于形式、未进行深入研究等问题。总的来说，这次论坛是近年来西夏学、河西历史文化研究成果一次很好的展示，推动了西夏学国际学术交流，对于"河西学"构建也大有裨益。

第四篇

学术动态

【2015 康平·首届中国辽金契丹女真史学术研讨会】

一 会议概况

2015 年 8 月 17 日上午,由中国民族史学会辽金契丹女真史分会、中国民族古文字研究会、辽宁省辽金契丹女真史研究会主办,沈阳市康平县历史暨辽金文化研究会承办的 2015 康平·首届中国辽金契丹女真史学术研讨会正式开幕。时任康平县县长王志刚、中国民族史学会辽金契丹女真史分会会长宋德金、中国民族古文字研究会副会长聂鸿音、辽宁省金契丹女真史研究会会长刘宁先后分别在开幕仪式致辞。该次研讨会共提交学术论文 60 篇,各位专家学者对辽代捺钵、辽金地理、考古、经济、社会史等方面的课题进行了广泛交流和深入探讨,取得了丰硕的研究成果。按照研讨会日程安排,17、18 两天与会专家学者还实地参观考察了康平辽金遗址祺州城址、辽河故道、卧龙湖生态区、康平博物馆、那尔苏王陵等历史人文景观。

二 研讨会评述

会议采取分组讨论的方式,共分为辽史与契丹组、金史与女真史组、中国民族语言组。

(一)关于康平地区辽金历史的介绍与研究

康平县具有悠久的历史,其与辽金文化渊源颇深,其周围已发现六座辽金城址。研究康平县的历史对研究辽金史亦有极大的裨益。通过观看《印象康平》的纪录片,不仅对康平县的当前以及未来的发展情况有了一定的了解,而且对康平县的历史有了更加深刻的认识。一些与会的专家和民间学者也对于康平地区发现的辽金墓葬、城郭遗址与出土的文物进行了相关的介绍与研究。如周向永对康平县马莲屯的两座墓葬的年代与族属的考证,得到与会专家学者的一致认同。孙会久的“康平辽金历史文化简介”发言,使康平县所属周围的辽金古城遗址以及卧龙湖生态景区一并被与会学者所认知,使与会学者深切体会到康平县的巨大历史魅力及其对加深辽金史研究的学术意义。

(二)关于辽史及契丹史的研究

一直以来,历史学界,尤其是辽史学界,对辽朝何时建国的准确时间及辽朝国号是否一直称辽等问题有争议,并存有疑惑。在大会发言当中,刘凤翥先生在关于“辽朝的建国和国号”发言中,就对这一系列问题进行探讨:目前学界盛行的说法是辽代于 916 年建国,此说法滥觞于《契丹国志》,而《辽史》对此并未有明确的记载,但有“享国二百一十九载”的记载,辽朝于 1125 年灭亡,若据《辽史》所记进行推算,只能得出辽朝建于公元 907 年的结论。

关于辽朝国号是否称辽的问题,冯家昇先生有:“辽”之国号仅施于南京路,而非施于整个辽朝的观点。之后的刘浦江、林鹄都持有此观点。

刘凤翥先生通过对辽代墓志上的契丹大小字的解读,认为辽太宗把契丹国号改为“辽”,在契丹语中为“辽契丹”,辽圣宗又把国号改为“契丹”,在契丹语中又有“契丹辽”。辽朝有“辽、契丹”双国号。由此认为“大辽非契丹国号"和"大辽国号仅施于南京路或燕云十六州汉地"的说法都是不对的。此观点可谓令众多学者耳目一新。

除此之外，也有学者对辽朝的后族、政治制度、壁画文物等做出研究，尤其是法国学者马颂仁对契丹人木叶山地理位置的考证，也受到与会学者的认可。

（三）关于金史与女真史的研究

相对于辽朝建国时间及国号问题对于研究辽史的重要性而言，金史学界对金朝建立者女真族完颜部的来源也是一个重要研究点。韩世明在发言中，利用近些年来出现的考古方面的资料与成果，对以完颜部为主体的女真族的族源问题进行了探讨。令与会学者对这一问题有了更加深入的认识。

其他与会学者对金史及女真史的研究更是涉及众多方面，有政治、经济、文化、人物、考古、社会生活乃至民族融合等多个方面。总体而言，金朝时期女真族与汉族等其他民族的交流与融合也是主要论题之一。从金朝建立之前女真族内部的融合与分化，到金朝建立之后，从法制变革、宗教政策中所体现的对中原汉文化的认同，实行"交钞"体现出的对北宋"交子"的借鉴与创新，以及女真族与汉族互相通婚，都体现出民族融合这一趋势。

（四）关于民族语言文字的研究

关于民族语言文字研究的重点主要分为契丹文、女真文、西夏文三个方面，聂鸿音先生的"关于契丹制字的一则补注"的发言中表示：契丹造字是依据汉字的"隶书"而成，这是为契丹文字研究者所默认，但迄今见到的契丹大字都是唐楷，完全不见传统隶书之风格。与契丹文字相近的女真文更是直接仿"汉人楷字"所造。因此可以表明"隶书"在当时人的心目中不过是"楷字"的别称。当时契丹造字所用的"隶书"的真正概念与之前所称"八分书"已不同，这时的"隶书"已经成为民间惯用的楷书。吴英喆的《萧查剌相公契丹文遗言》和吉如何的《关于若干契丹字的读音》论文介绍中都对契丹文字做出了相关的研究。

关于西夏文方面，王龙和孙颖新分别对辽代佛经和《孝经》的西夏文译本做出研究。女真文方面则有孙伯君对"昌黎碣石山金代题记"的研究与金适的对"女真文"写作的研究。唐均更是以"匐"字为例，分析了契丹语、女真语、西夏语之间的不同。

三　实地参观考察记述

（一）祺州城城址

祺州城城址，俗称小塔子城址。位于沈阳市康平县郝官屯乡小塔子村。1988 年列为省级重点文物保护单位。辽代开国皇帝耶律阿保机创建的祺州城，城址呈正方形，南北长 380 米，东西宽 260 米，东、南、西辟有城门，现城门清晰可辨，现存城墙墙基宽 10 米，墙高 2 米—5 米，顶宽 1 米—2 米，城南有护城河遗迹，现在城址内已辟为农田。城址对研究辽太祖耶律阿保机进入中原将所俘人口掠回后建立州城等有关历史具有重要的参与价值，也是研究康平县历史、地理沿革情况的实物资料。城址西侧存有一座辽代佛塔，塔高 30 米，为八角十三级实心密檐式构建。塔基座围长 30.96 米，基座高 2.3 米。佛塔塔身的佛龛、坐佛、协侍、飞天、斗拱、小壁塔等砖雕艺术，虽经千年风剥雨蚀，但状貌神态仍栩栩如生。

（二）康平博物馆

占地面积 1 万平方米，建筑面积 6619 平方米，入口处左右为青牛、白马雕像，展现了契丹民族起源的传说。博物馆在陈列布局上，新颖的设计理念和现代科技完美结合，分基本陈列和临时陈列两部分，其中基本陈列包括历史陈列、民俗陈列、近现代史展、教育史展、经济建设展等，临时陈列包括名人书画展以及其他临时展览。

专题厅内藏品丰富、内涵深远，共有历史文物 1417 件，其中珍贵文物 558 件，它们是国家一级文物 7 件，二级文物 67 件，三级文物 484 件。同时，康平博物馆征集了各类民俗文物 700 余件，包括具有时代特征的生产生活用品、民间工艺品、祭祀用品及度量衡器具、玩具等，全面展示了康平历史文化。

（三）那尔苏王陵

那尔苏王陵为清朝僧格林沁长孙——诚慎亲王那尔苏的陵墓，位于康平县柳树屯乡糖坊村添寿庄，建于 1883—1889 年。陵园建在岗地上，三面环山冈，南面开阔平坦。该陵墓于 1947 年被掘毁，现存城墙较为完整，主体部分现正在进行重修。陵内还矗立几株古松。1990 年，康平县人民政府公布为重点文物保护单位。

（张新潮）

【中国考古学会宋辽金元明清考古专业委员会成立会议】

中国考古学会宋辽金元明清考古专业委员会成立会议，于 2015 年 10 月 22 日在扬州召开，会议通过了宋辽金元明清考古专业委员会的工作条例，选举了北京大学杭侃为主任委员，中国人民大学魏坚、中国社会科学院考古研究所董新林、内蒙古博物院塔拉、陈永志、北京大学秦大树，陕西博物院王小蒙，吉林大学冯恩学等为副主任委员，宁夏回族自治区文物考古所朱存世、山西大学李君、河北省文物研究所张春长、吉林大学彭善国、辽宁省文物考古所万雄飞、黑龙江文物考古所赵永军等为委员。

（周 峰）

【"契丹后裔历史文化在城市建设与文化旅游发展中的挖掘和应用研讨会"纪要】

2015 年 3 月 27 日至 29 日，来自北京、内蒙古、黑龙江、吉林、辽宁、河北等 7 个省区市的 50 余位考古、历史文化学者，在滇西保山市的施甸县召开"契丹后裔历史文化在城市建设与文化旅游发展中的挖掘和应用研讨会"，参加这次会议的有中国社会科学院民族学与人类学研究所契丹文字研究专家刘凤翥、北京文物考古研究所原所长齐心、内蒙古社会科学院民族研究所前所长孟志东、云南大学教授杨毓骧及七省区市从事文物考古、民族研究的专家学者。施甸县十分重视这次会议，相关县领导参加会议，并与参加会议学者交谈。在研讨会上，专家和学者为施甸县打造契丹后裔文化品牌，发展区域文化和城乡经济，开发旅游精品路线出谋划策。同时为《青牛白马的迁徙》一书的初稿提出修改意见。《青牛白马的迁徙》是施甸当地学者编写的一本历史通俗读物，学者们认为即便是通俗读物也要做到史实准确无误，大家对该书的体例、内容及文字方面提出了很多修改意见，对提高这本书的学术水平和社会影响力、社会普及率等都起到了很大的帮助作用。在施甸县历史上举办此类高规格、大规模的历史文化研讨会尚属首次。

契丹，是起源于东北辽河流域的一个古老民族。公元 916 年，其首领耶律阿保机建立了辽王朝，至 1125 年天祚帝耶律延禧被金所灭，前后延续达 200 余年。辽政权灭亡后，契丹族便在中国历史上逐渐消失了，他们的后裔大部分都融合到汉族和其他少数民族当中去了。据有关史书和碑文、家谱等记载追述，有一大批契丹官兵于蒙古宪宗三年（1253）随元世祖忽必烈所率蒙古大军南征，平定云南后，留居滇西各地从事驻防和屯垦，遂占籍云南。明、清及民国时期，云南契丹后裔自称"本人"或"本族"，有的被封为土目、土舍等官职。至今尚存的永昌（今保山市）施甸长官司就是契丹后裔世袭统治一方的府署。施甸长官司，在史料上亦记作"石甸长官司"。另外在保山地区还有凤溪长官司，其长官也由契丹蒋氏家族成员世袭。施甸是云南境内契丹后裔人口聚居最集中的地方，据学者和专家们 20 世纪 80 年代调查证明，分布在今云南省境内的保山、临沧、大理、德宏、西双版纳等地的契丹后裔总数约有 15 万人，施甸境内就有 9 万。目前施甸总人口 34 万，契丹后裔约占四分之一强。谱牒资料也明确记载，施甸契丹后裔原姓阿，后改莽，又改蒋。今施甸蒋姓即契丹族后裔当中的著姓。当年在随蒙古军队进入云南的契丹族官兵中，最著名且有代表性的人物是莽古带，即蒋姓先祖。根据云南契丹后裔所保存的一些族谱史料可知，蒋姓先祖是辽太祖之裔，莽古带是辽兴宗的二弟和鲁斡的裔孙。莽古带的子孙在元朝中期分别被授予官职，至元朝末期，一直担任永昌府施甸长官司长官。德宏傣族景颇族自治州蒋家云所珍藏的《勐板蒋氏家谱》记载："蒋氏祖先姓耶律氏，名阿保机，创建辽朝，为金所灭。后裔以阿为姓，又改为莽。在元初，随蒙古军队南征有功，授武略将军之职。明朝洪武年间，因麓川平缅叛有功，分授长官司，并世袭土职。后又经历数代，改为蒋姓。"保山施甸县木瓜村蒋文良收藏《施甸长官司族谱》："辽之先祖始炎帝，审吉契丹大辽皇；白马上河乘男到，青牛潢河驾女来。一世先祖木叶山，八部后代徙潢河；南征钦授位金马，北战皇封六朝臣。姓奉堂前名作姓，耶律始祖阿保机；金齿宣抚抚政史，石甸世袭长官司。祖功宗德流芳远，子孙后代世泽长；秋霜春露考恩德，源远流长报宗功。"明洪武十四年（1381），朱元璋令傅友德等率军平定云南，同时招降边疆民族首领，滇西契丹后裔投诚明王朝后，多被授为大小土官，世袭长官司长官。

20 世纪 80 年代末，刘凤翥、孟志东、杨毓骧等专家学者一直对云南的契丹后裔进行着持续的关注和研究。全国学术界根据多年的史籍研究、田野调查、实地调查、DNA 比对等方法，确认施甸县是除了内蒙古达斡尔族外，国内仅存的契丹后裔聚居地，也是国内唯一留存契丹历史遗址的地方。曾著有《施甸蒲满人（布朗族）社会文化调查》一文和《云南契丹后裔研究》一书，详细介绍云南契丹后裔的历史与现状。当年入滇的契丹族军官与士兵就地安家落籍，开契丹族入居云南之先河，成为云南契丹族的来源。施甸长官司至今已有 600 多年历史，它不仅对契丹民族研究具有很高的历史文物价值，还对当地历史旅游文化建设具现实意义。除施甸长官司外，在施甸境内至今还保留了契丹后裔的先祖碑、墓志、宗祠、庙宇等遗迹。

与会的专家学者一行在会议开始前先实地考察了施甸长官司及大竹棚蒋家宗祠、木榔村耶律宗祠、少保寺等契丹历史遗迹，又参观了契丹文化广场、水墨古村、契丹古镇等城市建设项目。施甸长官司署衙，位于县城北侧 3 千米处，这处古建筑群始建于明代。在实地考察过程中，专家们又有了新的发现，采访到一些明显具有契丹文化特点的食品文化、语言记忆和地名记忆等学术素材。例如，在饮食文化的变迁过程中，施甸人仍然保持着逢年过节吃粑粑丝、饵丝和清明节扫墓用米粉做"饺子"的饮食文化。据老人们讲述，祖先从北方迁到云南之后，由于云南不是产麦区，为了让家人吃上面条和饺子，家庭主妇们绞尽脑汁用大米磨成粉，制作"面条""饺子"，这就是当今施甸的传统风味食品粑粑丝、饵丝、饵块等地方小吃的由来。专家学者在会议期间建议，施甸应该将该县境内丰厚的历史人文景观和美丽的自然景观充分利用起来，开辟新的旅游路线，吸引更多的国内外游客到这一地区旅游，大力发展这一地区的旅游业和经济。

会议期间，专家学者们还围绕施甸在契丹历史遗迹保护、文化传承以及利用契丹后裔文化进一步发展旅游产业等问题各抒己见。在实地考察施甸契丹遗址、遗迹，了解施甸契丹后裔文化的基础上，全国各地知名专家、学者提出：要从契丹遗迹保护、博物馆建筑风格、体育竞技活动、餐饮、服饰、旅游产品开发等方面，着力打造契丹文化品牌。北京文物考古研究所前所长、中国辽金史研究会名誉会长齐心建议：施甸就打着（契丹后裔）这个王牌发展经济。因为搞历史研究要从书斋走出来，历史研究为现实服务才有生命。要加强施甸的正能量的宣传，宣传重点是这里不但有物质财富，更重要的是精神财富。爱国、戍边这就是宝贵的精神财富。

内蒙古考古研究所副所长、研究员盖之庸认为：施甸在打造契丹文化的过程中，应该重视什么是契丹的文化符号，千万不要有偏颇。蒋氏祠堂本身的主题是旧的，周围全是现代建筑，这肯定不行。因此建议一定要修旧如旧，恢复原貌。内蒙古博物院院长、研究员塔拉建议：从建筑、民风、历史，甚至找到考古发掘资料，从这些来发掘施甸契丹后裔这几百年来的文化元素，打造施甸的契丹文化品牌。吉林大学文学院历史系教授、中国辽金史学会副会长兼秘书长韩世明建议：以后应该在施甸召开一个全国性的或者国际性的学术研讨会，更加深入探讨该地区的契丹文化，施甸应该把契丹文化这个品牌推向社会，今后进行文化产业开发。

中国社会科学院民族学与人类学研究所研究员刘凤翥先生对施甸方面要建一个契丹文化广场的计划极为赞同，认为这个很有价值。因为现在各个城市都在打造地方文化品牌，建起的文化广场很多，但是有的徒有其表，内容并不丰富。施甸这个地方如果建造起一个文化广场，应该是以契丹文化为基础的一个精品广场。特别是施甸计划要建一个契丹文字的碑林，研究契丹文的专家对这个很感兴趣，因为就目前来说，我们国内北方、南方都没有类似的碑林。北方出土的契丹大字和契丹小字的碑刻大概是四十多方，大字十多方，小字三十多方，这些原件分别收藏在各地的博物馆中，还没有把它们集中搞成一个碑林。建契丹文字碑林，在全国还没有这样的先例，所以施甸如果能够搞出这样一个契丹文字的碑林，这在全国就是一个首创。以后将会成为到云南来旅游的一个景点。

其他与会的专家和学者如孟志东、杨毓骧，内蒙古社会科学院副院长兼民族研究所所长毅松、内蒙古社会科学院历史研究所原所长何天明与刘蒙林、赤峰历史文化学院院长任爱君、内蒙古大学蒙古学院教授吴英哲、呼伦贝尔学院副院长郭伟忠等也都在会上先后作了精彩发言，为推动施甸县旅游文化发展及城市建设提出大量宝贵意见和建议。

会议期间，学者和专家还就云南施甸县契丹后裔文化的各个学术领域开展广泛的研讨和交流。

概而言之，这一学术研讨会对科学利用契丹文化发展特色旅游产业、推动施甸经济社会发展，对契丹文化有效融入当地城市建设、旅游开发等提出了发展思路。与会专家普遍认为，契丹后裔文化在当地的文化建设中占有重要地位，充分研究、挖掘、保护和开发利用契丹后裔文化元素，对推动和促进当地经济社会文化旅游等各项事业发展，将产生积极作用。

(都兴智)

【"北方民族与丝绸之路"博士后论坛简介】

2015 年 10 月 11 日，由全国博士后管委会办公室、中国博士后科学基金会、宁夏回族自治区人力资源和社会保障厅主办，宁夏大学承办、宁夏大学西夏学研究院协办的"北方民族与丝绸之路"博士后论坛在宁夏大学召开。该届论坛是为了纪念博士后制度实施 30 周年，进一步提高博士后培养质量，更好地为博士后研究人员搭建学术交流平台，由宁夏大学民族学博士后科研流动工作站结合国家"一带一路"战略和学校学科建设特色向全国博士后管委会办公室申请资助。

该博士后论坛共收到来自中国社会科学院、北京师范大学、兰州大学、陕西师范大学、河北社会科学院、河北大学、河北师范大学、西北师范大学、辽宁师范大学、辽宁商学院、南京农业大学、上海传媒研究院、天水师范学院、宁夏大学等高校和科研院所的 80 多位博士后、博士以及青年教师提交的论文 50 多篇，论坛围绕"北方民族与丝绸之路"主题进行了为期两天的学术交流。

该届论坛由两部分组成，第一部分由中国社会科学院学部委员史金波、宁夏大学陈育宁、清华大学沈卫荣、中国人民大学王子今、首都师范大学李华瑞、澳门大学汤开建、宁夏大学杜建录等著名学者分别就草原民族与丝绸之路、中国民族史与丝绸之路、宋辽夏金元时期的丝绸之路等问题进行专题讲座。第二部分是与会的博士后、博士等青年学者就北方民族史，辽、唐、宋、夏、金、元时期北方草原丝绸之路以及丝绸之路上的民族关系、民族文化、交通、城镇、商业、农业、中外交流等相关问题展开了深入探讨。

在两天的讨论中，与会专家学者认为，以往对我国境内的丝绸之路的研究侧重于中原王朝，该博士后论坛最大的特点则以北方民族为切入点，指出了辽夏金元等少数民族政权继承和发展了丝路贸易，深化了我国古代丝路贸易和丝路文化的研究。

（于光建）

【《西夏文大词典》编纂工作会议在宁夏大学召开】

2015 年 12 月 26 日，由中国社会科学院西夏文化研究中心、宁夏大学西夏学研究院主办的《西夏文大词典》第二次编纂会议在宁夏大学西夏学研究院会议室召开。来自中国社会科学院、宁夏大学西夏学研究院、宁夏社会科学院、北方民族大学、西安交通大学、云南大学、敦煌研究院、武威市博物馆、社会科学文献出版社等单位的 30 多位专家学者出席了会议。

中国社会科学院学部委员、著名西夏学专家史金波代表大词典编委会介绍了《西夏文大词典》课题自启动以来的工作进展、参编人员工作分工、编纂体例、词条释录格式等基本情况，并就下一步工作任务和目标提出了新的要求。参会专家就各自承担的词条任务，讨论了遇到的各种疑问，并就如何进一步完善《西夏文大词典》提出了许多宝贵的建设性意见。

杜建录从西夏文人才培养、西夏学学科建设等方面，阐述了《西夏文大词典》编纂的重大学术价值和意义，希望参与编纂工作的专家学者在下一步的工作中要高度重视，认真做好每一个词条，使《西夏文大词典》成为经得住时间和学术检验的传世之作。会议确定在 2016 年夏天召开第三次编纂工作会议暨西夏文字研讨会。

（于光建）

【保护东方金字塔——合力推动西夏陵申遗工作】

西夏陵是我国 11 世纪初以党项族为主体建立的西夏王朝的皇家陵园，位于今宁夏回族自治区银川市西郊约 35 千米的贺兰山东麓，为西夏文明留存至今规模最大、等级最高、保存最完整的历史文化遗存。陵区面积约 58 平方千米，现存 9 座帝陵和 271 座陪葬墓以及 1 处北端建筑遗址、砖瓦和石灰窑址数处。

2011 年 11 月 23 日，在国家文物局和宁夏回族自治区政府的合力助推下，西夏陵申报世界文化遗产工作正式启动。

此后，宁夏成立了自治区申遗工作领导小组，积极与国家文物局协商沟通，逐年加大西夏陵的投入力度，西夏陵的文物保护事业迎来了前所未有的发展契机，文物本体保护工程、环境整治工程、安全防范工程、西夏博物馆迁建工程、申遗宣传等各项工作紧张有序地开展。纵观五年奋战，西夏陵申遗工作呈现出以下特点：

一 规划先行，统筹申遗工作

中国建筑设计研究院建筑历史研究所是我国最早涉足文化遗产研究与保护的科研单位，近年来参与了丝绸之路（中国段）、杭州西湖、元上都遗址等 12 处中国预备申报世界文化遗产项目，完成长城、故宫、莫高窟等 5 处世界文化遗产保护规划与工程项目，可谓是中国申报世界文化遗产相关规划和文本编制的领头羊。为了避免多走弯路，银川市政府委托中国建筑设计研究院建筑历史研究所为西夏陵申遗相关规划和文本的编制单位，先后编制完成《西夏陵国家考古遗址公园总体规划》《西夏陵申报中国世界文化遗产预备名单文本》《西夏陵保护管理规划》《西夏陵展示利用工程方案》《西夏陵环境整治工程方案》《修编〈西夏陵保护规划〉》《西夏陵申报世界文化遗产文本》等。上述规划和方案的编制，以真实完整地保护西夏陵遗产本体为根本目的，对西夏陵的价值及载体认定、管理体系、保护、研究、展示、宣传等方面进行策划，以指导该

遗产保护和展示利用的长期和可持续发展，为申报世界文化遗产奠定基础。

二 项目依序推进，契合规划

依据申遗相关规划的要求，自 2011 年以来，已完成了 1、2、3、4、6 号帝陵及 3 区 39 号陪葬墓的加固保护工程。5、7、8、9 号帝陵及北端建筑遗址的本体保护工程正在进行，2016 年年底将全部实施完工。环境整治和展示利用工作也随之开展，2013 年完成了 3 号、4 号陵周边环境整治工作，整治面积 4 万余平方米，不仅恢复了原始地貌，也使贺兰山与帝陵遗存之间的视觉效应得到良好的展现；2014 年 12 月空军某部老营区建筑拆迁工作顺利开展，拆除、平整面积十余万平方米；2016 年 2 月相继拆除陵区内的大夏宾馆、西夏风情园、3 个养殖场和 14 户农户房屋，以恢复遗产地的原貌。为了配合申遗，2014 年 9 月完成了通往双陵的游览道路及管理中心建设；2016 年 2 月西夏博物馆迁建工程和综合管理中心建设工程正式破土动工，有望于 2017 年上半年正式开放运营。此外，西夏文物征集、安全防范系统工程、遗址区气象和环境监测系统建设及申遗数据库存建设、《西夏陵申遗宣传片》等工作都在紧张有序地开展中，助推西夏陵申遗稳步前进。

三 聚专家智力，提炼西夏陵突出普遍价值，向更多申遗标准靠拢

申报世界文化遗产，不仅要符合联合国教科文组织《保护世界文化和自然遗产公约》中的 6 条标准，还要提炼遗产地的突出普遍价值。为了很好地阐释西夏陵的突出普遍价值，向联合国教

科文组织提交强有力的学术支撑和智力支撑的文本，自治区政府和银川市政府，先后召开多次西夏陵突出普遍价值研讨会。专家一致认为，西夏陵真实、完整的遗存，揭示了西夏王朝君主的世系存在，可为这一业已消失的古代文明提供特殊的见证；并以其在选址、格局、形制等方面的明晰制度，造型宏伟、风格独特的陵墓建筑以及建筑遗构与建造技术等方面的特色，展现出11—13世纪在以贺兰山为地理中心、于黄河河套及河西走廊一带所发生的跨区域的多种文明与文化的融会与冲突交替作用：不仅在信仰、技术与制度等方面受到7—13世纪唐、宋等汉族文明发展的明显影响，也受到辽、金、吐蕃、回鹘等周边民族和政权各种文明不同程度的影响，展现出西夏在党项统治下的多民族兼容并存而又不失创造力的文化特性，在亚洲东部文明史上具有不可替代的地位。完全具备三条申遗标准：不仅满足"能为传愿至今的或已消逝的文明或文化传统提供独特的或至少是特殊的见证"，还满足"展现了在一段时期内或世界某一文化区域中人类价值观念的相互交流，体现于建筑、技术、纪念性艺术、城市规划或景观设计之发展"及"与具有突出的普遍意义的事件、活传统、观点、信仰、艺术作品或文学作品有直接或实质的联系"两个标准。

通过多方不懈的努力，西夏陵于2012年入列《中国世界文化遗产预备名单》，2013年被列入第二批《国家考古遗址公园立项名单》。2016年西夏陵申

遗工作已被自治区列为宁夏60大庆重大文化献礼工程，力争2018年申报成功，成为宁夏第一处世界文化遗产。

（周　伟）

【《西夏文物》编辑工作会议在宁夏大学召开】

2015年12月27日，由国家社科基金特别委托项目"西夏文献文物研究"专家委员组织，中国社会科学院西夏文化研究中心、宁夏大学西夏学研究院联合主办的《西夏文物》编辑工作会议在宁夏大学西夏学研究院召开。来自中国社会科学院西夏文化研究中心、敦煌研究院、甘肃五凉古籍编译中心、宁夏博物馆、宁夏文物考古研究所、银川西夏陵管理处、宁夏交通厅、宁夏文物局、宁夏人民出版社、宁夏大学西夏学研究院等高校科研院所的30多位专家学者和课题组部分成员出席了该次会议。

项目专家委员会常务副主任、宁夏大学西夏学研究院院长杜建录代表项目专家委员会介绍了参会人员和会议议题。该会议主题主要有三项。一是《西夏文物·宁夏编》的编辑审稿；二是对《石窟编》初审；三是《综合编》的工作进展汇报。

项目首席专家、专家委员会主任、中国社会科学院学部委员、著名西夏学专家史金波主持了"宁夏编""石窟编""综合编"汇报工作。

宁夏博物馆馆长李进增代表"宁夏编"课题组首先汇报了工作进展，并向专家委员会提交了18册《西夏文物·宁夏编》初稿。与会专家审阅后，在充分肯定了宁夏编所做的大量工作的基础

上，就初稿在文字表述、文物遗址取舍、文物遗址定名、图片选取、编排体例等方面存在的问题提出了宝贵的修改意见。

敦煌研究院科研处处长张先堂、敦煌研究院原考古所所长刘永增、敦煌研究院文物考古所副所长张小刚、宁夏大学西夏学研究院院长杜建录分别代表各自承担的莫高窟、榆林窟和东千佛洞、中小石窟、综合等编向与会专家汇报了各自课题进展、存在的困难及疑问。专家组在认真听取各编课题负责人的汇报后，从各自的专业角度，把脉诊断，解疑释惑，为保证最终成果的科学性、准确性提供了学术支撑。

项目专家委员会一致认为，《西夏文物》项目是一项具有重要意义和价值的工作，为保证成果的资料性、全面性、科学性，西夏文物、遗址、石窟的选取应坚持三个原则。一是确定是西夏的一定要收，二是疑似西夏的要收，三是确定不是西夏的坚决不收。同时，要邀请相关领域内的专家审阅把关。

项目专家组顾问，宁夏大学原党委书记、校长、博士生导师陈育宁代表项目专家委员会就此次《西夏文物》编辑会议进行了总结，认为这次《西夏文物》编辑工作会议，是继7月召开的《西夏文物·甘肃编》《西夏文物·内蒙古编》出版座谈会之后的又一次重要会议。一是重点检查了剩余三编的工作进展情况。宁夏编进展较好较快，样书成型，基本完成了课题内容。石窟编也已基本成型，综合编项目正在紧张进行中。二是专家们对三编中存在的问题，指明了解决方法和思路。三编课题组要根据专家委员会提出的要求，集中时间精力，积极推进项目。宁夏编要在2016年1月底和3月中旬分批拿出清、定、齐书稿。石窟编、综合编在2016年年底基本完成。三是《西夏文物》项目是国家社科基金特别委托项目"西夏文献文物研究"第一个重大项目，就是摸清国内西夏文物的家底，对中国西夏学发展具有里程碑式的意义。通过重大项目，集体攻关，既体现了西夏学的基础性和科学性，又培养了西夏学人才队伍，从长远看具有奠基性。通过会议，广泛开展与国内外机构的交流，这是西夏学发展的无形动力。四是项目管理科学，进展顺利，成果丰富，形成了科学合理的管理体系和制度，为项目开展提供了制度保障。

项目专家委员会强调，《西夏文物》各编在积极推进项目速度的同时，要注意学术规范，确保成果的科学性、准确性、学术性，使之成为经得起检验的学术成果。并就2016年工作进行了部署安排，各编负责人也对2016年各自课题计划和进展目标做了表态。

（于光建）

【《西夏文物·宁夏编》工作综述】

西夏是我国中古时期西北部地区一个有重要影响的封建王朝，立国达190年，与北宋、南宋、辽、金先后鼎足而立。但二十四史中，唯独没有西夏专史。由于资料散佚、实物稀缺，西夏也被罩上了神秘的色彩，被称作"神秘的西夏"。然而，作为一个独立的封建王朝，西夏统治境内留下了大量的文物和文献资料。现存的西夏文物作为西夏研究的重要内容，是破解"神秘的西夏王朝"不可或缺的钥匙。由于历史原因，大量文物分藏于不同国家、不同地区和不同单位，庋藏密库，极少公布，制约了西夏学术的深入研究。

2011 年国家社科基金特别委托项目"西夏文献文物研究"将《西夏文物》的系统编纂出版列为重点，首次对存世西夏文物开展全面调查、整理和研究，首次建立完整的西夏文物资料体系并公之于世，是一项具有开创性和基础性的重要学术工程。该项目是由中国社会科学院西夏文化研究中心、宁夏大学西夏学研究院、甘肃省古籍文献整理研究中心联合内蒙古、甘肃、宁夏等省区文物考古部门共同编纂的大型文物研究丛书。宁夏回族自治区博物馆承接的《西夏文物·宁夏编》是"西夏文献文物研究"的重大子课题，由中国社会科学院学部委员、著名西夏学专家史金波先生担任总主编，宁夏博物馆馆长李进增担任宁夏编主编。

一　工作回顾

宁夏作为西夏古都所在地，域内有极其丰富的西夏遗存，因此，《西夏文物·宁夏编》作为"西夏文献文物研究"的重大子课题，亦是一项浩大的工程。该课题自 2011 年立项至 2016 年 6 月，在长达 5 年的辛勤工作中，宁夏博物馆投入了大量的人力、物力和财力，先后组织过两次大规模的文物调研工作。第一次是对可移动文物的调查。2011 年《西夏文物·宁夏编》立项之初，由宁夏博物馆馆长李进增亲自带课题组成员亲历宁夏区内各市县的 20 余个国有文博

单位，将所有的西夏文物从各市县的展厅、文物库房中一一调拨出来，按照《西夏文物》的体例要求逐一进行拍照和编录。第二次是对西夏遗址的复查。2015 年 10 月始，由宁夏博物馆陈永耘副馆长带领课题组成员深入田野，对宁夏境内所有的西夏遗址进行了为期 3 个月的调研工作。在田野调查过程中，各市县文博单位不遗余力地给予了支持和帮助，当地文博部门的老专家们不辞辛苦地陪同与指导。

此课题自启动以来，历经 5 年，经过库房复查、田野拍摄，到文本和体例一次次的修改、完善；从文物的甄鉴论证会，到专家论证会，再到课题组内部的大小型会议等各种的会议四五十余次。此课题是集结了宁夏区内所有文博单位的集体力量、凝聚了众多课题组成员辛勤汗水而成的一部资料巨著。

二　主要内容

《西夏文物·宁夏编》首次对宁夏地区西夏文物遗存进行了全面调查、系统整理。"宁夏编"编委会充分发挥组织作用，分三部分同时推进编纂工作：一是遗址卷的西夏陵部分，二是遗址卷的其他遗址部分，三是可移动文物部分。

（一）遗址卷

遗址卷共 5 册，包括西夏陵卷 3 册和宁夏境内其他各类西夏遗址 2 册。

西夏陵是西夏王朝的皇家陵园，有其特殊性，故独立成卷。《西夏陵卷》内容包括 9 座帝陵，271 座陪葬墓，还有北端建筑遗址和十余处砖瓦、石灰窑遗址。

宁夏境内或与西夏有关的遗址共

143 处，分布统计完成后，经书面汇总分布数据，又按"类别""区域"两大部分进行梳理，以便于数据使用的不同需求。

按类别如下：

州城堡寨类：共有遗址 38 处。其中银川市 3 处，石嘴山市 2 处，吴忠市 12 处，中卫市 15 处，固原市 6 处。

寺窟庙塔类：共有遗址 38 处。其中银川市 28 处，石嘴山市 3 处，吴忠市 4 处，中卫市 3 处。

作坊窖藏类：共有遗址 18 处。其中银川市 11 处，石嘴山市 1 处，吴忠市 1 处，中卫市 2 处，固原市 3 处。

离宫墓葬类：共有遗址 18 处。其中银川市 6 处，石嘴山市 9 处，吴忠市 2 处，中卫市 1 处。

其他遗址类：共有遗址 31 处。其中银川市 21 处，石嘴山市 3 处，吴忠市 1 处，中卫市 4 处，固原市 2 处。

按区域如下：

银川市：共有遗址 69 处；石嘴山市：共有遗址 18 处；吴忠市：共有遗址 20 处；中卫市：共有遗址 25 处；固原市：共有遗址 11 处。

上述每一处遗址都附有区域位置图、地理位置示意图、遗址现状照片和一些珍贵的资料图。因遗址性质的不同，有些遗址还附有平面图和剖面图，如州城堡寨类和塔幢类。

（二）器物卷

器物卷目前初步汇总 22 册。按照《西夏文物》统一体例，器物卷下设金属器、陶瓷器、石刻石器、木漆器、造像绘画、织物、文献、建筑构件、其他

9 大卷，因文物的质地不同，每一卷又下设几个不同的小类别。该编所收录宁夏境内西夏可移动文物共计 2142（约 2000）件，其中金属器 60（约 70）件，陶瓷器 1350（约 1500）件，塑像绘画 191（约 200）件，织物 18（约 20）件，建筑构件 236（约 250）件，石刻石器 150（约 200）件，木漆器 8 件（约 10）件，文献 124（约 130）件，其他类文物约 5 件（之所以按约数计算，是因为有些文物以"组"为单位，每组又有数件文物）。后期又有大量增补，最终更新统计数据见出版物。

所收录的每一件文物注重以科学、严谨的文字对其进行描述。每件文物所附照片尽量采用多角度拍摄，四至六幅不等，包括文物的"正面""侧面""顶部""底部"，并对一级文物和其他品相好的珍品文物附有数张局部特写照片和线描图。且对钱币、印章附有拓片、朱印。

《西夏文物·宁夏编》的器物卷以瓷器为大宗，约 1500 件，其次为建筑构件（约 250 件）和造像绘画（约 200 件）。陶瓷器文物中以瓷器所占数目最大，瓷器也是整个宁夏西夏文物的大宗，种类多，不乏珍品。造像金属器包括金银铜铁钱币类文物，以铜器和钱币数量最多。造像类文物主要为人物和动物塑像。宁夏藏西夏绘画以绢质唐卡数量最多（12 件）。西夏织物较少，多为残片碎片。建筑构件主要出土于银川市的西夏陵区，因此也最具西夏民族特色。石刻类残碑近 100 件，主要出土于西夏陵，有汉文和西夏文两种。木器漆器收录文

物不多，以彩绘描金木桌和彩绘木雕花瓶最为精美。文献以西夏文佛经《吉祥遍至口合本续》和罗雪樵先生捐赠的《大方广佛华严经》等文物价值最高。

通过课题组成员的通力合作和艰苦努力，基本上摸清了宁夏境内西夏遗址和遗物的保存状况、分布状况和现状，目前汇总的 22 册材料大部分是新材料。此课题的开展，对西夏遗址、遗物的家底做了全面的梳理，尽管会有或多或少的疏漏，但是就目前而言，是比较全、比较新的。

三　学术价值

作为西夏的政治与经济中心所在地，宁夏域内留存西夏文物类型多，数量大，是全国各省区西夏文物中非常重要而独具特色的组成部分。《西夏文物·宁夏编》中文物类别多且价值高，其中有不少文物是第一次公之于世，具有很高的学术研究价值。

首先，课题的开展得以把原来分布零散的西夏文物集中在一起，全面展示，既传播了信息，也避免直接查看文物；既起到了保护文物的作用，又为西夏学界提供了一份最原始最珍贵的研究资料。

其次，课题的成果采取分卷刊布，分类编撰的方式，既是西夏文物种类丰富、数量众多的客观需要，也是西夏学界发现新问题，开拓新领域的主观努力。一定意义上，包括《宁夏编》在内的《西夏文物》将会是今后若干年内西夏学研究的新课题指南。

最后，《西夏文物·宁夏编》也是一套经过专家甄定的资料丛书。它以出土地为主，以征集物为辅；以确切年代为主，以疑似年代为辅，为学界提供了真实可信、系统厚重的文物资料，是研究西夏历史的第一手史料，其可靠性、权威性都是目前宁夏西夏文物资料中首屈一指的。

《西夏文物》中《内蒙古编》（4册）和《甘肃编》（6册）已于 2015 年7月份率先与读者见面。目前，《宁夏卷》的编纂工作也已接近尾声，各项目基本达到或超过了国家重大课题对本编的既有设计。《西夏文物》是新中国成立以来一项具有开创性和基础性的重要学术工程，列为国家社科基金特别委托项目，宁夏则是西夏考古文物的核心地区，《宁夏编》全体同仁躬逢其盛，戮力同心，工作得以顺利完成，将为促进西夏学的发展和深入研究提供新的系统材料。

（李进增　魏亚丽）

第五篇

书评·书讯

一部求新求实的辽代科举研究著作

——高福顺教授新著《科举与辽代社会》评介

崔莎莎　吴凤霞

2015 年底，吉林大学高福顺教授的新著《科举与辽代社会》一书由中国社会科学出版社出版。这是一部主要探讨辽代科举制度及其社会影响的学术著作，是作者对读博士期间所作博士论文《辽代科举制度研究》扩展与完善的成果。通览全书，有两点感触颇为强烈：第一，这是一部力主求新的著作；第二，这是一部旨在充实辽代科举制度研究的著作。

最值得赞扬的是《科举与辽代社会》一书立意求新。作者在《后记》中提及："博士学位论文答辩后，武玉环师要求不要急于将《辽代科举制度研究》面向读者，要做进一步的修改与完善。遵师言，在沉心修改博士论文过程中，始渐关注科举制度与辽代社会政治、文化、教育等的互动关系，已不囿于分析辽朝科举制度的静态层面，于是，研究兴趣点转由从对辽朝科举制度的静态分析向对科举制度的动态把握上，将科举与辽代教育、科举与辽代释褐进士群体的政治地位、科举与辽代社会儒家文化的繁荣作为新的研究对象，试图阐明科举与教育制度、政治制度、选官制度的互动关系。将辽朝科举制度活化后，确实收到了诸多始料未及的研究体会与心得。"[①]应该说作者不满足于仅仅探讨辽代科举制度的发展历程、运行机制和规模等制度史的问题，而是将视野拓宽，把科举与辽代社会的教育、文化、政治联系起来，从社会发展的角度审视科举在辽代社会更广大的层面上所发挥的作用和所产生的影响。这种延展表明了作者力求更全面准确地阐释辽代实施科举的意义。尽管由于史料不足，作者有时不得不采用推演的方法而无法得出确切的结论，仅能反映出发展的趋势，但是作者的努力也为人们认识辽代科举与教育、文化的密切关系，以及辽代科举对官吏选拔所产生的影响大有裨益。笔者正是通过阅读该书的第六章科举与辽代教育、第七章科举与辽代释褐进士群体的政治地位、第八章科举与辽代社会儒家文化的繁荣而对辽代科举的认识有了较大的改变，从前一直以来由于史书关于辽代科举的记载较少，印象中辽代科举的影响不大，阅读了该书后方知自己的浅薄，从中知晓了辽代推行科举对

[①]　高福顺：《科举与辽代社会》，中国社会科学出版社 2015 年版，第 350 页。

辽代教育、文化的带动作用以及对官员素质和社会风气的积极改变。可以肯定，作者不仅主观上立意新颖、追求视角变换，而且客观上确实达到了很好的效果。武玉环先生所作《序》充分肯定了作者在多方面所取得的学术突破，如《序》中指出："如科举肇始的提出、开科次数的论定、四试程序的阐明、考试内容的确析、进士称谓的辨析、释褐授官制度的存在、初授官职的定位等皆有独立的思考与理解，尤其是科举与辽代社会的教育、政治、文化等相互作用与影响，更是一种新的尝试。"① 武玉环先生在《序》中也概述了作者通过多方面求证而得出的独到见解："辽代科举制度初期沿用唐法，圣宗统和以降参用宋法，同时具有北疆游牧民族特色，体现了'因俗而治'双轨制的文化特征；辽代科举制度彻底改变以世选制度为核心选官任吏局面，扩大了辽代官僚机构统治基础；辽代通过科举选拔治世人才，充分体现了辽代积极吸纳儒家文化的心态；辽代释褐进士的政治地位、文化地位于辽代社会生活中得到充分体现，不仅凭借深厚的儒家经史才华能够顺利地完成辽代社会生活中的逐项文化使命，同时凭借卓越的治世才能官至宰执，参与辽代政治生活。"② 的确，该书作为制度史研究的成果主要围绕辽代科举制度展开，除了第一章导论是对选题的重要性、研究思路与方法、史料运用的说明及学术史回顾之外，其他八章（第二章至第九章）是该书的核心论述部分。大体上说，这八章又可分为三部分，其中，辽代科举制度的发展历程、辽代科举考试运行机制、辽代科举考试规模、辽代及第进士礼遇与"进士"称谓辨析的四章（第二章至第五章）属于制度史层面的研究，主要是考察辽朝科举制度发展中呈现的阶段性、运行机制、考试规模、诸类进士问题；科举与辽代教育、科举与辽代释褐进士群体的政治地位、科举与辽代社会儒家文化的繁荣的三章（第六章至第八章）属于互动关系层面上的求索，是基于更广阔的社会层面揭示科举与教育、文化、政治的关联；余论（第九章）自成一部分，作者力图总结辽代科举制发展不同于其他朝代的特点，且揭示了辽代科举对当时及金、元时代社会的思想影响。可以说无论是制度史层面上的严谨而有条不紊的分析，还是互动关系层面上相关史料的梳理和总结，都得出了令人耳目一新的结论。比如在辽代科举制度的发展历程这一部分，作者指出："辽代用武立国，兵势方张，庶事草创，礼文之用未遑，未及科举制度。直至太宗会同元年（938）取得'燕云十六州'之后，为稳定统治，适应当时政治经济发展之需要，始于南京地区设立科举制度，以收汉族、渤海族士人，充实辽代官僚机构。此后，经世宗、穆宗的政治变乱，科举之事设废无常，直至景宗保宁八年诏复南京礼部贡院，科举制度才稳定下来。辽初科举制度效唐朝科举之法而成，统治者亦相当重视，但随意性较大，并未完全制度化，主要表现为：地域上，仅限于儒家文化比较发达、以汉族聚居为主之南京地区；制度渊源上，基本沿袭唐朝科

---

① 高福顺：《科举与辽代社会》，中国社会科学出版社 2015 年版，第 2 页。
② 同上。

举取士之法；管理机构上，以南京礼部贡院管理科举事务；对象上，以南京地区汉族士人为对象。故此，辽初科举制度具有明显之地域性特征与非制度化特征。"① 又比如："由于释褐进士精通儒家经史，有着得天独厚的优势，故翰林院成为释褐进士的聚集之所，充任翰林学士承旨、翰林学士、知制诰者深得帝王之信赖与重视，在辽代社会生活中具有令人羡慕的社会地位与影响力。"② 可见，作者不仅主观上立意求新，实际上确实在论述问题视角上、在一些问题的结论性认识上都取得了可贵的新收获。

众所周知，学者们研究辽代史事、制度常常苦于史料匮乏而有巧妇难为无米之炊的感叹。然而，作者所选择研究的对象辽代科举制度的史料就很有限，且很零散，因为《辽史》没有《选举志》，金、元时期人对辽代科举也较少关注，对其规模的看法也不客观，甚至囿于政治立场还有偏见。就是这样一种史料现状，《科举与辽代社会》一书不仅理清楚了辽代科举制度发展过程中的诸多问题，还就科举所关联的教育状况，儒家文化发展，科举家族，释褐进士群体的地位、作用等一系列问题提出了较为明确的认识，全书篇幅达到 41 万字，其中的艰辛作者虽未言及但亦可想而知。从全书所征引的史料、文献可以推知在资料梳理方面作者用力甚勤。作者既用了基本的正史资料（如《魏书》《隋书》《辽史》《金史》《宋史》《旧唐书》《新唐书》《旧五代史》《新五代史》《明史》等），也用了别史、杂史的资料（如《文献通考》《续文献通考》《续通志》《辽史拾遗》《契丹国志》《唐会要》《五代会要》《资治通鉴》《续资治通鉴长编》等），又征引了一些史料笔记、文集类书籍（欧阳修的《欧阳修全集》、陆游的《老学庵笔记》、白居易的《白居易集》、韩愈的《韩昌黎集》、姚奠中主编的《元好问全集》、沈括的《梦溪笔谈》、田况的《儒林公议》等），更大量采用了辽代石刻资料，还充分利用、借鉴了现代人的研究成果。对史料搜集、运用所下的功夫也从本书的图表较多得到印证。全书除了第一章导论和第三章科举考试运行机制无图表外，其余的七章都有图表，全书共计 28 个图表，为此，特设图表目录。这些图表大致可以分为两种类型：一是数据型图表，如图表 2—1 辽代科举取士时间（988—1013 年）、图表 2—2 辽代科举取士时间（1014—1118 年）、图表 4—1 辽代科举考试时间统计、图表 4—2 辽代历科状元统计等；二是资料型图表：如 5—1 辽代乡贡进士题名录、图表 5—2《辽史》所载辽代"御试"详情、图表 7—1 辽代进士及第释褐后初授官秩等。无论哪一类图表都凝聚着作者的辛劳与智慧，彰显出作者求实的学术精神、认真的学术态度和扎实严谨的学术功力。应该说，关于辽代科举，近些年来，逐渐引起治辽金史学者的重视，正是作者不惜下大力气才成就了这部更加系统的辽代科举研究新成果，从而进一步充实和完善了辽代科举史。另外，文如其人，作者求真务实的态度也在其书中的文字表述中有所反映，全书文风质朴，不尚华丽，以表

---

① 高福顺：《科举与辽代社会》，中国社会科学出版社 2015 年版，第 35 页。
② 同上书，第 308 页。

达清楚明白为根本。总之，该书的求实既表现在所用资料的丰富上，又表现在数据统计的详明上，还反映在文字表述朴实明确的风格上，更体现在研究视角的变换与研究问题的全面上。

综上，高福顺教授的《科举与辽代社会》一书是一部内容充实、视角新颖的深入探究关于辽代科举制度研究的最新成果，其学术价值在多个方面都值得关注和肯定。

衣带渐宽终不悔，药方研究结硕果

——评《黑水城出土西夏文医药文献整理与研究》

吴　珩　杨　浣

近年来，随着世界各地西夏文献文物资料的全面刊布，特别是通过中外学人长期不懈的辛勤耕耘，西夏学和西夏史基本上甩掉了"绝学"和"秘史"的尴尬称号。但是，出乎人们意料的是，围绕着西夏提出的问题不是减少了，而是增多了。比如西夏人长得什么模样？穿的什么衣服？吃的什么食物？住的什么房子？坐的什么车子？信的什么宗教？等等，不一而足。针对这些五花八门的疑惑和日益增长的西夏文化需求，西夏学界也尝试着做出力所能及的解答。那么，梁松涛教授的新著《黑水城出土西夏文医药文献整理与研究》回应了一个什么样的问题呢？说白了就是西夏人生病通常吃的是什么药？他们的医疗水平到底怎么样？

这个看似普通但却不易回答的有趣问题，耗去了梁教授近十年的青春韶华。期间的主要难关有二：一是民族文字关。西夏人留存下来的医药文献主体大多由西夏文写成，其中不乏行书和草书，这给研究者的文字辨识能力带来了极大的挑战。二是医药文献关。以地理环境和形成时代而论，黑水城出土的西夏医药文献离不开周边民族尤其是唐、宋、金、元等中原王朝医药文化的深刻影响。研究者如果缺乏传统中医理论的素养和中医传统文献的知识，就不可能准确地认读和理解黑水城地区的疾病和西夏人的医药观。

这两项能力在梁教授的大作中均有鲜明的反映。《黑水城出土西夏文医药文献整理与研究》共分为三大部分：绪论、上编和下编。

绪论部分阐明了西夏文医药文献的现存状况与文献学特征，论述了黑水城出土医药文献的基本内容与研究概况。根据调查可知，黑水城出土汉文医药文献共有俄藏、英藏、内蒙古藏23个编号，黑水城出土西夏文医药文献共有俄藏、英藏10个编号，主要内容包括针灸类文献、医方类文献、佛经中的涉医文献和黑水城出土世俗文献中的涉医文献四类。作者指出，西夏文医药文献就书写形式而论，可分为楷体、行书、草书、行草相间四种；就版本类型而言，可分为册页装、卷子装、蝴蝶装、缝缋装等。

上编部分主要是对黑水城出土西夏文医药文献的研究，下编部分则是对西夏文医药文献的解读与考释。这两部分内容联系紧密，条理清晰，各有博采出众之处。

上编内容分为三章。第一章主要阐明西夏文医药文献底本来源、特点及价值。其中第一节通过西夏文医药文献底本与唐宋金元时期名家名方诸类医书的对比，认为黑水城出土西夏文医药文献底本主要来源于唐宋时期中原汉文医籍、金元时期名家名方以及西夏本民族的医药文献，指出西夏文医药文献中很大一部分是西夏人根据自身病理需求对中原汉文医籍的借鉴吸收的产物，另一部分则属于党项民族的偏、验方，并推断出其流传时间应为西夏晚期至元初。第二节通过对唐本《千金方》、宋校正本《备急千金药方》等医籍的梳理，认为西夏文医药文献多源于唐宋医籍；通过对西夏文医方的分类与解析，发现西夏文医方主要有调和脾胃、宽中益气养生补益类药方、治疗疮疡类药方、治疗妇科类药方及治疗眼疾头疼类药方；通过对《文海》《番汉合时掌中珠》《宋史·夏国传》《天盛改旧新定律令》《辽史·西夏外纪》《西夏书事》等史料的翻阅，指出个别医药文献带有巫医成分，如"面向后服"等方位时辰词语中皆能有所体现；通过对西夏医药翻译文献规律的归纳与总结，指出西夏人对中原药方药名的翻译则大多采用音译方式。第三节阐明了西夏文医药文献的价值与意义，即丰富了唐宋金元时期的医学典籍，为中医史及相关问题与古籍的校刊、辑佚和文献版本提供了新史料，补充了民族医学内容，为古为今用提供了最直接的文献参考。

第二章主要论述黑水城出土医药文献所反映的医学特色。其中第一节通过对《杂字·药物部第十》《天盛改旧新定律令》等文献的爬梳，发现黑水城区域使用的药物主要包括三类，即55味矿物药、53味动物药、213味植物药；将明代药书《本草蒙筌》及《炮炙大法》作为参考，以西夏文药方"蝎虎去骨"治"男女大便不通"为例，认为西夏药物炮制在基本遵循中原医学的炮制方法外，仍保留本民族特色，其药物炮制法呈现出多样性的特点；以文献药方中出现的地道药材为基准，将黑城区域所用道地药材分为三大类，即来源于中原地域的地道药材（如川巴戟、川椒、巴豆、秦皮等）、域外道地药材（胡椒、乳香、大食粉等）、西夏本地出产药材（肉苁蓉、枸杞、甘草、青盐等）；通过对西夏文6476医书中几则药方考察，以所用药材巴豆、大黄、甘草、黑豆为例，发现西夏文医药文献中的组方配伍以简为主的特点。第二节通过对医方文献中相关方剂学知识的梳理，认为西夏文医方中所体现出来的是药物的加减变化与剂型的改变，多样的剂型（汤剂、丸剂、散剂、膏剂、锭剂），方剂的煎服方法及服药后的调护法。第三节通过对《文海》《天盛改旧新定律令》及《文海研究》中有关西夏疾病记载的整理，指出这批医药文献主要涉及有内科、外科、皮肤科、五官科、妇科、儿科、针灸科、法医学等内容。第四节内容主要论述医药文献所反映的医学理论特色，以黑水城出土西夏文针灸著作为例，将《文海》中"血脉不周""脉阻"的释义与中医血脉理论相结合，指出西夏医学理论中的病因"四大不合"与佛教有着密切关联，党项民族医药学理论体系是"对中原医学理论的继承、对佛教医学理论的吸收以及对本民族医学理论的发展"。第五节将西夏医学发展状况置于宋元时期医学发展的大背景下，认为西夏医学发展受到中原王朝及周边少数民族政权医药文化的深刻影响；其医药体系体现了多元性、民族性和地域性的特点；其医学内容将对中国医学史的研究起到有益的补充作用。

第三章主要探讨西夏文医药文献所反映的西夏文化。其中第一节提出"西夏文医药文献反映了本民族特色"的观点。该书认为西夏文药方用药特色主要包括地道药材的使用与地域特色的组方配伍两个方面，通过对《文海》及西夏文6476医书内容中有关疾病记载的检阅，发现党项民族已懂得通过观察身体外部状态对疾病进行诊治，并通过内外科疾病、传染病、兽医学等有了明确的医学认识。第二节通过对《番汉合时掌中珠》《圣立义海》《月月乐诗》《天盛律令》《文海》《杂字》等西夏文献的梳理，对《辽史》《宋史·夏国传》《俄藏黑水城文献》第四册 tк172《六壬课秘诀》等占卜文献中有关疾病记载及医药文献中有关占卜记载的解读，认为西夏人很有可能按照历日、占卜中的规定来求医疗病。第三节论述西夏医学与周边民族的文化交流，主要包括西夏与宋的医学交流，西夏和金之间的医学交流以及西夏和辽、吐蕃、高昌回鹘等民族的医学交流。其中，尤以来自中原地区的汉医学文化对西夏医学文化发展的影响最大。

下编分为医方类与针灸类专有名词解读与考释。医方类专有名词的解读与考释，是通过对《俄藏黑水城文献》第 10 册编号 Инв. No. 911、Инв. No. 4979、Инв. No. 4384、Инв. No. 4894、Инв. No. 6476、索 罗 宁 教 授 提 供 的 Tang304Инв. No. 2551 "敕赐紫苑丸"中的西夏文医书及《英藏黑水城文献》第三册编号 12380—3497（К、К、II03jj）医方残片的录文、校注、直译、意译、按语来进行深入研究的。对针灸类专有名词的解读与考释，则是通过对《俄藏黑水城文献》第 10 册编号 Инв. No. 2630 "明堂灸经第一"（图版21、22、23）、Инв. No. 4167 "明堂灸经第五"、《英藏黑水城文献》第三册编号 Or. 12380b 佚名针灸西夏文医书的录文、校注、直译、意译、按语来进行详尽探究的。录文即把黑水城出土图版中的西夏文医药文献字字对应地誊录下来，校注则是对文献中所出现的部分专有药材名词进行较详尽地描写（包括该药材名称的出处、特性、功效等），然后对其进行直译和意译，最后是按语。按语部分先是介绍该条西夏文出土药方的行数和字数，接着是对每行配置、服用剂量和方法的介绍，然后罗列出收录该药方的药书，以该药书为例，进行较为详尽的探究。例如，Инв. No. 4384 和 Инв. No. 4894 中的9—1医方：草薢丸，该药方的校注是对杜仲（出《神农本草经》，"味辛、甘、平、温，无毒。主腰膝痛，补中。益精气……"）、补骨脂（"味辛，大温，无毒。有补肾助阳、纳气平喘、温脾止泻之功效"）、草薢（出《神农本草经》，"味苦、甘、平，无毒。主腰背痛强，骨节风寒湿周痹……"）的出处、特性、功效做了详述。按语则介绍了该药方共6行79字，第一行为药方名称，第2—3行为组方的七味药材（杜仲、补骨脂、草薢、附子、胡桃、茯苓、沉香），第4—6行为药方的配制（"前列各药共混，捣为细粉，酒面糊中为丸,如豆大")和服用剂量和方法("每次五十至七十丸,热酒"和"中服用,一切和顺安固□□")。按语部分还罗列了收录该西夏文药方名"萆薢丸"的汉文药书(《太平圣惠方》《圣济总录》和《普济方》),通过比较,得出汉文药书中所收录的"萆薢丸"药方与黑水城出土西夏文药方多为同名异方,但没有一份是完全一致的。

下编内容可谓是该书最见作者辨识和考证功力的部分。这部分内容对西夏文的药方都做了汉文翻译,并列出了相应的汉文医典中相近的药方,发掘了其潜在的价值。注疏篇依据图影篇的文献顺序对它们进行释文、注释、疏证,在前人研究的基础上进一步精确释文,补入原来因条件所限而无法识别的字,纠正以往的误识文字,并对残卷进行辑补与缀合,且出校注说明,对写卷涉及的文献考证内容用"疏证"形式论证说明。

对西夏文医书的录入可视为一大难点,因为其中不乏西夏文草书文献,西夏文字的录入及西夏语句的直译与意译的准确性证明作者较为熟练地掌握了西夏文的甄别与译释能力。对西夏文医书的校注和按语证明了作者较好地掌握了传统中医理论素养和中医传统文献知识。

该书末尾有两份附录。附录1采用文字的形式以武威出土 G21·004[20487]、敦煌研究院 G11·006[D.752-20]和其他地区出土西夏文医药文献药方为例,通过对其内容的录文、校注、直译、意译、按语来进行深究。附录2则是对西夏文有关医学术语词汇作了一个汇总表,主要分为西夏文药材名录与黑水城出土西夏文医药文献所见专有名词两部分。

该书的出版,填补了西夏医药资料系统整理研究的空白,对深入研究西夏医学和社会史具有重大意义,它必将成为从事民族医药文献研究、传统中医文献研究、医学史、社会史乃至文化交流史研究等领域的学者们的重要参考书目。

《西夏文〈维摩诘经〉整理研究》读后

张笑峰

西夏文佛经文献解读始于19世纪末，其后在20世纪30年代、70年代和最近十余年形成了三次高潮期。其中，前两次高潮期主要是佛经题目辨识、片段解读和注解，并没有系统解读、校订原则和方法的考察。近十余年来，随着国内外大量西夏文献藏品相继公布，西夏文佛经解读进入第三次高潮期，许多专家转向了对西夏文佛经的全文解读，其中有日本学者西田龙雄先生解读的《法华经》、日本学者荒川慎太郎先生解读的《金刚经》和林英津先生解读的《圣妙吉祥真实名经》、索罗宁先生解读的《六祖坛经》等。《西夏文〈维摩诘经〉整理研究》正是在西夏文佛经全文解读这一学术潮流中完成的一部著作。

西夏文《维摩诘经》于20世纪相继出土于我国内蒙古黑水城和甘肃武威等地，文献原件现藏中、俄、英、法等国，均非足本。它曾作为现存国内最早的泥活字版西夏文佛经而成为热点。《西夏文〈维摩诘经〉整理研究》一书，通过形制和经文内容的比较，确定中、俄两国所藏文献出自同一印版。因俄藏同版经文有仁宗时期校译字样的经题，得知此经校译于西夏仁宗仁孝时期，具体把此经刊刻的时间下限定于西夏乾定年间是合理的。这为我国是"活字故乡"提供了佐证。

《西夏文〈维摩诘经〉整理研究》包括导论、释读、索引、图版及参考文献五部分。导论除了介绍了西夏文佛教文献、西夏文《维摩诘经》的研究情况外，还讨论了西夏文《维摩诘经》译本的存世情况、文本的拼配与对勘、翻译底本、研究方法及价值等。在存世的西夏文《维摩诘经》中，以中、俄两国所藏为大宗，英、法仅存一些残片。中国藏本为经折装泥活字印本，内容为上卷部分及下卷大部。俄罗斯藏本有蝴蝶装刻本、蝴蝶装写本、经折装刻本及经折装写本四种，内容为上卷全部、中卷及下卷部分。此外，《西夏文〈维摩诘经〉整理研究》一书还有如下意义。

其一，尽可能搜罗各国藏本，拼配出一个较为完整的本子，对夏译本的版本、经题、西夏字词及佛教术语等进行解读和诠释，并与汉文本进行比较，为佛教文献学和西夏学研究提供了一份基础资料。难能可贵的是，英藏西夏文《维摩诘经》首尾缺失，残损难辨，淹没于浩瀚的文献残片之中，作者仍然通过版本和内容的辨识，找到归处，这是需要下一番功夫的。

其二，书中通过辨识经题，发现西夏文《维摩诘经》存有经题两种，分别是"天生善院番禄法古正国皇太后梁氏御译，成德国主福盛正民大明皇帝嵬名御译"与"奉天显道耀武宣文神谋睿智制义邪惇睦懿恭"。前一个被称为"初译本"，后一个为"校译本"。书中通过两种版本内容的对比，找出校译本校经的一些原则：一是补缺，如惠宗本缺译"众所知识大智本行皆悉成就诸佛威神之所建立"一句，仁宗本补作"（残五字）𗹬�󠄀𗥃𗥃𗗙𗹬𗗙𗣼𗫕𗱕"（智本行皆悉成就诸佛威神依）。二是正讹，如"大医王"，惠宗本作"𗥃𗀗𗏷"，仁宗本改作"𗥃𗀗𗏷"，"𗀗"（令）为"𗀗"（医）字形讹。三是强生校改，如"舍利弗"，惠宗本作"𗈁𗆐𗏷"，仁宗本改作"𗈁𗆐𗏷"，"𗈁"与"𗈁"同音，后者在西夏文献中不常用，因此此校改无意义。四是校而反误，如"盖诸大众得无所畏"中"盖诸大众"，惠宗本作"𗴖𗥃𗫕𗱕"，仁宗本误改作"𗴖𗥃𗫕𗱕"，"𗴖"为"𗴖"字形讹。此外，书中还发现西夏文《维摩诘经》的刻本蝴蝶装均为初译本，刻本经折装均为校译本。这是否说明蝴蝶装是惠宗时期常用的装帧样式，仁宗时期则改为经折装。这还有待于以后深入讨论。

其三，通过将西夏文《维摩诘经》与汉文鸠摩罗什、支谦、玄奘三种译本进行比较，《西夏文〈维摩诘经〉整理研究》认为西夏文本内容与鸠摩罗什译本最为接近。同样，敦煌遗书中的《维摩诘经》也是以鸠摩罗什译本为主，其中鸠摩罗什译本 821 件，支谦译本 2 件，玄奘译本 4 件。而且，敦煌莫高窟壁画《维摩诘经变》也是依据鸠摩罗什译本绘制的，足见鸠摩罗什译本在《维摩诘经》诸多汉译本中的广泛流传。

其四，《西夏文〈维摩诘经〉整理研究》采用了传统民族古文献解读的三行对译法，即进行西夏文录文，而后对其进行逐字对译，最后列出汉文本。民族古文献三行对译法很早就应用于西夏文文献的解读中，如王静如先生的《现在贤劫千佛名经卷下残卷考释》《过去庄严劫千佛名经考释》等。如今，这种民族古文献解读的方法已被广泛运用到西夏文世俗文献和佛教文献的研究当中，如史金波等先生的《类林研究》、林英津先生的《夏译〈孙子兵法〉研究》、彭向前先生的《西夏文〈孟子〉整理研究》、杨志高先生的《西夏文〈经律异相〉整理研究》等。释读中除了对译外，还有校注部分：一是对西夏文本与汉文本中有区别之处的解释。如上卷一品"𗴖𗫕𗥃𗱕"（如是功德），汉文本为"如是一切功德"，西夏本缺译"一切"。再如上卷弟子品第三"𗈁𗥃𗫕𗱕"（生灭心行以），汉文本为"无以生灭心行"，西夏本缺译"无"。二是对个别有特殊含义的西夏文词汇的解释。如上卷"𗴖𗥃𗫕𗱕𗴖𗥃𗫕𗱕𗴖𗥃𗫕𗱕𗴖𗥃𗫕𗱕𗴖𗥃"（奉天显道耀武宣文神谋睿智制义去邪惇睦懿恭），为西夏仁宗皇帝（1139—1193 年）的尊号。再如下卷祈求法品第十三"𗴖𗥃𗫕𗱕𗴖𗥃𗫕�🅰"（义不前了经典于不因依），义译"不依不了义经"。

此外，《西夏文〈维摩诘经〉整理研究》还按照西夏字四角号码，辅以《夏汉字典》所收西夏字顺序号对《维摩诘经》中常见的西夏文字、词编排了索引。该书索引逐字开列佛经品数、行数，为进一步研究、利用该佛经提供了检索工具。最后，该书附有中国藏甘肃武威出土《维摩诘所说经》的部分图版，其中第一页图版是首次公布，可以补《中国藏西夏文献》之缺，对进一步研究西夏文《维摩诘经》有重要学术价值。

　　《西夏文〈维摩诘经〉整理研究》基于一手资料，通过细致的考证解决了该经的拼合、译释及版本等问题，其对于经文严谨的释读更是堪称西夏佛教文献解读的典范之作。作为初次尝试的西夏文献解读成果，《西夏文〈维摩诘经〉整理研究》也揭示出了一些新的研究动向，除了敦煌遗书中大量的《维摩诘经》外，在新疆鄯善吐峪沟石窟还新出土佛经长卷《维摩诘所说经——佛国品第一》，其背面写有回鹘文，虽然具体内容与年代有待解读，但是无疑与这部佛经在丝路上的流传有着重要关系，也值得进一步探讨。

乡献证史论风流

——《金代泰山文士研究》述评

李志刚

史学研究若要别开生面、创造新的学术增长点，新材料、新方法、新视角的运用必不可少。学者周郢曾在王国维"二重证据法"、陈寅恪"诗文证史"基础上提出"乡献证史"，即是该领域有益的尝试。以方志、谱牒、金石刻辞、档案文书、乡邦诗文等地方性文献为"立足境"，介入重大论题研究热点与学术前沿，解决学术界存留的疑点与难点，从而推动学术研究的进步。甚至有学者认为，"地方性材料的记载，起到的并不仅仅是拾遗补阙的作用，有时候甚至会动摇既有的历史记忆，让历史画面面目全非"。①"乡献证史"与传统局限于一州一府一县的方志研究相比，所用材料虽有相似之处，但因眼界的拓展与最终期待解决的问题有异，实属重大进步。一是为"大文史"的研究提供了更丰富的地方性史料，在史料拓展方面功不可没；二是为传统大文史研究提供了一个"自下而上"的研究视角。就这点来看，与人类学家克利福德·吉尔兹名著《地方性知识》及国内方兴未艾的"区域社会史"研究的理念、方法，有异曲同工之处。

最近泰山学院聂立申副教授出版了《金代泰山文士研究》一书，该书以历代文献，尤其是泰山文献及地方碑志为根基，介入金代人物史研究的大话题中，以"金代泰山文士"群体为研究对象，既有群体共相论述，又有个案专题阐发，不仅是地方文史研究的楷模，更是"乡献证史论风流"的重大体现。

聂立申先生耕耘于泰山名士研究已有十余年，2012年就以党怀英为个案，出版专著《金代名士党怀英研究》。《金代泰山文士研究》是作者在党怀英个案研究基础上补充深化，进而扩大到整个金代泰山文士群体研究的最新成果。

这部著作共分为十章。第一章主要说明本项研究的缘由、现状、史料与研究方法等基础性问题，作者带着终金一代，泰山及周边地区为什么能够涌现众多在政治、文化等领域影响重大文士的问题意识，展开讨论。可以说，这一问题贯穿于整部著作，后设章节均为解决此问题而展开。研究形式上，为兼顾科学严谨与可读性，作者定位

---

① 陈金华、孙英刚：《神圣空间：中国宗教中的空间因素》，复旦大学出版社2014年版，第6页。

于纯学术与科学普及的中间状态。这在学术专著汗牛充栋，而读者乏人，科学普及粗制滥造，圈钱捞钱的恶劣出版环境中，不失为求真务实的科学态度。

关于金代泰山文士的溯源，作者根据文士的出仕途径差异，把泰山文士分成被动入金型、主动入金型和自育自主型；根据出生籍贯或活动轨迹区域，又分为三类：即崛起于泰山本地的本地型文士、生于泰山周边区域而闻名于金的周边型文士、因任职隐居游历于泰安的活动型文士。从类型学的角度，分析文士群体的特色，正是作者对"系统性"追求的体现。

作者从时间角度论述金代泰山文士的发展变迁脉络，从空间角度论述泰山文士的地域特色。时间维度上，金代泰山文士的发展经过奠基期、崛起期、中间期、低谷期。作者并没有单就文人论文人，而是把文人作为一个集团，纳入金代的世运及政治、军事、文化盛衰变迁的大背景下考察。时代的盛衰直接影响塑造文人的气质，例如，作者论道，处于奠基期的泰山文士，因宋末金初错综复杂的民族矛盾和曲折坎坷的人生遭际，多半具有心怀故土、怀念宗邦的凄苦之风；到了金世宗时期，金朝步入稳定的盛世，泰山文士则逐渐脱离凄苦之风，代之以追求闲情逸致的"乾坤清气。"①诸如此例的论述，显示出文士政治态度的认可、总体性格的塑造，甚至审美情趣的选择，无不与世运盛衰相配。作者在这一章中也特别标举出"金代泰山文士集团"五个地域性特点及形成的原因。作者通过时间与空间两个维度，论述泰山文士的形成及其演变，一廓以往的迷雾，清晰地展示出泰山文士群体的总体面貌及演变规律。金代作为入主中原的异族政权，虽在初期因军事斗争，宋人南迁，造成人才的短期流失，但当社会逐渐稳定后，泰山的地域人文景观形成，拥有共同特点的文士人才也大量涌现。政治意识形态干扰减弱是否有助于某些人才生成？这是作者的论述给予我们的启示。

第五、六章进一步讨论泰山文士日常生活、社会交流以及价值取向。特别是在第六章中，作者通过长时段的思考，认为金代泰山文士性格的形成远距离的影响来自于宋初三先生与泰山书院，突出了文化教育对泰山文士出现的影响。

清代学者阮元曾说："学术盛衰，当于百年前后论升降焉。"②"十万读书声"造就的人才，形成特色地域文化景观与风俗习惯，必须要从更远更长的"东鲁遗风"中才能找到根据与源头。

第七、八章是党怀英、赵沨的个案研究，研究风格与《金代名士党怀英研究》一脉相承。但是从编排上来看，或与第九章"金代泰山文士的特点与儒家风格"、第十章"金代泰山文士的历史地位"互换位置会更好。最后两章的综合研究与前六章的风格更为接近。若前八章综合论述泰山文士，最后两章做个案研究，体系井然，开

① 聂立申：《金代泰山文士研究》，吉林大学出版社 2015 年版，第 56 页。
② 阮元：《十驾斋养新录序》，上海书店出版社 2011 年版，第 1 页。

合得当。当然这仅是一家之见，所谓编排究属小道，无关宏旨。

中国有"知人论世"的历史传统，《孟子·万章下》就说："颂其诗，读其书，不知其人可乎？是以论其世也。"赵岐注："读其书，犹恐未知古人高下，故论其世以别之也。"著名历史学家钱穆先生对照西方史学传统认为西方历史学重视事件，而中国史学重视人。[①] 可见，对人的重视，以及通过研究人而论其时运人心是中国史学的悠久传统。《金代泰山文士研究》基于金代泰山地区一个个文士的个案研究，再把零散的文士综合成一个文士群体，进而通过对文士群体的生活状态、文化追求、政治认同、思想情感、历史渊源等的整体研究，观照金代二百多年的世运盛衰。在"知其人而论其世"的道路上，埋头前进。正因如此，该书有如下几个特点。

第一，为乡邦论史，作者带有饱满的激情。在该书的《前言》《后记》及正文中，作者常常自觉不自觉地透露出生活在泰山脚下，为乡邦论史的自豪感与责任感。如《后记》中说："也许是生活在全国闻名的历史文化名城泰安；也许是工作在名为泰山学院的高校的缘故，像命中注定似的，我对泰山文化始终有着一种难以割舍的特殊热爱和探索欲望。"历史研究近代以来努力追求客观，最忌作者情感的过度渗入，但历史学家并非无情感之人，在不影响真相的前提下，作者情感的适度参与，往往能有意想不到的收获。该书虽杂有乡邦情感，但未达到影响客观真相的程度；正因此种自豪感、责任感的参与，使作者在资料极度缺乏的情况下，尚能通过一二史料排列，铺延成文。

第二，材料的收集已达到竭泽而渔的程度。中国历史材料浩如烟海，但分布极度不均衡。在印刷术发明前，史料非常有限，致有学者发出唐前无书可读，或书已读尽之叹；宋后印刷技术的运用，典籍汗牛充栋，但又因正统意识、华夏中心等观念的影响，有关辽、金、夏、元的史料常有"文献不足证"之感。作为一个存在一百多年的王朝，金朝留下的典籍屈指可数，这造成了金史研究的天然困难。作者在有限的材料中爬罗剔抉，辑出丰富的史料，也作了大量的统计。翻看该书一个重要的印象就是表格图示众多。如《金代泰山文士概况表》把 110 个文士的姓名、生卒年、简介、籍贯、职官非常直观明了的方式展示在读者面前。

第三，考证精细、详略得当。考据之学必依据于材料的精实与丰富，但在史料不足的情况下，通过逻辑推演，往往更是精彩纷呈。如关于赵沨生年的考据，作者先据赵沨《元日》出现"劳生已强半，更欲沾清流"而推断出两个结论：一是"劳生已强半"说明赵沨已过 50 岁；二是"更欲沾清流"说明赵沨尚未进入翰林院的清流工作，又根据《金史·赵沨传》得知赵沨在金大定二十七年（1187）才经党怀英等人的推荐而进入翰林，后作者综合断定《元日》诗必写于入翰林前的大定二十六年或二十七年，结合"已强半"，推断出赵沨生于天会十四年或十五年。

① 钱穆：《八十忆双亲·师友杂忆》，生活·读书·新知三联书店 2005 年版，第 316 页。

仅一项证据是不够的，作者再根据赵沨撰写的《王榆山先生墓表》："赵沨自念与先生为友三十年，其志向相同，忍以不文为辞哉？"通过确定的王榆山卒日与"为友三十年"再倒推，得出赵沨生于天会十四年的说法是正确的，且与《元日》诗相符，最后作者还利用党怀英撰写《醇德王先生墓表》中相关信息进一步确定天会十四年的说法，整个逻辑推演思路非常明晰。当然最后结果是否一定是天会十四年，也存在其他可能性，这并非因作者的思维或逻辑有误，而是因古人的数字记载方式往往比较笼统模糊。所谓"强半""三十年"，我们很难能确指"五十"或"三十"，当然在未有更新更好史料出现之前，赵沨生于天会十四年左右，不失为最好的一种说法。

第四，议论有节、振聋发聩。作者把泰山文士的价值观分为救世经世型、存身求生型、守志宏道型。作者认为金朝统治时期，大量泰山文人加入金朝政坛，并成为官僚队伍的主体，拥有较为强大的政治权力，逐渐演变为官僚地主，从而形成了士人—官僚—地主的循环圈。此后通过家学、官学培养自己的子弟读书入仕，保持和扩大在朝廷的政治、经济权益和文学艺术方面的影响。此番议论在宏观角度上，较为深刻地揭示金代文士的演变规律，生动地指出所谓的文士集团的自我塑造，自我繁衍的能力，以及这背后的思想政治经济原因。

该书涉及大量的历史人物和思想文化问题，提出了许多精彩的分析和结论，但也有少数地方不免令人心生疑窦，或虽精彩但不"解渴"，有需进一步探讨的地方。另外，该书内容的编排方面某些地方有重复之嫌，如第二章《金代泰山文士溯源》第一节讨论泰山文士的界定、范围构成，与第二节《泰山文士溯源与概况》中的"泰山文士溯源"，在内容上稍显重复拖沓。当然这里与作者行文追求翔实为先的定位有关，我们仅是责贤求全而已。

通过作者的议论，我们能够看到金代泰山文士集团的基本价值取向，但也有问题属题中之意，但书中未详加讨论。泰山文士的救世经世型、存身求生型、守志宏道型，是否存在时间上的变异？金代初期，辛弃疾在《美芹十论》中竭力辩解父亲仕于金朝的事实，可以看出金初泰山文士有以忠于宋为荣、仕于金为耻的价值判断；但同样是汉族士人，金朝末年的路铎、周驰，均不肯降元而均赴井而尽。忠诚与背叛，光荣与梦想，这中间到底发生了什么？泰山文士在一百多年中，之于宋、金、元的忠诚与背叛的曲折心路历程，甚为可叹。这种曲折的心路历程，是如何实现的，令人深思。因为在清初与清末，历史似乎有所重复，张煌言、钱肃乐、黄宗羲、顾炎武、王夫之的反清复明，梁济、王国维、郑孝胥的忠清，均是以生命为筹码的大付出。揭示金代汉族士人的心路变化，或许可为后世历史的认识提供假借。是此以期望于作者能有更新更好的论著出现，解人以"饥渴"，释疑论道。

十余年的师生交往，我始终坚信先生在此领域研究的执着与追求，亦充分相信作者会在文献收集、历史议论、文章布局以及研究方法、视野等方面，做出更大的成绩。

藤原崇人著《契丹佛教史研究》概述

孙　昊

佛教在辽朝发挥着重要的社会作用，与上层统治阶级的联系较为紧密，是理解辽金社会的一个重要视角。日本学界一直存在辽金佛教史研究的传统，积淀颇为深厚。近年随着辽代考古的发展，大量辽朝佛教资料得以面世，使得青年学者更能较为全面地审视相关问题，他们结合实地调查，出版了数量可观的研究成果。其中关西大学东西学术研究所非常勤研究员、讲师藤原崇人于 2015 年出版其博士毕业论文《契丹佛教史研究》（契丹仏教史の研究，法藏馆 2015 年版），即是近年日本青年学者在辽金佛教史领域较具代表性的著作。

综观全书，延续日本学界一贯的特点，通过综合利用考古、文献等资料，对某个专题进行致密研究，实现以小见大之宗旨。在这本书中，作者则将"契丹后期政权与佛教的关系""密宗的传播与契丹后期社会的佛教信仰情况"两大主题解析为 6 个相互关联的专题进行讨论。

"契丹后期政权与佛教的关系"主题之下主要由三篇文章组成。《契丹帝后崇佛之地：兴宗朝庆州的地位》主要讨论了辽兴宗朝捺钵地的选择与庆州佛教崇高地位之关系。该文由解读庆州白塔《白塔碑》《圆首建塔碑》入手，指出辽重熙年间庆州已经设置只有在五京才有的僧录司，阐明契丹中后期的统治阶层将庆州视作与五京匹敌的佛教城市。此事的政治原因主要在于辽圣宗文殊奴之妻章圣皇太后萧耨斤主导之下，建造释迦佛舍利塔，庆州逐渐发展为对辽圣宗的佛教供奉场所。另一方面，庆州亦是辽中后期辽帝夏捺钵之地，属于辽朝政治重地，基于这两点，庆州佛教地位在辽熙宗时才得到明显提升，发展为佛教中心之一。这亦是辽中后期国家政治与佛教相结合的重要表现之一。

《契丹皇帝与学僧：道宗朝的学僧鲜演及其著作的流传》一文结合《鲜演墓碑》与其他文献，考析华严宗学僧鲜演的经历，并由此重点探讨了辽道宗与其学僧的关系。其次，通过考析高丽僧人义天在辽朝求取、刊行鲜演文集的过程，证明辽朝向高丽传播的撰述、典籍皆需要皇帝的许可，契丹与高丽的典籍文化交流实际上背后存在政权介入的影子。

《契丹皇帝与菩萨戒：作为菩萨皇帝的道宗》以辽道宗查剌时期僧职"内殿忏悔

主"的设立过程,《发菩提心戒本》撰述与传播为线索,阐明当时契丹的菩萨戒与皇帝权力的关系。道宗与天祚帝时期,定期邀请学僧和传戒僧到夏、冬捺钵。来到宿营地的传戒僧,在叫作"内殿"的营帐内,给皇帝、皇族、国舅族、大臣讲授菩萨戒。这一职事在道宗时期被规范为僧职,称"内殿忏悔主"。包括皇帝在内的统治阶层,皆希望通过受菩萨戒,要达到成佛的阶段,以为其政治权力提供神圣性。此后菩萨戒成为契丹统治阶层的护持戒,被赋予权威性。皇帝亲自撰写包括受戒仪的内容在内的《发菩提心戒本》,发给其统治下的传戒僧,要在受戒的时候使用。由此可知,辽朝皇帝通过控制菩萨戒的实行,彰显其作为菩萨的神圣性。

通过三个主题的讨论,作者向读者展示了辽朝中后期皇权如何介入并主导佛教僧人活动,进而影响其发展与传播的,同时辽代皇权又利用佛教来巩固自身的神圣性。其中所运用的多为传世文献与石刻资料,而第二大部分则重点利用辽代佛教建筑来探讨"密宗的传播与契丹后期社会的佛教信仰情况",亦由三篇论文组成。

《契丹的受戒仪与不空系密教》通过对房山石经中的志仙记《发菩提心戒一本》和在佛宫寺木塔发现的《受戒发愿文》考述,指出辽朝通行的菩萨戒的受戒仪(受戒作法书)存在不空密教因素,不空密宗借由受戒仪在僧俗群体的广泛实行,在大众社会具有广泛的影响力。《契丹佛塔体现的密教形态:以朝阳北塔发现的文物为中心》一文则通过朝阳北塔及其出土文物的研究,考察辽朝东部佛教盛行地辽西霸州(今辽宁朝阳)的佛教信仰情况。其中作者结合北塔地宫的重层石经幢刻录的《佛说金刚大摧碎延寿陀罗尼》和《大随求陀罗尼》两种陀罗尼,以及经幢浮雕《过去七佛》和《八大菩萨》的内容,证明了不空系密教与慈贤系密教相互接纳的情况。第三篇文章《作为立体曼荼罗的契丹佛塔》一文主要对辽中京大塔初层壁面的尊像进行图像学的分析,指出其装饰图像是按照八大菩萨曼荼罗进行设计,其信仰倾向与朝阳北塔奉纳石经幢幢座侧面浮雕是一致的,体现了两个地区紧密的联系。各墙面的主题则体现了社会对"消灾""延寿"等愿望的期待。

最后,作者通过对该书6篇文章基本观点的概括,对辽朝佛教的发展特征进行了总结。他接受目前日本学界较为流行的观点,认为在辽宋澶渊之盟缔结之后,东部欧亚地区形成了以辽朝为中心的国际秩序——"澶渊体制"。辽朝统治者开始从国家意识形态层面选择佛教,而不是中华文化圈的儒教和道教作为其政治统治的意识形态基础,并从国家层面积极推行佛教,使之成为凝聚治下不同地域群体的思想纽带。从上述6篇论文的主题即可解析出几方面的具体体现。首先,辽朝皇帝通过菩萨戒要将自己塑造成菩萨皇帝,以彰显其广域世界内万民的拯救者形象。其次,辽朝皇帝通过对学僧、内殿忏悔主和传戒僧论学的控制,以及受菩萨戒的活动,主导了佛教的仪轨与流传活动。在佛塔建造活动中占据主导地位的,也是辽朝统治者本人或者是受其支配的僧官"国师"。在国家的推动下,不空密教和慈贤密宗两大密宗流派日渐成为官方佛教的主流,其信仰宗旨体现在中京大塔等政治中心的佛教场所之内。在结尾处,作者亦提出未来还应当将契丹与周边地区的佛教文化交流作为考察对象，探索在 12 世纪欧亚东部"澶渊秩序"的框架内，佛教是如何发挥沟通契丹与周邻地区纽带作用的。

他山之石，可以攻玉。中国辽金史研究多强调辽朝政治统治的意识形态基础在于儒家思想和汉化，而日本学者则更倾向于认为契丹人通过佛教的联系，建立了不同于儒家思想体系的帝国统治秩序。两国辽金史学界的观点和视角的差异，本身就是一个值得研究的议题。

附录：《契丹佛教史研究》6 篇论文初刊情况一览

第一章《契丹帝后崇佛之地：兴宗朝庆州的地位》原刊《遼代興宗朝における慶州僧録司設置の背景》，《仏教史学研究》46（2），2003 年。

第二章《契丹皇帝与学僧：道宗朝的学僧鲜演及其著作的流传》原刊《契丹（遼）後期政権下の学僧と仏教——鮮演の事例を通して》，《史林》93（6），2010 年。

第三章《契丹皇帝与菩萨戒：作为菩萨皇帝的道宗》原刊《契丹（遼）後期の王権と菩薩戒》，森部豊・橋寺知子（編）《アジアにおける文化システムの展開と交流》，関西大学出版部，2012 年，第 129—161 頁。

第四章《契丹的受戒仪与不空系密教》原刊《契丹（遼）の授戒儀と不空密教》，《遼金西夏研究の現在（2）》，2009 年。

第五章《契丹佛塔体现的密教形态：以朝阳北塔发现的文物为中心》原刊《北塔発現文物に見る11 世紀遼西の仏教的諸相》，《関西大学東西学術研究所紀要》44 号，2011 年。

第六章《作为立体曼荼罗的契丹佛塔》原刊《契丹（遼）の立体曼荼羅——中京大塔初層壁面の語るもの》，《仏教史学研究》52 巻1 号，2009 年。

藤原崇人其他论著

1. 藤原崇人：《金代節度・防禦使考》，《大谷大學史學論究》6 号，2000 年 3 月，第 67—99 頁。

2. 藤原崇人：《金代禁衛組織について——侍衛親軍司を中心に》，《大谷大学大学院研究紀要》17 号，2000 年 12 月，第 207—239 頁。

3. 藤原崇人：《金室・按出虎完顔家における主権確立と通婚家の選択——遼代女真の氏族集団構造を手がかりに》，《大谷大学研究年報》56 号，2004 年 3 月，第 69—108 頁。

4. 藤原崇人：《元代華北における僧官の設置形態》，《内陸アジア史研究》(20)，2005 年，第 23—43 页。

5. 藤原崇人：《契丹（遼）時代の菩薩戒思想と〈戒本〉》，《内陸アジア史研究》(22)，2007 年，第 165—166 页。

6. 藤原崇人、武田和哉：《契丹の仏教と遺跡》，天野哲也、池田榮史、臼杵勲編：《中世東アジアの周縁世界》，同成社 2009 年版，第 208—212 页。

7. 藤原崇人；《蕭妙敬と徒単太后—契丹（遼）仏教継承の一過程》，宋代史研究會編：《宋代中国の相対化》（宋代史研究會研究報告集第九集），汲古書院 2009 年版，第 315—350 页。

8. 藤原崇人：《栴檀瑞像の坐す都——金の上京会寧府と仏教（シンポジウム金王朝とその遺産)》，《環東アジア研究センター年報》5 号，2010 年 2 月，第 3—17 页。

9. 藤原崇人：《草海の仏教王国：石刻・仏塔文物に見る契丹の仏像》，《アジア遊学》(160)，2013 年，第 88—100 页。

10. 藤原崇人：《遼東仏塔初探：遼陽県塔湾塔について》，《真宗総合研究所研究紀要》(31)，2012 年，第 41—48 页。

【林鹄著《〈辽史·百官志〉考订》内容简介】

元修《辽史》时距辽朝灭亡已200多年，参修者大多对辽朝的典章制度、部族体制不甚了解，加之修纂时间较短，对资料多不加精审详考，以至于讹误甚多，导致后人无法卒读。认识辽朝体制的核心资料《辽史·百官志》更是元人杂抄各书所成，其间问题尤多，给研究者造成了极大的困扰。因此，对于治辽金史者，准确而全面的文献校勘工作就显得尤为重要。中国社会科学院历史研究所林鹄副研究员自2007年起参与中华书局"二十四史及清史稿"点校本修订工作，历经近8年之功，重新校勘《辽史·百官志》，并积累了大量校订笔记、文件，对《辽史·百官志》的编纂特点与问题皆有更为深入、系统的认知，在此基础上出版了《〈辽史·百官志〉考订》一书（中华书局2015年版）。

该书绪论《〈百官志〉之史源、编纂及史料价值》指出元修《辽史·百官志》乃是杂抄辽末耶律俨《皇朝实录》及金陈大任《辽史》纪、传部分的官号，参考了《旧唐书》、《契丹国志》、元人文集诸书而成。在编纂成书过程中，北面与南面官两部分实出二人之手，体例不一。南面官部分以唐制为纲目，参照《新唐书》官制部分，于卷目称"志第十七上""志第十七下"，将散见旧纪、传诸处职衔依唐式进行拼凑，并列举所见实例，未得实例者则阙而不书。一般情况下，南面官部分出自旧本本纪者，作"某年见某官某"，出自列传者，

作"某人，某年为某官"。北面官部分则在诸处体例方面多不相合，而且编纂者与南面官编者缺乏基本沟通，如"金吾营""西北路金吾军"诸部分，南面实无，而北面官部分却书"属南面"，"北面皇族帐官"部分有"亲王国"，曰"官制未详"，但《南面朝官》则有"王傅府""亲王内史府"。通过这种令人信服的史料校勘与比对，作者对《辽史·百官志》编纂的错误与价值亦有深刻认知。

据作者所论，《辽史·百官志》常见讹误有以下几种：第一，臆造，又可分做三种主要错误，即照抄唐制；在摘录旧本时出现以叙述语为官名、以俗称为专名、连读、望文生义等误读旧本之情况；恣意类推。第二，重出现象严重，同一机构或职官有时会以不同的名称出现。元史臣无暇详考，只是据"实"抄录。如契丹南枢密院，是南面官"汉人枢密院"之重出。第三，虚实不分，南面官部分多载虚衔，而非实官。第四，误族属为任职机构。如"渤海宰相"中的"渤海"实为族属而非机构名。第五，纪年错误。元人因摘抄仓促，无暇细读旧本，常有误"二"为"三"之例。

因元修《辽史》所据核心资料皆已散佚不传，据旧史耶律俨《皇朝实录》及金陈大任《辽史》摘录拼凑而成的《辽史·百官志》就具有可观的价值了。如作者已经指出，《北面朝官·南院太保》"天庆八年，省南院太保"，其事出旧史本纪，不见今本。南面官部分可用于补今本纪传的史料尤多。其次，由

《百官志》可补本纪、传之记载，推测元人删减旧本之内容和大体比例。最后，亦可据百官志推测耶律俨《皇朝实录》与陈大任《辽史》之区别。

在该书最后的附录，作者根据研究心得，分别对辽朝北面官与南面官结构进行重新讨论，提出复原辽代北南面官的一个基本构想。对于北面官系统，剔除诸门内误置、重出者，应包括北面朝官、北面宫官、北面御帐官、北面帐族官、北面部族官、北面属国官、北面军官诸门，每门之下，亦考定、明确了各目之称。南面官系统剔除虚衔，包括南面朝官、南面宫官、南面京官、南面方州官、南面财赋官、南面御帐官诸门，各门之下，亦明确各目。其具体详情读者可直接查阅原书。

除了对《辽史·百官志》的文献学研究之外，该书的主要内容则是对《辽史·百官志》诸条目进行校勘、注解，凡 1342 条，其注解、校语以《辽史》本校为主，兼采石刻史料、辽金元文集、当代研究成果，基本如实展现了《辽史·百官志》上述论及的优劣之处，并对讹误之处进行更正，详细阐明理由。这一工作又体现于 2016 年出版的中华书局点校本（修订本）《辽史》之中，较原点校本，不仅于校记数量多有增加，而且与原本校点相同之处，亦进行补充或改写，然因校勘记体例所限，其具体缘由多不得其详，《〈辽史·百官志〉考订》可以说是研读修订本《辽史·百官志》不可或缺的基本工具书。

（孙　昊）

【《西夏文物·甘肃编》《西夏文物·内蒙古编》正式出版】

我国学者首次全面整理刊布存世西夏文物资料的大型丛书《西夏文物》甘肃编和内蒙古编率先出版。2015 年 7 月 6 日，《西夏文物·甘肃编》《西夏文物·内蒙古编》出版座谈会在银川市召开，会上中国社会科学院学部委员史金波先生和宁夏回族自治区政协原副主席、宁夏大学原党委书记陈育宁教授为新书揭彩。《西夏文物·甘肃编》《西夏文物·内蒙古编》共 10 册，甘肃编 6 册，内蒙古编 4 册。《西夏文物》丛书分内蒙古编、甘肃编、宁夏编、石窟编和综合编，共 5 编，各编因收入文物和遗址的数量不同而册数不同，预计到 2018 年全部出版。

中国社会科学院学部委员史金波先生担任《西夏文物》总主编。甘肃省博物馆馆长俄军担任《西夏文物·甘肃编》主编。俄军从事文物考古工作多年，尤其长于对甘肃藏西夏文物的研究。凭借在文博部门工作的丰富经验，联系甘肃的西夏文物馆藏单位，组织课题组全体成员，历经三年的辛勤工作，终于完成了《西夏文物·甘肃编》的编纂工作。甘肃编共有 6 册，分为 9 卷，包括遗址卷、金属器卷、陶瓷器卷、石刻石器卷、木漆器卷、造像绘画卷、织物卷、文献卷、建筑构件卷和其他卷。除了文献只收录了具有代表性的 16 件以外，其他文物基本全部收录，共计 654 件，对每一件文物逐一描述，以高清图片展示文物的各个面。另外对 66 处遗址做了详细描述。

甘肃的西夏文物馆藏单位遍布甘肃的各个地区，包括武威市、张掖市、酒泉市、白银市、定西市、定西市、平凉市、庆阳市以及兰州市等多个市州，最西到敦煌市，最东到达华池县，两地相距约 1700 千米。馆藏单位有 30 家。《西夏文物·甘肃编》把原来庋藏各家，分布零散的西夏文物集中在一起，分类刊布，即传播了信息也避免直接查看文物，一定程度上起到了保护文物的作用。甘肃文物类型多，数量大，是西夏文物中重要而独具特色的组成部分。《西夏文物·甘肃编》的出版，将为西夏学界提供一份最原始最珍贵的研究资料，必将嘉惠学林，推动西夏学、中国民族史、语言文字史、艺术史、佛教史和甘肃区域史的研究。也将增进全国乃至全世界对甘肃文化的了解。

内蒙古博物院院长塔拉、研究员李丽雅担任《西夏文物·内蒙古编》主编。塔拉从事考古研究工作多年，对内蒙古地区的西夏遗址与文物了如指掌。李丽雅是内蒙古博物院的业务骨干，业务水平扎实。他们积极组织内蒙古各个地区的文博部门展开工作，亦历时三年，完成了《西夏文物·内蒙古编》的编纂工作。内蒙古编共有 4 册，也分为 9 卷，包括遗址卷、金属器卷、陶瓷器卷、石刻石器卷、木漆器卷、造像绘画卷、文献卷、织物卷、建筑构件卷，共收录文物 283 件，对每一件文物逐一描述，以高清图片展示文物的各个面。另外对 169 处遗址做了详细描述。

内蒙古地区留存的西夏遗址较多，今内蒙古自治区阿拉善盟全部，乌海市、鄂尔多斯市、巴彦淖尔市的大部分地区都曾是西夏的领土，这些地区都留有西夏遗址，著名的黑水城遗址就坐落在济纳旗达来呼布镇东南 25 千米的荒漠上。内蒙古的西夏文物也很有特色，《西夏文物·内蒙古编》的出版，使读者有幸目睹这些珍贵的文物，对西夏文化有更多的认识和了解，也会进一步推动对西夏文化的深入研究。

（赵天英）

【刘凤翥著《契丹文字研究类编》内容简介】

该书于 2014 年 12 月由中华书局出版，并荣获 2014 年度全国优秀古籍图书奖一等奖。

《契丹文字研究类编》共分为七部分。第一部分为契丹文字研究综述。主要讲述契丹文字的创制、失传与重新出土；契丹大小字的区别以及我国契丹文字研究的历史和现状。第二部分为契丹小字论文选编，收集了我国早期契丹小字研究者罗福成、历鼎煃的全部论著和该书作者多年来解读契丹小字的文章近 40 篇，以及作者主导的论文 5 篇。涉猎范围囊括了我国出土的所有的契丹小字资料。第三部分为契丹大字论文选编。作者不仅是我国乃至是世界对契丹大字研究的第一人，而且对契丹大字研究取得了突出成就。这里即收编了作者的契丹大字研究论文 14 篇，每一篇都是精华之作，篇篇皆有新意。尤其是对辽代双国号的诠释，意义重大。为以后契丹大字的研究奠定了基础。第四部分为契丹文字的释义与拟音。目前契丹文字的研究重点就是解读，即释出每个契丹字单词的字义和对每个原字音值进行构拟。作者研究契丹文字总是通过释义与拟音相结合的方式、以已知求未知的科学的方法对契丹字进行释读和对契丹原字的音值进行构拟，之后放到不同场合去验证以达到一通百通。这部分收录的就是作者通过这种科学的方法释义和拟音的契丹文字。其中包括已经释读的契丹大字语词和对部分契丹大字的拟音，还包括已经释读的契丹小字语词和对部分契丹小字原字的拟音。这是该书最精华的成果部分。第五部分为契丹文字资料收集了契丹大小字以及对应汉字的志石、印章、钱币、铜镜、符牌等铭文145件，不但广而全而且广而精。所有的契丹文字墓志都由刘先生的夫人李春敏老师用毛笔全文摹录，凡是能够释读的契丹字都在右边标注汉字。第六部分、第七部分则收录了契丹大字和契丹小字照片近200张。这些照片均为选取精拓本拍照而成，照片清晰、全面，保存了墓志的本来面貌。

此书的特点是资料全，成果新。传世的所有契丹文字资料都汇辑这套书中。最新的研究成果也体现在这套书中。这套书是资料和学术成果的集大成者。它还是最完备的教科书。一书在手，就可以起步着手学习和研究契丹文字，是契丹文字研究者和辽史、契丹史研究者以及考古工作者必备的参考书，也是各大图书馆必须典藏的珍贵图书。此书的出版发行进一步推动了契丹文字的研究事业向前发展。此书被称为契丹文字研究的里程碑式的经典。

《契丹文字新研究》从立项到2009年结项用了十年时间，可谓十年磨一剑。结项后于2010年把书稿送中华书局，根据中华书局的要求又经过两年的修改补充后定稿，终于在2012年2月与中华书局签订出版合同。合同规定以《契丹文字研究类编》的书名出版。合同签订以来的两年间，刘先生四看校样，终于在2014年12月将八开本总共1200多页的四卷本《契丹文字研究类编》付印出版。

（张少姗）

【提升西夏历日研究高度，构建西夏研究时间坐标——《俄藏 Инв. № 8085 西夏历日文献整理研究》内容简介】

宁夏大学彭向前研究员主持完成的国家社科基金项目"西夏历法研究"（项目批准号：08BMZ013），最终成果为《俄藏 Инв. № 8085 西夏历日文献整理研究》，共40余万字。

黑水城出土 Инв. № 8085 西夏历书，现藏俄罗斯科学院东方文献研究所，迄今尚未刊布。该件历经西夏崇宗、仁宗、桓宗、襄宗四朝，连续88年，是目前所知中国保存至今历时最长的古历书。迄今出土的十余件西夏古历日中另有5件与之在年代上有重叠，它们分别是俄藏TK297、Инв. №5282；英藏 Or. 12380—3947、Or. 12380—2058；中藏 21·028〔15541〕。该件无疑是西夏历法研究在资料构成上的主体部分，但因其跨度长，历时88年；为缝缋装，页面错乱；不少年份缺失岁首，且无完整月序；系夏汉合璧历书，西夏字不规范，汉字多俗写，极难辨识，整个整理、研究过程十分艰难。

一 Инв. № 8085 缝缋装结构复原

该书 Инв. № 8085 缝缋装结构作了复原。首次指出 Инв. № 8085 历书装帧形式不是蝴蝶装，而是缝缋装。在完成全书年代考订工作后，根据历书中少数完整的单页纸，对残缺部分进行了配补，对 20 个错页作了调整，恢复了该书原来的缝缋装结构：一般把一张单页上下、左右或左右、上下对折为四面，偶尔也有半张对折为二面，五六个单页组成一叠，最后将数叠粘连成一册。残存九叠。并以示意图的形式把 176 个页面的位置清楚地再现出来，为全书的整理研究工作扫清了巨大的障碍。

二 根据多种计时方法对诸多历日残页进行考证

Инв. № 8085 历书内容十分丰富，不仅涉及朔日、闰月、月大小、二十四节气、二十八宿注历、九曜星宿的运行周期等天文历法知识，还涉及纳音五行、八卦配年、男女九宫等术数知识。实际上，历书中不光是数字，每一种要素都可以看作计时方法。

（一）西夏历日文献中的二十八宿

Инв. № 8085 历日文献中有 8 个年头，用西夏文加注二十八宿，始于夏桓宗天庆七年（1200），终于夏襄宗应天二年（1207）。二十八宿有两种用途：（1）于每月朔日干支之下，用西夏文加注二十八宿的直宿。在残历考证的过程中，二十八宿直日对我们的帮助主要有两个方面，一是可以确定每月的朔日和大小，二是可以利用星期对比对求出的

某月朔日加以验证，在朔日、节气对比有一、二日之差的情况下，也可以利用星期对比对求出的年代加以验证。（2）于纪年干支之下，用西夏文加注二十八宿的直宿。二十八宿值年与年干支有一定的对应关系：一元甲子日起虚，以子象鼠而虚为日鼠也。二元甲子起奎，三元甲子起毕，四元甲子起鬼，五元甲子起翼，六元甲子起氐，七元甲子起箕，至七元尽而甲子又起虚，周而复始。此对残历考订大有帮助。

（二）西夏历日文献中的男女九宫

Инв. № 8085 历日文献在右部表头第二行有时标有男女九宫，此类年历共计 25 年，包括：夏崇宗元德二年（1120）至夏崇宗元德三年（1121）。夏崇宗元德六年（1124）至夏仁宗人庆元年（1144）。夏桓宗天庆十三年（1206）至夏襄宗应天二年（1207）。Инв. № 8085 历日文献所记男女九宫的推算方法，与敦煌历日文献相同，与清《钦定协纪辨方书》引《三元经》中的记载不大一致，女宫推算方法相同，男宫则整个提前了一个甲子。该书利用男九宫与年九宫一样同纪年地支有相同的对应关系这一原则，把男女九宫用来验证残历定年，是对残历定年方法的又一拓展。

（三）西夏历日文献中的二十四气

Инв. № 8085 历日文献中有 6 年加注"二十四节气"：夏崇宗元德二年（1120）、夏桓宗天庆四年（1197）、夏桓宗天庆十一年（1204）至夏襄宗应天二年（1207）。西夏的"二十四节气"显然来自中原地区，只是有几个节气的名称小有区别，如把小满（意思是麦类

等夏熟作物子粒开始饱满），称作"草稠"；把芒种（麦类等有芒作物成熟）称作"土耕"；把白露称作"露冷"，即冷露；把霜降称作"霜白"，即白霜，等等，应该是西夏人根据自己对自然界物候的观察和理解而做出的改动。夏历的"二十四节气"之日与宋历或同，或前后相差一二日。

（四）西夏历日文献中的八卦

八卦配年，位于纪年干支之下，一年一卦，以后天八卦卦序"乾、坎、艮、震、巽、离、坤、兑"为准。此类年历共有 23 年：夏崇宗元德六年（1124）至夏仁宗人庆元年（1144）；夏桓宗天庆十三年（1206）至夏襄宗应天二年（1207）。八卦配年一定与干支纪年存在某种关系。这种排布规律对残历定年也有一定的帮助。

（五）西夏历日文献中六十甲子纳音

Инв. № 8085 历日文献中，纪年干支下注有纳音，始于夏崇宗正德六年（1132）壬子"木"，终于夏桓宗天庆六年（1199）己未"火"，共计 68 年。该书仅注明"金、木、水、火、土"。如"木"，不再区分为"大林木""杨柳木""松柏木""平地木""桑柘木""石榴木"等。纳音与纪年干支有对应关系，对残历定年也有一定的帮助。

三 Инв. № 8085 历书年代跨度

此前学界所认为该部历书连续 86 年，历经西夏崇宗、仁宗、桓宗三朝。经作者根据残存信息，又从残历中拼合出夏桓宗天庆十三年（1206）丙寅、夏襄宗应天二年（1207）丁卯两年。这

样，就把该件历书的年代跨度又往前延伸了两年，起于夏崇宗元德二年（1120）庚子，终于夏襄宗应天二年（1207）丁卯，历经西夏崇宗、仁宗、桓宗、襄宗四朝，共计 88 年。

四 西夏历日文献中关于长期 观察行星运行的记录

该书首次指出西夏历日文献中关于长期观察行星运行的记录。Инв. № 8085 西夏历日文献时以表格的形式撰写的，右部表头自上而下为日、木、火、土、金、水、罗（罗睺）、孛（月孛）、炁（紫炁）九曜星宿，上部表头自右而左为一年十二个月的月序。网格中多为数字与地支的组合，以往学界认为是用来表九曜星宿与该月、日、时的关系的，即把十二地支当作纪时系统，实际上这种看法是错误的，这里的十二地支并不代表十二个时辰，而是代表周天的十二个等分，即十二次，是十二次的地支表示法。也就是说表格中数字与地支的组合，是用来记载九曜星宿运行情况的。该书首次向学界披露西夏历日文献中有长期观察行星运行的记录，仅 Инв. № 8085 历日中就达 88 年之久，希望能够引起天文历法学界的充分重视。

五 西夏 Инв. № 8085 历日 与宋历的关系

研究表明，西夏历日承袭宋历而又有所不同。从夏历与宋历对比上来看，夏历的朔日与宋历或同，或前后相差一日，没有相差二日或二日以上者。夏历的闰月与宋历或同，或前后相差一月，没有与宋历相差二月或二月以上者。夏历的二十四节气之日与宋历或同，或前

后相差一二日。北宋姚舜辅编制的著名的《纪元历》，对后世的影响很大。该历宋徽宗崇宁五年（1106）颁行，一直沿用到宋高宗绍兴五年（1135），对后世的影响很大。南宋的历法家在制定新历时，大多依据《纪元历》，在检验新历精度时，也大多参照《纪元历》作为比较的标准。元代的《授时历》中很多天文观测方法和计算方法也都来自《纪元历》，或者从《纪元历》得到启发而加以发展。因二者在年代上有重叠，Инв. № 8085 西夏历日文献极有可能是因北宋《纪元历》而增损之。"增损"的原因除为了符合本地域实际情况外，同时也出于政治上的需要。如所谓西夏"以十二月为岁首"，即是把政治因素强加在历法上的产物。

六 西夏纪年和朔闰考

该书依据历注中的相关内容，如纳音五行、八卦配年、男女九宫、二十八宿注历、行星位置注历等，结合散见在占卜辞、账册、户籍文书、告牒、告状案、辞书、字典以及印章、碑刻等各类文献中大量带有明确的西夏文或非西夏文的干支纪年、属相纪年或年号纪年，对 Инв. № 8085 历书中的年代、朔日、闰月、月大小、二十四节气等作了最大程度的复原。在年号纪年方面，根据西夏首领官印题记，纠正了《宋史·夏国传》元德有八年的记载，指出元德九年与正德元年共用丁未年（1127）。并首次制作《西夏历与宋历朔闰对照表（1120—1207 年）》，为全部复原西夏近200 年的历谱打下了坚实的基础。年代和目录、地理、职官一样，同为历史科

学基本支柱，一向并称为治史"四把钥匙"。要全面精确地了解年、月、日，光靠年表是无法办到的，需查历表。历表把不同历法的时间单位的符号和名称，用表格的形式加以简单化、规格化、系统化，便于人们逐年、逐月、逐日对照。复原西夏历谱，进而编制西夏朔闰表，建立起一个最大程度真实反映西夏历史的时间坐标，使有年可稽的史料各就其位，无年可稽而有事可附者可进入相对乃至绝对的时间坐标位置，可以极大地提高西夏纪年的精确性，解决以往学界无法解决的西夏纪年中的疑难问题。这对西夏文物、文献的定年，对西夏历史的科学研究具有十分重要的意义。

总之，该书对该文献缝缋装之发现从而对文献叶序的重新排定；根据多种计时方法，对诸多历日残叶所属时间的考证；发现历日纪年长达 88 年而非 86 年；首次向学界披露西夏历日文献中有长期观察行星运行的记录；对西夏计时资料的汇辑；对西夏历日的特点及夏宋关系等问题的认识，都是非常重要的突破和创获，将西夏历日研究提升到了一个新的高度，也为整个西夏研究的时间坐标的确定奠定了最重要的基础。

（彭向前）

【挖掘多语种文本材料，拓展西夏学研究新思路——段玉泉著《西夏〈功德宝集偈〉跨语言对勘研究》内容简介】

《西夏〈功德宝集偈〉跨语言对勘研究》于 2014 年由上海古籍出版社出版。全书分研究篇和对勘篇两部分。研究篇由五节组成，对勘篇包括上中下三

个部分。书后有附录三篇。共 38 万字。

在出土的西夏佛教文献残卷中，有一组迄今为止难得多见的特殊文献，它们是《圣胜慧到彼岸功德宝集偈》《圣观自在大悲心总持功能依经录》《胜相顶尊总持功能依经录》。三部作品除西夏文译本外，还发现有同期的汉、藏文译本，这样同题、同源、同时的多文本语言材料在出土西夏文献中不可多得，即便在传世文献中也殊为罕见，此其特殊性之一；三部作品又与同一批人物相关联，其西夏文本、汉文本分别由西夏僧人周慧海、鲜卑宝源翻译而成，它们在西夏的流传及翻译又与迦湿弥罗（克什米尔）僧人口拶也阿难捺相涉，此其特殊之二；三部作品的三种文本（特别是西夏文本、汉文本）是否分别直接译自梵文，三者之间又是否有构成源流关系等问题在学术界众说纷纭，此其特殊之三。《圣胜慧到彼岸功德宝集偈》是三部作品中篇幅最长、保存夏汉藏三种文本材料最多、也最有争议最具学术含量的一部佛教文献著作。

研究材料成就研究方法，也拓展了研究思路。运用多语种文本展开跨语言对勘，借由跨语言对勘解决西夏藏传佛教史研究领域的某些分歧性问题，是这一成果的主要创新之处。多语种跨语言对勘方法的运用拓展了西夏学研究的新思路。夏、汉、藏三种文本对勘改变了以往研究单纯以夏、汉对勘或者夏、藏对勘处理西夏文献的方法。这一方法得以进行是由这一材料同时具有同源的三个文本的特殊性决定的，这一方法显得必要是因为可以透过跨语言对勘解决佛经流传过程中的源流问

题。由跨语言对勘、透过语言线索解决佛教文献流传过程中的源流问题，突破了以往对勘单纯以语言研究和文献研究为目的的研究思路，也突破了以往佛教史研究过程中单纯依靠题记等外部信息、特征推导结论的做法。跨语言对勘研究虽然希望以语言线索解决佛教史研究过程中的问题，同时又极大地推动了西夏语言学本身的研究。多语种文本跨语言对勘法既是传统语言学的研究方法，更是历史文献学的一种研究方法。

多语种文本跨语言对勘方法的运用，构建了一段西夏藏传佛教文献的流传及翻译史。在西夏藏传佛教史上，出现过一个重要的翻译团队，它们由来自迦湿弥罗（克什米尔）的口拶也阿难捺、来自藏族的贡噶扎（Kun-dga'-grags）、西夏本土僧人鲜卑宝源以及可能是汉人的周慧海等人组成，口拶也阿难捺与藏族僧人贡噶扎合作将梵文翻译成藏文，周慧海和鲜卑宝源从藏文分别翻译成西夏文和汉文。操持不同语言的多个民族高僧本着佛学东传这一共同目标，在短期内完成了一系列多语言、多文本佛教文献的翻译，这在中国文化史和佛教翻译史上是一项非常奇特的文化盛宴。

多语种文本跨语言对勘方法的运用，帮助理清了两个不同译本间的关系。《圣胜慧到彼岸功德宝集偈》在西夏的流传包括两个不同的系列：十一字系列与九字系列。前者被称之为《圣胜慧到彼岸功德宝集偈》，由口拶也阿难捺执梵本证义，演义法师贡噶扎翻译成藏文，再由周慧海、鲜卑宝源从藏文分别翻译成西夏文和汉文，藏、夏、汉三种文本

皆十一字一句；后者被称之为《圣胜慧到彼岸集偈》，由座主金刚王根据公元 8 世纪的吉祥积藏文译本翻译成西夏文，改藏文十一字一句为九字一句。两者流传脉络不同，形式有别，但又相互联系。形式上，十一字本在翻译时往往受藏文十一字限制而亦步亦趋，而九字本相对简洁灵活。内容上，后者在一定程度上是在周慧海译本基础上，对照吉祥积译本通过适当的缩略、删减，去除与藏文不合之处以及部分衬字而为。十一字本在意思表达时适当参照梵文做些变化，这种变化在金刚王译本中全随藏文改译了过来。因此，虽然都同从藏文翻译而来，金刚王所译《圣胜慧到彼岸集偈》更与藏文相合。

多语种文本跨语言对勘方法的运用，解答了学术界关于这部文献及相关佛经在流传过程中的分歧，明确了它在西夏流传过程中不是以往学术界认为的直接由梵文翻译成西夏文或汉文，而是经由了藏文这个中间环节。经由多语种文本跨语言对勘，西夏佛教文献中的"梵译"也获得了明确的解释。"梵译"不是从梵文直接翻译成西夏文或汉文，而是指从梵文翻译成藏文，这一工作通常是由被称之为"路赞讹"的译师参与承担。西夏佛教文献从梵文到西夏文、汉文通常要经过一个藏文的环节，这一方面是因为西夏境内还有相当数量的藏族居民，有传播藏语言文献的需要，另一方面天竺僧人到达西夏，在语言沟通方面可能还存在很多困难，而西夏僧人熟知梵文的也不会很多，需要有藏族僧人从中沟通。

藏传佛教文献流传至西夏，除翻译成西夏文献之外，通常也同步翻译为一个汉文本。除该书涉及材料外，目前所见大量西夏文译本同时兼具一个汉文译本，夏、汉两本同译，可能是西夏藏传佛教翻译的一个基本模式之一。西夏一朝翻译出了一大批汉文佛教文献，这在汉译佛教史上，是继姚秦译经、唐宋译经以来的又一次大规模佛教文献翻译活动。

多语种文本跨语言对勘方法的运用，也让我们领略出同期、同题、同源多文本语言对勘于西夏语词汇研究的美妙之处。例如，西夏文本中出现的"出有坏"（逐字对译为"坏有出"）一词，汉文本以"世尊"相对，藏文本则以 bcom ldan das 对应。藏语字面上亦是"坏有出"，正与西夏本相合。显然，西夏语中的"出有坏"即"世尊"，是源自藏文的佛的名号。三种文本对勘的美妙之处在于，与汉文本对，使我们明确了"出有坏"的所指，即佛的名号；与藏文本对，则让我们清楚了这一词语的来源。多文本跨语言对勘于西夏语法研究也有意想不到的效果。两种文本间的比较有时候难以分辨哪些是本语言的现象，哪些是翻译表达的需要，而夏、汉、藏三种文本间的对勘及相互比较很容易将非西夏语自身的因素判别出来。

这部佛教文献不仅在西夏时期颇为流行，存在两种不同译本，在西夏覆国之后的元明时期，依旧广为流传。在北京房山云居寺至今保存一本明代正统十二年（1447）刊印的藏汉合璧本《圣胜慧到彼岸功德宝集偈》，其中的藏文本后来经过了明代驻北京的西藏大喇嘛班丹札释重新校勘。

全书西夏文本的材料是经由出土的各种残卷、残叶以及残片拼配而出的，目前未见有完整的文本。这些残件涉及俄罗斯科学院东方文献研究所、英国国家图书馆、法国国家图书馆、日本及国内多家收藏单位的收藏品，共 70 件。目前只能拼配出上卷的全部、下卷的绝大部分、中卷缺失较多。全部材料目前考证清楚的至少有十种不同的版本。全书汉藏文本材料是利用了北京房山云居寺保存的明代藏汉合璧本，有以德格本及黑水城出土残本加以校勘。该书的研究表明，残卷甚至是残叶、残片皆有价值，不仅蕴含着或多或少的学术信息，并且一经拼合，也能做成大文章。

（佟建荣）

【佟建荣著《西夏姓名研究》内容简介】

西夏姓名是历史上中国少数民族姓名的重要内容，对研究西夏社会历史乃至西北地区民族社会历史有着重要意义。由中国社会科学院创新工程学术出版资助、社会科学文献出版社出版的《西夏姓名研究》一书在学界已有研究成果基础上，从考证与问题探索两方面对保留在传世、出土文献中的西夏姓名展开了研究。

考证部分主要由西夏番姓同名异译考证、番姓的夏汉对应、汉姓考证以及人名考证等。

汉文资料是西夏番姓研究的基本资料。但汉文文献中的番姓多由西夏语音译而来，同一姓氏，会因作者、时代不同，而给出不同的对音汉字，加上传抄、雕刻

过程中的脱、衍、倒、讹等因素，使得同名异字现象很严重，即同一姓氏在不同种类的资料、同一资料的不同出处、不同版本中出现多种写法。如西夏大姓"野利"，《长编》中记为"野利"，《宋史》中记为"野利""野力"，有的笔记小说中记作"拽利"，西夏文书中又记为"夜利"；"仁多"与"星多"，"谋宁"与"穆纳"等本为同一姓氏，而两种写法在标点本《长编》中同时存在。"令介""令分"本为同一姓氏，而《宋史》中同时存在，误为两人。再如"补细吃多巳"在不同的史籍中又有"保细吃多已者""部曲嘉伊克"等记法，标点本《长编》还将"嘉伊克"标为人名，容易使人望文生义，将"部曲"理解为"嘉伊克"之身份。"冬至讹"中"冬至"为姓，"讹"为名，但标点本《长编》句读为"冬至，讹"，不但歪曲原意，更掩盖了西夏姓氏所反映的文化内涵。

在西夏故地出土的《三才杂字》、《新集碎金置掌文》、《义同》、《文海》、《同音》、文书、碑刻、印章、题记等西夏文文献中，保留了近 300 个西夏文姓氏，非常珍贵。目前史学界对这部分姓氏的研究主要是依音给字，即依据其发音给个汉字。这种依音给字的方法，实际上在理解姓氏含义，体现其价值等方面的作用是有限的。依音给字，一方面只是将西夏文替换成表音的汉字，并不能体现其具体含义。另一方面，不同学者所给汉字并不相同，容易造成混乱。如"蜗掘"，学界常见的译法为"未谋"[1]。"未谋"二字

---

① 聂鸿音、史金波：《西夏文本〈碎金〉研究》，《宁夏大学学报》1995 年第 2 期。

即音译，从这两字并不能知道"蜘掘"真正所指实为汉文史料中的西夏后族"卫慕"，当然也就很难将这部分西夏文资料应用于历史研究当中。

另外，除番姓外，西夏还有大量的单音节汉姓。西夏汉姓从源出看可能为传统汉姓，也可能是鲜卑及党项曾使用过的单音节姓氏，还有可能是昭武九姓。从与其搭配的人名看，有的与汉文化中的人名无异，有的则与番名搭配，出现汉姓番名的现象。其中的番名汉姓，可能源于汉文化，可能源于汉人的番化，也可能源于番人的汉化，这些汉姓对于理解西夏社会有着更为重要的意义。

与姓氏相比，西夏人名资料更丰富。首先散见于各类汉文史料当中。这些汉文史料中的人名从翻译方式出发可能分为两类。一类如"旺荣""保忠"等，由西夏语意译而来，有具体的含义，我们大体上可以从字面了解其取名的意向。但更多的是含有如"讹""屈""皆"等字的人名，这些人名从西夏语音译而来，读起来多绕口、难懂，有时甚至会导致整个语句都无法读通，更别提从中分析出什么含义了。大量西夏文人名的出现则为我们解决这一问题提供了可能。我们可以直接从西夏文出发来分析其本身意义，同时，也可以利用西夏文人名的发音反过来理解汉文史料中的音译人名。西夏文人名不但见于《三才杂字》《新集碎金置掌文》《义同》《文海》《同音》等辞书的专门篇章中，更频繁地出现于社会文书中。但这部分资料至今鲜有研究。

有鉴于此，该书首先利用传统考据与语音分析、西夏汉文史料与西夏文史料相结合的方法，分别对近200个汉文番姓氏及300余个西夏文姓氏作了考证论述，从中考订出包括皇家姓氏"嵬名""野利""卫慕"等33个姓氏的异译，"卫慕""冬至"等75个姓氏的西夏文写法，并在此基础上对一些番姓的写法及译法做了订正。

其次，对番名汉姓或党项人使用的汉姓进行了考证，共辑出番名汉姓35个。这些汉姓从使用频率上看，使用较多的有李、梁、苏、刘等；从来源看，大部分为传统汉姓，还有一些是历史上鲜卑及党项曾使用过的单音节姓氏，如浑、慕、余、党等；从分布地域上看，最突出的为银夏及河西大姓，如梁、罔、苏等皆出自银夏，而张、翟、画、吴等则出自河西，另有白、曹、康等则可能是河西地区的昭武九姓。

再次，对保留在文献中的西夏文人名进行分类、解析。通过解剖其构成发现西夏人名用词有多种类型。有表达期望、祝愿的，如可译为茂盛、吉祥、快乐、长寿等之类的词；有含有动物名称的，如可译为汉文狗、猪、驴等字；有含有与汉文金、铁等金属名称对应的词；有与汉文山、水等自然物体对应的词；有与汉文吐蕃、回鹘等民族名称对应的词；有与汉文五斤、六斤等斤两数对应的词；有与汉文七月、十月等月份对应的词；有与汉文灵州、贺兰等地名对应的词；有与汉文禅定、金刚、般若等佛教术语对应的词。在命名制度方面，西夏人名有明显的名字关联现象，有父子连名、父女连名、母子连名、母女连名、兄弟连名等多种类型。这些关联与藏族早期历史中"七天座王"中的"父子、母子连名并存"① 现象有着相似性，是西夏社会历史、文化、价值观的反映。

在问题研究部分，该书主要对西夏番姓来源、西夏姓氏反映的民族问题及西夏政治活动中的大姓宗族进行了分析。

作为历史文化的产物，姓氏来源反映着一个民族独特的自然环境、历史发展过程、社会文化，包含着一个民族对天文、地理、人事等方方面面的独特认识和理解。史金波先生在《西夏文化》中，从西夏文字的含义出发，指出了与身体部位有关，与植物有关，与动物名称有关，与数字有关，与天干、地支有关的几种姓氏，同时，提出姓氏中采用的西夏语语音与汉语语音等问题②。聂鸿音老师在《西夏文献中的"柔然"》一文中，从音韵学角度，将岛岛比定为"茹茹"，指出姓氏岛岛源于河西历史上的柔然。该书则从文献出发，指出文献中反映的西夏姓氏来源有民族族称如契丹、匈奴等；有党项部族名如野利；有吐蕃部族名如仁多、都啰等；有传说中祖先名，如粹蕐、钡怀等；有地名如囤囤等；有节气名如冬至；有鲜卑等使用过的姓氏如浑、慕等。

西夏姓氏反映着党项部族繁衍壮大不断分支别立、党项与西北其他部族的相互融合、西夏政权内民族构成、西夏境内各民族交互往来等诸多问题。

在出土文书中有一些特殊的人名如"芭里嵬名""拽厥嵬名""张讹三"。这些人名中含有两个姓氏元素，是两个姓氏的连用。有关这种"双姓联用现象"出现的原因，史金波先生已据史料中透露出的一些信息，指出其与婚姻关系③有关。该书在此基础上对其中连用姓氏的族属、分布地区、分布时间进行了考察，发现西夏境内的族际婚姻普遍存在于西夏境内的各个民族之间，且从西夏一直延续至蒙元的西夏遗民当中。这种普遍存在的通婚是西夏境内各民族"大多数成员在政治、经济、文化、语言、宗教和风俗习惯等各个方面达到一致或者高度和谐"，各族"之间存在广泛的社会交往"④ 的反映，同时，通婚又会反过来进一步促进这种"和谐""交往"。

西夏是宗族社会，强宗大族对西夏社会影响很大。该书主要观察了皇室及后妃姓氏在历史重大活动中出现的情况。西夏帝君姓氏及后妃姓氏在历史活动中的出现情况，反映着西夏社会政治发展变化方向。西夏是嵬名氏的政权，这不仅表现在皇帝全部出自嵬名氏，更表现在嵬名氏自始至终都掌握着西夏政权的重要位置，即使在后族专权很严重的"谅祚""秉常""乾顺"时期亦不例外。嵬名氏占据着统军、祖儒（西夏官大者）、中书令等重要的军政大权，把

①　张联芳：《中国人的姓名》，中国社会科学出版社1992年版，第510页。
②　史金波：《西夏文化》，吉林教育出版社1983年版，第184—188页。
③　史金波：《西夏文化》，吉林教育出版社1986年版，第12页。
④　马戎：《民族与社会发展》，民族出版社2001年版，第166页。

持着编制法典、对外用兵、交涉等关乎政权安危的事务，另外，众多的嵬名官印，更是嵬名族属众多的表现，这些都是西夏在激烈的王族与后族斗争中嗣位继统不乱的重要保证。与此同时，西夏政权中的嵬名姓氏总体数量呈减势，后期更为明显。这应当是越来越多其他姓氏参与到西夏政权当中，从而冲击了嵬名氏独尊地位所致，是西夏宗族性质逐渐褪色的表现。

西夏后妃从姓氏源出地看主要为银夏故地、河西地区与入夏汉人三类。李继迁、李德明通婚对象全部集中在银夏故地；元昊在与银夏原有大族保持婚姻联系的同时，增加了河西姓氏与天都山附近姓氏。谅祚、秉常的通婚对象为银夏故地大族，乾顺后妃姓氏在已有河西姓氏的基础上增加了汉姓，仁孝时的通婚对象为汉姓。后妃集团中姓氏在时空分布上的变化，是西夏政治活动的反映。

完整的西夏姓氏，从时间上看应当是西夏立国期间其居民使用的姓氏以及国亡后被延续下来的姓氏，即包括西夏时期的西夏姓氏及蒙元明时期的西夏姓氏。现学界默认的西夏姓氏一般为西夏立国时期的姓氏，故该书在最后特将蒙元明时期姓氏单列章目，以示醒目。该章节主要对保留在出土文书中西夏姓氏进行了考证。考证中最有必要提的可能是语音在姓氏变化过程中的作用。蒙元出土文书中的西夏姓氏人名出现了明显的蒙古化。有一个很特别的例子即"也火失革阿立嵬"。"也火失革阿立嵬"，本为一西夏人名"也火失革立嵬"，其中的"也火"，即西夏汉文《杂字》中

的"野货"。文书中明确记载，其经蒙古音读出来，再写出来，变成了"也火失革阿立嵬"，即在姓后多了一个音节"阿"，使蒙古色彩陡增。如此经蒙古音读，然后再用汉字写出来，多出音节的还有如"也火耳""梁汝""梁耳"等。这一点提醒学界在研究蒙古化，甚至其他少数民族化的过程中要注意一个问题，即"民族语音"带来的民族色彩强化问题。我们不能把民族交往过程中的融合，或某一民族身上出现其他民族特征的原因简单地归为文化上的羡慕或是政治需要，而要注意"语音"在实际中发挥的作用。

（段玉泉）

【《凌源小喇嘛沟辽墓》内容简介】

由辽宁省文物考古研究所编著的《凌源小喇嘛沟辽墓》一书于 2015 年 10 月由文物出版社出版发行。1993—1994年，辽宁省文物考古研究所在凌源市博物馆的协助和配合下，发掘了一个辽代中晚期的契丹家族墓地，该墓地位于辽宁省西部的凌源市城关镇八里堡村小喇嘛沟屯，简称为凌源小喇嘛沟墓地。此次共发掘 11 座墓葬（编号 M1—M11），出土大量珍贵文物，对于辽代考古研究有着重要价值，该书即是对这次田野考古工作的报告。

《凌源小喇嘛沟辽墓》一书共计 20余万字，绘图 100 余幅，精美彩版图片 600 余张，全书分为概述、墓葬介绍和结语三部分，后附录《小喇嘛沟辽墓 M1 出土银器检测报告》。概述部分将小喇嘛沟辽墓的地理方位、地形特征、发

现、发掘经过和报告编写情况等作了扼要说明。墓葬介绍部分依次对 M1—M11 的墓葬形制、葬具葬式和出土遗物进行了详细的介绍，用科学、严谨的数据和图纸资料还原了考古发掘现场，再现了文物遗址的真实面貌。编者最后在结语部分，对该墓地的墓葬年代、墓主人族属及身份和墓地布局进行了分析，并结合墓葬形制和出土遗物初步推断出凌源小喇嘛沟墓地的年代应属于辽代中、晚期，并认为该墓地可能与辽代横帐解里家族有关，或许就是其后代。

M1 居于墓地中心，为多室墓，全墓由墓道、墓门、甬道、耳室和主室几部分组成，全长约 17 米，墓向 134 度，是 11 座墓葬中规模最大的一座，考古发掘前未遭盗掘，保存较为完好，出土遗物十分丰富，种类包括瓷器、金银器、铜器、铁器、玉器和骨角器等，总计 100 多套 700 余单件，其中包括银鎏金面具、银质马鞍前桥包片和白瓷莲纹盖罐等一些年代属性较明确的随葬品，编者据此推断 M1 可能为辽圣宗时期墓葬。此外，M1 出土一个大型彩雕石棺，其中两副画面描绘辽代春水秋山的场景，内容与史料记载完全吻合。

M2 位于墓地中部略偏西，由于此墓早期被盗，出土遗物较小，且没有典型器物，墓葬年代也未做推测。M3 位于墓地西南部，全墓由墓道、墓门、甬道和墓室几部分组成，此墓早期被盗，出土遗物较少，但根据出土的两件白釉绿彩鸡冠壶，按照类型学排比，编者推定为辽兴宗时期。M4 位于墓地西南部，全墓由墓道、墓门、甬道和墓室几部分

组成，此墓早期被盗，且规模较小，出土遗物较少。根据该墓中出土的两件黄釉瓷鸡冠壶和辽三彩器，编者判断墓葬年代应在辽代晚期的较晚阶段。M5 在墓地西南部，在 M2 和 M3 之间，全墓由墓道、墓门、甬道和墓室等几部分组成，此墓早期被盗，出土遗物较少，编者判断墓葬年代大体为辽代晚期。M6 位于墓地中部，M1 北侧，为砖筑单室墓，也是墓地中唯一的一座砖室墓，全墓由墓道、墓门、甬道和墓室几部分组成，此墓早期被盗，出土遗物较少，包括瓷器、铜镜、铁斧等。其中根据墓中出土的青白瓷判断，墓葬年代应为辽代晚期。M7 位于墓地东北部，M8 东北侧，全墓由墓道、墓门、甬道和墓室几部分组成，此墓早期被盗，仅残留少量遗物，包括黄釉瓷鸡冠壶、白瓷盘、铁器、铜戒指、玻璃质节约等，据类型学排比推测，M7 应与 M4 年代相当，为辽代晚期较晚阶段。M8 位于墓地东北部，在 M7 与 M9 之间，全墓由墓道、墓门和墓室几部分组成，此墓考古发掘前未遭盗掘，保存较为完好，出土遗物较为丰富，包括日用器、带具、装饰品等，编者根据其中的三件提梁式绿釉瓷鸡冠壶及五件辽三彩圆盘判断，墓葬应为辽代晚期较晚阶段。M9 位于墓地东北部，在 M8 与 M10 之间，全墓由墓道、墓门和墓室几部分组成，此墓虽早期被盗，但出土遗物仍较丰富，包括陶瓷器、银器、铜器、铁器等，根据出土的青白瓷碟和黄釉粗瓷盆断代为辽代晚期。M10 位于墓地中部略偏东北，M1 与 M9 之间，全墓由墓道、墓门、甬道和墓室几部分组成，且

此墓规模较小，早期被盗，出土遗物较少，包括陶瓷器、铁器、铜器等，编者根据出土的一件黄釉粗瓷长颈瓶作为断代依据，推测 M10 的年代应略晚于辽兴宗朝，可能在辽道宗早期。M11 位于墓地中部略偏东，在 M9 和 M10 的墓道之间，全墓由墓道、墓门、甬道和墓室几部分组成，发掘前墓葬未被盗扰，出土遗物较丰富，有陶瓷器、银器、铜器、铁器和玉石器等 119 件（套），其中出土的银面具与 M1 类似，为十分少见的"双目圆睁"样式，编者根据类型学排比认为 M11 的年代应属于辽兴宗时期。

此外，在墓地中部偏北，M6 东侧和墓地东北部，M7 西侧还发掘两座殉马坑。且多座墓内葬有牛头、牛腿骨、马头等，M7 墓道内葬一匹整马，这也表明小喇嘛沟墓地有突出的殉牲习俗。

另外，书后附录的《小喇嘛沟辽墓 M1 出土银器检测报告》采用现代科技对小喇嘛沟辽墓 M1 出土银器进行了金相分析和成分分析，为认识辽代金属技术特征提供了宝贵资料。经分析研究认为，银器的金相组织主要呈现热锻形态、部分银器在热锻后还经过了冷加工过程，成分主要以银铜合金为主，个别含少量金，且大多经过镏金装饰。另外在多件银器的夹杂物中检测出较高的铅，推测当时的炼银工艺可能采用"吹灰法"，表明辽代银的冶炼工艺已达到很高的水平。但由于小喇嘛沟辽墓出土银器因保存不佳，颜色不同程度的发生变化，最普遍的是银器表面变色发黑，亟须科学保护。

总的来看，凌源小喇嘛沟辽墓出土了丰富的随葬遗物，其中金银器是最重要的一类遗物，器类包括装敛具、马具和饮食器等，是研究辽代金银器工艺的重要资料。陶瓷器出土数量较多，既有从中原输入的定窑白瓷、青白瓷、耀州窑青瓷，也有辽地生产的白瓷、黄绿釉瓷和辽三彩等。玻璃质带具是该墓地出土遗物中较独特的一类，值得深入研究。同时该墓地发掘墓葬众多，族属明确，墓葬断代也较为清晰，是不可多得的研究契丹贵族墓地布局的考古资料。可以说《凌源小喇嘛沟辽墓》一书的出版对研究辽代考古、文物和历史提供了重要的新资料，具有重要的学术参考和研究价值。

（孔维京）

第六篇

新书序跋

《西夏文中国典籍史话·后记》[*]

史金波

这部《西夏文中国典籍史话》写的不是一部西夏文典籍，而是介绍了近代出土、藏于国内外的西夏文众多典籍。典籍，特别是珍贵典籍之所以受到重视，在于其所具有的历史文物性、学术资料性和艺术代表性的价值。中国有用文字记录历史文化的优良传统，典籍是承载悠久历史文化的主要载体。由于汉文文献所载西夏历史资料的不足，西夏历史的很多领域、层面模糊不清，更加凸显出近代出土的大量西夏文典籍的重要。王国维先生在90年前曾说过："古来新学问起，大都由于新发见。……然则中国纸上之学问赖于地下之学问者，固不自今日始矣。……故今日之时代可谓之'发见时代'，自来未有能比者也。"王国维先生强调了出土文献对中国学问的重要价值和影响。陈寅恪先生更进一步指出："一代之学术，必有其新材料与新问题。"西夏学就属于既有新发现的材料，又存在很多未解明的问题之领域。

近代西夏文献的发现大大丰富了西夏历史文化资料。近一个世纪以来，特别是近50年来国内外专家对这些文献的整理和研究，有力地促进了西夏历史文化的深入研究，使原来许多未知未解的问题得以了然，使原来感到神秘的部分变得明晰，可以说西夏文典籍的发现和利用，在"重构"西夏历史社会中发挥着重要的主干作用。

自2011年启动的国家社会科学基金特别委托项目"西夏文献文物研究"，在整理、研究西夏文典籍方面设立了多项子课题，有的已经出版，有的即将出版。今后西夏文典籍的整理、研究仍然是西夏学的重头戏。

国内外老一辈西夏学家们在西夏文典籍的释读和研究方面做出了开拓性的重要贡献。我的老师王静如先生长期做西夏研究，并重视西夏文古籍整理，其代表作《西夏研究》三辑大部分是西夏文佛教古籍的译释。王先生也是老一辈西夏学家中坚持西夏研究时间最长的一位。1990年3月民族研究所为其举办了从事学术活动六十周年庆祝会。王先生不幸于当年10月2日去世。2013年9月于王静如先生诞生110周

* 2015年史金波著的《西夏文中国典籍史话》作为《中国珍贵典籍史话丛书》的一种，由国家图书馆出版社出版。在此书的"后记"中，回顾了已经过世的几位西夏文专家，介绍了他们在西夏文文献整理研究中做出的重要贡献，以及与该书作者的学术交往。现将"后记"刊登出来，以对几位西夏文研究专家的突出业绩表示敬意和深切的怀念。

年之际，由中国社会科学院西夏文化研究中心、宁夏大学西夏学研究院、中国人民大学国学院联合主办第三届西夏学国际学术论坛暨王静如先生学术思想研讨会。会上国内外专家们对先生的广博知识，非凡的学术成就，努力创新的精神和执着的治学态度给予高度赞扬。

图1　第三届西夏学国际学术论坛暨王静如先生学术思想研讨会会场

与我同一代的国内外其他西夏学专家们在西夏文字的解读、西夏语言的考究、西夏文献的译释、西夏文献历史价值的发掘方面，发表了大量的著述，也做出了前所未有的历史性贡献。然而近几年对西夏学来说，似乎流年不利，我的一些同行、老朋友先后谢世，给西夏学造成重大损失。

最早离开我们的是俄罗斯的克平（K. Б. Кепинг）教授，她出生在中国天津市，有很好的汉语基础，后为苏联科学院东方研究所列宁格勒分所高级研究员，是著名西夏学家。克平教授有关西夏的著述很多，特别是她成功地解析了西夏语动词前置助词的趋向功能，攻克了西夏语研究中的一个难关，显示出西夏语语法研究的高水平。她还破解出西夏语亲属称谓中男称和女称的区别，为党项亲属称谓研究做出了重要贡献。同时通过她和她俄国同事们著作中的西夏文文献图版，我们得以了解俄藏西夏文文献原貌，并在此基础上进一步研究。我在1987年1月访问苏联时第一次见到克平教授，我们一见如故。1989年她来中国作为期一年的访问学者，需要有一位指导教授，她提出由我担任，我表示不敢当。她又来信说明这是她申请来华必须要的程序，这样我只好答应下来。她在北京一年的时间，多次到我家做客，我们在一起切磋学问，相谈甚欢。我们还在民族研究所专门为她组织了学术座谈会，请她做学术报告。我还曾将她的论文《西夏语的结构》（1989年）译成中文发表，以便于国内专家、学习、参考。

图 2　1993 年在克平教授家（摄于圣彼得堡）

　　后来我们开展中、俄合作出版《俄藏黑水城文献》，她是编委之一，每次到俄罗斯都到她家做客。2001 年我在组织《国立北平图书馆馆刊·西夏文专号》出版 70 周年而出版的《国家图书馆学刊·西夏研究专号》时，邀请克平教授撰写论文，她撰写了《西夏国名及西夏人发祥地考述》的论文，以飨盛会。该专号 2002 年刊出，我给她寄去了已出版的载有她论文的《专号》。谁知在当年年底，她竟在家中与世长辞，消息传来，令人痛心不已。

图 3　2000 年作者和克平（中）、西夏艺术研究专家萨玛秀克
（右）在艾尔米塔什博物馆黑水城展厅（摄于圣彼得堡）

2003 年 7 月，我的好搭档、好朋友黄振华先生不幸因病驾鹤西去。他原来专攻外语，长期做翻译工作。"文革"期间被迫停职，便自学西夏文，他天资聪颖，很快进入门径。1974 年与我在同一期《考古》杂志上发表了有关西夏的文章。后来我们结识，言及西夏学问，滔滔不绝。1978 年他在《社会科学战线》发表《评苏联近 30 年的西夏学研究》一文，系统评价当时国际西夏学的研究状况，引起了西夏学界的关注。民族所主持民族史研究的翁独健副所长与我们商量，曾想将其调入民族所，未果。后黄先生就职于历史所。因我们专业工作需要，并与之兴趣相投，便协商将其借到民族所，此后长时期与我们一起研究西夏。

当时我们正在翻译西夏文韵书《文海》，我已将《文海》初步翻译一次，但要将六七万字的文字全面、反复校对则仍有大量艰巨工作。黄先生的加入，使进度加快。我们将初译稿复制后一条条剪开，再依字归类，对涉及每一字的若干条反复辨认、解读。我和黄先生一起切磋，提高了释读西夏文的能力，两人常为新的认识和收获兴奋不已。他具有很高的俄语水平，并能阅读英、日、德等文专业论著，在借鉴外文资料时发挥着不可替代的作用。经过几年的共同努力，我们合著的《文海研究》于 1983 年出版，这是中国出版的第一部翻译、研究俄藏黑水城文献的著作。他除参与校勘、考释及定稿工作外，还承担其中反切系统的研究，全面整理了《文海》新收西夏字的声母和韵母，撰写了《〈文海〉反切系统的初步研究》，为西夏语音构拟提出了新的见解。

此后我们又一起合作翻译、整理、研究西夏文类书《类林》，将唐代编著、失传已久的这一重要类书，通过西夏文本译成汉文本，使之得以基本复原。后来我们又从克恰诺夫教授撰的《天盛改旧新定律令》一书中得到全部西夏文《天盛律令》的图版。该书原为 20 卷，中缺 1 卷。我们组成了课题组对该书进行全面翻译，黄先生为课题组成员之一。此课题被批准为国家社会科学基金项目。黄先生初译了 3 卷后，因改做其他工作，便终止了合作翻译任务。几年后此书完成，出版前我与他联系，希望仍作为译者之一署名，他坚辞不署名。最后我们只能遵从其意愿，并在书前的"译者说明"中，对他的工作给予高度评价，对他的合作表示感谢。

黄先生交际广泛，热心学术联络组织工作。中国民族古文字研究会成立前季羡林等老一辈著名学者发出成立学会的呼吁书，即多有黄先生奔走联系之功。学会成立后他长期负责编辑出版部工作，极为认真，几部中国民族古文字研究的论文集的出版都渗透着黄先生的心血。

黄先生还从事佉卢文、契丹文、女真文、彝文等古文字研究，发表了不少重要论文。黄先生学识渊博，兴趣广泛，淡泊名利、生活俭朴，在诸多学术领域都有建树，为业内学者所称道。他的去世是西夏学界的一个重大损失。

两年后，又得到著名俄罗斯敦煌学家孟列夫（Л. Н. Меньшиков）教授去世的噩

图4 1980 年参加中国民族古文字研究会的西夏学同行
（左起：李新魁、黄振华、吴峰云、白滨、陈炳应、作者）

图5 1992 年黄振华先生与作者（摄于北京）

耗。他长期研究列宁格勒分所所藏敦煌文书，著述丰富。他还致力于整理、研究藏于该所的黑水城出土汉文文献，与我从事的西夏研究发生了密切关系。1984 年他出版了《黑城出土汉文文献叙录（柯兹洛夫藏卷）》。记得当时我在《敦煌学大辞典》编辑会议上见到此书，兴奋异常，看到里面刊布了很多黑水城出土的汉文文献图版，多是前所未闻、未见。特别是其中西夏仁宗皇帝于乾祐十五年印施的汉文《佛说圣大乘三归依经》发愿文中，有汉文"白高大夏国"的国名，为我们解开了一个重要疑团。长期以来专家们皆将西夏文文献中的西夏国名译成"白上国"，并对"白上"进行各种解读。可见此汉文西夏国名的重要。我见到此书后，立即复制了有关图版，不久将此西夏人自己翻译的国名通过出版的《西夏佛教史略》一书告知学界，以消除误解。孟列夫教授说得一口流利的汉语，善交谈，喜饮酒。1987 年我到苏联访问时，除与他交流业务外，他还热情地带我们参观了二战期间抗击侵略者、保卫列宁格勒的纪念地。

图 6　1987 年参观列宁格勒二战胜利
纪念广场，中间为孟列夫教授

1989 年他也来中国做访问学者，多次来我家做客，豪饮我备下的白酒。后来我们与俄方合作整理出版《俄藏黑水城文献》时，他也是编委之一。此书前 6 册是黑水城出土的汉文文献，即是在孟列夫教授整理的基础上编纂出版的。那一时期，我们多次到圣彼得堡做西夏文典籍整理工作，有时还去他的别墅中做客，一次他还带我们到附近的森林中采蘑菇和浆果，让我们领略大森林的风光。2001 年孟列夫教授 75 华诞，圣彼得堡东方研究所所长波波娃教授与我联系，告知这一消息。我代表中国社会科学院西夏文化研究中心和参加《俄藏黑水城文献》编辑出版工作的中国同行们，给孟列夫教授发出了近千字的贺词，盛赞他的贡献，叙述友情，并祝愿健康长寿。没想到 2005 年 10 月，我们的好同事、好朋友孟列夫教授也离开了我们。

又过了 3 年，我的好友、著名西夏学家陈炳应教授在 2008 年 12 月辞世。几年前即知道他身染重病，但他仍参加一些学术活动，见他精神尚好。那时他每年与夫人到海南岛休假疗养，常与我联系，并动员我有空也去海南疗养。说起来炳应教授算是我的同学。1962 年我考入民族所西夏文研究生。当时炳应刚从山东大学毕业分到甘肃省博物馆不久，他听到消息后，便申请来北京也向王静如先生学习西夏文。我们便有

图7　1997年孟列夫教授在他的别墅

了同窗之谊。那时王先生让我抄录《番汉合时掌中珠》，让炳应抄录《音同》，各复写4份，一份交王先生，一份交所图书馆，一份我们交换，一份自留，至今我还保存着陈氏写本《音同》。1964年民族研究所和敦煌文物研究所合作调查莫高窟、榆林窟西夏洞窟，炳应又申请参加，我们又在一起工作。我们两人一起抄录洞窟中的西夏题记。记得一个星期天，白滨、炳应和我同游览敦煌城南的鸣沙山和月牙泉，兴尽而返。此后我们多次共同参加中国民族古文字研究会的学术会议。

图8　1980年作者（左二）与陈炳应（左一）等在承德棒槌山

炳应学术扎实，为人厚道，他的西夏文译释水平很高，曾出版多部重要西夏研究专著，如《西夏文物研究》《西夏谚语》《贞观玉镜将研究》《西夏探古》等，为西夏研究做出了重大贡献。他还想将《西夏谚语》修订后再版，并写信给我，征求我关于修订的意见。2006 年我们还一起参加在圣彼得堡召开的西夏学术会议，不想那次竟成为最后的诀别。他去世后，我到兰州出差时，在甘肃省博物馆俄军馆长的陪同下，看望了炳应教授的夫人，表达了对炳应真诚敬重和深深的怀念。

图9　2006 年 11 月在圣彼得堡东方研究所与陈炳应、克恰诺夫在一起

著名语言学家龚煌城先生对西夏语言、文字研究发表了很多有价值的论著，做出了卓越贡献。20 世纪七八十年代，中国大陆和台湾学术联系很少，信息不通。可巧的是我们两人几乎同时在两地发表了题目类似的论文。1981 年龚先生发表了论文《西夏文字的结构》，我在同年也发表了《略论西夏文字的构造》的论文；同年龚先生又发表了长篇论文《西夏语的汉语借词》，我在 1982 年发表了《西夏语中的汉语借词》。题目虽然相似，但是文章的侧重点各有不同。这反映出在系统研究西夏文字、语言之初，研究者们考虑的方向大体一致，不谋而合。龚先生对大陆西夏研究也很重视，他曾写道：1984 年 12 月李方桂先生从大陆回到台湾时，抵达饭店后便迫不及待地拿出史金波、白滨、黄振华三位先生合著的《文海研究》送给他。当时两岸交流不畅，此书当时在台湾是买不到的。1993 年 10 月龚先生偕夫人来北京访问，我负责接待，请龚先生在专题讲座上做学术报告。他讲演的题目是"西夏语韵母的构拟问题"。后又请他们伉俪来我家做客，几位同行助兴。

图10　1993 年在家中接待龚煌城先生（左起：龚煌城、作者、孙宏开、白滨、黄振华）

　　1998 年 5 月受邀率民族历史访问团访问台湾时，多次与龚先生会晤。14 日我到南岗造访"中研院"史语所，与龚先生第一次会见，第二天上午我做关于西夏研究的学术报告，由龚先生讲评。18 日我受台湾历史博物馆馆长黄光男先生邀请在该馆做关于中国民族古文字研究的学术报告，龚先生特意赶来与会。我们还商量向台湾基金会申请资助，组织大陆、中国台湾、俄罗斯、日本等地西夏学家整理西夏文典籍，并召开西夏学研讨会议。后我去日本讲学时仍与其联系此事，多次来往信件，最后仅促成了李范文、韩小忙两位的著作出版，其余事项未果。访问期间我还代表中国社会科学院西夏文化研究中心向先生送达聘请他为西夏文化研究中心学术委员的证书。2000 年我再次到圣彼得堡整理西夏文文献，刚好龚先生也到该所查阅西夏文文献，我们又多次见面。他将其刚刚写好的论文稿《西夏语动词的人称呼应与音韵转换》给我，我看了对龚先生说，这是他对西夏语言研究的又一次突破，也是一项重要贡献。然而治西夏学者众，能读懂此文深意者少，正所谓曲高和寡。此文在 2001 年发表。2010 年我撰写了《西夏语人称呼应和动词音韵转换再探讨》，就是在龚先生前文的基础上发挥、补充的一篇论文。在圣彼得堡我请龚先生夫妇到我的住处吃饺子，两家人相谈甚欢。龚先生以其学术贡献成为台湾"中研院"院士。龚先生 70 寿辰时其所编辑学术论文集以为庆贺，邀我撰写论文，我写了《西夏契约简论》一文以助兴。2009 年我再次访问台湾，曾向台湾"中研院"语言研究所所长提出要看望病中的龚先生，答龚先生已不能见客。谁知先生第二年竟撒手人寰。龚先生学术成果累累，出版了《西夏语文研究论文集》《汉藏语研究论文集》，发表论文数十篇。他谦虚平和，学术造诣深厚，广为学界称道。

图11　2000年龚煌城先生夫妇和作者夫妇在圣彼得堡作者寓所

西田龙雄教授是我认识、接触最早的国外西夏学家，他于1979年就来中国访问，当时按计划他访问了民族研究所，由著名语言学家傅懋勣副所长主持接待，并召集学术会议，请先生讲演。王静如先生以及我和白滨等都与会。会上我还就西田先生的演讲发表了意见。从此我们开始深入切磋学问，热络进行学术交流。他多次来中国访问，也多次到我家做客，往往邀约孙宏开、黄振华、黄润华等语言学家聚会。

图12　1989年在家中接待西田龙雄教授（左起：黄润华、孙宏开、西田龙雄、作者）

1986年我首次访问日本时，西田先生时任京都大学图书馆馆长，他特别约我到其馆长办公室小坐，又到其家中聚会。1998年我在日本东京外国语学院讲学一年，

11 月京都大学同人为西田先生举办 70 寿诞庆祝会。刚好俄罗斯西夏学家克恰诺夫教授当时到日本参加创价学会举办的《妙法莲华经》展览。当时京都大学同人专门把克恰诺夫教授和我请到东京参加庆祝会。大家为中、日、俄三国西夏学专家在这一特殊场合聚会感到高兴。我在会上将手写的西夏文条幅"如锦如绣成文章"送给先生，以为贺忱。

图 13　1998 年 11 月在西田龙雄先生 70 寿诞庆祝会
上与西田龙雄、克恰诺夫教授合影（摄于东京）

西田先生语言学功底深厚，曾任日本语言学会会长。1999 年 12 月被日本政府授予国家最高学术荣誉称号。他在西夏研究方面成就斐然，贡献巨大。他长于西夏语研究，发表很多论文，并出版《西夏语之研究》（2 册）、《西夏文字新考》、《西夏语研究新论》；又翻译、整理多种西夏文典籍，出版《西夏文华严经》（3 册）、《西夏语〈五音切韵〉的研究》（3 册）、《西夏语〈月月乐诗〉的研究》等。我们一直保持学术联系，互相寄赠发表的著述。不幸 2012 年 9 月 26 日西田龙雄先生因病去世。我 27 日得到消息，立即写哀悼辞寄给京都大学并转西田龙雄教授家属，称颂西田先生著述等身的学术成就，对西夏研究和其他语言研究的重大贡献，深切怀念他治学严谨，刻苦认真，谦和朴实的精神。

图 14　1998 年 11 月作者在西田龙雄先生 70 寿诞庆祝会上赠送西夏文条幅（摄于东京）

　　克恰诺夫教授青年时期即从事西夏研究，曾一度来华学习汉语。他一生致力于西夏文献整理和研究，收获了大量研究成果，著作等身，成就斐然。1987 年我初次访问苏联结识克恰诺夫教授后，便来往不断。1989 年克恰诺夫教授访华，中国社会科学院下达了接待文件，主要由民族研究所负责。

　　我与克恰诺夫教授相识多年，有很多学术交往，并有重要学术合作，应是相知多年的老同事、老朋友。特别是中俄合作整理、出版《俄藏黑水城文献》的联系、谈判、签约、实施，多由我们两人负责。我们都是双方各自单位的副所长，又都是从事西夏研究的专业人员，两人协商最多。我们二人作为《俄藏黑水城文献》的主编都为此书撰写了长篇"前言"。

　　他充分利用所在部门存藏的大量西夏研究资料，脚踏实地地辛勤整理俄藏黑水城文献，编辑目录，奉献学界，其功至伟。他不仅与同事翻译西夏文韵书《文海》，还以一人之力翻译、研究多种文献，特别是对西夏法典《天盛律令》的翻译更是攻坚克难，贡献良多，此后又翻译《贞观玉镜统》《圣立义海》《新法》《孔子和坛记》等，直至晚年仍孜孜不倦。他还利用自己优长的历史专业基础，从文献整理、解读入手，进行历史研究，取得不菲成绩。此外，他还撰写了不少有关藏学的文章。克恰诺夫教授长期担任圣彼得堡东方研究所的领导职务，具有很强的亲和力和学术组织能力，与国内外学人融洽相处，集多方之力共同推动西夏研究发展，特别是中俄合作的大型文献丛书《俄藏黑水城文献》的出版，使西夏研究新资料激增，为西夏研究拓展了空间，令原来基础并不厚实的西夏研究由冷转热，为学术界所瞩目。

　　克恰诺夫教授一生研究黑水城出土文献，却始终未到过黑水城，他曾向我提出访问黑水城的意愿。2006 年 9 月我与时任内蒙古文物局局长的刘兆和、中国人民大学

图 15　1989 年克恰诺夫教授来华访问时与王静如先生、作者合影（摄于北京）

国学院副院长沈卫荣等同志，共同组织召开了"黑水城人文与环境学术研讨会"，会议地点选在黑水城遗址所在的内蒙古额济纳旗。我特意邀请克恰诺夫教授与会。教授终于如愿以偿，来到久已向往的黑水城。我们一起开会，并陪他兴致勃勃地参观黑水城遗址和居延海，完成了他的夙愿。

图 16　2006 年与克恰诺夫在黑水城遗址（摄于额济纳旗）

2010 年在中国连续召开了首尾相连的三个学术会议：在银川召开的"黑水城文献与西夏学国际学术论坛"、在北京召开的"中国民族古文字文献国际学术研讨会"和"薪火相传——西夏学国际学术研讨会"。三个会议都邀请克恰诺夫教授出席，未想到这竟是我与他最后的晤面。

图 17　2010 年薪火相传——西夏学国际学术研讨会
（前排左四为克恰诺夫教授）

2012 年是克恰诺夫教授诞辰 80 周年，东方文献研究所所长波波娃年初约我为纪念克恰诺夫教授撰写文章。我写了《西夏学的丰碑——克恰诺夫教授西夏研究的重要贡献和影响》，此文被译成英文（*The Pillar of Tangutology. E. I. Kychanov's Contribution and Influence on Tangut Studie*）发表于俄罗斯《中亚的西夏——克恰诺夫教授 80

寿辰纪念论文集》（上）（莫斯科东方文献出版社 2012 年版），中文稿发表于《华西语文学刊》（第六集）（四川文艺出版社 2012 年版）。2013 年 5 月 24 日，是个不幸的日子，为西夏学贡献了一生的克恰诺夫教授离开了我们。克恰诺夫教授一生勤勤恳恳，兢兢业业，锲而不舍，他学识渊博，工作认真，为国内外学术界同人尊重、景仰。

连续三年，每年一位重量级西夏学专家离世，令人心痛不已。

以上这几位著名西夏学家离开了我们，离开了他们钟爱的西夏学，是西夏学界难以弥补的重大损失。他们都是中国社会科学院西夏文化研究中心的特聘学术委员，都是西夏文古籍整理、研究有突出贡献者，对中国西夏学的发展也做出了各自的贡献。这里对他们的介绍也许有助于了解西夏古籍研究史，因此可以看作是本书必要的补充部分。

贤者已逝，我们的事业还要前进和发展。继续深入、全面整理、发掘西夏文古籍，需要有接续的年轻人才，特别需要懂得、熟悉西夏文的人才。因此培养这方面的人才也成为当务之急。近些年来西夏文献陆续刊布，大量文献有待解读，具有较高水平的西夏文献解读人才更显缺乏。因此我们除通过西夏文文献专题研究和招收博士生定向培养西夏文研究人员外，还特别利用国家社会科学基金特别委托项目"西夏文献文物研究"的平台与宁夏大学西夏学研究院联合举办西夏文研修班，培训各地区、各部门有志于学习西夏文、从事西夏研究的青年人才。我们在 2011 年 4 月至 5 月、2012 年 7 月、2014 年 7 月先后举办了 3 期西夏文研修班，由我授课，先后培训来自 30 多个单位的学员 180 人次，使不少青年学员基本掌握了西夏文，具备了西夏文文献的译释能力。三次西夏文研修班的成功举办，起到了培养西夏文文献翻译人才的作用，使西夏文典籍的整理、研究后继有人，增添了新的活力。我们希望方兴未艾的西夏学保持更强劲的发展势头，使西夏文典籍整理、研究有更好的前景，更多的贡献。

这部《史话》涉及文献较多，其中吸收了国内外许多专家的研究成果。因《史话》丛书要求尽量少用注释，书中未能一一注出，还请各位同行见谅。文末做一简略参考著作目录，将与西夏文文献出土、整理、研究相关的著作录出，以弥补注释之不足，也为读者提供部分查找信息，难免所列不周，挂一漏万。

当这部《史话》完稿时，要特别感谢收藏西夏文典籍的国内外各有关部门，特别是文中提到的那些单位或图片原件保存单位。他们或接待我查阅文献，或允许拍摄、使用图片，我想若没有他们的支持，不仅这部《史话》不能完成，西夏研究工作也难以顺利开展。

　　　　　　　　　　　　　　　　　　　　2015 年 4 月 4 日
　　　　　　　　　　　　　　　　　　　于北京南十里居寓所

《西夏文物·总序》

史金波

一

　　文物是历史遗留下来的具有历史、艺术、科学价值的遗物和遗迹，它不仅是历史文化的表现形式，更可以据以为形象性的史源去研究历史，去复原更为接近真实的历史。应该说，义物是帮助我们认识和恢复历史本来面貌的重要依据。历史研究往往是在不断发现新文物、不断重新解读文物的过程中前进的。

　　近些年来，西夏研究越来越引起社会和学术界的关注。其主要原因是近代以来西夏文物的新发现以及不断的刊布、研究，大面积地填补了西夏历史的空白。

　　西夏是中国中古时期一个王朝，地覆西北广袤腹地，时跨近两个世纪，先后与北宋、辽朝，南宋、金朝抗衡，占据重要而特殊的地位，对当时历史发展走向产生了不容忽视的影响。然而历史并未给西夏以公允的待遇。元朝作为宋、辽、夏、金的后朝，经过统治者和文人长期的论争，最后修撰了《宋史》《辽史》《金史》，而未修西夏史，西夏历史仅以简略传记的形式分别附存上述三史之末，其中主要是以政治史为中心的资料，缺漏大量基本的史实，如记载历代帝王传记的"纪"，记载制度、风俗、经济等系统资料的"志"，记载重要历史人物的传记的"传"以及排列王朝历史大事的"表"，皆付诸阙如。在长于记载各朝代历史的中国史料库中，西夏历史资料凸显简约粗疏，与西夏王朝的历史地位殊不相称。尽管还有宋代其他资料可做补充，但是与宋、辽、金朝相比，西夏历史记载仍属挂一漏万，难以同日而语。西夏的历史因资料的匮乏而显得模糊不清，后世称西夏为"神秘的王朝"盖源于此。

　　历史又给了复原西夏历史以新的契机。近代以来，在西夏故地陆续出土了大量西夏文物，给西夏历史文化增添了一批又一批鲜活的实物资料。

　　西夏文物从不同的侧面反映了西夏的社会活动、社会关系、意识形态以及当时人们利用自然、改造自然的状况，往往是西夏政治制度、经济生活、文化艺术、风俗礼仪、宗教信仰的综合产物。越来越多的西夏文物可以大大丰富我们对西夏的认知，是研究西夏历史文化极为重要的遗产。特别是对西夏这样缺乏文献记载的王朝，文物可视为西夏历史文化积淀的根脉，往往是认识西夏大量重要问题的主要依据，可为重新复原西夏历史提供关键性素材。西夏王朝随着蒙古铁骑的奔袭而灭亡，早已失去了固有的光辉，而西夏文物的破土而出，似乎使远离我们的西夏变得距离逐渐拉近，面目日益清晰。

<h2 style="text-align:center">二</h2>

中国有重视文物的传统。西夏文物早在与西夏同时代的宋朝就已有注录。南宋著名的金石学家洪遵于绍兴十九年（1149）撰成《泉志》一书，其中卷十一注录一枚"梵字钱"，并记"文不可辨"。后清嘉庆十年（1805）金石学家刘青园在凉州（今甘肃省武威市）发现了西夏钱币窖藏，经过比对，方知洪遵《泉志》中所收"梵字钱"是西夏钱币。可见西夏时期的钱币曾进入宋朝，并得到当时宋代金石学家的青睐。

清代西夏文物最重大的发现是清嘉庆九年（1804）著名学者张澍在凉州发现西夏重修护国寺感通塔碑，开近代西夏考古先河。原来此碑早被砌封于甘肃武威城内北隅的大云寺碑亭中，久已不闻于世。张澍启拆砖封，发现此重要文物。[1] 此碑一面西夏文，一面汉文，内容大体相同，记述西夏天祐民安四年（1093）崇宗皇帝、皇太后发愿重修凉州护国寺感通塔及寺庙，第二年完工后立碑赞庆事。此重要发现使消亡已久、世上无人知晓的西夏文字重现于世，使世人重新识别久违的西夏文字。此碑因其文物价值巨大，1961年被列为首批全国重点文物保护单位之一。

清末政治腐败，国力衰微，列强乘虚而入。一些国家打着"探险队"的招牌在中国大肆掘掠文物，其中以西部地区遭受损失最为严重。西夏作为西部地区的古代王朝，其文物亦未能幸免。俄国以科兹洛夫（П. К. Козлов）为首的探险队于1908年、1909年两次到达中国黑水城遗址（今属内蒙古自治区额济纳旗），掘走大量西夏文物，其中仅西夏古籍文献就有达近万卷（件），其他可移动文物数百件。这是20世纪继甲骨文、汉简、敦煌文书以后又一次重大文献发现。法国人伯希和（P. Pelliot）1908年在敦煌掘获大批文物，其中包括一批西夏文物。英国人斯坦因（M. A. Seiin）步科兹洛夫后尘，于1914年也到黑水城寻找发掘，得到西夏文物也不在少数，仅西夏文献就有7000多编号，另有其他可移动文物约300件。

1917年在宁夏灵武（今宁夏回族自治区灵武市）发现不少西夏文佛经，是西夏文物的又一次重大发现。这批珍贵古籍于1929年大部分入藏中国国家图书馆，使该馆增添了新文种特色收藏，成为国内入藏西夏文文献最多之处。灵武所出部分文献辗转散藏于宁夏、甘肃，部分流失日本、美国。

---

[1]　张澍：《书天祐民安碑后》，《养素堂文集》卷十九，清道光十五年刊本。大云寺，西夏时期为护国寺。

瑞典人斯文·赫定（Sven Anders Hedin）于 1927—1935 年，与中国学术团体联合会共同组成"西北科学考察团"，徐炳昶和斯文·赫定分任中瑞双方团长。考察团在黑水城以及甘肃等地也得到不少西夏文物、文献，现大部分藏于瑞典斯德哥尔摩民族学博物馆，少量藏于中国社会科学院考古研究所。

对于西夏文物，中国国学大师们早就给予很大关注。20 世纪二三十年代，陈寅恪、王国维、罗振玉等人或考证文物，或解读文字，或诠释文献，筚路蓝缕，探赜索隐，收获粲然。罗振玉积 30 年之功，收集西夏印章 30 方，1927 年编著《西夏官印集存》，并利用其中的西夏年款，订正西夏纪年，颇多贡献。又有王静如、罗福成、罗福苌等专家致力于西夏研究，关注西夏文物、分析文字、研究语言、介绍文献，为中国西夏学奠基。

1936 年甘肃省安西县毛仲阳在安西古锁阳城（今属甘肃省瓜州县）东北佛塔中发现西夏文佛经数页，1937 赠与临洮教育局，1953 年藏于临洮县博物馆。20 世纪 40 年代初，张大千在莫高窟北区发现一批西夏文献，后分藏于日本天理图书馆和美国普林斯顿大学葛斯德图书馆。

这一时期大量西夏文物流失海外，造成难以弥补的重大损失，是中国文物考古工作者和西夏研究者的切肤之痛。

三

新中国成立后，文物考古事业得到前所未有的蓬勃发展。西夏文物考古事业在国家相关部门的重视下有组织地进行，逐渐深化内涵，扩大视角。西夏文物考古工作包括文物遗址调查、考古发掘、文物搜集、文物修复、文物保护、文物记录、文物研究、文物展览等项。半个世纪以来各项文物考古工作长足发展，不断取得新成就，出土和发现的西夏文物越来越多。

（一）20 世纪 50 至 60 年代，西夏文物考古良好开端，取得初步成果

1952 年在甘肃武威天梯山石窟发现一批西夏文文献，甘肃省文物管理委员会主任冯国瑞对其编号保存，入藏甘肃省博物馆。1959 年在敦煌莫高窟对面的古塔中发现了数卷西夏文古籍，皆入藏敦煌文物研究所（今敦煌研究院）。

1958 年在内蒙古自治区巴彦淖尔盟临河县高油房一座古城遗址出土了莲花形金盏托、金碗、金佛像、金指剔等各种金银器和西夏文铜印以及大量西夏钱币。这些珍贵西夏文物入藏内蒙古博物馆。[①]

1962 年河北保定韩庄出土两座西夏文经幢，为西夏后裔在西夏灭亡 270 多年后

---

① 陆思贤、郑隆：《内蒙古临河县高油房出土的西夏金器》，《文物》1987 年第 11 期。

的明代中期所立，反映了西夏后裔的传承以及其文化、宗教特点。1977 年刊布调查研究成果。[①]

1963 年内蒙古自治区文物工作队根据牧民提供的线索，对内蒙古额济纳旗达兰库布镇东部的一座古庙进行清理发掘，出土了 25 尊彩塑像，定为西夏时期。发掘报告和论文至 1981 年刊布，参加清理发掘的有李逸友、郑隆、陆思贤、盖山林。[②]

西夏文物得到著名敦煌学家常书鸿先生和著名西夏学家王静如先生的共同关注。1964 年由中国科学院民族研究所和敦煌文物研究所共同组成敦煌洞窟西夏调查研究小组，对敦煌莫高窟、安西榆林窟的西夏洞窟重新进行系统考察，由常书鸿、王静如教授主持，宿白教授作顾问，李承仙任秘书长，民族所史金波、白滨，敦煌文物研究所万庚育、刘玉权、李侦伯，甘肃博物馆的陈炳应参加。经过 3 个月的实地考察，对相关洞窟从文字题记到艺术风格进行科学记录和研究，最后将原来认定的莫高窟、榆林窟只有几个西夏洞窟改定为 80 多个西夏洞窟，大大改变了对洞窟布局的认识。这是把西夏考古、艺术、文字、史料结合在一起的一次成功的科研尝试，不仅开拓了西夏艺术研究，还在西夏学的进程中首创多学科合作研究，汇集不同学科的专家，采用综合研究方法，取得重大进展。可惜这次考察研究的结果尚未公布，席卷全国的"文化大革命"就开始了。有关敦煌莫高窟、安西榆林窟西夏洞窟的考察研究成果在"文革"结束后才陆续公布。

（二）20 世纪 70 年代，西夏文物考古又有新的进展，取得重要收获

在"文革"时期西夏故地又发现了一批重要西夏文物。1972 年在甘肃省武威发现了一批重要西夏文物，入藏甘肃省博物馆。1974 年由甘肃省博物馆刊布报告，王静如、史金波和黄振华对这批文献进行了考证和研讨。[③]

宁夏考古工作者利用地处西夏腹心地区的地缘特点和优势，将西夏文物考古工作重点放到西夏陵区。位于银川市西、贺兰山脚下的广阔陵区南北长 10 千米，东西宽 5 千米，总面积约 50 平方千米，矗立着 9 座高大的帝陵和 250 座陪葬墓，星罗棋布，蔚为壮观。西夏陵区自 1971 年开始调查，并正式确定此陵区为西夏皇陵，受到国家文物局的重视。1972 年至 1975 年宁夏考古专家对 8 号陵和几座陪葬墓以及 7 号陵碑亭进行发掘，出土了很多重要文物，其中包括硕大的镏金铜牛、男性和女性人像石碑座、雕龙石柱以及大量西夏文、汉文残碑。宁夏博物馆的专家们对考古发掘和出土文物作了报道和研究。[④] 这是第一次有计划的西夏考古发掘工作。重要西夏遗迹的考

① 王静如、郑绍宗：《保定出土明代西夏文石幢》，《考古学报》1977 年第 1 期；史金波、白滨：《明代西夏文经卷和石幢初探》，《考古学报》1977 年第 1 期。

② 内蒙古自治区文物工作队：《额济纳旗沙漠中的古庙清理记》，《内蒙古文物考古》1981 年创刊号。

③ 甘肃省博物馆：《甘肃武威发现一批西夏遗物》，《考古》1974 年第 3 期。

④ 宁夏博物馆：《宁夏回族自治区文物考古工作的主要收获》，《文物》1978 年第 8 期。

察、大量西夏文物的出土，开阔了西夏研究者的眼界，使人们通过西夏的实物来认识业已消失的西夏。此后 1983—1987 年又陆续对部分碑亭遗址、石灰窑、建筑遗址发掘，1987 年、1998 年对 3 号陵进行调查和发掘。调查和发掘中出土了大量西夏文物，分别藏于宁夏博物馆、宁夏文物考古研究所和西夏博物馆。西夏陵及其出土的文物，不仅直接反映着西夏的建筑，也折射出西夏的不少政治、经济和文化现象。

1976 年中国科学院民族研究所的西夏研究者史金波、白滨到西夏故地宁夏、甘肃、内蒙古、新疆、青海等地进行实地考察，涉及 30 个县、市，行程约万里，一路上过目大量西夏文物，更可喜的是新发现了不少有价值的西夏文物。如在西安市文物管理处发现了包括御制泥金写经在内的一批珍贵西夏古籍，在酒泉发现了横躺在篮球场旁的《大元肃州路达鲁花赤世袭之碑》等。

1977 年甘肃省武威西郊林场发现两座西夏墓葬，出土了木缘塔、彩绘木版画、木器和瓷器等西夏文物，其中木缘塔和木板上写有题记，证明为西夏时期。文物入藏武威市博物馆。①

（三）20 世纪 80 年代以后，西夏文物考古蓬勃发展，取得更为显著的成果

改革开放以后，科学研究步入新的阶段，西夏文物考古受到越来越多的重视，国家投入加大力度，有关部门工作更加科学、细致，取得多方面的重大收获。

1983 年、1984 年内蒙古自治区文物考古研究所等单位，经国家文物局批准对黑水城进行全面勘察，重点发掘面积 11000 平方米，揭露出房屋遗址 280 多处，出土大量西夏和元代文物，包括很多珍贵的西夏文、汉文文书。1987 年将此次考古发掘纪要和部分文献研究成果进行报道。② 后李逸友编著了《黑水城出土文书》（汉文文书卷）。③

此外，内蒙古其他地区也接连发现西夏文物。如 1982 年在内蒙古自治区准格尔旗发现一处西夏窖藏，出土瓷器 21 件，铁钱 54 件。④ 1985 年伊金霍洛旗先后发现几批西夏窖藏文物，有瓷器、铁钱 40 余件。⑤

1984 年至 1986 年中国社会科学院考古研究所对宁夏灵武瓷窑堡窑址进行发掘，共发掘了 3 座西夏窑炉，8 座西夏作坊，1 座元代作坊，1 座清代窑炉，出土瓷器、工具、窑具等 3000 多件。这些瓷器部分入藏中国社会科学院考古研究所，大部分入藏宁夏博物馆。

---

① 宁笃学、钟长发：《甘肃武威西郊林场西夏墓清理简报》，《考古与文物》1980 年第 3 期。
② 内蒙古自治区文物考古研究所、阿拉善盟文物工作站：《内蒙古黑城考古发掘纪要》，《文物》1987 年第 7 期。
③ 李逸友编著：《黑城出土文书》（汉文文书卷），文物出版社 1991 年版。
④ 伊克昭盟文物工作站：《准格尔旗发现西夏窖藏》，《文物》1987 年第 8 期。
⑤ 高毅、王志平：《内蒙古伊金霍洛旗发现西夏窖藏文物》，《考古》1987 年第 12 期。

自 1982 年至 1987 年，在甘肃省武威古城乡的塔儿湾陆续出土大量西夏瓷器，定为西夏瓷窑遗址。1990 年前后又在此清理出土了大批西夏瓷器、窑具和大量瓷片，共复原各种瓷器 140 多件，其中一件墨书汉字"光定四年四月卅日郭善狗家瓮"。这是西夏瓷器的一次重大发现。

西夏时期佛教兴盛，塔寺众多，随着时间的流逝，寺庙多已塌毁，而佛塔倒有不少保存下来。这些佛塔是西夏建筑重要类别，集中地显示出西夏的宗教信仰、建筑形式和技术水平，具有特殊的文物价值。20 世纪 80 年代以来，考古专家对西夏佛塔进行了调查和维修，同时发现了很多重要文物。1984 年至 1985 年宁夏文物管理委员会对位于宁夏同心县韦州乡的康济寺塔结合维修加固，做了细致的勘察和记录，认定此塔始建于西夏，明清维修，出土了西夏文砖和一批明代文物。1986 年宁夏文物管理委员会对位于宁夏贺兰山拜寺口的双塔进行抢修和加固，考察了塔的建筑结构、外部装饰，并在西塔塔刹的穹室内发现了大量文物，包括唐卡、彩绘木器等，并证实二塔为西夏时期始建。1986 年宁夏考古专家曾对贺兰山东麓拜寺沟方塔进行考察，遗憾的是 1990 年此塔被毁。1991 年专家们对方塔废墟进行清理发掘，发现了大量西夏文物，其中不仅有记载年代的西夏文、汉文款识的塔心柱，更有存世最早的 9 卷木活字本佛经《吉祥遍至口和本续》。坐落在宁夏贺兰县的宏佛塔残毁严重，有倒塌危险，1987 年宁夏文物管理委员会对其进行详细勘察和测绘，1991 年按拆卸重修方案对宏佛塔进行修缮。通过解剖、维修，弄清了塔的建筑结构，同时也发现了多种类型的西夏文物，其中包括多幅珍贵的彩绘绢画、彩绘泥塑佛造像和大量西夏文木雕版。1987 年至 1988 年间，宁夏回族自治区文物管理委员会对位于宁夏青铜峡市黄河岸边的一百〇八塔进行清理和修缮，维修中出土了泥塑像、砖雕像和彩绘绢质佛画，以及西夏文佛经等文物。

1987 年，武威市新华乡缠山村群众发现一批西夏文献，共有 34 件，其中世俗文献 7 件，佛教文献 27 件，藏武威市博物馆。

1988 年至 1995 年，敦煌研究院对莫高窟北区洞窟的整理发掘中，发现了大批文物，其中有不少西夏文物和文献，皆入藏于敦煌研究院。[①]

1991 年中央电视台拍摄纪录片《望长城》时，在内蒙古自治区额济纳旗绿城遗址发现多种西夏文文献和文物，入藏内蒙古博物馆。[②]

1997 年、1998 年在甘肃省武威西关和西郊响水河先后发现西夏墓葬，出土了一批随葬品，其中各有重要的西夏卖地墓券。[③]

---

① 史金波、陈育宁主编：《中国藏西夏文献》第 16 卷《敦煌研究院藏卷·综述》，甘肃人民出版社、敦煌文艺出版社 2006 年版，第 8、9 页。

② 史金波、翁善珍：《额济纳旗绿城新见西夏文物考》，《文物》1996 年第 10 期。

③ 姚永春：《武威西郊西夏墓清理简报》，《陇右文博》2000 年第 2 期；朱安、钟亚萍等：《武威西关西夏墓清理简报》，《陇右文博》2001 年第 2 期。

2000 年至 2001 年宁夏回族自治区文物考古研究所等部门对宁夏回族自治区永宁县闽宁村西夏墓地的 8 座墓葬和 4 座碑亭遗址进行发掘,考察了墓葬形制,出土了木俑、陶俑、棺木、铜铃、陶罐、瓷器、铜器、银器、铁器、残碑、建筑材料等,应是西夏早期党项人贵族墓葬。

2002 年宁夏回族自治区文物考古研究所和中国社会科学院民族研究所的工作人员,对银川市西部贺兰山山嘴沟石窟进行考察,后 2005 年继续对石窟上层 4 窟进行细致测绘、拍照。石窟中除残存一些壁画外,还出土了不少西夏文物,主要是西夏文古籍,包括记有活字印刷分工的活字印本。

对西夏后裔的考察除前述河北保定市出土的经幢外,1980 年史金波、吴峰云到安徽合肥、安庆等地考察西夏后裔余阙的事迹,调查发现了两部余氏族谱,并考察了其他相关遗迹。① 1986 年河南省社会科学院任崇岳、穆朝庆调查河南濮阳西夏后裔,发现了《唐兀公碑》等重要文物,后又发现其他河南西夏后裔墓碑,并进行考释。② 后又有专家发现杨氏家谱和文集《述善集》。③

随着西夏文物增加,以及西夏文物在西夏研究中的重要性日益显现,对西夏文物的整理、出版和研究的成果也不断推出。自 20 世纪 80 年代有宁夏博物馆发掘整理、李范文编释的《西夏陵墓出土残碑粹编》、1985 年陈炳应的《西夏文物研究》,1988 年史金波、白滨、吴峰云的《西夏文物》,1988 年马文宽的《宁夏灵武窑》,1995 年雷润泽、于存海、何继英的《西夏佛塔》,1995 年中国社会科学院考古研究所编著的《宁夏灵武窑发掘报告》,1995 年韩小忙的《西夏王陵》,许成、杜玉冰的《西夏陵》,1998 年李进兴的《西夏陶模》等。④

进入 21 世纪后的十年时间,西夏文物考古著述更加丰盛,又有多种专著问世。如 2001 年韩小忙、孙昌盛、陈悦新的《西夏美术史》,2002 年谢继胜的《西夏藏传绘画——黑水城出土西夏唐卡研究》,2004 年中国国家博物馆、宁夏回族自治区文化厅在国家博物馆举办西夏文物展览后编的《大夏寻踪——西夏文物辑萃》,同年宁夏回族自治区文物考古研究所编著的《闽宁村西夏墓地》和《拜寺沟西夏方塔》,2007 年牛达生的《西夏遗迹》和《西夏钱币论集》,2008 年钟侃、钟雅玲的《东方金字

---

① 史金波、吴峰云:《西夏后裔在安徽》,《安徽大学学报》1983 年第 3 期;史金波、吴峰云:《元代党项人余阙及其后裔》,《宁夏大学学报》1985 年第 2 期。

② 任崇岳、穆朝庆:《略谈河南省的西夏遗民》,《宁夏社会科学》1986 年第 2 期;任崇岳、穆朝庆:《西夏遗民在河南》,《中州今古》1986 年第 5 期;穆朝庆、任崇岳:《〈大元赠敦武校尉军民万户府百夫长唐兀公碑铭〉笺注》,《宁夏社会科学》1987 年第 1 期;任崇岳:《元〈浚州达鲁花赤追封魏群伯墓碑〉考释》,《宁夏社会科学》1995 年第 2 期。

③ 罗矛昆、许生根:《河南省濮阳地区遗民调查》,《宁夏社会科学通讯》1987 年第 3 期;杨富学、焦进文:《河南濮阳新发现的元末西夏遗民乡约》,《宁夏社会科学》2001 年第 5 期;焦进文、杨富学校注:《元代西夏遗民文献〈述善集〉校注》,甘肃人民出版社 2011 年版。

④ 宁夏博物馆发掘整理,李范文编释:《西夏陵墓出土残碑粹编》,文物出版社 1984 年版;陈炳应:《西夏文物研究》,宁夏人民出版社 1985 年版;史金波、白滨、吴峰云:《西夏文物》,文物出版社 1988 年版。

塔》，2009 年上海艺术研究所、宁夏回族自治区民族艺术研究所的《西夏艺术研究》，2010 年陈育宁、汤晓芳的《西夏艺术史》等。①

不难看出，50 多年来西夏文物的新发现呈快速增长趋势，由稀缺少见至琳琅满目，这些重要收获，为西夏研究提供了大量真实可信、生动鲜活的资料，使西夏研究走出冷清而趋于温热，对西夏学的发展起到特殊的推动作用。

四

在西夏文物考古事业迅速发展进程中，可看到一种可喜现象，即西夏文物中的文献整理、出版和研究，进展更为迅速，成就更为显著，对西夏研究的推动更为巨大。

由于出土的西夏文献绝大部分都流失海外，特别是俄罗斯科学院圣彼得堡东方学研究所（今俄罗斯科学院东方文献研究所）存藏的西夏文献占据所有出土西夏文献的约 90%，更是受到业内的高度重视。根据中国社会科学院领导和有关部门的指示和安排，经过 1992 年的联系和筹备，1993 年春中国社会科学院民族研究所协同上海古籍出版社，与俄罗斯圣彼得堡东方学研究所签订重要合作协议。根据协议中俄双方共同出版藏于圣彼得堡东方学研究所的所有黑水城出土的西夏文、汉文和其他少数民族文字文献，出版物定名为《俄藏黑水城文献》。经过多年的努力，现已经出版《俄藏黑水城文献》20 册，按计划以后还要陆续出版 10 册左右。这批古籍的出版，使流失海外近百年的国宝魂归故土，为西夏学术研究提供大量崭新的、重要的资料，为西夏研究开辟了广阔的前景，有力地促进西夏学及相关学科的发展。②

国内存藏的西夏文文献的数量仅次于俄国所藏，然而这些珍贵文献分散于各地，作为善本深藏于馆库，阅览、研究很不方便。宁夏大学与甘肃五凉古籍整理研究中心合作，并联合中国社会科学院西夏文化研究中心等全国各地十几个部门共同参与，联合编纂出版《中国藏西夏文献》，自 2005—2007 年全部出版 20 册，为学术界利用这些重要资料提供了极大的方便。这不仅是中国古籍整理工作一个重要项目，也开创了西夏文献整理出版大协作的典型。③ 近几年来《英藏黑水城文献》（5 册）、《法藏黑

① 韩小忙、孙昌盛、陈悦新：《西夏美术史》，文物出版社 2001 年版；谢继胜：《西夏藏传绘画——黑水城出土西夏唐卡研究》，河北教育出版社 2002 年版；中国国家博物馆、宁夏回族自治区文化厅：《大夏寻踪——西夏文物辑萃》，中国社会科学出版社 2004 年版；宁夏回族自治区文物考古研究所编著：《闽宁村西夏墓地》，科学出版社 2004 年版；宁夏回族自治区文物考古研究所：《拜寺沟西夏方塔》，文物出版社 2005 年版；牛达生：《西夏遗迹》，文物出版社 2007 年版；牛达生：《西夏钱币论集》，《宁夏金融》2007 年增刊；上海艺术研究所、宁夏回族自治区民族艺术研究所：《西夏艺术研究》，上海古籍出版社 2009 年版；陈育宁、汤晓芳：《西夏艺术史》，上海三联书店 2010 年版。

② 史金波、魏同贤、克恰诺夫主编：《俄藏黑水城文献》第 1—20 册，上海古籍出版社 1996—2012 年版。

③ 史金波、陈育宁主编：《中国藏西夏文献》第 1—20 册，甘肃人民出版社、敦煌文艺出版社 2005—2007 年版。

水城文献》（1 册）、《日本藏西夏文文献》（2 册）也陆续出版。[①] 这样就使国内外存藏的大部分出土西夏文献得以面世，使人们可以便捷地利用藏于国内外的西夏出土文献。

与此形成巨大反差的是，除西夏文献以外的其他西夏文物的整理出版虽有很大进展，但仍存在不少问题，其中主要有：

1. 很多文物未能刊布。过去出土和新发现的西夏文物有的至今仍存于库庋，未予报道、刊布。有的虽有报道，但介绍简略，仅凭当时认识程度介绍部分出土文物，不免遗漏。这使很多西夏文物，甚至不少有重要价值的文物始终不为学术界所知，更谈不上用以研究。

2. 文物图版缺失、简陋。有的文物虽予报道，但未附图版；有的虽附图版，但版面不清；有的立体文物仅一幅图版，难以反映文物全貌。

3. 文物数据和特色缺载。过去已刊布的西夏文物有的记有比较翔实、准确的数据，描绘了文物的特点，但也有相当多的西夏文物基本数据缺载或数据不全，如整体和主要部位的尺寸、可称量文物的重量，以及质料、色泽、完残程度、特殊标识等。这种状况不便于对文物的利用、研究，难于对文物的价值做深层次的开掘。

4. 文物遗址重视不够。文物遗址不仅本身就是重要文物，而且负载着出土文物的背景、环境等重要元素。在过去有关西夏文物的著述中，有的仅报道出土文物，未介绍文物所在遗址，或有介绍也简略粗疏，造成信息不全，难以形成对文物整体、全面的理解。

5. 文物分散，未能系统刊布。西夏文物分布于宁夏、甘肃、内蒙古，以及陕西、新疆、青海，同时还涉及北京、上海、天津、河北、河南、安徽等共十几个省、直辖市、自治区，地域广阔分散。出版的有关西夏文物著作、论文刊布于众多的出版社和杂志，搜集不易。据前所述可知，这些著述或时间较早，未及新的发现；或限于一时一地，未成系统；或囿于某一领域，难以全面。

总之，西夏文物至今缺乏系统、全面、科学、细致的整理和刊布。西夏文物整理、刊布的现状，难以满足学界和社会了解西夏文化的需求，在一定程度上制约了西夏学的发展。

2011 年全国哲学社会科学规划领导小组批准将"西夏文献文物研究"设立为国家社会科学基金特别委托项目。项目专家委员会经过认真考量，于当年将《西夏文物》的系统编纂出版列为重大项目，首次对存世西夏文物开展全面调查、梳理和研究，注重整体宏阔观照，建立跨地区的完整西夏文物资料体系和数据库，计划将西夏文物资料系统、科学、翔实地公之于世。这样不仅能汇集大量有关西夏的实物资料，

---

① 西北第二民族学院、上海古籍出版社、英国国家图书馆编纂，李伟、吴芳思主编《英藏黑水城文献》第 1—4 册，上海古籍出版社 2005 年版；第 5 册，上海古籍出版社 2010 年版。

还能突出地展现出西夏不同时代、不同地域实物资源的全面性和相互的关联性，扩大微观实物的宏观视野，增值西夏文物的学术价值，提升西夏文物的实用价值，更有利于利用西夏文物锻造、复原西夏历史。

《西夏文物》分为宁夏编、甘肃编、内蒙古编、石窟编和综合编（包括除宁夏、甘肃、内蒙古以外的其他各地区）共 5 编。每编下设金银铜铁器、陶瓷砖玉器、石刻石器、木漆器、塑像绘画、建筑和其他 7 卷（石窟编除外），卷下再设若干类。书中依次布列文物图版，每一文物尽量采用多维角度的多种图版，同时注重以准确、翔实的文字说明。各编依据文物数量分为若干册出版。《西夏文物》的出版将为西夏乃至宋辽金元学术研究提供厚重的系统资料。

完成《西夏文物》的出版任务不仅需要重新细致整理、测量、登录、拍摄各保存单位的所有西夏文物，还需要查找原来考察、发掘时的原始资料，有时还必须到原出土遗址进一步考察，更需要对文物逐一进行鉴定和研究。这显然是一项既具基础性、又有开创性的重要系统学术工程。这需要相关文博部门的大力支持和很多专家的参与合作。我们首先得到宁夏、甘肃、内蒙古有关文博部门和敦煌研究院的热烈响应。经过一段时间的联系、筹备，于 2011 年 12 月在北京召开的国家社会科学基金特别委托项目"西夏文献文物研究"的工作会议上，《西夏文物》中宁夏编、甘肃编、内蒙古编正式立为重大项目，讨论通过了《〈西夏文物〉编纂原则》和《〈西夏文物〉编纂细则》。此后各编按要求分头认真地开展工作。

《西夏文物》编纂、出版的过程，无疑也是对国内西夏文物的一次普查、调研工作。通过这一项目的实施，保存在各地、各部门的西夏文物家底更为明晰，其间发现了不少新的、有重要价值的文物。此项工作由科研部门和文博部门密切合作，在西夏文物普查的基础上，加强原创性研究，努力开掘文物的价值，尽量在出版物和数据库中体现出参与此项目的文博部门在西夏文物藏品管理、科学研究、社会服务、展示传播和人才培养的能力和水平，体现出有关藏品的特色和优势。

特别应该提到的是，此项目得到中国社会科学院和国家文物局的热情关怀和大力支持。国家文物局于 2012 年 8 月向宁夏、甘肃、内蒙古、北京市等 13 个相关文物局（厅）发出文件，指出《西夏文物》的出版是一项具有开创性和基础性的学术工程，请各有关部门对编纂出版工作给予大力支持，对西夏文物的调研和拍摄给予积极支持。这一文件对《西夏文物》各编正在开展的工作起到了很大支持和促进作用。

在《西夏文物》各编陆续出版之际，我们要感谢全国哲学社会科学规划领导小组对"西夏文献文物研究"项目的支持，感谢中国社会科学院和国家文物局对《西夏文物》编纂出版的关怀和指导。我们还要感谢各地有关文博部门的大力支持和友好合作。

西夏故地环境苦恶，考古专家们不惧艰辛，跋涉于大漠、深山之中，栉风沐沙，孜孜矻矻，执着探寻，代代赓续，历经数十年的积累，才得到现在这样多的文物硕果。不少西夏文物是因为专家们的及时抢救才保存了实物或图片。有的老专家毕生勤奋，留下了诸多西夏文物菁华，而今已然离我们而去。因此我们还要特别感谢各地参与西夏文物考古的几代专家们。

最后，我们希望《西夏文物》的出版能为方兴未艾的西夏研究提供一份丰赡的学术资源，为强化西夏学科起到推动作用，为中国文化遗产的保护、传承和利用做出自己的贡献。

《金人"中国"观研究·序》

程妮娜

"中国"是人们十分熟悉的名称,"中国是多民族国家,有五千年文明史",也是国民熟知的常识。但是"中国"一词,在不同历史时期有着不同的含义。最早见于西周铭文的"中国"是指国之中央,即都城。春秋时"中国"发展为指代"华夏"族群和"华夏"文化的用语。秦汉魏晋以后,"中国"又指中原政权,并从汉人政权发展为包括少数民族在内的各族中原政权,元明清以后才具有今天"中国"的含义。对于古代"中国"如何发展为近现代"中国",是一个涉及多学科的复杂而宏大的历史问题,其中古代少数民族的"中国"观越来越受到学界重视。

熊鸣琴所著《金人"中国"观研究》,是在她的博士后出站报告的基础上进一步补充和完善而完成的。熊鸣琴曾师从暨南大学张其凡教授读硕士研究生和博士研究生,系统地学习了宋史,并在博士研究生期间开始对辽宋夏金分裂时期汉族与北族王朝的"中国"观问题产生兴趣,完成了博士学位论文《辽、宋朝"中国"观研究(公元907—1127年)》。2011年7月,熊鸣琴进入吉林大学历史学博士后流动站,继续对这一领域进行探讨,为补充辽金史专业知识,她旁听有关的博士生课程,在学习与研究中她认识到以往关于金朝女真统治集团"中国"观的研究,多从金人正统观念、华夷意识、汉化现象进行探讨,然而这种观念意识和文化流变的产生,必是一定政治、经济、社会结构的反映,有必要追问金朝的"中国"观应何而生?其与现实政治之间究竟存在怎样的互动关系?在此过程中又经历了怎样的发展脉络?这部《金人"中国"观研究》便是从政治与观念互动的视角出发,去揭示促使金人"中国"观产生、演变的动力及其特质,提出了一些新见解。这是一部视角独特,观点鲜明,论述精到,有理论探索的创新之作。这部著作的代表性观点有三:

其一,作者认为金朝"中国"意识的产生需要两个条件的结合:即"以我为中心"争当东亚霸主的意识和对"中国文化"的认同与吸收。女真帝王、贵族的"中国"观,首先源于统治中原汉地的现实需要与争当东亚霸主的政治意识,它是在与现实政治的互动进程中形成和发展的。金朝建国后,在亡辽灭宋的军事扩张过程中,女真统治集团逐渐萌生了凌控四方、以自身为东亚天下霸主的政治意识,而"中国"作为一个政治概念在某种意义上便是东亚霸主的代称。熙宗朝金宋签订的"皇统和议",确立了金朝的东亚霸主地位。女真集团对"中国文化"的认同和吸收并非出自对汉法的倾慕与向往,而是出于统治汉地的需要。为了论证这个认识,书中以金史研究中颇有争议的人物完颜宗翰为个案,探讨了金初汉制改革与女真现实统治需要的关系。并指出金熙宗以后,在人口民族结构、农牧经济结构、政治体制及文化组成上都显示出强烈的"中国化"特征,金人的"中国"意识在此基础上进一步强化和发展。

其二,《金人"中国"观研究》提出金朝女真帝王的"中国"观带有强烈的北方民族自树意识,他们既有吸收中原文化以"中国"自居的需要,也有维持自身族类文化认同的需要。作者认为与只是认同华夏人与文化意义的传统"中国"观相比,金人"中国"观的内涵发生了明显的变化,女真统治者并不避讳出身于北方民族的事实,金世宗在推进金朝汉化进程的同时,又发动了维护女真本土文化运动,他认为女真文化足以与汉文化齐肩,并将其纳入"中国"文化之中。金章宗时君臣几次讨论本朝德运问题,目的是将在地方制度层面具有汉制与女真制并行特点的北族王朝纳入中国正统王朝体系。显然金朝女真帝王的"中国"观是女真文化与汉文化并存的"中国"观。值得注意的是金朝女真人的"中国"观并非完全不分"华夷",金末金蒙战争中,女真统治集团在号召民众抵御蒙军入侵之时,也以"攘夷"为宣传口号。金朝女真君臣这种统治民族文化与汉文化共存的"中国"观为后来的元朝蒙古统治者和清朝满族统治者所继承,并发展为不分种族的国家层面上的"中国"认同,为近现代中华民族一体化的国家认同奠定了历史基础。

其三,金朝是一个多民族国家,汉族占人口的大多数。作者认为北族王朝统治下的汉人对女真政权的"中国"认同经历了一个从无到有逐渐强化的过程。提出"中国"观本身是一个集天命、地理、文化、功业视角于一体的国家观念,原辽汉人"夷夏之辨"意识相对淡薄,很快完成了对金国的认同过程;原北宋汉人则经历了痛苦的观念转变过程,以"救生灵、存文化""天命已改,君道无终臣道亦无终"等论说消解了改仕新朝的内心矛盾,将金朝取代北宋诠释为"中国"内部的改朝换代。金朝汉人不仅从文化(奉行中原礼仪)、地理(占据汉地、中原)两个角度来认可金朝的"中国性",并出现了称南宋政权为"蛮夷"的现象。他们的"中国"观呈现出狭隘性与超越性并存的特点。一方面,"中国"作为一个政权概念具有强烈的唯一性与排他性,出于"以我为中心"的政治理念和维护金朝东亚霸主身份的需要,金朝汉人将同时代的南宋政权排除在"中国"之外,具有一定的历史局限性;另一方面,他们已经萌生出一种不论华夷种族、不论南北民族地域,皆可为"中国"的相对宽泛的"大中国"意识,具有一种消弭夷夏种族界线的超越性。金末在蒙古政权的军事压力下,金朝汉人"中国"意识趋于强化,为金国殉节的汉族武将文官不亚于南宋之壮烈。金亡后,汉族遗民郝经提出了"今日能用士,而能行中国之道,则中国之主也"的命题,开启了"中国"观的理学化倾向,将是否行"中国"之道作为判定政权"中国性"的唯一标准,强调"华夷"种族都是天然具有行道资格的群体。作者还指出金遗民"中国"观的超越性与南宋遗民"中国"观中强烈的种族主义情绪恰形成鲜明的对比，两者共同构成了近代民族主义思想的渊源。

从上述《金人"中国"观研究》探讨的问题看，熊鸣琴关注的正是古代王朝"中国"观发生重要变化，由华夏（汉）族"中国"到多民族共存"中国"的观念逐步确立时期，她注重从具体人物、事件分析入手，条理清晰地阐述金人"中国"观的形成与演变脉络，尤其着力对相关理论的探讨，提出了新思考和新观点。我作为熊鸣琴博士后的合作导师，对她取得的学术成就感到由衷的高兴和欣赏。这部书的出版对目前越来越受学界各领域高度关注的"中华民族多元一体"重大理论的探讨，无疑具有重要的推进作用。当然，古代王朝"中国"观包括金人"中国"观，作为"中华民族多元一体"理论的重要组成部分，尚有进一步探索和完善的空间，期待熊鸣琴在未来取得更多的学术成果。书稿完成付梓之际，受鸣琴之邀，略陈片语以为序。

2014 年 11 月 9 日于长春

第七篇

学人·学林

杨树森先生的学术研究

纪楠楠

杨树森先生（1926—2014），陕西省富平县人。先生的小、中学生活是在原籍度过的，1947年10月，先生考入当时的北平华北学院法律系学习。时逢国共内战，先生目睹在国民党腐朽统治下的民不聊生和社会局势的动荡，毅然加入反饥饿、反内战、反迫害的进步学生运动的洪流，并因此遭到国民党宪兵的拘禁。1949年3月，先生辗转离开北平，来到解放区，进入中国共产党创办的华北大学一部学习，同年5月，为适应革命战争形势迅速发展的需要，又奉命来到东北，被分配到哈尔滨外语专科学校学习俄语。1949年12月，考入东北大学（东北师范大学前身）政治学院学习。1950年9月，转入历史系学习，1953年7月毕业留校任教。历任助教、讲师、副教授、教授，1989年光荣退休。

杨先生是我国辽金史学界的著名学者，自20世纪50年代初留校任教起，在史学前辈、著名史学家张亮采等先生的教诲和引领下，共同担负起东北师范大学历史系中国古代史及辽金史学科建设的光荣任务。杨先生毕生刻苦钻研，辛勤耕耘史海，几十年来发表了众多文章和专著，为中国辽金史学界创造了大量珍贵的学术财富。其中许多观点和主张，或开学界之先河，或在国内史学界产生重大影响，对后学者起到了引领作用。

一 北方少数民族政权都是中国历史的一部分

在以往的传统中，中国史学界乃至整个思想文化领域往往将绝大部分的注意力放在汉、唐、宋等中原王朝身上，以汉族和中原王朝的历史为主，轻视甚至忽视边疆少数民族和少数民族政权历史的研究。而在研究的视角上，也常以中原王朝为中心，将辽金等政权视为"外敌"，未能在平等的立场上投以重视。先生打破这一传统思维方式，将大量精力投入到辽金史尤其是辽史的研究当中。

杨先生毕业参加工作之初，东北师范大学历史系中国古代史学科正处于开拓阶段，先生以青年教师的身份投入工作，在张亮采先生的指导下，在从事中国古代史教学的同时，研究领域由宋史扩展到辽金元史，奠定了此后稳定的科研方向的基础。先生参加了张亮采先生主持的《辽宋金元史》的编写工作，该书在编写体例上继承著名史学家金毓黼先生（张亮采先生的硕士导师）的著作《宋辽金史》的基础上，又增加了元史部分，在编写内容上吸收了最新的研究成果。该书的最大特点在于赋予契丹族、女真族、蒙古族及其所建立的辽朝、金朝、元朝以相当的篇幅，在章节安排和论述的深度、广度上与其历史地位更相符合，这在当时国内大学历史系教材或专门研究著作的写作中是不多见的。1957 年，书稿全部完成，已经列入人民出版社出版计划，并支付了部分稿酬，但由于张亮采先生被打成"右派"而搁浅。尽管如此，该书在校内印刷，多年被列为本科、函授教材，而且产生了良好的学术反响。

先生在辽金史方面最重要的研究成果是 1984 年出版的《辽史简编》，作为中国较早运用现代科学方法全面研究辽史的著作，该书大大弥补了契丹民族史及辽朝历史这个中国历史研究的薄弱环节，对当时和后来的中国古代史学界都产生了很大影响。该书虽为辽史专著，但并非始自辽太祖耶律阿保机时代，而是从魏晋南北朝时的契丹民族形成和部族活动开始，进而重点叙述了隋唐时期整个大贺氏和遥辇氏部落联盟的发展演化，其后才进入阿保机建辽的时代，显示了先生在辽史研究上的整体性思维。

1986 年，先生又主编了总括辽、宋、西夏、金、元等王朝历史的《辽宋夏金元史》一书，该书内容涵盖了包括辽史在内的整个 10—14 世纪的中国历史，并将辽、金等少数民族政权放在与宋朝平等的角度上进行研究。《辽史简编》和《辽宋夏金元史》两部著作，以及 20 世纪八九十年代发表的《辽代社会经济及其发展》《略论辽与五代、北宋战争的性质》《辽朝统一北方和有效行政管辖》《我国历史上多民族国家的统一与分裂历史发展之管见——兼说辽夏金时期所起的承先启后的作用》等一系列文章，集中体现了先生在辽史研究方面的各项核心观点、原则和学术主张。

首先，先生秉承客观公正的史学宗旨，坚决反对"正统史观"将少数民族斥为"夷狄""异类"的偏见，以及外国学者将辽、金等朝割裂于中国历史之外的态度，肯定了各少数民族政权都是中国历史的一部分，在多民族国家发展中也有着各自的贡献；并且明确指出："在一些史学论著中说北宋统一了全国，这是不符合历史实际的。事实上在北宋结束割据局面以前，辽朝已完成了北方的统一，其疆域要比北宋大一倍多。因此，这种片面的提法要给予纠正。"[①]

不仅如此，先生还用实据证明辽朝是中国历史的一部分，绝非外国学者声称的"非中国的草原政权"。先生指出：首先，辽朝是在以韩延徽、韩知古、康默记等人为代表的汉族知识分子的协助下建立起来，是一个以契丹贵族为主体，包含了汉族和其他各族统治者在内的联合政权。其次，当时的辽朝人就很清楚地认为自己是中国的一部分，"辽朝不自外于中国，契丹族自称他们和汉族一样，都是炎、黄的子孙""虽然名为两国，实非中外，这是我国第二次南北朝。当时，辽人自称'北朝'，称

---

① 杨树森、穆鸿利：《辽宋夏金元史》，辽宁教育出版社 1986 年版，第 2 页。

宋为'南朝'"①。再次，这一时期宋辽两国的汉族知识分子也接受辽朝是中国组成部分的观点，"宋朝的君臣们通常也称辽为'北朝'，或'大辽'，也认为辽朝人都是中国的'赤子'"②，宋人欧阳修编修《新五代史》时将辽朝附于《四夷列传》，立刻引起以刘辉为代表的辽朝汉族知识分子的不满，向辽道宗上书谴责此事。最后，宋辽战争和宋辽两国对峙的性质，绝非中国与非中国政权的战和，而是中国国内两大政权之间的分裂与内战，"辽宋时期的南北对峙，实际上仅是一个国家在特定的历史条件下的分裂。把这种分裂，说成是中国和外国，根本是风马牛不相及"③。尤其是在辽和北宋的三次大规模战争的性质上，先生认为"以往或者由于受大汉族主义传统思想的影响，人们在处理辽对中原战争的性质时，不管中原的政治形势发生如何的变化，辽在五代时是南侵、掠夺，在北宋时仍然是南侵、掠夺，似乎这就成为辽朝的铁纱帽，这顶帽子就永久摘不掉了"的传统思维方式谬误很大。辽在五代时期对中原的战争具有两重性，一方面有着乘中原混乱之机为奴隶主贵族掠夺人口和财富的性质，但另一方面，"契丹统治者参与中原的混战，其目的不仅仅是为了掠夺，更主要的是通过战争，取得在中原的霸权地位"，因此这种战争是从属于中原的割据战争的。而当北宋建立、对中原各割据政权发动摧枯拉朽的攻势后，整个战争的性质就转入统一战争，但北宋的统一并不彻底，因为长城以外还存在着作为中国一部分并进行了封建化改革、社会逐渐与宋朝相适应的辽朝，而宋、辽双方恰恰都有消灭对方统一全中国的意图，故而"自北汉灭亡后，辽与北宋之间的战争，主要是在辽景宗和辽圣宗时期进行，就这时的战争性质来说，仍然是统一战争的继续"，而不是从前认为的南侵与掠夺性质的战争。④而澶渊之盟的订立，则是因为南北两方在这一时期都尚不具备彻底消灭对方统一全国的力量，"是辽、宋双方力量均势下的产物"⑤。

但与此同时，先生也并非无原则地偏袒少数民族政权或历史人物，他既充分肯定了汉族知识分子在辽、夏、金等政权建立过程中制定法律、发展生产、推行封建化改革等各种功绩，以及汉族劳动人民推动北方少数民族社会经济文化发展的重要作用，也对少数民族政权的一些错误政策提出尖锐批评。比如对金朝初年太宗改革前在华北地区推行的烧杀掠夺和薙发易服等民族歧视和压迫政策，先生对此予以明确谴责："这一系列倒行逆施，严重地摧残了北方的社会生产力，激化了中原汉族人民同女真贵族之间的民族矛盾"⑥；而在对成吉思汗的评价中，先生也指出："成吉思汗所进行

① 杨树森：《辽朝统一北方和有效行政管辖》，载吕一燃等《中国边疆史地论集》，黑龙江教育出版社1991年版，第145—162页。
② 杨树森：《辽史简编》，辽宁人民出版社1984年版，第121页。
③ 杨树森：《辽朝统一北方和有效行政管辖》，载吕一燃等《中国边疆史地论集》，黑龙江教育出版社1991年版，第145—162页。
④ 杨树森：《略论辽与五代、北宋战争的性质》，《社会科学战线》1986年第1期。
⑤ 杨树森：《辽史简编》，辽宁人民出版社1984年版，第121页。
⑥ 杨树森、穆鸿利：《辽宋夏金元史》，辽宁教育出版社1986年版，第220页。

的战争，不论是在国内还是国外，都带有很大的破坏性，特别是对国外的战争，带有侵略性质，不但使一些国家和人民蒙受严重的战争灾难，而且给蒙古族人民也带来了流离远方和重大的伤亡"[1]，作为一个历史学者，先生始终坚持了客观而公正的历史观。

二 辽朝在中国历史上的重要地位

先生在重新评价宋辽战争和宋辽对峙性质的基础上，进一步深入思考整个辽宋夏金时代和后来元、清的统一。先生认为元、明、清大一统时代的经济交流、政治地理等许多因素，事实上都是在辽、宋、夏、金对峙时代得到奠基的关键因素，因此"辽、宋、夏、金时期的局部统一，与其说是五代十国以来分裂割据的继续，毋宁说是全国统一的必要准备阶段。元朝的大统一正是在此基础上实现的"，元朝的统一不是历史的偶然，而是此前由少数民族进行的北方统一南方的政治趋向不断前进的结果。而对元、清统一的评价，先生认为："自宋以来，中原王朝处于弱势，它既无力量统一全国，统一事业由少数民族完成是很自然的，这是我国内部的问题"[2]，"国家的统一，不仅是汉族人民的愿望，也是各族人民的愿望；要实现多民族国家的统一，不能说只有汉族的统治者才能完成，少数民族的统治者同样可以完成"[3]，体现了先生对构成中国历史的各个民族一视同仁的学术态度。

在对辽史的研究中，先生主张辽宋夏金时代是我国统一的多民族国家历史发展中承先启后的转折时期，"是分裂到大统一的过渡，或者说是准备时期"[4]，其中的辽朝不仅统一了包括奚、突厥、吐浑、党项、回鹘、渤海、铁骊、靺鞨、鼻古德乃至黠戛斯等民族在内的广大北方区域，而且在从东北到蒙古高原在内的地区大大加强了控制、管理与开发，仿效唐制，以五京为中心分全国为五道，"在北方草原上首次建置都城（上京、中京），在各地普建州县，这在我国北方地区历史上是空前创举，有着重要意义""为了巩固边防和加强对各边区的统治，还先后按方面（路）设置了统辖各属国、属部和负责边防高一级的军政机构"，并向所属各部征兵征赋，从而实施了比以前任何一个朝代都要完备的统治，在中国历史上第一次统一整个北方地区，为后世全面的大一统创造了条件。[5] 此外，辽朝还在"因俗而治"方针指导下部族制与州

① 杨树森、穆鸿利：《辽宋夏金元史》，辽宁教育出版社 1986 年版，第 265 页。

② 杨树森：《我国历史上多民族国家的统一与分裂历史发展之管见——兼说辽夏金时期所起的承先启后的作用》，载李范文主编《首届西夏学国际学术会议论文集》，宁夏人民出版社 1998 年版，第 65—69 页。

③ 杨树森：《略论辽与五代、北宋战争的性质》，《社会科学战线》1986 年第 1 期。

④ 杨树森：《我国历史上多民族国家的统一与分裂历史发展之管见——兼说辽夏金时期所起的承先启后的作用》，载李范文主编《首届西夏学国际学术会议论文集》，宁夏人民出版社 1998 年版，第 65—69 页。

⑤ 杨树森：《辽朝统一北方和有效行政管辖》，载吕一燃等《中国边疆史地论集》，黑龙江教育出版社 1991 年版，第 145—162 页。

县制的结合、汉族与少数民族的人口迁移、大量新兴城市、城镇的出现，这些都令北方地区的经济开发、民族融合和东西交通提高到了一个新的层次，"使东北更边远的地区与中原连成不可分割的血肉一体""因此，此后外国人把中国统称为契丹，至今俄语仍称中国为 Китай，盖出契丹的译音，这就足以说明辽朝的历史地位"①，是唐以后的中国历史当中不可忽视的重要一环。

三　辽史的具体问题研究

马克思主义认为，经济活动是人类社会的基本活动，它对政治等领域有着决定作用。杨先生在《辽史简编》及其前后陆续发表的《辽代社会经济及其发展》②《辽宋夏金元史》等成果中，都贯彻了这一原则，体现出对社会经济在历史进程中作用的重视。这一篇文章和两部专著都有相当大的篇幅论述经济领域的内容，针对辽朝治下蒙古草原地区、东北森林地带和燕云、辽南农耕区域多种经济形态并存的状况，先生将其社会经济分为畜牧业、捕鱼和狩猎业、农业、手工业以及辽朝内外的商品经济与贸易等多个方面分别论述。尤其在手工业方面，《辽史简编》书中附有众多考古实物照片，内容涵盖了从矿冶、铸钱、煮盐、陶瓷到纺织业的整个辽代手工业，从而将当时的经济生活面貌较为全面地展现在读者面前。而针对辽朝的五京，先生在军事性、政治性城市的基础上，还特意强调了它们的经济职能，"辽代的五京，不仅是行政首府和军事重镇，也是五个商业贸易的中心和交通上的要地，它对繁荣商业，开展各族间频繁的商业往来，都起了积极的作用"③。

不仅如此，作为具有鲜明辽代特色的问题，《辽史简编》和《辽宋夏金元史》两书对北南面官制度、守旧派与改革派在对待封建化改革态度上的斗争，以及"四时捺钵"等引人注目的内容也进行了论述。

《辽史》所载"北南面官"和"因俗而治"制度（政策）是辽朝政治体制运作中最为独特也最为重要的部分。杨先生指出辽朝的"因俗而治"制度（政策）的建立是为"适应南北地区经济文化发展不同的水平，而实行的一种行之有效的政策"④，"游牧的各族人民生活在辽朝统治区的北部，汉人和渤海人则生活在南部。畜牧业在北部经济中占主要地位，农业则在南部经济中起主导作用。为了适应南北地区这种不同的生产和生活方式，所以辽太宗时便制定了'因俗而治'的统治办法，正如《辽

---

① 杨树森、王崇礼：《辽朝的历史作用初论》，载陈述主编《辽金史论集》第 2 辑，书目文献出版社 1987 年版，第 1—13 页。

② 杨树森：《辽代社会经济及其发展》，载东北师范大学历史系中国古代史教研室编《中国古代经济史论丛》，黑龙江人民出版社 1983 年版，第 285—310 页。

③ 杨树森：《辽史简编》，辽宁人民出版社 1984 年版，第 191 页。

④ 杨树森、穆鸿利：《辽宋夏金元史》，辽宁教育出版社 1986 年版，第 15 页。

史》所说的'以国制待契丹,以汉制待汉人'。于是在辽的中央统治机构中,便分别设置了北面官和南面官两个系统"①。"这个政策,说明契丹统治者并没有把落后的奴隶制强加于汉区,客观上保持了南方社会生产力的发展。辽朝创制的这种政策,对以后金、元、清各朝,都有深远的历史影响。"② 这一客观公正的评价直到今天依然引导着后来者的辽史研究。与此同时,先生下大力研究了北南面官制的细节,对于《辽史·百官志》所载的众多官职,花费大量篇幅、不厌其烦地一一进行考证,而且还在考证的基础上更进一步指出:"南面官有不少职位是有名无实"③,体现了先生严谨的科研作风。

在面对中原汉族的先进文化与制度时,契丹族内部改革派与守旧派的斗争,曾给辽代历史打下过深刻的印记,辽王朝多次更改国号便是这种斗争的体现。在研究这一问题的时候,先生没有浮于表面,而是更深入地观察与之相关的各种事件和现象,譬如辽朝建立前阿保机诸弟的多次谋反,先生就主张这实际上是契丹上层新旧势力间的斗争,"新制度代替旧制度的变革,不可避免地总是要经过一番激烈的新与旧势力的斗争。只有这样,契丹的国家才能在氏族制度的废墟上建立起来"④。先生认为,辽朝中叶从中衰走向"中兴"的转机,是辽景宗即位后的政策转变,从景宗朝开始,辽朝统治者"任人不疑",重用汉官,为后来的一系列封建化改革铺平了道路。到圣宗时,"契丹社会完成了封建化改革,辽朝达到它的鼎盛时代"⑤,在部族编制、吏治、科举、学校、法律、赋税等各个方面都有了全面的变化,从而带动了整个社会经济和文化的发展。

而对于辽朝的特有制度"四时捺钵",先生亦在《辽史简编》中总结了辽朝皇帝四时捺钵的地点和内容差异,指出这是辽朝统治者"为了保持契丹族的骑射善战的特点""没有改变其游牧渔猎的风气"的结果,且其中以每年夏、冬两次捺钵最为重要,皇帝和朝廷随行官员需要在捺钵地召开政事会议及处理政务。⑥

最后,先生打破近代以来辽史研究只谈辽朝本身却置其后续政权西辽而不顾的倾向,从整体视角出发,指出"金元以来的史学家们,都把西辽与中原的诸王朝并列,从不视为异域,并以记述中原王朝的笔法记叙其事,又把西辽的历史记述附于天祚纪之后。所有这些,都清楚地说明,西辽是辽朝在新的民族地理环境下的继续,是我国历史的重要组成部分"⑦,在《辽史简编》书中将西辽的历史也作为了辽史的一部分进行研究。其内容从耶律大石自立为王和西行开始,包括西辽的建立过程、疆域范

① 杨树森:《辽史简编》,辽宁人民出版社 1984 年版,第 55 页。
② 杨树森、穆鸿利:《辽宋夏金元史》,辽宁教育出版社 1986 年版,第 15 页。
③ 同上书,第 15 页。
④ 杨树森:《辽史简编》,辽宁人民出版社 1984 年版,第 23 页。
⑤ 同上书,第 126 页。
⑥ 同上书,第 79—82 页。
⑦ 同上书,第 268 页。

围、统治制度以及对中亚产生的影响等，弥补了国内西辽史研究的不足。

除此以外，先生还进行了众多具体问题的研究。

《论耶律楚材》分析了金末契丹族知识分子耶律楚材在促进蒙古政权改变统治政策、施行"汉法"过程中所起的巨大作用。耶律楚材自成为蒙古汗国国臣后，阻止了别迭等蒙古大臣要求窝阔台汗对中原"悉空其人以为牧地"的行为，并为刚刚统治中原的蒙古汗国制定了完善的户口和税收制度，在《陈时务十策》中提出"务农桑"的建议，使统治者意识到在中原地区恢复秩序并发展农业生产的重要性。另一方面，耶律楚材劝说蒙古统治者改变蒙古军队屠城杀掠的风气，停止在汉族州县地区裂土分封，按照中原王朝方式实行军、民、财分治，并完善法律，稳定了战祸方终的中原社会。最后，耶律楚材积极建议蒙古统治者尊孔教、用儒术、始兴文治，袭封孔子后人为"衍圣公"，恢复科举取士制度，推动了蒙古汗国政权封建化的进程。先生认为，耶律楚材在推行"汉法"问题上与蒙古统治阶级守旧派及得到蒙古上层支持的色目商人集团的激烈斗争，对阻止中原农业经济遭受战争破坏、恢复生产和稳定社会秩序做出了很大贡献，为全国大一统局面的出现提供了条件，"有功于中国多民族国家历史的发展，是元初一位卓越的政治家"[①]。这篇论文在当时产生很大的学术影响，被《新华文摘》全篇转载。

《略论辽代军事家耶律休哥——简说宋两次攻辽战争之败》，回顾北宋初期宋、辽之间两次战争的经过，肯定了名将耶律休哥的卓越军事才能和施政能力。同时，该文指出在景、圣时期，"契丹社会走向封建化，是社会发展的必然趋势"，"事实上辽朝统治者，如果不进行改革，也无法挽救中衰的政治危机"。而耶律休哥以其能力作为辽王朝的"军事屏障"，从而使辽朝获得了实现社会改革的一个重要条件——比较安定的社会环境，保证了辽朝社会在和平中得到发展，"在当时的历史环境下，实现全国统一还没有条件，而要实现南北局部的统一是有可能的"，而辽宋和平对峙这一"从大的分裂走向再统一"的重要过渡进程的形成，其中就有着耶律休哥的贡献。[②]

《辽代史学述略》，指出辽朝自景宗时代开始，"不仅大量翻译汉文典籍，特别注意吸收中原王朝的统治经验，而且更提倡修史，重视编修本朝的历史"，从而效仿唐、宋等中原王朝，建立了国史院、起居舍人院等修史机构和较为完备的修史制度。这些官方编修的史料及《焚椒录》等私史，为元代《辽史》的编撰工作提供了宝贵材料。同时，先生还在文中列举辽代的众多史学代表人物和成就，并总结了辽代史学的一些特点，例如，辽人拥有直笔修史的优良传统；因契丹人不自外于中国且自认中华正统，故而在史书的编撰中也就与北宋针锋相对争夺正统地位；而史书中所体现出

---

① 杨树森：《论耶律楚材》，《东北师大学报》1982 年第 3 期。

② 杨树森：《略论辽代军事家耶律休哥——简说宋两次攻辽战争之败》，载陈述主编《辽金史论集》第 1 辑，上海古籍出版社 1987 年版，第 98—110 页。

的尊重女性的社会观念，也是辽代史学的一个显著特点。先生的这些论述打破了以往人们认为辽代史学不足为道的错觉，是辽金史思想文化领域研究的一大成就。[①]

《浅说辽代孝道和忠君》，深入分析辽朝社会受中原儒家文化影响而发生的变化——"孝"与"忠"概念的产生。先生指出："契丹族对汉文化的接受和应用，始终贯穿于辽朝历史的全过程"，"孝""忠"二者作为地主阶级维护封建统治的重要思想武器而被契丹统治者接受。辽中期以后，汉文化影响下的契丹社会不断提倡和宣扬孝道、忠君观念，统治阶级以身作则规范伦理、表彰社会中的孝行人物，而汉族的孝悌故事也在契丹人中广为流传，忠孝廉节的道德伦理更是促使朝中出现了一批刚正清廉的忠臣。对此，先生评价曰："契丹大量吸收汉化，说明他们仰慕中原，中原文化具有强烈的内聚力"，"契丹统治者崇敬儒家，积极学习汉文化，他们以儒家学说的原则，尤其是用孝道和忠君等伦理规范去处理各类矛盾，这就使他们与汉族有一个共同的思想基础。这个共同的思想基础，是我国多民族国家形成的主要因素之一，"并进而"使祖国观念和统一思想不断增强"[②]。

《〈辽史·地理志〉所记辽朝北界辨误》，指出《辽史·地理志》所写辽朝疆界"东至于海；西至金山，暨于流沙；北至胪朐河；幅员万里"，其中北界"北至胪朐河"是一处明显的错误，与《辽史》的《太祖纪》《属国表》甚至《地理志》自身的记载自相矛盾，其中《太祖纪》明确记载，辽太祖时期征服大漠南北，"东自海，西至于流沙，北绝大漠，信威万里"，包括胪朐河以北的各部族都已臣服于契丹，而西界也已逾过流沙。同时，《辽史·地理志》则更进一步记载辽代中期在胪朐河北及西北设置大量边防城、管理机构和戍守军队，并由契丹人担任节度使的情况，只是因为阻卜诸部时常反叛，且元代修史者在考订材料时受到主客观因素的限制，考证不严谨，故而才有"北至胪朐河"之说。最后，先生主张《辽史·属国表》所载的属国、属部范围才是辽朝较为确切的边界所在，当时辽朝的北界实已到外兴安岭、贝加尔湖一带，靠近安加拉河，而西界则已越过阿尔泰山，到达了额尔齐斯河。[③]

2012 年，先生以 87 岁高龄赴黑龙江省阿城参加辽金史学会研讨会，他的两篇论文《辽兴宗时辽宋关南地增币交涉与富弼之盟是屈辱的和议》和《辽宋金时期交通体制的变化和南北水陆交通发展概况》，前者分析了辽兴宗时对宋朝提出关南索地交涉的原因，指出辽兴宗利用宋忙于西夏战争的机会，发动对宋关南索地交涉，"其目的是为了增币以减轻燕云地区汉人的负担，缓和民族矛盾来争取汉人，稳定其统治"，而宋使富弼与辽方据理力争后被迫增加岁币数量来保障"通好如旧"，对宋朝

① 杨树森：《辽代史学述略》，载陈述主编《辽金史论集》第 3 辑，书目文献出版社 1987 年版，第 187—202 页。

② 杨树森：《浅说辽代孝道和忠君》，载干志耿、王可宾主编《辽金史论集》第 8 辑，吉林文史出版社 1994 年版，第 103—112 页。

③ 杨树森：《〈辽史·地理志〉所记辽朝北界辨误》，《东北师大学报》1991 年第 3 期。

来说是一次屈辱的和议。[①] 后者对辽宋金时代的水陆交通情况进行了整理和分析，辽金疆域辽阔，其管辖下的北方陆路交通较为发达，根据《辽史·地理志》和宋人行记记载，辽朝拥有上京至中京、中京至南京、东京至中京等几条陆路干线，沿途皆设驿道和驿馆；而金朝除辽、北宋之故道外，还建设了上京会宁府至燕京及上京会宁府通往蒲与路、胡里改路、速频路所属诸部族地区的驿道；两宋则水陆共举，不仅建立以汴京为中心的陆路交通网，实施邮、驿分工的专职化改革，加强对京城的交通管理，并且终北宋一代不断疏浚开挖运河以发展漕运，保障从东南经运河输往开封的粮食通道畅通无阻；而南方的交通命脉则为长江航运，其时从成都到临安的水路"出现前所未有的繁荣景象"；至于航海业更是空前发达，宋代的造船、指南针、绘图等各项技术促进了海外贸易的发展和沿海地区的经济繁荣。[②] 这两篇文章涵盖了对辽宋金时代政治、经济方面的研究成果，是先生为中国辽金史学界最后留下的宝贵财富。

四 清代柳条边研究

中国历史上的边疆问题是先生投注精力研究的另一领域。其缘起是"文化大革命"期间，"四人帮"为自己的篡党夺权预谋进行舆论准备，先后发起批儒评法、评水浒等歪曲历史的闹剧，强行将他们自己制造的错误历史观注入学术界，严重破坏了正常的学术研究环境，而先生始终对这类非学术行为保持了清醒的头脑，对其敬而远之。1969 年，"珍宝岛事件"发生后，中苏关系恶化，苏联官员和以齐赫文斯基为代表的一些御用学者为了给苏联官方非法侵占中国领土的霸权主义行为辩护，抛出了"清代柳条边是中国北方边界"的荒诞论调，试图制造"东北是俄国固有领土"的舆论。

为了澄清历史事实，反击苏联政府及其御用学者在清代柳条边问题上编造的不实之词，以正视听，为捍卫国家领土的外交斗争提供学术支撑，先生接受外交部和国家文物局的委托，进行清代柳条边问题的考证与研究。先生在当时非常困难的条件下，经过数月的艰苦跋涉，对清代柳条边的老边和新边的遗址遗迹进行了有史以来第一次全面的实地调查，获得了珍贵的清代柳条边的第一手资料。又在大量检索、收集文献资料的基础上，先后发表了《论柳条边的历史》《再论柳条边的历史——驳齐赫文斯基的〈中国历史学中的大汉族霸权主义〉》，并最终写成《清代柳条边》一书。该书言明，作为中国少数民族的满族，其祖先肃慎、挹娄、勿吉、黑水靺鞨和女真自古就居住和生活在黑龙江、乌苏里江流域，这里的许多地名都使用满语来命名，尽管沙俄

① 杨树森：《辽兴宗时辽宋关南地增币交涉与富弼之盟是屈辱的和议》，载刘宁主编《辽金史论集》第 13 辑，中国社会科学出版社 2013 年版，第 24—26 页。

② 杨树森：《辽宋金时期交通体制的变化和南北水陆交通发展概况》，载刘宁主编《辽金史论集》第 13 辑，中国社会科学出版社 2013 年版，第 179—189 页。

与苏联不断更改这一地区的各种地名，企图抹掉这里原属中国的事实，"但是，这些地名是改不胜改的，何况改了之后历史事实也是永远改不掉的"①。同时，文章和书中都以确凿的证据说明"黑龙江流域自古以来就是中国的领土，中国历代政府在这里都设有行政机构，进行管辖"②，尤其明朝从建国开始就派人经理东北地区和黑龙江流域，永乐时期设奴儿干都司，下辖卫、所各级行政机构几百个，"西起鄂嫩河、东到库页岛、北至乌第河、南濒日本海"的整个黑龙江和乌苏里江流域都归明朝管辖，连苏联学者自己都曾经明确承认明朝对黑龙江流域的统治和管理。而清朝也早在入关前就已管辖"从鄂霍次克海到贝加尔湖，包括外兴安岭以南和库页岛在内的广大地区"，在各地或设姓长、乡长，或设佐领、骁骑校等地方官，并留兵驻守，而宁古塔、黑龙江二将军的设置和对沙俄侵略军的反击，更说明当时的清朝中央政府已对黑龙江流域和库页岛地区施行了有效管理。③

先生指出，"柳条边"则是在清代特殊的"封禁"政策下出现的国内界限，用于标示禁区。辽河流域的"柳条边"建成于顺治年间，而吉林部分则建成于康熙初年，经过 3 次扩展形成最终的"人"字形构造。④ 它们是在"清统一了广大东北地区之后才修筑的"，"是满族贵族统治集团为了保护清皇室所谓的'发祥重地'和独占东北经济上的特权利益，所置定的一条封禁界限"，与清代中国的东北国界根本没有任何联系。⑤ 先生并详细考证了"柳条边"的具体位置及其周围地区在清时的社会经济、文化教育发展情况，为证明"柳条边"两侧区域皆是中国固有领土提供了有力证据。

最后，先生回顾了中俄订立《尼布楚条约》、在东北地区明确划分两国国界的经过⑥，并指出苏联学者齐赫文斯基出于政治需要，出尔反尔，两次篡改辽河流域柳条边的修筑时间，以"证明"清朝"侵占"了"并入俄国的土地"，而迄今为止有充分的文献证据证明齐赫文斯基所言与史料中原本记载的修筑时间完全相悖，从而严厉驳斥了苏联学者歪曲事实、企图在历史传承上将东北地区从中国割离出去的行为⑦，为当时针对苏联的外交斗争提供了支持，也是先生在辽金史之外拓展研究领域的经典之作。即使在多年之后，先生仍然以自己的研究成果能够为捍卫国家主权服务而感到欣慰，以致每谈及此，都将其视为平生值得骄傲的事。

"文化大革命"使包括先生在内的一代学者一生中最具创造力的年华和才智付诸

---

① 杨树森主编：《清代柳条边》，辽宁人民出版社 1978 年版，第 24 页。

② 杨树森：《再论柳条边的历史——驳齐赫文斯基的〈中国历史学中的大汉族霸权主义〉》，《吉林师范大学学报》1978 年第 1 期。

③ 同上。

④ 杨树森主编：《清代柳条边》，辽宁人民出版社 1978 年版，第 34—48 页。

⑤ 同上书，第 2—3 页。

⑥ 杨树森：《再论柳条边的历史——驳齐赫文斯基的〈中国历史学中的大汉族霸权主义〉》，《吉林师范大学学报》1978 年第 1 期。

⑦ 同上。

东流，所以，先生十分珍惜来之不易的研究环境和条件。特别在离休后仍然笔耕不辍，继续发表研究成果。在胃癌手术后身体尚未完全恢复的情况下，依然受邀担任教育部国家级"九五"重点教材《中国历史》隋唐辽宋金卷的主编之一。为了编写此书，先生几乎耗尽了他的全部精力，因过度用眼，待全部书稿完成时，他的右眼已经基本失明。

先生自留校任教直至离休，一直工作在教学科研的第一线，长期的教学工作，使先生养成了兢兢业业、一丝不苟的作风。即使是讲了几十次的讲义，在每次上课前都要认真阅读、琢磨，用他的话说就是讲义是固定的，而每次面对的学生是不一样的，所以要把课堂上可能发生的情况想在前，做到有的放矢，才能保证教学的高质量，再说上好课是教师的天职，不认真对待怎么行！先生的严谨作风受到历届学生的赞誉，被弟子们奉为楷模，影响他们在课堂教学中从不敢掉以轻心。

先生一生严于律己，宽厚待人，对承担的工作任务认真负责，有大局观念，不论与年长的老师辈还是平等辈分的同事，都保持着良好的合作关系。对于青年教师更是有求必应，为他们在专业上的成长和圆满完成工作任务搭桥铺路。对于学生，除了在学习上言传身教、指点迷津，在生活上也嘘寒问暖，关怀备至，亦师亦友的殷殷之情令人难以忘怀。

先生晚年的身体状况尽管不是很好，但从未达到卧床不起的程度。一个胆囊炎的手术却彻底摧毁了他，仅过了四天，当我们再来到先生身边时，却已是阴阳两隔，生死契阔，令人唏嘘！

我们将继承先生的遗志，努力学习，认真工作，以优异的业绩告慰先生的在天之灵！

刘浦江教授学术简历及成果

苗润博

刘浦江，男，1961 年生于上海，籍贯重庆垫江。曾为北京大学历史学系教授、博士生导师，兼任教育部人文社会科学重点研究基地北京大学中国古代史研究中心副主任暨学术委员会副主任、北京市历史学会常务理事。2004 年，入选教育部"新世纪优秀人才支持计划"。国务院政府特殊津贴获得者。主要专业领域为宋辽金史、中国北方民族史、思想文化史。

1979 年至 1983 年，就读于北京大学历史学系中国史专业，获历史学学士学位。

1983 年 7 月至 1988 年 3 月，中共中央党校文史教研部助教、讲师。
1988 年 4 月至 2015 年，北京大学历史学系讲师、副教授、教授、博士生导师。

主要学术论著目录：
（一）著作
《契丹小字词汇索引》（与康鹏共同主编），中华书局 2014 年版。
《松漠之间：辽金契丹女真史研究》，中华书局 2008 年版。
《二十世纪辽金史论著目录》，上海辞书出版社 2003 年版。
《辽金史论》，辽宁大学出版社 1999 年版。

（二）古籍整理
主持修订中华书局点校本《辽史》，2016 年版。

（三）论文
《"倒错"的夷夏观？——乾嘉时代思想史的另一种面相》（未刊稿）。
《历史是怎样写成的？——郝经雁帛书故事真相发覆》（未刊稿）。
《中华书局点校本〈辽史〉修订前言》，《唐宋历史评论》创刊号，社会科学文献出版社 2014 年版。

《关于天津图书馆藏〈四库全书总目〉残稿的若干问题》，《文史》2014 年第 4 辑。

《四库提要源流管窥——以陈思〈小字录〉为例》，《文献》2014 年第 5 期。

《〈四库全书初次进呈存目〉再探——兼谈〈四库全书总目〉的早期编纂史》，《中华文史论丛》2014 年第 3 期。

《元明革命的民族主义想象》，《中国史研究》2014 年第 3 期。

《"桦叶〈四书〉"故事考辨》，载北京大学中国古代史研究中心编《田余庆先生九十华诞颂寿论文集》，中华书局 2014 年版。

《太平天国史观的历史语境解构——兼论国民党与洪杨、曾胡之间的复杂纠葛》，《近代史研究》2014 年第 2 期。

《金世宗名字考略》，《北大史学》第 18 辑，北京大学出版社 2013 年版。

《南北朝的历史遗产与隋唐时代的正统论》，《文史》2013 年第 2 辑。

《金朝初叶的国都问题——从部族体制向帝制王朝转型中的特殊政治生态》，《中国社会科学》2013 年第 3 期。

《在历史的夹缝中：五代北宋时期的"契丹直"》，《中华文史论丛》2012 年第 4 期。

"The Forenames and Courtesy Names of the Khitans：The Father-Son Name Linkage System from the Perspective of Cultural Anthropology"，*Chinese Scholars on Inner Asia*，Indiana University，2012，pp. 183 – 253.

《宋、金治河文献钩沉——〈河防通议〉初探》，载北京大学中国古代史研究中心编《舆地、考古与史学新说——李孝聪教授荣休纪念论文集》，中华书局 2012 年版。

《契丹人殉制研究——兼论辽金元"烧饭"之俗》，《文史》2012 年第 2 辑。

《邓广铭先生与辽金史研究》，载张世林主编《想念邓广铭》，新世界出版社 2012 年版。

《邓广铭先生学术简述》，《国学新视野》2011 年冬季号。

《再论契丹人的父子连名制——以近年出土的契丹大小字石刻为中心》，《清华元史》第 1 辑，商务印书馆 2011 年版。

《祖宗之法：再论宋太祖誓约及誓碑》，《文史》2010 年第 3 辑。

《关于契丹小字〈耶律糺里墓志铭〉的若干问题》，《北大史学》第 14 辑，北京大学出版社 2009 年版。

《穷尽·旁通·预流：辽金史研究的困厄与出路》，《历史研究》2009 年第 6 期。

《契丹开国年代问题：立足于史源学的考察》，《中华文史论丛》2009 年第 4 期。

《「五德終始」説の終結——兼ねて宋代以降における伝統の政治文化の変遷を論じる》，小林隆道譯，『宋代史研究会研究報告第 9 集：「宋代中国」の相対化』，東京汲古書院 2009 年版。

《〈契丹地理之图〉考略》，《邓广铭教授百年诞辰纪念论文集》，中华书局 2008 年版。

《金中都"永安"考》，《历史研究》2008 年第 1 期。

《再谈"东丹国"国号问题》，《中国史研究》2008 年第 1 期。

"The end of the Five Virtues theory: Changes of traditional political culture in China since the Song Dynasty", *Frontiers of History in China*, Vol. 2, No. 4 (October 2007), pp. 513 – 546.

《契丹名、字研究——文化人類学の視点からみた父子連名制》，饭山知保译，日本唐代史研究会《唐代史研究》2007 年第 10 号。

《怀念恩师邓广铭先生》，《中华读书报》2007 年 4 月 11 日第 20 版。

《百年邓恭三》，《中国教育报》2007 年 3 月 16 日第 4 版。

《宋代使臣语录考》，载《10—13 世纪中国文化的碰撞与融合》，上海人民出版社 2006 年版。

《"乣邻王"与"阿保谨"——契丹小字〈耶律仁先墓志〉二题》，《文史》2006 年第 4 辑。

《『辽史』国语解から『欽定遼史語解』まで——契丹言語資料の源流》，井上德子译，《研究論集》第 2 集《アジアの歴史と近代》，河合文化教育研究所 2006 年版。

《"五德终始"说之终结——兼论宋代以降传统政治文化的嬗变》，《中国社会科学》2006 年第 2 期。

《辽〈耶律元宁墓志铭〉考释》，《考古》2006 年第 1 期。

《邓广铭——宋代史学的一代宗师》，载郭建荣、杨慕学主编《北大的学子们》，中国经济出版社 2006 年版。

《正统论下的五代史观》，《唐研究》第 11 卷，北京大学出版社 2005 年版。

《契丹名、字初释——文化人类学视野下的父子连名制》（与康鹏合著），《文史》2005 年第 3 辑。

《金代"使司"银铤考释》，《中国历史文物》2005 年第 2 期。

《再论阻卜与鞑靼》，《历史研究》2005 年第 2 期。

《从〈辽史·国语解〉到〈钦定辽史语解〉——契丹语言资料的源流》，《欧亚学刊》第 4 辑，中华书局 2004 年版。

《正视陈寅恪》，《读书》2004 年第 2 期；后收入《2004 年中国随笔精选》，长江文艺出版社 2005 年版。

《德运之争与辽金王朝的正统性问题》，《中国社会科学》2004 年第 2 期。

《近 20 年出土契丹大小字石刻综录》，《文献》2003 年第 3 期。

《宋代宗教的世俗化与平民化》，《中国史研究》2003 年第 2 期。

《辽代的渤海遗民——以东丹国和定安国为中心》，《文史》2003 年第 1 辑。

《书生本色》，《中华读书报》2002 年 12 月 11 日第 5 版；后载周启锐编《载物集——周一良先生的学术与人生》，清华大学出版社 2003 年版。

《第三只眼睛看中国历史——评〈剑桥中国辽西夏金元史〉》，《中国文化》2002 年第 19、20 期合刊。

《文化的边界——两宋与辽金之间的书禁及书籍流通》，《中国史学》（东京）第 12 卷，2002 年 10 月；后载张希清等主编《10—13 世纪中国文化的碰撞与融合》，上海人民出版社 2006 年版。

《契丹族的历史记忆——以"青牛白马"说为中心》，载本书编委会编《漆侠先生纪念文集》，河北大学出版社 2002 年版。

《李锡厚〈临潢集〉评介》，《中国史研究动态》2002 年第 7 期。

《女真语言文字资料总目提要》，《文献》2002 年第 3 期。

《二十世纪契丹语言文字研究论著目录》，《汉学研究通讯》（台北）2002 年 21 卷第 2 期（总第 82 期）。

《二十世纪女真语言文字研究论著目录》，《汉学研究通讯》（台北）2002 年 21 卷第 3 期（总第 83 期）。

《辽朝"横帐"考——兼论契丹部族制度》，《北大史学》第 8 辑，北京大学出版社 2001 年版。

《辽朝国号考释》，《历史研究》2001 年第 6 期。

《辽朝亡国之后的契丹遗民》，《燕京学报》2001 年新 10 期。

《〈金朝军制〉平议——兼评王曾瑜先生的辽金史研究》，《历史研究》2000 年第 6 期。

《辽朝的头下制度与头下军州》，《中国史研究》2000 年第 3 期。

《河北境内的古地道遗迹与宋辽金时代的战事》，《大陆杂志》（台北）2000 年 101 卷第 1 期。

《女真的汉化道路与大金帝国的覆亡》，《国学研究》2000 年第 7 卷。

《一代宗师——邓广铭先生的学术风范与学术品格》，载张世林编《学林往事》，朝华出版社 2000 年版。

《金代捺钵研究》（上、下），《文史》1999 年第 49 辑、2000 年第 50 辑。

《试论辽朝的民族政策》，载刘浦江《辽金史论》，辽宁大学出版社 1999 年版。

《邓广铭与二十世纪的宋代史学》，《历史研究》1999 年第 5 期。

《内蒙古敖汉旗出土的金代契丹小字墓志残石考释》，《考古》1999 年第 5 期；后载陈乃雄、包联群编《契丹小字研究论文选编》，内蒙古人民出版社 2005 年版。

《不仅是为了纪念》，《读书》1999 年第 3 期。收入《仰止集——纪念邓广铭先生》，河北教育出版社 1999 年版；后载《不仅为了纪念——〈读书〉精选》，生活·读书·新知三联书店 2007 年版；《传灯——当代学术师承录》，北京大学出版社 2010 年版。

《大师的风姿——邓广铭先生与他的宋史研究》，《文史知识》1998 年第 12 期。

《关于金朝开国史的真实性质疑》，《历史研究》1998 年第 6 期。

《说"汉人"——辽金时代民族融合的一个侧面》，《民族研究》1998 年第 6 期。

《关于契丹、党项与女真遗裔问题》，《大陆杂志》（台北）1998 年第 96 卷第 6 期。

《最后的时光》，《北京日报》1998 年 6 月 4 日第 7 版。

《十二世纪中叶中国北方人口的南迁》，《原学》第 6 辑，中国广播电视出版社 1998 年版。

《〈三朝北盟会编〉研究》（与邓广铭合著），《文献》1998 年第 1 期。

《独断之学　考索之功——关于邓广铭先生》，《中华读书报》1998 年 1 月 21 日第 6 版。

《金代的一桩文字狱——宇文虚中案发覆》，载田余庆主编《庆祝邓广铭教授九十华诞论文集》，河北教育出版社 1997 年版；后载北京大学中国传统文化研究中心编《北京大学百年国学文粹·史学卷》，北京大学出版社 1998 年版。

《唐突历史》，《读书》1996 年第 12 期。

《辽金的佛教政策及其社会影响》，《佛学研究》1996 年第 5 辑。

《金代土地问题的一个侧面——女真人与汉人的土地争端》，《中国经济史研究》1996 年第 4 期。

《金代杂税论略》，《中国社会经济史研究》1996 年第 3 期。

《金朝的民族政策与民族歧视》，《历史研究》1996 年第 3 期。

《金代"通检推排"探微》，《中国史研究》1995 年第 4 期。

《渤海世家与女真皇室的联姻——兼论金代渤海人的政治地位》，《大陆杂志》（台北）1995 年第 90 卷第 1 期；后载《北大史学》第 3 辑，北京大学出版社 1996 年版。

《金代户籍制度刍论》，《民族研究》1995 年第 3 期。

《"博学于文　行己有耻"——邓广铭教授的宋史研究》，《北京大学学报》1995 年第 2 期。

《论金代的物力与物力钱》，《中国经济史研究》1995 年第 1 期。

《邓广铭先生与古籍整理研究工作》，《古籍整理出版情况简报》1994 年第 11 期。

《金代猛安谋克人口状况研究》，《民族研究》1994 年第 2 期。

《金代户口研究》，《中国史研究》1994 年第 2 期。

《〈契丹国志〉与〈大金国志〉关系试探》，《中国典籍与文化论丛》第 1 辑，中华书局 1993 年版。

《范成大〈揽辔录〉佚文真伪辨析——与赵克等同志商榷》，《北方论丛》1993
年第 5 期。

《汉冲帝永嘉年号辨》，《古籍整理研究学刊》1992 年第 4 期。

《书〈金史·施宜生传〉后》，《文史》1992 年第 35 辑。

《关于〈契丹国志〉的若干问题》，《史学史研究》1992 年第 2 期。

《〈建康实录〉校点本訾议》，《古籍整理研究学刊》1991 年第 4 期。

《再论〈大金国志〉的真伪——兼评〈大金国志校证〉》，《文献》1990 年第
3 期。

《辛稼轩〈美芹十论〉作年确考》，《古籍整理研究学刊》1990 年第 2 期。

《〈次柳氏旧闻〉无〈桯史〉之名》，《中华文史论丛》1989 年第 1 辑。

《"春秋五霸"辨》，《齐鲁学刊》1988 年第 5 期。

《〈青箱杂记〉衍文发覆》，《古籍整理研究学刊》1988 年第 4 期。

《柳开生卒年辨证》，《中国史研究》1986 年第 4 期。

《从〈春秋左传〉看春秋时代的城市》，《齐鲁学刊》1985 年第 1 期。

《旧序新说》，《书林》1984 年第 4 期。

走出辽金史

——刘浦江先生笃行而未竟的事业

陈晓伟

恩师刘浦江先生离世之后，生前友朋及各家媒体纷纷撰文回忆、评述其生平学术，给予了极高的评价，多赞誉他为"辽金史巨擘""辽金史研究第一人"。先生在辽金史领域的杰出贡献，学界有目共睹。不过，作为受业弟子，在蒙受他言传身教的日子里，我们深切感受到先生并不满足于做一个断代史专家，而是怀有更高的学术追求。先生为此付出的种种以及取得的诸多成果，或许在某种程度上被其辽金史研究的光芒所遮蔽，而不那么引人瞩目，这里谨结合先生的相关学术经历略加陈述。

一 "入于汉学"：精深的文献功底与通贯的文献意识

先生治学由文献学入门，可以说，文献学构成了他学术大厦的基石。先生对文献的浓厚兴趣，早在 20 世纪 80 年代初求学期间，便已明显展露。他曾对我们讲过这样一件趣事：大学二年级时，邓广铭先生邀请王利器先生到北大历史系讲授文献学，刘师将《汉书·艺文志》所著录典籍的文献源流通通梳理一过，完成了一份长达二十余万字的课程作业。据说当时不少同学纷纷提出共同署名，以避课业之累。这篇长稿虽算不上严格意义的学术作品，但先生对于文献学天然的兴趣，由此可见一斑。

大学毕业后，先生自称去了一个"说是机关又不是机关，说是学校又不像学校"的地方任教四年，"游离于学术界之外"。但在这四年里先生并未蹉跎岁月，而是自发地对作为文史津逮的《四库全书总目》进行系统、深入研究，并效仿余嘉锡《四库提要辨证》撰写了若干文稿，这些积累无疑为此后的学术生涯奠定了坚实的基础。调入北大后，他持续开设"《四库全书总目》研读"课程长达二十余年。正是在长期浸淫《四库总目》的过程中，先生逐步确立起一种整体通贯的文献意识，并将其内化于具体研究之中。

先生通贯的文献意识集中体现在他这样一段话中："史料熟不等于文献熟，史料熟只是局限于某一断代，而文献熟则是一种整体的感觉。一旦文献熟了，上起先秦、下迄明清的史料都可以从容处理。"正是这样的意识与能力，才使得他能够在长时段的历史脉络中发现问题，并探寻问题背后的深层意义。

二　"出于宋学"：全局性的问题意识与深刻的学术关怀

先生在《松漠之间》自序中称："对于研究课题的选择，我向来有两个原则：一是追求重大题材，即关注重要的、关键的、核心的问题；二是追求难度系数，偏好难度较大的、前人没有发现或者未能解决的问题。"正是在这种意识的激发下，他写出了一系列高水平论文，解决了诸多"既大且难"、关涉全局的学术问题。

正统与德运是中国古代政治文化的核心问题之一，先生对此有过长期的关注与深入的思考。《"五德终始"说之终结——兼论宋代以降传统政治文化的嬗变》一文，即对德运学说终结的缘由做了通盘的考察，揭示出两宋时期传统政治文化的重大转型，及其对中国古代后期历史的深远影响。《德运之争与辽金王朝的正统性问题》则以辽金两朝的正统性为线索，系统地剖析了辽金元明清历代对北族政权的政治定位问题，进而勾勒出近千年来华夷观念的演变轨迹。又如阻卜与鞑靼之谜，是困扰自王国维以来中外学人的一道世纪难题，《再论阻卜与鞑靼》通过全面考索辽金元文献及契丹、女真文字材料，终于破解了这一谜团，为阿尔泰学研究做出了重要贡献。即便是辽金史范围内的具体议题，先生也时时表现出统摄全局的眼光，如《金朝初叶的国都问题——从部族体制向帝制王朝转型中的特殊政治生态》一文，便是将金初的国都问题置于整个北族王朝政治体制变迁的大背景中进行考察，其研究理路颇具启发意义。

不难看出，先生内心深处的学术旨趣在于关注历史发展的核心问题与脉络走向，这种深刻的学术关怀显然已经超出了一般意义上断代史研究的范畴，而是在努力探求一种多元的研究路径和恢宏的学术格局。

三　走出辽金：跨断代的学术气局与跨学科的研究视野

针对当今学界在研究视角与学术格局方面所存在的不足，先生曾感慨，如果仅按照目前通行的专业人才教育模式，大概只能培养出"中规中矩的专家"。有鉴于此，他在学术研究实践中，力图突破断代与学科的樊篱，以期进入一种通达的学术境界。

在已发表的成果中，最能体现先生跨断代气局的当数围绕华夷观念与正统问题的一系列论文。《南北朝的历史遗产与隋唐时代的正统论》、《正统论下的五代史观》、《元明革命的民族主义想象》、《"倒错"的夷夏观？——乾嘉时代思想史的另一种面相》（待刊）、《太平天国史观的历史语境解构——兼论国民党与洪杨、曾胡之间的复杂纠葛》以及上述关于德运问题的两文，正是这方面的代表作。这些研究直接反映了先生近十年来的主要用力方向，其上起魏晋、下迄民国，所涉时段之长，格局之大，在当前严守断代史楚河汉界的治学模式中，显得弥足珍贵。

先生还尝试将传统的历史学考据与语言学、人类学、考古学多学科的研究方法相结合。其中最为典型的要数他对契丹人名、字问题的研究。在《契丹名、字初释——文化人类学视野下的父子连名制》《再论契丹人的父子连名制——以近年出土的契丹大小字石刻为中心》两文中，他充分利用契丹语文材料，并结合民族志资料与文化人类学理论，首度揭示出契丹人父子连名制这一不为人知的特殊民族文化现象，是跨学科民族史研究的典范。此外，《契丹人殉制研究——兼论辽金元"烧饭"之俗》一文，在分析传世文献、考古资料的基础上，引入文化人类学中"割体葬仪"的概念，对北方民族的人殉制度做出了全新的阐释。

先生跨越断代与学科的研究，绝非凭空而来，而是他通贯性的文献基础与全局性的问题意识所产生的自然结果。他经常教导我们，治史者应做到"大处着眼，小处着手"，并在其最后一次学术演讲中精辟地提出"入于汉学，出于宋学"的治学主张。回首先生不足三十载的治学历程，我们隐隐发现，先生一直在用生命诠释着这一学术境界。可惜，一切都戛然而止了！就现有成果而言，先生的研究早已跃出辽金史的范畴；不难想象，若天假以年，他必然会开拓出更加宏阔的学术天地。其实，恩师病中就曾谈道："如果我的病能好，今后的研究重心就不想再放在辽金史上面了。"斯言犹在耳……走出辽金史，再看浦江师，或许，我们可以对先生的学术气局与学术追求有一番新的认识。

受业弟子　共书

二〇一五年元月

我敬佩的龚煌城先生

李壬癸

一 初识龚煌城先生

龚煌城先生只比我大两岁，在台湾师范大学英语系念书时，他也只比我早两届，可惜我当时并不认识他。

大约于 1975 年的一天，在"中央研究院"历史语言研究所，李方桂师对邦新兄和我提起龚先生在德国慕尼黑大学完成的博士论文很有创获，他有意推荐他到史语所任职。我说我们可以安排请他到史语所做一次专题演讲，方桂师却担心，此举有时会引起不必要的争议。过了不久，他从德国回台到"中研院"看方桂师时，我趁机邀请他演讲。他考虑的结果，觉得数据都不在身边，不方便。不久他又回到德国去教书了。后来方桂师向史语所正式提出拟聘请龚煌城先生当副研究员，邦新兄跟我都在提名书上联署。以方桂师在国际语言学界的声望跟他在"中研院"史语所普受尊敬的情况，煌城兄的聘任案也就很顺利地全票通过了。

二 共同切磋学问，学术进展神速

1976 年，煌城兄回国到史语所任职。那时方桂师也在史语所，我们语言组的同人每周二下午都到他的研究室茶会，大都是谈语言学研究的一些问题。煌城兄也是每次都到。他那时正在研究古藏语，时常向方桂师请教。过了不久，他就撰成了《古藏文的 y 及其相关问题》一文，我们语言组的同人都认为这是一篇相当够学术水平的论文。该文于 1977 年在《历史语言研究所集刊》发表。

又过了一年，煌城兄就撰成了汉藏语比较研究第一篇论文，《汉藏缅元音比较研究》。汉语跟藏缅语的关系早被学术界所认定，可是过去二百年间，不像印欧语系那样，汉藏语比较研究一直都没有什么进展。其中一个主要因素是，汉语上古音系统还没有真正建立起来。高本汉和董同龢所构拟的上古音系统都太复杂，有十几个元音，很难和藏缅语的元音系统对应起来。李方桂的《上古音研究》（1971）发表后，龚煌城才有办法做古汉、藏、缅语元音的比较研究，才首次成功地构拟出古汉藏语的元音系统来。方桂师一定很欣赏煌城兄这篇论文，把它列入他所发表的论文参考书目中。按方桂师并不轻易引用别人的著作，他会引用就表示他接受了煌城兄所构拟的古汉藏语元音系统。

又过了十几年，煌城兄才陆续构拟了古汉藏语韵母和声母系统。至此，古汉藏语的音韵系统终于完全建立起来了。龚煌城对汉藏比较语言学的贡献，可以媲美 19 世纪，几位欧洲学者对印欧比较语言学的贡献，20 世纪上半，德国学者 Otto Dempwolff（1934—1938）对南岛比较语言学的贡献，20 世纪下半，李方桂对傣语比较研究的贡献。更难得的是，他只在短短的二十几年（1978—2003）内就完成这样艰巨的学术工作，其卓识与毅力，至可钦佩。

古汉藏语元音系统虽于 1978 年就建立起来了，为什么却要等了十几到二十年，他才能构拟古汉藏语的韵母跟声母系统？一个可能是，复杂的声母系统之对应关系令他困扰，一时还没有找到合理的解决办法；另一个可能是，他那时把时间和精神都转移到西夏语文的研究上去了。从 1981 年到 1991 年间，他发表了好几篇关于西夏语文的研究论文，对于西夏文字跟音韵系统也都有精辟的见解和突破性的发现。在汉藏语声韵母系统的构拟中，有个一直困扰着大家的问题：有些同源词古汉语有 j 介音而古藏语没有，而另有一些同源词却相反——古藏语有 j 介音而古汉语却没有。直到龚煌城确立了西夏语在汉藏语比较的高阶地位之后，才能根据西夏语的反映来分辨 j 介音的不同层次，是属于古汉藏语或古藏缅语。他的西夏语研究，是为了汉藏语比较而做更丰厚、更坚实的准备。

除了古汉、藏、缅语以外，只有极少数语言有古代语言的纪录并且保存古汉藏语的特征。在 12 世纪末就已消失的西夏语就是这种语言。研究西夏语的权威学者包括日本的西田龙雄、俄国的 Sofronov、Kepping 等人。龚煌城以他们的研究为基础，进一步做深入的研究，而有不少重要的收获。

要做汉藏语比较研究，对于汉语上古音系统以及许多种藏缅语的共同祖语都得要有良好的掌握。相关的研究论文，除了中文和英文发表的之外，还有一些重要的论文是以德文、法文、俄文、日文写的。因此，要有阅读这些语言文字的能力，才方便做汉藏语比较研究。放眼全世界，具备这种条件的语言学者寥寥无几，而龚煌城便是其中之一。除具备这几种语言文字能力之外，更重要的，要有严格的专业训练和学术眼光，又肯下苦功夫，能长期投入研究而乐此不疲，才能有大的成就。

三　后继无人

如前面所述，要做汉藏语比较研究跟西夏语文研究，必须要同时具备好几个不容易都有的条件。煌城兄所走的语言学研究之路，是尖端的、冷僻而又孤寂的。非常可惜的是，台湾目前并没有人可以传承他的衣钵，继续去把他的学问发扬光大。煌城兄不幸于 9 月 11 日辞世之后，有一天，我突发奇想，对刘翠溶、王泛森两位先生说，"假如一个人的学问和知识，能够像财产一样，可以在生前就把它转移给另外一个人，那该多好！"刘先生说："只能仔细读他的论文，再继续做下去。没有更好的办法。"

李方桂先生把他一生最主要的精力放在傣语比较研究上，前后有四五十年，成就卓越。他生前最大的憾事就是，找不到一位可以传承他傣语比较研究的年轻学者。我想龚先生内心也有类似的遗憾吧！

龚先生自己的研究工作已经够忙碌了。但他大概为了报答李方桂先生对他的知遇之恩，特别抽出不少时间来整理李先生的遗稿，编成《剥隘土语》（上、下册），并于 1988 年出版。龚先生确实是有情有义的人。如果身后有知，这两位语言学大师可以含笑于九泉了。

四　杰出的学术贡献和荣誉

煌城兄的学术贡献主要在这三方面：汉语上古音韵系统的构拟，古汉藏语音韵系统的构拟，西夏语音韵及文字系统的构拟。古汉语跟古汉藏语属于不同的时代层次。按照道理，似乎时代层次较晚的古汉语系统得要先建立起来，才能进一步去构拟时代更早的古汉藏语。然而，他发现，有时候得从汉藏语比较的观点去寻找线索，来解决古汉语的拟音问题。他有几篇论文就是这样上下交叉，疑难问题才得到妥善的处理。古汉语若干声母、流音、词头，都是从汉藏语的比较得到较能令人满意的结果。他的研究方法给我们很好的启示。

煌城兄的主要学术贡献诚然是在汉藏语系的比较研究，但是他对于周边的其他各种语言也都留意。西南少数民族语言除了藏缅语言之外，还有侗傣语和苗瑶语。这些语言跟汉藏语有没有亲属关系？这一直是国人关切的重要课题。煌城兄详细检验过去学者所提出的苗瑶语跟汉语的所谓的"同源词"，发现他们大都只是比较现代的汉语跟几种个别的苗瑶语，而没有包含古苗瑶语跟古藏缅语的同源词。虽然也有类似陈其光等学者比较古汉语跟古苗瑶语，但是所提出的"同源词"都不属于基本词汇，而是容易移借的词汇，并且只不过是词形类似而已。他们所提出的那些所谓的"同源词"，一部分属于借词，另一部分属于偶然的类似。汉语跟苗瑶语之间找不到严谨的对应关系。因此，煌城兄认为汉语和苗瑶语并不是同源的语言。侗傣语和汉藏语有没有亲属关系？煌城兄虽然还没有写过相关的论文，但是他曾经跟我交换过意见，并曾私下表示：古傣语有不少语词跟汉语虽然很相似，可是却接近汉语中古音的词形，而不像古汉语的词形。因此，他怀疑那些语词大概都是借词，而不是同源词。可惜他大概还没机会把他的看法好好整理出来发表，就离我们而去了。这又是一件憾事！不过，根据何大安先生的回忆，煌城兄曾经很肯定地告诉他，汉语和侗傣语并没有亲属关系；李方桂先生于 1976 年在 "Sino-Tai" 那篇文章中所举的同源词，绝大部分都是借词。但是煌城兄又说，他不打算公开发表这方面的意见，就是为了尊重李先生。由这里可以看出煌城兄为人的敦厚。其实，根据 Randy Lapolla，李方桂先生晚年对于汉语跟侗傣语的关系，他的看法改变了。如此一来，这两位历史语言学大师的看法是一致的。总之，煌城兄对中国境内各种语言很关注，并且都以严谨的历史比较语言学的观点去看待。

煌城兄在长达三十多年的学术生涯中，获得许多重要的荣誉和奖项。他曾经五度获得国科会杰出奖（尚未有人破此纪录）、两度获得国科会特约研究员、当选为美国语言学会的荣誉会员及 "中央研究院第二十届院士"。

从 1976 年到 2004 年退休为止，他绝大部分的时间都在 "中央研究院" 从事研究工作，同时也在台湾大学、政治大学、中山大学等校兼过课。在 1991—1992 年，他担任日本东京外国语大学亚非语言文化研究所访问教授，负责编辑西夏语文词典。1996—1997 年，他担任美国加州大学伯克利校区东亚语系访问教授，并且两度担任美国暑期语言学研习班教授，讲授汉藏语比较研究。1998 年，获聘为中国社会科学院西夏文化研究中心学术委员。他曾经说过："别人都是教已经知道的学问，可是我却去教自己还不知道的。" 他一边做汉藏语比较研究，一边在台大讲课。他这种勇于尝试的精神，使他的研究成果也一直在向前推展，为学术界树立了一个好榜样。

煌城兄重要的研究论文大都已收入了他的两本论文集《汉藏语研究论文集》和《西夏语文研究论文集》。前一部书一共收了十五篇论文。论文分为三类：（一）关于汉藏语的比较研究，有九篇文章；（二）关于十二世纪末汉语西北方音的研究，有三篇文章；（三）关于藏缅语的研究，也有三篇文章。很明显，以汉藏语的比较研究所占的分量最重，可以说也是煌城兄最重要的学术贡献。他会研究 12 世纪末汉语西北方音，这跟他研究西夏语文有密切相关。中国西北方的西夏王国，在 12 世纪末就被成吉思汗所消灭，但留下不少西夏语文的文献资料。西夏文跟汉语的对译数据提供给我们 12 世纪末汉语西北方言的音韵系统的线索。煌城兄研究西夏语文有了成果之后，他也进一步去探索那个时代、那个地区的汉语方言。只有他具有西夏语文的知识，才可能去探索那个历史上的汉语方言。

在西夏语文研究方面，煌城兄首度发现西夏语有音韵转换（phonological alternations）的现象，都有规律可循，而且这些转换现象跟西夏语的构词有关联。以前研究西夏文的俄国、日本、中国学者，都没注意到这些现象。因此，他所构拟的西夏音韵系统，证据确凿，坚实可靠。

煌城兄于 2002 年出版了两部论文集之后，他又陆续发表了八篇论文，篇篇精彩，而且都是很有分量的文章。

五　龚煌城先生历年来给我的协助和鼓励

煌城兄跟我在"中研院"同事三十多年，他给我个人的协助和鼓励非常多，我无法尽述。下面我只挑几件事来略做说明。

1981年，我正在撰写古泰雅语群音韵系统的构拟时，碰到一个难题：现代泰雅群各方言有这样的一个对应关系：-t，-c，-ʔ，我当时不知道如何构拟它的古音才合适，系统中已有 *-t，*-c，*-ʔ，就向他请教。他认为以拟 *-d 最为合适，因为泰雅语群各方言大都有浊塞音在语词尾清化的现象，而且也有发音部位向后移的现象，所以 *-d〉-t，-c，-ʔ 这也是平行的演变。真是一点就破，我真佩服他的洞察力。

1982年，我写成《泰雅语群不同年龄在语言形式上的差异》，他看过后就对我说，这是不是语音突变的现象？这也是一语点破。后来我补写了一小节，讨论词汇扩散理论对泰雅语群所能提供的解释。同年八月，我们一起到东京出席国际语言学者的会议，有一些欧洲来的学者用德语来宣讲论文，我很羡慕煌城兄能够听得懂。在日本，他的日语能力更是如鱼得水。

1983年，我们一起到美国西雅图出席汉藏语言学会议。我要去宣读的论文是《台湾话的秘密语》，后来刊于 *JCL*13.1（Li，1985）。他看了文稿后对我说："像这样的论文，你可以继续写下去，因为你受过现代语言学的训练。"他的意思是说，虽然我的本行是南岛语言学，有关汉语的研究也照样可以做得好。他不仅对学生鼓励，对同事也一样热心。

有时我也写出一些很不成熟的论文，他看了深不以为然，也会来劝我不要发表，这的确是为我好。我一直很感念他对朋友、对同事的关心和善意。

1994年，王士元在香港召开一个小型研讨会，以"汉语的祖先"为主题，我写的论文是讨论汉语跟南岛语有没有亲属关系。汉语上古音采用李方桂先生的系统，但是有很多例字在他的文章中并没有出现，我自己又不会为它们拟音，就只好找煌城兄帮忙。他连夜替我赶出来，并拟好了音给我。2003年，我写一篇讨论如何证明东南亚几个语系有没有亲属关系，包括古汉语、古傣语、古藏缅语，又碰到好多上古汉语的例字和古汉藏语的同源词不知怎么拟音，我又只好再找煌城兄帮我的忙了。他也都不辞辛劳，及时赶出来给我。在研讨会上宣读论文时，我曾请教与会学者我的研究方法是否值得继续尝试下去。会后煌城兄就跑来对我说，值得继续做下去。我深感他的盛情厚谊，后来我那篇论文就奉献给他，作为他七十大寿论文集中的一篇。

李方桂先生重建汉语上古音韵系统，也重建了古傣语的音韵系统，都是开创性的极重要工作。可惜许多例字和同源词都没在他的著作中出现，后来研究的人需要用到那些例子或同源词时就很困难了。由于有以上这些经验，我希望像他这样的大师，生前也能花一些时间，把所知道的同源词都完整地（包括声母、介音、主要元音、韵尾）构拟出来。但逝者已矣，夫复何言！我曾劝过煌城兄，把他构拟过的汉藏语同源词也都能完整地呈现出来，以嘉惠以后的学者。很遗憾，我这个希望又落空了。

回想这几十年来我从事学术研究，如果还有一点成绩，主要都是拜受师长之赐和同事之助。煌城兄的热心协助，是我感受最深的。他暗中协助我的事很多，有些我后来才知道，但他并没有告诉我。

六　龚煌城先生的语文素养和特质

煌城兄是台师大英语系出身的，读大学时并没有机会修国文系的声韵学这门课。可见煌城只对于汉语声韵学的智识完全靠自修得来的。非本科系而能如此深入，真是难得。由声韵学到文字学、训诂学，他也都有涉猎。换言之，中国传统的"小学"他都精通。

除了英语之外，煌城兄本来对各种欧洲语言并没有什么基础。1966 年，他获得德国慕尼黑大学哥德学院奖学金赴德留学，进德语师资班，认真学习，通过严格的考验，两年后入慕尼黑大学攻读历史语言学博士学位。他对印欧比较语言学有极为良好的掌握，奠定了他日后做汉藏语比较研究的基础。他爱好语言，也喜欢学习新的语言，靠自己就学会了好几种欧洲语言。他曾经告诉过我，他在留德期间，常听法语的广播，因而学会了法语。不知道他何时学会看俄文的数据。总之，他学习各种语文的能力很强，确有特殊的天分，非常人能望其项背。

1976 年，他到"中央研究院"任职以后，也是靠自己学习古藏文跟古缅甸文，为以后做汉藏缅的比较研究打下了深厚基础。

七　家庭生活与休闲活动

尽管研究工作十分繁重，但是煌城兄并没有忽略正常的家庭生活跟休闲活动。他特别安排带着妻子（蔡盏女士）到国外旅游的次数，可说相当频繁，欧洲、北美都常常去，还搭过邮轮去阿拉斯加（Alaska）旅游。因为大女儿住在维也纳，他们夫妻就常到那边，一次就住上数周之久。龚太太曾说，龚先生对家庭是"很有良心的人"。

1987 年七八月间，我们一起到东柏林去出席国际语言学者会议，龚太太和内人也都随行。龚家大女儿那时在维也纳留学，也跟我们会合一起去。我们一路上旅游，从东德到西德、奥地利、瑞士、法国、荷兰，都是由龚先生跟他女儿去买车票、订旅馆，替我们安排一切的行程，是最顺畅的一次国外旅游。至今仍令人怀念那一次最愉快、丰收的欧洲之旅。如今良友已逝，这样的旅程永远再也没有机会体会了。

作者系台湾"中央研究院院士"，语言学研究所研究员，本文原刊于《Journal of Chinese Linguistics》，2011，39（1）：301－309。

附录1：龚煌城先生著作目录选
Selected Publications by Hwang-cherng Gong

《古藏文的 y 及其相关问题》，《"中央研究院"历史语言研究所集刊》1977 年第2 期。

《从汉藏语的比较看上古汉语若干声母的拟测》，载《西藏研究论文集》第 3 辑，西藏研究委员会 1990 年版，第 1—18 页；重刊于《声韵论丛》1994 年第 1 期。

《从汉、藏语的比较看汉语上古音流音韵尾的拟测》，载《西藏研究论文集》，第 4 辑，西藏研究委员会 1993 年版，第 1—18 页。

《从汉藏语的比较看上古汉语的词头问题》，《语言暨语言学》2000 年第 2 期。

《上古汉语与原始汉藏语带 r 与 l 复声母的构拟》，《台大文史哲学报》2001 年第 54 期。

《西夏语文研究论文集》，《语言暨语言学》专刊丙种之二（上），"中央研究院"语言学研究所（筹备处），2002 年。

《汉藏语研究论文集》，《语言暨语言学》专刊丙种之二（下），"中央研究院"语言学研究所（筹备处），2002 年。

《从原始汉藏语到上古汉语以及原始藏缅语的韵母演变》，载第三届国际汉学会议论文集语言组编著《古今通塞：汉语的历史发展》，"中央研究院"语言学研究所（筹备处）2003 年版，第 187—223 页。

《上古汉语前置辅音对韵母演变的影响》，载刘翠溶主编《四分溪论学集——庆祝李远哲先生七十寿辰》下册，允晨文化 2006 年版，第 687—708 页。

《汉语与苗瑶语同源关系的检讨》，《中国语言学集刊》2006 年第 1 期。

《西夏语在汉藏语言比较研究中的地位》，《语言暨语言学》2007 年第 2 期。

Gong，Hwang-cherng（龚煌城）

A Comparative Study of the Chinese，Tibetan，and Burmese Vowel Systems. *Bulletin of the Institute of History and Philology* (BIHP) 51. 3. 1980. pp. 455－490.

The Phonological Reconstruction of Tangut Through Examination of Phonological alternations. *BIHP* 60. 1. 1989. pp. 1－45.

The System of Finals in Proto-Sino-Tibetan. In William S. －Y. Wang ed.，*The Ancestry of the Chinese Language*, pp. 41 – 92. *Journal of Chinese Linguistics*, 1995. *Monograph Series* Number 8.

附录 2：《西夏语文研究论文集》目录

关于西夏音韵的研究：

1. Voiced Obstruents in the Tangut Language

2. 西夏韵书《同音》第九类声母的拟测

3. Phonological Alternations in Tangut

4. The Phonological Reconstruction of Tangut Through Examination of Phonological Alternations

5. 西夏语的音韵转换与构词法

6. A Hypothesis of Three Grades and Vowel Length Distinction in Tangut

7. 西夏语若干韵母转换的起源——重叠复合词

8. 西夏语的紧元音及其起源

9. 西夏语动词的人称呼应与音韵转换

关于西夏文字的研究：

10. 西夏文字的结构

11. Chinese Elements in the Tangut Script

12. 西夏文字衍生过程的重建

13. 西夏文的意符与声符及其衍生过程

关于汉夏对译及借词的研究：

14. 西夏语中的汉语借词

15. 类林西夏文译本汉夏对音字研究

第八篇

博士论文提要

后族与辽朝政治研究

孙伟祥

辽朝后族是契丹族内部以皇后为代表的通过长期固定与皇族耶律氏通婚的家族，以有无皇后出现为其重要标志。正因如此，辽朝后族伴随于有辽一朝，并于辽朝历史发展过程中发挥突出作用，具有重要研究价值。因此，该文拟以"后族与辽朝政治研究"为题与研究对象，将后族视作一类政治关系结合体，对辽朝后族从整体与具体家族角度进行探讨，试图对该结合体出现的深刻社会背景、组合结构、享有特权以及权力运作等具体问题进行深入分析，希冀以此探析出隐藏其后辽朝特有的核心治国理念的制定与执行方式，从而为我们全面客观还原契丹族与辽朝历史提供些许参考与借鉴，进一步审视中国民族多元一体进程。全文分为六章，其中第一章为《绪论》，主要介绍辽朝后族研究现状、研究意义、研究难点与创新点，从而为文章全面开展论述奠定基础。正文分为五章。

第一章《辽朝后族渊源与发展演变》。第一节主要是结合史料对契丹族进入阶级社会之后不同时期存在的"后族"问题进行论述。从而得出契丹族在大贺氏时代与遥辇氏时代向汗国体制转变之时即已存在"后族"，且其从一开始便具备较强实力。第二节则对辽朝后族出现过程及势力嬗变进行论述。辽朝后族于阿保机变家为国，并成功建立辽朝时便已出现，最初授予淳钦皇后母亲前夫与后夫家族及其所在弥里。辽朝后族出现之后，其嬗变过程伴随辽朝历史发展经历凸显、兴盛、衰落三个阶段。

第二章《辽朝后族主要代表及其家族》。第一节主要考证辽朝后族主要代表人物皇后。按照九位即位皇帝的皇后与七位追谥皇帝的皇后又可以分为两部分。辽朝共有二十二位皇后，其中除世宗皇后甄氏外，其余均出自后族。第二节主要对辽朝后族出身皇后家族进行探讨。可以分为玄祖简献皇后、德祖宣简皇后家族，太祖淳钦皇后、世宗怀节皇后、圣宗钦哀皇后、兴宗仁懿皇后、道宗宣懿皇后、道宗惠妃家族、顺宗贞顺皇后家族，太宗靖安皇后家族，义宗柔贞皇后家族，景宗睿智皇后、圣宗仁德皇后、兴宗废后、天祚帝皇后家族五个具体家族，并在此基础上对于每个家族世系进行梳理。

第三章《辽朝后族政治特权》。后族能够于辽朝立国两百余年间保持其崇高政治地位，在诸多领域发挥重要作用，得益于其享有的一系列政治特权，概括起来主要有四种，即固定通婚特权、世选为高官资格之特权、拥有特定食邑之特权、辖有直属私兵之特权。此章将四种特权各分为一节，从而得出后族特权并非一成不变，均各自有发展变化过程，与后族政治势力发展演变有直接关系。

第四章《辽朝后族与皇族政治关系》。第一节为后族与皇位继承。辽朝前期，受到一系列原因影响，皇位继承制度并不明确，皇族统治阶层内部之间先后发生过四次著名争夺皇位事件。辽朝后族亦积极参与其中，直接影响了事件结果。第二节为后族与皇族政治博弈。辽朝历史进入中后期时，后族势力发展到顶峰并迅速衰落。在这一背景影响之下，后族在一系列政治事件中与皇族关系出现了博弈现象。通过对两个阶段具体事件分析，从而可以得出后族在政治领域通过与皇族相辅相成、博弈的关系最终影响辽朝政局。

第五章《辽朝后族政治出现原因及评价》。第一节将原因归纳为三点，即内亚游牧民族联合执政传统、辽朝立国前后特殊时代背景产物、辽朝后族成员自身推动结果。第二节为辽朝后族政治评价。辽朝初期，述律皇后代表的辽朝后族不仅为契丹民族化家为国及其历史发展进程做出过卓越贡献，维护了政局稳定，同时独断专权，排除异己，干扰皇位继承。此时后族对于辽朝政治利大于害，主要起积极的作用。辽朝中期，睿智皇后主政，社会初步完成文明化改革，政局稳定，社会发展繁荣。同时，后族内部钦哀皇后家族与仁德皇后家族的政争也拉开了辽王朝衰落的序幕，为辽朝后期的政乱不断埋下隐患。此时后族对于辽朝政治好坏参半，积极与消极影响并存。辽朝后期，后族之间、后族与皇族之间的权力博弈导致政治党争不断，削弱了辽王朝统治力量。此时后族对于辽朝政治影响犹如厝火积薪，主要起消极的影响。

（吉林大学 2015 年博士学位论文，导师：高福顺教授）

辽代金银器研究

王春燕

辽朝在北方草原经营开发的二百余年中，留下了丰富的金银器遗物。该文在依靠辽代金银器考古资料和甄别馆藏资料的基础上，主要运用考古学的类型学研究方法，对器物器形、器物组合甚至纹饰进行类型分析，并以美学的独特视角去初步解读从辽代金银器造型和题材中折射出的艺术风格。

第一章《绪论》。对该文要研究的时空范围、研究对象、选题缘由做出解释，并对论文的研究目的、研究方法和写作不足进行说明。

第二章《辽代金银器的发现与研究》。主要对辽代金银器以往的研究史做了概括和总结，将辽代金银器的研究分为三个阶段，分别是资料积累期、上升发展期和成熟期，并且比较详细地对这三个阶段的墓葬发掘情况、研究状况进行了回顾和总结。

第三章《金银器的类型与组合研究》。将辽代金银器分为人体装饰品、工具、马具、容器、葬具五大类，并对这五大类六十个小类逐一进行了全面细致的分型甚至分式的研究，并初步探讨其组合关系，是一次比较全面的关于辽代金银器考古资料图文并茂的展示。

第四章《辽代金银器的阶段性面貌》。通过三种途径初步揭示了辽代金银器的阶段性面貌。一是以器物的分式演变、数量多寡为线索，探索了部分金银器器形的阶段性变化。二是统计金器、银器、镏金铜器总数量所占比例的阶段性变化，并结合文献分析了各类器物此消彼长的原因。三是统计出土有人体装饰品、工具、马具、容器、葬具五大种类的墓例数量的阶段性变化，并选取早、中、晚三期中的一些典型墓葬进行具体分析。

第五章《辽代金银器的文化因素构成》。通过分析，该文认为辽代金银器的文化因素由契丹文化因素、唐宋汉文化因素、西域胡文化因素和鲜卑文化因素共同构成。首先，从人体装饰品、工具、葬具中的部分器物中析出契丹文化因素。其次，比较了辽代金银容器与唐代金银容器在器形和纹饰上的异同，并探讨了宋代的新器形对辽代金银器的局部影响，以及唐宋汉文化背后折射出的佛教和道教文化因素。再次，追溯了辽代金银器上的突厥文化因素、粟特文化因素、伊斯兰文化因素等胡文化因素。最后，把关联锁定到与契丹在族源、地域颇为接近的鲜卑文化上。

第六章《辽代金银器之造型艺术》。首先对辽代金银器的制作工艺进行分析，其次通过对辽代纹饰的分类排比，总结出龙纹、凤纹等几种重要纹饰的时代特征，最后设计主题去考察辽代金银器的造型手法和题材的布局设计，尝试从美学的角度对辽代金银器进行初步解读。

第七章《结语》。对文中各部分进行了扼要总结和提炼。

（吉林大学 2015 年博士学位论文，导师：冯恩学教授）

辽代寺院研究

王欣欣

  该文以辽代寺院为研究对象，在对其发展的历史背景分析的基础上，对辽代寺院的地理分布的特点、成因，寺院的修建和破坏，寺院的建筑设施及布局，寺院的功能及其历史特点，影响其发展的因素等方面进行了分析，以期揭示辽代寺院在中国古代王朝寺院史中的地位。以下将按照行文顺序依次将文章内容以及得出的结论观点叙述如下。

  第一部分，绪论。寺院属于学科交叉的研究范畴，这一部分提出了该选题的价值及研究意义，并在此基础上对"寺""院""寺院"的概念加以界定，介绍了该文的写作思路、方法以及研究的重难点、创新点，详述了该研究领域的学术史，指出虽然有关辽代佛教的研究成果颇多，但是寺院方面尚存在着较大的空间。

  第二部分，正文，共分五章。

  第一章探讨了佛教在辽代的发展状况。辽代统治者崇信佛教，大力支持佛教的发展，这是辽代寺院兴盛发展的主要原因。辽代所实行的因俗而治的宗教政策、社会经济的发展、文化的繁荣、民众浓厚的佛教信仰，均对寺院的发展产生了重要影响。

  第二章考察了寺院在五京道的分布情况、特点及其成因。在详细搜集有史可考的辽代寺院基础上，统计出辽代共有248座寺院，其中无法划分其具体归属地的不在此文的统计范围之内。其中，南京道共有134座寺院，是辽朝寺院分布的密集区；上京道（29座）、中京道（41座）、西京道（31座）次之，东京道（15座）寺院数最少。辽朝寺院在地理分布上呈现以南京道为中心的一般性特征，而五京道地区又有其各自的特征。地理分布的差异性是自然因素与社会因素共同作用的结果，而不是受单一因素的影响所形成的。虽然有主次程度之分，但是诸因素都或多或少在一定程度上影响着辽朝寺院的地理分布。

  第三章探讨了辽代社会各阶层在寺院修建中所起的作用、寺院的破坏情况以及寺院的建筑设施布局。皇帝出于政治目的的考虑，以赐予物资、赐额，建立皇家寺院等方式来支持寺院的修建。贵族除捐施财物外，更有"舍宅为寺"者。僧人则是寺院修建的主体力量，所负责的工作最为具体、全面。自然灾害、年久失修是导致辽代寺院破坏的主要原因，辽末战争也给寺院造成了非常严重的破坏。辽代寺院建筑在继承隋唐的基础上，又加入了本民族的元素，即建筑的东向。僧人的墓塔建筑较多，体现了辽朝建筑技术的高超。

第四章阐述了辽代寺院的政治功能、宗教功能、经济功能、教育功能、旅游功能等。寺院因其本身所具有的功能有助于统治者维护其政治统治而得到大力支持，而诸如经济功能、教育功能、旅游功能等都是由宗教功能衍生出来的，宗教功能是寺院的本质功能，由此而衍生出了经济、政治、教育、旅游等功能。

第五章总结了辽代寺院发展的历史特点和影响其发展的因素。受宗教政策的影响、僧侣个人素质高低、佛教传播程度等因素的影响，辽王朝寺院的发展呈现出包容性、相对滞后性、地理分布上的不平衡等特点。寺院作为辽朝社会整体中的一部分，不可避免地受社会发展的影响，而寺院的发展又反过来影响着社会的发展，二者互相作用，互相影响。

（吉林大学 2015 年博士学位论文，导师：武玉环教授）

辽代商业研究

程嘉静

  该文从宏观着眼，在前辈学者对辽代商业研究的基础之上，运用历史学、文献学、考古学等方法，探讨了辽代商业的基础、辽代的货币、境内外商业、辽代的商业政策及商业机构，进而对辽代商业的影响及总体给予评价。文章除绪论和结语部分，共包括五章内容。

  第一章分析了辽代商业的基础。辽代商业是在辽代农业、畜牧业、手工业等的发展基础之上逐步发展的。正是在辽统治者和下层民众的共同努力之下，使辽代的农业、畜牧业、手工业逐步发展，从而推动了商业的不断发展。与此同时，辽代的交通就当时的社会条件而言，不能算作是落后，而是形成了全国的交通网，不仅有陆路，也有水路，包括驿路、直道、鹰路、草原丝绸之路等，因而辽代的交通为其商业的发展提供了重要的交通保障，促进了商业的发展。

  第二章考察了辽代的货币。其作为商业交换的媒介，钱、帛、银都曾作为通货起到交换媒介的作用，继承了唐代的"钱帛兼行"制度。胡峤所谓的"交易无钱而用布"，正反映了布帛作为一般等价物的存在，并且在辽圣宗和辽道宗时分别下诏规范布帛的尺度，说明布帛作为一般等价物，有其标准的规定。但布帛作为一般等价物，在辽末逐步退出舞台。辽代的银也充当一般等价物，但它一般出现在大规模的贸易上。

  从窖藏情况来看，从辽兴宗时的重熙通宝出现了转折，即窖藏数量有了大幅度提高。这和当时民众手中的货币占有量有很大的关系，说明辽统治下的民众在辽兴宗时拥有的剩余货币增多了，因而出现了大量的窖藏情况。辽末出现的大量窖藏则和战争有关。

  在辽代流通的铸币，不仅包括本国年号币，还有传入的宋币、唐币以及其他钱币，同时辽政府还仿铸宋币等，民间也有私铸的现象。这些钱币共同构成了辽代货币运转正常的系统。

  第三章探讨了辽代的境内外商业。从国内情况看，商业网点遍布全国，但是相比而言，燕云地区和东京地区传统商业优势比较明显。值得一提的是，辽代南京出现了夜市，这是商业发展的一个重要方面。

  辽境内的商人是一个特殊的群体，他们为辽代商业的发展做出了贡献。但辽政府一直限制商人的仕进之路。同时辽统治者不允许官商结合，对于官吏从事高利贷的行为是禁止的。对于寺院和私人的借贷和典质行为则给予一定的空间。

从国外的商贸活动看，辽朝主要通过朝贡、交聘、榷场、互市、私人贸易等方式和周边各国、各族进行贸易。辽和五代的商贸往来政治因素多一些，并且商业还处于发展之中。北宋建立，尤其是澶渊之盟签订后，辽宋间的交聘贸易、榷场贸易、私人贸易逐步发展。每年固定节日的交聘、榷场持续开放、私人走私贸易的频繁，都为辽宋商业的发展注入了活力，使得二者的商贸活动走向繁荣。与此同时，辽以宗主国的姿态和西夏、女真、高丽、新罗、日本等都有商贸往来。尤为重要的是，辽代草原丝绸之路的开辟和经营，使得这条道路上的商贸往来异常活跃，影响到辽代生活的衣食住行等方面。

该文在谈到辽代的榷场贸易时，主要是从辽的角度出发，对其榷场的设置、管理人员、交易物品等进行论述，改变了以往从北宋的角度阐述的思路。该文认为羊城榷务就是最早的榷场，而"榆州榷场"的设置主要是针对高丽。同时，对于辽代的草原丝绸之路上的商贸往来，该文也从另一个角度，主要从经济层面探讨了这条丝路上的商贸往来，不论辽对草原丝路沿线各国如何控制，主要目的就是为丝路贸易的繁荣奠定良好的基础。

第四章分析了辽代商业政策及机构。辽圣宗时是一个重要的时期，不仅在全国范围进行征商，而且还出台了诸多措施管理商业。辽上京设有全国最高的商税管理机构"上京都商税院"，职官为"都监"和"上京商税点检"。而辽五京均设有"管内商税院"，管理人员为"管内都商税判官""管内都商税点检""管内商税点提"。这些管理商税的人员都是汉人。

辽代加强对盐、曲、酒的征榷，在辽南京和东京地区设置了榷盐院，而辽代五京及州县均设有榷曲机构，职官由商税官兼领，有时还监管铁、烟火等。辽代的货币机构还应包括银绢库和银院，这在石刻资料中有记载，可补《辽史》之阙。

第五章总结辽代商业的发展对辽代社会产生了诸多影响，包括积极影响和消极影响。其中辽代商业对辽代社会产生的积极影响是多方面的，包括政治、军事、经济、日常生活和文化等方面，所以辽代的商业是无可替代的。但也应看到，辽代的商业也会产生消极的影响，诸如军事、政治机密的泄露以及借贷和典质对社会生产的影响等。

该文得出辽代商业的特点：1. 辽代商业不可避免地会打上中国古代社会重农抑商的烙印；2. 辽本土的商业仍旧不是很发达，商业的中心在辽南京和东京；3. 辽代的货币制度是一种钱、帛、银并行的多元货币制度；4. 辽代的商业管理比较松散；5. 辽代商业的政治性很浓。该文最后对辽代商业给予了充分肯定的评价，辽代的商业十分繁荣，并对当时及后世产生了重要影响。

（吉林大学 2015 年博士学位论文，导师：武玉环教授）

身份、权力与信仰：西夏番姓大族研究

陈　玮

西夏番姓大族的身份认同、权力构建及信仰世界集中体现了西夏王朝的内亚性与中原性。该文以西夏番姓大族为研究对象，结合汉文与西夏文史料，对西夏番姓大族身份认同的转变历程、产生转变的社会、政治因素；番姓大族与中原王朝的政治互动对番姓大族权力扩展造成的深刻影响；西夏官僚体系对番姓大族政治权力的分配模式；西夏皇室如何利用各种信仰来塑造自己的统治合法性和本朝的正统性等进行详细研究，集中考察番姓大族政治权力在不同时代身份转变下的扩展，以及政治权力对其身份认同意识的塑造、政治权力与信仰世界间的互动；借以探索西夏王朝的内亚性与中原性。

该文绪论将讨论西夏的族群结构与族群认同，分析党项人的他称和自称，考察党项人在复杂的族群结构中如何形成族群认同，西夏族群边界与族群认同间的关系。该文探析西夏皇族嵬名氏与后族卫慕氏、野利氏、没藏氏、梁氏、罔氏在西夏社会中的发展历程，并回顾、评论学术界既有研究，提出其将要讨论的论题。

论文第一章主要讨论西夏番姓大族的身份认同，考察唐代党项拓跋氏从猕猴种到西羌、从西羌到北魏拓跋氏后裔的身份认同转变，唐代党项窦氏自居为西羌和扶风窦氏的双重身份认同，定难军李氏自居为北魏拓跋氏后裔、李唐皇族、华夏、党项的多重身份认同，西夏皇族嵬名氏自居为番人、北魏拓跋氏后裔、唐朝李氏、北宋赵氏的多重身份认同，并分析产生这些身份认同的原因及影响。

第二章主要讨论西夏番姓大族的权力构建，考察党项拓跋氏自六胡州之乱至唐末时与唐中央及夏州藩镇之间政治关系、党项窦氏在晚唐时与夏州藩镇之间政治关系，党项野利氏在晚唐五代时与邠宁静难军之间政治关系的演进。该文分析唐末五代宋初定难军节度使官爵制度如封爵、本官、检校官、兼官、文散官、功臣号、食邑、赠官等的变迁及其政治内涵，定难军节度使与本镇职官系统如武职军将、文职僚佐、州刺史间的政治关系。该文进而探讨李继迁、李元昊政治谱系的建构与其政治统治合法性的关系，通过考察西夏番姓大族的封爵爵称、授受和等级，西夏番姓大族所任文职官、军政官、军官，西夏番姓大族中的使臣，西夏皇族的内争、西夏皇族与后族的权力斗争来分析番姓大族对西夏国家权力的分割与支配。

第三章主要讨论西夏番姓大族的信仰与西夏国家政治之间的互动。首先，该文考察唐五代以来丝路佛教特别是于阗佛教对西夏党项的影响，再分析西夏皇室在佛教王权观的影响下，如何利用舍利崇拜、佛王传统来塑造自己统治的神圣性和合法性，指出西夏的佛王传统是西夏皇室为塑造政治统治正统性而采用的政治策略，这一传统来源于10世纪的于阗。该文继而探析西夏番姓大族的佛教宗教实践及宗教权力分层，指出西夏番姓大族通过为佛教石窟修福、修建佛寺、翻译佛经、编纂佛教经典、雕印佛经等方式，试图以其宗教功业确立信众与佛教法界之间的和谐秩序。西夏番姓大族中任国师、德师及其他僧官者，处于西夏僧侣阶层的上层，由于其父系血缘来源于大族，因此大族的势力范围通过他们得以从世俗社会扩展至宗教神圣社会，世俗权威逐渐影响到了宗教权威。随后，该文研讨政治阶序对番姓大族宗教生活的影响，指出在佛教发愿文中，作为佛法护佑对象的皇族、大臣、百姓其阶序的构成反映了西夏皇权对佛教法界秩序的干涉。其次，该文分析西夏皇室祖先崇拜的政治意义，指出西夏皇室的祖先崇拜主要体现于建宗庙奉祀祖先神主，建圣容寺及影殿奉祀祖先御容。西夏皇室将祖先视为帝国和本家族的保护神，在各类宗教文本和世俗文本中虔诚祈祷，将本家族不断神圣化。

该文讨论西夏皇室在中原皇权观和正统观的影响下，如何利用祥瑞、星象来进行政治宣传，祥瑞、星象作为一种政治舆论与西夏皇室政治统治间的关系，分析定难军时期、李继迁、李德明、元昊、秉常、乾顺、仁孝时期出现的祥瑞与星象变化的政治含义。该文探析西夏皇室怎样利用天崇拜、龙崇拜来建构王朝统治的神圣性和合法性，指出元昊通过祭天彻底颠覆了李继迁、李德明、李元昊三代政治权力来源于北宋朝廷，宣告了自元昊之始的西夏皇帝的政治权力都来源于天，同时也向本国臣民、周边各族各国、原宗主国北宋展示了元昊作为天子的新的政治身份。

最后，该文对上述研究进行概括性总结，指出西夏番姓大族的身份认同反映了党项人自公元8世纪至公元11世纪族群意识的觉醒、转变及自我界定，其权力建构也伴随着身份认同的变化而不断演进，二者在党项人由唐代依附于边郡的内藩向缔造西北内陆多族群统一帝国的主体民族的转变过程中相辅相成。西夏王朝的建立在很大程度上得益于党项人族群意识的觉醒，而此种族群意识的核心在于党项内徙后其身份认同观念的萌发。由于西夏番姓大族的身份认同与信仰始终与他们的政治权力演进具有密切的互动关系，因此西夏番姓大族的身份认同与信仰具有强烈的政治性。这种政治性体现了西夏番性大族深受中原和内亚世界政治、文化传统的影响，使西夏王朝的中原性和内亚性特征极为显著。

（复旦大学2015年博士学位论文，导师：姚大力教授）

黑水城汉文藏外佛教文献若干问题研究

宋　坤

该文主要以黑水城出土汉文《佛说寿生经》《慈觉禅师劝化集》《建置曼挐罗真言集》三件未被历代藏经收录的藏外佛教文献为中心，对宋、夏、金时期民间佛教的相关问题进行了研究。除绪论和结语外，该文共分为四章。

第一章是对黑水城出土汉文藏外佛教文献的整体概述及价值分析。在进行概述之时，该文除对每件文书的收录情况及版式特点等进行了说明之外，还对目前学界已有相关研究成果的主要观点进行了简要介绍，同时对原编者定名有误或是可以缀合复原的文书进行了相应的考证分析。在上述整体梳理的基础上，该章又对汉文藏外文献的内容结构及朝代构成进行了数量统计，对其史料价值做了分析挖掘。

第二章主要是对 A32 号金写本《佛说寿生经》及民间受生信仰问题进行了研究。该章先是对其进行了整体文献整理，并对每部分的性质进行了考证分析。在此基础上，该章又着重对《佛说寿生经》体现的民间受生信仰进行了研究。通过研究指出，受生钱与寄库钱两者并非像已往学者所认为的那样属于等同关系，而应是并列关系，且寄库钱信仰应是演变自丧葬习俗中"事死如事生"观念与佛教预修观念的结合；而受生钱信仰的出现则与唐代再生故事的广泛传播密切相关。另外，该章还对受生牒文中出现的"南瞻部洲修罗管界大金国陕西路"这一将佛教虚拟地理概念与现实行政地理概念相结合的地理表达方式进行了梳理。通过梳理可见，佛教的地理概念对平民阶层的影响远远大于其对文化精英阶层的影响。这一传播现象，既体现了文人精英阶层所秉持的华夏中心观对佛教地理观的排斥，也表明了佛教概念已经深入民众日常生活当中。

第三章主要是对 TK132 号宋刻本《慈觉禅师劝化集》与宗赜佛教伦理思想进行了研究。该章的研究主要集中在三个方面：首先，对宗赜出生年代、住持普会寺时间和其交游对象等问题进行了简要考证。其次，对宗赜的孝亲观念进行了简要考察。通过对宗赜关于孝亲论述的分析可见，其孝亲观并不注重对义理层面的阐释，而是注重对孝亲行为规范的描述，同时还将孝道与净土信仰和业报轮回观相结合，具有浓重的功利性色彩。最后，对宗赜的道德观进行了分析。宗赜的道德观的突出特点即是立足百姓生活，针对不同职业阶层提出了不同的道德修养规范。同时，宗赜还吸收了禅宗

"即心是佛"的观念，将遵循世俗职业道德和佛教修行相等同，赋予了世俗伦理道德以神圣性和超越性。

第四章是关于 TK153 B60 号宋写本《建置曼挈罗真言集》与民间密教信仰的研究。《建置曼挈罗真言集》在流传过程中曾经断裂，后在黏接之时存在某些误接，造成了较为严重的错简问题，该章即先对其进行了整理复原。通过复原可见，该件文书应为一件建置曼挈罗仪轨文，结合相关材料推断，可知其应书写于庆历七年（1047）之后。在此基础上，该文又对文书书写特点和仪轨程序进行了分析。通过分析可见，此件文书内容上具有极大的融合性，所引典故多出自显宗和佛经变文；书写方式上则采用了偈语、骈文等韵文体裁，使抽象、艰深的佛教教义变得通俗易懂；而在仪轨形式上则去掉了手印、观想等密教修习内容，仅保留了真言部分，使仪轨极大简化，同时又引入了民众喜闻乐见的世俗曲调。这些特点正是宋代民间密教信仰世俗化、民间化的具体体现。

通过该文的研究可见，宋、夏、金时期的民间佛教信仰在内容上具有多样性、融合性、功利性、道德性等特点，在传播上具有广泛性和延续性的特点。这些特点为我们进一步揭示了宋、夏、金时期民间佛教信仰的真实面貌。

（河北师范大学 2015 年博士学位论文，导师：孙继民教授）

金代户部研究

郭　威

在海陵"正隆官制"改革以后，金朝确立了一省六部制度，尚书省作为最高政务机构，下设六部。户部作为六部之中主管国家财政的机构，总掌一国国用，是金朝行政管理体制中的重要组成部分，是管理国家财用的最高机构。金代的户部上承唐宋，下接蒙元，在体系建设上是较为完善的。探究金代户部的机构设置、职官及其职能运作，对于深入探讨中国古代财政经济制度有着重要的学术意义。深入研究金代户部职官群体的构成与变化，对客观而深入地认识金朝户部制度运作过程中的时代特点和民族特色具有重要的学术价值。

该文共分五章，第一章为绪论，论述本文的选题意义，综述学界相关研究成果，归纳该文的主要内容与创新点。

第二章《金朝以前户部的演变》，主要考述了隋唐以至辽、宋时期的户部、三司制度的沿革与演变。大致的脉络是隋和唐前期尚书省之下的户部是国家理财的中枢，但在"安史之乱"后，唐朝理财体制有了很大的变化，使职出现并逐步替代了户部的财政管理权。这一趋势在五代时期继续发展，逐渐形成三司理财体制。北宋前期的理财制度沿用唐末五代，以三司为中央理财机构，户部整体处于闲而不废的状态。北宋元丰改制后，户部成为主掌天下财计之权的中央理财机构。辽朝的制度区别于唐宋，其理财机构分南、北面系统，南面官系统中以五京计司为主要理财机构，中央虽设有户部但无实权。从宏观上看，这一时期理财机构大致遵循户部—三司—户部的变化规律，户部制度也处在并不稳定时期，这一趋势也直接影响到了金代的户部体制。

第三章《金代的户部机构与职官》，梳理了金代理财制度的沿革。其是从女真传统方式，到杂用辽宋制度，再到中央集权的户部体系的发展过程。在女真初兴之时，财赋管理遵其旧制。随着对辽、宋战争的胜利，金朝的新占领区域迅速扩大，女真旧制已经不适应新形势的发展，于是逐步采用辽、宋制度来管理新占领区，进入新旧制度的交互使用期。随着女真统治集团对中原制度的接受和认可，金熙宗天眷元年（1138）开始了自上而下的三省六部制改革，海陵正隆年间继续推进一省制改革，户部作为中央理财机构的地位得以确立。在正隆官制改革之后，以尚书省下设六部为主体框架的中央行政体系最终确立，户部成为国家理财中枢，其机构设置分本衙和下属机构两部分。户部长官为户部尚书，一员，秩正三品，总掌本部事务。尚书之下常设侍郎二员，秩正四品，金代六部中只有户部设二员侍郎，其他五部均为一员，或与户部事务繁重有关。唐前期与北宋元丰后的户部，侍郎均为二员，金代应是沿袭这一惯例。侍郎以下，又设从五品郎中、从六品员外郎、从七品主事若干员，员额在不同时期有所变化。主事之下，又有令史、译史、通事等，令史是户部的具体办事人员，译史、通事应是负责翻译和送递文书事务。设于中央隶属于户部的下属机构分共用机构和直属机构两种。共用机构其一是架阁库，为户部和礼部所共用，负责两部档案文书的保管和整理。其二是覆实司，隶属于户、工两部，负责公共工程所用财物的复核。直属户部的机构有榷货务、交钞库、印造钞引所、抄纸坊、交钞库物料场、平准务等，这些机构设置时间不一，职能各异。金后期卫宣两朝，为了应对日益严峻的财政危机，一度以三司取代了户部的理财中枢地位，金末三司是沿袭唐末至北宋元丰之前的理财方式，将户部最重要的盐铁和度支大权划归新成立的三司使，同时将劝农使司并入三司。在三司成立后，户部仍然存在，只是其职权大大缩减，户部原有官员被整合到三司机构中。三司职权范围较户部要更为宽泛，不仅掌握国家核心财权，且对地方州县具有一定的监督任免权。但不久三司废置，户部重新成为最高财赋管理机构。

第四章《金代户部的职能》，探讨作为国家理财中枢的户部在金朝所起的作用。该章将金代户部的职能大体分为四部分，一是掌管户籍等民政职能，包括户籍、婚姻、通检推排等；二是赋税征收职能，包括田赋收入和各项杂税，以及税收的贮存保管事宜；三是财赋支出职能，考察户部管理国家各项开支事宜；四是管理钱钞职能。金代户部掌握全国户口、户籍、民户物产等状况，了解各地经济发展、物产丰约以及各类灾害发生的具体情况，以确定各地的赋税种类和标准，保证国家财赋收入，并妥善保管国库钱物；在财政收入的基础上量入为出，制订合理的支度计划，支出财物并保证出纳无误，确保国家机器的正常运转；对国家度量衡标准以及钱币流通、使用等各类财经事宜负引导和管理作用。户部掌握着国家的财用大权，是一个国家存在和发展的基础所在。从总体上看，户部作为国家理财行政中枢，在所管辖的职能领域主要是负责统计汇总，掌握全国户籍、财赋收支的情况；进行政策制定，统领国家财赋管理事宜；并负有居中协调和监管财赋相关事务、行为，在财用方面为国家决策者提供参考等职责。

第五章《金代户部官员群体》。通过对比史料，考证出金代户部尚书 42 人，按其任职时间进行了大致的排列，并对其任期进行了一些推测。另有史料较少无法确定者 8 人，亦附其后，以期新史料的发现来佐证。以户部官员群体为对象，重点考察了户部职官的入仕途径、户部长贰官的仕履以及户部官员的籍贯分布和民族成分，以期探查金代统治者选任户部职官的标准和条件。在入仕途径方面，通过考证和数据比对，总结出户部职官入仕途径以进士出身为主的特点。从仕履的角度看，户部长贰官由财经官、中央政务官和地方官迁入者占绝大多数。迁出官亦大致如此，户部尚书的迁出官以宰执、中央政务官、地方官为主，同时有不少卒官的记录；户部侍郎稍有不同，迁出官以地方官为多，同时财经官和中央政务官亦占很大比重，迁为他官者较少。在籍贯分布方面，户部官员出身燕云、辽海区的占绝大比重。在民族成分方面，汉人占绝对优势，女真人其次，渤海、契丹人较少。这体现出金朝在选任户部职官时更偏向于文化基础更好的汉人。

结语部分，在前文研究基础上对金代户部从总体上进行分析和认识，分期讨论户部管理财经对于金朝历史的影响，并总结金代户部制度的特点。户部是作为金代中央理财机构，对国家财经大势影响深远，亦关乎国家运势走向。分阶段来看，金朝前期虽战争状态较多，但国家处在新兴和上升阶段，对旧制度的改造和中原先进制度的吸收都较积极。虽然中央对财政事宜的管理制度处在不断的改进之中，但是并未出现财政上的挫折，只是在海陵时，因修缮新都、迁都燕京，积极签军、备战，一意南伐灭南宋，势必会增加大量的军费开支，对恢复和发展经济文化不利。在这一时期的金代户部，理财地位逐步得到稳固，基本可以应对金前期的财政状况。世宗即位，金代进入的发展繁荣阶段，与南宋议和，国家局势稳定，多方派出官员劝农、访察，重视经济的恢复发展。在财政管理职官的选任上更为注意对相关才能的强调和重视。世宗章宗朝，在选任户部职官时非常重视他们的理财才能。因此金代中期的户部运行良好，对造就大定明昌的盛世局面起到了相当的作用。金代后期陷入财政危机之中，原因较为复杂，战争破坏经济的正常发展，同时军需开支大批增加；冗官现象严重，日常开支亦较多；国土日蹙，控制的民户越来越少，民众的赋税负担加重，财赋征收更为困难。此外，自然灾害频繁，更加剧了金代的财政困难。于是金代理财机构户部及其替代部门——三司以不断变化的交钞制度来应对金后期的财政危机，以弥补财力之不济，显然这是难以奏效的。户部面对内忧外患、财用严重不足的局面，并没有做出足够有效财税制度改革，未能缓解金朝的财政困境，当然无力挽回金朝灭亡的大势。金代的户部有其自身的特点：其一，金代的理财机构自熙宗时确立以户部为核心之后，变动并不大，短暂的三司制改革很快就被证明是失败的，户部重掌财权。从制度的延续性和稳定性上来看，与唐末五代以及北宋元丰前后理财机构的混乱和巨变相比，金代的中央户部理财体系还是相对稳定的。其二，从机构设置及户部所掌财赋收支的角度看，金代户部机构中有专门针对女真人的财赋事宜官署，在税赋征收和支用上也明显能看出对统治民族的倾向性。其三，在户部官员的任用上，女真统治者更为倚仗和信任理财经验更为丰富的汉人，民族歧视在户部用人上体现得并不明显。

金代的户部制度从根源来看是对唐宋制度的继承和模仿，其职能运作与唐宋时期相差不大，在户部官员的任用上也是唯才是用，有一套较为系统的原则。户部的核心功能是为国理财，金代的户部需要在维护以女真族为首的统治阶层的利益的前提下，通过财赋收支平衡、土地人口管理及通货手段调控，来保证国家经济的良好运转和社会底层的物质保障，户部的正常运转在一定程度上影响着金朝的国运。金朝后期，尤其是金蒙开战以后，由于各方面的原因引发的财政问题，以及交钞这一新型货币逐步登上历史舞台，导致金代财政危机加剧，户部面临着巨大挑战，且无前代的经验可以借鉴。尽管金代户部采取种种理财措施应对这一挑战，但是金末财政的困境并非仅仅是户部运转的问题，它有着更深层次的经济社会背景，并不是单靠户部的作为所能解决的。

（吉林大学 2015 年博士学位论文，导师：程妮娜教授）

金代明昌进士研究

侯　震

　　该文通过对金章宗明昌进士这一群体进行系统的研究，从金朝的科举制度和明昌进士的活动背景出发，分析明昌进士的籍贯家世、仕履迁转，进而探讨明昌进士对金代中、晚期政治、经济、战争、文化各方面的影响。该文由绪论、正文、结束语三部分组成。

　　第一部分《绪论》开篇点明了选题意义，对相关问题进行界定，对该文相关的研究成果进行回顾与梳理，完成学术史的阶段性总结，并阐述该文的研究方法。在此基础上，该章揭示出该文尚待解决的问题，以及创新点与难点。

　　第二部分正文共分为五章，内容概括如下。

　　第一章《明昌年间科举取士基本情况》。其一从金代科举制度的演进出发，介绍金代科举的产生与发展，女真科举的产生以及对金代科举科目种类进行梳理。其二对明昌年间进士的选举情况进行论述，介绍明昌进士科举及第的"文治"背景，对明昌年间科举进士，女真策论进士，宏词科进士，赐进士来进行全面的考证。

　　第二章《明昌进士籍贯与家世》。其一对明昌进士的籍贯进行了分类统计，总结出金代文化较为发达的河东地区明昌进士数量最多，河北、鲁豫、燕云也有较多的明昌进士，而区域面积较大的陕甘、金源辽海地区的明昌进士数量较少。其二对明昌进士的家世背景进行统计，归纳出明昌进士大多出身于平民家庭，一部分出身于中下级官员家庭，少数出身于前朝豪门大族或为前代皇室后裔。

　　第三章《明昌进士仕宦》。该章将明昌进士依官品分为基层官员、中层官员、高级官员三个级别对明昌进士的仕宦进行研究。通过数据统计对中央官和地方官进行考察，进而分析明昌进士在中央官中的构成特征和地方官的分布特征，并对明昌进士显宦进行分析。

　　第四章《明昌进士在政坛上的作为与影响》。其一论述明昌进士在中央政权中的政治活动，主要通过明昌进士参与中央政权建设起到的积极作用，介绍明昌进士在中央政权中的政治行为。又讨论了明昌年间赐进士胥持国及其利益集团在章宗朝的政治行为以及所产生的影响。其二考察明昌进士与金代的地方治理，主要从明昌进士参与地方的国计民生，维系地方的治安管理，对地方文化教育的贡献三个方面来进行论述。其三明昌进士在金代战争中的作用。主要考察明昌进士在金蒙战争中建言献策、冲锋陷阵;对宋战争中明昌进士在"泰和伐宋"中保疆守土,抵御南宋开禧北伐,在"兴定伐宋"中直言劝谏,出镇行省打压反金势力。

第五章《明昌进士的文学创作与特色》。其一在考察诗歌时空分布的基础上,分别归纳明昌进士诗歌创作分类与特点,总结明昌进士诗歌的艺术特点,探究诗歌创作特点形成、变化的原因。其二总结明昌进士奏疏文体内容,在探讨奏疏时间分布的基础上,分析奏疏的艺术特色,并对奏疏赋予的时代精神及成因进行探析。其三在考察明昌进士各类散文时空分布的基础上,分析各类散文所具备的文学、美学价值。

第三部分《结束语》,在绪论、正文研究的基础上对全文进行总结。窥出金朝社会文化繁荣时期士人与科举之间的互动;透视出金代中期政治、经济、文化发展的总体面貌;探寻士人群体在金代中晚期官僚集团中的地位,以及汉族士人与女真族士人仕履迁转的差异性;总结金代中晚期士人群体对国家政治、军事、经济、文化所起到的影响,以及特殊的历史时期带给他们的最终命运。

(吉林大学 2015 年博士学位论文,导师:程妮娜教授)

元代辽阳行省的女真人

周　爽

　　该文将元代辽阳行省的女真人作为研究对象，对生活在辽阳行省境内不同区域的女真人进行较为全面系统地研究。蒙元时代的女真人处于女真发展史上相对低潮的时期。在这一时期，女真人的政治地位急剧下降，经济文化发展速度减缓，人口数量显著减少，分布地域也发生了较大的变化。这种变化产生的原因、女真人的流向和分布、其发展和变化脉络都值得进行细致研究。此外，蒙元政府对这些变化有何推动作用，也值得深入探讨。

　　元代其实将辽阳行省女真人的活动区域切实的纳入元朝的管辖体系，在行省之下根据女真社会发展状况的不同，采取随俗而治的方针，设置相应的行政建置，加强中央与东北女真人之间的政治联系与行政管辖关系，促进了女真人与中原之间的经济往来与一体化进程，保证了元朝中央集权在边疆少数民族地区的贯彻执行。这对加速多元一体的中华民族共同体形成的历史进程，维护和巩固国家的统一，具有重大的作用。该文的主要内容共分为五个部分。

　　第一部分绪论。首先阐述了选题意义，并对研究时间的断限和对元代辽阳行省女真人概念进行了界定。其次对该课题研究现状及趋势进行了分析，主要从金元时期女真人的迁徙与分布、蒙元对辽阳行省女真人的政治统辖、元代辽阳行省女真人与周边民族及地区的关系、元代辽阳行省女真人社会经济与文化等方面对学界已有成果进行了梳理和评介。此外还对该文研究的主要内容及创新点进行归纳与总结。

　　第二部分元代辽阳行省北部地区的女真人。元代居住在辽阳行省北部的女真人，主要分布在今松花江下游以北、乌苏里江东西两岸，直至黑龙江下游地区，即元朝水达达路辖地。该章首先考察金末东夏国与蒙元北部女真人的分布情况，进而对开元路和水达达路女真人分别从分布范围，行政建置与统辖方式，及女真与周边民族的关系问题进行探讨，考察元代辽阳行省北部地区女真人特有的经济、文化与生活。

　　第三部分元代辽阳行省东部地区的女真人。辽阳行省东部地区的女真人分为两部分，一是分布在长白山西麓北至松花江上游和中游，以及牡丹、绥芬流域的女真人，这一地区的女真人多为东夏遗民。二是分布在朝鲜半岛东北部。在对上述地区女真人的来源与分布格局进行考察基础上，探讨了元朝在辽阳行省之下统辖这部分女真的行政建置及其特点。最后对东夏国灭亡后开元路东夏遗民的政治活动，以及女真与高丽的政治交往进行研究，对该区域内女真人的军事、政治、文化风俗等相关问题进行探讨。

第四部分元代辽阳行省南部地区的女真人。元代辽阳行省南部的女真人亦可分为两大部：一是分布于行省东南部辽河东西地区的女真人，二是分布于行省西南部地区的女真人。在考察元代辽阳行省南部女真人的分布范围的基础上，探讨了元代辽阳行省沈阳路、辽阳路、开元路咸平府、大宁路和广宁府路对女真人的统辖形式，女真军户组织及其社会经济状况、儒学教育等相关问题。

第五部分对全文进行总结与归纳。从分期、分区的角度对元代辽阳行省女真人的分布格局、行政建置，各区女真人的政治、军事、经济与文化等方面进行比较，得出女真人大体分布在辽阳行省三个区域内呈现出各自不同特点的认识，指出他们在维护边疆、民族融合、文化繁荣、经济发展、中外交通和社会生活等方面发挥了不同的历史作用。

（吉林大学 2015 年博士学位论文，导师：程妮娜教授）

第九篇

文摘·论点摘要

辽史部分

辽代斡鲁朵管理体制研究

余 蔚

辽代的斡鲁朵，核心内容是"行宫"，是皇帝在四时捺钵时的所居之处。行宫这个狭小空间，只是斡鲁朵的内涵，它的外延，则是以护卫行宫为职责的斡鲁朵军，出斡鲁朵军的斡鲁朵户，以及对军户进行管理的体制。自太祖阿保机起，每个皇帝继位之初，均以其亲信为骨干，选取部族、州县户口，组建一个斡鲁朵，同时继承此前诸帝的斡鲁朵，形成一支独立于枢密院为首的政府之外，对政权安全起着关键作用，可与政府相抗衡的亲卫力量。

斡鲁朵的设立，来源于阿保机以亲制疏的统治理念。自政权建立后，阿保机即以强大难制为由，将自己出身的属于"族而部"的迭剌部分割为"五院""六院"二部。在此基础上，又将自己的近亲从二部分离，建立横帐和三父房，形成"族而不部"者。由此将原本强大的部族力量层层削弱，牢控于手中。然而，面对诸弟发难，阿保机急需一支忠诚强悍的力量进行防卫，故而再次将组织分割，选取亲信，建立斡鲁朵，组成一支仅由皇帝支配，"不部不族"的亲卫集团。归属于横帐的前朝皇帝子孙，则与斡鲁朵毫无关系，他们无权继承父祖的斡鲁朵，皇帝本人更不会用这些与斡鲁朵毫无关联，又对自己有潜在威胁的亲属来统领自己创置和继承的斡鲁朵。这样，通过斡鲁朵的设立，使得皇帝与"族而不部"的横帐皇族区别开来，拥有了一支维护皇权的独立力量。

随着年代的推进，斡鲁朵的数量逐渐增多。直至辽末，已有十三个斡鲁朵。诸斡鲁朵自成一系，直属于皇帝，与掌管契丹等部族的北枢密院体系，掌管汉人、渤海等州县人户的南枢密院体系并立。在此庞大的体系内，包括一支规模极大的斡鲁朵军（宫分军）以及提供斡鲁朵军的斡鲁朵户（宫分户）。各斡鲁朵中，最高官员有二：管理契丹人的"某宫契丹都部署"和管理汉、渤海人的"某宫汉儿渤海都部署"。所有斡鲁朵的最高管理者为："契丹行宫都部署"和"汉人行宫都部署"。两者对斡鲁朵内军民事务无所不统，终年随捺钵迁徙不定。隶属于斡鲁朵的宫分户，可分作正户、番汉转户和著帐郎君、著帐户三类，三类人户户籍不同，身份不同，承担的责任也不同。正户应属通常之民籍，正户之丁充当正军，是斡鲁朵军的主力。番汉转户，应是辽初的俘户或渤海迁徙户，他们或是在辽初被编入州县，后朝皇帝建立宫卫时，自州县将其析出，隶于宫籍；或是自辽初即属太祖、太宗之斡鲁朵，后代诸帝又将其转至自己的斡鲁朵之下。其地位与平民显有差异，应属于奴与客之间，以正军之"家丁"身份辅助作战。著帐户，原系内外戚属及世官之家，因犯谋逆等罪而没入，皆为皇室之奴隶，地位更加低下，并不承担斡鲁朵军役。宫分户间，地位高下悬绝，既有如梁廷嗣，新帝继位，被视作"潜龙旧友"而纳入宫籍，集荣宠于一身者；又有像姚汉英一般，触怒皇帝而被置于宫籍之人。三者之中，正户是皇帝最亲近的团体。横帐虽是皇帝亲属，迭剌部虽是皇帝出身部落，但只有宫卫才是皇帝最近的特殊组织，是比州县甚至部族更优先、更亲近的团体。

对于斡鲁朵内部各种人户，则有石烈、抹里（弥里）、瓦里、闸撒等机构进行管理。石烈、抹里，在契丹部族时期已是部以下的基层单位。辽于部族内部实行部—石烈—抹里三级统辖制度，石烈即是契丹族在部以下的一级管理机构，层级相当于州县体系中的县，抹里相当于乡。然二者划入斡鲁朵之时，或将某些抹里单独划入宫卫，而非将其所上隶的石烈整建制划入。正户之民，即由石烈与抹里管辖。隶于斡鲁朵的番汉转户，其中为正户之农奴者，无疑同在石烈、抹里管辖之下，然此类户口下，又有身为皇室领地的农奴者，他们直属于皇室，隶属于瓦里管下。瓦里，在阿保机建国以前早已有之，辽有将罪人、俘户没入瓦里的习惯。因辽初开疆拓土不断，俘户迅速增加，而后随着因罪没入瓦里的著帐郎君、著帐户的析出，瓦里便基本由番汉转户构成。剩下的著帐郎君、著帐户，或是执役于宫禁之内，或是在乙室部管下，又或是在斡鲁朵内，然两者无论流向何处，大体皆为闸撒所管辖，闸撒长官称为"闸撒狨"。著帐户虽是罪人，但服侍皇室，绝非细务，故而"闸撒狨"与皇帝及其亲近，地位甚高。

这几种基层单位，皆是规模甚小者，斡鲁朵户分散于四方，终年跟随捺钵游走的契丹行宫都部署、汉人行宫都部署及各宫使，无法有效负担起下属人户的管理职责。这些处于顶端的宫官，是通过提辖司建立起与斡鲁朵的联系。提辖司是一个监管军事、民事的斡鲁朵之下的负责机构，它以常驻一地的方式，管理周边广阔空间范围内的各类型斡鲁朵户。每个斡鲁朵对下属户口的统辖权，由数十个石烈、瓦里等小单位，集中于数个提辖司，大大便利了高层机构对基层组织的管理。

辽之众多部族，部众居于一地而戍兵驻守在遥远的另一方，兵民分离之制，是辽代普遍实行的制度，斡鲁朵亦无例外。平日跟随捺钵移动的，仅是从中抽取的部分正军，而非全部二十万斡鲁朵户，斡鲁朵户的主体，有相对固定的居所。检索《辽史·营卫志》，结合提辖司与石烈、抹里的统属关系，可知某宫的提辖司设于某京某州，其周围区域便有该宫之斡鲁朵户。以穆宗夺里本斡鲁朵（延昌宫）为例，其宫提辖司设于中京、南京、平州，则夺里本斡鲁朵全部位于此二京一州地区之内，而上京、东京、西京范围内，不存在延昌宫斡鲁朵户。此外，通过斡鲁朵户大部分被置于西京道、南京道的分布规律与《辽史·兵卫志》统计的提辖司近半数集中于西、南二京对照，亦可证实提辖司与斡鲁朵户间的分布特征。通过进一步观察设有提辖司的一道、一路之内的情况，可看出斡鲁朵与提辖司的设置相仿，均靠近地区中心。因为宫分军作为皇帝最为信赖的军队，每逢战事，往往先于州县、部族征兵之前，而被提辖司召集，快速的集结速度，注定了斡鲁朵户不大可能被置于音讯难通的偏僻之处。

虽然各宫京（州）提辖司的设置，有效地统合了分散于各地的斡鲁朵人户，简化了上级机构对宫分事务的管理，但是数十处之多的某宫京（州）提辖司，对于四季迁徙的契丹行宫都部署、汉人行宫都部署和各宫使而言，管理仍显细碎，故而辽代另设某宫提辖司和诸宫提辖制置司，后者是前者的上级，两机构分别辅助某宫都部署司和契丹行宫都部署司、汉人行宫都部署司进行管理。在日常管理方面，两级"都部署"都因同级的"提辖（制置司）"而成事；而在用兵之时，则由基层的"某宫京（州）提辖司"集结兵马，交由两级"都部署"统领。由此可见辽代南北面军民分治制度，在斡鲁朵内部也近似存在。

虽然这套双线管理体制就辽境全域而言已十分完备，然而，辽朝南部的几个重镇，几乎每个斡鲁朵均设有若干提辖司，各宫户空间上分散的分布以及辽朝对宋的重点防卫政策，使得若仅在某区域调动诸斡鲁朵军力量，则现有体制仍有不便。因此，辽廷通过设置"某京（州）诸宫提辖制置"一职予以弥补。和"某宫提辖司"设置相同，它也处于某宫都部署与基层提辖司之间，但却以区域为纲。"某京（州）诸宫提辖制置"的设置，使斡鲁朵管理体制的网状结构得以最终形成。

观察提辖司分布状态的变化，可以发现斡鲁朵人户有一个由内而外的转移过程。圣宗统和八年，即是此转向的标志年。此时，东京的诸宫提辖司全部被废，斡鲁朵中的大部分番汉转户转而隶属州县，正户以及其余番汉转户南迁至宋辽边境，改隶南京、云州、平州等提辖司。雍熙之战结束仅仅五年，宋辽交兵不断，而内部及其他方向的边境却十分稳定，辽朝的基本国策，始终以宋为首要防卫对象，并不会因为澶渊之盟的订立而发生根本变化，这些正是圣宗将斡鲁朵重心南移的根本原因。整个南移趋势，揭示了斡鲁朵功能的转变迹象：随着皇权的强固，斡鲁朵的主要职能，由保护皇帝地位和人身安全，转向了对外作战，斡鲁朵体系与两枢密院体系有了合流的趋向，这种合流，并非管理体制的合并，而是职能的趋同。

（原载《历史研究》2015 年第 1 期，邓京、高俐摘）

2015 年辽史论文论点摘要

【辽景宗朝史事考】

林　鹄，《隋唐辽宋金元史论丛》2015 年第 5 辑

景宗一朝，是辽代走向鼎盛的关键时期。该文通过对景宗继位后朝中人事的变动，辽宋关系，以及南、北枢密院等管理机构职能变化的梳理，揭示了景宗统治时期对辽朝发展的重要性。

景宗继位后不久，即以宿卫不严而诛杀夷腊葛、乌里只，排除异己，杀伐立威的同时，对萧思温、高勋、女里等定策功臣、藩邸旧臣以及隆先、道隐等亲叔父委以重任，并对穆宗朝参与谋反的罨撒葛、喜隐加以安抚，以稳定朝局。皇权已固之后，又将恃宠放恣的高勋、女里，以及再次谋反的喜隐等人处死，体现了景宗把控政局的能力。

对宋方面，由于契丹自失三关之地后大体居于守势，而宋朝因对江南用兵，急需解决后顾之忧，故而双方于保宁六年达成和议。然而随着宋廷扫平南方，剑指北汉，辽宋矛盾因而再次爆发。对于宋灭北汉，辽朝并非不以为意，曾出动包括耶律斜轸率领的南王府大军在内的大军营救，然于石岭关大败。故而辽朝非不救北汉，实因实力不足。对于随后宋太宗伐辽之由，该文认为除学界一般认为太宗轻敌躁进之外，宋廷灭北汉过程中，景宗先是遣使宋朝，双方就宋伐北汉达成谅解，后又派大军援助北汉，此举彻底激怒太宗，使其做出伐辽举动。

在行政制度方面，继穆宗将山西军务划归北枢密院，并在南京设置由北院掌管的统军司后，景宗进一步让北院接管南面防务，南枢密院由掌管汉地军事转为专理民政的中枢机构。东京地区也大体退尽自治色彩，军政归北院，民政归南院。辽代北枢密院独掌兵政，兼领部族民，南院不掌兵，唯理州县民的基本格局初步形成，而南北分治的局面也得到进一步深化。此外，为加强西北边疆开发，设置西北路招讨司。

景宗统治时期，文学修明，恢复科举，任用室昉、马得臣等儒臣，中央集权表现强劲，诸部族长大多变为官僚，圣宗朝制度的成熟，都是对景宗时期的继承。

【辽道宗朝懿德后案钩沉】

康　鹏，《隋唐辽宋金元史论丛》2015 年第 5 辑

辽季后妃三案，包括圣宗齐天后案、道宗懿德后案、天祚帝文妃案，三案所涉及的后族派系与政治斗争，对辽朝政局产生了深远的影响。三案之中，又以

道宗懿德后案最为惨烈，波及面最广。对于此案，学界多从党争或耶律乙辛擅权的角度加以分析。然而随着新资料、新成果的陆续问世，越来越多的证据表明，懿德后案实为钦哀后兄长萧孝穆一系为获取后位而进行的政治迫害，此案系钦哀后家族内部斗争的产物。

此案的根源，源于兴宗与钦哀后的矛盾，以及二人围绕立储问题的激烈斗争，令道宗深感后族权力过大，必然会对皇权构成威胁。故而当钦哀后薨逝，道宗立即对母族萧孝穆一系进行打压，仅因言语冲撞便处死亲舅萧阿剌。然而，随着政治气候的改变，道宗意识到后族虽有威胁皇权的一面，亦有佐助皇权的一面，加之萧孝穆一系不计旧怨，在平定重元叛乱的过程中力助道宗，使得萧孝穆一系重获道宗的信任。随后，为了获取更大的权力，萧孝穆之孙萧德良与耶律乙辛联合，诬死同族萧孝惠一系的懿德后，改立侄女坦思为后。不久，又以太子濬谋反为由，蛊惑道宗将其废为庶人，并由耶律乙辛弑其于囚地上京。这不仅消除了日后太子为母后复仇之可能，连带除去了亦属亲族的太子妃萧孝诚一系，使得萧孝穆一系最终得以独掌后位。道宗一朝，萧孝穆一系为争夺后位，不惜与奸臣合谋，残害同族，致使辽朝政局飘摇不定，皇嗣不稳。辽朝由盛而衰，与钦哀后家族弄权内耗不无关联。

【辽代帝王简谥钩沉：以王士点《禁扁》为中心】

黄润博，《民族研究》2015 年第3 期

古代君王之有谥号始于西周，唐以前谥号从简。逮至盛唐，武后、玄宗大变谥法，以多字追加本朝诸帝，立为定制。此后历代争相效仿，是故后人很少采用谥号特别是一字简谥来指称有唐以来历代帝王。然而，元人王士点所著《禁扁》一书，却保有一段以一字简谥指称辽代帝王的完整系统之记载。根据此书卷首《引用书目》，钩考元修《辽史》之《地理志》《皇子表》《公主表》中出现的"安帝""文帝"的三则记载，确定此套称谓当出于金陈大任编纂的《辽史》。

通过对比同时期其他王朝的谥号制度可以看出，虽然自武后、玄宗不断加谥之后，时人墓志、文集等文字材料中谥号的使用逐渐减少，总体上呈现出使用庙号远多于谥号的状况，并且由于五代及宋代沿袭唐帝多字谥号的基本结构，使得文献记载中用谥号指称本朝皇帝再也难寻其例，但是在北方的辽朝，却出现了很大的不同。在出土的辽代石刻上，仍有相当数量以谥号指称本朝皇帝的记录。辽朝的皇帝谥号，不仅存在一个由简入繁的两阶段进程，并且在谥号结构中，稳定存在着"孝某"这样一个明显区别于唐宋谥号的显著特征。将此特征另溯其源，推断出辽朝皇帝谥号中固定的核心内容"孝某"，很可能就是采用汉法。

结合契丹王朝的汉化进程，推测此现象的产生，是由于契丹初入中原，对于中原王朝烦冗浮夸的帝谥既无法理解，亦缺乏兴趣，但为笼络汉人，又不能全然不顾，故而采用更为质朴简便的汉谥。及至圣宗以后，契丹汉化渐深，虽然形

式上亦出现多字谥号的趋势，但是核心部分仍保留汉法"孝某"的固定结构，形成了一套独特的"汉制为体，唐制为用"的皇帝谥号。

【辽金元的夏捺钵："阿延川""上京""爪忽都"辨】

陈晓伟，《中国边疆史地研究》2015 年第 2 期

辽、金、元皇帝每年皆例行驻夏活动，习称"夏捺钵"，在国家政治生活中占有举足轻重的地位，今河北沽源县境内的坝上草原（金莲川草原），以其优良的气候条件成为三朝共同的夏捺钵之地。四库本宋元文献别称此地区名"阿延川""上京"，但不明具体所指，清人认为"爪忽都"即是金莲川，三处地名疑点颇多。

"阿延川"一地，仅见于《双溪醉隐集·阿延川诗》中，今本《双溪醉隐集》系四库馆臣辑于《永乐大典》。鉴于民族语言遭到篡改的可能，对校吴长元抄校本《双溪醉隐集》，发现吴本《阿延川诗》天头有批语"原作爱阳"。钩考吴氏交游四库馆臣，抄录与四库全书有关珍本的活动，断定"阿延川"当是四库馆臣对"爱阳川"之径改。

有关契丹史料中凡称"上京"者，一般当指辽上京临潢府。然四库本《长编》卷 110 天圣九年六月己卯条附述契丹四时捺钵活动，则有"上京避暑"一句，似指驻夏上京临潢府。但据辽代文献记载，上京一带应为辽朝秋捺钵之地。考证《文献通考》作"上径避暑"、《宋会要辑稿》作"上泾"、宋本《长编》作"上陉避暑"的记载，辽史中"陉"作驻夏之地的含义以及"陉""径""泾"三字的字形差异，证明"上陉"为正确地名，盖指辽帝驻夏炭山之凉陉，四库馆臣隔膜于契丹捺钵生活，遂循其读音臆改为人所共知的"上京"。

元世祖忽必烈在位时期，于金莲川开设藩府，定都燕京后，踵辽金故俗，将此地作为夏季营地。很多清代学者径将"爪忽都"一词，当作金莲川的蒙语译名。然而，考证《元史·世祖纪》及《卫生宝鉴》，皆称爪忽都为世祖驻冬之地，而金莲川冬季高寒，气温低至零下三十多度，并不适合驻扎越冬。并且通过整理忽必烈时期巡幸记录发现，其冬季营地多位于燕京地区。此外，从蒙语词源角度分析可知，"爪忽都"意为汉人，大蒙古时代指称金人及原金朝统治的华北。故而"爪忽都"一词，应指属于燕京一带的汉儿地区，与金莲川无涉。

【辽朝皇帝酬奖激励官员的非制度性措施举隅】

关树东，《隋唐辽宋金元史论丛》2015 年第 5 辑

与历代王朝相同，辽朝也有一套官员的酬奖机制。除了选贤任能，建立考课、铨叙、吏员出职、俸禄、出仕，以及泽被后人的世选、荫补、封赠等制度性奖励措施外，辽朝还有着种类繁多的非制度性酬奖措施。这些措施，既有中原王朝屡屡采用的手段，也有体现游牧民族特征的方式。

出宫籍，是最具契丹特色的酬赏手段。宫卫，契丹语斡鲁朵，是集皇室私

产、分地、属民、奴隶于一体的庞大组织。附籍宫分之人，既有部落民，又有汉人、渤海人。宫分户因其对皇室的依附性较强，在政治经济上受到一定限制，名分上略逊于部落、州县编户。因而高官显宦之家，获取功名之后，皇帝偶有恩准出籍，以示恩宠的情形。结交义友、易物订交的习俗，在我国古代北方民族有着悠久历史。辽朝皇帝借助本民族习俗，通过与肱股之臣结义订交来增强臣下对自己的忠诚，达到强化皇权，巩固统治的目的。行执手礼表示慰问与敬意，也是北方民族古老的习俗。辽朝皇帝接见官员时，也经常采用此礼以示慰问。

游牧民族中，牲畜与金银是财富的重要组成部分。由于封建制度甫立不久，辽朝社会仍残留着浓厚的奴隶制因素，保留着大量的官私奴隶。皇帝常常将这些与田宅等生产生活资料赏赐于本族及归附辽朝的汉族官员，激其效死。对于契丹贵族和功勋卓著之官员，还会赏赐给他们奢侈品、骑射用具、御袍以及先帝遗物等象征荣誉的非生产资料。从赏赐物品种类而言，体现了中原文化与草原文化对契丹上层的双重影响。其他诸如亲赐筵宴、赏赐御制诗词、诏书褒奖、赐姓赐婚、优待勋旧、赐免死铁券、绘功臣图、探病赐药、亲临吊唁去世官员等手段，则体现了契丹对中原文化的吸收与继承。

【春捺钵与辽朝政治：以长春州、鱼儿泊为视角的考察】

武玉环，《北方文物》2015 年第 3 期

四时捺钵是契丹皇帝为了保持旧有习俗以及尚武传统而进行的活动，皇帝在捺钵之地进行渔猎活动，同时处理军国大政。自辽圣宗太平二年起，春捺钵之地便改在长春州境内的鸭子河泊、鱼儿泊等水泊之地。之所以将春捺钵之地改在长春州境内，是因为辽国东北地区的重要性自圣宗以来日益凸显。对于史学界争议较大的长春州具体位置的问题，结合史料、城池规模以及湖泊环境等方面分析，推定塔虎城应为辽代的长春州。

辽与北宋自订立澶渊之盟以来，南部地区基本稳定，而东北地区动荡不宁。统和年间，高丽便开始征讨鸭绿江东岸的女真人，并沿江建立要塞，直接威胁到辽国东北边疆，迫使辽国不得不对其进行征伐。东北的女真各部，虽然每年照例朝贡，但是随着各部的逐渐强大而引人瞩目。东京道的渤海人也曾多次起义反抗辽国的统治。圣宗将春捺钵设于长春州，天子巡狩，正是对东北地区日益严峻的边疆形势给予高度关注。春捺钵期间，东北各族、属国先后朝见辽帝，加强了辽国与东北各族的联系和羁縻统治，对高丽亦有震慑作用。同时，通过军事重镇黄龙府和在长春州设置的东北路统军司，加强了对女真和室韦的控制。

与以往对辽国皇帝冬夏捺钵理政，春秋捺钵渔猎的印象不同，辽朝皇帝在春捺钵里同样处理军国大事。辽朝后期，许多关乎国运的重大决策，都发生在春捺钵。辽朝后期的长春州、鱼儿泊等春捺钵之地，确是辽朝后期的中心所在地之一。对春捺钵所用海东青的无理催征，最终引发了女真的反抗。

【女真与辽朝的朝贡关系】

程妮娜，《社会科学辑刊》2015 年第 4 期

辽代将女真人分为熟女真、生女真、介于两者之间的女真和东海女真四部，并先后在女真各地建立了属国、属部制度。辽朝采取朝贡制度统辖管理各地区女真人属国、属部，但管理形式不仅因地因部有所不同，而且辽朝前期和后期也有重要变化。该文通过考察四部女真与辽朝的朝贡关系及其变化，进而探讨辽朝与女真各部的政治关系与统辖实态。

熟女真部落主要包括曷苏馆女真，鸭绿江女真和南、北女真等，主要分布在辽东半岛和辽河流域。曷苏馆女真是辽太祖开国最早征服并迁徙至辽阳一带的部族，建立曷苏馆女真大王府进行管辖。该部也最早开始列入辽朝征收赋税的户籍，朝贡已逐步成为辅助统治的手段。在辽中期由于辽征伐高丽影响巨大，邻近的曷苏馆女真密集朝贡。辽末女真反叛辽朝后曷苏馆女真结束朝贡、臣服辽朝 200 年的历史。分布于鸭绿江东西的鸭绿江女真曾于辽太宗时期朝贡并设立鸭绿江女真大王府，在辽中期征伐东部女真后不见其朝贡记载。南北女真主要是辽圣宗时期以归附和讨伐后的女真降户设置。安置于东京道下属州县，分别设置"北女真兵马司"和"南女真汤河司"管辖，不见朝贡记载可能是因辽对其统治严密，已处于羁縻到直接统辖的过渡阶段。

铁骊女真介于生女真和熟女真之间。该部向辽朝朝贡分前期和后期。中间曾因对北宋朝贡而停止对辽朝朝贡 38 年。后期对辽朝贡间隔明显变长。其原因很可能是辽朝将其纳入了地方行政管理，故而只有新王登位等重大事务才会朝贡。其他介于生、熟女真之间的部落情况类似。在完颜部反辽后，迟至其占领黄龙府地区，相继叛辽。

辽朝前期对东海女真的控制比较松散。辽圣宗东征切断其与宋联系后将其纳入属国体系。其部落多纳质子朝贡。至道宗后期，生女真已基本控制东海女真，故不再对辽朝贡。

生女真不著辽籍。完颜部节度诸部和其他部落在辽圣宗时期开始逐步接受官号、朝贡。在辽中后期，辽对生女真地区物产的苛求无度使得生女真以至少每年一次的频率对辽频繁朝贡，并最终反叛。

女真对辽朝贡自太祖时期至天祚时期。后期某些朝贡减少的现象是辽的统治常态化的反映，不是控制力减弱的表征。

【契丹的"中国"认同】

赵永春　张喜丰，《黑龙江民族丛刊》2015 年第 1 期

古代的"中国"一词有地理、民族、文化等多种含义。契丹人的"中国认同"也包含了这几个含义。主要表现在以下几个方面。

首先，契丹人官修史志和个人碑铭等都多自述炎帝或黄帝之后。炎黄为中国始祖，故契丹属于中国支脉。

另外，按照古地理"九州"概念，

契丹居于冀州，占据幽云十六州后更进入"中国"，故应自称中国。其中还利用了古代天文学北极星主九州区划的观念，论证自己属于"中国"。同时，契丹还常在国名前加南赡部州之名。因佛教理论中国属于南赡部州，故契丹此名也有自命中国之义。

以儒家"夷狄用中国之礼则中国之"的观念，契丹统治者认为"吾修礼彬彬如中华"，不再和古代匈奴等"荡而无礼"的北族政权同列，理应以中国自居。契丹在与宋朝通使往来时，习用历史上南北朝惯例，以"北朝"自居，而称宋为"南朝"。南北朝同为"中国"，故其本国也自为中国。契丹这一做法其实也是受到宋人的影响。

契丹认同中原文化，以中原礼仪文化治国，"尊孔崇儒"，在车服器用方面都迅速模仿学习中原而汉化程度颇深，连宋人都认为其"与中国无异"。至于契丹以拥有中国历代王朝"传国宝"之玉玺，而应为中国正统，这表现了其更强的自居"中国"正统的自信。这种强烈心理甚至在辽天祚帝被俘投降的诏书上都有明确体现。

应该看到，契丹自称"中国"并没有否认宋是中国，自称炎黄子孙并没有否认汉人使炎黄子孙，正是由于历史上契丹等族各自产生的将自己归为"中国"的情感，才将各族凝聚为中华民族。这种观念为现代"中国"国号的形成，现代统一多民族国家的确立，都做出了贡献。

【略论辽朝汉人契丹化问题】

孙伟祥　张金花，《辽宁工程技术大学学报》2015 年第 3 期

辽朝疆域辽阔，契丹族居于统治地位，而汉人数量最多，是辽的主体民族。契丹人的汉化一直被认为是民族融合的主流。汉人的契丹化也是民族融合的重要方面。汉人与契丹人彼此同化实为中华民族形成的必要过程，不能视为历史之倒退。

辽朝境内的汉人来源主要有五：契丹建国前即已居于其地的汉人，契丹建国后通过战争俘获的汉人，因动乱等原因主动投附的汉人，因中原政权割地而归属辽朝的汉人，还有出使辽朝而被留不归的汉人。汉人在政治上承认和认同契丹政权；在经济上与契丹族经济活动相互吸引；在文化习俗上受契丹影响而与其差异减小。但汉人仍认同自己的本民族属性。在政治上，自辽中期起开始有汉官被选为原本只有契丹人才能担任的北面官高官，且有汉官受到高度礼遇，受赐契丹姓氏，入籍契丹贵族。同时，大量汉官改变敌视契丹态度，积极入仕，参与朝政。在经济上，汉人在辽境内农耕之外大量经营畜牧经济且成果不俗。在文化上，"华夷之辨"松动，逐步接受契丹族文化。辽中期后汉官颇视辽为正统，且逐步主动学习契丹语言和文字，积极融入契丹社会。在社会生活习俗上，逐步改变汉人右衽习俗而同于契丹左衽，服色尚黑，饮食渐多荤腥，日常文武兼修，习武尚武。在婚姻方面，与契丹人通婚渐多，北族习俗中的异辈婚、收继婚、抢婚产生并渐盛。

辽朝汉人契丹化，从时间上讲，契丹立国早期，境内特别是都市中的汉人契丹化并不明显，而在中后期则有明显的契丹化现象。在地域上讲，处于上京、中京、东京等契丹故地的汉人契丹化程度很深，有的已经达到难以辨别民族的程度，而在南京、西京等原燕云地区的汉人则契丹化程度较轻。

辽朝汉人契丹化的原因。首先，辽朝统治者因俗而治，并有保持契丹游牧齐射勇武传统的深意，汉人与其共处杂居，沾染同化实属必然。其次，汉人大量被掳掠，服侍契丹，多从其转徙，保持汉式生活多有不便，也不免契丹化。最后，燕云地区自中唐以来"先祖从禄山"，有胡化传统，也客观上促进了契丹建国后汉人的契丹化。在澶渊之盟后，宋辽关系改善，敌视大大降低，也使部分汉人安于"辽人"身份，产生更深的认同感。

（邓京高俐整理）

西夏部分

中古时期党项与粟特关系论考

陈 玮

一 灵、夏、胜三州党项与六胡州粟特叛军

唐太宗贞观四年（630）东突厥汗国灭亡，唐廷以颉利可汗部众分置北开、北宁、北抚、北安等六羁縻州。粟特人为东突厥汗国的重要属部，伴随着降唐的突厥人大量进入河套以南，粟特人也加入了此次迁徙浪潮。入居河南的粟特人聚居于六胡州一带。在粟特人定居六胡州后，由于吐蕃崛起内徙的党项人也来到了灵夏一带。六胡州粟特人与灵夏党项共同生活于同一行政单位中，双方关系密切。

唐玄宗开元九年（721），六胡州粟特人康待宾等人反叛唐室。叛军包括粟特人、突厥人和吐谷浑人。党项部落武装为康待宾叛军的重要盟军。康待宾叛军在攻夏州不克后，和灵夏党项部落武装合兵东攻属于胜州的银城县、连谷县。联军进攻两县一是为获取这里的仓粮以补充军资，二是为招诱这里的突厥人加入反唐大军。胜州一带不仅聚居有大量突厥人，还是后突厥汗国南侵中原的重要通道，六州胡与党项联军占据胜州属县，以仓粮作为军资，正可以持守待援，等待后突厥汗国军队的南下。

康待宾叛军带有浓厚的突厥背景，康待宾起事时自称叶护，其余党康愿子自称可汗。六州胡长期以来为突厥属部，叛军内部夹杂有大量突厥人，唐玄宗讨伐叛军诏敕称叛军为"北胡部落"，"北胡"即指突厥。即在于圣历初年胜州党项与后突厥汗国的联合寇边，已使胜州成为党项与后突厥汗国的交往窗口，攻陷胜州可通过早已和后突厥汗国存在联系的胜州党项向后突厥汗国投以忠效、迅速获得与后突厥汗国的联系。六州胡与党项组成联军的政治原因也在于双方同奉后突厥汗国为宗主。

在叛军溃散后，一些余众亡匿山谷沙漠躲避唐军追杀，其中就包括一些党项人，唐玄宗下诏赦免。值得注意的是麟州是以在叛乱中受到叛军攻击的胜州连谷、银城二县设置的，这说明胜州党项也参与了叛乱，而以麟州抚集党项的主要目的就是以较高

的州级行政建制监控胜州党项。

二 党项拓跋氏与六胡州之乱

吐谷浑人和党项人参加了唐朝平叛大军。在六胡州之乱平定后，唐朝令拓跋守寂袭任拓跋思泰官爵，拓跋思泰之弟拓跋兴宗担任防河军大使。唐朝曾以内附的吐谷浑部落组建安塞军，由吐谷浑李氏世袭安塞军使。拓跋罗胄、拓跋后那、拓跋兴宗祖孙三代也世袭防河军使，防河军的军事力量应主要来源于党项拓跋部。唐代前期的朔方军节度辖区有不少内附的蕃部羁縻府州，这些羁縻府州的世袭都督有很多都担任朔方军中的节度副使一职。拓跋兴宗的父兄皆世袭静边州都督府都督，拓跋兴宗本人担任朔方军节度副使，表明党项拓跋部也是朔方军的主力部队之一。

在"安史之乱"爆发后，党项拓跋部作为朔方军的一部参与平乱，又参加讨伐朱泚之战。在朔方军被分割后，党项拓跋部仍然在银州、夏州保有强大的政治势力，直至拓跋思恭借平定黄巢之乱而建立定难军政权。可见在六胡州之乱后，党项拓跋氏由于平乱之功为唐朝所重用，在朔方军中的政治地位大为提高，以后又借勤王伐叛而不断扩充政治势力。六胡州之乱可以称为党项拓跋氏权力扩展的发轫点。

从上可见，在六胡州之乱中党项人基于政治态度的不同分裂为两大派别。灵夏党项首先与六胡州粟特人结成联盟掀起叛乱，随后向胜州移动以争取后突厥汗国的支援，胜州党项随即也加入叛军。党项拓跋部则与叛军针锋相对，积极参与唐朝平叛的军事行动。可以说在六胡州之乱中，大多数党项人都支持以粟特人为首的党项、粟特联军，党项人与粟特人的政治倾向一致，双方基本处于同等的政治地位，仅有党项拓跋部一支没有加入叛乱，反而应唐朝征召参与平叛。以拓跋氏为首的党项人逐渐取代粟特人在唐朝西北政治格局中扮演重要角色，迄至唐末终于因缘际会建立了定难军政权。

三 五代宋初定难军政权中的粟特人

（一）唐代夏州的粟特人

定难军会府夏州自十六国北朝以来即为中西交通辐辏之地，聚居了许多粟特人。北周《翟曹明墓志》志题"夫夏州天主仪同翟君墓志"，志文云"君讳曹明，西国人也。祖宗忠列，令誉家邦。受命来朝，遂居恒夏"。据荣新江先生的研究，唐太宗亲信安元寿曾任夏州群牧使，华严宗大师康宝藏之弟康法藏也为夏州监牧官员，康宝藏曾觐亲于夏州。武周《安昊墓志》记志主安昊为"夏州朔方县人"，其先祖为"西凉大族，声振当时，流宦婆娑，遂居住塞北"。在《何进滔德政碑》碑侧题名中，有许多何姓将佐。随何进滔前往河北发展的粟特人中，当有不少出于夏州。

（二）粟特何氏家族与定难军

1. 何氏家族之族属

五代宋初定难军政权中的粟特人家族主要有何德璘家族与康成家族。据何德璘墓志，何德璘曾祖父何敏为唐泰州军事衙推。此泰州在五代时由奉化军生成，治所为莫州之清苑县（今河北省保定市清苑县）。

2. 何氏家族在定难军之仕宦

据何德璘墓志，何德璘祖父何遂隆为唐"守京兆府功曹参军兼大理评事"。何德璘父何子岊为唐"守夏州医博士"。可知何氏家族于晚唐因为仕宦由河北迁徙至长安，在唐末又由长安迁往夏州。在统万城附近还出土一何姓士人墓志，志题"大宋摄夏州观察支使何公墓志铭并序"，根据志文，何公"曾祖子岊，字隐之，皇任节度随军文林郎、试右武卫长史、摄夏州医博士、将仕郎、试太常寺协律郎。……祖德遇，字嗣宗，皇任夏银绥宥等州观察衙推、宣德郎、守绥州长史，右可授朝散大夫、右监门卫长史同正、充夏银绥宥等州观察衙推，右可授将侍郎、试大理评事、充夏银绥宥等州观察支使、试大理司直、口赐绯鱼袋。"《何德璘墓志》云何德璘"考子岊，皇任儒林郎、守夏州医博士、试太常寺奉礼郎。妣太原郡王氏"。继云何德璘于"天成四年，先王改署观察衙推，寻奏授右监门卫长史口职。清泰元年，今府主绍位……遂奏授观察支使、将仕郎、试大理评事，仍兼朱绂"。又记何德璘妻为"清河张氏"。将两方墓志所记何德遇、何德璘的世系、官衔来看，何氏家族在夏州活动的时间从唐末一直持续至北宋初年。

3. 何氏家族之方伎与婚姻

从《何德璘墓志》及《何公墓志》来看，何氏家族为夏州的医学世家，何德璘及其孙何公先后以绝妙医术受定难军节度使重用。何德璘之父何子岊任夏州医学博士，何德璘受其真传，被定难军节度使李仁福"以公继之家伐，习以方书，药有口全，功传百中，特署州衙推"。后又被李仁福之子李彝殷"以公口赡三医，恭勤两政，迁署节度衙推兼银州长史"。何德璘不仅为定难军节度使服务，还为百姓医疗。何德璘之子何绍文也"艺可承家，术多济世"。何绍文之子何公则"幼习家风，颇积医论。他的高超医术被赞誉为能与燕地方士卢生、上古神人董父相媲美。何公之子何令珣、何令瑾等也继承家学，被称为"颇精方论，不辱门望，悉有父风"。

（三）粟特康氏家族与定难军

1. 康氏家族之族属

康成家族为夏州本地粟特人家族。《康成墓志》志盖题为"太原郡康公墓志之铭"。中古康姓一为汉姓，一为粟特姓氏。康成的郡望为太原，可见其也应出于粟特，与康武通、康思礼同属粟特康氏。

2. 康氏家族在定难军之仕宦

康氏家族为夏州本地的粟特武人世家。康成曾祖康山人为唐"洪门镇使,次任上平关使,兼授北衙都知兵马使"。洪门镇地属夏州,又称为洪门寨,上平关地属隰州石楼县,兵马使为藩镇军中要职,康山人所任之北衙都知兵马使与夏州"监军衙马步都知兵马使"相对,监军衙马步都知兵马使为夏州监军使衙署卫队总指挥官,北衙都知兵马使则为夏州节度使衙署卫队总指挥官。

从上可见,在唐代的夏州,粟特人即处于本地社会的上层,由于人口较多,人才辈出,粟特人群体对夏州地方社会的影响一直持续至五代。唐末,党项拓跋氏由于镇压黄巢起义的军功,被唐朝授予定难军节度使并世袭担任,党项人从夏州社会的边缘一跃进至核心。党项拓跋氏与粟特人在夏州的社会角色发生了剧烈改变,双方从六胡州之乱中的敌对关系变为统治者与被统治者的关系。由于五代群雄并立、互相敌对的特殊政治环境,效力于定难军节度使的粟特何氏、康氏家族,其官履仕途始终胶着于定难军辖地,家族成员与定难军节度使有着密切的政治依附关系。何氏家族凭借其世代相传的绝妙医术,与定难军节度使结有良好的私人情谊,而以康氏家族为代表的粟特武力则成为定难军军事力量的重要支柱。总之,粟特何氏、康氏家族在定难军的发展凸显了党项拓跋氏在夏州政治地位的高升与粟特人政治地位的下移,体现了夏州粟特人对于夏州节度使党项李氏家族统治之拥戴。康成最后官至定难军最高军事指挥官五州管内都军指挥使,在定难军军事领导体系中仅次于节度使李彝殷,一方面说明李彝殷对以康成为代表的夏州粟特武人势力极为倚重,另一方面表明粟特人在夏州军事系统中占据核心地位,仅次于党项人。夏州定难军作为一个以党项人为主体的胡籍藩镇,在本镇军事指挥阶层中,粟特人是仅次于党项人的重要力量。

四 西夏境内的粟特人后裔

(一)西夏境内的安姓粟特人后裔

西夏境内,见于史籍的安姓粟特人后裔主要有安德信、安惟敬、安礼。

西夏石窟题记及佛经发愿文题记中也记录了一些安姓粟特人后裔,如莫高窟第 363 窟第四身供养人榜题为"社户安存遂□一心供(养)"。夏惠宗秉常天赐礼盛国庆五年(1073)题书的《主持榆林窟记》云"弟子弗兴、安住,及白衣行者王温顺等七人,住于榆林窟岩"。还记有"供衣粮行婆真顺小名安和尚"。从题记可知安住与安和尚均为虔诚的佛教徒,安住与其他六名僧人、白衣信众一起在榆林窟主持修行。安和尚则是为这些修行人提供衣粮的施主,其与安住或为亲属。莫高窟、榆林窟为沙州佛教大窟,而沙州自唐五代以来就有大量的粟特佛教徒活动,安存遂、安住与安和尚应为唐五代沙州粟特人的后裔。

（二）西夏境内的康姓、石姓粟特人后裔

见于史籍、碑刻和出土文书的西夏康姓粟特人后裔主要有康忠义、康狗□、康吃□、康茂盛、康□亨、康监富、康牛儿等人。夏崇宗天祐民安五年（1094）镌刻之《重修护国寺感通塔碑铭》记有"石匠人员韦移移崖、任遇子、康狗□"。《重修护国寺感通塔碑铭》所在之凉州自三国至唐均有大量粟特人生活，康狗□应为凉州粟特人后裔。

（三）西夏境内的米姓、曹姓、翟姓、史姓粟特人后裔

见于史籍的西夏米姓粟特人后裔主要有米知顺、米崇吉、米元杰。

从上可见，在西夏立国后，灵州以及河西走廊地区的凉州、甘州、肃州、沙州的粟特人后裔都成为西夏臣民，一些粟特人后裔甚至远迁至边境城市黑水镇燕军司。由于政治中心的转移，定难军时期活跃于夏州地区的粟特人消失在了西夏的政治舞台上。总体来看，西夏粟特人后裔身份各异，既有大臣官贵，又有普通小吏，还有基层武官，更多的是工匠、医人、贫民等普通百姓，也不乏职业僧侣，其政治地位远不如定难军时期夏州地区的粟特人。这一方面说明了粟特人在西北政治格局中所发挥的作用日益式微，另一方面说明了粟特人在西夏时期已经全面汉化，西夏统治者已将其视为普通汉人。此时的西夏已由唐末五代蕃汉联合执政的胡籍藩镇转变为党项王朝，粟特人后裔的权力空间已大为缩小。值得注意的是，西夏境内的一些粟特人后裔从姓名和婚姻来看呈现出党项化趋势，这正如高昌回鹘中的粟特人走向回鹘化一样，西北地区的粟特人最终融入了在本地占有政治和文化优势的党项、回鹘与汉人中。

（原载《中国史研究》2015 年第 4 期，付强强摘）

从历代孔子谥号看西夏儒学的发展与贡献

杨满忠　何晓燕

纵观中国儒学的发展历史，儒学文脉是我国古代华夏民族精神文化的核心。中国历代王朝对孔子儒学十分重视，主要从两方面入手：一是对孔子谥号的封赐，对儒学教育的重视；二是对儒学伦理与社会"文德教化"作用的重视。在中国历史上，除了汉唐、宋朝将孔子推向历史的高峰外，西夏王国也极力推崇，尊孔子为"文宣帝"，是中国历史上封孔谥号最高的。这说明了西夏对孔子儒学理论认识与实践的重视。西夏在崇尚儒学、兴办教育、培养人才、服务历史社会方面，做出了巨大贡献。西夏作为一个党项游牧民族建立的地方政权，延祚二百余年，除了其赫赫的"武功"外，与其尊孔崇儒的"文治"教化也是分不开的。

作为一代"文德教化"的宗师，孔子对后世影响很大。历代皇帝相继祭祀，规模大而有定制。

汉高祖刘邦定天下后，以太牢之礼祭祀孔子，成为后代皇帝祭孔的最高典范。汉武帝时，"罢黜百家，独尊儒术"，定儒书为经典，通经取士，确立了孔子的儒学地位。西汉平帝刘衎追封孔子为"褒成宣尼公"，是孔子第一次有了"宣尼"谥号和"公"的爵位。汉永兴元年（153）桓帝刘志下诏修建孔庙，并置守庙官，确定春秋祭祀之礼，从此，春秋祭孔之礼就成为历代的定式。

北魏太和十六年（492），孝文帝元宏尊孔子为"文圣尼父"。"文圣"是尊号，意为"文德圣教，'经天纬地曰文'，'道德博闻曰文'，'扬善赋简曰圣'"。"尼父"是仲尼的敬称。后齐时，称孔庙为"孔父庙"。北周大象二年（580），周静帝宇文衍追封孔子为"邹国公"，"邹"是国名。

隋开皇元年（581），文帝杨坚封孔子为"先师尼父"。唐高祖武德二年（619）"始诏国子学，立周公、孔子庙"。唐贞观二年（628），太宗李世民尊孔子为"先圣"。贞观四年（630）唐太宗"诏州、县学皆作孔子庙"。贞观十一年（637）"诏尊孔子为'宣父'，作庙于兖州"。唐高宗乾封元年（666），赠孔子为"太师"，"太师"为官位。唐高宗咸亨元年（670），再次下诏，"州、县皆营孔子庙"。武周天授元年（690），武则天封孔子为"隆道公"。唐玄宗开元二十七年（739）八月，又将"宣父"改谥为"文宣王"。从此，孔庙尊称为"文宣王庙"。

宋初，太祖命增修先圣庙，塑其像，并"亲撰《先圣、亚圣赞护》，宋真宗大中祥符元年（1008）封泰山，诏以"十一月一日幸曲阜，备礼谒文宣王庙……诏追谥曰'玄圣文宣王'"。二年五月，又"亲制《玄圣文宣王赞护》"。大中祥符五年（1012）即以国讳，改谥"至圣文宣王"。宋真宗天禧二年（1018），山东曲阜"至圣文宣王庙"扩建为360间，错落有致，从而成为全国"文宣王庙"格局模式的典范定制。宋徽宗崇宁初，诏"都城近郊，聚四方之士，宜建文宣王庙"。又诏"辟雍文宣王殿以'大成'为名"。徽宗政和三年（1113），颁辟雍"大成殿"名于诸路州学，始有"大成殿"尊名至今。

西夏人庆三年（1146），仁孝帝十分尊崇孔子，重视儒学，直接诏封孔子为"文宣帝"，是为历代对孔子的最高谥号。同时，仁孝下令各州、郡皆立文庙，学官祭祀，庙堂殿庭，宽敞高大"如同帝制"。西夏仁孝，则直接把孔子封为"文宣帝"，这是中国历史上对孔子的最高封号，这不但说明西夏帝王在主观上对孔子及其儒学的重视程度，也说明西夏社会发展到一定程度对孔子儒学的需求程度，反映了西夏前期的部落首领制逐渐开始向封建社会文明制度的转变，这在当时的其他少数民族地方政权中，实属罕见。

西夏王朝处于"丝绸之路"陆路要冲，又是西北多民族矛盾交织的中心地带，虽然其疆域的军事战略地位十分重要，但是处在宋、辽、金、回鹘、吐蕃包围的中心。李元昊之时，为了立国有别，自有其体，下令换年号、改姓名、令秃发、别服式、立官制、定兵制、创军名、修礼乐、上谥号、新朝仪、制蕃书、建蕃学、建蕃汉字院，逐步奠定了西夏王国的蕃礼体制格局。尤其是革唐、宋礼乐，建蕃礼、蕃学方面非常典型。元昊曾对野利仁荣说："生者制礼作乐，道在宜民。蕃俗以忠实为务，战斗为先，若唐宋之褥节繁音，吾无取焉！"于是"革吉凶、嘉宾、宗祀、宴享，裁礼之九拜为三拜，革乐之五音为一音"。又因五代以来，党项官职均为世族相传，无科考取士之法，不能适应建国综合人才的需求，也没有国家正统特色文化。所以李元昊就在创建蕃字、蕃礼、蕃汉字院的同时，特别创建蕃学，以确立党项蕃礼、蕃学文化体系，以殊别宋辽。于是他命野利仁荣主蕃学，以蕃字翻译《经》《尔雅》《四言杂字》等，并发行国中，作为学习资料。同时，选拔蕃、汉官僚俊秀子弟入学，教知识，考学绩，量才能，授官职，并令各州各置蕃学，设教授训之。自此以后，蕃学、蕃礼就大行于国中，开创了西夏建国初革故鼎新的大好局面。

由于西夏尊孔崇经，重视儒学，尊孔子为"文宣帝"，建"蕃学""国学""太学""内学""小学"，设"童子举"，策进士，立唱名，因而使西夏的儒学、蕃学辉煌灿烂，成一代之宏规，成就巨大，对当时的西夏以及其周边地区的教育文化产生了极大的影响，在我国儒学教育发展史上具有重要的地位。西夏初期，开国皇帝李元昊、谅祚对西夏的儒学发展奠定了重要的基础。西夏中后期，乾顺、仁孝时，又把儒学推向了一个鼎盛的高峰。他们除了大办儒学，培养人才，极力推行儒家的"文德教化"外，特别重视汉文书籍的翻译出版与西夏文书籍撰写。

一是组织人员，将大量向宋朝求得的儒学经典和书籍译成西夏文，颁行全国。如《论语》《孟子》《孝经》《贞观政要》《太宗摘要文》《十二国》《德行集》《新集慈孝传》《类林》，以及兵法书《孙子兵法》《六韬》《黄石公三略》等，将《尚书》等九经作为弟子员的必读教材。

二是组织人员用西夏文写下了大量的书籍、著述。如《圣立义海》《四言杂字》《新集慈孝记》《蕃汉合时掌中珠》《三才杂字》《文海》《同音》《新集碎金置掌文》《纂要》《西夏诗集》《西夏谚语》《新集锦合谚语》《贞观玉镜统》《天盛律令》《新法》《三世明言集》《贤智集》《月月娱诗》《治疗恶疮要论》《五音切论》《义同一类》《夏国谱》《周易卜筮断》等。这些西夏文书中，不但贯穿了儒家的忠孝节义思想，同时还表现出了党项民族独特的文化特点，体现出西夏文化多元汇聚的民族特色，是西夏王朝社会发展、文化繁荣的直接表现。

客观地讲，中国的儒学奠基于先秦，独尊于两汉，交融奋争于魏晋隋唐，突破创新于两宋，异军突起于西夏，清理总结于清代。其中西夏"尊孔隆儒"及其教育的发展，异军突起，既与宋朝儒学交相辉映，代表了当时西北儒学发展的最高水平，同时又奠定了大元王朝儒学教育发展的基础。

西夏儒学的发展，即使受宋朝儒学繁荣发展推动的结果，也是西夏历代帝王虚心学习、应用儒学文化的结果，同时，也是西夏社会文明发展的必然，是受西夏社会经济基础所决定的。孔子的儒学思想是建立在封建经济文化基础之上的，因此，他非常适应封建社会的土壤及其发展，尤其是适合"天下太平、社会稳定发展"的时期。西夏发展到中后期时，既要完成从党项民族部落首领制到国家封建制的转化，完成党项民族从初期的游牧经济生活方式向农业经济生活方式的转化，更要逐步完成党项民族与汉族历史融合的转化。在这个转化的关键时刻，孔子的儒学思想以及西夏的儒学教育无疑起到了十分重要的促进作用，做出了巨大贡献。

西夏重视儒学教育与"以儒治国"，对西夏社会的稳定健康发展起到了极其重要的推进作用，在中国儒学发展史上是一个特殊的历史阶段，具有重要的历史地位。同时，西夏历代帝王"尊孔崇儒"，发展儒学，积极开展以儒学思想为核心的社会性的"文德教化"，从主观上讲是为了西夏政权的长期稳固、社会的长治久安，但在客观上是一个对华夏民族传统儒学文化的认同、继承、发展与融合，是中国历史文化的一个组成部分，是中国儒学发展的一个典型阶段。

（原载《西夏研究》2015 年第 3 期，付强强摘）

2015 年西夏史论文论点摘要

【西夏瓷器款识论述】

张雪爱，《西夏研究》2015 年第 3 期

西夏制瓷业是我国陶瓷史上不可或缺的重要组成部分，其款识的出现与发展在一定程度上遵循着中国陶瓷发展主线，具有那个历史阶段瓷器款识的共有特征。同时，因为西夏是一个由少数民族建立的地方割据政权，所以又带有一些鲜明的民族特征。瓷器款识按照中国传统分类，包含人名款、纪年款、室名款、吉语款、职司名称款、检验款、其他特殊款识七类。人名款又称"陶人款"，指瓷器上刻有陶工、作坊主、收藏者姓名等信息。纪年款表明瓷器的制作年代，分为年款和干支款两种。年款即以帝王年号为纪年的款识，又称"朝代款"。室名款，又称堂名款、斋名款、私家藏款。这种款识将私人住所、书房名等刻、印、书写于瓷器上作为私家用瓷或藏瓷的标志，有雅俗之分。吉语款，又称吉言款、赞颂款，指在瓷器上刻、印或书写具有求福、吉祥或富贵等含义的词句。还有职司名称款、检验题款，等等。

【西夏仓库生产管理职能初探】

李柏杉，《西夏研究》2015 年第 1 期

现代管理学意义上的仓储认为物流活动是其本质属性，仓储不是生产金额交易，而是为生产与交易服务的物流活动中的一项。但就中国古代而言，仓库以物资存储、调配职能为本质属性。然而在考察西夏仓储时却发现，西夏仓库除存储、调配职能外，还具有生产管理职能，甚至有些库基本以生产管理职能为主。从仓库名称来看，西夏存在以生产管理职能为主的库，此外，西夏还有依存粮数派遣案头、司吏的边中粮食库，该门所存资料是目前西夏仓库名目中最全的一份。从诸库库藏物品的损耗率规定看，西夏也存在大量具有以生产管理职能为主的诸库局分。西夏仓库中存在一类以管理官方生产经营为主要职能的特殊"库"，它们带有浓厚的垄断、官营色彩。西夏将几种不同类型的机构简单地归为"仓库"，反映出尽管当时仓储、物流管理条文细苛，但仍处于相当落后的初始阶段。

【西夏"宫城"初探】

吴忠礼，《西夏研究》2015 年第 1 期

西夏作为一个存在近二百年的割据

政权，有自己的国都，即兴庆府。西夏国既建有都城，也建有宫城，具体理由有四。其一，西夏虽然是西北党项羌人所建之国，但是此时党项贵族和广大族人已经高度汉化了。其二，夏国统治者们要千方百计标榜自己的正统性、正源性。其三，西夏国的宫城还是有文可据，宁夏留存传世的志书始见于明代，其中综合志书共有四部，均有关于西夏皇宫的信息。其四，西夏政权所制定的法典中有关于警卫皇宫、宫城的法律条文。历史上关于"西夏无皇城"这个疑问有四个原因，第一，宫城彻底毁于战火。第二，宫城忌隐于正统观念。第三，皇城遗址易作他用而不可考。第四，被明代中后期宁夏志书谬记、传讹所致。西夏皇城在府城北部街区，宫城居其中部，建在一片高地之上。

【西夏僧侣帽式研究】

魏亚丽　杨　浣，《西夏研究》2015 年第 1 期

西夏是一个崇信佛教的国度，历代统治者都大力倡导佛教。佛教的繁荣使西夏僧人地位崇高，文献记载西夏僧侣享有封号、赐官、赐衣的特权。西夏僧侣阶层帽式大致分为五类：有藏传风格的莲花帽；一款形似"山"帽，被当前诸学者命名为"山形冠"。黑帽为噶玛噶举派的帽子，有中亚风格的裹黄巾式，也有中原风格的斗笠式。西夏僧侣阶层戴冠与否，戴冠的场合和式样受时代、地区、民族，乃至季节的影响而变化，并不严格按照身份地位的高低而规定。这种多元并茂的帽式文化格局是西夏多民族文化和多宗派佛教文化的产物。

【论西夏的审判制度】

姜　歆，《西夏研究》2015 年第 2 期

西夏的审判制度是西夏重要的司法制度，它直接体现了西夏法制化的程度。西夏的审讯制度突出的是严格的规范性，对审判期限、证据认定等严加规范。在对案件的判决上，以司法官吏的秉公判断为核心，其目的就在于彰显法律的公正性。西夏《天盛律令》亦采用二步审讯法。西夏法律也重视状外之罪不予审查，目的在于防止审讯时的漫无节制、罗织周纳、陷人于罪的现象出现。正因如此，西夏建立了长官躬亲鞫狱制度，就是长官必须亲自坐堂问罪。西夏审判制度之所以体现出层次分明而又环环紧扣、处罚严厉而又不失灵活的特色，是与其对中国传统法律制度中不断总结和积累的审判经验的承袭与运用分不开的。

【论西夏服饰中的多元文化因素】

任艾青，《西夏研究》2015 年第 2 期

西夏服饰具有鲜明的民族文化特色。一方面，西夏在政治、经济、文化方面深受中原地区的影响，经历了从"衣皮毛"到"衣锦绮"的漫长阶段，在服饰上也表现出中原王朝的风格，上至王公贵族，下到平民百姓，主流服饰都以汉族服饰的样式为主。另一方面，西夏处于西北边疆地区，与吐蕃、回鹘、契丹、女真等民族关系密切，具有

共同的文化心理，在服饰上相互借鉴，体现出了许多共性，这既是民族融合的产物，也是西夏以开放的姿态对待外来文化的结果。西夏服饰是多民族、多元服饰文化的荟萃，体现了中国古代服饰文化在发展过程中的传承与创新，是中国服饰文化不可或缺的一部分。

【从考古资料看西夏农业发展状况】

李玉峰，《西夏研究》2015 年第 2 期

从文献记载和考古资料来看，西夏农业是我国西北古代农业发展史上发展程度较高的时代之一。自从西夏内迁政权确立以后，为了巩固稳定政权，西夏统治者不断颁发一些有利于农业生产发展的政令并实行一些措施，在一定程度上保护和调动了各族人民从事农业生产的积极性，使农业生产迅速发展得到了一定保障。铁制农业生产工具的广泛使用，特别是组合完备、形式先进的铁制农具的广泛使用是西夏农业迅速发展的重要物质条件，在各族人民的共同努力下，西夏许多荒地得到开垦，耕作技术得到改善。西夏农业的发展与西夏政权在较长时间内的相对安定也是密切相关的。

【中晚唐时代背景下的党项崛起】

保宏彪，《西夏研究》2015 年第 3 期

党项势力崛兴的根本原因是中央与地方关系出现了新的变化。安史之乱后中央权威的衰落与地方藩镇割据的加强，造成唐朝国力的削弱与控制力的下降。这就为党项力量的壮大创造了有利的外在条件，使其对唐朝的反抗斗争与边境侵扰日益频繁，而边将的贪婪与唐朝处置措施不当更加助长了这一局面，从而对边疆局势的稳定造成重大威胁。民族认同观念也起着重要的作用，逐步形成以自身族属为主的势力并朝政权建设发展。然而这种思想在唐朝解体之前并不占主要位置，此前党项的活动属于政治性支配下的地方性活动，其族性张扬在王朝解体之后。在唐朝的衰落进程中，党项逐步壮大并奠定了北宋初期建国自立的基础。这一过程开始于安史之乱后的中唐时期，发展于文宗以后的晚唐时期，最终完成于北宋时期，以自立西夏国的形式宣告了党项这一新兴政治势力的彻底崛起。拓跋思恭利用唐末农民起义起兵勤王，为党项民族争得了立身之本，在五代、北宋的夹缝中不断壮大，最终创立了称霸一方的西夏王朝。

（付强强摘）

金史部分

宋金蒙之际山东杨、李系红袄军
领导人及其分化考论

姜锡东

13世纪前中期，山东淮海地区的红袄军实有多支，但以杨系（杨安国、杨妙真）和李系（李全）影响最大最久。在杨、李系红袄军及其余部50多年的斗争活动中，先后成为其各级领导人并且今天有名可查、有迹可考者，约有60人。这些领导人来源不一、成分复杂，在金朝、南宋和蒙古政权时剿时抚政策的刺激下不断发生分化。该文对这些领导人及其分化情况，按大致出现的时间顺序做一考索，重点观察分析他们对宋、金和蒙古三个政权的向背态度，总结决定他们政治选择、叛服向背的三大要素。

一 杨系红袄军初期（1211—1215）领导人及其分化

公元1211年红袄军起义反金，公元1215年杨、李系红袄军合并，杨系领导人的组成及其分化情况大致如下。其主要人物有杨安国、展徽、王敏、刘全、汲君立、王琳、阎通、董友、张正忠、孙武正、杨友、杨妙真、季先、张汝楫、李思温、耿格、徐汝贤、方郭三、邹都统、棘七、史泼立等21人。这些领导人或被金军击败而降金，或由于实力差异而主动投降金朝，或被金军击溃后散逃他处，多以归降南宋为主。

二 李系山东红袄军初期（1211—1215）领军人及其分化

公元1211年红袄军起义反金，公元1215年杨、李系红袄军合并，李系山东红袄军领导人的组成及其分化情况大致如下。主要人物有李全、李福、刘庆福、国安用、郑衍德、田四、于洋、于潭、陈智、董进、于忙儿、陈全等12人。李全等人坚持"本地本位"，坚持在山东一带进行作战。对于金、宋、蒙古态度，李系在蒙古和南宋之间态度暧昧，多方利用，当蒙古、南宋政权无法满足其要求时便大举反叛，谋求"裂土割据"的态度明显，在向各政权争取利益方面功利性明显，领导人对于争取利益方式的不同意见，尽管造成了红袄军内部的争斗，但在尽力争取红袄军自身利益上面这一点，李系领导人是一致的。

三 杨、李系山东红袄军合并后新加入的领导人及其分化

公元 1215 年，杨姑姑与李全结婚，杨、李系山东红袄军合并。此后，其领导人的情况变得空前复杂。按其时间先后的演变历程，可分为两个阶段：第一阶段，从公元 1215 年杨、李系山东红袄军合并到公元 1218 年初正式投归南宋。在此阶段，刘、霍、彭系山东红袄军的部分领导人投附李全麾下。据《宋史·李全传》记载说："刘二祖起泰安，掠淄、沂。二祖死，霍仪继之，彭义斌、石珪、夏全、时青、裴渊、葛平、杨德广、王显忠等附之……霍仪攻沂州不下，霆（金山东行省完颜霆）自清河出徐州，斩仪，溃其众。彭义斌归李全。"至于石珪、夏全、时青等人是否也在此时归李全，《宋史》并未明确说明。第二阶段，公元 1218 年李全等山东红袄军正式投归南宋并改称"忠义军"到公元 1231 年初李全率军攻扬州被杀。在此阶段，改称忠义军的原杨、李系山东红袄军领导人及其分化的情况最复杂。其领导人可分为三类：第一类是南宋朝廷派驻楚州的官员。这类官员一般都忠于宋朝，敌视金朝和蒙古。对此类官员，该文暂不予考论。第二类是陆续投附宋朝的金统区义军领袖。这些领袖有的成为李全的部属，有的虽为李全部属但或明或暗不服李全统辖，有的不属李全统辖。第三类是李全从山东、淮东等地区招纳的忠义军领导人。第二、第三类领导人数量较多，数以千计。其中像鹿仙、陈孝忠、赖兴、周岊、王喜儿、马良、张林、王文信、张宣差、李宣差、郭统制、田成瑶、田之昂、宋宣差、郑祥、王十五、胡义、桑青、于邦杰、宋雄武、周海、王海、王国兴、潘于等人，因记录太少、情况不详，暂不予考论。

四 晚期杨、李系山东红袄军余部新领导人及其分化

约公元 1232 年底，杨妙真被迫率红袄军余部退回山东，并投附蒙古。新出现并有姓名、事迹可考的领导人，至少有 12 人，即：李璮、王文统、姜思明、姜思聪、冯泰、田都帅、囊家、傅珪、柴牛儿、毛璋、崔成、杨弘道等。这些人除事迹不详者外，大都最后投奔蒙古，或为蒙古所杀。

五 几点总结与评论

学术界以前对宋金蒙之际山东红袄军的研究，最关注李全、杨妙真和李璮，比较忽略他们手下的众多将领和参谋人员。现对山东红袄军 60 位领导人进行了梳理考述，有助于更深入真切地了解这段惊心动魄的历史。

第一，这些红袄军及其余部之领导人出身不同，来源不一，成分复杂。杨安国、杨妙真出身工商业者；李全出身农民家庭，后经营工商业；陈智出身农民；耿格、徐汝贤、冯泪等人是有文化的金朝地方官员出身；于祥是乡村教师出身；囊家是蒙古军官；董进是逃荒少年出身；而范志敦、于道士等人则是道士。山东红袄军活动的复杂性、政治倾向的多变性，显然与其领导人成分的复杂性密切相关。

第二，杨安国、李全、杨妙真和李璮身边都有参谋团队，其决策非一人所为，是集体抉择。展徽、王敏是杨安国的"谋主"，李思缉是其"太师"；冯堆、于世珍、潘于、李平、李英、张杞、（道士）范志敦、于道士和武将郑衍德等人都曾是李全、杨妙真的参谋智囊人员；王文统是李璮的参佐。因此，杨安国、杨妙真、李全、李璮的重大决策及其是非功过，他们四人作为最高领导人当然应负主要责任，但其幕僚参佐们也负有不可忽略的责任。《宋史·李全传》就说过：李全挥兵反宋时，"反计虽成，然多顾忌，且惧其党不皆从逆"。同书还记载：李全听说赵范、赵葵兄弟率军进驻扬州，愤怒地鞭打部将郑衍德说："我计先取扬州渡江，尔曹劝我先取通、泰，今二赵入扬州矣，江其可渡耶。"李璮更是与王文统谋划多年才决定择机投宋叛蒙。李全、杨妙真积极联络丘处机等山东全真教，显然与他们身边的参谋于道士和全真教道士范志敦等人的谋划直接相关。

第三，山东红袄军领导人对金、宋、蒙古政权的态度确实多变，但异中有同、变中有不变。杨、李系山东红袄军的政治向背，整体上看是先反金、后投宋、后叛宋、后投蒙古、再后来投宋叛蒙、最终降服于蒙元。而就上述 60 名领导人来看，情况更为复杂多变。最复杂多变的典型人物是国安用，先是随李全反金、投宋、叛宋，后来又降蒙、叛蒙、降金、投宋、降蒙、投宋、自杀。山东红袄军领导人的历史活动，给人留下一个突出印象是他们在金朝、南宋和蒙古三个政权之间叛服不常，变来变去。

其实，综合深入地再加分析可以看出，这些领导人异中有同、变中有不变。其异其变，已见前文。其同其不变在于，他们对金朝、南宋和蒙古政权的被动投降或主动投附，都不是死心塌地的，都具有程度不等的表面性、功利性和暂时性，都或隐或显地追求独立性。这一点，在那些高级领导人身上表现得尤为突出。

第四，钱粮、武力、尊敬是决定政治倾向和人心向背的三大要素和法宝。起初，红袄军领导人反金叛金，是金朝长期的民族压迫政策、晚期"括地"土地掠夺政策、蒙古武力入侵导致的三大要素和法宝的空前缺失所激发。后来，金朝对红袄军领导人恩威并施、武力镇压与尊敬招徕兼用，使得少数红袄军领导人转向投金。红袄军领导人后来大都投附南宋，首先是看中了南宋比较丰富的钱粮，第二、第三位的是尊敬和武力。但后来他们失望地发现，南宋钱粮并不充足，尊敬日减甚至企图驱杀，武力似乎不强。由于他们严重低估了南宋武力，举兵攻宋，结果大败，被迫投降蒙古。蒙古缺乏钱粮，但武力之强大举世无双，对山东杨、李系红袄军余部之独立性也很尊敬。李璮等人后来投宋叛蒙，显然是他们确信南宋政权会给予他们足够的尊敬和一定的武力、钱粮支援，显然是确信蒙古政权在经济和政治上威胁到了他们的独立性，而且他们误以为蒙古政权的武力不太强大。比较宋、金、蒙古三政权对待山东红袄军的法宝优势，南宋在钱粮、金朝在尊敬、蒙古在武力。而蒙古能够收降杨妙真等山东红袄军余部并灭金、灭南宋，统一全国，说明武力是第一位的，钱粮是第二位的，尊敬是第三位的。不论后人做何感想，当时的历史真相，就是这样。

（原载《中国史研究》2015 年第 1 期，田晓雷摘）

金初辽宋诗人易代心理之异及对金末诗人的影响

狄宝心

金世宗曾说："燕人自古忠直者鲜，辽兵至则从辽，宋人至则从宋，本朝至则从本朝，其俗诡随，有自来矣。虽屡经迁变而未尝残破者，凡以此也。南人劲挺，敢言直谏者多，前有一人见杀，后复一人谏之，甚可尚也。"金世宗这段话是大定二十三年（1183）说的。早在十年前他就有类似的看法。《金史·贺扬庭传》载，世宗喜其刚果，谓扬庭曰："南人矿直敢为，汉人性奸，临事多避难。异时南人不习辞赋，故中第者少。近年河南、山东人中第者多，殆胜汉人为官。"此处的"汉人"泛指包括燕地在内的原辽地的汉族士官。由后二句可知，金世宗就金初政权中原辽文化圈与宋文化圈的士官进行比较，就此概括出的同异，并从性格层面着眼，确认"汉人"狡黠圆滑、临事避难，"南人"耿直不阿、坚硬不屈。将这两段话联系起来，可以看出金世宗对北南士风之异的重视。这两段对北南士风迥异的谈话内蕴十分丰富，包括夷夏之辨、君国观念、人生价值、性格品质及地方习俗等多方面，对金初辽宋文化圈诗人易代心理之异的把握具有启示意义。

一　金初辽宋文化圈诗人易代心理之异

（一）夷夏之辨之异

金初宋文化圈的诗人多秉持夷夏之防的观念，尤其是那些使金被留的诗人，其诗中多用苏武出使匈奴典。使金宋人如朱弁、洪皓等人滞留北地期间都积极传播中原文化，在严守夏夷之防的前提下进而表现出用夏变夷的人生价值取向，这方面用心最深以至屈身仕金的首推宇文虚中。

金初辽文化圈诗人的夷夏之防观念较为淡漠。刘妫诗最能代表鼎革之际辽文化圈诗人的夷夏之辨观念的淡薄。其中所表现的其亢奋感和甜蜜感与宋文化圈诗人疏远排拒的悲凉感和忍辱守节的沉重感有天壤之别。辽文化圈其他诗人如左企弓等宿老及张通古等名流皆仕金，也可以说是这种夷夏之辨观念的间接反映。

（二）君国观念之异

金初宋文化圈诗人忠国恋君的意念比较浓厚，最突出的是那些抗节不仕者。他们对故君之所以如此眷恋，除君国一体的理念外，还与赵宋对文士的优渥政策有关。金初辽文化圈的诗人则不同。辽朝科举取士很不正规，且录取人数较少。所以金初辽地诗人于故国故君缺乏向心力，现存诸诗中对此皆未涉及，而表现出对金政权的积极拥戴，忠贞不贰。人生价值取向既与夷夏之辨、君国理念密切联系，也与个人志节性格相关。金世宗所云南人"劲挺"、北人"诡随"，大致近似。已仕宋而后入金的诗人较重守节。金初辽文化圈诗人没有志节的艰难抉择，重在求志，其志重在个人才能的施展和抱负的实现。

二　对金末诗人的影响

近百年之后，蒙古灭金，原辽宋文化圈的诗人再次面临迎新恋旧的抉择。他们与南宋灭亡时文天祥、谢翱、郑思肖等人的取向迥异，更多的是继承和调和了金初辽宋文化圈诗人的人文关怀和价值取向。

在夷夏之辨方面，由于金灭辽和蒙古灭金同属少数民族政权间的更迭，所以金末诗人很容易接受金初辽文化圈诗人"夷而进于中国则中国之"的理念。元好问《密公宝章小集》称皇孙完颜璹"高阳苗裔袭众芳"，视其祖先与华夏同源。金亡前夕，他就上书蒙古中书令耶律楚材，恳求赡养南中秀士，期望将来汉化的蒙古政权再现汉唐盛世，把它视为正统的中原王朝了。其他如曹之谦、李俊民等人诗文中都有类似表达。他们对蒙古新朝的态度及成因与元氏完全一致，可视为多数亡金士人的共同心理。

在君国之念方面，金末诗人既不同于金初辽文化圈诗人那样淡漠，也不同于金初宋文化圈诗人那样眷恋，诗中所及易代之厄已将悲哀向民生灾难倾斜。元好问《壬辰十二月车驾东狩后即事五首》"惨淡龙蛇日斗争，干戈直欲尽生灵"、段克己《癸卯中秋之夕与诸君会饮山中感时怀旧情见乎辞》"生民冤血流未尽，白骨堆积如山丘……遗黎纵复脱刀几，忧思离散谁与鸠"等。他们对故国虽很怀念，但多着眼于追恋逝去的文治盛世与太平繁华。至于对国君，他们也不同于金初宋文化圈滕茂实、高士谈那样对昏君宋徽宗无原则的缠绵牵念、执着不移。李俊民《闻蔡州破》中也只将金哀宗之死视为金亡的标志，随即把它转为历史性事件来陈述，只有黍离之悲而无哀恸之伤。

在人生价值取向方面，刘祁曾指出："迨天兴之变，士大夫无一人死节者。"这一群体特征既异于金初宋文化圈滕茂实之誓死、朱弁之自残，也异于金初辽文化圈刘妫等人重视个人功名抱负。金末诗人则从时代需求出发对之否定。段克己《送李山人之燕并序》云："儒者事业非常人所能知，要不过适用堪事而已。……昔者百里奚自鬻于秦，管仲束缚于鲁……使数子者高卧于林丘，累征而不起，尚何名誉之可期，屈辱之可免哉！"这可视为对其诗中"孰能忍饥学夷齐"人生价值取舍的标尺。亦即不局限于以身殉国之小节，愿为存种续文这一更为高远的取向而以身自许。在这种价值取向指引下，元氏遂有上书耶律楚材恳请保全中原秀士，觐见忽必烈请蠲免儒户兵赋这类受人訾议的举动，这比朱弁、洪皓等人通过教授子弟用夏变夷的小打小闹更为直接有效，心理压力也更大。但他最终未出仕蒙古，这与一臣不仕二主的传统理念有关，与宇文虚中、高士谈再仕新朝有别。这种取舍可以说是对金初辽宋士人人生价值取向的调和折中。

就群体层面而言，金初宋文化圈的诗人大多倾向于守节，肯定有所不为而否定有所为。而金末诗人则大多倾向于求志，肯定有所为。对先仕金后仕蒙古的耶律楚材，麻革等人对其掌秉钧轴礼乐中原的功绩极为颂赞。对未曾仕金的士人，那些文坛宿老更无顾忌，全力促使出仕新朝。刘祁金亡归乡筑归潜堂，以寓归隐之意，《归潜志》附录陈时可、薛玄、兰光庭、张纬文等诗皆有意劝仕。元好问、李俊民、段克己、段成己也有多诗劝勉后学出仕经世致用，体现了那一时代士人价值取向的主流。

三 金末诗人易代心理的超越

金末诗人的易代心理与时代形势有关。旷日持久的战乱，使金地"存者以户口计，千百不一余"。女真偏居东北，倾慕中原文化，自金太祖时就注意收拢辽宋文士以佐文治。金熙宗及海陵王更是大张旗鼓地在制度方面实行全面汉化。蒙古则崛起于漠北，先横扫亚欧而后才灭金。他们认为"金以儒亡"，视儒家学说为亡国之政，固守原有制度，杂以西域之法，汉地的封建制度文化传统濒临断绝。在此种情况下，金末诗人把儒士视为儒家仁政思想的载体，把汉法视为"中国之道"的具体体现，认为能落实此两点即为中国的君主，其理路与刘妫由天命有德、真龙天子代天行道的自上而下不同，而是自下而上，也更务实，更具体，有继承，更有超越。

在君国观念方面，金朝对儒士的重视程度远过于辽，所以金末诗人对君国不像亡辽诗人那样冷漠无情。但与宋相比，金朝儒士所受待遇又大打折扣，所以金末诗人对君国又不像宋人那样挚爱忠诚。在金蒙更迭之际，他们把关爱向民生和民族的存亡倾斜，由忠君忠国转向忠于人民、忠于汉文化方面升华。

在人生价值取向方面，金末诗人既不同于金初辽文化圈诗人只重视实现个人抱负功名的志向和关注个人山林隐逸的情趣，也不同于金初宋文化圈诗人重视个人气节的完善及在守节和求志方面的艰难抉择。他们顺应时代的需求，将人生价值取向凝聚在经世济民等方面。

（原载《文学遗产》2015 年第 1 期，田晓雷摘）

2015 金史研究论文论点摘要

【金代封国之号与国号王爵类型】

孙红梅，《史学月刊》2015 年第 5 期

金代的封国名号的主要依据是《金史·百官志》与《大金集礼》的相关记载，其中《金史·百官志》中的封国名号主要以明昌之制为准，同时也部分地反映了大定之制；《大金集礼》反映的则是天眷和大定时期的封国等第，但两者对封国之号的记载均有缺失。结合金代相关封爵史料，对两书中的封国名号进行对比分析，可以厘清金代不同时期不同等级封国之号的名称。金代国号王爵有一字王、一字国王、两字国王三种类型。三种不同称谓的国号王爵具有不同的含义，是区分王爵等级的重要标准金代不仅大、次、小三等国号之间具有等级差别，每一等级内的国号也依据其排序先后存在高下之别。正常情况下，金代国号王爵均从不同时期的大、次、小三等封国名号中选择。金代前期一字王与一字国王并非目前学界所普遍认为的同一爵位的不同称谓，两者实有高下之别，一字国王高于一字王，两字国王则是金代前期的最高爵封。海陵正隆二年"例降封爵等第"后，国号王爵仅见一字王称谓。国号王爵类型的前后变化与金代政治体制的发展演变密切相关。

【金代前期散官表的发现及对金史研究的意义】

李鸣飞，《史林》2015 年第 1 期

金代前期散官表让我们重新认识宋代品位体系和金代散官系统的继承关系。从金代前期的散官制度来看，张棣在《金虏图经》中所说的"虏之官品本尊唐制，又以本朝之法并辽法参而用之"并非单纯抬高宋朝的说法。金代前期的散官系统无疑继承了北宋元丰改革后的寄禄官系统。虽然金代的散官制度表面上继承了唐代散官逐阶升迁的特点和宋代寄禄官数量不规整的特点，但是实际上散官地位大大下降，因此脱离了宋代的官僚体系后，不规整的散官系统不但无法发挥出灵活的作用，反而不够方便美观。大定十四年官制改革，将其变成一张规整的散官表，正体现出金代对散官系统的功能与宋代的不同需求，并且为元代散官从逐阶升迁到逐级升迁，最终发展为明初的散官与职官绑定埋下了伏笔。

【"钱荒"与金代交钞制度变迁】

裴铁军，《社会科学辑刊》2015 年第 1 期

金末的恶性通货膨胀，是金代货币

史上最为显著的特点之一。在交钞发行前，金代是以铜钱为主的金属货币运行体系。因此，在交钞发行之前的这一时期，产生钱荒现象的金代，不会存在通货膨胀。在交钞发行后，金代由金属货币体系演进成为钱钞并行的货币体系。金代自1154年发行纸币交钞到1234年灭亡，80年间币制屡更，钞名数易，数变而数穷，其货币经济也经历了从钱荒到恶性通货膨胀的嬗变。大体而言，交钞产生前，因金国铜少，铸币难行，钱荒仅是流通中的铜钱少；交钞发行后，因钞出多入少，钱荒是劣币（交钞）驱逐良币（铜钱）的结果。章宗时期不断恶化的财政状况和愈改愈乱的货币改革，加速了交钞的贬值。泰和重宝"以一当十"的发行，标志着金代货币由隐性贬值转为公开贬值。在宣宗之后，金政府屡更币名，引发货币体系崩溃，并最终导致灭亡前的恶性通货膨胀。

【金代贞祐宝券与平凉府社会经济研究】

曹　源，《石河子大学学报》2015年第5期

金代平凉府商品经济繁荣，战略地位重要，平凉府转运司作为金代十三转运司之一，在当时肩负有纸钞印刷、发行和兑换的职责。现存的"合同交钞"和贞祐年间转运司在平凉府发行的"交钞"铜版为我国西北地区现存最早的铜活字印版，同时又是我国西北地区最早的纸钞模版。贞祐宝券无合同钞版，高29.2厘米，宽17.8厘米，反文。钞版上横书"贞祐宝券"，钞名下正中"伍贯八十足陌"，两旁右"字号"左"字料"，两侧篆书"伪造者斩""赏宝券叁佰贯"。贞祐宝券伍贯两合同钞版，除钞版上横书"伍贯"、左料押"京兆府合同""平凉府合同""字样"外，伍贯两边各有一个小活字"口"外，其余内容与第一块无合同贞祐宝券完全一样。壹拾贯合同钞版，版面上方花栏外横书"壹拾贯"，花栏内正中为"壹拾贯八十"，右侧可见篆书"伪造"二字。左侧漫漶不可辨。花栏外斜押三印，为"中都合同""南京合同""平凉府合同"，余皆残。该宝券的发行为金国其后纸钞发行提供了经验，对于探讨金代平凉府的社会经济状况以及贞祐宝券发行具有较高的学术价值。

【交易有无：宋、夏、金榷场贸易的融通与互动——以黑水城西夏榷场使文书为中心的考察】

郭　坤　陈瑞青，《宁夏社会科学》2015年第5期

西夏榷场中出售的川绢、川缬、茶叶、干姜、抄连纸等均产自南宋，这些商品并不是西夏直接从南宋获得，而是通过宋金榷场辗转流入西夏境内的。西夏榷场贸易中所采购的商品以绢为主要商品，其中既有产自南宋的"川绢"，也有产自金朝的"河北绢"。尽管西夏和金朝接壤，但是由于织造工艺、价格尺度上存在差异，西夏民众喜欢"川绢"胜于"河北绢"。茶叶作为纯消费品，其进口量则远低于日常必需品的生姜和干姜。西夏榷场中出现的大量南宋商品，是通过宋金榷场这一媒介辗转流入西夏的。宋、夏、金三国榷场之间存

在明显的贸易互动过程，通过这一过程实现了南北货物在三国之间的流通。

【从猛安、谋克官印看金代的尺度】

王晓静，《西南交通大学学报》2015 年第 6 期

从金代官印角度考察的结果来看，金尺长度确实较宋尺为大。金代的度制并非"犹仍唐宋之旧"，毫无变化。通过文献的梳理和对金代官印尺度的考察可知，金代 1 尺长度并非与唐宋尺度等长，由官印尺度获得的 1 尺长度与出土的河北巨鹿古城木矩尺（30.91 厘米）和宋代淮尺（32.93 厘米）长度相比，约为其长度的 1.3—1.4 倍。元代 1 尺长度也较宋代为大，从而表明宋、元度制之间有前后相继关系。史书称元代"至大"，应是受到了金代的影响。

【金代科举考试题目出处及内涵考释】

裴兴荣，《中央民族大学学报》2015 年第 2 期

金代科举继承唐宋之制而更加规范和严密，金代科举考试题目主要出自《尚书》《周易》《礼记》《春秋》《诗经》《论语》《史记》《汉书》《后汉书》等经史之中，与正隆元年（1156）所规定的在"五经三史"内出题的范围基本一致。只有个别题目没有查找到具体出处，大概为临时取题，题目或关涉时政，或留心治道，多寓含政治目的，反映出金国统治者争取正统、推尊儒学、以文治国的政治意图。

【试释《金史·兵志》中的"合里合军"】

胡小鹏，《西北师大学报》2015 年第 6 期

《金史·兵志》中的"忠孝军"与"合里合军"乃一体两名，忠孝军是其美称，"合里合军"是受蒙古影响的蒙古语自称，反映其族性"合里合"是蒙古语"qariqari"的汉语音译，为蒙古人对其统治下非蒙古各族群的称呼。"合里合军"意谓本国（邦）之外的诸部落之人组成的军队，与金代文献描述的"合里合军"由回纥、乃蛮、羌、浑、蒙古等外族归顺之人及河朔归正人组成的情况一致。

【钱穆《国史大纲》"女真攻掠高丽、日本"条考释】

彭锋，《北京社会科学》2015 年第 4 期

钱穆在修订本《国史大纲》中记载女真曾攻掠高丽与日本，又在该条纲目下特加小字注文，详细记载此事经过。由于此书流传甚广且版行无数，各版之间内容几无差异，独此条内容仅见于修订各版中，为最初各本所无。在中国传统史籍中亦无女真人从海上攻掠高丽、日本的活动记载。这一记载仅见诸高丽与日本等域外史籍。但书中此条内容却并非直接来源于高丽或日本史籍，而是间接从蓝文徵的文章中转引简化得来，无论钱氏的观点还是史料，均与蓝氏别无二致。攻击高丽和日本的女真人，并非如钱穆所言就是后来建立金朝的女真完颜部族先人。增补的这一条大纲，亦

可见钱穆思想之一二，同时又是钱氏一贯坚持之民族文化史观的具体体现。

【吉林前郭塔虎城为金代肇州新证】

彭善国，《社会科学战线》2015 年第 10 期

2000 年以来，吉林省文物考古研究所对塔虎城进行了大规模发掘，所获遗存极为丰富。2012 年以来吉林大学边疆考古研究中心对发掘资料进行了系统整理，认为历史地理学界主流意见视吉林前郭塔虎城为辽长春州、金代新泰州故址的观点考古资料支撑不足。现有考古发掘资料表明，塔虎城内的遗存主要为金、元两朝，辽代文物缺失，与史料所载辽长春州存续近百年的史实不符，且塔虎城辽长春州说还存在文献上的矛盾。故将塔虎城推定为金代肇州（辽代出河店）故址，既与文献记载吻合，也得到了考古资料的强力支持。此外，尽管塔虎城 2000 年考古发掘揭示了一定数量的元代遗存，似应解释为该城元代曾经加以沿用为妥，它们与元肇州应没有直接联系。

（田晓雷摘）

第十篇

重点课题
研究报道

【国家社科基金重大招标项目"西夏通志"】

经专家评审、社会公示并报全国哲学社会科学规划领导小组批准，由教育部"长江学者"特聘教授、宁夏大学西夏学研究院院长杜建录教授担任首席专家申报的"西夏通志"项目获 2015 年度国家社科基金重大招标项目立项（项目编号：15ZDB031）。通览中国古代史志和当前西夏史研究成果，此次《西夏通志》的编纂，无论从体例，还是内容，以及研究方法上都具有重要的学术意义。

众所周知，元朝修宋辽金三史，没有给西夏修一部纪传体专史，给后人留下很多缺憾。现存的资料无法编纂一部纪传体《西夏史》，当代章节体的《西夏史》又无法容纳更多内容。杜建录教授主持的多卷本历史著作《西夏通志》的体裁介于"纪传体"断代史和"章节体"论著之间，将我国的史论和史志结合起来，在西夏史乃至中国古代史研究体例和方法上都是创新，这是该课题的意义和价值之所在。

在内容上，《西夏通志》将由四大部分组成。第一部分是"西夏史通论"，相当于西夏史大纲，提纲挈领地讨论西夏历史若干重大问题，诸如西夏历史地位、西夏社会形态、西夏文化精神、党项宗族制度、西夏遗民等，回答对西夏历史的关切。第二部分是"西夏国志"，相当于"正史"中的《志》，包括地理志、经济志、职官志、军事志、部族志、语文志、文献志等，但内容和方法和"正史"中的《志》大不相同，而是根据资料和当代学术的发展，赋予新的内容，显示出新的活力，如"西夏地理志"中的地理信息系统和大量军事地图和经济地图；"西夏经济志"中的经济关系、经济制度和社会形态；"西夏职官志"中蕃汉官名；"西夏军事志"中的战略、战术与战役；"西夏语文志"中的语音和文字；"西夏文献志"已不是传统《艺文志》中的国家藏书，而是所有地下出土文献和传世典籍文献（含典籍中记载而已佚失的文献），既包括西夏文文献，又包括西夏时期产生汉文文献和其他民族文字文献。第三部分是"西夏人物志"，相当于人物传记，对目前见于记载的所有西夏人物立传，由于资料不一，每个传记多则近千字，少则数十字。第四部分是附《表》，包括《西夏交聘表》《西夏大事年表》《西夏纪年表》等。

据悉，《西夏通志》将分三步完成。第一步为按卷编纂"西夏通志资料长编"，将所有出土文献、传世典籍、文物考古按时间和门类系成资料长编；第二步对搜集到西夏文献资料辨析考异，完成西夏史考异；第三步在资料长编和文献考异的基础上，删繁就简、去伪存真、存疑待考，最终为学术界呈现一套资料翔实、内容丰富、观点鲜明的多卷本《西夏通志》。

（于光建）

【国家社科基金特别委托项目"西夏文献文物研究"子课题"西夏文大词典"】

西夏学已经进入到一个新的阶段，

西夏文文献的解读和研究已经成为西夏学深入发展的重要途径，是西夏研究的一个重要领域。编纂《西夏文大词典》既有推动学科发展、方便西夏文文献解读的必要性；也有较好的学术准备基础，具备了编纂完成的可行性。2015 年，国家社科基金特别委托项目"西夏文献文物研究"将编纂《西夏文大词典》作为一个重大项目，组织多位专家集中力量、集中时间开展编纂工作。

项目负责人为中国社会科学院学部委员史金波先生。项目参与者是来自中国社会科学院民族学与人类学研究所、宁夏大学西夏学研究院、宁夏社会科学院、中国藏学研究中心、北方民族大学、西安交通大学、河北大学、河北师范大学、云南大学、敦煌研究院、武威市博物馆、台北"故宫博物院"等研究部门的 30 名西夏学研究者。

该课题旨在为学界提供一部包含大量西夏文词语的大型工具书。随着研究的深入，西夏文词语丰富的内涵，灵活的用法，多变的词类逐步展现出来，使我们了解到中华词语中又一个绚丽的组成部分。与此同时，西夏文新资料还在大量刊布，越来越多的西夏文文献需要正确解读。学界需要一部有别于以往的以单字为条头的西夏文字典，以阐释词义为重点、释义准确、内容丰富的西夏文词典。以往国内外面世的西夏文工具书，均为个人所编纂，都有很大的局限性。《西夏文大词典》汇集各地专家的集体智慧，集思广益，具有开创性的意义，将起到承前启后的作用。通过编纂工作，学科建设和人才培养工作也将得

到促进和发展。参加这项工作的各位专家也能通过该词典的编纂，更多地检阅西夏文文献，扩充知识，并能在工作中加强与同行的经验交流，提高自己的学术水平。《西夏文大词典》所面向的读者群不仅包括西夏学界的专家和西夏文的学习者，其他专业的学者也可借助《西夏文大词典》来了解相关的知识。

2015 年 6 月，项目负责人史金波先生撰写了工作计划与编纂细则，与其他项目成员共同探讨，初步确立了《西夏文大词典》工作计划与编纂体例的草案。

2015 年 7 月 5 日在宁夏大学召开第一次工作会议。有 20 多名项目成员参会。此次会议成立了《西夏文大词典》编纂委员会，编纂委员会由项目成员组成；基本确立编纂计划与编纂体例草案；明确各编委的分工；讨论词语数据库的建立形式。编纂计划具体时间安排进度如下：

1. 2015 年至 2016 年 6 月底，集中精力从西夏文原始文献中辑录西夏文词语，完成辑录词语的 60%，同时开始建立西夏文词语数据库。

2. 2016 年 7 月初至 2017 年年底，继续集中精力从西夏文原始文献中辑录西夏文词语，完成辑录词语的 40%，同时逐步完善西夏文词语数据库。

3. 2018 年年初至 2018 年年底，统一编纂、审稿，完成西夏文词语数据库。

4. 2019 年年初至 2019 年年底，审定、校对、出版。

在编纂体例的讨论中，涉及词条的收录、词条的排列、具体释文等内容。

该次会议指出在收录《西夏文大词典》词条时，应尽量全面，做到应收尽收。词条的收录范围包括世俗文献、佛教文献和金石铭文三大部分。其中，金石铭文的内容有一定的独特性，其中的一些词语在纸质文献中找不到，有很高的价值，要特别注意收录。单字和词条的排列均按照部首和笔画的顺序，以单字为条目，在单字条下，列出包含该字的多字词和较为固定的词组、短句等。关于排序，因西夏文是表意文字，因此以部首和笔画来排序和检字符合表意文字的规律。释文部分也是讨论的重点。体例要求释文内容应简明扼要，文字精练。西夏语特有的词语要做出特别说明，如亲属称呼中的男称和女称等。在确定各编委的分工时，与会专家踊跃自荐、互荐，基本落实了合理的分工方案。会议还讨论确立了建立词语数据库事宜。确定采用便于统计排序的数据表，要求各编委都依据统一设置好的数据库形式，按分工输入词条、释文等项。各编委完成的词条及释文全部输入数据库后，由编委会统一编排、校对，最后编纂完成。

通过此次会议，全体编委明确了《西夏文大词典》编纂工作的方向，增强了做好各自分内工作的信心。史金波先生以"六个一"作为会议的总结和对词典编纂工作的要求与期望：《西夏文大词典》的布局要做到一应俱全；收录词条要一网打尽；词条的解释要一步到位；分工要一次包干；工作作风应当一鼓作气；编纂成果要一同共享。会后，编委会根据会议精神修订《西夏文大词典编纂细则》和《西夏文数据库录入规范》，设置数据库格式并将其下发，各编委据此开展工作，积极录入自己分工内容中的词条。

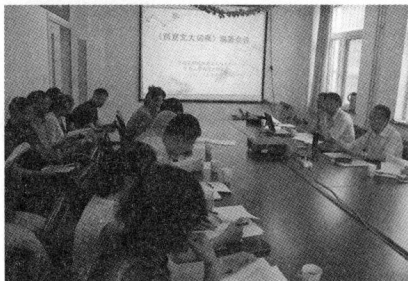

《西夏文大词典》第一次
编纂工作会讨论现场

2015 年 12 月 26 日，在银川召开第二次编纂工作会议。30 多位编委成员参加了会议。在这次会议上各编委首先汇报了各自的编纂进度，词条的录入少则几百条，多者达到 3000 条。紧接着讨论编纂中遇到的问题，对参编人员工作分工、编纂体例、词条释录格式等事项再次逐一研讨。通过一段时间的工作，大家熟悉了词条录入工作，认识到课题的价值与意义，所以编委们热情高涨，积极要求增加分工内容。会议讨论热烈，在《西夏文大词典》编纂的科学性与实用性方面达成多项共识。此次会议，进一步明确分工，统一了词条录入格式，完善了《西夏文大词典》编纂体例并就下一步工作任务和目标提出了新的要求。参与工作的学者都表示在下一步的工作中要高度重视，认真做好每一个词条，使《西夏文大词典》成为经得住时间考验和学术检验的传世之作。

《西夏文大词典》第二次
编纂工作会议会场

目前各成员均在积极开展自己分工内的词条录入工作，不时通过电话与电子邮件的形式与编委会讨论工作进展情况。《西夏文大词典》项目工作进展良好，将于 2016 年秋季召开第三次编纂工作会议。

（赵天英）

【国家社科基金一般项目"10—13 世纪'中国'认同研究"】

在 10—13 世纪辽宋、宋金对峙的政治格局中，一个引人注目的现象是辽、宋、金朝皆以"中国"自居。这必然引发先秦以来以华夏汉族为中心的传统"中国"观的调整。自 10 世纪始，古代中国国家观念发生了阶段性的转折，中国长城南北地域趋于一体，统一于一个"中国"之中的国家认同成为历史的主要倾向，为 13 世纪以后元、清朝在更大范围内实施"中华一体"的统治奠定了基础。

然而，辽金等北方民族王朝是否属于中国古代王朝？这仍是近代以来颇具争议的课题。日本学界的"征服王朝论"者便不把中原王朝与边疆异族政权看成是一个同一体，割裂了"中国"南北区域的同一性，使得辽金朝的"中国"身份成为疑问。20 世纪 80 年代，中国学者费孝通、张博泉先生分别提出了"中华民族多元一体"和"中华一体"两个重要理论命题。两者都强调中国多元民族之间的交流互动，及交流互动中的一体化特质，张博泉先生更将 10—13 世纪辽宋金对峙时期定义为"前中华一体"阶段。在各种理论相持并存的形势下，回归历史语境，以辽、宋、金朝为中心，对 10—13 世纪的"中国"认同状况做全面考察，将有助于澄清上述针锋相对的认识。尤其在当今世界和中国民族问题复杂化的背景下，更具有以古鉴今的现实意义和实用价值。

学界目前对于相关问题的研究尚存在很大深入空间。其一，尚无专著面世，缺乏将其置于同一大时代背景下的整体研究及相互间的比较研究。其二，研究方法上多从正统观念、夷夏意识、汉化现象等角度加以论述，主要停留在就观念论观念的静态描述性层面。然而，思想观念的产生与流变必然是一定的政治、经济、社会结构的反映。那么，促使辽金等北方民族王朝不断南下，并以"中国"自居的动力何在？外部压力与宋人的"中国"观之间又存在着怎样的互动关系？该课题的宗旨便在于关注观念与政治的互动，突破静态论述观念的旧研究框架，探讨辽、宋、金朝"中国"认同的内涵及其发展演变的动力与特质，以深化对古代中国 10—13 世纪"中国"认同状况内涵与本质的认识。

该课题拟分六个部分：绪论、辽朝篇、金朝篇、北宋篇、南宋篇、结语，即以辽、宋、金朝为中心，具体讨论中则将涉及少量先秦至五代、西夏、元明清时期的"中国"认同现象。历史上的"中国"一词具有民族、地理、文化、政治等多重内涵，该课题将分语境、多视角地展开研究，将"汉化""正统观""德运"、外交关系、边疆经略、社会心理、政治事件、人物群体、宗教语境下的"中国"观等都纳入讨论范围，以把握观念时空承续的整体性观察，准确定位10—13世纪"中国"认同在中华一体化进程中的地位与作用。

（熊鸣琴）

【国家社科基金青年项目"金朝墓志整理与研究"】

墓志有时也称为墓碣、墓记，出现于汉代，自魏晋以来开始盛行，并逐渐成为贵族墓葬中重要的随葬品，其主要形制以长方形和正方形为主。自新中国成立起，出土的墓志日益增多，由于墓志属于原始资料，有很高的学术价值，墓志的形制及其所载内容也日益为学者所关注，并有相关研究成果问世，其中墓志汇编类成果主要有《汉魏南北朝墓志汇编》《五代墓志汇考》《唐朝代墓志汇编》《唐代墓志汇编续集》《辽代石刻文编》《辽代石刻文续编》等，墓志考释类成果有《汉魏南北朝墓志集释》《新出魏晋南北朝墓志疏证》《辽代墓志疏证》等，而金朝的石刻研究相较于其他朝代有所滞后，目前仅有《全金石刻文辑校》问世，因此，该课题在借鉴前

人研究成果基础上，对金朝墓志进行专项汇总并对墓志中记述的内容进行分类研究。

一　研究的目的与意义

首先，金朝墓志是研究金朝历史不可或缺的重要一手资料。由于墓志上面大都刻有墓主的家世、官职及其生平事迹，有的墓志还刻有书写者或刻工的姓名、官职、家世等相关情况，墓志的出土为我们研究金朝官制提供了可靠的资料来源。其次，墓志是研究金朝等级制度的直接实物证据。墓志出现于汉代，经过魏晋时期的发展，至南北朝已经成为逝者重要的随葬品，及至隋唐，墓志等级制度已然成型，虽然史书对于墓志规格与墓主官职间的对应关系没有明确记载，但是通过对出土墓志的规格、材质及铭文记载逝者官职间的对比，可以对金朝等级制度的具体实行情况进行考察。最后，墓志也是进行金朝文学、书法研究不可或缺的资料。金朝一般官员的墓志多由家族成员亲自撰写，而品阶较高的官员或是由皇帝亲自选择官员撰写或是由逝者及其亲属的至交好友撰写，其中不乏当世文学、书法名家的作品，随着墓志的出土，这些文人墨宝再现于世，促进了现今文学、书法研究的发展。

二　研究的对象与内容

该课题的研究分为墓志整理与墓志研究两个部分，在墓志整理部分，以历年来出土的金朝墓志为研究对象，不仅对出土墓志进行系统的收集、整理和点校，还通过墓志与史书及其他出土资料的对比印证，对墓志中的缺字、脱字进行加以补充，用以补充或校正《金史》

等传世文献的相关记载。

墓志研究部分为五部分具体内容：第一，金朝墓志家族谱系整理与研究。通过墓志中关于逝者家族成员父祖、妻妾、子女的相关记载，考察家族成员的仕宦、婚姻与家学等状况，用以展现金朝汉人、契丹、女真、渤海等不同民族世家大族的形成、发展以致衰落的情况。第二，金朝墓志丧葬资料整理与研究。通过对墓志记载的逝者及其父祖的谥号、赠官、赠爵等内容的整理，考察金朝汉化的推行以及汉制在金朝的影响。第三，金朝墓志规格、材质整理与研究。通过将出土墓志的规格、材质的整理，并将其与逝者官品加以对比，说明官员品级与墓志规格、之间的关系，用以展现等级制度在金朝官员生前、死后的影响。第四，金朝墓志宗教资料整理与研究。金朝建立前，女真人信奉的宗教为北方的原始宗教萨满教，政权建立后，随着与契丹、渤海、汉人接触的日益增多以及汉化的不断深入，女真人开始接受佛教，并使佛教成为国内信众最多的宗教，皇帝还对出家者赐予师号和紫衣等，也直接促进了佛教在金朝的迅速发展，这些内容虽在史书中记载不多，但却在金朝墓志中有所体现。第五，金朝墓志关于国家重大历史事件记载的整理与研究。由于墓志铭文多是对逝者生平大事的记述，而设立墓志者又多是朝廷官员，其中有关于海陵官位爵制改革、世宗继位、科举选官、女真与渤海人权力争夺等对金朝重大历史事件的记载，可以直接补充史书中记载的缺失。

三　研究的重点难点与进展情况

该课题的重点在于对墓志材料的识读、整理和校刊，并通过将墓志铭文与史书记载相对照，用以补充史书记载的缺失，展现金朝社会发展状况以及汉化改革推行后女真人的转变。由于金朝墓志出土间隔较长，虽然前人已经有所收集，但是近年来新出土的墓志尚未收入其中，将这些分散于各处的墓志进行收集和整理，并将其与较早出土的墓志进行整体研究便是是课题研究的难点所在。

"金朝墓志整理与研究"是 2015 年度国家社科基金青年项目，立项一年来，该项目积极开展、稳步推进，其中的墓志整理部分的材料已经收集完备，预计于 2016 年完成，与此同时，墓志研究部分也在稳步推进，目前相关学术论文发表 5 篇，完成了对渤海高氏、渤海李氏、东平吕氏三个家族墓志相关内容的研究，接下来将逐渐推进对契丹和女真贵族墓志的研究，以便将渤海、契丹、女真与汉人家族发展状况相对应，展现不同民族中上层人群的发展轨迹。最后，在完成墓志整理与贵族家族研究的基础上，开展对社会中下层人群的探讨，但是由于受到资料所限，这部分内容的研究将不仅仅局限于墓志本身，更要将资料进行外扩，借助传世文献的记述与墓志相互印证。

（苗霖霖）

【国家社科基金艺术学项目"西夏书法史研究"】

2015 国家社科基金艺术学项目"西夏书法史研究"由河北师范大学美术与

设计学院赵生泉博士主持，是第一个关于西夏艺术的国家级课题。预计 2019 年结束。

在西夏立国前夕，其首领元昊即推动创制"番字"（后世习称西夏文），与汉字、吐蕃文等并行于国中。入元以后，西夏人被归为色目人，政治地位较高，西夏文亦继续使用。直到明弘治十五年（1502），尚有西夏遗民用之。由于民族政治主体的消亡，西夏的历史乃至文化艺术长期湮没不彰。清末以来，原西夏境内先后出土了黑水城文书、西夏王陵残碑等资料。这些资料数量庞大，而且以西夏文文献为主体，直接推动了囊括西夏文、文献考释、宗教、民族、社会经济、军事历史、民族乃至文化艺术等诸多方面的"西夏学"的诞生。这些资料主要收藏在俄罗斯、英国和中国。以俄藏黑水城文献为例，全部 8090 个编号中，可以确定为西夏时期者，仅刊本即至少有数十种，数量高达数百件。而西夏王陵出土的 4000 余块西夏文、汉文碑刻残石，几乎与西夏立国时间相终始，更为从分期角度探讨西夏书法的演进历程，提供了充足的"作品"贮备。

20 世纪五六十年代，苏联学者孟列夫整理俄藏黑水城汉文文献时，就已注意到"书写"问题，但真正从书法角度关注"西夏学"研究，特别是西夏文书法的，还是中国学者。具体说来，卢桐《西夏文书法研究初探》（《宁夏社会科学》1986 年第 4 期）、《论西夏文及其书法艺术》（《辽宁大学学报》2001 年 4 期），分析了西夏文的书法特点；柴建方《古朴的石碑奇异的文字——"西夏碑"及西夏书法简评》（载董恒宇主编《全国首届碑帖学术研讨会论文集》，文物出版社 2005 年版）通过分析字形结构，阐述了凉州《西夏碑》的艺术价值。牛达生、冯继红先后对西夏文书法与汉字书法的关系做了深入探讨（冯继红《汉字文化圈西夏文、女书书法文化研究》，博士学位论文，中央民族大学，2012 年；牛达生《汉字影响下的西夏书法艺术》，《寻根》2012 年第 2 期）。史金波利用西夏文草书契约，在正确识读基础上，对西夏后期的户籍管理、土地制度乃至历法进行了深入探讨（史金波《西夏户籍初探——4 件西夏文草书户籍文书译释研究》，《民族研究》2004 年第 5 期；史金波《黑水城出土西夏文卖地契研究》，《历史研究》2012 年第 2 期；史金波《西夏的历法和历书》，《民族语文》2006 年第 4 期）；彭向前也就西夏文楷体、草体的对应关系做了深入探讨（彭向前《西夏文〈孝经传〉草书初探》，《宁夏社会科学》2014 年第 2 期）。目前各种关于西夏文化、艺术的著作中，都不乏讨论西夏书法的内容（韩小忙等《西夏美术史》，文物出版社 2001 年版；徐庄编著《异形之美——西夏艺术》，宁夏人民出版社 2003 年版；汤晓芳主编《西夏艺术》，宁夏人民出版社 2003 年版；陈育宁、汤晓芳《西夏艺术史》，上海三联书店 2010 年版），这说明"书法"已成为"西夏学"中日益引人关注的研究领域。

在"史"的方面，韩小忙、李彤从考古角度切入，把西夏文字文物分为早、晚两个时期（韩小忙、李彤《西夏时期的书法艺术》,《固原师专学报》2001 年第 1 期)。不过,他们引为依据的 3 号陵、7 号陵残碑,一应属元昊,一确属仁孝,彼此之间相去百余年,缺少过渡环节,致使所谓早、晚两期的界限失于粗糙。近年来,又有学者先后发表《西夏竹笔新解》(《西夏学》第七辑)、《西夏文教育钩沉》(《西夏学》第九辑)等论文,具体研究书写工具、文字书法教育的同时,深入探讨了影响西夏书法演变的多种复杂因素。赵生泉还利用类型学、风格学方法,精细排比西夏陵出土西夏文、汉文残碑,对西夏书法的发展脉络及分期规律作了系统总结(赵生泉《西夏文书法演变的阶段性》,《西夏研究》2014 年第 4 期)。总之,目前西夏书法已引起学术界的重视,在个案研究,特别是演变历程及相关规律方面,也有不少进展。再加上丰富的资料基础,系统总结西夏书法发展历程的可能性、可行性都是存在的。

书法是通过日用"书写"展现精神、文化追求的艺术形式,理应在西夏研究中得到相应重视。长期以来,学术界一直无法完整勾勒西夏书法的发展脉络,该课题将填补这一空白,为黑水城文书断代提供新的视角。

(赵生泉)

【国家社科基金后期资助项目"辽金赦宥制度研究"】

辽金是中国古代两个少数民族王朝,在借鉴中原汉制的基础上,创立了赦宥制度。按照学界惯例,辽金赦宥可被分为大赦、曲赦、德音、录囚四种,其中大赦的效力最高,而另外三种赦宥占据了整个赦宥的绝大比例。辽代赦宥的发展趋势总的来说是越来越频繁。金代赦宥的发展则经历了从无到有、从少到多、从多到频的三个阶段。辽金赦宥的一个鲜明特点是在建国前期随意性很强,此后进入制度化阶段。辽代赦宥呈现着"尊汉唐"的特色,金代赦宥则受唐宋影响更深。

辽代大赦赦书主要由南面翰林院中的翰林学士负责起草,金代赦书则由翰林院的翰林学士操觚。辽代赦书主要包含免罪、覃恩、蠲免赋税、调整行政建置和度僧等内容;金代赦书中除了免罪、覃恩、减免租赋和一些申禁内容之外,还出现了招徕南宋归明人的条款。辽代无赦仪,金代赦仪则明显继承自北宋,其表现为对北宋新创"木鹤仙人"的袭用。辽金赦书均通过驿传送至各地,大赦的执行基本顺利,但也存在着某些不规范性。辽金均沿用了汉族王朝的"十恶"概念,并在赦宥执行过程中加以运用。

辽代曲赦的范围主要集中在京师与行在地区,频率以道宗朝最高。曲赦的特点有曲赦五京、曲赦幽云、曲赦役徒等。辽代颁布德音的主要原因是帝后生辰以及行再生礼。辽代录囚非常频繁,多在六、七月进行。自景宗朝以后,录囚频率骤然攀升,并在兴宗朝达到顶峰。道宗以降,受死刑核准权下放的影响,录囚频率迅速走低。金代曲赦次数最多的地区是上京和山东等地,曲赦的原因主要有战争、禳疾、自然灾害、巡幸等。金代德音全部发生在海陵王、章宗与哀宗三朝，颁布原因有上尊号不受、皇子生、边事定、旱灾等。金代录囚的次数较辽朝为少，宣宗朝是其多发期。

辽金赦宥制度的特色以辽代为突出，主要有四时捺钵赦宥、行柴册礼赦宥、再生礼赦宥、使绝域后赦宥、老人星见而赦宥等。这与契丹立国的指导方针息息相关。辽金赦宥制度之间的差异主要体现在建国大赦、帝后生辰降赦、度僧与赦宥、灾异与赦宥等。与唐宋相比，辽金在受尊号赦宥、功臣号赦宥、郊赦、赦书的申禁职能、录囚制度等方面，既有传承，也有差异。

中国历代赦宥制度对社会的影响都有利有弊，辽金亦然。一方面，在巩固政权、稳定社会秩序、保证农业生产、纠正司法错误、勉励人心方面，赦宥发挥了重要作用。另一方面，赦宥的滥施，也带来了加速制度混乱、破坏社会秩序的负面影响。

辽金开后世王朝少赦之先河。从此以后，中国古代的恩赦进入了低频率时期。从这个意义上讲，辽金赦宥制度在整个中国古代赦宥制度史中占据着不容忽视的地位。

（孙建权）

【国家社科基金后期资助项目"金代吏员研究"】

2015 年国家社科基金后期资助项目"金代吏员研究"获准立项（批准号：15FZS006）。该项目负责人为内蒙古民族大学政法与历史学院讲师王雷，该项目系以其博士毕业论文《金代吏员研究》为基础独立申请立项。

鉴于目前金代吏员研究方面还存在很多空白点：对金代吏员的设置、来源等方面研究不足，对金代吏员的职责、管理等方面研究缺乏，金代吏员在金代政治、经济、文化教育、社会管理等方面起到的作用尚不明晰，金代吏权大盛的根源、背景，以及对金代吏员制度的评价尚需进一步探讨，该项目拟对金代吏员这一课题做系统的、全方位的专门研究，拟取得主要研究成果如下。

金代是女真贵族建立的少数民族政权，从中央到地方几乎各级机构都设有吏员。中央机构的令史、地方机构的司吏在设置上基本都有女真和汉人之分，这是金代吏员设置方面的一个特色。吏员的职责主要有：处理文案、翻译以及督修公役、催交租税等其他方面的事务。金廷对吏员的考核包括考课和廉察。中央政府吏员和宫廷吏员的俸禄基本在同一层次上，与官员集团相比，是有明显差距的，但优于地方吏员。金廷对吏员的仪卫规定，体现了等级差别。吏员在金代不同时期，因所在部门、吏职不同而出职情况各异。中央政府各部门的吏员，出职官品最高的是省令史。宫廷吏员中，制度规定出职官品较高的是护卫。金代吏员出职没有最高官品的限制，在各方面条件允许的情况下，可以升迁至位于金代官员金字塔塔顶的宰执之位。

金代吏员形成了一个特殊的社会阶层，即吏员集团。其形成有历史和社会两方面的背景，其存在具有自身特殊的政治、经济、文化与社会基础。金代社会在诸多方面都离不开吏员，吏员集团对金代政治、经济、文化教育、社会管理甚至于官场、社会风气都有一定的影响。吏员于其中发挥积极作用的同时，也显示出消极的一面。对金代吏员的评价既不能刻意拔高，也不能主观地降低，且不能一概而论，而要做区别对待。大多数吏员在金代的社会地位并不显赫，但对于金代统治而言，却不可缺少。

该项目拟于 2017 年 4 月结项，按照研究计划，将对以下内容进行增补和修改：补充金代吏员制度沿袭与传承的动态考察，体现历史的连续性；进一步充实金代地方吏员的出职，文化教育、服饰管理等方面的研究；补充女真民族的特质性吏员制度、金代吏职的源流、金元吏学的传承等方面的研究。

（王　雷）

第十一篇

海外研究动态

2011—2016 年日本的辽金史研究

[日] 高井康典行著　张冰译　程妮娜校

日本的辽金史研究，经过"二战"一度陷入长期的低迷之后，从 20 世纪 90 年代后半期开始涌现出一批新的学者，并发表了数量颇多的研究成果。由于近年国内外学者之间的学术交流加强，不仅日本辽金史研究学者在以中国为主的海外国家发表文章，国外的学者也在日本发表文章，这已经成为普遍现象。那么如何界定本文评述的"日本的辽金史研究"的范围呢？"日本"是指空间意义上的日本，还是指有日本国籍的学者呢？本文的范围主要是在日本国用日语发表的文章，必要时也会对日本学者用其他语言（汉语、英语等）发表的文章加以介绍。

本文评述的对象是 2011 年以来在日本发表的辽金史研究成果，由于孙昊曾对 2012 年之前的文章进行了整理[1]，为了避免重复，本文重点介绍 2013 年以后日本的辽金史研究成果。

一　政治、制度、法律、军事

学界在政治史研究领域所发表的成果尽管数量较少，但是也能够看到部分具备新视点的学术论文。

爱新觉罗·乌拉熙春利用新出土的墓志，对遥辇九帐及国舅夷离毕帐进行了研究，先后发表了《遥辇氏迪辇鲜质可汗与陶猥思迭剌部——以契丹文〈故左龙虎军上将军正亮功臣检校太师只兖昱敧稳墓志〉为中心》[2]、《国舅夷离毕帐和耶律玦家族》[3]、《孟父房遥辇氏和国舅夷离毕帐》[4] 等论文，对遥辇九帐被编入横帐孟父房，

① 孙昊：《新时期日本的辽金史研究（2000—2012）》，载《辽代女真族群与社会研究》，兰州大学出版社 2014 年版，第 173—197 页；原载景爱主编《辽金西夏研究 2012》，同心出版社 2014 年版。

② 爱新觉罗·乌拉熙春：《遥辇氏迪辇鲜质可汗与陶猥思迭剌部——以契丹文〈故左龙虎军上将军正亮功臣检校太师只兖昱敧稳墓志〉为中心》，《立命馆文学》616 号，2010 年 3 月，第 1024—1013 页。

③ 爱新觉罗·乌拉熙春：《国舅夷离毕帐と耶律玦家族》，《立命馆文学》621 号，2011 年 3 月，第 1256—1227 页。

④ 爱新觉罗·乌拉熙春：《孟父房遥辇氏と国舅夷离毕帐》，载爱新觉罗·乌拉熙春、吉本道雅《新出契丹史料の研究》，松香堂 2012 年版，第 39—255 页。

国舅夷离毕帐在国舅帐内势力的盛衰等进行了论述，也对《辽史》的《皇族表·外戚表》进行了修正。她的《大中央胡里只契丹国遥辇氏发祥地的素描——纪念金启孮先生逝世十周年》① 是一篇讲述遥辇氏故地（位于今内蒙古自治区赤峰市敖汉旗）的历史地理概观和辽代遗迹、文物的调查报告。乌拉熙春在论述国舅离毕帐时，认为《耶律斡特剌墓志铭》的墓主耶律斡特剌的次女，嫁给了辽天祚帝。对此说法，大竹昌巳在《契丹小字〈耶律斡特剌墓志铭〉所见的皇帝号并非天祚皇帝》② 一文中认为，耶律斡特剌次女嫁了顺宗（顺圣皇帝）耶律濬，并对爱新觉罗·乌拉熙春的说法提出了批评。

毛利英介《契丹令史蔡志顺》③ 一文中以《蔡志顺墓志》为线索，明晰了朝政中契丹语使用的状况，同时论及了上京地区出身的汉人官僚通过运用契丹语的能力而获得皇帝的知遇，进而入仕升迁的情况。

高井康典行《辽代的游幸与外交——另一个传统"中国"》④，复原了辽太宗会同二年（939）末至三年（940）秋的宫廷移动路线，并对在驻跸地所进行的政治、外交活动进行了分析。他关注以往研究在考察《辽史》所记载的外交活动时未考虑的活动地点（南京、奚牙帐等），论证这次宫廷移动的国内政治目的，是契丹人向新归属的地域、民族展示辽帝权威。高井康典行的另一篇文章《景宗·圣宗朝时期的政局与科举制度的确立》⑤，考察了辽景宗保宁八年（976）重置南京礼部贡院，到圣宗统和六年（988）科举制度正常化的过程，认为保宁八年以藩镇体制为基础实行武治的高勋失势，科举出身的宰相室昉与同藩镇统治划清界限的玉田韩氏的文治势力抬头，这均在整治科举制度背景下出现的。高井康典行还在《在世界史中如何定位契丹"辽"——某些可能性》⑥ 一文中，对包括契丹"辽"的历史谱系的构成（中华王朝、北亚游牧国家、东北亚政权）进行了概述。

在制度史的领域上，与 2000 年到 2010 年的倾向稍有不同，比起辽代，与金代相关的论文成果较多。

① 吉本智慧子：《大中央胡里只契丹国遥辇氏発祥地の点描—金啓孮先生逝去十周年を記念して—》，《立命館文学》639 号，2014 年 10 月，第 33—81 页。并收录到爱新觉罗·乌拉熙春、吉本道雅《大中央胡里只契丹国遥辇氏発祥地の点描》，松香堂 2015 年版。

② 大竹昌巳：《契丹小字〈耶律斡特剌墓誌銘〉所见の皇帝号は天祚皇帝に非ず》，《KOTONOHA》161 号，2016 年 4 月，第 1—19 页。

③ 毛利英介：《契丹令史蔡志順》，《関西大学東西学術研究所紀要》47，2014 年，第 293—217 页。

④ 高井康典行：《遼代の遊幸と外交—もう一つの伝統"中国"—》，载宋代史研究会编《宋代史研究会研究報告集第十集中国伝統社会への視角》，汲古書院 2015 年版，第 125—150 页。

⑤ 高井康典行：《景宗、聖宗朝期の政局と科挙制度の确立》，《史観》168 号，2013 年 3 月，第 38—57 页。

⑥ 高井康典行：《世界史の中で契丹［遼］をいかに位置づけるか—いくつかの可能性》，载荒川慎太郎、澤本光弘、高井康典行、渡辺健哉编《契丹［遼］と 10～12 世纪の東部ユーラシア》アジア遊学 160，勉誠出版 2013 年版，第 21—33 页。

武田和哉《契丹国（辽朝）的北面官与其历史的变质》①，对辽朝北面官制的主要官职（南、北院枢密使，南北府宰相，南北院大王、于越、惕隐）的实态及其随时代而变化的问题进行了概述。该文认为这些官职中存在因时代而变化明显的官职（南院枢密使、南北府宰相）与变化不明显的官职（北院枢密使、于越、南北院大王、惕隐）。该文进一步指出作为变化的背景，是圣宗朝后期到兴宗朝进行的以把"北枢密使"视为最高官职的"契丹人至高主义"为基调的南北官一元化，与之同时推进的是适当任用通过"贡举"而增加汉人官僚。

高井康典行《士与吏之间——五代、辽、金的中央吏职》② 考察了唐末五代到辽、宋、金时期中央吏职任用士人的变迁问题，认为辽、宋继承了唐末五代发展起来的士与吏之间界限暧昧化的倾向，在中央吏职上任用士人。辽金在继承前代基础上进一步发展，中央吏职成为进士入仕者的晋升路径。然而，宋代再次转向明确分化为士与吏。

孙佳《金朝府制略论》③ 通过对金代府制的建置与官署的史料梳理，提出金代存在会宁牧、知府事，治中等职官，对之前关于金代府官的研究有所补充。

小林隆道《宋代中国的统治与文书》④ 中收录了三篇关于金代文书的论文。《宋金石刻〈文书〉研究序说》⑤ 对宋、金时期石刻文书资料进行了整理，指出将石刻文书运用于历史研究时应注意的问题。《文书的外观与统治——金代赐额敕牒官卖制度的再探讨》⑥ 分析石刻中的相关记载，对"赐额敕牒"的发放过程进行了再探讨，指出大定年间和金后期官卖赐额敕牒，基本上是尚书省礼部发放空名敕牒，由地方官府填写空栏。大定年间地方官府填写后需送到礼部才能成为正式的敕牒，到金后期省略了需经礼部认定的过程。此外，还指出金代的赐额敕牒与宋代不同，金代把"公据""记"同时进行石刻，其背景是敕牒被大量印刷，形成了比较规范的敕牒发放制度。《纸石之间——在金代被石刻的宋朝文书》⑦，分析了金代将宋代发放的泽州"旌忠庙牒"的刻石过程，对前代文书刻石的意义进行了评论。

————————————

① 武田和哉：《契丹国（遼朝）の北面官とその歷史的変質》，載荒川慎太郎、澤本光弘、高井康典行、渡辺健哉編《契丹［遼］と10～12世紀の東部ユーラシア》，アジア遊学160，勉誠出版2013年版，第115—128頁。

② 高井康典行：《士と吏の間—五代、遼、金の中央吏職》，載《宋代史から考える》編集委員会編《宋代史から考える》，汲古書院2016年版，第135—166頁。

③ 孙佳：《金朝府制略论》，《社会文化史》55，2012年3月，第101—108頁。

④ 小林隆道：《宋代中国の統治と文書》，汲古書院2013年版。

⑤ 小林隆道：《宋金石刻〈文書〉研究序説》，載《宋代中国の統治と文書》，汲古書院2013年版，第117—189頁。

⑥ 小林隆道：《文書の外観と統治—金代賜額勅牒観点官壳制度の再検討》，載《宋代中国の統治と文書》，汲古書院2013年版，第221—270頁。

⑦ 小林隆道：《紙石の間—金代に刻石された宋朝文書》，載《宋代中国の統治と文書》，汲古書院2013年版，第271—296頁。

二 辽金与周边国家的关系

四邻关系一直是辽金史研究中非常活跃且广泛议论的领域。这一时期，值得注意的是古松崇志等人对"澶渊体制"的讨论，推进了这一领域的某些具体问题的研究。在以往研究热点的辽宋关系之外，关于其他国家间、地域间关系的研究，在这个时期也有了一定的进展。

古松崇志发表系列论文，他在《10—13 世纪多国并存时代的欧亚大陆东方的国际关系》① 对 10—13 世纪欧亚大陆东方多国并存的状况和以此为基础的国际关系（"澶渊体制"）进行了概要阐述。在《10—12 世纪契丹的兴亡与欧亚大陆东方的国际形势》② 与《契丹与欧亚大陆东方的国际秩序》③ 两篇文章中对上述论文提出的观点进行了一般性的论述。古松崇志《契丹·宋之间的国信使和仪礼》④ 一文中重点分析了往来于辽宋两国之间的国信使的仪礼制度，指出国信使的仪礼基本上是为了体现两国对等关系而精心制定的，认为契丹国内实行的仪礼基本上承唐制，但由于是在捺钵行使仪礼，因此也混入了游牧王朝的传统。

广濑宪雄《宋代东亚地域的国际关系概观——从唐代·日本的外交文书研究成果来看》⑤，以《书仪》为依据，分析了宋代与周边诸国的外交文书所使用的语言，指出在宋辽间、宋金间都使用致信文书，但与宋辽间不同的是宋金间使用了以金朝为上位的用语。

山崎觉士《五代十国史与契丹》⑥ 考察了 947 年契丹太宗进入开封城这一历史事件，指出建立"辽"国号，应该被视为一个正式的中原王朝的建立，"五代"这一说法是基于北宋历史观的产物，为了正确地把握当时的历史，"五代十国"、辽，再加上其他世袭藩镇，这个时期应是"六代数国"。此外，该文作者探讨了由于契丹与吴越的交往，契丹文物流传到东南亚的情况。

毛利英介在辽宋外交制度研究方面发表了四篇文章，《"澶渊之盟"——从盟约

① 古松崇志：《10～13 世纪多国併存时代のユーラシア（Eurasia）東方における国際関係》，《中国史学》21，2011 年，第 113—130 页。

② 古松崇志：《10～12 世纪における契丹の興亡とユーラシア東方の国際情勢》，载荒川慎太郎、澤本光弘、高井康典行、渡辺健哉编《契丹［遼］と 10～12 世纪の東部ユーラシア》，アジア遊学 160，勉誠出版 2013 年版，第 8—20 页。

③ 古松崇志：《契丹とユーラシア東方の国際秩序》，《歴史と地理》686，2015 年 8 月，第 52—55 页。

④ 古松崇志：《契丹、宋間の国信使と儀礼》，《東洋史研究》73 卷 2 号，第 63—100 页。

⑤ 廣瀬憲雄：《宋代東アジア地域の国際関係概観—唐代、日本の外交文書研究の成果から》，载平田茂樹、遠藤隆俊编《外交史料から十～十四世纪を探る》，東アジア海域叢書 7，汲古書院 2013 年版，第 5—29 页。

⑥ 山崎覚士：《五代十国史と契丹》，载荒川慎太郎、澤本光弘、高井康典行、渡辺健哉编《契丹［遼］と 10～12 世纪の東部ユーラシア》，アジア遊学 160，勉誠出版 2013 年版，第 34—33 页。

中所见到的契丹与北宋的关系》①　一文分析了澶渊之盟时宋辽双方交换的《宋真宗誓书》《契丹圣宗誓书》的文书形式和内容。《辽宋间"白劄子"的使用——作为辽宋外交交涉的实态解析线索》②　一文考察了辽宋谈判交涉中使用的"白劄子"，指出"白劄子"是为了说明国书内容的非正式文书，往往在两国之间可能发生利害冲突的实质性交涉之际被使用。《论国信使的设立》③　一文收集了大量的"国信使"的实例，探讨了从五代到辽宋时期的语义变化。《〈关南誓书〉初探》④　一文分析了1042年辽宋交涉时，双方相互交换的《关南誓书》的译注，以及文书构成。此外，对于学界不大关注的《三朝北盟会编》所收录的《关南誓书》，从原文的价值和被《三朝北盟会编》所收录的意义进行了论述。

另外，毛利英介还发表了两篇论文讨论了"澶渊体制"的框架结构，《进行册封的皇帝与被册封的皇帝——从契丹（辽）皇帝和北汉皇帝的事例来看》⑤　一文，针对"澶渊体制"中具有多个皇帝共存的特征，以初期契丹与北汉关系为例，围绕《天龙寺千佛楼碑》《刘继文墓志铭》两个碑刻为中心展开讨论，认为两者的关系虽然是由于册封关系有上下不同，但是相互间并没有否定对方是"皇帝"，这与不承认多个皇帝同时存在的中华秩序具有不同的原理，它发端于契丹、后唐同是骑马游牧民族的关系之中。这个观点他在《试论关于契丹·北宋间皇帝间关系的起源与逻辑》⑥　一文中再度进行了阐述和论证。

井黑忍《在受书礼中所见到的12—13世纪欧亚大陆东方的国际秩序》⑦　分析了12—13世纪金国同周边诸国外交过程中所行使的受书礼，指出受书礼体现了在以金和南宋为首的周边诸国关系皆被规定为君臣关系。即便在大定和议文书上解除了宋金君臣关系之后，实际上这一关系中依然存在，并且12—13世纪中展开了以金朝为盟主的国际关系。该文作者还讨论了金朝建国以后澶渊体制的变质。该文与他在2009

---

①　毛利英介：《澶淵の盟について―盟約から見る契丹と北宋の関係》，載荒川慎太郎、澤本光弘、高井康典行、渡辺健哉編《契丹［遼］と10～12世紀の東部ユーラシア》，アジア遊学160，勉誠出版2013年版，第44—55页。

②　毛利英介：《遼宋間における〈白劄子〉の使用について―遼宋外交交渉の実態解明手がかりとして―》，載《外交史料から十～十四世紀を探る》，東アジア海域叢書7，汲古書院2013年版，第185—210页。

③　毛利英介：《国信使の成立について》，《アジア史学論集》9号，2015年2月，第27—49页。

④　毛利英介：《〈関南誓書〉初探》，《関西大学東西学術研究所紀要》49，2016年4月，第343—363页。

⑤　毛利英介：《冊封する皇帝と冊封される皇帝―契丹（遼）皇帝と北漢皇帝の事例から―》，《関西大学東西学術研究所紀要》46，2013年4月，第213—228页。

⑥　毛利英介：《契丹、北宋間における皇帝間関係の起源と論理に関する一試論》，《新しい歴史学のために》286号，2015年。

⑦　井黑忍：《受書礼に見る十二～十三世紀ユーラシア東方の国際秩序》，載《外交史料から十～十四世紀を探る》，東アジア海域叢書7，汲古書院2013年版，第211—236页。

年发表的《金初外交史料中所看到的欧亚大陆东方的国际关系》[①] 一并是对广濑批判澶渊体制[②]的一种回应。

辽金对西方、北方的交涉，是以往日本的研究成果较少的领域。但是近年来也发表了数篇文章，今后的研究有望取得进展。

松井太《契丹与维吾尔族的关系》[③] 从政治外交关系、贸易关系，以及以佛教为媒介的文化交流、西辽对维吾尔的统治等侧面，对 8 世纪到 12 世纪契丹与维吾尔的关系进行了概要论述。

渡边美树《契丹的西方政策与对宋形势》[④] 指出了以往研究多关注辽宋关系。她将目光转向澶渊之盟缔结之后的契丹与西方外交，从这一点出发可能会得出与以往研究不同的认识。11 世纪前半叶契丹对宋交涉没有取得直接效果，为了达到在与诸势力外交之中取得比宋朝更优越的地位，后半叶契丹在外交上强有力地推进诸如解决地界交涉等具体问题，在这样的背景之下，11 世纪后半叶契丹确立了东部欧亚大陆上的霸权。

藤野月子《关于辽与近邻诸国之间公主下嫁的外交》[⑤] 一文也采用了着眼于辽朝西方外交的视角，考察了辽与高丽、阻卜、喀喇汗王朝、西维吾尔王国、青唐之间公主下嫁的外交事例，认为辽继承了唐代以和蕃公主下嫁的近邻外交政策，并且更加强化，为构筑和维持以自身为中心的东欧亚大陆的国际秩序，积极推行这种近邻外交政策。另外，藤野月子《对契丹与中原王朝联姻为基础的外交政策的认识》[⑥] 在此前关于和蕃公主研究[⑦]的基础上，探讨了契丹与中原王朝的外交，认为契丹充分了解唐朝后半期以和蕃公主进行外交的变化，在与五代、北宋之间进行外交活动时，利用和亲（婚姻关系的缔结）、比拟血缘关系来进行对契丹有利的外交活动。

关于金代的蒙古研究有两篇文章，白石典之《斡里札河战役中金军的路线》，通过分析位于蒙古国肯特县巴彦霍特克郡的《九峰石壁纪功碑》（汉文、女真文）的记

---

① 井黑忍：《金初の外交史料に見えるユーラシア東方の国際関係》，载荒川慎太郎、高井康典行、渡辺健哉編《遼金西夏研究の現在》3，東京外国語大学アジア、アフリカ言語文化研究所，2010 年 6 月，第 31—46 頁。

② 广濑宪雄关于檀渊体制论的批判，参见廣瀬憲雄《古代東アジア地域対外関係の研究動向—〈冊封体制〉論、〈東アジア世界〉論と〈東夷の小帝国〉論を中心に—》，《歴史の理論と教育》129、130，2008 年，第 3—15 頁を参照。

③ 松井太：《契丹とウイグルの関係》，载荒川慎太郎、澤本光弘、高井康典行、渡辺健哉編《契丹［遼］と10～12世紀の東部ユーラシア》，アジア遊学 160，勉誠出版 2013 年版，第 56—69 頁。

④ 渡邊美樹：《契丹の西方政策と対宋情勢》，《史艸》55，2014 年 11 月，第 71—98 頁。

⑤ 藤野月子：《遼と近隣諸国との公主降嫁による外交について》，《九州大学東洋史論集》44，2016 年 3 月，第 1—33 頁。

⑥ 藤野月子：《契丹における中原王朝との婚姻に基づいた外交政策に対する認識について》，《史淵》151 輯，2014 年 3 月，第 1—26 頁。

⑦ 参见藤野月子《王昭君から文成公主へ—中国古代の国際結婚》，《九州大学人文叢書》1，九州大学 2012 年版。

载，复原了金军在斡里札河战役期间的行军路线。该文指出碑文不仅是战胜纪念碑，还有明示克鲁伦河是金朝国境的意图。松田孝一《西辽和金的对立与成吉思汗的兴起》指出蒙古高原上的西辽与金朝对立，金朝和克列部的王罕对成吉思汗的提携，都与成吉思汗的兴起有关。

关于辽金与东方诸国关系的研究，有赤羽目匡由《契丹与渤海的关系》[①] 叙述了从 7 世纪到 10 世纪契丹与渤海的关系。丰岛悠果《金朝的外交制度与高丽使节——1204 年贺正使节行程的复原试行方案》[②]。该文作者利用《东文选》《东人之文四六》中收录的高丽文人金克己在 1203—1204 年之前任贺正使节期间所撰述的 32 篇文章，复原了该使节的行程，并讨论了金国与高丽的外交制度。金成奎著、洪性珉译《宋代东亚帝王生日小考》[③] 对辽、金、宋、高丽的帝王生辰进行了考察。论述了节日名称的确定、经常为方便生辰使的往来而实行的"改期受贺"等，都是基于各国的国情（国内问题、外交上地位的差异）而采取的不同应对。

三　社会、经济、民族

关于辽金社会、经济研究领域，值得注意的是发表了一些运用新资料的研究成果。

洪性珉《从税役看宋辽两属民》[④] 主要通过考察税役赋课的推移，对居住在河北一带宋辽国境沿线的两属民进行了研究，指出两属民根据辽宋两国的税役状况，往返逃亡于负担较轻的国家，致使两国常常对税役赋课之事感到苦恼。

吉本智慧子《关于契丹女子的命名习俗的再考察——纪念金启孮先生逝世十周年》[⑤] 一文利用了新出土的墓志，对契丹女子的命名习俗进行了考察。该文认为到穆宗时期，还能看到契丹固有的命名习俗（"妻连夫名""妹连兄名"等）的残余，但到景宗和兴宗时期，契丹命名中借用汉语、番汉合璧、佛教语言等明显增加，道宗时期以后大量出现契丹语的复合构成（首位词＋mig 等）形式。

饭山知保于 2011 年将此前的研究成果集结成《金元时代的华北社会与科举制

———————

① 赤羽目匡由：《契丹と渤海の関係》，载荒川慎太郎、澤本光弘、高井康典行、渡辺健哉編《契丹[遼]と10～12世紀の東部ユーラシア》，アジア遊学 160，勉誠出版 2013 年版，第 70～75 頁。

② 豊島悠果：《金朝の外交制度と高麗使節—1204 年賀正使節行程の復元試案》，《東洋史研究》73 巻 3 号，2014 年 12 月，第 33—67 頁。

③ 金成奎著、洪性珉訳：《宋代東アジア帝王生日小考》，载《宋代史から考える》編集委員会編《宋代史から考える》，汲古書院 2016 年版，第 111—134 頁。

④ 洪性珉：《税役から見たら宋遼両属民》，《内陸アジア史研究》28 号，2013 年 3 月，第 1—26 頁。

⑤ 吉本智慧子：《契丹女子の命名習俗に関する再考察—金啓孮先生逝去十周年を記念して》，《立命館文学》638 号，2014 年 7 月，第 128—105 頁。

度——另一个"士人阶层"》① 一书。其后对金元时期华北地区以系谱传承为主要目的的碑刻（《先茔碑》）资料进行了系列研究，其中《"孙公亮墓"碑刻群的研究：12—14 世纪华北"先茔碑"的出现与系谱传承的变迁》② 介绍了大同市浑源县西留村的"孙公亮"碑刻群，指出其具有先茔碑的特征，并由此展开了对金元时代先茔碑的研究。他认为将家族的系谱刻在石碑上的习惯是集合了多种来源（五代、北宋以来的《家族碑》、《家谱碑》、刻入系谱的经幢、无官之家的系谱刻在碑上等），并在金后期于华北开始普及，但可以看到社会身份低和没有资产的家族先茔碑已有被限制的倾向。蒙古时代发生明显变化，官员辈出的家族的先茔碑显著增加，伴随着蒙古对华北的征服，新兴的官员家族成了先茔碑接受、普及的主体。他在《金元时期北方社会演变与"先茔碑"的出现》③ 一文分析了"孙公亮墓"碑刻与山西稷山县段氏的系谱传承碑刻，进一步补充了前一篇文章的结论。《明代先茔碑的变迁》④ 指出明代先茔碑的数量急速减少，认为先茔碑的普及是金元时期特有的时代与社会的产物。此外，饭山在《金元交替与华北士人》⑤ 一文中通过对比赵秉文、元好问、郝经的生涯，论述了 12 世纪后半叶至 13 世纪中叶华北士人的社会变化。他的《辽代"汉人"移民之后》⑥ 一文论述了金元时代原辽汉人官僚子孙的盛衰情况。

井黑忍近年来对金元时期的水利、农业进行了研究，他在《山西翼城乔泽庙金元水利碑考——以〈大朝断定使水日时记〉为中心》⑦ 一文中，对《大朝断定使水日时记》所记载的当地水的管理与分配的情况进行了分析，认为从金代到蒙古时期，对水的管理和分配增强了公权力的介入。在《水利碑研究序说》⑧ 一文中考察了水利碑的分类及其特征，就水利碑的目的而言：（1）明示水利用权的来历及所在；（2）明示规约、契约的内容；（3）辨别受益者和非受益者；（4）强化同一水源利用者间的连带关系；（5）地域社会与流域空间构造的可视化。为达到了这些目的，水利碑的公开性、实用性、与当地的紧密性都受到重视，故有在相应地方立碑这一特征。上述文章与之前他发表的相关文章一并被收录在 2013 年出版的《分水与统治：金·蒙

---

① 饭山知保：《金元時代の華北社会と科挙制度—もう一つの〈士人層〉》，早稲田大学出版部 2011 年版。

② 饭山知保：《"孙公亮墓"碑刻群の研究：12～14 世紀華北における"先塋碑"の出現と系谱伝承の変遷》，《アジア、アフリカ言語文化研究》85 号，2013 年 3 月，第 61—170 页。

③ 饭山知保：《金元時期北方社会演变与"先塋碑"的出现》，《中国史研究》2015 年第 4 期，第 117—139 页。

④ 饭山知保：《明代先塋碑の変遷》，载《宋代史から考える》編集委員会編《宋代史から考える》，汲古書院 2016 年版，第 289—312 页。

⑤ 饭山知保：《金元交替と華北士人》，载内山精也編《南宋江湖の詩人たち—中国近世文学の夜明け》，アジア遊学 180，勉誠出版 2015 年版，第 224—233 页。

⑥ 饭山知保：《遼の"漢人"遺民のその後》，载荒川慎太郎、澤本光弘、高井康典行、渡辺健哉編《契丹［遼］と10～12 世紀の東部ユーラシア》，アジア遊学 160，勉誠出版 2013 年版，第 240—252 页。

⑦ 井黑忍：《山西翼城喬澤廟金元水利碑考—以〈大朝断定使水日時記〉为中心》，《山西大学学报》2011 年第 3 期，第 92—97 页。

⑧ 井黑忍：《水利碑研究序説》，《早稲田大学高等研究所紀要》4 号，2012 年 3 月，第 77—84 页。

古时代华北的水利与农业》一书中。

辽金民族研究领域相对沉寂，只有吉野正史《〈耶律·萧〉与〈移剌·石抹〉之间》① 考察了金代耶律姓、萧姓在表记上变化为移剌姓、石抹姓的现象，指出在《金史》中世宗朝可以看到发生了这样的变化，但是在南宋、高丽等其他国家的史料以及同时代金石资料之中，还不能确认金世宗朝已有这种变化，因此应是金章宗朝以后发生的现象。

四 史料、史学史

在史料研究、史学史研究的领域里，除了和辽金时期直接相关的研究以外，还有关于辽金以后各时期所进行的辽金史料编纂工作的研究成果。后者可以说是这一领域研究的特点。

吉本道雅对辽代的基本典籍进行了史料学的考察，发表了三篇文章。《辽史地理志东京辽阳府条小考——契丹·高丽关系史的一景》② 一文认为，看似荒唐无稽的《辽史·地理志》的某些内容，强调了渤海与辽阳的关系，同时却回避言及高句丽，这是由于契丹为了应对高丽自认为是高句丽的后继者的问题，主张自己具有东北亚统治正统性。《契丹国志疏证》③ 一文中对《契丹国志》的史料来源进行了再探讨，认为其主要来源是《资治通鉴纲目》《皇朝编年总目备要》。《辽史世表疏证》④ 一文对《辽史》世表的史料来源与编纂等问题进行了讨论，考证了遥辇九世可汗的存续时间，指出遥辇氏政权出现于9世纪中叶。

工藤寿晴《蒙古时代的卢龙赵氏——以〈秋涧先生大全文集〉所收的〈卢龙赵氏家传〉为中心》⑤ 考察了卢龙赵氏的《卢龙赵氏家传》成书情况，重点探讨了主要编纂者赵穆及其相关问题，认为他作为金末元初已呈衰落之势的卢龙赵氏第五房子，为了重振家族，加强家族凝聚力，着手编纂家谱。泽本光弘《〈神宗皇帝即位使

---

① 吉野正史：《〈耶律·萧〉と〈移剌·石抹〉の間》，《東方学》127 輯，2014 年 1 月，第 83—99 頁。

② 吉本道雅：《遼史地理志東京遼陽府条小考—契丹·高麗関係史の一齣》，載愛新覚羅·烏拉熙春、吉本道雅《韓半島から眺めた契丹、女真》，京都大学出版会 2011 年版，第 258—268 頁。

③ 吉本道雅：《契丹国志疏証》，《京都大学文学部研究紀要》51 号，2012 年 3 月，第 1—69 頁。《大中央胡里只契丹国遥辇氏発祥地の点描》，松香堂 2015 年版に再録。

④ 吉本道雅：《遼史世表疏証》，載愛新覚羅·烏拉熙春、吉本道雅《新出契丹史料の研究》，松香堂 2012 年版，第 1—38 頁。原載《京都大学文学部紀要》50 号，2011 年 3 月，第 31—92 頁。

⑤ 工藤寿晴：《モンゴル時代の盧龍趙氏—〈秋澗先生大全文集〉所収〈盧龍趙氏家伝〉を中心に—》，載《高橋継男教授古希記念 東洋大学東洋史論集》編集委員会編《高橋継男教授古希記念 東洋大学東洋史論集》，汲古書院販売，2016 年 3 月，第 397—427 頁。

辽语录〉的概要与形成过程》① 对《神宗皇帝即位使辽语录》的译注与版本来源进行了考察。

洪性珉《论陆佃〈使辽录〉的佚文及其史料价值——以陆游的笔记史料为中心》② 逐条讨论了陆游《老学庵笔记》《家世旧闻》中所记述的与辽国相关的史料，其中对基于陆佃《使辽录》的记载进行了考证。对于这部分史料的真伪学界一直存在争议，该文认为《老学庵笔记》关于刘六符主持的增币交涉使燕云地区出现了减税的记载，是陆佃赴辽之际从刘六符之子刘霄处获得的信息，其可靠性较高，认为这一记载在一定程度是可信的。洪性珉的另一篇论文《从〈御定宋史筌·辽传〉看改修〈宋史〉在历史意上义——中国史书编纂中所见朝鲜型的中华主义》③，对朝鲜王朝编纂的一部改写《宋史》的著作《御定宋史筌》中与辽朝相关的记事进行了探讨，论述了对朝鲜王朝的历史认识。

水盛凉一《清人所见的契丹》④ 考察了清朝统治者如何理解同是北族的辽朝对"中国"的统治，并认为在盛行以朱子学为核心的正统论的形势下，清朝对于辽的认识表现为是推重辽金元体系还是重视两宋正统的立场之间摇摆不定，虽然以前者是立国的基础，但是为了安定汉人，也适当地强调后者的立场。

关于近现代辽金史学研究，毛利英介《满洲史与东北史之间——来自稻叶岩吉与金毓黻的交流》⑤ 根据金毓黻《静晗室日记》的记载，探寻了金毓黻与稻叶岩吉的交流，认为金毓黻被推为"东北史"的开拓者，但其代表作《东北通史》是受到了稻叶的《满洲发展史》的影响。岛田正郎《契丹国：游牧民族契丹的王朝》（新装版）⑥ 是对他的同名著作（1993 年刊行）作"回想"⑦ 部分的增补，增补内容是 20 世纪日本辽、契丹史研究的变化，在史学史上具有学术价值。

① 澤本光弘：《〈神宗皇帝即位使遼語録〉の概要と成立過程》，載荒川慎太郎、澤本光弘、高井康典行、渡辺健哉編《契丹［遼］と10～12世紀の東部ユーラシア》，アジア遊学 160，勉誠出版 2013 年版，第 101—114 頁。

② 洪性珉：《陸佃〈使遼録〉の佚文とその史料価値について—陸游の筆記史料を中心に》，《東洋学報》98 巻 1 号，2016 年 6 月，第 63—89 頁。

③ 洪性珉：《〈御定宋史筌〉〈遼伝〉から見た〈宋史〉改修の歴史的意義—中国史書の編纂に見る朝鮮型中華主義》，載《宋代史から考える》編集委員会編《宋代史から考える》，2016 年 7 月，第 345—378 頁。

④ 水盛凉一：《清人のみた契丹》，載荒川慎太郎、澤本光弘、高井康典行、渡辺健哉《契丹［遼］と10～12世紀の東部ユーラシア》，アジア遊学 160，勉誠出版 2013 年版，第 264—277 頁。

⑤ 毛利英介：《満洲史と東北史のあいだ—稲葉岩吉と金毓黻の交流より》，《関西大学東西研究所紀要》48，2015 年 4 月，第 343—363 頁。

⑥ 島田正郎：《契丹国：遊牧の民キタイの王朝》（新装版），東方書店 2014 年版。

⑦ 初出，明治大学法学部法史学研究室編刊《島田正郎先生論著目録》1975 年版。

五　语言

日本的契丹文字研究，20 世纪 90 年代以来，是爱新觉罗·乌拉熙春（吉本智慧子）在全力进行研究。进入 2010 年后，新生代学者在这一领域发表多篇文章，呈现出活跃的趋势。

爱新觉罗·乌拉熙春（吉本智慧子）《从韩半岛所看到的契丹、女真》是一部关于韩国所藏契丹、女真文物研究、辽金与高丽、渤海有关史料研究的论文集。其中《契丹文字的音值推定及相关问题》[1]、《契丹小字新发现史料的释读及相关问题》[2]、《契丹文字中所遗存的"秘史"——寄成百仁先生伞寿》[3] 整理了学者们关于契丹文字的见解，并对各家说法进行了批判。

武内康则在 2013 年向京都大学提交了题为《契丹语的研究》的博士论文，此后陆续发表了一系列关于契丹文字研究的论文。武内康则《论契丹语的复数接尾辞》[4] 对契丹语的复数接尾辞进行了再探讨，考察了接尾辞的使用条件，认为接尾辞的分布与接续词语的意思有着很深的关联，这一关系可以从有生性领域的角度来把握。武内康则《反映在〈辽史〉中音写汉字的契丹语的音声与音韵》[5] 对记录在汉字资料中的契丹语所反映出的契丹语子音的音韵、音声特征进行了考察，认为把契丹语带入音写的汉字分布与契丹小字资料中所看到的契丹语的音韵体系并不矛盾，进而指出音写汉字有利于分析契丹语的音声、音韵特征。武内康则 Direction Terms in Khitan[6]（契丹语中的方位术语）考察了契丹语中表示方向的语言，指出因接尾辞—d 的存在，尽管在蒙古语和契丹语中表示方向的文字采取不同的表达方式，但语干本身还是显示出了两者之间是同系统语言的痕迹。武内康则《从最新研究中所了解的契丹文字的样态》[7] 一文概述了契丹文字，简单介绍了近年来契丹文字研究的状况。

丰田五郎、武内康则著，武内康则编《丰田五郎契丹文字研究论集》[8] 是日本契

---

① 吉本智慧子：《契丹文字の音価推定及び相関問題》，《立命館文学》627 号，2012 年 7 月，第 157—129 页。

② 吉本智慧子：《契丹小字新発見史料の釈読及び相関問題》，《立命館文学》632 号，2013 年 7 月，第 140—106 页。

③ 吉本智慧子：《契丹文字に遺された〈秘史〉—成百仁先生の傘寿に寄せて—》，《立命館文学》633 号，2013 年 11 月，第 457—411 号。

④ 武内康則：《契丹語の複数接尾辞について》，《言語研究》149，2016 年，第 1—17 页。

⑤ 武内康則：《〈遼史〉中の音写漢字に反映された契丹語の音声と音韻》，《内陸アジア言語の研究》30，2015 年 8 月，第 1—27 页。

⑥ Takeuchi, Yasunori "Direction Terms in Khitan", *Acta Linguistica Petropolitana* 11 (3)：pp. 451–464.

⑦ 武内康則：《最新の研究からわかる契丹文字の姿》，载荒川慎太郎、澤本光弘、高井康典行、渡辺健哉編《契丹［遼］と 10～12 世紀の東部ユーラシア》，アジア遊学 160，勉誠出版 2013 年版，156—165 页。

⑧ 豊田五郎、武内康則著、武内康則編：《豊田五郎契丹文字研究論集》，松香堂書店 2015 年版。

丹文字研究开拓者之一丰田五郎的著作集，收录了许多未刊行的论文，展现了丰田的研究全貌。另外，书中附加了武内康则《解说篇》①，展示了丰田五郎在契丹文字研究史上所处的学术地位。

大竹昌巳是近年来对契丹文字进行多方面研究的一名学者，发表了多篇论文。《从契丹小字文献中的汉语音所看到的汉语喉音韵尾（上）》② 利用契丹小字考察了汉语中古音的喉音韵尾。《关于契丹语的兄弟姐妹称谓系统》③ 对契丹语中兄弟姐妹称呼的一贯说法，进行了再研究。《契丹语的服务表达》④ 指出以往被释为"祗候、近侍、在近边伺候"等的契丹小字，应该解释为"侍奉"，进而论及同蒙古语的关联性。《契丹小字文献所引的汉文古籍》⑤《契丹小字文献所引的汉人典故》⑥ 两篇文章，都是对契丹小字文献中使用汉文典籍的考察，并指出作为典故白居易最受欢迎。《契丹小字文献中母音长度的分写》⑦ 考察了契丹小字中母音长度的表记方法，认为采取 V（母音）及 CV（母音＋子音）形式的字素（契丹小字中的原字）的母音是长母音，占据多数契丹语的 VC 型字素的母音基本上是短母音，但有一部分是伴随着长母音的字素而存在的。《在契丹小字文献中的"世官之家"》⑧ 考察了被朝廷认可的"世官之家"的契丹语表达方式，认为《官职名的复数形》＋《帐、房、家》是在契丹小字中"世官之家"的表达方式。《契丹小字文献"母音间的 g"》⑨ 针对蒙古语音韵史中的重要论点之一"母音间的 g"的脱落问题，使用契丹语史料考察了其发生的过程。

吉池孝一以介绍长田夏树遗赠给古代文字资料馆的旧藏资料为中心，介绍了日本契丹文字的研究史，发表了多篇文章，有《长田夏树与契丹小字研究》⑩《论〈庆陵〉的契丹文字接尾语表》⑪《〈庆陵〉契丹文字接尾语表的属格语尾》⑫《长田夏树

---

① 武内康则：《解说编》，载丰田五郎、武内康则著、武内康则编《豊田五郎契丹文字研究論集》，松香堂書店 2015 年 12 月，第 263—284 页。

② 大竹昌巳：《契丹小字文献中の漢語音からみた漢語喉音韻尾》（上），《KOTONOHA》137 号，2014 年 4 月，第 1—8 页。

③ 大竹昌巳：《関於契丹語的兄弟姉妹称謂系統》，《KOTONOHA》142 号，2014 年 9 月，第 1—16 页。

④ 大竹昌巳：《契丹語の奉仕表現》，《KOTONOHA》149 号，2015 年 4 月，第 1—15 页。

⑤ 大竹昌巳：《契丹小字文献所引の漢文古典籍》，《KOTONOHA》152 号，2015 年 7 月，第 1—19 页。

⑥ 大竹昌巳：《契丹小字文献所引の漢人典故》，《KOTONOHA》160 号，2016 年 3 月，第 1—18 页。

⑦ 大竹昌巳：《契丹小字文献における母音の長さの書き分け》，《言語研究》148，2015 年，第 81—102 页。

⑧ 大竹昌巳：《契丹小字文献における〈世官之家〉》，《KOTONOHA》159 号，2016 年 2 月，第 1—12 页。

⑨ 大竹昌巳：《契丹小字文献における〈母音間のg〉》，《日本モンゴル学会紀要》46，2016 年，第 19—34 页。

⑩ 吉池孝一：《長田夏樹と契丹小字研究》，《KOTONOHA》98 号，2011 年 1 月，第 13—20 页。

⑪ 吉池孝一：《〈慶陵〉の契丹文字接尾語表について》，《KOTONOHA》100 号，2011 年 3 月，第 90—107 页。

⑫ 吉池孝一：《〈慶陵〉契丹文字接尾語表の属格語尾》，《KOTONOHA》101 号，2011 年 4 月，第 20—27 页。

的契丹语笔记等——契丹原字出度表》①《长田夏树的契丹语笔记——契丹原字音符时值表》②《周边语言的汉字音》③《契丹汉字音的有无》④《长田夏树的契丹语笔记等——接尾语备忘录》⑤《长田夏树的契丹语笔记等——关于〈庆陵〉诸资料的音值对照》⑥《契丹文字接尾语表（〈庆陵〉）考（1）》⑦《契丹文字接尾语表（〈庆陵〉）考（2）》⑧《论东洋文库所藏女真文字碑断片拓本》⑨《长田夏树旧藏拓本目录》⑩《契丹文字接尾语表（〈庆陵〉）考（3）》⑪《长田夏树的契丹语笔记等——〈接尾语备忘录〉的举例与〈庆陵〉的记述》⑫《长田夏树旧藏学术资料目录——另作别印的论文、电子复印论文、口头发表资料》⑬《厉氏1958年的契丹小字研究——作为利用汉语音的先驱研究》⑭《〈庆陵〉（1953年刊）的契丹语研究——作为体系研究的发端》⑮《论契丹语的孝》⑯《长田夏树旧藏图书目录1（古代文字资料管理部分）》⑰

①　吉池孝一：《長田夏樹氏の契丹語ノートなど—契丹原字出度表—》，《KOTONOHA》103号，2011年6月，第9—19页。

②　吉池孝一：《長田夏樹氏の契丹語ノートなど—契丹原字音価表—》，《KOTONOHA》105号，2011年8月，第19—26页。

③　吉池孝一：《周辺言語の漢字音》，《KOTONOHA》106号，2011年9月，第6—18页。

④　吉池孝一：《契丹漢字音の存否》，《KOTONOHA》109号，2011年12月，第12—18页。

⑤　吉池孝一：《長田夏樹氏の契丹語ノートなど—接尾語忘備録》，《KOTONOHA》110号，2011年1月，第1—8页。

⑥　吉池孝一：《長田夏樹氏の契丹語ノートなど—〈慶陵〉に関わる諸資料の音価対照》，《KOTONOHA》111号，2012年2月，第11—16页。

⑦　吉池孝一：《契丹文字接尾語表（〈慶陵〉）考》（1），《KOTONOHA》112号，2012年3月，第1—8页。

⑧　吉池孝一：《契丹文字接尾語表（〈慶陵〉）考》（2），《KOTONOHA》113号，2012年4月，第16—19页。

⑨　吉池孝一：《東洋文庫所蔵女真文字碑断片拓本について》，《KOTONOHA》114号，2012年5月，第1页。

⑩　長田礼子、吉池孝一、武内康則、中村雅之：《長田夏樹氏旧蔵拓本目録》，《KOTONOHA》115号，2012年6月，第1—3页。

⑪　吉池孝一：《契丹文字接尾語表（〈慶陵〉）考》（3），《KOTONOHA》116号，2012年7月，第15—18页。

⑫　吉池孝一：《長田夏樹氏の契丹語ノートなど—〈接尾語忘備録〉の挙例と〈慶陵〉の記述》，《KOTONOHA》118号，2012年9月，第1—4页。

⑬　吉池孝一：《長田夏樹氏旧蔵学術資料目録—抜刷論文、電子複写論文、口頭発表資料》，《KOTONOHA》119号，2012年10月，第1—5页。

⑭　吉池孝一：《厲氏1958年の契丹小字研究—漢語音を利用した先駆的研究として》，《KOTONOHA》120号，2012年11月，第1—5页。

⑮　吉池孝一：《〈慶陵〉（1953年刊）の契丹語研究—体系的研究の嚆矢として》，《KOTONOHA》122号，2013年1月，第1—8页。

⑯　吉池孝一：《契丹語の孝について》，《KOTONOHA》124号，2013年3月，第14—17页。

⑰　吉池孝一：《長田夏樹旧蔵図書目録1（古代文字資料館管理分）》，《KOTONOHA》125号，2013年4月，第1—5页。

《关于契丹小字的字素配列法》① 《关于长田夏树先生遗留的契丹小字解读工作的资料》②《契丹文字与西夏文字》③《郎君行记末尾的契丹小字与汉语译》④ 等。

吴英喆《契丹小字新发现资料释读问题》⑤ 对《耶律玦墓志铭》《萧回璉墓志铭》《耶律蒲速里墓志铭》进行了介绍和解读。《契丹小字〈胡睹夷离堇墓志铭〉考释》对胡睹夷离堇的墓志铭进行了介绍和解读。《在契丹小字史料中的"失（室）韦"》⑥ 对契丹小字《贵宁太师墓志铭》第 3 行所见的契丹小字进行了解读。《中国新出的契丹文字史料》⑦ 收录了近年发现的 10 件契丹文字墓志铭的基本信息，并进行了解说。

维亚车士拿夫·P. 扎伊特瑟夫著、荒川慎太郎译《俄罗斯科学院东方文献研究所所藏契丹大字抄写本》⑧ 认为俄罗斯圣彼得堡市的俄罗斯科学院东方文献研究所抄写本文书部所藏的"女真语抄写本"（整理号码 No. 1055、索书记号 N176）是契丹大字，介绍了其来历、形态，并做了部分解读。荒川慎太郎《俄罗斯科学院东方文献研究所所藏契丹大字抄写本》⑨ 对扎伊特瑟夫论文进行了解说。

川崎保《关于"渤海"文字资料中女真文字的起源考察——以 Vovin（沃宾）论文（2012）为中心》⑩ 对 Vovin 认为渤海国使用的特有文字（渤海文字）可能是女真文字的起源这一观点进行了介绍和批评，并论述了关于存在渤海文字可能性的看法。

中村雅之在辽金时代的汉语领域发表了两篇文章，《论辽代碑文中左侧横写的汉文》⑪ 对在《庆州圆首建塔碑铭》中所看到的左边横写的文章，进行了简单的介绍。

---

① 吉池孝一：《関於契丹小字的字素配列法》，《KOTONOHA》127 号，2013 年 6 月，第 1—4 页。

② 吉池孝一：《関於長田夏樹先生遺留的契丹小字解読工作的资料》，《KOTONOHA》129 号，2013 年 8 月，第 1—9 页。

③ 吉池孝一：《契丹文字と西夏文字》，《KOTONOHA》131 号，2013 年 10 月，第 23—26 页。

④ 吉池孝一《郎君行記末尾の契丹小字と漢語訳》，《KOTONOHA》140 号，2014 年 7 月，第 3—7 页。

⑤ 吴英喆：《契丹小字新発見資料釈読問題》（松川節，武内康則，荒川慎太郎校閲），東京外国語大学アジア、アフリカ研究所 2012 年版。

⑥ 吴英喆：《契丹小字史料における〈失（室）韋〉》，《日本モンゴル学会紀要》45，2015 年，第 3—8 页。

⑦ 吴英喆：《中国新出の契丹文字史料》，載荒川慎太郎、澤本光弘、高井康典行、渡辺健哉編《契丹［遼］と 10～12 世紀の東部ユーラシア》，アジア遊学 160，勉誠出版 2013 年版，第 166—178 页。

⑧ ヴェチェスラフ、P、ザイツェフ著，荒川慎太郎訳：《ロシア科学アカデミー東洋文献研究所所蔵契丹大字写本》，《内陸アジア言語の研究》27，2012 年 8 月。

⑨ 荒川慎太郎：《ロシア科学アカデミー東洋文献研究所所蔵契丹大字写本》，載荒川慎太郎、澤本光弘、高井康典行、渡辺健哉編《契丹［遼］と 10～12 世紀の東部ユーラシア》，アジア遊学 160，勉誠出版 2013 年版，第 179—187 页。

⑩ 川崎保：《〈渤海〉文字資料からみた女真文字の起源に関する一考察—ヴォヴィン論文（2012）を中心として》，《古代学研究》202，2014 年 7 月，第 34—40 页。

⑪ 中村雅之：《遼代碑文の左横書き漢文について》，《KOTONOHA》102 号，2011 年 5 月，第 1—2 页。

《〈夷坚志〉的〈契丹诵诗〉中所见的"俗语"》①认为在《夷坚志》中的《契丹诵诗》所见到的"俗语",不是契丹语而是汉语,并指出金朝的契丹人使用汉语,其汉语就是所谓的"汉儿语言"。

六　宗教

近年辽金佛教研究有所进展,其中藤原崇人用力较深,2011年他在进行一系列辽代佛教考论的基础上,向关西大学提交了博士论文《作为北方佛教国家的契丹(辽)》,之后进一步修改完善,2015年出版了《契丹佛教史研究》一书。该书探讨了兴宗、道宗朝政治与佛教的关系,以及辽代佛塔所反映的密教面貌,在围绕政治和佛教问题进行讨论之际,关注辽代宫廷移动(捺钵、行朝)这一政治的空间特征。他的《草海的佛教王国——石刻·佛塔文物中所见的契丹佛教》②一文将前述著作的内容做了一般性的概说。《栴檀瑞像的迁转与10—14世纪东部欧亚大陆的王权》一文考察了10—14世纪栴檀瑞像的所在与变化、瑞像信仰的发展,论述了宋太宗将瑞像置于皇帝权力的后盾的地位之上,并将其形象地展示出来之后,历经宋、金、元王朝,瑞像作为担保政权正当性的存在而受到重视。

关于金代的佛教与政治研究,桂华淳祥《金代的宗室与佛教》③对一直停留在概括性叙述金代宗室与佛教的关系,以及辽阳的渤海人可能是两者之间媒介的问题,利用与佛教相关的碑刻进行了进一步研究,认为世宗诸子,尤其是元妃张氏的儿子永中、永功积极地保护佛教,元妃出身的辽阳渤海张氏家族,特别是受到几朝皇帝所重用的张浩与提倡佛教有着很深关系。该文进一步指出与张氏和世宗诸子有关的僧侣法宝、觉体、善满三人,皆是构成北传曹洞宗的中枢人物,曹洞宗一方也通过接近宗室和外戚中有权势的人,来扩大教派的活动范围。

随着近年来佛典手抄本、出版物研究的进展,对东亚各国与辽金的佛教关系研究也不断增多。矶部彰《辽帝国的出版文化和东亚》④围绕大藏经的出版,纵观辽、高丽、日本的文化交流,指出高丽佛画与西夏佛画具有相似之处,介于两国之间的辽朝

---

① 中村雅之:《〈夷坚志〉〈契丹诵诗〉に见える"俗语"》,《KOTONOHA》112号,2012年3月,第22—24页。

② 藤原崇人:《草海の仏教王国—石刻、仏塔文物に见る契丹の仏教》,载荒川慎太郎、澤本光弘、高井康典行、渡辺健哉编《契丹[遼]と10～12世纪の東部ユーラシア》,アジア遊学160,勉诚出版2013年版,第8—100页。

③ 桂華淳祥:《金代における宗室と仏教》,《大谷学报》92卷2号,2013年3月,第24—45页。

④ 磯部彰:《遼帝国の出版文化と東アジア》,载荒川慎太郎、澤本光弘、高井康典行、渡辺健哉编《契丹[遼]と10～12世纪の東部ユーラシア》,アジア遊学160,勉诚出版2013年版,第76—87页。

可能参与了两者的文化交流。西胁常记《金藏〈大方便佛报恩经〉是契丹藏吗?》①
对现存金藏《大方便佛报恩经》的两种版本（赵城广胜寺本、大宝集寺本）、房山石
经收藏本与应县木塔发现的同一部经的版式、底本，进行了比较研究，认为可看出金
藏是契丹藏的木版转用。末木文美士《高山寺所藏高丽版续藏抄写本所见到的辽代
佛教》② 将包括京都高山寺所藏高丽版续藏手抄本在内的辽代著作做成一览表和解
说，指出 1206 年高山寺创建期间，开基者明惠可能有意收集了这些抄写本。通过高
丽版续藏可重新认识辽代佛教与日本院政期、镰仓初期佛教的关系。橘堂晃一《Liao
Influence on Uigur Buddhism》③（《辽对维吾尔佛教的影响》）考察了吐鲁番文书中记
载的契丹佛教在西维吾尔国的影响，指出在吐鲁番文书中存在着契丹藏与同版形的佛
典，而且这些佛典中一部分有维吾尔文的批注，说明维吾尔僧人实际使用了这些佛
典。该文还考察了维吾尔僧人的使用方法（汉语、维吾尔语的混淆，汉语的佛典咏
唱）。

  水野沙耶对辽、金塔的装饰中比较显著的碑形、塔形装饰与辽、金塔的地区差异
问题展开研究，发表了系列文章。《关于中国辽宁省辽塔的第一层塔身浮雕尊像的调
查报告》④ 是关于辽宁省辽塔的调查报告。基于这项调查，他撰写的《关于辽代朝阳
北塔的考察》⑤ 认为朝阳北塔的第一层浮雕尊像，是将"佛顶尊胜陀罗尼"与塔视为
一体，并基于《大乘本生心地观经》中"八大灵塔"的效力而做成的。该文指出北
塔的形态与浮雕尊像等表现了朝阳的地域特性，在分析辽塔时有必要考虑地域的差
异。《论北京市周边辽塔的第一层塔身庄严主题思想——北京天宁寺再考的第一阶
段》⑥ 是对北京地区的辽塔的第一层塔身装饰的调查报告，指出北京地区辽塔的第一
层塔身装饰基本不配尊像。以这个调查报告为基础，他撰写的《论北京天宁寺塔》⑦
对被认为是辽末建造的北京天宁寺塔进行考察，认为将该塔第一层塔身的尊像浮雕与
北京地区其他辽塔进行比较后，可知它不是辽代所建，而是金朝大定年间重建的。

---

  ① 西脇常記:《金藏〈大方便仏報恩経〉は契丹藏か?》，《文化史学》71 号，2015 年 11 月，第 27—44
页。

  ② 末木文美士:《高山寺所藏高麗版統藏写本に見る遼代仏教》，载《平成 25 年度高山寺典籍文書綜合調
查団研究報告論集》2014 年 3 月，第 3—9 页。

  ③ Kitsudo, Koichi（橘堂晃一），"Liao Influence on Uigur Buddhism", I. Galambos（ed.）*Studies in Chinese
Manuscripts from the Warring Stats Period to the 20th Century*, Institute of East Asian Studies, E？ tv？ s Lorànd Univer-
sity 2013, pp. 225 – 247.

  ④ 水野さや:《中国、遼寧省におけるいわゆる遼塔の第一塔身浮彫尊像に関する調査報告》，《金澤美術
工芸大学紀要》55，2011 年，第 49—92 页。

  ⑤ 水野さや:遼代朝陽北塔に関する考察》，《金澤美術工芸大学紀要》57，2013 年，第 91—110 页。

  ⑥ 水野さや:《北京市周辺における遼塔の第一塔身荘厳モティーフについて—北京天寧寺塔再考の第一
段階として—》，《金澤美術工芸大学紀要》58，2014 年，第 57—82 页。

  ⑦ 水野さや:《北京天寧寺塔について》，《密教図像》33，2014 年 12 月，第 1—14 页。

《论辽塔、金塔的碑形装饰》[①] 对天津市蓟县的观音寺白塔、锦州市兴城县白塔峪塔、锦州市兴城县兴城磨石沟塔的碑形装饰进行了考察，认为都是基于佛顶尊胜陀罗尼信仰而建造，与此前作者研究的其他辽塔是一样的。对辽塔与《大乘本生心地观经》的关系，那须真裕美《以唐代、辽代为中心的缘起法颂的受容与变容——从造塔供养的观点来看》[②] 一文对此进行了论述。

松木民雄从 20 世纪 80 年代末开始，对北京的佛塔进行持续地调查与研究[③]，其中考察了辽金的佛塔和文物。《北京云居寺佛塔小考》[④] 对北京云居寺内现存的 15 座佛塔进行了介绍和分析，指出北塔的配置呈南北轴，然现存的伽蓝配置则呈东西轴，这说明北塔周边应是唐代原来的伽蓝，现存东西轴的伽蓝是辽代重建的。

七　文学、艺术、技术

在此前，日本在辽金文学领域的研究成果比较少。近年，高桥幸吉在这一领域积极地展开研究，发表多篇文章。《元好问与韩门文人——元好问诗中对韩门的受容》[⑤] 一文分析了元好问诗中受韩愈及其门下诗人的影响，认为元好问对韩门的受容是有限的。《金末元初的"江湖派"诗人——杨宏道和房暤》[⑥] 考察了出现于金末的以在野活动为主的"非士大夫"诗人，重点研究了杨宏道和房暤的活动、作品及其特征。该文将其与同时期南宋江湖派诗人进行比较，考察二者的异同，进而认为金末元初华北"江湖派"诗人与南宋江湖派诗人不同，前者属于"士人阶层"，诗文的创作过程也没有游历各地的活动。该文认为金朝与南宋相比，社会经济繁荣程度和文化成熟方面较差，尽管其文化正处于成熟期间，却又遇到了蒙古南进，使得政治、社会发生混

　　① 水野さや：《遼塔、金塔における碑形装飾について》，《金澤美術工芸大学紀要》59，2015 年，第 61—82 页。

　　② 那須真裕美：《唐代、遼代を中心とした縁起法頌の受容と変容—造塔供養の観点から—》（1），《密教学》50 号，2014 年 3 月，第 117—136 页。

　　③ 松木的研究中介绍与辽金史有关的内容不多，这里将其与辽金史有关的文章列举如下，以供参考：《北京の仏塔—年代考証を中心に》，《北海道東海大学紀要》（人文社会科学系）2，1990 年 3 月，第 77—103 页；《北京"銀山塔林"小志》，《北海道東海大学紀要》（人文社会科学系）4，1992 年 3 月，第 85—102 页；《北京、潭柘寺仏塔研究》，《北海道東海大学紀要》（人文社会科学系）5，1993 年 3 月，第 43—75 页；《北京、白瀑寺と仏塔—金代のラマ式寺院》，《北海道東海大学紀要》（人文社会科学系）7，1995 年 3 月，第 37—54 页；《北京、戒台寺の諸仏塔》，《北海道東海大学紀要》（人文社会科学系）13，2001 年 3 月，第 77—107 页；《北京、天寧寺塔》，《北海道東海大学紀要》（人文社会科学系）15，2003 年 3 月，第 211—230 页；《北京、八大処の諸仏塔（上）：長安寺と霊光寺》，《北海道東海大学紀要》（人文社会科学系）16，2004 年 3 月，第 144—163 页。

　　④ 松木民雄：《北京、雲居寺仏塔小考》，《東海大学国際文化学部紀要》5，2012 年，第 17—46 页。

　　⑤ 高橋幸吉：《元好問と韓門文人—元好問詩における韓門の受容—》，《中国研究》6，2013 年，第 49—77 页。

　　⑥ 高橋幸吉：《金末元初における〈江湖派的〉詩人—楊宏道と房暤》，载内山精也編《南宋江湖の詩人たち—中国近世文学の夜明け》，アジア遊学 180，勉誠出版 2015 年版，第 211—223 页。

乱，诗文创作方面没有游历各地汲取创作素材的余暇。《金末元初"江湖派"诗人（补遗）——段克己、段成己与张弘范》① 是对上述研究成果的补充。

关于辽代文学研究，福井敏《辽代出土墓志小考》② 将辽代墓志的文章结构特征与唐代墓志进行比较研究，指出唐代墓志很多没有"叙文"，而辽代墓志则多有之，这是受唐代显彰碑的文章结构影响而形成的。

松浦智子《从明代小说所见的契丹——从杨家将演义谈起》对明代完成的《杨家将演义》③（《北宋志传》《杨家府演义》）的内容进行了介绍，认为其内容与史实背离，荒唐无稽。《杨家将演义》中宋平定辽的内容，反映了嘉靖年间苦于蒙古（北虏）入侵的社会状况，人们渴求能与北方敌人一战而胜，于是创作了杨家将的故事。

在辽金艺术研究领域，近年来学界比较关注日本的东亚文化交流研究，发表了以下数篇文章。

福本有寿子将辽代遗址发掘的染织品和日本的锦进行比较研究，她的《在以辽代为主的染织品中所见的花样的变迁——中国出土的工艺品与传到日本的锦的比较》④ 一文中，考察了9—10世纪的复样三枚绫组织纬锦、准复样三枚绫组织纬锦的变迁。《对辽代染织品中看到的鸟襷形式的花纹之考察》⑤ 分析了8—12世纪期间，菱形花纹四边各配一对追挂状尾长鸟的花纹，即鸟襷花纹的变迁，并从以下四个方面展开讨论：（1）在动物相对的圆形纹饰与辅助的花纹之间填满了襷的花纹，组合起来就形成了鸟襷花纹。（2）纹饰较密时，动物纹饰呈现出放射性状态的变化。（3）进入10世纪之后，主题纹饰与辅助纹饰的概念变得淡了，出现了菱形纹饰。（4）10世纪以后，现在了与唐草牡丹纹饰组合的现象。该文认为13世纪以后日本的鸟襷花纹的直接起源可在10—11世纪辽代染织品中探求。

桥村爱子《平家纳经与其经箱——从吴越国、宋、契丹的佛塔中所收纳的法华经与日本说起》⑥，该文对收藏在日本广岛县宫岛的严岛神社所藏的12世纪手写经书《平家纳经》的经箱设计图案进行了考察，认为经箱的设计师将经卷比作佛舍利，将经箱比作佛塔，设计而成。10—12世纪这种特别的收纳形式与辽、吴越、宋收纳佛

① 高橋幸吉：《金末元初における〈江湖派的〉詩人（補遺）—段克己、段成己と張弘範—》，《中国詩文論叢》34，2015年12月，第161—172页。

② 福井敏：《遼代出土墓誌小考》，《大谷大学真宗総合研究所研究紀要》31，2014年，第301—314页。

③ 松浦智子：《从明代小说中所见的契丹——杨家将演义谈起》，载荒川慎太郎、澤本光弘、高井康典行、渡边健哉编《契丹（遼）与10~12世纪的東部欧亚大陆》，亚洲游学160，勉诚出版2013年1月，第253—263页。

④ 福本有寿子：《遼代を中心とした染織品に見る文様の変遷について—中国出土裂と日本伝来の錦の比較から》，《人文論究》62卷4号，2013年2月，第53—72页。

⑤ 福本有寿子：《遼代染織品に見られる鳥襷形式の文様に関する一考察》，《美術史》180，2016年3月，第303—319页。

⑥ 橋村爱子：《平家納経とその経箱—呉越国，宋，契丹の仏塔に納められた法華経と日本より—》，《美学美術史研究論集》26号，2012年，第1—47页。

典（尤其是《法华经》）的佛塔之间有关联，东亚文化交流正是在这种背景下进行的。

等等力政彦《论内蒙古敖汉旗喇嘛沟的辽墓壁画中所见梯形共鸣箱的长颈鲁特琴》① 对辽墓壁画中所描绘的带有梯形共鸣箱的弦乐器进行了考察，认为此前不加批判地将壁画上的乐器比定为弓奏乐器马头琴的原型，但如果考察蒙古及其周边地区弓奏乐器的出现与传播过程，可发现壁画所描绘的乐器应该是拨弦乐器。该文指出壁画中具有梯形共鸣器的拨弦乐器，可能是在蒙古西部常见的乐器托布秀儿（topshul）的原型。

关于金元时期技术领域的研究较少，其中宫纪子发表了重要成果，她在《蒙古王族与汉人的技术主义集团》② 一文中分析了金末到元初医学、算术、天文、历法等科技方面人士（技术主义集团）与蒙古王族之间的关系。该文对蒙古政权积极任用科技人士的态度，以及蒙古帝国统治下各地区人们对科学技术的态度进行了论述，并描绘了在帝国各地都存在蒙古王族所拥有的投下封地，使得欧亚大陆东西方学术得以相互交流的生动景象。谷口绫《论金元时代儒医的发展》③ 对于宋代以来医学史不可或缺的儒医，从其过去一直未受重视，到金元时期在华北发展起来的现象进行了考述。这与宫纪子的研究一并考虑的话，其意义便凸显出来了。奥野繁生《刘完素与〈西山群仙会真记〉》④ 指出金代医学家刘完素的著作中大量引用道教文献《西山群仙会真记》的记载，并从一些引用的具体内容中分析了两者思想的关联性，关于《西山群仙会真记》中引用的部分与《素问》的思想关联性进行了说明。该文认为刘使用《西山群仙会真记》的内容补充了他最为重视的《素问》，但《西山记》的道教内容与医学见解相乖离的时候，后者被放在优先的位置上。

关于辽金建筑研究，近年来有不受重视的倾向，尽管成果少，但还有几篇文章发表。温静《中国辽金建筑的补间铺作形式》⑤ 从补间铺作和头柱铺作的构造变迁入手对唐、五代到辽金时代的建筑发展进行了考察，探讨了将补间铺作从头柱铺作中区别开来，是在五代时出现的，通过辽代发展出现了多种形式，最终达到了在《营建方式》上所见的构造形式。2015 年 2 月，温静向东京大学提交了以《从组合建筑物所见的中国宋辽金时期建筑的研究》为题的博士学位论文。

① 等々力政彦：《内モンゴル敖漢旗喇嘛溝の遼墓壁画に認められる，台形胴の長頸リュートについて》，《大谷大学真宗総合研究所研究紀要》31，2014 年，第 49—63 页。
② 宮紀子：《モンゴル王族と漢児の技術主義集団》，載小南一郎編《学問のかたち：もう一つの中国思想史》，汲古書院 2014 年版，第 177—222 页。
③ 谷口綾：《金元代における儒医の展開について》，《東方宗教》121，2013 年 5 月，第 45—64 页。
④ 奥野繁生：《劉完素と〈西山群仙会真記〉》，《東方宗教》121，2013 年 5 月，第 24—44 页。
⑤ 温静：《中国遼、金代の建築における補間鋪作の形式》，《日本建築学会計画系論文集》78，2013 年 1 月，第 231—236 页。

八　考古、田野考察

自 2000 年以后，日本的学者在中国、蒙古国、俄罗斯等地积极开展实地调查，进入 2010 年这一工作仍在继续，发表了很多成果。

关于辽代的州县城址，高桥学而以实地调查材料为基础发表了如下文章：《辽中京大定府的建立——从其管辖下的州县城来看》① 从中京大定府管辖的州县城的形制、规模以及分布状况，考察了中京大定府的建立过程，指出中京管辖下的州县城分布在以中京为半径 100 千米左右的范围内，形制上大约基于一定的规格。《辽宁省辽河流域辽代州县城址的调查报告》② 论述了从城址分布和城郭形态看，辽河流域的州县城可能具有对女真防范的功能，指出其作为辽河防卫线和边境线的意义。

中尾幸一、町田吉隆《岛田正郎制作的祖州城址地形图之验证——以卫星画像》③、大山耕生、中尾幸一、町田吉隆《以卫星画像制作的中国辽上京城址平面图》④ 使用了卫星画像尝试制作了辽祖州、上京遗迹的数字地图，并且将其与 20 世纪三四十年代制作的实测图进行了比较，显示了两者的异同。

2006 年以来，千田嘉博、臼杵勲在蒙古国青陶勒盖遗迹的发掘调查工作取得了进展，先后发表了《蒙古辽代城郭都市的构造和环境变动调查报告》⑤、《青陶勒盖城址研究地的调查报告：奈良大学特别研究〈蒙古辽代城郭都市的构造和环境变动〉》⑥

---

① 高橋学而：《遼中京大定府の成立—管轄下の州県城から》，載荒川慎太郎、澤本光弘、高井康典行、渡辺健哉編《契丹［遼］と10～12世紀の東部ユーラシア》，アジア遊学 160，勉誠出版 2013 年版，第 129—139 頁。

② 高橋学而：《遼寧省遼河流域の遼代州県城址についての踏査報告》，《大谷大学真宗総合研究所研究紀要》31，2014 年，第 72—85 頁。

③ 中尾幸一、町田吉隆：《島田正郎氏作成祖州城址地形図の検証—衛星画像を用いて》，《神戸市立工業高等専門学校紀要》52，2014 年 3 月，第 91—96 頁。

④ 大山耕生、中尾幸一、町田吉隆：《衛星画像を用いた中国、遼上京址平面図の作成》，《神戸市立工業高等専門学校紀要》52，2014 年 3 月，第 117—120 頁。

⑤ 千田嘉博：《奈良大学創立 40 周年記念事業平成 21 年度総合研究所特別研究報告モンゴル遼代城郭都市の構造と環境変動—モンゴル国チントルゴイ遺跡 2009 年調査報告》，《総合研究所所報》19 号，2011 年 3 月，第 141—150 頁；千田嘉博：《モンゴル遼代城郭都市の構造と環境変動 2010 年度調査成果報告》，《総合研究所所報》20 号，2012 年 3 月，第 95—114 頁；千田嘉博：《モンゴル遼代城郭都市の構造と環境変動 2011 年度調査成果報告》，《総合研究所所報》21 号，2013 年 3 月，第 79—87 頁。

⑥ 千田嘉博、A、エンフトル編、モンゴル科学アカデミー考古学研究所監修：《チントルゴイ城跡の研究 2009 年調査報告—奈良大学特別研究〈モンゴル遼代城郭都市の構造と環境変動〉》，奈良大学 2010 年版；千田嘉博編：《チントルゴイ城跡の研究 20092011—奈良大学特別研究〈モンゴル遼代城郭都市の構造と環境変動〉》，奈良大学 2011 年版；千田嘉博、A、エンフトル編：《チントルゴイ城跡の研究 2010 年調査報告—奈良大学特別研究〈モンゴル遼代城郭都市の構造と環境変動〉》，奈良大学 2011 年版；坂本俊、千田嘉博、A、エンフトル編、モンゴル科学アカデミー監修：《チントルゴイ城跡の研究—奈良大学特別研究〈モンゴル遼代城郭都市の構造と環境変動〉調査報告 4》，奈良大学 2015 年版。

等系列文章。木山克彦、臼杵勋、千田嘉博、正司哲朗，A. Enkhtur《青陶勒盖城址与周边遗迹》① 对上述调查成果进行了一般性的概要解说。

白石典之《蒙古国戈壁沙漠地区的契丹系文化遗存》对蒙古国内契丹时期的遗迹进行了介绍，其中包括巴戈嘎扎尔朝鲁遗址、孔古烈遗址、察布伦山墓地、杜贵察黑尔墓、布烈尼敖包石碑等。

关于金代的城址，中泽宽将整理了 2008 年至 2010 年间发表的文章，撰写了《东北亚中世考古学的研究——靺鞨、渤海、女真》，文中通过考古学的方法，解释了从 7 世纪到 13 世纪俄罗斯远东地区、中国东北地区的城市群（城郭）的分布、构造，考察了物品流通、消费中所见到的地区构造与社会。臼杵勋《东亚的中世城郭：女真的山城与平城》② 对女真、金、东夏的城址进行了概述。该文作者在该书随处所配置的专栏，写下了田野考察方法与实地调查的体验，成为田野考察的指南。

关于辽代的陵墓、贵族墓的研究，董新林著、渡边健哉译《辽祖陵陵园遗迹的考古学新发现与研究》③ 介绍了 2003 年之后作者所进行的祖陵发掘成果。武田和哉《关于契丹国（辽朝）的皇帝陵及皇族、贵族墓的占地考察》④ 是关于辽代的陵墓、贵族墓的调查报告，并考察了其占地情况。

町田吉隆近年来对辽代陶瓷器进行了大力的研究，《关于契丹陶瓷"周缘性"的讨论——以唾壶和陶枕为例》⑤ 对契丹唾壶和陶枕展开研究，指出契丹唾壶的样式受到了唐末、五代以后当时最为流行样式的影响，陶枕还是保守地使用 10 世纪流行的样式，两者的差别是很明显的。该文认为即便确定是契丹瓷器，在外观上，还是能根据器型看出其有选择地吸收了同时期宋代陶瓷器的流行样式，同时还要考虑到其他地区（西方、北方）对契丹陶瓷器的影响。他在《契丹国（辽朝）时代的陶枕》⑥ 一文中对陶枕做了详细的研究。《关于契丹陶瓷的"周缘性"研究（2）——通过与唐代三彩窑的比较》⑦ 对辽代生产以三彩为代表的低火度铅釉陶瓷器的陶瓷窑进行了研

①　木山克彦、臼杵勋、千田嘉博、正司哲朗、A、エンフトゥル：《チントルゴイ城址と周辺遺跡》，载荒川慎太郎、澤本光弘、高井康典行、渡辺健哉编《契丹［遼］と10～12世纪の東部ユーラシア》，アジア遊学160，勉誠出版 2013 年版，第 205—220 页。

②　臼杵勋：《東アジアの中世城郭：女真の山城と平城》，吉川弘文館 2015 年版。

③　董新林著、渡辺健哉訳：《遼祖陵陵園遺跡の考古学的新発見と研究》，载荒川慎太郎、澤本光弘、高井康典行、渡辺健哉编《契丹［遼］と10～12世纪の東部ユーラシア》，アジア遊学160，勉誠出版 2013 年版，第 221—231 页。

④　武田和哉：《契丹国（遼朝）の皇帝陵および皇族、貴族墓の占地に関する一考察》，《大谷大学真宗総合研究所研究紀要》31，2014 年，第 86—108 页。

⑤　町田吉隆：《契丹陶磁の〈周縁性〉に関する検討—唾壺と陶枕を例に—》，《神戸市立工業高等専門学校紀要》48，2010 年 3 月，第 161—166 页。

⑥　町田吉隆：《契丹国（遼朝）時代の陶枕について》，《神戸市立工業高等専門学校紀要》54，2016 年 3 月，第 21—26 页。

⑦　町田吉隆：《契丹陶磁の〈周縁性〉に関する検討（2）—唐代の三彩窯との比較を通して—》，神戸市立工業高等専門学校紀要》50，2012 年 3 月，第 157—162 页。

究，指出尽管辽三彩在某些形态上受到了唐三彩的影响，但唐代三彩窑可能并没有直接影响辽三彩，从"生产形态"上看，河北的邢州窑和河南的黄冶窑对契丹陶瓷的影响可能更高。《关于契丹陶瓷的"周缘性"研究（3）——与辽代都城、州县制度的关联》[①] 指出以往研究中认为特定的陶瓷窑和五京是有着关联的，但这些陶瓷窑的生产起始年代是辽代后期、晚期。陶瓷器未必都与五京有关联，从现在发现的陶瓷窑所在地看，是属于都城和州县城的多个小规模陶瓷窑，它们的运营是为对应各地区对陶瓷器的需求。《关于契丹陶瓷器的"周缘性"研究（4）——从与西夏陶瓷的关联来看》[②] 一文对契丹陶瓷与西夏陶瓷进行了比较，指出双方都受到了磁州窑的影响，但在烧窑法、器形上都具有各自明显的特征，这与双方有选择地使用磁州窑的技术方法有关。另外指出在考察西夏陶瓷和契丹陶瓷关系时，今后还要特别注意山西陶瓷窑的作用。《论辽墓出土契丹陶瓷中所见的契丹国（辽朝）社会的阶层性》[③] 对叶茂台辽墓出土的陶瓷器与宣化辽墓出土的陶瓷器进行了比较研究，认为前者契丹贵族随葬的瓷器中，北宋传入的瓷器占了大半部分；后者当地汉族上层人物随葬的瓷器中，辽朝本土生产的陶瓷器占了大半部分，可见两者之间存在阶层性。

除此之外，陶瓷器的研究还有臼杵勋、弓场纪知的文章。臼杵勋《契丹地域陶器生产》[④] 通过研究蒙古国青陶勒盖遗址出土的陶器和当地发现的窑址，考察了在当地社会发展水平下陶器生产流通的特征，进而指出该窑址是以生产日用陶器为主，从器形看既有游牧文化的影响也有渤海人文化的影响。弓场纪知《传到日本的契丹陶瓷器——以契丹陶瓷器研究史的观点为中心》[⑤] 概述了日本的契丹陶瓷器研究，并简单介绍了日本收藏契丹陶瓷器的场所。

关于辽金佛教遗迹的调查报告在前段已有一定介绍，此外还有如下文章。藤原崇人《辽东佛塔初探——以辽阳县塔湾塔为中心》[⑥] 在调查辽阳县塔湾塔的基础上做了初步的探讨。吉田一彦《寻访契丹（辽）的佛教——从 2012 年度调查开始》[⑦] 对辽宁省、内蒙古境内与契丹佛教相关文化遗迹进行了调查、记录和介绍。阿南·弗吉尼

① 町田吉隆：《契丹陶磁の〈周縁性〉に関する検討（3）—遼代の都城、州県制度との関連から—》，《神戸市立工業高等専門学校紀要》51，2013 年 3 月，第 161—164 页。

② 町田吉隆：《契丹陶磁の〈周縁性〉に関する検討（4）—西夏陶磁との関連から—》，《神戸市立工業高等専門学校紀要》53，2015 年 3 月，第 73—78 页。

③ 町田吉隆：《遼墓出土契丹陶磁に見られる契丹国（遼朝）社会の階層性について》，《大谷大学真宗総合研究所研究紀要》31，2014 年，第 64—71 页。

④ 臼杵勲：《契丹の地域土器生産》，《札幌学院大学人文学会紀要》91，2012 年 2 月，第 47—67 页。

⑤ 弓場紀知：《日本に伝わる契丹の陶磁器—契丹陶磁器の研究史的観点を中心にして》，載荒川慎太郎、澤本光弘、高井康典行、渡辺健哉編《契丹［遼］と10～12 世紀の東部ユーラシア》，アジア遊学160，勉誠出版 2013 年版，第 141—145 页。

⑥ 藤原崇人：《遼東仏塔初探—遼陽県塔湾塔について》，《大谷大学真宗総合研究所研究紀要》31，2014 年，第 41—48 页。

⑦ 吉田一彦：《契丹（遼）の仏教をたずねて—2012 年度の調査から—》，《人間文化研究所年報》8，2013 年 3 月，第 52—58 页。

亚·史代《辽南京的佛教文化杂记》① 介绍今北京周边辽代佛教的遗迹与文物。《契丹的最后据点——守卫草原的边境之寨，广漠的蒙古大草原之旅》② 是对蒙古国境内契丹城塞遗迹的访问记录。

关于辽金碑刻研究，松川节《契丹大字碑文的新发现》③ 记录了 2010 年 8 月作者等人在蒙古国东戈壁省的额尔德尼县，发现契丹大字碑文《布烈尼·敖包契丹大字碑文》的调查经过。山本明志《河南省荥阳金元时代石刻史料》④ 介绍了与今河南省荥阳市相关的四方金元时期石刻史料，并考察了其现存情况和流传至今的情况。其中有的石刻保存完好（洞林寺《圣旨之碑》），有的石刻被发现（《刘氏祖宗大碑》），还有原石丢失但保存了拓本（《长春观地界文凭》），也有原石、拓本都没有了，但有残存的录文。作者还对石刻传世的多样性与相关人的想法进行了说明。船田善之、井黑忍、饭山知保《晋北访碑报告》⑤、船田善之、井黑忍、饭山知保、小林隆道《河东访碑报告》⑥，是作者们关于持续考察碑刻的报告。

关于博物馆等展示辽代文物的介绍，在《契丹（辽）与 1012 世纪的东部欧亚大陆》一书中收录了如下的文章：市元望《契丹的遗宝传递了什么？——来自草原王朝契丹展的现场》⑦ 对 2012 年在日本国内巡回展出的"草原王朝契丹展"的开展经过与内容进行了介绍。石尾和仁《德岛县立鸟居龙藏纪念馆》⑧ 介绍了考古学者、人类学者鸟居龙藏所收集的考古资料、民族资料，他一生出版了多部与辽史相关的著作。河内春人《法国汉学与契丹》⑨ 对法国的吉美美术馆 Musée Guimet 和赛努奇美术馆 Musée Cernuschi 所藏契丹（辽）文物进行了介绍。

---

①　阿南ヴァージニア史代：《遼南京の仏教文化雑記》，載荒川慎太郎、澤本光弘、高井康典行、渡辺健哉編《契丹［遼］と10～12世紀の東部ユーラシア》，アジア遊学160，勉誠出版2013年版，第146—154頁。

②　阿南ヴァージニア史代：《契丹の最後の拠点—草原を守る辺境の砦茫漠たるモンゴル大草原を旅して》，載《外交》30，2015年3月，第108—113頁。

③　松川節：《契丹大字碑文の新発見》，載荒川慎太郎、澤本光弘、高井康典行、渡辺健哉編《契丹［遼］と10～12世紀の東部ユーラシア》，アジア遊学160，勉誠出版2013年版，第188—193頁。

④　山本明志：《河南省滎陽の金元時代の石刻史料》，《歴史評論》783，2015年7月，第1925頁。

⑤　船田善之、井黑忍、飯山知保：《晋北訪碑報告》，《学習院大学東洋文化研究所調査研究報告》57，2012年11月，第130頁。

⑥　船田善之、井黑忍、飯山知保、小林隆道：《河東訪碑報告》，《九州大学東洋史論集》38，2013年1月，第137頁。

⑦　市元望：《契丹の遺宝は何を伝えるのか—草原の王朝契丹展の現場から》，載荒川慎太郎、澤本光弘、高井康典行、渡辺健哉編《契丹［遼］と10～12世紀の東部ユーラシア》，アジア遊学160，勉誠出版2013年版，第232—238頁。

⑧　石尾和仁：《徳島県立鳥居龍蔵記念館》，載荒川慎太郎、澤本光弘、高井康典行、渡辺健哉編《契丹［遼］と10～12世紀の東部ユーラシア》，アジア遊学160，勉誠出版2013年版，第278—282頁。

⑨　河内春人：《フランス、シノロジーと契丹》，載荒川慎太郎、澤本光弘、高井康典行、渡辺健哉編《契丹［遼］と10～12世紀の東部ユーラシア》，アジア遊学160，勉誠出版2013年版，第283—287頁。

余论

总而言之，2010 年后的日本辽金史研究多集中于国际关系与交流、契丹文字，以及田野考察等特定的研究领域。近年来整个日本史学界的研究倾向是不仅注重现有的典籍史料，并且为获取新史料而重视田野考察；超越近代民族国家的框架从大地理空间（例如东部欧亚大陆、东亚海域）来解释历史；运用多种语言来推进历史研究；等等。这些正是构成 2010 年后日本辽金史研究倾向的原因，而且这个倾向在一段时期内还会继续存在。

如果就辽史与金史各自某种研究的倾向而言，辽史研究多是仅对有辽一代进行研究，金史研究则多见贯穿金元两代，其中大半是集中于金末元初的问题研究。正如井黑忍所指出的那样[1]，为了深化研究，研究视角需要贯通辽金或者宋金。

在 2010 年后的研究成果中，一些是研究者们将 20 世纪 90 年代到 2010 年的研究成果整理成书，或许可称之为"守成时代"。目前辽金史研究的现状，如毛利英介指出的那样[2]，新生代学者几乎没有增加。因此在今后一段时间内，学界已有的研究势头和热度可能会有所下降。在本文所列举的学者中新时代的青年学者尽管较少却依然存在，数年间日本的辽金史研究并不会走向衰退。在这段时期内，一部分曾经的"青年"学者已经获得了教职，他们培养新生代学者的环境正在完备。今后这些曾经的"青年"学者们不仅作为学者，同时作为教育者，将受到能力水平的考验。

---

[1] 参见井黑忍《2014 年の歴史学界—回顧と展望—：東アジア（中国—五代、宋、元）》，《史学雑誌》124 编 5 号，2015 年 5 月，第 223 页。

[2] 参见毛利英介《2014 年の歴史学界—回顧と展望—：内陸アジア》，《史学雑誌》124 编 5 号，2015 年 5 月，第 261 页。

第十二篇
文物·考古新发现

"冶金考古"重地

——北京延庆大庄科辽代矿冶遗址群

刘乃涛

大庄科辽代矿冶遗址群水泉沟居住遗址发掘现场

"冶金考古"是考古学中的重要研究领域。2011年10月—2014年11月，经国家文物局批准，北京市文物研究所联合北京科技大学冶金与材料史研究所、北京大学考古文博学院对北京延庆大庄科矿冶遗址群进行了考古调查、勘探及3次考古发掘工作，发掘总面积3650平方米，并开展了文物保护及相关科技考古研究工作。

大庄科矿冶遗址群反映了北京地区在辽代接受、运用中原生铁冶金技术的情况，是这一时期生铁冶金技术传播的重要环节，体现了辽王朝物质文化的发展水平。此次考古发现不是仅仅发掘了几座冶铁炉，而是发现了从采矿到冶炼的全部遗迹，并且找到了冶铁工匠工作、生活、居住的地方，遗迹类型系统、丰富，为开展冶铁竖炉炉体材料的科学分析和仿真研究提供了重要资料，为中国古代冶铁技术研究提供了极为宝贵的考古证据。

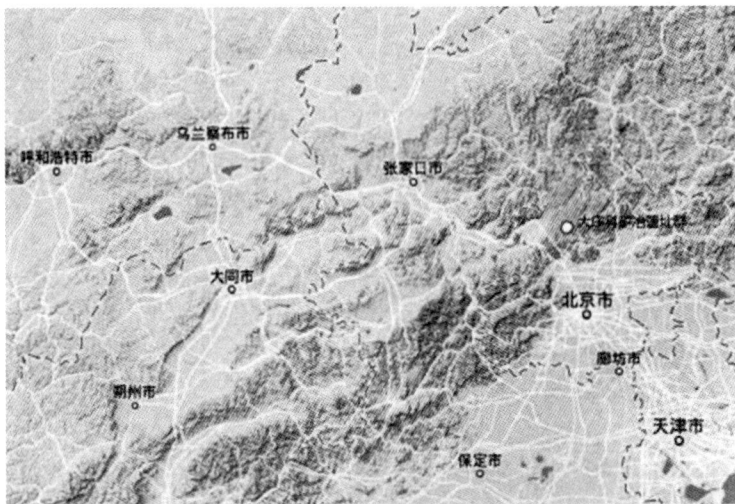

大庄科矿冶遗址群位置

系统、丰富的遗址群

一 矿山

通过考古调查及勘探工作，考古队员发现了 5 处矿山，分别为榆木沟矿山、东三岔矿山、香屯矿山、东王庄矿山和慈母川矿山。开采铁矿石的矿洞及部分露天采矿遗迹分布在山脚及半山坡范围内，采矿洞口清晰可见，四周散落少量尾矿渣，矿洞口散落的铁矿以磁铁矿为主。矿山周边水流通畅，丰富的水资源不仅为矿石的运输提供便利，同时对于冶炼过程中的用水以及矿冶管理机构、冶炼工匠的饮用水源提供了便利。

冶炼遗址考古队员发现冶炼遗址 4 处，分别为水泉沟冶炼遗址、汉家川冶炼遗址、铁炉村冶炼遗址和慈母川冶炼遗址。发现炼铁炉 10 座，其中水泉沟 5 座，汉家川 3 座，铁炉村 2 座。冶炼遗址均位于半月形黄土台地边缘处，呈缓坡状。台地所处为河流二级阶地。目前已发掘水泉沟炼铁炉 4 座。炼铁炉开口高于地面，中部外弧，平面近圆形，顶部缺失，炉腹、炉腰有明显的内径变化。炼铁炉主要由炉身、炉门、出铁口、出渣口、鼓风口、前后工作面等组成。炉门位于炉身下部，拱形，鼓风口正对炉门。炉前工作面供冶铁操作和临时存放生铁产品，炉后残存有一不规则工作面，较为平坦，用来堆放燃料和铁矿，进行燃料和矿料的破碎、筛分等工序，最后将矿料和燃料由后上方装进冶铁炉里。炉壁内侧用较为整齐的石块砌成，十分平整，缝隙平直、细小，外侧用石块围砌，炉内壁黏结大量不规则的坚硬炼渣，炼渣断口有的呈玻璃状，有的呈蜂窝状。炉底部用经过细加工的耐火土填实，形成高炉基础。炼铁炉最内层是烧流区域，可以看到玻璃态的炉渣、矿石，从炉渣的流动状态可以判断炼铁炉可以较好地实现渣铁分离。冶炼过程中加了白云石做助熔剂以降低炉渣熔点，便于冶炼操作。

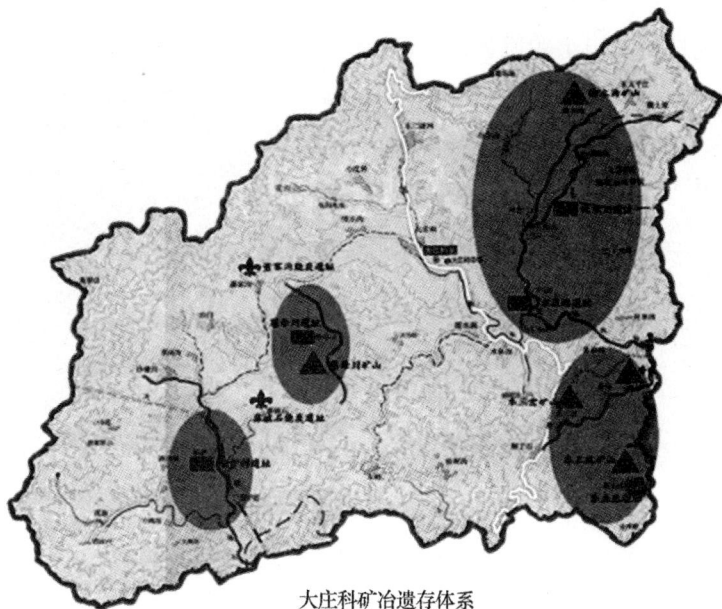

大庄科矿冶遗存体系

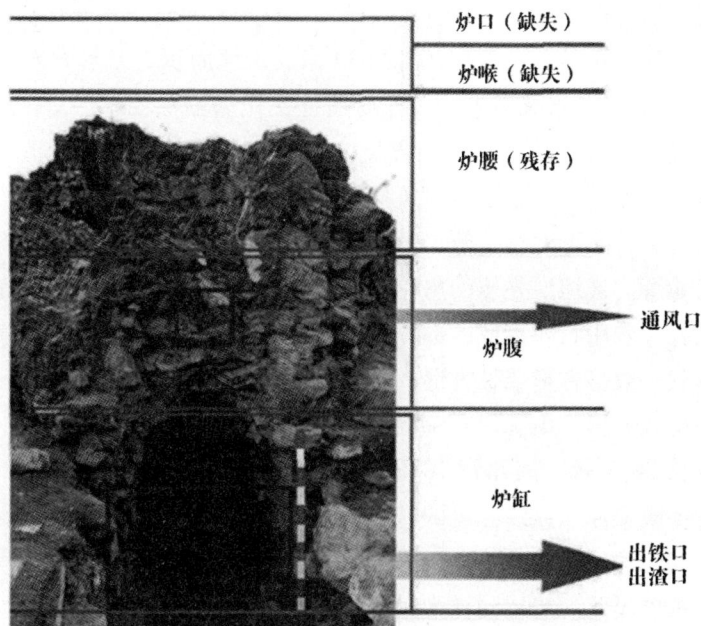

炼铁炉基本结构

此时的冶铁技术均为生铁冶炼技术，在炼铁炉内发现少量已炼出的生铁块。炉内填土层中发现有铁矿石、红烧土、木炭、耐火材料及大量炉渣等遗物。其他出土器物主要有陶器、瓷器、板瓦、钱币等。炼铁炉遗址地层第①层为表土层包含现代瓷片，第②层为辽代文化层，出有炉渣、辽代瓷片、钱币等。第②层以下为生土层。根据地层堆积情况以及地层内出土的遗物，结合碳十四测年，判断该遗址年代为辽代。

道路及车辙

（二）生活及作坊遗址

我们发现生活及作坊遗址 3 处，目前已发掘清理水泉沟生活及作坊遗址，位于炼铁炉遗址东北侧约 100 米，东距怀九河约 30 米，占地面积 2 万平方米。2014 年发掘了其中的 3000 平方米。水泉沟生活及作坊遗址文化层堆积较厚，文化内涵丰富，近现代土层下直接叠压辽代地层。出土器物主要有矿石、炼铁块、炉渣、铁箭头、铁刀、铸造石范、石碾盘、石碾子、建筑材料和生活用品等。建筑材料有石块、灰陶板瓦、兽面纹瓦当、长条形沟纹砖等，生活用品主要有瓷碗、酱釉罐、陶罐、砚台、铜钱、耳坠、纺轮等。被地层叠压的房屋遗迹由于破坏较为严重，还没有清理出一处十分完整的，只残存着用石块砌成的部分房基以及部分柱础石等。房屋均为地面起墙的建筑，平面形状一般呈方形或长方形，其中以 7 号房址（F7）较为典型。F7 坐北朝南，院落平面呈长方形，由院门、院墙、正房和东西厢房组成。

院墙东西长 24.3 米、南北宽 10.6 米，墙体残高 0.18 米—0.6 米。院门开在南面，满足房屋冬暖夏凉、光线充足的需求。院子内部踩踏面明显，平地起建房基。正房位于院内中部，房屋面宽 5.2 米、进深 4.8 米，墙基用石块砌成。房屋上部原覆盖有灰陶板瓦，现已塌落。房屋同样为南侧设门，门前安放长方形过门石。房屋内有一踩踏面，含红烧土颗粒及草木灰屑等，厚约 0.1 米。正房内西北侧有长 3.3 米、宽 1.5 米、残高 0.2 米的火炕，炕内设三条宽 0.2 米—0.3 米、深 0.2 米东西走向的炕洞（烟道），上有小块花岗岩石板作为炕面，房址西北角有一排烟口。房内东南角有一灶，灶坑平面呈弧形，分火膛、火道两部分，灶壁四周有一层烧结面，都遭到不同程度的破坏。灶门设在灶南偏西处。灶膛内西北角设有一火口，与炕内烟道相通。作坊遗址区发现辽代车辙和道路遗迹。道路呈南北走向，向南可抵达水泉沟冶炼炉遗址，向北可抵达汉家川冶炼遗址。道路宽 15.8 米，发掘清理长度 19.5 米，路土厚 0.3 米。路面上共清理出 10 条车辙，单辙宽 0.25 米—0.3 米，辙沟深 0.15 米—0.19 米，两辙中心间距约 2.4 米。车辙内填土，灰褐色，坚硬，有的底部垫有小石块。从水泉沟冶炼遗址看，汉代和宋辽时期是中国古代冶铁技术取得突破性进展的两个重要时期。这期间炉型演变与鼓风技术、筑炉材料以及木炭强度方面都较前一个历史时期有所进步。唐宋时期，竖炉冶铁已经使用木扇、风箱等硬质封装鼓风器。此类鼓风器可承受更高气压，也能做得更大。它们采用水力或多人驱动，产生很高的风压和流量；同时采用活塞式结构，依靠活塞板往复运动鼓风，机械效率高于皮囊式鼓风器，鼓风性能实现了大幅提升。这些为提高炉体高度，扩大炉容提供了鼓风技术保障。

在宋辽之前，由于木炭材料耐压、耐磨等强度性能所限，炉体自身所能支撑的炉料高度也有限。宋辽时期通过调整炉身曲线，增加炉壁对炉料的支撑力度来解决。此时期内，较早阶段仍使用夯土竖炉，纵向抗剪强度较低，夯土竖炉炉身角不能太大，炉身曲线变化有限。已调查的河北武安矿山村北魏竖炉内下部用石块重新砌筑，改造利用原有夯土竖炉，表现出过渡的迹象。武安矿山村宋代竖炉已经直接用石块砌筑。宋代焦作麦秸河竖炉、南召下村竖炉，元代武安固镇古城遗址竖炉，辽代北京延庆水泉沟、汉家川、四海遗址，乃至河北承德蓝旗营辽代遗址等都使用石块砌筑。石砌竖炉的炉型在竖直截面的变化比夯土竖炉更加丰富，其重要原因是石料的抗剪强度远高于夯土，特别是在高温状态下这一特征尤为重要。使得石砌炉体对炉身角的限制放宽，炉型设计自由度增加。但石砌炉体对防止渗漏，避免石块爆裂等建炉工艺要求较高。宋辽竖炉继承了原有的炉型特征，又发展出了多种形态。其中，水泉沟三号竖炉炉身收缩程度明显大于之前的夯土竖炉，更好的起到了保温作用。地层关系显示，一、三号炉早于二、四号炉。根据炉型和时代的判断，一、三号炉应为辽代所建，参照了中原的大型、圆形冶铁炉结构。二、四号炉以及一号炉改建后的内型都可视为长方形，炉身收口，采用单风口斜吹。从类型比较看，二、四号炉像是东北地区方形炉与中原收口型圆形炉相结合的产物，而且已经能够冶炼生铁。水泉沟的生产链条较为齐备，在遗址群中居于核心的位置，其应代表了大庄科矿冶遗址群的最高冶炼水准。

辽金两朝都极其重视冶铁业，早在其建立国家之前就已经有了关于采矿和鼓铸的记载。铁冶的设置以及不断跟中原技术发达区的交流，促进其生产力的发展和军备力量的提高产生。大庄科矿冶遗址群位于辽南京附近，历史上是宋辽之间的战场前沿地带。它既可能是生产兵器等军用产品的"兵工厂"，也是冶铁技术自中原地区向北方地区传播的枢纽之一。大庄科矿冶遗址群是目前国内发现的辽代矿冶遗存中保存炼铁炉最多、且炉体保存相对完好的冶铁场所，其基本形貌清晰可见。炉内结构完好，鼓

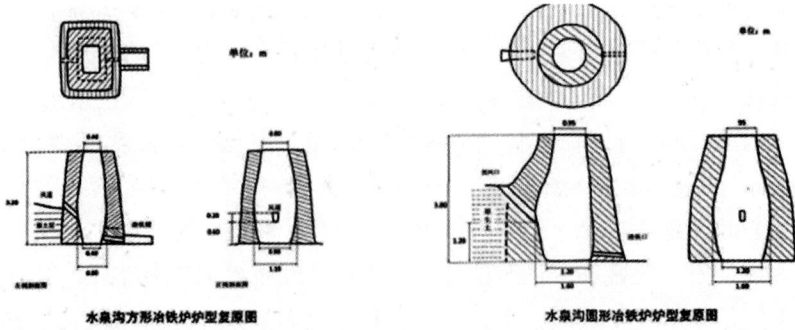

水泉沟方形冶铁炉炉型复原图　　　水泉沟圆形冶铁炉炉型复原图

风口清晰可见。发掘所揭示的炉型结构为正确认识中国古代冶铁高炉的炉型结构演变提供了弥足珍贵的资料，证明了以大庄科矿冶遗址群为代表的燕山地带矿产资源的开发以及金属冶炼技术能和中原的冶炼水平大体相当。

（原载《大众考古》2015 年第 4 期）

辽上京城址首次确认曾有东向轴线

汪　盈　董新林

辽上京是辽代营建最早，也是最为重要的都城。辽上京城址位于今内蒙古自治区巴林左旗林东镇南。平面略呈"日"字形，由北部的皇城和南部的汉城两部分组成。皇城保存较好，平面呈不规则方形。宫城位于皇城中部偏东，平面呈近方形。

为了进一步认识辽上京城址的布局和沿革，促进对遗址的有效保护，中国社会科学院考古研究所内蒙古二队和内蒙古自治区文物考古研究所联合组成辽上京考古队，于2015年7月至11月，对辽上京皇城东门、宫城东门以及宫城内的大型院落等遗址进行考古发掘，取得十分重要的收获。

辽上京皇城东门遗址由瓮城和城门组成。根据试掘可知，城门为木构过洞式城门，呈一门三道格局。其中，中门道破坏严重，南、北两个门道保存较好。门道内残存石地栿、木地栿承排叉柱的建筑结构基础，倒塌堆积中包含大量烧毁的砖、木构件等。

辽上京宫城东门为殿堂式城门。门址由夯土基槽、台基、磉墩、坡道和南、北两侧的附属设施遗迹等组成。基槽平面略呈长方形，由夯土筑成，南北宽约32米，东西进深13米。台基曾遭到严重破坏，仅存基部。经过仔细清理，我们确认打破夯土的磉墩22个，由此确定建筑的柱网平面为面阔5间，进深2间。根据门址两侧的坡道及道路残迹可知，宫城东门可能有三门道。出土遗物有少量建筑构件。晚期灰坑中多为陶瓷器、铜铁器和兽骨等。

宫城东门内的一号殿院落坐西朝东，平面呈长方形。院落四面均以廊庑围合，东面中央可能设门，西面正中为一座大型建筑基址（即一号殿址）。通过局部揭露可知，一号殿址夯土台基平面呈长方形，南北长约48米，东西宽约27米。台基四壁包砖，南北两端与院落的西侧廊庑相连。一号殿址出土遗物主要以瓦当、滴水、筒瓦、板瓦等建筑构件为主。

根据考古勘探和踏查，在皇城东门内发现一条道路遗址，一直向西延伸至宫城之内。上述皇城东门、宫城东门和宫城内的一号殿院落，均以这条道路遗址为轴线，呈东向对称分布。

2015年度的考古发掘成果十分重要，极大地推进了辽上京城址朝向、布局等方面的研究。

一、关于皇城东门和宫城东门的形制和规模。皇城东门为木构过洞式建筑，为一门三道格局。宫城东门为殿堂式建筑，地面建筑应为面阔 5 间、进深 2 间，很可能亦为三门道格局。

二、关于东向轴线和布局。根据地面踏查和考古勘探的线索，结合考古发掘，首次发现并确认从皇城东门、宫城东门、到宫城内东向大型院落的轴线布局及相关遗存。初步确认了院落主体建筑的规模和形制结构，填补了辽上京皇城内东向宫殿建筑在考古发现中的空白。辽上京的皇城东门和宫城东门，与已发掘的皇城、宫城西门相比，规模更大，等级更高。结合文献记载，辽上京城在营建、使用过程中可能一度朝东。这是从考古学上首次证明辽上京城曾存在东向轴线的现象，极大地推进了对辽上京城址布局的认识。

2015 年金上京皇城考古取得新成果

——发掘揭露一组大型带院落建筑基址

赵永军　刘　阳

　　金上京城，即上京会宁府遗址，是金王朝的早期都城，位于黑龙江省哈尔滨市阿城区南 2 千米，阿什河的左岸，俗称"白城"。1982 年被列为第二批全国重点文物保护单位。作为一处重要的都城遗址，金上京城保存之完好程度，在历代都城中也是少有的。

　　金上京城由毗连的南、北二城组成，平面略呈曲尺形，总面积约 6 平方千米。皇城位于南城的偏西部。但是迄今，皇城城墙的四至范围及布局尚不明晰。地表仅可见皇城内中部宫殿区有数座宫殿基址等大型遗迹，对宫殿区周围建筑布局和特征缺乏比较充分的认识。宫殿区接近中心位置的西、东两侧（即右、左两侧）各有一高于地表的遗迹堆积分布，地面上可见有大量的残砖、碎瓦等遗物。学术界早年推测其为文献中记述提到的"紫极洞"和"桃源洞"。

　　为了加强对金上京遗址的科学认识和学术研究，促进对金上京遗址的有效整体保护，进一步推进金上京国家考古遗址公园建设，2015 年 5 月至 10 月，黑龙江省文物考古研究所对金上京皇城进行了局部勘探，涉及皇城城墙及四至范围，并对第四殿址西侧的建筑址进行考古发掘，揭露面积 3100 余平方米。主要学术目标是搞清皇城城墙走向及四至范围，了解皇城宫殿区西部建筑址的基本形制、结构、布局及性质。

　　通过勘探，确认皇城平面为长方形，略呈东北—西南向，南北长约 649 米、东西宽约 503 米。城垣为夯土筑，系灰褐、黄、黑色花土夯实而成，残存厚度 1.4 米—1.9 米；墙下有基槽，基槽部分宽 5.2 米—7.1 米；未发现角楼等遗存。在皇城西墙和南墙外，发现有壕。西墙外壕距西墙西侧 25.2 米—25.6 米，宽 6.2 米，深 1.4 米—2.2 米；南墙外壕距南墙南侧 8.2 米—16.4 米，宽 7.4 米—7.8 米，深 1.9 米—2.1 米。

　　2015 年度重点发掘的皇城西部建筑址，为皇城内西区中部的一处建筑遗存。除建筑址本体外，四周还有围墙、相关的附属设施，构成一处院落式（庭院）建筑格局。中心建筑址台基（编号 TJ1）为黄褐色土夯筑，质地坚硬，呈"十"字形，大致南北向，台基东西最长约 41 米、南北最长约 33 米。台基较为平整，中部略高，向四周逐渐呈漫坡状，高约 1.2 米—0.5 米；台基边缘以砖包筑，为单砖横砌，宽约 0.35 米，但大部分包砖已无存。台基上分布有 36 个磉墩，磉墩排列有序，中部东西向有 4 排，南北外端两侧每排最多有 8 个；台基北部凸出部分东西向有 2 排，南部凸出部分东西向有 1 排；其中台基的东、西、北部中间均有减柱现象。磉墩平面略呈方形，长度为 2 米—2.4 米。在台基中央部分，为一周圆形浅凹槽构成的遗迹，南侧中间有一豁口，为入口。其北部，东西向有 4 个稍小的磉墩分布；凹槽构成的圆形区域内明显高于周围台基面，其内铺砌有方砖，现仅保存有少量的残砖。圆形区域直径东西长约 12 米，南北宽约 11.5 米，南侧入口宽约 3 米，凹槽宽 0.3 米、深 0.1 米。依空间分布看，台基上形成五个组成部分的区域。中央主体部分，即主殿，呈圆形，南部为前厅，东、西两侧为挟屋，北部为后阁。南部中央前厅前面有一漫坡状踏道与前院路面相连。台基南部，前厅东、西两侧各有一夯土筑成的角台，呈方形，边缘以砖包筑。台基四周的包砖外侧，地面部分为砖砌的散水，宽约 0.85 米，散水砖多已无存。台基上分布有 4 个灶址，东、西挟屋南端对称分布各一个，后阁东北角分布一个，东挟屋东南角另有一个。灶的形制相同，在台基上掘土筑成，周边以砖围砌，灶室为圆形，火塘部分为长方形，灶内填满了烧土。灶总长度约 3.5 米，宽约 1.5 米。台基上还有 3 处排水槽，掘土成槽，两边砌砖，呈长条形，长约 1.5、宽约 0.3 米—0.5 米；东、西挟屋和后阁各分布一个，分别处于台基的边缘，其下端，与之相对应的地面，各有一方形的青砖铺筑的散水。中心台基的南部，为青砖铺砌的路面，大部分为方砖对接铺成，少部分为长方形砖砌。砖面保存已不完整，多已成碎块，但大部分可辨识出原砖的尺寸。与台基南侧踏道相连接的是一条以八块方砖铺成的宽约 3.4 米的道路。在台基的东、北、西三侧，有围墙。围墙与中心台基平行砌筑，构成一方形或长方形庭院。仅北墙揭露完整，东、西两墙分别向南继续延伸。三段院墙结构相同，现仅存墙基部分。从地面墙基看，中部为墙体，两侧为散水。墙基部分保存多为地面的基础部分，墙基宽 0.9 米，两侧散水各宽约 0.7 米。墙基两侧，每隔一段距离，有一块中间带圆窝的方形础石。北墙全长 63.7 米，东墙北部发掘长度为 48.4 米，西墙北部发掘长度为 22.5 米。台基的东、西两侧中部，各有一段东西向隔墙，将庭院分为南北两部分，形成前、后院。隔墙的宽度和结构均与院墙相同。

在中心建筑台基址（TJ1）的西北，即庭院的西北角，有一方形小型台基址，编号 TJ2。TJ2 东西长 9.2 米，南北宽 8.2 米，高 0.15 米—0.3 米。台基边缘以单砖错缝顺向平砌包筑，宽约 0.2 米，但多数砖已无存。包砖外侧地面为砖砌散水。台基上有 9 个柱础石，础石大小、形状不一，表面亦不甚规整。东西、南北各呈三列，大致等距分布。北部中间一块础石较大，表面中间有一圆窝。根据其规模和形制结构分析，推测 TJ2 为庭院中的亭台类建筑。

在中心建筑台基址（TJ1）的西南，即庭院的西南角，还有一方形台基址，编号 TJ3，2015 年度没有对其进行完整揭露，仅揭露其东北部一角。TJ3 揭露部分东西长

7.5 米，南北宽 2.8 米，高约 0.3 米。台基边缘有单砖横向包筑，宽 0.4 米，但包砖多已无存；包砖外侧为砖砌散水。台基上北部边缘分布 3 个磉墩，东北角 2 个磉墩的南部有 1 个灶址。灶的形制结构与 TJ1 上的灶址相同。按其形制和位置，推测 TJ3 为中心建筑址西侧的配殿类建筑。

在中心建筑台基址（TJ1）的东南，即庭院砖铺路面的东端，有一段砖筑的矮墙，呈曲尺形。东西段略长，和台基址（TJ1）平行，长 4.5 米，南北段残长约 2.8 米，墙宽约 0.5 米。以长方形砖砌筑，向南一侧的砖面，自下而上错位砌筑，表面有一些壶门图案的纹饰砖。推测该砖墙为庭院内的装饰墙。

在中心建筑址台基西侧，有三条不同宽度的青砖铺成的道路。路中间多采用方砖铺砌，两侧为长方砖横向立砌。最北侧一条道路连接 TJ2 的西端，是通向 TJ2 的一条道路，系两列方砖铺筑，长 5.3 米、宽约 1 米；此路南端向南、向西分别加宽，为四列方砖铺筑，宽约 1.8 米。道路向南部分，一直延伸通向 TJ3，清理长度为 17.6 米；向西部分，长约 2.5 米，该段东西向路和西墙的基础部分连接，西墙在此处有一缺口，其北端距北墙南侧约 16 米，这里应是西墙的一处门址所在。

通过解剖，中心建筑址台基（TJ1）是统一挖基填土夯筑而成。系黄、黑两色土分层夯筑，中部厚度约 1.2 米。磉墩系在台基上另挖坑夯筑，磉墩的厚度大致为 1.5 米左右，自下而上，以碎残砖瓦层和黄黑色土层交替间隔夯筑，每层厚 0.05 米—0.06 米。磉墩的最上层为碎砖瓦层，其上铺垫一层黄色细沙，上面的础石已无存。TJ2 建筑方法相同，其所用的土较杂，包含大量残砖碎瓦、白灰残渣、沙石、烧土颗粒等。

院围墙基础的构筑方法，亦是挖槽夯筑。东墙基础部分深 0.6 米，自下而上，一层砖瓦，一层夯土，交错叠压，各有 4 层。每层厚约 0.15 米。土层和砖瓦层均较致密，基槽底部较为平整。东隔墙基础部分深 0.85 米，自下而上，一层砖瓦，一层夯土，交替夯筑，各有 3 层。下面的夯筑层略疏松，上部夯筑层坚硬。

出土遗物以灰瓦、青砖等建筑构件为大宗。灰瓦有板瓦和筒瓦、滴水及瓦当。瓦当纹饰主要为龙纹，个别为兽面纹和花卉纹；滴水纹饰均为龙纹；其他还有套兽头、螭首、鸱吻、人物塑像等；有少量的施釉瓦和带纹饰的砖。铁器中以各式钉的数量最多，其他为车马具、兵器、生产工具；少量的瓷器、石器、铜器等；发现的铜钱多为北宋钱币。

通过 2015 年度考古勘探，进一步了解和确认了金上京皇城的基本形制、范围和结构，深化了我们对皇城的基本情况的认识。此次揭露的皇城西部建筑址，为上京皇城西区中部的一组建筑遗存，属于中心宫殿区西侧的一处重要的附属建筑，也是金上京城首次揭示的一处完整的带院落的建筑址。

中心建筑址布局清晰，形制完整。台基上磉墩柱网分布有序。台基中部面阔七间，进深三间，东西两侧有减柱；南北两端亦有减柱现象。建筑址由五部分组成，南北向，中央主殿呈圆形，南部为前厅，东西两侧为挟屋，北部为后阁。其北部、东部、西部有院墙，院内有配殿、亭台、装饰墙等附属建筑，前院地面铺砖，西部有门道和砖路与其他院落相通。该建筑址规模较大，建筑形制独特，且有庭院布局，结构完整，级别较高，体现了帝都规制。其建筑形制、布局特征及保存的完整性，在历代都城中也是罕见的。出土的遗物，为大量的陶制、石质建筑构件，以带龙纹图案的瓦当、滴水和脊兽等最具典型，凸显皇家气派。

从其建筑规模、格局及出土龙纹瓦当等构件和其他遗物来看，该建筑址或为金代上京城内一处重要的礼制性质的遗存。该次发掘揭示的皇城内带院落的遗存组合和建筑格局，为了解金代都城布局与建筑特征提供了重要的基础材料，将进一步推动金上京都城遗址的考古学研究，并为金上京遗址的整体保护提供可靠依据和学术支撑，具有重要的学术价值。

安图县宝马城金代遗址

石玉兵　赵俊杰　张梦纳

宝马城位于安图县二道白河镇西北4千米处的丘陵南坡上，城中心区地理坐标为北纬42°27′07′.2″，东经128°05′08′.5″，发掘面积998平方米。

此次发掘由吉林省文物考古研究所、吉林大学边疆考古研究中心主持，于2015年7—10月进行。此次确认一座大型夯土台基（编号为JZ2），JZ2由建筑台基和月台南北两部分组成，平面呈"凸"字形，方向北偏东7°，建筑台基东西宽21米，南北长约14米，月台东西长17米，南北宽8.65米，台基、月台四周有砌有包砖，包砖外侧紧接散水，散水外侧为河卵石地面，台基与月台高出河卵石地面约1米。台基上建筑面阔三间，进深两间，明间面阔略大于次间，中部立柱后移使得明间进深进一步扩大。建筑墙体破坏严重，仅西墙中段最底部保存较好，厚约1.3米，将西墙中部山柱的磉堆包围其中，门砧与门槽形制清楚，门砧内尚有木材残留。建筑墙外的外廊铺砖方式清晰，台基边缘每隔一定间距排列有压阑石，台基中部为"凹"字形，转角处为带曲尺凹槽的方形。月台台明略低于建筑台基，满铺方砖。月台东西两侧和台基的交接处各有一条铺砖露道，连接月台和东、西廊庑。露道以三排方砖铺面，两侧用两排立砖锁边，立砖外侧紧接庭院的河卵石地面，宽约1.4米，高出河卵石地面5厘米—10厘米。基址东西南三侧墁铺大块河卵石，河卵石之间填充黄土与料礓石，较为平整，与散水和露道的锁边立砖相接。庭院东西两侧各发现排水沟一条，均为明沟，贯穿发掘区南北，排水沟开口宽0.4—0.5米，底部宽约0.2米，深约0.4米。排水沟在下穿露道时明显变窄，与露道结合处仍可见其结构：沟两侧分别为立砖砌边，立砖之上为横铺的3排条砖，用来承托路面。

出土遗物种类繁多，以建筑构件为大宗。瓦当均为兽面，形制基本相同；滴水种类较多，纹样不一；脊饰主要有凤鸟与人面鸟身的迦陵频迦；鸱吻虽已破损，但体量较大，纹样复杂，刻画细腻。铁器以铁钉为主，铜器以镏金铜环较有代表性，瓷器均为施化妆土的白瓷，还有少量的泥质灰陶的陶片，同时发现一破损的砖质棋盘。

宝马城位于长白山主峰以北约50千米处，城内建筑中轴线南向正对天池瀑布豁口，地望与《金史》《大金集礼》中金王朝在长白山以北建庙祭祀的记载较为符合，

2015 年发掘的建筑基址规模大，结构严整，构筑工巧规范，其中庭院以大块河卵石墁铺的做法极为壮观，为金代建筑中所罕见，是研究金代官式建筑结构与布局、祭祀礼仪制度以及当时手工业水平的重要材料。

附　　录

2015 年辽金史论著目录

周　峰

一　专著

1. *Modern Chinese Religion I*：*Song-Liao-Jin-Yuan*（960 – 1368*AD*），John Lagerwey and Pierre Marsone，Leiden；Boston：Brill，2015.
2. 大中央胡里只契丹国——遥辇氏発祥地の点描　爱新觉罗・乌拉熙春、吉本道雅著　松香堂　2015 年
3. 契丹仏教史の研究　藤原崇人著　法藏館　2015 年
4. 辽金糺军及金代兵制考　［日］箭内亘著，陈捷、陈清泉译　山西人民出版社　2015 年
5. 辽史百官志考订　林鹄著　中华书局　2015 年
6. 什么是契丹辽文化　任爱君著　内蒙古人民出版社　2015 年
7. 东北草原契丹捺钵文化研究　孙立梅、汪澎澜著　长春出版社　2015 年
8. 科举与辽代社会　高福顺著　中国社会科学出版社　2015 年
9. 中国契丹族后裔大发现——契丹大辽帝国耶律氏皇家纯正直系血统　王占力著　辽宁大学出版社　2015 年
10. 宋辽夏金经济史研究（增订版）　乔幼梅著　上海古籍出版社　2015 年
11. 中国通史：少年彩图版・辽西夏金　童超主编　北京联合出版公司　2015 年
12. 辽、金、西夏史　蔡美彪、吴天墀著　中国盲文出版社　2015 年
13. 讲给孩子听的中国历史故事：辽西夏金元・公元 916 年——公元 1368 年　益博轩著　北京联合出版公司　2015 年
14. 中国石刻艺术编年史：愉悦卷・两宋辽金西夏元明清　向以鲜著　东方出版中心　2015 年
15. 金代行政区划史　李昌宪著　上海古籍出版社　2015 年
16. 金代西京（大同）史话　高平、高向虹著　山西人民出版社　2015 年
17. 女真兴衰全史　指文烽火工作室著　中国长安出版社　2015 年

18. 金元科技思想史研究（上下）　吕变庭著　科学出版社　2015 年

19. 隋唐辽宋金元史论丛（第五辑）　中国社会科学院历史研究所隋唐宋辽金元史研究室编　上海古籍出版社　2015 年

20. 契丹学论集（第一辑）　任爱君主编　内蒙古人民出版社　2015 年

21. 契丹学论集（第二辑）　任爱君主编　内蒙古人民出版社　2015 年

22. 儒风汉韵流海内——两宋辽金西夏时期的中国意识与民族观念　刘扬忠著　河北教育出版社　2015 年

23. 辽金元宫词　（元）柯九思等　北京出版社　2015 年

24. 辽金诗歌与诗人的心灵世界　贾秀云著　山西人民出版社　2015 年

25. 金元赋史　牛海蓉著　人民出版社　2015 年

26. 金元清戏曲论稿　秦华生著　北京时代华文书局　2015 年

27. 北宋与辽、西夏战略关系研究——从权力平衡观点的解析　蔡金仁著　（台湾）花木兰文化出版社　2015 年

28. 剑与火——从辽宋到清代战争经典　《中国大百科全书普及版》编委会编　中国大百科全书出版社　2015 年

29. 保定宋辽历史文化遗产及其开发研究　刘云军、丁建军主编　河北大学出版社　2015 年

30. 应县木塔探究　徐德富著　三晋出版社　2015 年

31. 凌源小喇嘛沟辽墓　辽宁省文物考古研究所编著　文物出版社　2015 年

32. 趣谈辽墓考古：耶律羽之墓与宝山壁画墓考古散记　梁万龙著　内蒙古科学技术出版社　2015 年

33. 白城永平辽金遗址 2009—2010 年度发掘报告　吉林省文物考古研究所编著　科学出版社　2015 年

34. 2000 年黄骅市海丰镇遗址发掘报告　黄骅市博物馆、河北省文物研究所、吉林大学边疆考古研究编　文物出版社　2015 年

35. 封灵钤藏——辽代砖石塔研究　谷赟著　辽宁人民出版社　2015 年

36. 牧歌流韵——中国古代游牧民族文化遗珍·契丹女真卷　孙建军著　甘肃人民出版社　2015 年

37. 金代图书出版研究　李西亚著　中国社会科学出版社　2015 年

38. 发现契丹　辽代文物精华展　紫禁城出版社　2015 年

39. 梦落华枕：金代瓷枕艺术　西汉南越王博物馆、北京辽金城垣博物馆编　北京联合出版社　2015 年

40. 中国辽夏金研究年鉴 2013　史金波、宋德金主编　中国社会科学出版社　2015 年

41. 辽金西夏研究年鉴 2013　景爱主编　中国社会科学出版社　2015 年

42. 中国教育通鉴·二·辽宋——清朝晚期　杨生枝著　陕西人民教育出版社
　　2015 年

43. 中国科举制度通史·辽金元卷　武玉环、高福顺、都兴智、吴志坚著　上海人民
　　出版社　2015 年

44. 中国财政通史·第五卷·宋辽西夏金元财政史（上下）　黄纯艳著　湖南人民出
　　版社　2015 年

45. 辽金元歌诗及乐论研究　韩伟著　中国社会科学出版社　2015 年

46. 辽金元经学学术编年（中国经学学术编年·第六卷）　周春健著　凤凰出版社
　　2015 年

47. 历代孝论辑释：两宋辽金卷　骆明、胡静主编　光明日报出版社　2015 年

48. 忠贞不贰?：辽代的越境之举　［英］史怀梅著，曹流译　江苏人民出版社
　　2015 年

49. 辽金元史十五讲（典藏本）　蔡美彪著　中华书局　2015 年

50. 特熠的民族和王朝——金源文化述论　洪仁怀著　哈尔滨工程大学出版社
　　2015 年

51. 金源文化辞典　郭长海主编　黑龙江人民出版社　2015 年

52. 金代上京路研究　蒲与路论集　孙文政主编　中国文史出版社　2015 年

53. 女真の山城と平城（東アジアの中世城郭），臼杵勲著，（日）吉川弘文館，
　　2015 年。

54. 郎主的传说　郭长海、赵人、常俊伟整理，常永、常白氏、常桂琴讲述　哈尔滨
　　工程大学出版社　2015 年

55. 张子和医学全书　徐江雁、许振国主编　中国中医药出版社　2015 年

二　总论

（一）研究综述

56. 高丽遣使辽朝研究述评　陈俊达　绥化学院学报　2015 年第 2 期

57. 辽代五国部与五国城研究综述　廖怀志、胡殿君　东北史研究　2015 年第 3 期

58. 近三十年来国内高丽遣使金朝研究述评　合灿温　赤峰学院学报（汉文哲学社会
　　科学版）　2015 年第 3 期

59. 20 世纪以来辽代汉官研究述评　蒋金玲　中国辽夏金研究年鉴 2013　中国社会科
　　学出版社　2015 年

60. 近 30 年来辽代科举制度研究综述　郝艾利　中国辽夏金研究年鉴 2013　中国社
　　会科学出版社　2015 年

61. 20 世纪 80 年代以来的辽朝皇族研究综述　铁颜颜　黑龙江民族丛刊　2015 年第

5 期

62. 近三十年来辽代枢密院研究述评　葛志娇　辽宁工程技术大学学报（社会科学版）　2015 年第 3 期

63. 2013 年辽史研究综述　高福顺、苏丹　中国辽夏金研究年鉴 2013　中国社会科学出版社　2015 年

64. 辽史研究　王德忠、纪楠楠　辽金西夏研究年鉴 2013　中国社会科学出版社　2015 年

65. 2013 年金史研究综述　程妮娜、王晓静　中国辽夏金研究年鉴 2013　中国社会科学出版社　2015 年

66. 金史研究　白刚、赵永春　辽金西夏研究年鉴 2013　中国社会科学出版社　2015 年

67. 辽金文学研究　胡传志、裴兴荣　辽金西夏研究年鉴 2013　中国社会科学出版社　2015 年

68. 2014 年辽金史研究综述　关树东　中国史研究动态　2015 年第 12 期

69. 2014 年辽金佛教研究述评　陈俊达、邵晓晨　民族论坛　2015 年第 5 期

70. 1949 年以前金宋关系史研究述评　陈俊达、隋昕言　宁夏大学学报（人文社会科学版）　2015 年第 1 期

71. 契丹文字 90 年回顾与前瞻　刘凤翥　契丹学论集（第一辑）　内蒙古人民出版社　2015 年

72. 近 80 年来契丹大字研究综述　张少珊　契丹学论集（第二辑）　内蒙古人民出版社　2015 年

73. 2005 年至 2015 年间契丹小字研究述略　乌仁朝鲁门　（韩国）北方文化研究　2015 年第 6 期

74. 21 世纪以来国内女真语言文字研究述略　张亭立　（韩国）北方文化研究　2015 年第 6 期

75. 辽宋夏金时期城池研究回顾与前瞻　王茂华、王恒蔚　宋史研究论丛（第 16 辑）河北大学出版社　2015 年

76. 延安宋金石窟研究述评　石建刚　敦煌学辑刊　2015 年第 1 期

77. 二十世纪金代计量研究综述　王晓静　赤峰学院学报（汉文哲学社会科学版）　2015 年第 5 期

78. 辽代商业研究综述　程嘉静　辽宁工程技术大学学报（社会科学版）　2015 年第 6 期

79. 辽墓壁画的考古发现与研究综述　黄小钰　故宫博物院院刊　2015 年第 1 期

80. 二十一世纪以来辽代墓葬壁画研究综述　李玉君、张新朝　中国史研究动态　2015 年第 10 期

81. 金代上京路研究概述　孙文政、宛文君　理论观察　2015 年第 6 期

82. 近三十年金上京研究综述——金上京考古发现与文物研究综述　王禹浪、寇博文　哈尔滨学院学报　2015 年第 10 期

83. 近三十年金上京研究综述——以历史地理、金源文化研究为中心　王天姿　东北史地　2015 年第 6 期

84. 金代猛安谋克官印研究述评　王禹浪、寇博文　黑龙江民族丛刊　2015 年第 5 期

85. 金代司法机构研究综述　姜宇　白城师范学院学报　2015 年第 7 期

86. 金代图书事业研究成果简述　张冰、赵旭　齐齐哈尔师范高等专科学校学报　2015 年第 2 期

87. 奚族历史研究的回顾与思考　王丽娟　北方民族考古（第 2 辑）　科学出版社　2015 年

88. 三十年来契丹（辽）音乐文化历史研究概述　付婧　乐府新声（沈阳音乐学院学报）　2015 年第 3 期

89. 加强辽宋夏金史整体研究　宋德金　中国社会科学报　2015 年 11 月 30 日第 4 版

90. 辽金史研究中的正统观　景爱　辽金西夏研究年鉴 2013　中国社会科学出版社　2015 年

91. 坚持多民族的大一统观　摒弃偏颇的"正统观"——以辽金史研究为例　何天明　辽金西夏研究年鉴 2013　中国社会科学出版社　2015 年

92. 辽金史研究理论与方法的回顾与思考　张志勇　契丹学论集（第二辑）　内蒙古人民出版社　2015 年

93. 契丹辽史研究的学科发展历程（代序）　任爱君　契丹学论集（第一辑）　内蒙古人民出版社　2015 年

94. 契丹学学科体系建构论纲　塔拉、陈永志、任爱君、杨福瑞　契丹学论集（第一辑）　内蒙古人民出版社　2015 年

95. 稳步科学地占领契丹学研究的制高点　何天明　契丹学论集（第一辑）　内蒙古人民出版社　2015 年

96. 深化民族史研究，推动契丹学发展（摘要）　刘正寅　契丹学论集（第一辑）　内蒙古人民出版社　2015 年

97. 初论契丹学　杨福瑞　契丹学论集（第一辑）　内蒙古人民出版社　2015 年

98. 论契丹学的多学科综合研究　杨福瑞　（韩国）北方文化研究　2015 年第 6 期

99. 契丹学理论问题初探　杨福瑞　契丹学论集（第二辑）　内蒙古人民出版社　2015 年

100. 契丹辽文化研究成果转化的影响因素分析　于晓娟　契丹学论集（第二辑）　内蒙古人民出版社　2015 年

101. 关于历史考古类图文信息在互联网中的应用——以契丹辽时期的资料为例　王

欣　契丹学论集（第二辑）　内蒙古人民出版社　2015 年

（二）学术活动

102. 契丹考古学国际研究中心揭牌仪式在我校举行　赤峰学院学报（汉文哲学社会科学版）　2015 年第 2 期

103. 内蒙古契丹辽文化研究会第三届常务理事会会议在我校召开　赤峰学院学报（汉文哲学社会科学版）　2015 年第 5 期

104. "金毓黻与东北边疆史地研究论坛"综述　沈一民、何欣欣、于沛昊　学术交流　2015 年第 1 期

105. 首届辽金史高级论坛综述　王恩山　辽金西夏研究年鉴 2013　中国社会科学出版社　2015 年

106. 首届中国地域性辽金史学术研讨会综述　汪澎澜　辽金西夏研究年鉴 2013　中国社会科学出版社　2015 年

107. 海内外学者研讨契丹辽代城和帝陵考古发现　汪盈、马东启　中国辽夏金研究年鉴 2013　中国社会科学出版社　2015 年

108. 刘凤翥先生在赤峰讲学　张少珊　中国辽夏金研究年鉴 2013　中国社会科学出版社　2015 年

109. 薪火相传，诲人不倦——刘凤翥先生在考古工地为中青年学者授课　董新林、汪盈　中国辽夏金研究年鉴 2013　中国社会科学出版社　2015 年

（三）学者介绍

110. 刘凤翥先生访谈录　陈晓伟　中国辽夏金研究年鉴 2013　中国社会科学出版社　2015 年

111. 张亮采　王德忠　辽金西夏研究年鉴 2013　中国社会科学出版社　2015 年

112. 缅怀杨树森先生　景爱　辽金西夏研究年鉴 2013　中国社会科学出版社　2015 年

113. 略论陈学霖的金史研究　霍明琨、张金梅　中国辽夏金研究年鉴 2013　中国社会科学出版社　2015 年

114. 怀念于宝麟同志　刘凤翥　中国辽夏金研究年鉴 2013　中国社会科学出版社　2015 年

115. 忆向南　宋德金　中国辽夏金研究年鉴 2013　中国社会科学出版社　2015 年

116. 著名民族历史语言学家金启孮先生（上）　凯和　东北史地　2015 年第 6 期

117. 张博泉的金史研究　刘肃勇　中国社会科学报　2015 年 5 月 4 日第 B03 版

118. 走出辽金史——刘浦江先生笃行而未竟的事业　光明日报　2015 年 1 月 21 日第 14 版

（四）书评、序、出版信息

143. 《辽代石刻文续编》订正与补注　葛华廷、王玉亭　契丹学论集（第一辑）内蒙古人民出版社　2015 年

144. 《全金石刻文辑校》评价　石克　辽金西夏研究年鉴 2013　中国社会科学出版社　2015 年

145. 肖爱民《辽朝政治中心研究》评介　刚巴图　赤峰学院学报（汉文哲学社会科学版）　2015 年第 6 期

146. 近百年来日本中国史研究著作中辽金史相关内容提要——《20 世纪以来日本中国史学著作编年》读后感　陈俊达、李碧瑶　赤峰学院学报（汉文哲学社会科学版）　2015 年第 1 期

147. 宋辽金元历史文化遗产与保定社会经济发展（代序）　姜锡东　保定宋辽历史文化遗产及其开发研究　河北大学出版社　2015 年

148. 走近真实金兀术，了解金宋关系史——《历史上的金兀术》读后　李西亚　辽金西夏研究年鉴 2013　中国社会科学出版社　2015 年

149. 乡献证史论风流——《金代泰山文士研究》述评　李志刚　泰山学院学报　2015 年第 4 期

150. 泰山文献研究的新突破——评聂立申先生著《金代名士党怀英研究》　李贞光　白城师范学院学报　2015 年第 10 期

151. 《北京金代皇陵》评述　姚庆、张童心　北京文博文丛　2015 年第 4 辑

152. 《文明碎片——中国东北地区辽、金、契丹、女真历史遗迹与遗物考》书评　王文轶　满族研究　2015 年第 2 期

153. 俄罗斯滨海边疆区金代文物集释——读《俄罗斯滨海边疆区女真文物集萃》札记　彭善国　边疆考古研究（第 16 辑）　科学出版社　2015 年

154. 文化的旅程与心灵的洗礼——读王禹浪先生《金源文化研究》有感　寇博文　哈尔滨学院学报　2015 年第 9 期

155. 金史研究领域的重要成果——《金源文化辞典》读后　齐心　中国文物报　2015 年 12 月 29 日第 7 版

156. 金史研究领域的鸿篇巨制——评《金源文化辞典》　王禹浪、王俊铮　哈尔滨学院学报　2015 年第 8 期

157. 评冀勤先生的《金元明人论杜甫》　刘尚荣　杜甫研究学刊　2015 年第 2 期

158. 文心史识开生面　剥茧抽丝任纵横——评胡传志《宋金文学的交融与演进》　郑虹霓　中国韵文学刊　2015 年第 4 期

159. 评方满锦《元好问〈论诗三十首〉研究》　狄宝心　民族文学研究　2015 年第 1 期

160. 评方满锦《元好问〈论诗三十首〉研究》　狄宝心　辽金西夏研究年鉴 2013　中国社会科学出版社　2015 年

161. 开拓创新　勇于辟新——评胡传志教授的《宋金文学的交融与演进》　左洪涛
　　辽金西夏研究年鉴 2013　中国社会科学出版社　2015 年

162. 金代文学研究的新创获——读王庆生《金代文学编年史》　路元敦　辽金西夏
　　研究年鉴 2013　中国社会科学出版社　2015 年

（五）目录索引

163. 2013 年辽金史论著目录　周峰　中国辽夏金研究年鉴 2013　中国社会科学出版
　　社　2015 年

164. 2013 年辽史论著目录　王德忠、纪楠楠　辽金西夏研究年鉴 2013　中国社会科
　　学出版社　2015 年

165. 2013 年金史论著目录　白刚　辽金西夏研究年鉴 2013　中国社会科学出版社
　　2015 年

166. 2013 年宋辽夏金文化研究论著目录　王蓉贵　宋代文化研究（第 22 辑），四川
　　大学出版社　2015 年。

167. 21 世纪辽史研究论著目录——2014 年（上）　陈俊达、孙国军　赤峰学院学报
　　（汉文哲学社会科学版）　2015 年第 7 期

168. 21 世纪辽史研究论著目录——2014 年（下）　陈俊达、孙国军　赤峰学院学报
　　（汉文哲学社会科学版）　2015 年第 8 期

三　史料与文献

（一）《辽史》《金史》

169. 《辽史·太祖纪》征渤海事献疑　陈晓伟　中国史研究　2015 年第 3 期

170. 《辽史》校正二则　陈俊达　黑河学院学报　2015 年第 3 期

171. 《辽史》"属国军"条与"北面属国官"条编纂述论　张宏利、刘璐　绥化学
　　院学报　2015 年第 2 期

172. 中华书局点校本《金史·宗室表》考证　宋卿　北方文物　2015 年第 3 期

173. 《金史·张浩传》补正三则　刘肃勇　江海学刊　2015 年第 6 期

（二）其他史料与文献

174. 宋人笔记中契丹史料的价值　吕富华契丹学论集（第二辑）　内蒙古人民出版
　　社　2015 年

175. 金代有关北宋文献三考　胡传志　徐州工程学院学报（社会科学版）　2015 年
　　第 1 期

176. 浅析《归潜志》的成书和体例　张慧敏　河北北方学院学报（社会科学版）

2015 年第 5 期

177. 从《夷坚志》看宋金乱世　刘倩倩　名作欣赏　2015 年第 17 期

178.《辽东行部志》史料价值研究　王峤　绥化学院学报　2015 年第 9 期

179. 补《金文最》缺字脱字 15 例——以石刻文献资料为据　王新英　东北史研究　2015 年第 3 期

180. 金蒙关系的文献史料评述　杭立飞　新西部（理论版）　2015 年第 5 期

181. 契丹女真民族传世文献整理研究的思路与方法　曹萌　甘肃理论学刊　2015 年第 3 期

182. 外国史籍中有关金末蒙初历史的记述　张儒婷、王春林　城市地理　2015 年第 22 期

183.《契丹西楼遗迹诗刻》及其作者考释　李俊义　契丹学论集（第二辑）　内蒙古人民出版社　2015 年

四　政治

（一）政治

184. 唐代契丹的权力结构与可突于之叛　曾成　理论月刊　2015 年第 11 期

185. 简析"白马乌牛"盟的刑牲意义　苏日娜　赤峰学院学报（汉文哲学社会科学版）　2015 年第 12 期

186. 辽朝属国考辨　张宏利、刘璐　佳木斯大学社会科学学报　2015 年第 1 期

187. 辽代斡鲁朵管理体制研究　余蔚　历史研究　2015 年第 1 期

188. 辽代斡鲁朵研究　杨军　学习与探索　2015 年第 5 期

189. 辽朝斡鲁朵的含义、性质与地位　肖爱民　契丹学论集（第二辑）　内蒙古人民出版社　2015 年

190. 辽朝的宫与行宫（初稿）　肖爱民　契丹学论集（第一辑）　内蒙古人民出版社　2015 年

191. 女真与辽朝的朝贡关系　程妮娜　社会科学辑刊　2015 年第 4 期

192. 后族与辽朝政治研究　孙伟祥　吉林大学博士学位论文　2015 年

193. 契丹的"中国"认同　赵永春、张喜丰　黑龙江民族丛刊　2015 年第 1 期

194. 试论辽人的疆域观　张宏利、刘璐　湖湘论坛　2015 年第 1 期

195. 后晋政权立废与契丹南进的转折　任仲书、马萌　内蒙古社会科学　2015 年第 2 期

196. 燕云十六州的获得对辽国的影响　杨丹丹、寸锡彦　金田　2015 年第 9 期

197. 辽对西北边疆的征服与治理　雪莲　内蒙古社会科学（汉文版）　2015 年第 1 期

198. 辽对西北边疆的管辖与治理　雪莲　契丹学论集（第二辑）　内蒙古人民出版社　2015 年

199. 辽朝经略平州考　吴凤霞　社会科学辑刊　2015 年第 4 期

200. 辽代大赦三题　孙建权　东北史地　2015 年第 3 期

201. 初论辽代忠节现象　葛志娇　黑龙江史志　2015 年第 12 期

202. 辽代后妃与臣僚的攀附关系考　崔博　边疆经济与文化　2015 年第 8 期

203. 辽朝释褐进士的政治生活角色——以释褐进士迁转朝官与地方官为中心　高福顺　东北史地　2015 年第 1 期

204. 辽朝皇帝酬奖官员的非制度性措施举隅　关树东　隋唐辽宋金元史论丛（第五辑）　上海古籍出版社　2015 年

205. 耶律羽之墓志所载"人皇王诏书"考疑　耿涛　兰台世界　2015 年第 33 期

206. 耶律倍浮海适唐问题研究　耿涛　硕士学位论文　哈尔滨师范大学　2015 年

207. 论辽太宗离流汴非弃中原　林鹄　中华文史论丛　2015 年第 2 辑

208. 辽景宗朝史事考　林鹄　隋唐辽宋金元史论丛（第五辑）　上海古籍出版社　2015 年

209. 辽朝宗朝懿德后案钩沉　康鹏　隋唐辽宋金元史论丛（第五辑）　上海古籍出版社　2015 年

210. 渤海遗民大延琳创建"兴辽国"及其政治影响　孙炜冉、董健　沈阳工程学院学报（社会科学版）　2015 年第 2 期

211. 辽王朝对渤海国遗民的治理策略　满岩　兰台世界　2015 年第 27 期

212. 辽末贵族政治斗争管窥——以耶律淳三次被拥立事件为中心的考察　张功远　辽宁工程技术大学学报（社会科学版）　2015 年第 1 期

213. 从夹山到余睹谷——辽天祚帝播迁史地考析　卢绪友　中国边疆民族（第九辑）　中央民族大学出版社　2015 年

214. "耶律大石与萧德妃同抵夹山"考辨　韩钧　西部蒙古论坛　2015 年第 1 期

215. 辽朝政权的灭亡——因多种矛盾激化　赵晶　硕士学位论文　内蒙古大学　2015 年

216. 试论西辽帝国对中亚、西域的经略及其对丝绸之路的影响　魏志江　北方民族大学学报（哲学社会科学版）　2015 年第 2 期

217. 西辽政治制度述论　王晓静　赤峰学院学报（哲学社会科学版）　2015 年第 9 期

218. 女真族完颜氏与大金国建立始末　书元　黑龙江档案　2015 年第 6 期

219. 部落制绪余下的金初政治　许超杰　满族研究　2015 年第 4 期

220. 金人自称"正统"的理论诉求及其影响　赵永春、张喜丰　辽金西夏研究年鉴 2013　中国社会科学出版社　2015 年

221. 浅论金代早期契丹人对金政权的认同　宋丽媛　东北史地　2015 年第 1 期

222. 契丹人在金朝不安定的原因简析　李学会　黑龙江史志　2015 年第 13 期

223. 金代契丹人移剌窝斡起义中的奚族　周峰　契丹学论集（第一辑）　内蒙古人民出版社　2015 年

224. 由辽入金的汉族官僚群体研究　陈晨　硕士学位论文　吉林大学　2015 年

225. 大金国号考释　李秀莲　黑河学院学报　2015 年第 5 期

226. 契丹小字碑铭中的金代年号　孙伯君　满语研究　2015 年第 1 期

227. 金朝公主社会地位研究　王姝　大庆师范学院学报　2015 年第 5 期

228. 宋代名臣宇文虚中铜印考——由一颗印章的发现推翻历史上一桩冤案　冯永谦　北方文物　2015 年第 1 期

229. 金初女真贵族的倾轧与"伪齐"政权　李秀莲　哈尔滨学院学报　2015 年第 2 期

230. 金代华北社会动乱研究　曹文瀚　博士学位论文　（台湾）中国文化大学 2015 年

231. 论金代女真党争中的士风与诗风　黄丹丹、李栋辉　贵州民族研究　2015 年第 11 期

232. 论金世宗时期汉化与旧俗的关系　刘美云、许宏芝　山西大同大学学报（社会科学版）　2015 年第 1 期

233. 论金朝前期皇位之争中的渤海人　杭立飞　硕士学位论文　内蒙古民族大学 2015 年

234. 金宣宗朝武将赐姓略议　侯震　学术交流　2015 年第 2 期

235. 蒲鲜万奴所建东夏国之兴亡始末　鲍音　赤峰学院学报（汉文哲学社会科学版） 2015 年第 5 期

236. 视金朝若前朝——论清朝对金朝的尊崇与借鉴　邓涛　东北史地　2015 年第 5 期

237. 蒙元时期金遗民研究——以金遗民的地域特性为中心　张瑞琴　中国边疆民族（第九辑）　中央民族大学出版社　2015 年

（二）制度

238. 再论辽朝的"天下兵马大元帅"与皇位继承——兼谈辽代皇储名号的特征　邱靖嘉　民族研究　2015 年第 2 期

239. 辽朝官员的本官、实职与阶及其关系初探——以辽代碑志文为中心　王玉亭 契丹学论集（第二辑）　内蒙古人民出版社　2015 年

240. 辽代北、南宰相府地位的变化及其宰相职位设置与选任　葛华廷、王玉亭　北方文物　2015 年第 3 期

241. 辽代大理寺考　杨逍　硕士学位论文　内蒙古师范大学　2015 年

242. 辽代西南面招讨司的设置与职掌　王媛慧　品牌　2015 年第 1 期

243. 辽代招讨司和《蒙古秘史》中铁木真封为"招讨"号的分析　吉日嘎拉　契丹学论集（第一辑）　内蒙古人民出版社　2015 年

244. 《蒙古秘史》中的"招讨"之词考　香莲、吉日嘎拉　赤峰学院学报（汉文哲学社会科学版）　2015 年第 9 期

245. 辽代的驸马都尉　张功远　辽宁工程技术大学学报（社会科学版）　2015 年第 3 期

246. 辽朝及第进士释褐任官考论　高福顺　学习与探索　2015 年第 2 期

247. 辽代川州长宁军节度使探究　陈天宇　辽宁工程技术大学学报（社会科学版）　2015 年第 1 期

248. 辽朝紫金鱼袋考论　葛志娇　辽宁工程技术大学学报（社会科学版）　2015 年第 1 期

249. 辽朝警巡、军巡与巡检制度考略　张国庆　辽宁大学学报（哲学社会科学版）　2015 年第 2 期

250. 辽朝监察制度研究　许丽鹏　硕士学位论文　吉林大学　2015 年

251. 辽代符牌制度研究　岳云龙　硕士学位论文　吉林大学　2015 年

252. 论辽代二元化的行政制度　李文军　内蒙古民族大学学报　2005 年第 1 期

253. 金代户部研究　郭威　博士学位论文　吉林大学　2015 年

254. 金朝以"审计"命名的机构和职官　胡胜校　中国审计　2015 年第 18 期

255. 金代刑部官员民族成分初探　姜宇、张新朝　长春教育学院学报　2015 年第 15 期

256. 金代大理寺官员民族成分略考　姜宇　佳木斯职业学院学报　2015 年第 9 期

257. 金代司法官员选任制度探究　姜宇　辽宁工程技术大学学报（社会科学版）　2015 年第 6 期

258. 社会转型与制度变革——金代转运司制度的确立　陈志英　佳木斯大学社会科学学报　2015 年第 5 期

259. 金初燕云枢密院研究　王灏　硕士学位论文　吉林大学　2015 年

260. 金代前期散官表的发现及对金史研究的意义　李鸣飞　史林　2015 年第 1 期

261. 试析金代"治中"出现之原因——兼论金朝对"尹"字的避讳　孙建权　中华文史论丛　2015 年第 3 期

262. 试论金代中央政府吏员的出职　王雷　东北史地　2015 年第 3 期

263. 试论金代对吏员的行政管理　王雷、赵少军　辽宁省博物馆馆刊（2014 年）　辽海出版社　2015 年

264. 金代封国之号与国号王爵类型　孙红梅　史学月刊　2015 年第 5 期

265. 金朝后妃封号与选纳制度探析　王姝　辽宁工程技术大学学报（社会科学版）　2015 年第 5 期

266. 曷苏昆山谋克与猛安谋克制　陈瑞清　赤子（上中旬）　2015 年第 21 期

267. 辽金时期刑法中"罪名"与"刑罚"的独特性补缀　刘颖、唐麦　兰台世界　2015 年第 3 期

268. 辽朝法律中儒家文化略论　冀明武　北方文物　2015 年第 4 期

269. 金朝法律文化中的慎刑思想析论　李玉君、何博　东岳论丛　2015 年第 2 期

270. 金代"赎奴释奴"诏令考论　胡琦琪　硕士学位论文　云南财经大学　2015 年

271. 契丹柴册时地考　陈俊达　哈尔滨学院学报　2015 年第 1 期

272. 辽代帝王简谥钩沉——以王士点《禁扁》为中心　苗润博　民族研究　2015 年第 3 期

（三）对外关系

273. 宋辽金戈的暂时终结——澶渊之盟　高凌宇　金田　2015 年第 12 期

274. 从"澶渊之盟"争论看自贸区　薛谷香　杭州金融研修学院学报　2015 年第 8 期

275. "澶渊之盟"要了辽国的命　王吉舟　领导文萃　2015 年第 14 期

276. 虚实之间：墓志所见澶渊之盟中张皓事迹的"真实"与"塑造"　全相卿　历史教学（下半月刊）　2015 年第 12 期

277. 论盟誓背景下北宋对辽策略的隐忧　安国楼、王国宇　河南师范大学学报（哲学社会科学版）　2015 年第 5 期

278. 府州折氏与辽的关系　高建国　契丹学论集（第二辑）　内蒙古人民出版社　2015 年

279. 宋辽刺事人地域、身份探析　武文君　赤峰学院学报（汉文哲学社会科学版）　2015 年第 11 期

280. 北宋佚名《景德四图·契丹使朝聘图》考释　尹承　故宫博物院院刊　2015 年第 1 期

281. 辽代锦州临海军节度使出使外交考　陈天宇、肖忠纯　赤峰学院学报（汉文哲学社会科学版）　2015 年第 1 期

282. 宋辽文化交流的考古学观察——以宣化辽墓的考古发现为视角　陈朝云、刘亚玲　郑州大学学报（哲学社会科学版）　2015 年第 1 期

283. 宋辽外交档案文献研究　戴丽莎　硕士学位论文　中国人民大学　2015 年

284. 宋辽外事翻译活动探微　秦艳辉、王秀红　兰台世界　2015 年第 10 期

285. 浅议辽朝接待宋朝使节的酒礼　曹显征　契丹学论集（第一辑）　内蒙古人民出版社　2015 年

286. 宋朝遣辽使臣群体出身研究　王慧杰　保定宋辽历史文化遗产及其开发研究　河北大学出版社　2015 年

287. 宋朝河北遣辽使臣初探　王慧杰　北方文物　2015 年第 2 期

288. 宋臣彭汝砺使辽的行程　蒋武雄　（台湾）史学汇刊　2015 年第 34 期

289. 论苏辙的使辽诗　王文科　河南大学学报（社会科学版）　2015 年第 2 期

290. 浅析北宋联金复燕政策　陈昱彤　科学中国人　2015 年第 15 期

291. "海上之盟"决策研究——以徽宗为中心　冉晓旭　硕士学位论文　首都师范大学　2015 年

292. 苏过对宋金攻辽的诗意呈现及原因探究　丁沂璐、庆振轩　北方民族大学学报（哲学社会科学版）　2015 年第 4 期

293. 论宋金交聘的运作流程——以宋之才《使金贺生辰还复命表》为中心的考察　周立志　东北史地　2015 年第 2 期

294. 从周必大《思陵录》看淳熙十四年宋金外交之隐秘　许浩然　殷都学刊　2015 年第 2 期

295. 论朱弁羁留金朝的创作　白新辉　名作欣赏　2015 年第 11 期

296. 诗学、私交与对金态度——胡铨、周必大的乡邦唱和　许浩然　井冈山大学学报（社会科学版）　2015 年第 2 期

297. 宋朝秦桧是否为金朝"奸细"考辨　辛时代　辽宁工程技术大学学报（社会科学版）　2015 年第 4 期

298. 契丹与回鹘关系及其影响述论　陈德洋　（韩国）北方文化研究　2015 年第 6 期

299. 契丹与渤海国的关系　[日]赤羽目匡由撰，玲玲译　（韩国）北方文化研究　2015 年第 6 期

300. 重新审视契丹与"渤海"的"世仇"关系　康建国　契丹学论集（第一辑）　内蒙古人民出版社　2015 年

301. 契丹与西域诸部关系之史料考述　李爱荣、和谈　兰台世界　2015 年第 36 期

302. 试析辽朝遣使高丽前期的阶段性特点（公元 922—1038 年）　陈俊达　齐齐哈尔大学学报（哲学社会科学版）　2015 年第 4 期

303. 辽朝遣使高丽年表简编——前期：922 年至 1038 年　陈俊达　黑龙江史志　2015 年第 5 期

304. 辽朝遣使高丽年表简编——后期：1039 年至 1120 年　陈俊达　黑龙江史志　2015 年第 8 期

305. 丽辽"关系分期""朝贡分期"与"遣使分期"辨析——东亚封贡体系形成理论研究之一　陈俊达　鸡西大学学报　2015 年第 5 期

306. 关于辽朝遣使册封、加册及贺高丽国王生辰的新思考——兼论封贡体系下宗主

国宗主权的行使　陈俊达、邵晓晨　赤峰学院学报（汉文哲学社会科学版）
2015 年第 5 期

307. 浅谈辽丽关系史研究中的概念辨析问题——以"使节""使臣""使者"为例
陈俊达　吉林省教育学院学报（上旬）　2015 年第 8 期

308. 辽朝与青唐吐蕃政权和亲公主研究　李浩楠　契丹学论集（第二辑）　内蒙古
人民出版社　2015 年

309. 钱穆《国史大纲》"女真攻掠高丽、日本"条考释　彭锋　北京社会科学
2015 年第 4 期

310. 金朝遣使高丽年表　合灿温　黑龙江史志　2015 年第 14 期

311. 北宋末年辽、金议和探析　张舰戈　兰台世界　2015 年第 21 期

312. 夏金末年夏使入金贺正旦仪式考论——以《金史》"新定夏使仪"为中心　王
刚、李延睿　北方民族大学学报（哲学社会科学版）　2015 年第 4 期

313. 蒙金使者往来研究　白刚　硕士学位论文　吉林大学　2015 年

（四）军事

314. 辽初军事战略研究　杨超　硕士学位论文　吉林大学　2015 年

315. 契丹大帐皮室军研究　何希　硕士学位论文　吉林大学　2015 年

316. 契丹皮室军职能转变原因探析　何希　辽宁工程技术大学学报（社会科学版）
2015 年第 1 期

317. 契丹皮室军职能转变原因探析　何希　东北史地　2015 年第 2 期

318. 辽太祖与元太祖侍卫亲军比较分析　冯科　广播电视大学学报（哲学社会科学
版）　2015 年第 3 期

319. 耶律德光南下对辽朝的军事影响　张晋忠　朔方论丛（第四辑）　内蒙古大学
出版社　2015 年

320. 北宋战略防御阶段的宋辽战争与澶渊之盟——立足宋军战法探　黄俊峰　硕士
学位论文　中国人民大学　2015 年

321. 试释《金史·兵志》中的"合里合军"　胡小鹏　西北师大学报（社会科学
版）　2015 年第 6 期

322. 金太祖进军辽南的策略与措施　刘肃勇　辽宁省博物馆馆刊（2014 年）　辽海
出版社　2015 年

323. 马植与宋金战争之关系新论　袁源　齐齐哈尔大学学报（哲学社会科学版）
2015 年第 3 期

324. 金军南侵与靖康初年中央统军体制的调整　贾连港　宋史研究论丛（第 16 辑）
河北大学出版社　2015 年

325. 柘皋之战与南宋初年的收兵权　汤文博、覃浩鹏　葛金芳教授七十寿庆文集

中山大学出版社　2015 年

326. 苏过对宋金攻辽的诗意呈现及原因探究　丁沂璐、庆振轩　北方民族大学学报（哲学社会科学版）　2015 年第 4 期

327. 金代北京路的军事战争　宁波　兰台世界　2015 年第 16 期

328. 蒙金战争与东北局势的变化（上、下）　张儒婷、王春林　鸭绿江（下半月版）　2015 年第 11、12 期

329. 外交使节所述早期蒙金战争　党宝海　清华元史（第三辑）　商务印书馆　2015 年

330. 十三世纪金元战争前后的蒲州城市景观变迁　杨晓国　史志学刊　2015 年第 2 期

331. 金夏后期边境冲突及其特点　杜珊珊　学理论　2015 年第 26 期

五　经济

（一）概论

332. 契丹辽朝国家经济区域整合的历史轨迹　王明前　青海师范大学民族师范学院学报　2015 年第 1 期

333. 辽代医巫闾地区社会经济的发展　付智健、肖忠纯　辽宁经济管理干部学院、辽宁经济职业技术学院学报　2015 年第 6 期

334. 金朝女真人贫困化问题研究　张光旺　硕士学位论文　吉林大学　2015 年

335. 金代兴中府及其毗邻州县经济发展的原因　吴凤霞　辽宁工程技术大学学报（社会科学版）　2015 年第 3 期

（二）人口、户籍与移民

336. 兼析辽契丹人口思想与辽代阜新人口　赖宝成　社科纵横　2015 年第 11 期

337. 辽对渤海人的移民及其安置　孙炜冉　博物馆研究　2015 年第 1 期

338. 辽代移民辽西及其影响探析　吴凤霞　北方文物　2015 年第 2 期

339. 金太宗时期女真人内徙考　郝素娟　古籍整理研究学刊　2015 年第 4 期

340. 从幸福乡古村落遗址看金代双城人口状况　那正俊　东北史研究　2015 年第 3 期

（三）贸易、商业

341. 辽代商业研究　程嘉静　博士学位论文　吉林大学　2015 年

342. 辽代榷场设置述论　程嘉静　内蒙古社会科学（汉文版）　2015 年第 2 期

343. 宋辽"榷场"贸易考究　许淑慧　兰台世界　2015 年第 33 期

344. 浅论金夏间的贡榷贸易　杜珊珊　新西部（理论版）　2015 年第 8 期

345. 《金史》夏金榷场考论　刘霞、张玉海　宁夏社会科学　2015 年第 6 期

346. 交易有无：宋、夏、金榷场贸易的融通与互动——以黑水城西夏榷场使文书为中心的考察　郭坤、陈瑞青　宁夏社会科学　2015 年第 5 期

（四）自然灾害、救灾及环境保护

347. 辽朝时期内蒙古地区旱灾分析　史风春　契丹学论集（第一辑）　内蒙古人民出版社　2015 年

348. 试论自然灾害对辽朝中后期政局的影响　辜永碧　赤峰学院学报（汉文哲学社会科学版）　2015 年第 8 期

349. 辽朝中晚期的部落赈济探析　李月新　辽宁工程技术大学学报（社会科学版）　2015 年第 5 期

350. 辽朝中晚期部落赈济现象探析　李月新　北方文物　2015 年第 5 期

351. 刍议金朝政府在黄河灾后的救济措施　仇惟嘉　山东农业工程学院学报　2015 年第 1 期

352. 金世宗朝保护野生动物政策及其原因分析　吴迪、杨秀丽　北方文物　2015 年第 2 期

353. 辽金时期气候初探　赵文生　东北史研究　2015 年第 2 期

（五）农牧业

354. 试论辽上京农业特点　李文伟、孙永刚　赤峰学院学报（汉文哲学社会科学版）　2015 年第 11 期

355. 辽金屯田之比较　张国庆、邵东波　北方文物　2015 年第 3 期

356. 辽代畜牧业发展简述　程嘉静　契丹学论集（第二辑）　内蒙古人民出版社　2015 年

357. 略论金代东北土地制度与农业发展　沈岩　文山学院学报　2015 年第 4 期

358. 关于金代农业科学技术发展的思考　李速达　黑龙江史志　2015 年第 14 期

359. 西瓜引种中国及其栽培技术的传播　吴迪　农业考古　2015 年第 6 期

360. 金代植树考述　周峰　农业考古　2015 年第 4 期

（六）手工业

361. 辽朝手工业门类与生产场所考述——以石刻文字资料为中心　张国庆　辽宁工程技术大学学报（社会科学版）　2015 年第 5 期

362. 试析"澶渊之盟"对辽代陶瓷制造业的影响　武天佑、宁国强　内蒙古农业大学学报（社会科学版）　2015 年第 3 期

363. 中国烧酒起源新探　冯恩学　吉林大学社会科学学报　2015 年第 1 期

（七）货币

364. 浅析辽代货币种类与货币制度　陈佳男　科学与财富　2015 年第 9 期

365. 简析辽、金窖藏钱　张秋红　黑龙江史志　2015 年第 5 期

366. 丝绸之路上一古钱　帅照东　新疆钱币　2015 年第 2 期

367. 金代货币研究综述　侯震、叶帅斌　经济研究导刊　2015 年第 3 期

368. 金朝铜钱货币流通贮藏形态管窥——以出土金朝钱币实物为中心　杨君　中国钱币　2015 年第 6 期

369. 试论金代白银的货币化　王雷、赵少军　中国钱币　2015 年第 1 期

370. 金代纸币版式及演变　张慧慧、周文华、施继龙　北京印刷学院学报　2015 年第 6 期

371. 试述金代纸币通货膨胀的成因及启示　苏利德　朔方论丛（第四辑）　内蒙古大学出版社　2015 年

372. 金朝货币交钞管理措施与成效　陈振斌　辽宁工程技术大学学报（社会科学版）2015 年第 2 期

373. "钱荒"与金代交钞制度变迁　裴铁军　社会科学辑刊　2015 年第 1 期

374. 金代交钞对北宋交子的借鉴与创新　张双双　黑龙江史志　2015 年第 5 期

375. 金代贞祐宝券与平凉府社会经济研究　曹源　石河子大学学报（哲学社会科学版）　2015 年第 5 期

376. 略论金代"泰和重宝"　李莹　黑龙江史志　2015 年第 12 期

377. 大金朝合钱考证　刘存忠　收藏界　2015 年第 5 期

378. 吐鲁番发现金代镇库铅锭　杨文清、李红艳　新疆钱币　2015 年第 1 期

379.《吐鲁番发现金代镇库铅锭》一文所涉历史问题　李树辉　新疆钱币　2015 年第 4 期

380. 由一枚金代本命星官花钱说开去　赵梓凯　收藏　2015 年第 19 期

381. 精美阜昌钱　见证伪齐耻　张辉　长春日报　2015 年 12 月 20 日第 3 版

六　民族

（一）契丹族

382. 契丹祖源与族源论证——从马盂山到木叶山　赵国军、那日苏　黑龙江史志2015 年第 5 期

383. 契丹——达斡尔嫩江草原的原住民族　傅惟光　东北史研究　2015 年第 2 期

384. 松漠诸部的离合及其名号在草原地区的传播　任爱君　契丹学论集（第二辑）

内蒙古人民出版社　2015 年

385. 早期契丹与突厥的分合关系及其影响　刘治川　硕士学位论文　渤海大学　2015 年

386. 云南"本人"与北方达斡尔人和契丹民族渊源通考　黄震云　辽东学院学报（社会科学版）　2015 年第 5 期

387. 也谈契丹后裔耶家坡　魏宏运　寻根　2015 年第 3 期

388. 试论敖汉旗在契丹历史发展中的地位　杨福瑞　契丹学论集（第二辑）　内蒙古人民出版社　2015 年

（二）女真族

389. 三十部女真覆议　孙昊　欧亚学刊（新 2 辑·总第 12 辑）　商务印书馆　2015 年

390. 金朝建国前女真"完颜部"略考　王久宇、孙田　北方文物　2015 年第 1 期

391. 东北满族先祖的社会发展简析　李学成　满族研究　2015 年第 4 期

392. 女真不是"东方鹰"　陈士平　黑龙江史志　2015 年第 14 期

393. 胡里改研究　刘文生、朱国忱　东北史研究　2015 年第 3 期

394. 金昭德皇后祖居阿陵达河畔　景文玺　东北史研究　2015 年第 3 期

395. 元代辽阳行省的女真人　周爽　博士学位论文　吉林大学　2015 年

（三）渤海

396. 辽末金初的渤海移民及其后裔在金代的社会情况　孙炜冉　通化师范学院学报　2015 年第 2 期

397. 试析金朝渤海遗民集团的形成与影响　苗霖霖　辽宁省博物馆馆刊（2014 年）　辽海出版社　2015 年

（四）奚族

398. 奚族部落的发展与演变　王丽娟　东北史地　2015 年第 5 期

399. 从使辽诗看奚族社会生活　吕富华、孙国军　黑龙江民族丛刊　2015 年第 1 期

400. 奚族的社会形态变迁　王丽娟　（韩国）北方文化研究　2015 年第 6 期

401. 碑刻资料所见奚族的婚姻习俗　王丽娟　河北大学学报（哲学社会科学版）　2015 年第 5 期

402. 奚族与回纥的关系管窥　王丽娟　阴山学刊　2015 年第 1 期

403. 奚族考古资料的总结与认识　王丽娟　内蒙古大学学报（哲学社会科学版）　2015 年第 2 期

404. 奚族的畜牧业及其相关的物质习俗　王丽娟　兰台世界　2015 年第 16 期

405. 奚的畜牧业及其相关的物质习俗　王丽娟、张久和　契丹学论集（第一辑）　内蒙古人民出版社　2015 年

406. 奚族文化习俗研究　王丽娟　兰台世界　2015 年第 25 期

407. 奚族文化习俗研究　王丽娟、张久和　契丹学论集（第二辑）　内蒙古人民出版社　2015 年

408. 青龙县为何能够成为中国奚族文化之乡　姚德昌　东北史研究　2015 年第 2 期

409. 读《新中国成立以来国内奚族研究综述》有感　鲁影　文艺生活·文艺理论　2015 年第 11 期

（五）其他民族和部族

410. 辽金元时期蒙古弘吉剌部领地考　孙国军、康建国　赤峰学院学报（汉文哲学社会科学版）　2015 年第 2 期

411.《辽史》中的"王纪剌"名称沿革考　李俊义　（韩国）北方文化研究　2015 年第 6 期

412. 11 世纪的《马卫集》与辽代蒙古乞颜部的早期历史　王大方　契丹学论集（第二辑）　内蒙古人民出版社　2015 年

（六）民族关系

413. 五代更迭中北方民族的兴起与发展　洪嘉璐　辽宁工程技术大学学报（社会科学版）　2015 年第 4 期

414. 如何理解历史上的民族关系——以"北宋、辽、西夏的并立"一课为例　梁旭、吴建新　中学历史教学参考　2015 年第 19 期

415. 金代河南地区民族关系研究　郭奇龙　硕士学位论文　西南大学　2015 年

（七）民族政策

416. 关注他民族需求——辽代"因俗而治"民族政策成功的真相　周国琴　贵州民族研究　2015 年第 8 期

417. 略论契丹辽朝对汉人的政策　王明荪　（台湾）史学汇刊　2015 年第 34 期

（八）民族融合

418. 辽、西夏、金民族政权的汉化探讨　魏淑霞　西夏研究　2015 年第 4 期

419. 略论辽朝汉人契丹化问题　孙伟祥、张金花　辽宁工程技术大学学报（社会科学版）　2015 年第 3 期

420. 从大同华严寺看契丹与汉民族文化融合　丁帆、陆亚飞　黑龙江史志　2015 年第 5 期

421. 谈金女真与汉民族的融合　黄飞　兰台世界　2015 年第 15 期

422. 金代北京路民族分布格局的演变　宁波　宋史研究论丛（第 16 辑）　河北大学出版社　2015 年

七　人物

（一）帝后

423. 耶律德光死因考　李浩楠　辽宁师范大学学报（社会科学版）　2015 年第 6 期

424. 辽穆宗历史地位再评价　郝艾利　辽宁工程技术大学学报（社会科学版）　2015 年第 5 期

425. 辽世宗皇后研究　李月新　契丹学论集（第二辑）　内蒙古人民出版社　2015 年

426. "承天太后（燕燕）以楚国公主嫁其弟萧徒姑撒"辨析　史风春　契丹学论集（第二辑）　内蒙古人民出版社　2015 年

427. 文化融合与完颜亮的政治吟唱　叶晓庆　黑龙江史志　2015 年第 1 期

428. 《望海潮》与完颜亮侵宋的文化建构探微　许龙波　赤峰学院学报（汉文哲学社会科学版）　2015 年第 6 期

429. 对海陵王与金世宗评价问题的再思考——以北方民族文化为中心　骆忠军　河北北方学院学报（社会科学版）2015 年第 3 期

430. 北国尧舜金世宗　赵鉴鸿　百科知识　2015 年第 5 期

431. 论金世宗的纳谏与用人　周鲲　黑龙江史志　2015 年第 13 期

432. 卫绍王的民族关系思想　李丽华　经营管理者　2015 年第 35 期

433. 断腕太后——述律平　柳宗书　百科知识　2015 年第 7 期

434. 辽代才女萧观音的诗词创作与命运　杨秀晨、高书杰　兰台世界　2015 年第 24 期

（二）其他人物

435. 法库出了六位辽代宰相　王岩頔、周仲全　辽宁日报　2015 年 2 月 9 日第 10 版

436. 关于耶律宗政"悲情"的解读　王坤　金融时报　2015 年 6 月 26 日第 9 版

437. 《韩国华神道碑》中契丹大将萧宁身份考　宋典　赤峰学院学报（汉文哲学社会科学版）　2015 年第 7 期

438. 金朝始祖函普研究　罗继岩、辛时代　社会科学战线　2015 年第 12 期

439. 金朝始祖函普若干问题考释　王久宇　北方论丛　2015 年第 3 期

440. 试论金朝完颜奔睹　王晶　黑龙江史志　2015 年第 7 期

441. 罕王门佟氏家族传说——先祖金代帐前第一护卫夹谷胡剌　佟生武、郎春涛

侨园　2015 年第 6 期

442. "黑风大王"与元曲家奥敦周卿　杨波　晋中学院学报　2015 年第 1 期

443. 把故乡嵌进诗里——金代诗人蔡珪的"故乡"书写　刘素萍、宋俊丽　石家庄
铁道大学学报（社会科学版）　2015 年第 4 期

444. 论王若虚思想中的儒与道之关系　苏利国　社会科学论坛　2015 年第 3 期

445. 风骨文人王若虚　刘其印　当代人　2015 年第 2 期

446. 论金代文人王若虚对苏轼文学思想的审美接受　于敏　赤峰学院学报（汉文哲
学社会科学版）　2015 年第 4 期

447. 金代党怀英的书法与文学研究　陈曦　文艺生活（中旬刊）　2015 年第 2 期

448. 金代文人刘祁文学成就探微　杨玉娟　兰台世界　2015 年第 12 期

449. 金代学者的文化传承——以李纯甫为中心的考察　李美荣　史志学刊　2015 年
第 2 期

450. 金状元王纲生平及诗文辑考　仝建平　山西师大学报（社会科学版）　2015 年
第 4 期

451. 洪晧在金交游考　陈爱红　佳木斯职业学院学报　2015 年第 6 期

452. 耶律履作品存佚情况考辨　和谈、董芳芳　兰台世界　2015 年第 34 期

453. 契丹儒将述律杰在元代多族士人圈中的活动考论　刘嘉伟　北方文物　2015 年
第 3 期

八　元好问

（一）生平

454. 元遗山的历史文化贡献　降大任　太原日报　2015 年 3 月 10 日第 11 版

455. 晚金士人的存"文"与守"道"——以元好问研究为中心　代珍　硕士学位论
文　华中师范大学　2015 年

456. 探访元好问先生行迹　李满元　五台山　2015 年第 2 期

457. 元好问：金末元初当过"县长"的大诗人　王爱军　文史天地　2015 年第 5 期

458. 忻州文化滋养出的奇葩——元好问　狄宝心、吕晨芳　忻州师范学院学报
2015 年第 3 期

459. 元好问，问世间　情为何物　王爱军　新校园（阅读版）　2015 年第 4 期

460. 元好问入完颜斜烈幕府论　王海妮　名作欣赏　2015 年第 1 期

461. 元好问书法考察及其书法观　徐传法　书法　2015 年第 4 期

462. 元好问书法艺术特色研究　李卓阳　硕士学位论文　曲阜师范大学　2015 年

463. 论元好问对苏轼的接受与转化　萧丰庭　博士学位论文　高雄师范大学
2015 年

464. 从"诚"、"意"论元好问与苏轼文艺观点的同与异　萧丰庭　问学　2015 年第 19 期

465. 辽金时期少数民族文学批评研究——以元好问、刘祁为例　王元元　硕士学位论文　新疆师范大学　2015 年

466. 元好问对王士禛神韵诗学的影响　颜庆余　民族文学研究　2015 年第 1 期

467. 明人之元好问研究文献辑录　孙宏哲　图书馆学研究　2015 年第 22 期

（二）作品

468. 元好问诗中的书学思想　徐传法　中国书法　2015 年第 3 期

469. 《杂诗》四首作者考辨　戎默　中国韵文学刊　2015 年第 4 期

470. 《杂诗四首》为元好问所作辨　杨峰、张莉　齐鲁师范学院学报　2015 年第 1 期

471. 元好问题画诗研究　袁茁萌　硕士学位论文　河北大学　2015 年

472. 论元好问《论诗三十首》自然风格观的路径——从《论诗三十首》第二十九首出发　程诚　安徽文学（下半月）　2015 年第 9 期

473. 元好问《论诗三十首》涉唐诗中的唐诗观　耿丽珍　卷宗　2015 年第 4 期

474. 元好问词中女性形象研究　侯玉洁　硕士学位论文　首都师范大学　2015 年

475. 元好问：问世间情为何物　无邪　各界　2015 年第 4 期

476. 豪华落尽见真淳，一语天然万古新——浅谈元好问《鹧鸪天》词　毕宇甜　名作欣赏　2015 年第 20 期

477. 浅析元好问《鹧鸪天》词中的隐逸与道家情怀　毕宇甜　现代语文（学术综合版）　2015 年第 10 期

478. 论元好问碑铭文的创作特色　段素丽、胡海义　山西大同大学学报（社会科学版）　2015 年第 2 期

479. 融合　传播　接受——评议宋金元明清时的遗山词　赵永源　晋阳学刊　2015 年第 5 期

480. 元好问《中州乐府》研究　耿志媛　硕士学位论文　首都师范大学　2015 年

481. 《遗山文集》与《归潜志》史料价值比较研究　王峤　赤峰学院学报（汉文哲学社会科学版）　2015 年第 3 期

九　社会

（一）社会性质、社会阶层

482. "王权支配"下的辽代官僚荫补阶层探究　陈天宇　辽宁工程技术大学学报（社会科学版）　2015 年第 4 期

483. 试论辽代贫弱群体及其政府对策　陈德洋　契丹学论集（第一辑）　内蒙古人民出版社　2015 年

484. 女真建金伐辽后的社会结构与等级差别　姚笛　中华少年　2015 年第 19 期

485. 论金代初期社会制度　王景义　东北史研究　2015 年第 2 期

486. 金代社会等级实质和结构特征　姚笛　中学政史地（教学指导版）　2015 年第 7 期

（二）社会习俗

487. 辽金始祖传说之比较　王久宇　辽宁工程技术大学学报（社会科学版）　2015 年第 1 期

488. 辽代"射柳"考论　艾萌　佳木斯大学社会科学学报　2015 年第 5 期

489. 海东青——辽猎鹰时代　陈天宇、刘桉泽　兰台世界　2015 年第 25 期

490. 生命彩装：辽宋西夏金人生礼仪述略　王善军　兰州学刊　2015 年第 10 期

491. 元杂剧中的女真民俗文化　彭栓红　民族文学研究　2015 年第 4 期

492. 辽朝契丹族丧葬习俗研究　李亭霖、吕昕娱　赤峰学院学报（汉文哲学社会科学版）　2015 年第 10 期

493. 试论辽代真容偶像葬俗　高晶晶　文化遗产　2015 年第 2 期

494. 契丹面具　张伟娇　北方文学（中旬刊）2015 年第 8 期

495. 契丹贵族丧葬习俗考释　于博　兰台世界　2015 年第 31 期

496. 谈契丹族禁忌与吉林省西部湿地保护　孙立梅、矫俊武　白城师范学院学报　2015 年第 10 期

497. 辽朝契丹人文娱活动研究　邢忠利　硕士学位论文　辽宁大学　2015 年

498. 金代岁时风俗研究　王姝　东北史地　2015 年第 5 期

（三）姓氏、婚姻、家庭、家族与宗族

499. 辽朝后族萧姓由来述论　史风春　内蒙古师范大学学报（哲学社会科学版）　2015 年第 4 期

500. 辽朝后族世系梳理　孙伟祥　（韩国）北方文化研究　2015 年第 6 期

501. 辽代的离婚方式及其反映的社会文化特征　张敏　兰台世界　2015 年第 30 期

502. 从收继婚俗解读北方游牧民族的女性——以辽金元为例　贾淑荣　契丹学论集（第二辑）　内蒙古人民出版社　2015 年

503. 金代汉族同居共财大家庭——以碑铭墓志为中心的考察　刘晓飞　兰台世界　2015 年第 36 期

504. 金代女性婚后家庭关系研究　刘金英　北方文物　2015 年第 2 期

505. 辽金女真的"家"与家庭形态——以《金史》用语为中心　孙昊　贵州社会科

学　2015 年第 6 期

506. 辽朝部族制度研究——以行政区划的部族为中心　张宏利　博士学位论文　吉林大学　2015 年

507. 契丹文皇族"第十帐"及其他　吴英喆、孙伟祥　中央民族大学学报（哲学社会科学版）　2015 年第 4 期

508. 唐末五代定州王处直的后裔在契丹考　肖爱民　保定宋辽历史文化遗产及其开发研究　河北大学出版社　2015 年

509. 金代乌古论氏政治地位变迁研究　邸海林　硕士学位论文　哈尔滨师范大学　2015 年

510. 地域文化视野下的金代西京刘氏家族文化特征论　杨忠谦、李东平　重庆文理学院学报（社会科学版）　2015 年第 6 期

511. 金元白朴家族与地域文化　张建伟、张慧　晋阳学刊　2015 年第 6 期

512. 金元时期北方社会演变与"先茔碑"的出现　饭山知保　中国史研究　2015 年第 4 期

（四）妇女

513. 略论辽代各族女性的文化贡献　武文君　辽宁工程技术大学学报（社会科学版）　2015 年第 4 期

514. 漫谈辽代女性建言议政的基本内容与方式　姚笛　才智　2015 年第 32 期

515. 辽代石刻中所反映的辽朝母仪规范　张敏　契丹学论集（第一辑）　内蒙古人民出版社　2015 年

（五）捺钵

516. 春捺钵与辽朝政治——以长春州、鱼儿泊为视角的考察　武玉环　北方文物　2015 年第 3 期

517. 辽金元的夏捺钵——"阿延川"、"上京"及"爪忽都"辨　陈晓伟　中国边疆史地研究　2015 年第 2 期

518. 地理环境与契丹人四时捺钵　夏宇旭　社会科学战线　2015 年第 2 期

519. 辽朝契丹贵族特异习俗——四时捺钵　刘肃勇　中国社会科学报　2015 年 6 月 19 日 B03 版

520. 莫力街是金朝皇帝春纳钵之地吗　陈士平　黑龙江史志　2015 年第 10 期

（六）衣食住行

521. 考古学视野下的契丹游牧生活研究　谷峤　硕士学位论文　吉林大学　2015 年

522. 由辽墓壁画看辽代契丹人与汉人服饰的融合　潘晓暾　东北史地　2015 年第

4 期

523. 契丹族与汉族服饰文化融合演变考证　张恒　兰台世界　2015 年第 12 期

524. 辽代契丹族女性首饰研究　张倩　硕士学位论文　内蒙古师范大学　2015 年

525. 辽人耳饰　草原上的摇曳风姿　孙娟娟　大众考古　2015 年第 7 期

526. 金代女真族民族服饰文化和发展探究　孙心雷　赤子（上中旬）　2015 年第 1 期

527. 金朝妇女服饰述略　王姝　兰台世界　2015 年第 27 期

528. 金代女真族妇女裙撑初探　李艳红　美术大观　2015 年第 12 期

529. 辽代饮食结构新探　田晓雷　阴山学刊　2015 年第 5 期

530. 金莲花、铁脚草及与契丹相关的植物名称　任爱君、刘铁志、王玉亭、王青煜、葛华廷　契丹学论集（第二辑）　内蒙古人民出版社　2015 年

531. 地理文化视野下宣化辽墓中的茶禅文化　何圳泳　农业考古　2015 年第 2 期

532. 盏中丹青：金代日常生活中的茶　黄甜　科学・经济・社会　2015 年第 4 期

533. "二锅头"的传说与金代蒸馏酒起源　何冰　酿酒　2015 年第 3 期

534. 野生食物资源与契丹社会　夏宇旭　中央民族大学学报（哲学社会科学版）　2015 年第 3 期

535. 地理环境与契丹人的居住方式　夏宇旭、王小敏　吉林师范大学学报（人文社会科学版）　2015 年第 3 期

十　文化

（一）概论

536. 契丹文化的源流及其历史影响　武玉环　契丹学论集（第一辑）　内蒙古人民出版社　2015 年

537. 辽代的女真文化　冯恩学　边疆考古研究（第 18 辑）　科学出版社　2015 年

538. 五代宋辽时期异质文化交流中的误解剖析　符海朝　保定宋辽历史文化遗产及其开发研究　河北大学出版社　2015 年

539. 辽金时期北京文化发展脉络及特点　高福美　北京史学论丛 2014　北京燕山出版社　2015 年

540. 赤峰市辽文化旅游探析　于晓娟　契丹学论集（第一辑）　内蒙古人民出版社　2015 年

541. 契丹春捺钵文化旅游资源开发研究　汪澎澜、孙立梅　契丹学论集（第二辑）　内蒙古人民出版社　2015 年

542. 辽宁阜新契丹、辽文化资源开发与利用　刘梓、胡健　契丹学论集（第二辑）　内蒙古人民出版社　2015 年

543. 辽金文化在康平　梁欣　辽宁经济　2015 年第 8 期

544. 对张家口下花园区辽文化研究的若干思考　薛志清、阎晓雪、肖守库、李瑞杰
河北北方学院学报（社会科学版）　2015 年第 5 期

545. 契丹民族对天津区域文化发展的影响　刘金明、靳运洁　满族研究　2015 年第
1 期

546. 保定宋金时期古迹旅游开发对策研究　田建平、郭鑫　保定宋辽历史文化遗产
及其开发研究　河北大学出版社　2015 年

547. 白沟的宋辽历史文化遗产及其开发建议　丁建军、张冲　保定宋辽历史文化遗
产及其开发研究　河北大学出版社　2015 年

548. 赵孟頫乙未自燕回——元初文人山水画与金代士人文化　石守谦　台湾大学美
术史研究集刊（39）　2015 年

549. 金代山东文士儒家风格探析　聂立申　社科纵横　2015 年第 2 期

550. 金代泰山文士交游考　聂立申　江西师范大学学报（哲学社会科学版）　2015
年第 3 期

551. 金源文化中的旅游资源考　王志国　旅游纵览（下半月）　2015 年第 3 期

552. 对"小兴安岭金祖文化"保护、宣传、展示的几点构想　李平　伊春日报
2015 年 12 月 21 日第 3 版

（二）教育与科举

553. 辽元时期中央官学教育管理活动和师生生活　王永颜　青海师范大学学报（哲
学社会科学版）　2015 年第 2 期

554. 契丹世家大族的家庭教育——基于出土的辽代碑刻资料　张志勇、赖宝成　辽
宁工程技术大学学报（社会科学版）　2015 年第 2 期

555. 契丹世家大族的家庭教育——基于出土的辽代碑刻资料　张志勇、赖宝成　契
丹学论集（第一辑）　内蒙古人民出版社　2015 年

556. 辽朝天文历法教育述论　高福顺　朔方论丛（第四辑）　内蒙古大学出版社
2015 年

557. 辽朝科举考试中的府试　高福顺　契丹学论集（第一辑）　内蒙古人民出版社
2015 年

558. 辽朝科举考试内容考论　马丽梅、高福顺　辽宁工程技术大学学报（社会科学
版）　2015 年第 6 期

559. 科举制度在辽代社会生活中的地位与影响　高福顺　长春师范大学学报　2015
年第 1 期

560. 碑志所见辽代进士题名录及相关问题　李宇峰　契丹学论集（第一辑）　内蒙
古人民出版社　2015 年

561. 金朝教育制度刍议　王洋　黑河学院学报　2015 年第 5 期

562. 金代县学述论　王峤　内蒙古大学学报（哲学社会科学版）　2015 年第 5 期

563. 金代西京地区的教育文化探析　王利霞　山西大同大学学报（社会科学版）　2015 年第 4 期

564. 金代科举考试题目考察　都兴智　北方文物　2015 年第 1 期

565. 金代科举考试题目出处及内涵考释　裴兴荣　中央民族大学学报（哲学社会科学版）　2015 年第 2 期

566. 金代武举的民族属性——民族关系影响下的制度变革　闫兴潘　北方文物　2015 年第 2 期

567. 金章宗明昌进士研究　侯震　博士学位论文　吉林大学　2015 年

568. 金代进士补考　裴兴荣　山西档案　2015 年第 3 期

（三）儒学

569. 辽金元三代的经学发展及其特征　周春健　福建论坛（人文社会科学版）　2015 年第 1 期

570. “术”与“道”：金代儒学接受的变容——以孔庙的修建为主线　王晓静　辽宁工程技术大学学报（社会科学版）　2015 年第 5 期

571. 金朝孔庙释奠礼初探　徐洁　学习与探索　2015 年第 11 期

572. 李简《学易记》论析　谢辉　福建江夏学院学报　2015 年第 5 期

（四）语言文字

573. 辽代汉语中的几个语音现象　沈钟伟　梅祖麟教授八秩寿庆学术论文集　首都师范大学出版社　2015 年

574. 从修辞的视角看宋金元明文献中指示词“兀底（的）”的语义属性　梁银峰　当代修辞学　2015 年第 1 期

575. Encoreà propos du nom ？俀 Nankiās？倈 noté par Paul Pelliot（跋伯希和《南家》）　John Tang（唐均）　（美国）中西文化交流学报　2015 年第 7 卷第 2 期

576. 金代北方通语探析　刘云憬　宁夏大学学报（人文社会科学版）　2015 年第 1 期

577. 《刘知远诸宫调》用韵与《中原音韵》比较研究　朱鸿、陈鸿儒　东南学术　2015 年第 2 期

578. 辽夏金民族文字比较刍议　史金波　契丹学论集（第二辑）　内蒙古人民出版社　2015 年

579. 论所谓辽代《银佛背铭》为明代之后伪作　傅林　（韩国）北方文化研究　2015 年第 6 期

580. 失而复得的契丹文 清格尔泰、张阿敏 （韩国）北方文化研究 2015 年第 6 期

581. 重提与契丹文碑刻有关的两篇文章 清格尔泰 契丹学论集（第一辑） 内蒙古人民出版社 2015 年

582. 关于长田夏树先生遗留的契丹小字解读工作的资料 吉池孝一 契丹学论集（第一辑） 内蒙古人民出版社 2015 年

583. "天书"解读漫记之一 孟志东 内蒙古大学学报（哲学社会科学版） 2015 年第 1 期

584. 简说契丹语的亲属称谓 即实 契丹学论集（第一辑） 内蒙古人民出版社 2015 年

585. "大中央辽契丹国"考 康丹 契丹学论集（第一辑） 内蒙古人民出版社 2015 年

586. 内蒙古大学的契丹文研究 吴英喆 契丹学论集（第一辑） 内蒙古人民出版社 2015 年

587. 论契丹文墓志中汉语"儿"字的音值 傅林 契丹学论集（第一辑） 内蒙古人民出版社 2015 年

588. 契丹语的"左"与"右"（中文版） ［日］武内康则 契丹学论集（第一辑） 内蒙古人民出版社 2015 年

589. 俄罗斯科学院东方文献研究所收藏的契丹大字手稿书 ［俄］维·彼·扎伊采夫撰，任震寰译 契丹学论集（第一辑） 内蒙古人民出版社 2015 年

590. 契丹大字《永宁郡公主墓志铭》研究 德力格日呼 硕士学位论文 内蒙古大学 2015 年

591. 契丹大字《耶律祺墓志铭》补释 康鹏 契丹学论集（第一辑） 内蒙古人民出版社 2015 年

592. 契丹大字字形整理与规范 吉如何 契丹学论集（第一辑） 内蒙古人民出版社 2015 年

593. 南京大学所藏辽代玉器及所刻铭文之我见 张少珊 契丹学论集（第一辑） 内蒙古人民出版社 2015 年

594. 趣话辽代玉魁：契丹文的"另类"释读 刘凤翥 中国社会科学报 2015 年 8 月 20 日第 7 版

595. 读谜谈解——补说《回里坚墓志》 即实 内蒙古大学学报（哲学社会科学版） 2015 年第 2 期

596. 读谜谈解——补说《白讷墓志》 即实 （韩国）北方文化研究 2015 年第 6 期

597. 契丹文造假问题研究 宝玉柱 （韩国）北方文化研究 2015 年第 6 期

598. 《萧旼墓志铭》为赝品说　刘凤翥　赤峰学院学报（汉文哲学社会科学版）
2015 年第 1 期

599. 《萧旼墓志铭》为赝品说　刘凤翥　契丹学论集（第二辑）　内蒙古人民出版
社　2015 年

600. 《耶律曷鲁妻掘联墓志铭》为赝品说　刘凤翥、何文峰　北方文物　2015 年第
2 期

601. *The Khitn Terms for Dragon*：*Against the Altaic Etymological Background John Tang*
（唐均）　（韩国）北方文化研究　2015 年第 6 期

602. 关于若干契丹字的解读　吉如何　（韩国）北方文化研究　2015 年第 6 期

603. 辽金帝王契丹文尊号庙号年号汇考　陶金　（美国）中西文化交流学报　2015
年第 7 卷第 2 期

604. 契丹小字史料中的"失（室）韦"　吴英喆撰，赵哈申高娃、玲玲译　（美
国）中西文化交流学报　2015 年第 7 卷第 2 期

605. 关于女真文副动词及副动词后缀　朝克图　（韩国）北方文化研究　2015 年第
6 期

606. 大兴安岭石崖发现八百年前女真大字墨书诗作　金适　东北史地　2015 年第
6 期

607. 榆林首次发现女真文字摩崖题刻　乔建军、徐海兵　中国文物报　2015 年 12 月
25 日第 2 版

608. 女真文与满文发展比较的启示　张儒婷　满族研究　2015 年第 4 期

（五）艺术

609. 史籍载辽金时期美术　金维诺　美术研究　2015 年第 1 期

610. 耶律楚材家族艺术教育与创作之史料考述　和谈　兰台世界　2015 年第 33 期

611. 辽代绢丝画的内容特点与价值　牟学新　契丹学论集（第二辑）　内蒙古人民
出版社　2015 年

612. 辽代北区墓葬壁画的分期研究　郑承燕　契丹学论集（第一辑）　内蒙古人民
出版社　2015 年

613. 浅析辽代墓葬壁画形制及风格——以库伦旗辽代墓葬壁画为例　天工　辽宁教
育行政学院学报　2015 年第 5 期

614. 辽墓壁画透露的秘密　一千年前中国就"一国两制"了　路卫兵、耿艺、葛蔼
中国国家地理　2015 年第 4 期

615. 图像与仪式——宋金时期砖雕壁画墓的图像题材探析　邓菲　交错的文化史论
集　中华书局　2015 年

616. 河南地区宋金时期墓葬壁画初探　孙望　硕士学位论文　南京大学　2015 年

617. 金代佚名《衍庆图》考证　于恬　艺术品　2015 年第 10 期
618. 文姬归汉图　奕明　老年教育（书画艺术）　2015 年第 11 期
619. 馆藏青玉画别子与金代赵元《剡溪云树图》　王永梅　中国民族博览　2015 年第 10 期
620. 晋北辽金建筑壁画的社会风貌美学探究——以山西繁峙岩山寺文殊殿壁画为例　魏卞梅　包装世界　2015 年第 6 期
621. 岩山寺壁画中的建筑布局与景观美学　庞冠男　硕士学位论文　太原理工大学　2015 年
622. 岩山寺壁画人物造型特征研究　范青云、王元芳　名作欣赏（中旬）　2015 年第 10 期
623. 政治的隐喻：岩山寺金代鬼子母经变（上）　李翎　吐鲁番学研究　2015 年第 2 期
624. 宋金时期“雁衔芦”纹的产生与演化　常樱　装饰　2015 年第 7 期
625. 大同下华严寺辽代菩萨头冠的艺术特点　郭秋英、王丽雯　雕塑　2015 年第 2 期
626. 雕形赋绘　雕塑合一——山西大同观音堂辽代造像艺术浅析　王小凤、杨宝　天工　2015 年第 4 期
627. 论辽金寺院彩塑的时代特征——以大同善化寺大雄宝殿内二十四诸天为例　牛志远　大众文艺　2015 年第 12 期
628. 北镇崇兴寺双塔砖雕艺术研究　张睿　硕士学位论文　沈阳大学　2015 年
629. 岩山寺文殊殿金代彩塑赏析　杨宝　东方收藏　2015 年第 6 期
630. 繁峙县岩山寺泥塑彩绘研究　白海东　硕士学位论文　中央美术学院　2015 年
631. 从金代雕塑看女真民族的时代风貌　丁真翁加　兰台世界　2015 年第 30 期
632. 山西稷山金代段氏砖雕墓建筑艺术　胡冰　硕士学位论文　山西大学　2015 年
633. 两宋、辽、金宫廷吉礼用乐研究　易霜泉　硕士学位论文　上海音乐学院　2015 年
634. 辽代羯鼓探微　王珺　乐府新声（沈阳音乐学院学报）　2015 年第 3 期
635. 论辽代乐舞中的音乐文化交流　杨育新　乐府新声（沈阳音乐学院学报）　2015 年第 3 期
636. 辽代图像中的契丹乐舞研究　孙思　兰台世界　2015 年第 6 期
637. 纵看辽宁朝阳地区民族民间舞蹈的发展——以辽代古塔雕刻图像为例　于立、张琪　舞蹈　2015 年第 2 期
638. 金元上梁文的音乐性初探　韩伟　古籍整理研究学刊　2015 年第 2 期
639. 金代女真音乐舞蹈艺术研究　孙心雷　世纪桥　2015 年第 9 期
640. 金代舞蹈语汇在抚顺满族秧歌中的记忆遗存——蹶子步语汇构成探析　沈殿淮

艺术科技　2015 年第 2 期

（六）体育

641. 辽体育研究　王晓衡　体育文化导刊　2015 年第 1 期

642. 基于辽朝军事体育的发展及其影响考证　陆小黑　兰台世界　2015 年第 18 期

643. 金代骑射体育活动的作用　李大军　北方文物　2015 年第 3 期

644. 辽金时期射柳运动简介　苗福盛、史庆　青年与社会（下）　2015 年第 7 期

645. 从契丹"击鞠"到达斡尔"贝阔"演变的历史考察　丛密林　兰台世界　2015 年第 33 期

（七）图书、印刷

646. 试论辽金时期雕版印刷业兴盛的两大动力　侯秀林　晋图学刊　2015 年第 2 期

647. 从应县木塔秘藏看辽代西京地区雕版印刷业的兴盛原因　侯秀林　山西大同大学学报（社会科学版）　2015 年第 6 期

648. 金初对辽宋图书资料收集的特点　牟景华　北方文物　2015 年第 3 期

十一　文学

（一）综论

649. 浅析辽金时期汉文学与少数民族文学融合互补的过程及其影响　王海萍　青年文学家　2015 年第 26 期

650. 白居易诗文流传辽朝考——兼辨耶律倍仿白氏字号说　康鹏　中国史研究　2015 年第 4 期

651. 契丹、女真文论释碎　王佑夫　中央民族大学学报（哲学社会科学版）　2015 年第 4 期

652. 金代艺文叙论　薛瑞兆　中山大学学报（社会科学版）　2015 年第 2 期

653. 金代状元与文学　裴兴荣　民族文学研究　2015 年第 3 期

654. 金代初期民族文化政策对金代文学创作的影响　李速达　赤子（上中旬）　2015 年第 11 期

655. 唐宋古文金代传承论　王永　民族文学研究　2015 年第 1 期

656. 宋金对峙在清初的文学重写——以《续金瓶梅》为中心　杨剑兵、郁玉英　大庆师范学院学报　2015 年第 1 期

657. 论朱弁羁留金朝的创作　白新辉　名作欣赏　2015 年第 11 期

（二）诗

658. 民族文化融合中的辽金诗歌　黄志程　青年文学家　2015 年第 32 期

659. 论萧观音《回心院》的艺术特征　崔士岚　职大学报　2015 年第 5 期

660. 金诗在明代的流播考述　李卫东、张静　忻州师范学院学报　2015 年第 3 期

661. 金诗在元代的留存与传播考述　张静　辽宁工程技术大学学报（社会科学版）
    2015 年第 2 期

662. 金代诗人对庄子的接受　段少华　忻州师范学院学报　2015 年第 3 期

663. 金明昌进士诗歌创作探微　侯震　古籍整理研究学刊　2015 年第 2 期

664. 金元诗歌"温柔敦厚"的审美追求　牛贵琥　江西师范大学学报（哲学社会科
    学版）　2015 年第 4 期

665. "归潜堂诗"与金末元初文人的仕隐观　沈文凡、马雁晶　古代文学理论研究
    （第四十辑）——中国文论的思想与智慧　华东师范大学出版社　2015 年

666. 金代文人歌诗与道人歌诗　韩伟　北方论丛　2015 年第 5 期

667. 从文学交游看李纯甫的诗学倾向　刘志中、文琪　阴山学刊（社会科学版）
    2015 年第 6 期

668. 金代后期诗学论争及其文学史意义　文琪　硕士学位论文　内蒙古大学
    2015 年

669. 金代山西诗人群体研究　赵越　硕士学位论文　山西师范大学　2015 年

670. 金初辽宋诗人易代心理之异及对金末诗人的影响　狄宝心　文学遗产　2015 年
    第 1 期

671. 宋金元诗歌"列锦"结构模式及其审美追求　吴礼权、谢元春　江苏师范大学
    学报（哲学社会科学版）　2015 年第 1 期

（三）词

672. 宋金人注宋金词探论　李桂芹　广西民族大学学报（哲学社会科学版）　2015
    年第 3 期

673. 论金代词人的曲创作及其文学史价值　于东新　晋阳学刊　2015 年第 4 期

674. "杨柳岸、晓风残月"与王重阳的性命修持　罗争鸣　古典文学知识　2015 年
    第 6 期

675. 金元艳情词之"本色"论　李春丽　中国图书评论　2015 年第 12 期

676. 《全金元词》金词部分订误　刘云憬、王琴　邵阳学院学报（社会科学版）
    2015 年第 5 期

677. 《全金元词·订补附记》校读　倪博洋　内江师范学院学报　2015 年第 9 期

678. 《全金元词》王重阳词整理指瑕——兼释全真词的"藏头拆字"词体　倪博洋

南阳师范学院学报　2015 年第 10 期

（四）戏剧

679. 萧观音【回心院】与曲词演进再认识　吕文丽　中华戏曲（第 49 辑）　文化
艺术出版社　2015 年

680. 金代俗文学的"双璧"——金院本、诸宫调研究　李焱　新课程学习（中）
2015 年第 5 期

681. 浅谈金代女真文化对元杂剧的影响　姜文婷　艺术教育　2015 年第 9 期

682. 金元杂剧与祭祀仪式——田仲一成教授与康保成教授对谈录　康乐　文化遗产
2015 年第 3 期

683. 金代早期诸宫调散套的又一实例　宁希元　中国古代小说戏剧研究（第十一辑）
甘肃人民出版社　2015 年

十二　宗教

（一）概论

684. "户殊揆一"：金代三教融合新景观　王德朋　中国社会科学报　2015 年 6 月 3
日 A06 版

685. 金元时期崔府君信仰在华北的传播　宋燕鹏　元代文献与文化研究（第三辑）
中华书局　2015 年

686. 宋元时期晋东南三峻山神信仰的兴起与传播　宋燕鹏、何栋斌　山西档案
2015 年第 1 期

（二）萨满教

687. 探析契丹族社会生活中存在的萨满文化　姝雯　才智　2015 年第 4 期

688. 辽代萨满乐舞考略　管琳　绥化学院学报　2015 年第 11 期

（三）佛教

689. 辽代寺院研究　王欣欣　博士学位论文　吉林大学　2015 年

690. 石刻文字所见辽代寺院考　张国庆　东北史地　2015 年第 4 期

691. 光绪《广昌县志》所见涞源阁院寺的创建时间及活动　张婷　保定宋辽历史文
化遗产及其开发研究　河北大学出版社　2015 年

692. 东北地区辽代佛教的兴盛探究　郭鹏　文化学刊　2015 年第 10 期

693. 民族融合进程与辽代佛教繁荣　郑毅　学理论　2015 年第 29 期

694. 试述朝阳地区辽代佛教兴盛的历史原因　王冬冬　华人时刊（中旬刊）　2015

年第 9 期

695. 从陀罗尼经幢看辽代的密教信仰　彭晓静　契丹学论集（第二辑）　内蒙古人民出版社　2015 年

696. 金代山西佛寺地理分布研究　刘锦增　五台山研究　2015 年第 4 期

697. 从阜新辽塔寺遗存管窥契丹人的宗教信仰　赖宝成　职大学报　2015 年第 4 期

698. 由八大灵塔图像管窥辽代佛教信仰　于博　东北史地　2015 年第 5 期

699. 从辽塔造像看密教对辽代七佛造像的影响　于博　北方文物　2015 年第 3 期

700. 奉国寺"过去七佛"造像与护国思想　谷赟　齐鲁艺苑　2015 年第 3 期

701. 第三种辽藏探幽　方广锠　世界宗教研究　2015 年第 3 期

702. 辽藏版本及《辽小字藏》存本　方广锠　文献　2015 年第 2 期

703. 应县木塔秘藏中的辽代戒牒　杜成辉、马志强　山西大同大学学报（社会科学版）　2015 年第 2 期

704. 辽代佛教的舍利崇奉与供养——以石刻文字资料为中心　张国庆　朔方论丛（第四辑）　内蒙古大学出版社　2015 年

705. 辽代饭僧探讨　王源　智富时代　2015 年第 7 期

706. 金朝北方曹洞宗研究　冯川　硕士学位论文　中国社会科学院研究生院 2015 年

707. 道殿祖师显密思想简论及其籍贯考　殷谦　今日湖北（中旬刊）　2015 年第 5 期

708. 浅析金代契丹人的佛学思想　李速达　黑龙江史志　2015 年第 8 期

709. 论佛教对金代社会习俗的影响　王德朋、王萍　北方文物　2015 年第 2 期

710. 抢运保护《赵城金藏》的真相　梁正、刘兰祖　新湘评论　2015 年第 14 期

711. 信仰的形象·陶瓷佛教造像之语义——东汉至辽陶瓷佛教造像　欧阳昱伶　大众文艺　2015 年第 14 期

712. 朝阳北塔浮雕图像研究　成叙勇　契丹学论集（第二辑）　内蒙古人民出版社 2015 年

713. 浅析丰润天宫寺塔发现的辽代石造像　崔淑红　科学大众（科学教育）　2015 年第 4 期

714. 辽代佛像的鉴定　赵国栋　草原文物　2015 年第 1 期

715. 延安地区宋金石窟僧伽造像考察　石建刚、高秀军、贾延财　敦煌研究　2015 年第 6 期

716. 辽代经幢若干问题杂考　杨富学、朱满良　契丹学论集（第二辑）　内蒙古人民出版社　2015 年

717. 金代僧人的圆寂与安葬　王德朋　社会科学战线　2015 年第 9 期

（四）道教

718. 试论辽朝时期道教在草原地区的传播　李月新　赤峰学院学报（汉文哲学社会科学版）　2015 年第 9 期

719. 传统骈文体式对辽金道教文章创作的多元渗透　蒋振华　学术研究　2015 年第 3 期

720. 锤吕传说与金代全真教的谱系建构　吴光正、王一帆　全真道研究（第四辑）　齐鲁书社　2015 年

721. 身患、无身、真身及等观一切——王重阳对老子"身体"说的体证及发展　萧进铭　全真道研究（第四辑）　齐鲁书社　2015 年

722. 全真道与禅宗心性思想比较　聂清　全真道研究（第四辑）　齐鲁书社 2015 年

723. 汉文化作为他者——以金元儒家与全真教的关系为例　申喜萍　孔子研究 2015 年第 5 期

724. 丘处机《摄生消息论》中的养生理念　章原　中国道教　2015 年第 1 期

十三　科学技术

（一）医学

725. 史籍与考古所见辽代药物考　李浩楠　唐山师范学院学报　2015 年第 6 期

726. 宋金时期河北路疫病的流行与防治　韩毅　保定宋辽历史文化遗产及其开发研究　河北大学出版社　2015 年

727. 金元社会医疗的贡献力量及宗教文化特色　张稚鲲　西北民族大学学报（哲学社会科学版）　2015 年第 6 期

728. 内源性医学在金元时期的发展——金元四大医家与全真七子　魏慧　首都食品与医药　2015 年第 23 期

729. 金元时期药性组方理论简析　王烨燃、王萍　辽宁中医杂志　2015 年第 7 期

730. 金元四大家补益观　赵洁、戴慎　吉林中医药　2015 年第 12 期

731. 金元四大家论消渴之治疗理论框架　张世超、石岩、杨宇峰　中医药导报 2015 年第 21 期

732. 金元时期至清代内治甲状腺疾病主要中药聚类分析　王学妍、李明哲、王士彪、杨宇峰、石岩、高天舒　中华中医药学刊　2015 年第 5 期

733. 金元四大家择时用药经验和思想文献整理研究　王亚旭　硕士学位论文　北京中医药大学　2015 年

734. 刘完素《三消论》中"肾本寒，虚则热"之我见　霍炳杰、常靓、刘羽、李梅

中国中医基础医学杂志 2015 年第 12 期

735. 张子和医学心理学思想浅析 高娟、李衍鹏 现代交际 2015 年第 5 期

736. 张子和中医心理思想探讨 张冰、杜渐 中国中医基础医学杂志 2015 年第 12 期

737. 因时制宜在《儒门事亲》的应用 王非、郭育汝 江西中医药 2015 年第 2 期

738. 张子和《儒门事亲》治法理论基础及应用探析 卞立群、张引强、王萍、唐旭东 北京中医药 2015 年第 6 期

739.《儒门事亲》对《黄帝内经》因势利导思想的继承和发展 郭育汝 硕士学位论文 黑龙江中医药大学 2015 年

740.《儒门事亲》整理实践与非通用字形的处理 王晓琳 中医文献杂志 2015 年第 5 期

（二）天文历法

741.《辽史》所见祖冲之《大明历》文献价值发覆 邱靖嘉 契丹学论集（第一辑） 内蒙古人民出版社 2015 年

742. 肃慎族系的天文历法源流 杨淑辉、张妍 咸阳师范学院学报 2015 年第 4 期

743. 古籍整理中过度依赖传统历谱的问题——以《辽史》朔闰为例 邱靖嘉 文献 2015 年第 6 期

十四　历史地理

（一）地方行政建置

744. 辽代五京与道级政区析疑 何天明 （韩国）北方文化研究 2015 年第 6 期

745. 论辽朝南京路建制 胡江川 黑龙江史志 2015 年第 5 期

746. "辽兴府"存废新探 孙建权 契丹学论集（第二辑） 内蒙古人民出版社 2015 年

747. 金代"石州"考辨 陈晓伟 北方文物 2015 年第 4 期

（二）疆域

748. 夏辽边界问题的再讨论 许伟伟、杨浣 契丹学论集（第一辑） 内蒙古人民出版社 2015 年

（三）都城

749. 金会宁府筑城研究 于鑫 硕士学位论文 黑龙江大学 2015 年

750. 汴京元素对古代北京的影响 程民生 史学集刊 2015 年第 1 期

751. 金中都城市布局复原的历史回顾　丁力娜　中国文物报　2015 年 6 月 19 日第 6 版

752. 从金中都到元大都——纪念金中都建立 860 周年　景爱　东北史研究　2015 年第 1 期

753. 金朝京都相关问题研究　吴焕超　硕士学位论文　河北大学　2015 年

（四）城址

754. 辽、宋、西夏、金筑城述略　王茂华　保定宋辽历史文化遗产及其开发研究　河北大学出版社　2015 年

755. 辽代早期汉城的社会影响　李月新　契丹学论集（第一辑）　内蒙古人民出版社　2015 年

756. 蒙古国土拉河流域的契丹古城　雪莲　契丹学论集（第一辑）　内蒙古人民出版社　2015 年

757. 论辽代东京道城市的来源及分布　王淑兰　河北北方学院学报（社会科学版）2015 年第 3 期

758. 五国城城名考释　王晓静　鸡西大学学报　2015 年第 7 期

759. 金代的"庞葛"不是清代的"卜奎村"，元代的"吉塔"不是清代的"齐齐哈"　陈士平　东北史研究　2015 年第 2 期

760. 哈尔滨城史纪元始于金代的主要依据　王禹浪　哈尔滨学院学报　2015 年第 9 期

761. 大金国第一都得创建应定为哈尔滨城史纪元　李士良　东北史研究　2015 年第 3 期

762. 哈尔滨市城史纪元始于金代的三点理由　王永年、王军　活力　2015 年第 16 期

763. 延边州辽金时期城址及其分布情况概述　刘晓溪、姜铭、Pauline Sebillaud（史宝琳）　东北史地　2015 年第 2 期

764. 韩国辽金古城研究状况　李秉建　中国辽夏金研究年鉴 2013　中国社会科学出版社　2015 年

765. 吉林前郭塔虎城为金代肇州新证　彭善国　社会科学战线　2015 年第 10 期

766. 辽代的沈阳叫沈州　宋彧　辽宁日报　2015 年 2 月 6 日第 18 版

767. 12—13 世纪金桓州元上都的环境变化　洪思慧　赤峰学院学报（汉文哲学社会科学版）　2015 年第 52 期

（五）长城

768. 金代万里长城——中华民族文化的传承　赵海平、傅惟光　理论观察　2015 年第 9 期

769. 试论金界壕边堡的调整与防御结构　李云艳　北方文学（下旬刊）　2015 年第 9 期

（六）山川

770. 黄河变迁对金代开封的影响　吴朋飞　井冈山大学学报（社会科学版）　2015 年第 4 期

771. 辽长泊在敖汉旗木头营子乡境考　胡廷荣　契丹学论集（第二辑）　内蒙古人民出版社　2015 年

（七）交通

772. 辽金元时期的草原丝绸之路——兼谈内蒙古在当代丝绸之路经济带建设中的地位　翟禹　契丹学论集（第二辑）　内蒙古人民出版社　2015 年

773. 文物考古学视野下的辽代丝绸之路　杨蕤　北方民族大学学报（哲学社会科学版）　2015 年第 2 期

774. 辽代的契丹和草原丝绸之路　王坤、傅惟光　理论观察　2015 年第 6 期

775. 沈括、陈襄使辽所达"单于庭"今地考——兼论沈括、陈襄二使者在巴林的行程、顿舍等问题　王玉亭、田高　契丹学论集（第一辑）　内蒙古人民出版社　2015 年

776.《熙宁使虏图抄》出使线路图与部分馆驿考　陈天宇　赤峰学院学报（汉文哲学社会科学版）　2015 年第 2 期

十五　考古

（一）综述

777. 北京辽金元考古回顾与展望　孙勐　北京文博文丛　2015 年第 2 期

778. 北京西城区辽金元时期考古发现与研究现状　张利芳　北京文博文丛　2015 年第 4 期

779. 概述敖汉旗近年辽代考古发现与研究　邵国田　（韩国）北方文化研究　2015 年第 6 期

（二）帝陵

780. 辽西夏金陵墓制度的新因素及其影响　刘毅　南方文物　2015 年第 3 期

781. 20 世纪上半叶日本学者对内蒙古地区辽代皇陵的考察与研究　曹铁娃、曹铁铮、王一建　契丹学论集（第一辑）　内蒙古人民出版社　2015 年

782. 辽代帝王陵寝制度特点研究　郑承燕、杨星宇　赤峰学院学报（汉文哲学社会

科学版）　2015 年第 2 期

783. 辽代帝陵布局特点刍议　葛华廷　契丹学论集（第二辑）　内蒙古人民出版社　2015 年

784. 辽朝帝王陵寝组成问题初探　孙伟祥　黑龙江民族丛刊　2015 年第 1 期

785. 试论辽朝帝王陵寝的组成与布局　孙伟祥　契丹学论集（第一辑）　内蒙古人民出版社　2015 年

786. 辽道宗皇帝的陵墓——一个有趣的发现　［比利时］凯尔温著，罗贤佑译　契丹学论集（第一辑）　内蒙古人民出版社　2015 年

787. 从白山黑水到中都房山——浅谈女真帝王陵的历史始末　丁利娜　黑龙江史志　2015 年第 6 期

788. 北京最早最大的皇家园陵——金陵　张娟娟　北京档案　2015 年第 7 期

（三）墓葬

789. 从墓葬资料看辽文化与唐文化的联系　于文莅、赵淑霞　决策与信息（中旬刊）　2015 年第 11 期

790. 试论辽代契丹墓葬的棺尸床　林栋　北方民族考古（第 2 辑）　科学出版社　2015 年

791. 试论辽代墓葬的天井　林栋、金愉　北方文物　2015 年第 4 期

792. 试论辽代墓葬的排水系统　林栋　沈阳考古文集（第 5 集）　科学出版社　2015 年

793. 辽代墓饰门神图初探　李鹏　北方文物　2015 年第 4 期

794. 金代墓葬戏曲图像研究　夏天　硕士学位论文　首都师范大学　2015 年

795. 北京大兴三合庄村发现 129 座东汉至辽金时期墓葬　郭晓蓉　中国文物报　2015 年 3 月 20 日第 2 版

796. 北京通州次渠唐金墓发掘简报　北京市文物研究所　文物春秋　2015 年第 1 期

797. 内蒙古宁城山嘴墓地第一次发掘简报　内蒙古文物考古研究所、内蒙古博物院　文物　2015 年第 3 期

798. 内蒙古又发现一座辽代贵族墓葬　高平、薛海军　光明日报　2015 年 10 月 14 日第 9 版

799. 内蒙古克什克腾大营子辽代石棺壁画墓　内蒙古克什克腾旗博物馆　文物　2015 年第 11 期

800. 2011년 동몽골 다리강가지역 무덤의 발굴조사 약보고서 복기대　（韩国）北方文化研究　2015 年第 6 期

801. 巴林左旗盘羊沟辽代后唐德妃伊氏墓清理简报　赤峰市博物馆、巴林左旗辽上京博物馆、文物管理所　契丹学论集（第二辑）　内蒙古人民出版社　2015 年

802. 赤峰市全国重点文物保护单位（第七批）之十七：阿旗辽代耶律祺家族墓　孙国军、付丽琛　赤峰学院学报（汉文哲学社会科学版）　2015 年第 4 期

803. 赤峰市全国重点文物保护单位（第七批）之二十四：辽代沙日宝特墓葬群　孙国军、隋瑞轩　赤峰学院学报（自然科学版）　2015 年第 11 期

804. 关于吐尔基山辽墓墓主人身份的推测　王大方　契丹学论集（第二辑）　内蒙古人民出版社　2015 年

805. 完颜希尹家族墓地遗址研究新认识　顾聆博　边疆考古研究（第 18 辑）　科学出版社　2015 年

806. 沈阳市惠工街辽代墓葬考古发掘报告　沈阳市文物考古研究所　沈阳考古文集（第 5 集）　科学出版社　2015 年

807. 沈阳康平县大付家窝堡辽墓的发掘　沈阳市文物考古研究所　沈阳考古文集（第 5 集）　科学出版社　2015 年

808. 沈阳市五爱墓群发掘报告　沈阳市文物考古研究所　沈阳考古文集（第 5 集）　科学出版社　2015 年

809. 河北张家口宣化辽金壁画墓发掘简报　张家口市宣化区文物保管所　文物　2015 年第 3 期

810. 解读宣化辽墓的礼仪性空间　刘喜玲　青年文学家　2015 年第 20 期

811. 张世卿的天上人间　赵春霞　老人世界　2015 年第 10 期

812. 河北井陉柿庄宋金墓葬研究　曹凌子　硕士学位论文　郑州大学　2015 年

813. 山西繁峙南关村金代壁画墓发掘简报　山西省考古研究所、首都师范大学历史学院、忻州市文物管理处、繁峙县文物管理所　考古与文物　2015 年第 1 期

814. 我市发现两座罕见辽代壁画墓　高雅敏　大同日报　2015 年 5 月 27 日第 1 版

815. 山西大同西环路辽金墓发掘简报　大同市考古研究所　文物　2015 年第 12 期

816. 山西昔阳松溪路宋金壁画墓发掘简报　山西省考古研究所、昔阳县文物管理所、昔阳县博物馆　考古与文物　2015 年第 1 期

817. 四面栏杆彩画檐——山西昔阳宋金墓的发现与保护　刘岩、史永红　中国文物报　2015 年 6 月 5 日第 8 版

818. 山西盂县皇后村宋金壁画墓　赵培青　文物世界　2015 年第 1 期

819. 山西沁县上庄村发现一座金代砖室墓　张庆捷、王晓毅、白曙璋　中国文物报　2015 年 9 月 25 日第 8 版

820. 山西沁县发现一座形制罕见金代砖室墓　邢兆远、李建斌　光明日报　2015 年 10 月 8 日第 9 版

821. 沁县农民建房挖出金代墓　孟苗　山西日报　2015 年 9 月 29 日 B01 版

822. 宋金时期“明堂”浅议　任林平　中国文物报　2015 年 9 月 11 日第 6 版

823. 荥阳后真村墓地唐、宋、金墓发掘简报　郑州大学历史学院考古系、河南省文

物局南水北调文物保护办公室　中原文物　2015 年第 1 期

824. 河南三门峡市化工厂两座金代砖雕墓发掘简报　三门峡市文物考古研究所　中原文物　2015 年第 4 期

825. 陕西发现金代高官墓　周艳涛　中国文化报　2015 年 3 月 23 日第 7 版

826. 富平发现金代陶棺　王保东　考古与文物　2015 年第 5 期

827. 铜川阿来金、明墓葬发掘简报　陕西省考古研究院、铜川市考古研究所　文博　2015 年第 2 期

828. 试析宋金时期砖雕壁画墓的营建工艺——从洛阳关林庙宋墓谈起　邓菲　考古与文物　2015 年第 1 期

829. 浅议宋金墓葬中的启门图　丁雨　考古与文物　2015 年第 1 期

830. 蒙古国布尔干省达欣其楞苏木詹和硕遗址发掘简报　内蒙古自治区文物考古研究所、蒙古国游牧文化研究国际学院　草原文物　2015 年第 2 期

　　（四）遗址

831. "冶金考古"重地　北京延庆大庄科辽代矿冶遗址群　刘乃涛　大众考古　2015 年第 4 期

832. 2013 年辽上京皇城街道及临街建筑遗址考古发掘　董新林、汪盈　中国辽夏金研究年鉴 2013　中国社会科学出版社　2015 年

833. 考古发掘首次确认辽上京宫城形制和规模　董新林、陈永志、汪盈、左利军、肖淮雁、李春雷　中国文物报　2015 年 1 月 30 日第 8 版

834. 内蒙古巴林左旗辽上京宫城城墙 2014 年发掘简报　中国社会科学院考古研究所内蒙古第二工作队、内蒙古文物考古研究所　考古　2015 年第 12 期

835. 王家湾辽代玉器作坊遗址　金永田契丹学论集（第一辑）　内蒙古人民出版社　2015 年

836. 바린좌·우기(巴林左·右旗)요대(遼代)유적및고리국(槀離國)일대 답사보고서류병재（韩国）北方文化研究　2015 年第 6 期

837. 巴彦塔拉辽代遗址植物遗存综合研究　孙永刚、赵志军　契丹学论集（第二辑）内蒙古人民出版社　2015 年

838. 金上京考古取得新成果——发掘揭露南城南墙西门址　赵永军、刘阳　2015 年 1 月 30 日第 8 版

839. 大遗址保护视角下的金上京考古工作　赵永军、刘阳　北方文物　2015 年第 2 期

840. 金代窖藏研究　叶帅　硕士学位论文　东北师范大学　2015 年

841. 黑龙江省讷河市龙河城址调查　王怡　北方文物　2015 年第 2 期

842. 吉林地区辽金文化遗存综合述考（上）　董学增　东北史研究　2015 年第 2 期

843. 吉林地区辽金文化遗存综合述考（下） 董学增 东北史研究 2015 年第 3 期

844. 吉林省乾安县查干湖西南岸春捺钵遗址群调查简报 吉林大学边疆考古研究中心、乾安县文物管理所 边疆考古研究（第 18 辑） 科学出版社 2015 年

845. 前郭塔虎城的考古发现与研究 彭善国 庆祝魏存成先生七十岁论文集 科学出版社 2015 年

846. 前郭塔虎城的分期与年代——以 2000 年发掘资料为中心 彭善国 边疆考古研究（第 18 辑） 科学出版社 2015 年

847. 城四家子辽金城址的考古发掘 梁会丽、全仁学、周宇 辽金西夏研究年鉴 2013 中国社会科学出版社 2015 年

848. 揭开东夏国的神秘面纱——吉林图们磨盘山村山城发掘收获 李强 中国文物报 2015 年 2 月 13 日第 8 版

849. 吉林乾安发现辽金时期春捺钵遗址群 冯恩学 中国文物报 2015 年 3 月 27 日第 8 版

850. 吉林省东辽县杨树排子地遗址考古发掘简报 吉林省文物考古研究所、辽源市文物管理所、东辽县文物管理所 北方文物 2015 年第 2 期

851. 吉林长白县民主遗址 2011 年发掘及以往调查简报 吉林省文物考古研究所、长白县文物管理所 北方文物 2015 年第 3 期

852. 关于宝马城性质的初步研究 赵俊杰 北方文物 2015 年第 3 期

853. 后套木嘎遗址（2011—12）出土的战国至辽金时期哺乳动物遗存研究 左豪瑞 硕士学位论文 吉林大学 2015 年

854. 沈阳市辽金城址调查 沈阳市文物考古研究所 沈阳考古文集（第 5 集） 科学出版社 2015 年

855. 沈阳市北四台子辽金遗址 2012 年发掘简报 沈阳市文物考古研究所 沈阳考古文集（第 5 集） 科学出版社 2015 年

856. 辽宁辽阳江官屯瓷窑址考古发掘获得重要成果 梁振晶、郭明、肖新奇 中国文物报 2015 年 1 月 23 日第 8 版

857. 辽阳江官屯窑的调查与研究 崔潇允 硕士学位论文 沈阳大学 2015 年

858. 辽宁锦州龙台遗址发掘简报 辽宁省文物考古研究所、锦州市考古所 东北史地 2015 年第 5 期

859. 医巫闾山发现辽代石雕祭坛 屈连志 中国辽夏金研究年鉴 2013 中国社会科学出版社 2015 年

860. 古代矿冶遗址的重要考古新发现——北京延庆大庄科辽代矿冶遗址群 刘乃涛、郭京宁、李延祥、潜伟、陈建立 中国文物报 2015 年 3 月 27 日第 6、7 版

861. “辽钢”入选十大考古新发现 刘冕 北京日报 2015 年 4 月 10 日第 5 版

862. 对北京地区辽代冶铁考古研究的思考——由延庆水泉沟辽代冶铁遗址说起 解

小敏　北京文博文丛　2015 年第 1 期

863. 北京金章宗雀儿庵调查记　景爱　东北史地　2015 年第 1 期

864. 河北省元氏县殷村遗址考古发掘简报　沈阳市文物考古研究所　沈阳考古文集
（第 5 集）　科学出版社　2015 年

865. 蒙古国戈壁沙漠地区的契丹系文化遗存　白石典之著，王达来译　草原文物
2015 年第 2 期

十六　文物

（一）建筑、寺院、佛塔

866. 金刻《重校正地理新书》所引宋《营造法式》刍议　王其亨、成丽　2013 年保
国寺大殿建成 1000 周年系列学术研讨会论文合集　科学出版社　2015 年

867. 探寻辽金时代建筑特点及在当代民俗建筑中的应用　张曦元、祝一狄、吕静
建筑与文化　2015 年第 10 期

868. 辽代建筑文化理念的发展初探　孙文婧　建筑工程技术与设计　2015 年第 27 期

869. 沈阳地区辽代建筑遗产资源体系构建及文化复兴展望　金连生　建筑工程技术
与设计　2015 年第 28 期

870. 同源异制的辽代木构与砖作铺作　赵兵兵　四川建筑科学研究　2015 年第 3 期

871. 图像学语境下的金代建筑装饰纹样初探　郭潇、林墨飞、唐建　城市建筑
2015 年第 12 期

872. 中国东北地区辽金瓦当研究　卢成敢　硕士学位论文　吉林大学　2015 年

873. 异族统治下中国北方的宝塔　［德］鲍希曼著，赵娟译　美术向导　2015 年第
1 期

874. 辽塔的历史价值及现实意义　赵慧妍　青年文学家　2015 年第 6 期

875. 辽代佛塔的宗教渊源　赵兵兵　建筑史（35 辑）　清华大学出版社　2015 年

876. 辽代砖塔形制的美学特征　赵兵兵　大舞台　2015 年第 9 期

877. 关于朝阳地区密檐式辽金砖塔的比较研究——以黄花滩塔和美公灵塔为例　赵
兵兵、刘思铎　沈阳建筑大学学报（社会科学版）　2015 年第 1 期

878. 铁岭古塔文化价值及其旅游开发利用　赵娜　青年文学家　2015 年第 17 期

879. 抚顺高尔山辽塔旅游资源开发策略探究　张丽萍　辽宁师专学报（社会科学版）
2015 年第 5 期

880. 辽南永丰塔掠影　周荃、王丹、吴晓东、胡文荟　建筑与文化　2015 年第 10 期

881. 义县奉国寺山门复原初探　赵兵兵、王剑、刘思铎　华中建筑　2015 年第 5 期

882. 蔚县南安寺塔　吴明福　工会信息　2015 年第 35 期

883. 阁院寺文殊殿正面的门窗　刘翔宇、丁垚　建筑师　2015 年第 4 期

884. 千年古刹独乐寺建筑艺术考略　吴迪、周坚　兰台世界　2015 年第 9 期

885. 大同华严寺薄伽教藏殿梁架结构分析　白志宇　2013 年保国寺大殿建成 1000 周年系列学术研讨会论文合集　科学出版社　2015 年

886. 浅析华严寺建筑构件鸱吻的艺术特色　尹言、李志　艺术教育　2015 年第 7 期

887. 山西辽金建筑彩绘与平面设计的关系　李英伟　艺术科技　2015 年第 7 期

888. 山西金代建筑的建筑特色与历史价值　李青　黑龙江史志　2015 年第 5 期

889. 佛光寺大殿新发现的题记与纪年牌　天津大学建筑学院、文物建筑测绘研究国家文物局重点科研基地（天津大学）、山西省古建筑保护研究所佛光寺管理所　中国文物报　2015 年 6 月 16 日第 6 版

890. 平遥慈相寺大殿三维激光扫描测绘述要　塞尔江·哈力克、刘畅、刘梦雨　建筑史（35 辑）　清华大学出版社　2015 年

（二）碑刻、墓志

891. 辽代碑志铭记中的纪时法研究　姜维公、姜维东　史学集刊　2015 年第 2 期

892. 辽代墓志生肖纹饰研究　关翔宇　硕士学位论文　内蒙古大学　2015 年

893. 《通法寺地产碑》为辽碑说辨误　苗润博　北方文物　2015 年第 1 期

894. 辽代庆州白塔建塔碑铭再考　尤李　内蒙古师范大学学报（哲学社会科学版）　2015 年第 4 期

895. 辽代庆州白塔建塔碑铭再考　尤李　契丹学论集（第二辑）　内蒙古人民出版社　2015 年

896. 辽《南赡部州大契丹国兴中府东北甘草埚建塔葬定光佛舍利记》考释　姜洪军、李宇峰　北方民族考古（第 2 辑）　科学出版社　2015 年

897. 辽博馆藏两方石刻考释——兼谈辽代佛教"显密圆通"思想之研究　齐伟　北方民族考古（第 2 辑）　科学出版社　2015 年

898. 辽圣宗道宗哀册文汇校　李俊义　契丹学论集（第一辑）　内蒙古人民出版社　2015 年

899. 辽宁朝阳县发现辽代后晋李太后、安太妃墓志　杜晓红、李宇峰　边疆考古研究（第 16 辑）　科学出版社　2015 年

900. 辽宁朝阳县发现辽代后晋李太后，安太妃墓志　李宇峰契丹学论集（第二辑）　内蒙古人民出版社　2015 年

901. 辽《张正嵩张思忠墓志铭》考释　李宇峰　辽宁省博物馆馆刊（2014 年）　辽海出版社　2015 年

902. 关于萧和家族几块墓志名称　史风春　中国辽夏金研究年鉴 2013　中国社会科学出版社　2015 年

903. 辽代《萧绍宗墓志铭》和《耶律燕哥墓志铭》考释　郭宝存、祁彦春　文史

2015 年第 3 期

904. 新出元契丹裔勋贵耶律秃满答儿墓志研究　陈玮　契丹学论集（第二辑）　内蒙古人民出版社　2015 年

905. 河北涞源阁院寺辽代"飞狐大钟"铭文考　梁松涛、王路璐　北方文物　2015 年第 1 期

906. 金代石刻研究　王新英　博士学位论文　吉林大学　2015 年

907. 金源内地重要碑刻考　李靖　赤子（上中旬）　2015 年第 23 期

908. 完颜娄室神道碑碑文的史料价值述要　王久宇、孙田　哈尔滨师范大学社会科学学报　2015 年第 2 期

909. 完颜希尹神道碑碑文的史料价值　王久宇、孙田　古籍整理研究学刊　2015 年第 4 期

910. 《大金国燕京宛平县阳台山清水院长老和尚塔记》考述　宣立品　北京文博文丛　2015 年第 3 期

911. 志丹城台寺石窟历代题记的识读与分析　刘振刚　敦煌研究　2015 年第 5 期

912. 《金赠光禄大夫张行愿墓志》补释　李智裕　北方文物　2015 年第 3 期

913. 大蒙古国京兆总管府奏差提领经历段继荣墓志铭考释　陈玮　北方文物　2015 年第 3 期

（三）官印、印章

914. 浅析金代官印的分期　矫石　赤子（上中旬）　2015 年第 3 期

915. 金代官印对当代黑龙江篆刻创作体系的影响　李慧、刘颖、董新杰　艺术教育　2015 年第 4 期

916. "诜王之印"为金代完颜娄室追封印质疑——兼评金毓黻关于"诜王之印"的著录与考证　张韬　社会科学战线　2015 年第 9 期

917. 从猛安、谋克官印看金代的尺度　王晓静　西南交通大学学报（社会科学版）　2015 年第 6 期

（四）铜镜

918. 内蒙古代钦塔拉出土的辽代八蝶纹铜镜　尹建光、李铁军　收藏·拍卖　2015 年第 3 期

919. "上京巡院"铜镜　陈瑞清　黑龙江史志　2015 年第 2 期

920. 金代铜镜制作的成就及特色　李速达　黑龙江史志　2015 年第 12 期

921. 近年辽北发现的金代刻铭铜镜　杨丽敏、张剑　兰台世界　2015 年第 36 期

922. 金代"星宿镇水镜"与"犀牛望月镜""吴牛喘月镜"的关系　朱伟　文物鉴定与鉴赏　2015 年第 7 期

947. 珍珠地·白地黑花·红绿彩——《宋辽金纪年瓷器》补正三则　刘涛　收藏
2015 年第 7 期

948. 宋金磁州窑鱼纹彩绘装饰探析　靳雅权　装饰　2015 年第 3 期

949. 磁州窑三彩枕上的诗文与人物　王兴、王时磊　收藏界　2015 年第 5 期

950. 金代磁州窑绿釉诗文枕撷英　王兴、王时磊　收藏　2015 年第 5 期

951. 概述金代瓷枕的器型分类　杜若铭　中国文物报　2015 年 8 月 18 日第 8 版

952. 浅析瓷制荷叶盖罐的发展史　熊振东　东方收藏　2015 年第 6 期

953. 蕴华千年——浅议雁北黑釉剔划花瓷器　李君　收藏界　2015 年第 8 期

954. 北方之色晋蒙两地宋金元黑釉瓷集萃　赵凡奇、魏孔　收藏　2015 年第 4 期

955. 东北、内蒙古出土的耀州窑青瓷——以墓葬材料为中心　彭善国、刘辉　考古
与文物　2015 年第 1 期

956. 刘庄窑与"明昌样"（二）李民举　许昌学院学报　2015 年第 1 期

957. 一个东北古窑曾在辽阳兴盛 300 年　张瑜　辽宁日报　2015 年 5 月 6 日第 12 版

958. 射兽金元三彩窑址调查报告　索丽霞、赵庆国　文物世界　2015 年第 6 期

（六）玉器

959. 马背民族　春水秋山——辽、金、元玉器　马未都　黑龙江画报　2015 年第
2 期

960. 浅析辽、金、元时期的春水玉　云彩凤　赤峰学院学报（汉文哲学社会科学版）
2015 年第 8 期

961. 辽代胡人乐舞纹玉带及相关问题探讨　吕富华　东北师大学报（哲学社会科学
版）　2015 年第 1 期

962. 辽代胡人乐舞纹玉带及相关问题探讨　吕富华　契丹学论集（第一辑）　内蒙
古人民出版社　2015 年

963. 金代春水秋山玉赏析　黄小钰　收藏家　2015 年第 2 期

964. 房山长沟峪金代石椁墓出土"孔雀形玉饰件"非簪、钗考　刘云　首都博物馆
论丛（第 29 辑）　北京燕山出版社　2015 年

965. 对房山长沟峪金代石椁墓出土"孔雀形玉饰件"的再认识　李健　首都博物馆
论丛（第 29 辑）　北京燕山出版社　2015 年

（七）金属器物

966. 辽代金银器研究　王春燕　博士学位论文　吉林大学　2015 年

967. 辽代墓葬出土铜器研究　何莲　硕士学位论文　内蒙古大学　2015 年

968. 辽代金饰品上体现出的民族特色　贾冬梅　文物鉴定与鉴赏　2015 年第 5 期

969. 波士顿美术博物馆辽朝银冠研究述论　刘银成　契丹学论集（第二辑）　内蒙

古人民出版社　2015 年

970. 陈国公主的银靴　全岳　西部皮革　2015 年第 17 期

971. 辽代镰斗考——从杜杖子辽墓发现的一柄铁镰斗说起　马会宇、任爱君　北方文物　2015 年第 4 期

972. 吉林省揽头窝堡遗址出土的骑士牌研究　张胜超、冯恩学　北方文物　2015 年第 3 期

973. 关于在萝北名山发现辽代五国部时期铁器的几点思考　田哲、米成　决策与信息　2015 年第 24 期

（八）其他文物

974. 辽代琥珀童子　王春燕　收藏家　2015 年第 1 期

975. 小喇嘛沟辽墓出土玻璃器的科学分析与研究　柏艺萌、黄晓雷、魏美丽　辽宁省博物馆馆刊（2014 年）　辽海出版社　2015 年

976. 植毛牙刷发明小考——从内蒙古博物院藏植毛牙刷柄谈起　潘素娟、张闯辉　丝绸之路　2015 年第 18 期

977. 顺义辽无垢净光舍利塔出土文物资料整理与浅析　任思音　首都博物馆论丛（第 29 辑）　北京燕山出版社　2015 年

（九）博物馆

978. 80 件文物描述契丹人生活　杨竞　辽宁日报　2015 年 1 月 19 日第 8 版

979. 隐秘的辉煌——从辽上京遗址到赤峰博物馆　优品　2015 年第 11 期

980. 辽金城垣博物馆　藏在脚底下的历史密码　陆杨　时尚北京　2015 年第 2 期

981. "大辽文明展"在山东博物馆开幕　刘安鲁　中国文物报　2015 年 5 月 15 日第 2 版

982. 《白山·黑水·海东青——纪念金中都建都 860 周年特展》展览综述　谭晓玲　辽金西夏研究年鉴 2013　中国社会科学出版社　2015 年

983. 白山·黑水·海东青——纪念金中都建都 860 周年特展　杨海鹏　中国辽夏金研究年鉴 2013　中国社会科学出版社　2015 年

984. 《松花江的记忆——金源文化展》获精品陈列奖原因的初步分析　姜丽丽　硕士学位论文　吉林大学　2015 年

985. 试论博物馆的临时展览——以北京辽金城垣博物馆为例　杨世敏　中国文物报　2015 年 8 月 18 日第 8 版

986. 梦落华枕——金代瓷枕展　钱慧祥　中国文物报　2015 年 8 月 18 日第 8 版

987. 专承契丹祖源文明发掘圣地平泉底蕴——探索中前进的平泉（契丹）博物馆　公民与法治　2015 年第 16 期

988. 从新州博物馆辽代藏品看契丹文化特色　杨妹、杨晓明　（韩国）北方文化研究　2015 年第 6 期

（十）文物保护

989. 大同整体搬迁两座辽代壁画墓葬　高雅敏　大同日报　2015 年 7 月 8 日第 1 版

990. 大同两座辽代壁画墓葬整体搬迁　开国内保护先河　邢兆远、李建斌　光明日报　2015 年 7 月 22 日第 9 版

991. 大同善化寺辽金彩塑的保护试验　白晶、李力、黄继忠、龚德才　文物世界　2015 年第 4 期

992. 文化遗产保护理念与实践——以辽塔保护工程为例　孙立学　2013 年保国寺大殿建成 1000 周年系列学术研讨会论文合集　科学出版社　2015 年

993. 金代砖雕墓葬流动展览保护复原方法初探——以稷山化肥厂金墓砖雕的保护复原为例　闫文祥　文物世界　2015 年第 6 期

994. 辽上京遗址保护以及旅游景观规划设计　戴岳曦、孙国军　赤峰学院学报（汉文哲学社会科学版）　2015 年第 10 期

995. 赤峰地区契丹辽文化遗存开发利用研究　赤峰学院课题组　松州学刊　2015 年第 6 期

996. 金上京会宁府遗址申遗对策　黄澄　中国文物报　2015 年 10 月 2 日第 6 版

997. 千年古刹　重放异彩——忆在独乐寺维修立项过程中政协委员的推动作用　王碧　天津政协公报　2015 年第 5 期

2015 年西夏学论著目录

周　峰

一　专著

1. 黑水城文献论集　杜建录著　学苑出版社　2015 年

2. 党项西夏碑石整理研究　杜建录著　上海古籍出版社　2015 年

3. 黑水城元代汉文军政文书研究　杜立晖、陈瑞青、朱建路著　上海古籍出版社
　　2015 年

4. 英藏及俄藏黑水城汉文文献整理　孙继民、宋坤、陈瑞青、杜立晖、郭兆斌编著
　　天津古籍出版社　2015 年

5. 《天盛律令》研究　杜建录、伊莉娜·波波娃主编　上海古籍出版社　2015 年

6. 西夏《功德宝集偈》跨语言对勘研究　段玉泉著　上海古籍出版社　2015 年

7. 儒风汉韵流海内——两宋辽金西夏时期的中国意识与民族观念　刘扬忠著　河北
　　教育出版社　2015 年

8. 北宋与辽、西夏战略关系研究——从权力平衡观点的解析　蔡金仁著　（台湾）
　　花木兰文化出版社　2015 年

9. 中国通史：少年彩图版·辽西夏金　童超主编　北京联合出版公司　2015 年

10. 辽、金、西夏史　蔡美彪、吴天墀著　中国盲文出版社　2015 年

11. 讲给孩子听的中国历史故事：辽西夏金元·公元 916 年—公元 1368 年　益博轩
　　著　北京联合出版公司　2015 年

12. 中国石刻艺术编年史：愉悦卷·两宋辽金西夏元明清　向以鲜著　东方出版中心
　　2015 年

13. 西夏王朝　唐荣尧著　中信出版社　2015 年

14. 神秘的西夏　唐荣尧著　时代文艺出版社　2015 年

15. 尘封西夏　方春霞著　宁夏人民教育出版社　2015 年

16. 西夏学（第十一辑）　杜建录主编　上海古籍出版社　2015 年

17. 西夏佛典探微　胡进杉著　上海古籍出版社　2015 年

18. 西夏文献<u>丛</u>考　孙伯君著　上海古籍出版社　2015 年

19. 西夏文化研究　史金波著　中国社会科学出版社　2015 年

20. 中国辽夏金研究年鉴 2013　史金波、宋德金主编　中国社会科学出版社　2015 年

21. 辽金西夏研究年鉴 2013　景爱主编　中国社会科学出版社　2015 年

22. 中国藏黑水城所出元代律令与词讼文书整理与研究　张重艳、杨淑红著　知识产权出版社　2015 年

23. 西夏研究论文集　宁夏社会科学院历史研究所编　凤凰出版社　2015 年

24. 西夏姓名研究　佟建荣著　社会科学文献出版社　2015 年

25. 西夏文《吉祥遍至口合本续》整理研究　孙昌盛著　社会科学文献出版社　2015 年

26. 武威出土西夏文献研究　梁继红著　社会科学文献出版社　2015 年

27. 西夏文《维摩诘经》整理研究　王培培著　社会科学文献出版社　2015 年

28. 西夏汉传密教文献研究　崔红芬著　社会科学文献出版社　2015 年

29. 王静如文集（上下）王静如著　社会科学文献出版社　2015 年

30. 黑水城出土西夏文医药文献整理与研究　梁松涛著　社会科学文献出版社　2015 年

31. 西夏纪事本末　（清）张鑑著，龚世俊、王伟伟点校　浙江古籍出版社　2015 年

32. 俄藏黑水城文献（24）　俄罗斯科学院东方文献、中国社科院民族学与人类学研究所、上海古籍出版社编　上海古籍出版社　2015 年

33. 西夏文珍贵典籍史话　史金波著　国家图书馆出版社　2015 年

34. 中国财政通史·第五卷·宋辽西夏金元财政史（上下）　黄纯艳著　湖南人民出版社　2015 年

35. 宋辽夏金经济史研究（增订版）　乔幼梅著　上海古籍出版社　2015 年

二　研究综述、学术信息

36. 西夏学研究　彭向前、赵坤　辽金西夏研究年鉴 2013　中国社会科学出版社　2015 年

37. 2013 年西夏文物考古新发现回顾　于光建　中国辽夏金研究年鉴 2013　中国社会科学出版社　2015 年

38. 21 世纪中国西夏学研究新趋势　彭向前、尤丽娅　中国辽夏金研究年鉴 2013　中国社会科学出版社　2015 年

39. 21 世纪以来西夏文文献整理与考释研究综述　荣智润　中国辽夏金研究年

鉴 2013

中国社会科学出版社 2015 年

40. 西夏服饰研究综述 任怀晟 中国辽夏金研究年鉴 2013 中国社会科学出版社 2015 年

41. 西夏皇族研究综述 陈玮 中国辽夏金研究年鉴 2013 中国社会科学出版社 2015 年

42. 辽宋夏金时期城池研究回顾与前瞻 王茂华、王恒蔚 宋史研究论丛（第 16 辑） 河北大学出版社 2015 年

43. 西夏监军司的研究现状和尚待解决的问题 张多勇 西夏研究 2015 年第 3 期

44. 西夏汉人研究述评 张美侨 西夏研究 2015 年第 3 期

45. 西夏文藏传佛教文献整理编目工作综述 魏文 西夏学（第十一辑） 上海古籍出版社 2015 年

46. 俄藏黑水城文献与二十世纪以来的俄罗斯西夏学研究 矫慧 卷宗 2015 年第 6 期

47. 第三届西夏学国际论坛暨王静如先生学术思想研讨会综述 张笑峰 中国辽夏金研究年鉴 2013 中国社会科学出版社 2015 年

48. 第四届西夏学国际学术论坛暨河西历史文化研讨会在河西学院隆重召开 河西学院学报 2015 年第 6 期

49. "西夏语文献解读研究成果发表会"会议综述 段玉泉 中国辽夏金研究年鉴 2013 中国社会科学出版社 2015 年

50. 孙寿龄：20 载刀笔不辍"复活西夏文化" 王艳明、程楠 中国文物报 2015 年 1 月 30 日第 1 版

51. 西夏文草书研究取得重要进展——辨认解读研究资料难题有望破解 庄电一 光明日报 2015 年 3 月 23 日第 5 版

52. 百年来西夏文辞书编纂之回溯 许鹏 中央民族大学学报（哲学社会科学版） 2015 年第 3 期

53. 《王静如文集》未收的一篇文章 高山杉 南方都市报 2015 年 6 月 28 日 GB15 版

54. 西夏陵突出普遍价值学术研讨会在银川召开 严叶敏 中国文物报 2015 年 11 月 13 日第 1 版

55. 西夏陵突出普遍价值学术研讨会在银川召开 罗江浇、解明 中国文化报 2015 年 11 月 12 日第 7 版

56. 西夏陵申遗准备工作明年底完成 张文攀 宁夏日报 2015 年 11 月 12 日第 12 版

57. 《西夏研究》文献信息计量分析（2010—2014） 张琰玲、王耀 西夏研究

2015 年第 4 期

58. 国家社科基金特别委托项目"西夏文献文物研究"2013 年工作进展　中国社会科学院西夏文化研究中心　中国辽夏金研究年鉴 2013　中国社会科学出版社 2015 年

59. 2013 年度国家社科基金、教育部人文社科立、结项概况　许伟伟　中国辽夏金研究年鉴 2013　中国社会科学出版社　2015 年

60. 杜建录教授入选教育部 2011 年度"长江学者奖励计划"特聘教授　宁夏大学西夏学研究院　中国辽夏金研究年鉴 2013　中国社会科学出版社　2015 年

61. 彭向前研究员赴俄交流西夏学　彭向前　中国辽夏金研究年鉴 2013　中国社会科学出版社　2015 年

62. 中央电视台大型史实纪录片《神秘的西夏开拍》　高仁　中国辽夏金研究年鉴 2013　中国社会科学出版社　2015 年

63. 写在大型史诗纪录片《神秘的西夏》获奖之后　马云　宁夏日报　2015 年 10 月 19 日第 10 版

64. 中华民族多元文化的生动再现——观纪录片《神秘的西夏》　陈育宁　光明日报 2015 年 4 月 27 日第 14 版

65. 《神秘的西夏》"热能"正在释放——访《神秘的西夏》制片人焦连新　张碧迁 银川日报　2015 年 3 月 27 日第 3 版

66. 2013 年西夏学论著目录　周峰、张笑峰　中国辽夏金研究年鉴 2013　中国社会科学出版社　2015 年

67. 2013 年西夏学论著目录　赵坤　辽金西夏研究年鉴 2013　中国社会科学出版社 2015 年

三　书评、序、跋

68. 西夏文物考古的一面旗帜———牛达生先生《西夏考古论稿》序言　史金波　石河子大学学报（哲学社会科学版）　2015 年第 2 期

69. 西夏文物考古研究的典范之作——读牛达生先生《西夏考古论稿》有感　于光建 西夏研究　2015 年第 2 期

70. 西夏文物考古研究的典范之作——读牛达生先生《西夏考古论稿》有感　于光建 中国辽夏金研究年鉴 2013　中国社会科学出版社　2015 年

71. 西夏钱币研究的扛鼎之作——读牛达生先生《西夏钱币研究》　白秦川　中国辽夏金研究年鉴 2013　中国社会科学出版社　2015 年

72. 根植西夏　惠施泉界——评牛达生新著《西夏钱币研究》　杨富学、曹源　西夏研究　2015 年第 2 期

四　文献介绍与考释

91. 内蒙古博物院、考古所收藏西夏文文献　荒川慎太郎、赵哈中高娃　（韩国）北方文化研究　2015 年第 6 期

92. 略论西夏文草书　史金波　西夏学（第十一辑）　上海古籍出版社　2015 年

93. 宋夏丧葬文书档案比较浅析　刘晔、穆旋、赵彦龙　档案管理　2015 年第 3 期

94. 种类齐全　价值珍贵——西夏账册档案研究之三　赵彦龙、孙小倩　宁夏师范学院学报　2015 年第 4 期

95. 黑水城出土《解释歌义》的作者、体制及版本辨析　张宪荣　图书馆理论与实践　2015 年第 8 期

96. 俄藏黑水城出土西夏文占卜文书 5722 考释　梁松涛、袁利　西夏学（第十一辑）　上海古籍出版社　2015 年

97. 西夏星占档案整理研究　赵彦龙　档案管理　2015 年第 2 期

98. 西夏星占、历法档案钩沉　陈娉　兰台世界　2015 年第 26 期

99. 俄藏黑水城出土西夏文占卜文书 Инв. No. 5722 研究　袁利　硕士学位论文　河北大学　2015 年

100. 张大千西夏文献题跋考释——张大千旧藏西夏汉文文书研究之二　刘广瑞　宁夏师范学院学报　2015 年第 1 期

101. 国家图书馆道教文献残页 "xixdi11jian1.04 - 1" 等三张考辨　项璇　宁夏社会科学　2015 年第 4 期

102. 印度纪月法的西夏译名　王龙　宁夏社会科学　2015 年第 6 期

103. 山嘴沟石窟出土的几件西夏文献残卷考证　郑祖龙　西夏学（第十一辑）　上海古籍出版社　2015 年

104. 英藏西夏文译《贞观政要》的整理与研究　王荣飞、戴羽　西夏学（第十一辑）　上海古籍出版社　2015 年

105. 试论西夏译场对《掌中珠》编写的启示　尤丽娅、彭向前　西夏学（第十一辑）　上海古籍出版社　2015 年

106. 黑水城出土西夏文《亥年新法》卷十三 "隐逃人门" 考释　梁松涛　宁夏师范学院学报　2015 年第 2 期

107.《新集慈孝传》导言　向柏霖著，聂大昕译　西夏研究　2015 年第 3 期

108. 西夏文《六韬》译本的文献价值　邵鸿、张海涛　文献　2015 年第 6 期

109. 俄藏佛教文献中夹杂的《同音》残片新考　韩小忙　宁夏社会科学　2015 年第 2 期

110. 两部西夏文佛经在传世典籍中的流变　段玉泉　西夏学（第十一辑）　上海古籍出版社　2015 年

111. 关于西夏文《大般若经》的两个问题　聂鸿音　文献　2015 年第 1 期

112.《英藏黑水城文献》佛经残片考补　张九玲　西夏学（第十一辑）　上海古籍

出版社　2015 年

113. 西夏文《大宝积经》卷一考释　郝振宇　硕士学位论文　陕西师范大学
2015 年

114. 西夏文《方广大庄严经》残片考释　孙飞鹏　西夏学（第十一辑）　上海古籍
出版社　2015 年

115. 中国藏西夏文《维摩诘经》整理　王培培　西夏学（第十一辑）　上海古籍出
版社　2015 年

116. 武威藏 6749 号西夏文佛经《净土求生礼佛盛赞偈》考释　于光建　西夏学（第
十一辑）　上海古籍出版社　2015 年

117. 中国藏西夏文《佛说消除一切疾病陀罗尼经》译释　王龙　西夏学（第十一
辑）　上海古籍出版社　2015 年

118. 西安文物保护所藏西夏文译《瑜伽师地论》残叶整理　荣智涧　西夏学（第十
一辑）　上海古籍出版社　2015 年

119. 西夏文《大方广佛华严经名略》　许鹏　宁夏社会科学　2015 年第 6 期

120. 西夏文《大白伞盖陀罗尼经》及发愿文考释　史金波　世界宗教研究　2015 年
第 4 期

121. 西夏本《佛顶心观世音菩萨大陀罗尼经》述略　张九玲　宁夏社会科学　2015
年第 3 期

122. 西夏文《胜慧彼岸到要门教授现前解庄严论诠颂》译考　麻晓芳　宁夏社会科
学　2015 年第 6 期

123. 新见甘肃临洮县博物馆藏西夏文《大方等大集经贤护分》残卷考释　赵天英、
张心东　西夏研究　2015 年第 1 期

124. 中英藏西夏文《圣曜母陀罗尼经》考略　崔红芬　敦煌研究

125. 中法所藏几件西夏文《阿毗达磨大毗婆沙论》残件考释　孙飞鹏、林玉萍
（美国）中西文化交流学报（第 7 卷第 2 期）　2015 年 12 月

126. 《佛顶心观世音菩萨大陀罗尼经》的西夏译本　张九玲　宁夏师范学院学报
2015 年第 1 期

127. 玄奘译《般若心经》西夏文译本　孙伯君　西夏研究　2015 年第 2 期

128. 瓜州东千佛洞泥寿桃洞西夏文两件印本残页考释　张多勇、于光建　敦煌研究
2015 年第 1 期

129. 中藏 S21·002 号西夏文《华严忏仪》残卷考释　许鹏　五台山研究　2015 年
第 1 期

130. 两种西夏藏文刻本考释　徐丽华　中央民族大学学报（哲学社会科学版）
2015 年第 5 期

131. 西夏文藏传佛经《吉祥遍至口合本续》勘误　孙昌盛　北方民族大学学报（哲

学社会科学版）　2015 年第 5 期

132. 西夏文藏传佛经《本续》中的古代印藏地名及相关问题　孙昌盛　西藏研究　2015

133. 方塔出土西夏藏传密教文献"修持仪轨"残片考释　高文霞、孙昌盛　图书馆理论与实践　2015 年第 12 期

五　黑水城元代文献及黑水城地区研究

134. 黑水城出土合同婚书整理研究　杜建录、邓文韬　西夏研究　2015 年第 1 期

135. 黑水城文献与蒙元史的构建　张海娟　敦煌研究　2015 年第 1 期

136. 黑水城出土元代道教文书初探　陈广恩　宁夏社会科学　2015 年第 3 期

137. 黑水城出土北元初期汉文文书初探　陈朝辉　西夏研究　2015 年第 4 期

138. 黑水城文献刻本残叶定名拾补二则　秦桦林　文献　2015 年第 6 期

139. 吐鲁番、黑水城出土《急就篇》《千字文》残片考辨　张新朋　寻根　2015 年第 6 期

140. 略论黑水城元代文献中的忽剌术大王　陈瑞青　西夏学（第十一辑）　上海古籍出版社　2015 年

141. 黑水城所出西夏榷场使文书中的头子　陈瑞青　中华文史论丛　2015 年第 2 期

142. 元代勘合文书探析——以黑水城文献为中心　杜立晖　历史研究　2015 年第 3 期

143. 黑水城所出元代信牌文书考　杜立晖　中华文史论丛　2015 年第 3 期

144. 从黑水城习抄看元代儒学教育中的日常书写　宋晓希、黄博　西夏学（第十一辑）　上海古籍出版社　2015 年

145. 黑水城文献所见元代地方仓库官选任制度的变化　杜立晖　西夏学（第十一辑）　上海古籍出版社　2015 年

146. 黑水城文书中钱粮物的放支方式　潘洁、陈朝晖　敦煌研究　2015 年第 4 期

147. 从黑水城出土文书看元代亦集乃路的司法机构　侯爱梅　商丘师范学院学报　2015 年第 8 期

148. 黑城出土的举荐信与北元初期三位宗王的去向　樊永学、邓文韬　西夏学（第十一辑）　上海古籍出版社　2015 年

149. 黑水城出土元代 M1·1284［F21：W25］历日残页考　侯子罡、彭向前　西夏学（第十一辑）　上海古籍出版社　2015 年

150. 黑水城出土元末《签补站户文卷》之"急递铺户"考证　王亚莉　西夏学（第十一辑）　上海古籍出版社　2015 年

151. 黑水城出土 F234：W10 元代出首文书考　张笑峰　西夏学（第十一辑）　上海

古籍出版社 2015 年

152. 元代契约参与人的称谓——以黑城文书为中心 张重艳 河北广播电视大学学报 2015 年第 2 期

153. 黑水城出土《黑色天母求修次第仪》的整理与研究 沈尚儒 硕士学位论文 中国人民大学 2015 年

154. 黑水城出土佛教忏仪《圆融忏悔法门》的整理与研究 冯柏妍 硕士学位论文 中国人民大学 2015 年

155. 黑水城出土《大德十一年税粮文卷》整理与研 张淮智 硕士学位论文 河北师范大学 2015 年

156. 元代亦集乃路的物价问题——以黑城出土文书为中心 周永杰 硕士学位论文 宁夏大学 2015 年

157. 元代亦集乃路市场问题举隅 周永杰 西夏研究 2015 年第 3 期

158. 元代文书档案所见亦集乃路农业灾害救助 孔德翊 兰台世界 2015 年第 36 期

159. 元代亦集乃路钞库探析——以黑水城出土文书为中心 高仁 西夏研究 2015 年第 3 期

160. 元代地方粮仓探析——以亦集乃路为例 高仁、杜建录 中国经济史研究 2015 年第 5 期

161. 西夏元时期黑河流域绿洲开发的自然驱动因素研究 史志林、杨谊时、汪桂生、董斌 西夏学（第十一辑） 上海古籍出版社 2015 年

162. 13—14 世纪黑水城的穆斯林与景教徒 陈玮 （美国）中西文化交流学报 2015 年第 7 卷第 2 期

六 政治、对外关系

163. 中晚唐时代背景下的党项崛起 保宏彪 西夏研究 2015 年第 3 期

164. 敦煌作为西夏王国疆域的一部分（982～1227） ［俄］叶夫根尼·克恰诺夫著，董斌、史志林译 丝绸之路 2015 年第 8 期

165. 试析榆林地区对西夏历史发展的贡献 刘兴全、于瑞瑞 西夏研究 2015 年第 4 期

166. 夏州节度使文武僚属考——以出土碑石文献为中心 翟丽萍 西夏学（第十一辑） 上海古籍出版社 2015 年

167. 西夏政治特点 保宏彪 宁夏人大 2015 年第 6 期

168. 筑西夏政权之基，聚党项民族至大——再论李德明 王又一 民族史研究（第12 辑） 中央民族大学出版社 2015 年

169. 西夏仁孝皇帝尚儒浅论 缪喜平 西安航空学院学报 2015 年第 2 期

七　法律

12 期

193. 西夏期の立法・刑罰・裁判　佐立治人　関西大学法学論集（65—1）　2015年5月

194. 《天盛律令·为婚门》考释　梁君　硕士学位论文　宁夏大学　2015 年

195. 《天盛律令·行杖狱门》研究　李炜忠　硕士学位论文　宁夏大学　2015 年

196. 《天盛律令》的法律移植与本土化　戴羽　西夏研究　2015 年第 1 期

197. 《天盛律令》中的西夏体育法令研究　戴羽　成都体育学院学报　2015 年第 4 期

198. 从《天盛律令》看西夏的出工抵债问题——基于唐、宋、西夏律法的比较　谭黛丽、于光建　宁夏社会科学　2015 年第 3 期

199. 从《天盛律令》看西夏法典的创新与作用　王晓萌　兰台世界　2015 年第 6 期

200. 试论我国中古时期的成文宗教法——以西夏《天盛律令·为僧道修寺庙门》为中心　任红婷　宁夏大学学报（人文社会科学版）　2015 年第 5 期

201. 从《天盛律令》看西夏水利法与中原法的制度渊源关系——兼论西夏计田出役的制度渊源　骆详译　中国农史　2015 年第 5 期

202. 西夏《天盛律令》中的磨勘审计制度　胡胜校　中国审计　2015 年第 17 期

203. 一件英藏《天盛律令》印本残页译考　高仁　西夏学（第十一辑）　上海古籍出版社　2015 年

204. 西夏王国に於ける巫祝について：『天盛旧改新定禁令』を中心に　大西啓司　東洋史苑（83）　2015 年 2 月

205. 论西夏的起诉制度　姜歆　宁夏社会科学　2015 年第 2 期

206. 论西夏的审判制度　姜歆　西夏研究　2015 年第 2 期

207. 论西夏司法官吏的法律责任　姜歆　宁夏师范学院学报　2015 年第 4 期

208. 试论西夏中晚期官当制度之变化　梁松涛、李灵均　宋史研究论丛（第 16 辑）　河北大学出版社　2015 年

209. 西夏契约参与人及其签字画押特点　赵彦龙　青海民族研究　2015 年第 1 期

八　社会、经济

210. 论西夏社会保障　任红婷　宁夏大学学报（人文社会科学版）　2015 年第 1 期

211. 宋代西北地区及西夏境内番族汉姓初探　曹昕　硕士学位论文　西北大学　2015 年

212. 党项骑射文化　保宏彪　宁夏人大　2015 年第 7 期

213. 生命彩装：辽宋西夏金人生礼仪述略　王善军　兰州学刊　2015 年第 10 期

214. 西夏丧葬习俗　保宏彪　宁夏人大　2015 年第 3 期

215. 宋夏丧葬文书比较研究　穆旋　硕士学位论文　宁夏大学　2015 年

216. 西夏天葬初探——以俄藏黑水城唐卡 X—2368 为中心　任怀晟、杨浣　西夏学（第十一辑）　上海古籍出版社　2015 年

217. 西夏社稷祭祀探析　孔德翊　农业考古　2015 年第 1 期

218. 论西夏服饰中的多元文化因素　任艾青　西夏研究　2015 年第 2 期

219. 西夏僧人服饰谫论　任怀晟、魏亚丽　西夏学（第十一辑）　上海古籍出版社　2015 年

220. 西夏僧侣帽式研究　魏亚丽、杨浣　西夏研究　2015 年第 1 期

221. 西夏"汉式头巾"初探　任怀晟、杨浣　西夏研究　2015 年第 3 期

222. 西夏武官帽式研究　魏亚丽　西夏学（第十一辑）　上海古籍出版社　2015 年

223. 西夏幞头考——兼论西夏文官帽式　魏亚丽、杨浣　西夏研究　2015 年第 2 期

224. 从考古资料看西夏农业发展状况　李玉峰　西夏研究　2015 年第 2 期

225. 论西夏的农事信仰　李玉峰　沧州师范学院学报　2015 年第 2 期

226. 西夏会计契约探讨　郝继伟　贵州民族研究　2015 年第 10 期

227. 西夏元时期黑河流域水土资源开发利用研究述评　史志林、张志勇、路旻　青藏高原论坛　2015 年第 1 期

228. 宋元时期甘宁青地区的自然灾害研究　宋祎晨　硕士学位论文　陕西师范大学　2015 年

229. 西夏仓库生产管理职能初探　李柏杉　西夏研究　2015 年第 1 期

230. 从黑水城出土典工档案看西夏典工制度　刘晔、赵彦龙、孙小倩　档案管理　2015 年第 5 期

231. 浅论金夏间的贡榷贸易　杜珊珊　新西部（理论版）　2015 年第 8 期

232. 《金史》夏金榷场考论　刘霞、张玉海　宁夏社会科学　2015 年第 6 期

233. 交易有无：宋、夏、金榷场贸易的融通与互动——以黑水城西夏榷场使文书为中心的考察　郭坤、陈瑞青　宁夏社会科学　2015 年第 5 期

234. 西夏榷场贸易档案中计量单位探讨　刘晔、赵彦龙、孙小倩　兰台世界　2015 年第 33 期

235. 西夏金银钱探微　陈瑞海　西夏研究　2015 年第 2 期

236. 四体"至元通宝"考述——兼论该钱为清末戏作之品　牛达生　西夏学（第十一辑）　上海古籍出版社　2015 年

九　民族、西夏遗民

237. 辽、西夏、金民族政权的汉化探讨　魏淑霞　西夏研究　2015 年第 4 期

238. 党项民族溯源及其最终流向探考　尹江伟　西部学刊　2015 年第 7 期

十　语言文字

十一 文化、宗教

261. 从历代孔子谥号看西夏儒学的发展与贡献 杨满忠、何晓燕 西夏研究年第 3 期

262. 西夏人的佛儒融合思想及其伦理道德观 袁志伟 西北大学学报（哲学社会科学版） 2015 年第 4 期

263. 《圣立义海》与西夏"佛儒融合"的哲学思想 袁志伟 宁夏大学学报（人文社会科学版） 2015 年第 3 期

264. 从谚语看党项人的哲学思想 郭勤华 西夏研究 2015 年第 4 期

265. 西夏教育概况 保宏彪 宁夏人大 2015 年第 1 期

266. 西夏教育刍议 米晨榕 硕士学位论文 陕西师范大学 2015 年

267. 西夏绘画雕塑艺术 保宏彪 宁夏人大 2015 年第 5 期

268. 略谈西夏文化中的绘画与雕塑艺术 尹江伟 西部学刊 2015 年第 10 期

269. 西夏佛教艺术中的童子形象 王胜泽 敦煌学辑刊 2015 年第 4 期

270. 俄罗斯圣彼得堡冬宫博物馆藏唐卡 中国民族博览 2015 年第 3 期

271. 吐蕃西夏文化交流与西夏藏传风格唐卡 谢继胜 中国民族博览 2015 年第 3 期

272. 黑水城 X. 2438 号唐卡水月观音图研究 马莉、史忠平 新疆艺术学院学报 2015 年第 3 期

273. 西夏的笔与笔法 赵生泉 西夏学（第十一辑） 上海古籍出版社 2015 年

274. 西夏文书法及其创作浅析 任长幸 渭南师范学院学报 2015 年第 17 期

275. 西夏水月观音图像考论 孙鸣春 兰台世界 2015 年第 6 期

276. 西夏晚期石窟壁画风格探析 周维娜 兰台世界 2015 年第 6 期

277. 解析西夏的绘画艺术风格 扎西杰布 黑龙江史志 2015 年第 11 期

278. 敦煌莫高窟第 148 窟西夏供养人图像新探——以佛教史考察为核心 张先堂 西夏学（第十一辑） 上海古籍出版社 2015 年

279. 西夏时期的敦煌五台山图——敦煌五台山信仰研究之一 赵晓星 西夏学（第十一辑） 上海古籍出版社 2015 年

280. 瓜州东千佛洞西夏第 7 窟"涅磐变"中乐器图像的音乐学考察 刘文荣 西夏学（第十一辑） 上海古籍出版社 2015 年

281. 浅谈敦煌榆林窟的西夏壁画绘画风格 扎西杰布 黑龙江史志 2015 年第 13 期

282. 榆林窟第 3 窟五护佛母图像研究 贾维维 敦煌研究 2015 年第 4 期

283. 西夏刻书活动及其装帧钩沉 刘澜汀 出版发行研究 2015 第 10 期

284. 西夏音乐概览 保宏彪 宁夏人大 2015 年第 2 期

285. 西夏音乐文献及其音乐图像学相关研究　赵宏伟　民族艺林　2015 年第 4 期

286. 西夏乐器"七星"考　刘文荣　宁夏大学学报（人文社会科学版）　2015 年第 3 期

287. 西夏体育研究　周伟　体育文化导刊　2015 年第 11 期

288. 西夏文献中的占卜　聂鸿音　西夏研究　2015 年第 2 期

289. 元昊西凉府祠神初探　秦雅婷　西夏研究　2015 年第 2 期

290. 宋元时期佛教在河湟地区的传播和影响　张虽旺　博士学位论文　陕西师范大学　2015 年

291. 西夏时期的佛教寺院　梁松涛　西夏研究　2015 年第 2 期

292. 浅谈西夏番文大藏经翻译相关问题　樊丽沙　兰台世界　2015 年第 36 期

293. 从出土文书看西夏佛典的印制与传播　樊丽沙　兰台世界　2015 年第 9 期

294. 《西夏译场图》人物分工考　段岩、彭向前　宁夏社会科学　2015 年第 4 期

295. 张掖大佛寺及其寺藏文物概述　王虹、王康　图书与情报　2015 年第 1 期

296. 大佛寺，从西夏走来　付聪林　档案　2015 年第 8 期

十二　科学技术

297. 西夏历日文献中关于长期观察行星运行的记录　彭向前　西夏学（第十一辑）　上海古籍出版社　2015 年

298. 几件黑水城出土残历日新考　彭向前　中国科技史杂志　2015 年第 2 期

299. 西夏纺织技术概览　保宏彪　宁夏人大　2015 年第 4 期

十三　历史地理

300. 辽、宋、西夏、金筑城述略　王茂华　保定宋辽历史文化遗产及其开发研究　河北大学出版社　2015 年

301. 西夏京畿镇守体系蠡测　张多勇、张志扬　历史地理（第 31 辑）　上海人民出版社　2015 年

302. 西夏地方行政区划若干问题初探　刘双怡　宋史研究论丛（第 16 辑）　河北大学出版社　2015 年

303. 西夏"宫城"初探　吴忠礼　西夏研究　2015 年第 1 期

304. 西夏盐池地理分布考　任长幸　盐业史研究　2015 年第 1 期

305. 西夏白马强镇监军司地望考察　张多勇　西夏学（第十一辑）　上海古籍出版社　2015 年

306. 西夏瓦川会考　李玉峰　河北北方学院学报（社会科学版）　2015 年第 5 期

307. 任得敬分国地界考　杨浣　历史教学（高校版）　2015 年第 11 期

308. 《西夏地形图》研究回顾　杨浣、王军辉　图书馆理论与实践　2015 年第 12 期

309. 宋、夏 "丰州" 考辨　杨浣、许伟伟　宁夏社会科学　2015 年第 3 期

310. 甘肃镇原县境内宋代御夏古城遗址考察研究　王博文　西夏研究　2015 年第 4 期

十四　文物考古

311. 略论鄂尔多斯西夏文化遗存　李军平　前沿　2015 年第 8 期

312. 甘肃境内西夏遗址综述　俄军、赵天英　西夏研究　2015 年第 4 期

313. 西夏敕燃马牌——驿传路上的 "带牌天使"　朋朋、柳叶氘　中华遗产　2015 年第 12 期

314. 略说后刻工的仿西夏瓷器　李进兴　东方收藏　2015 年第 1 期

315. 略述甘肃馆藏西夏瓷器上的文字　黎李　中国陶瓷　2015 年第 8 期

316. 西夏瓷器款识述论　张雪爱　西夏研究　2015 年第 3 期

317. 西夏瓷器上牡丹花纹的重新解读　李进兴　东方收藏　2015 年第 5 期

318. 众里寻他千百度　民间收藏西夏白瓷与白陶　米向军　收藏　2015 年第 5 期

319. 契丹陶磁の「周縁性」に関する検討（4）西夏陶磁との関連から　町田吉隆　神戸市立工業高等専門学校研究紀要（53）　2015 年 3 月

320. 西夏青铜铸造艺术精品——鎏金铜牛　刘红英　文物天地　2015 年第 9 期

321. 文殊山万佛洞西夏说献疑　杨富学　西夏研究　2015 年第 1 期

322. 西夏时期敦煌石窟装饰图案艺术研究　牛勇　中国包装　2015 年第 7 期

323. 西夏王陵对唐宋陵寝制度的继承与嬗变——以西夏王陵三号陵园为切入点　余军　宋史研究论丛（第 16 辑）　河北大学出版社　2015 年

324. 辽西夏金陵墓制度的新因素及其影响　刘毅　南方文物　2015 年第 3 期

325. 西夏王陵　保宏彪　宁夏人大　2015 年第 10 期

326. 西夏王陵　齐鸿灿　朔方　2015 年第 10 期

327. 加强重点文物保护　全力推进申遗工作　张文攀　宁夏日报　2015 年 6 月 6 日第 2 版

328. 西夏陵申遗　遗址先行　艾福梅　人民日报（海外版）　2015 年 5 月 29 日第 8 版

329. 西夏陵申遗工作按计划有序推进——领导小组会议研究部署下一步工作　姬恒飞　银川日报　2015 年 3 月 3 日第 1 版

330. 30 余位专家助力西夏陵申遗　张碧迁　银川日报　2015 年 11 月 18 日第 7 版

331. 西夏王陵 "鸱吻" 造型艺术研究　周胤君　牡丹　2015 年第 24 期

332. 西夏陵石雕艺术风格初探　周胤君　艺术科技　2015 年第 11 期

333. 从拜寺沟方塔没有地宫谈起——兼论别具一格的方塔建筑　牛达生　中国辽夏金研究年鉴 2013　中国社会科学出版社　2015 年

334. 贺兰山拜寺口西夏塔群遗址亟须保护　庄电一　光明日报　2015 年 3 月 19 日第 9 版

335. 后唐定难军节度押衙白全周墓志考释　杜建录、邓文韬、王富春　宁夏社会科学　2015 年第 2 期

336. 后晋绥州刺史李仁宝墓志铭考释　陈玮　西夏学（第十一辑）　上海古籍出版社　2015 年

337. 《草垛山徐德墓志铭粗释》补证　高建国　延安大学学报（社会科学版）2015 年第 2 期

索　引

C

D

J

K

M

N

R

S

T

X

Y

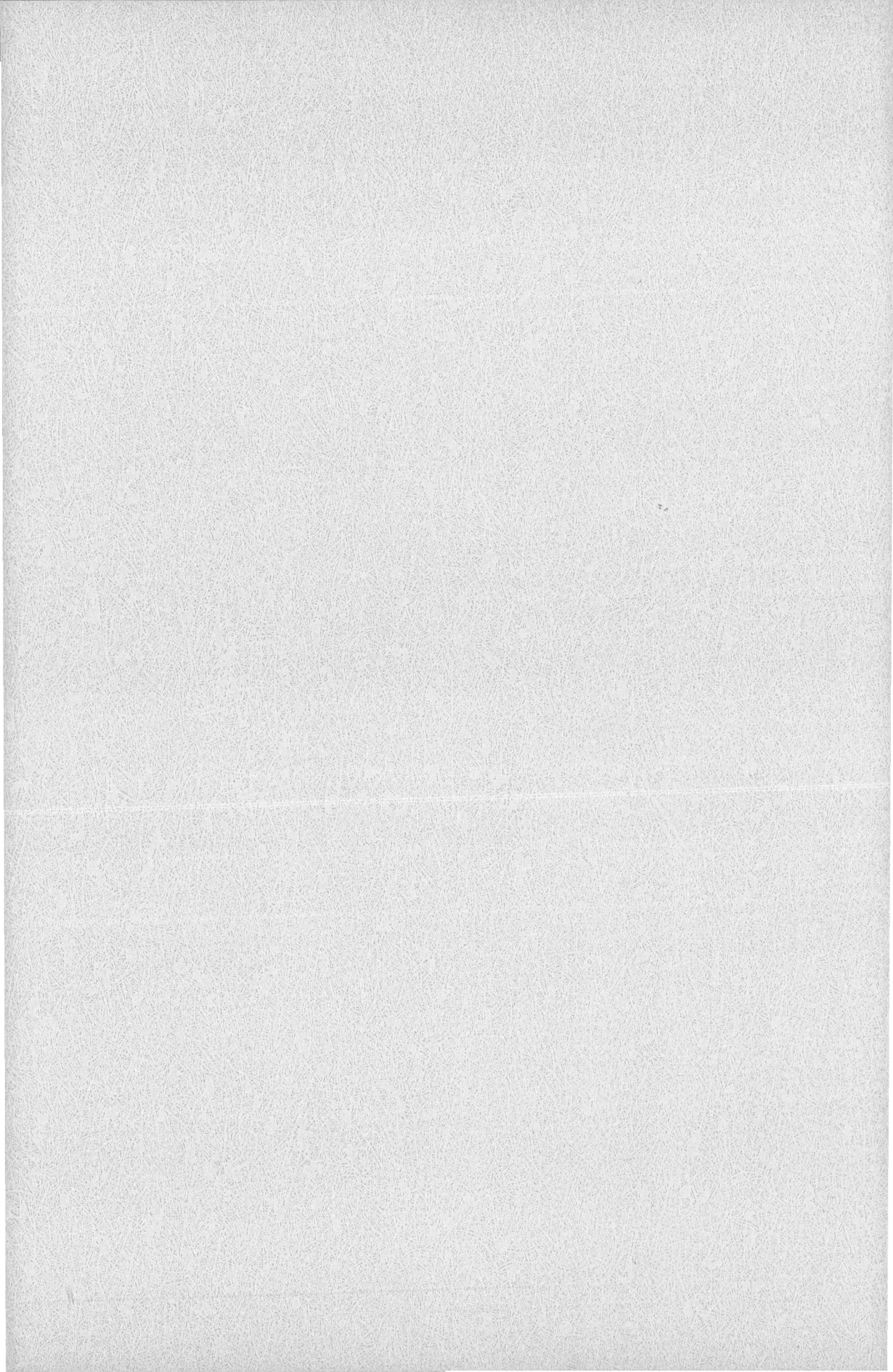